첫 달 START !!

시작일	
종료일	
목표 점수	
목표 시간	
나의 각오	

> 자! 이제부터 시작이야.
> 먼저 《반반 난이도 실력 확인 모의고사》를 통해
> 자신의 약점과 실력을 점검하고,
> 《기출 변형 모의고사》를 통해 유형을 확실히 익히자!

선재 쌤 Talk!

	커리큘럼	회차	날짜	점수	초과 시간	약점 체크 및 학습 플랜
1주 차	반반 난이도 실력 확인 모의고사	1회 하				
		1회 상				
		2회 하				
		2회 상				
		Tip 자신의 약점을 파악했다면, 약점을 보완하기 위한 계획 세우기				
		Tip 파이널 압축서 《한 권으로 정리하는 마무리》로 약점 파트 정리하기				
2주 차	기출 변형 모의고사	1회				
		2회				
		3회				
		4회				
		Tip 온라인 모의고사 입력 시스템에서 자신의 백분위와 약점 파트 파악하기				
		Tip 《매일 국어 시즌 1》 기본 이론 편의 약점 문제 풀어 보며 정리 및 보완하기				
3주 차	기출 변형 모의고사	5회				
		6회				
		7회				
		8회				
		Tip 독해 풀이 시간이 줄어들지 않는다면? 《수비니겨 독해》로 독해 비법 파악하기				
		Tip 《독해야 산다》 시리즈로 독해 실력 업업!				
4주 차	기출 변형 모의고사	9회				
			10회			
			11회			
			12회			
		Tip 기출 변형 성적 점검! 약한 유형 파악하고 보완하기				
		Tip 《독해야 산다》 시리즈로 독해 실력 업업!				

둘째 달 START !!

기출 유형, 이제 확실히 익혔지?
이제부터는 시간을 단축하는 것을 염두에 두고
실제와 똑같은 상황에서 꾸준히 훈련하자.

커리큘럼		회차	날짜	점수	초과 시간	약점 체크 및 학습 플랜
1주 차	실전 봉투 모의고사	1회				
		2회				
		3회				
		4회				
		5회				
		Tip 더 많은 문제 풀이를 하고 싶다면? 《매일 국어 시즌 4 미니 모의고사》로 실전 감각 놓지 않기				
2주 차	실전 봉투 모의고사	6회				
		7회				
		8회				
		9회				
		10회				
		Tip 더 많은 문제 풀이를 하고 싶다면? 《매일 국어 시즌 4 미니 모의고사》로 실전 감각 놓지 않기				
3주 차	실전 봉투 모의고사	11회				
		12회				
		13회				
		14회				
		15회				
		Tip 시간을 단축하는 훈련하기 《독해야 산다》 시리즈로 독해 실력 업업!				
4주 차	실전 봉투 모의고사	16회				
		17회				
		18회				
		19회				
		20회				
		Tip 시간을 단축하는 훈련하기 《독해야 산다》 시리즈로 독해 실력 업업!				
5주 차	최종 점검 파이널 모의고사	1회				
		2회				
		3회				
		4회				
		5회				
		Tip 실전과 똑같은 환경에서 전 과목 모의고사 목표 시간 안에 풀기				

공단기
gong.conects.com

2024 선재국어
Final 나침판
기출 변형
모의고사

이선재·선재국어연구소 편저

머리말
Intro

빠르고 정확하게 문제를 푸는 힘을 기르자
합격을 앞당기는 《기출 변형 모의고사》

 2024년 합격선을 가뿐히 넘기 위해, 선재국어는 보다 완벽한 파이널 커리큘럼을 준비했습니다. 자신의 실력을 확인하는 1단계 《반반 난이도 실력 확인 모의고사》, 기출 유형을 철저히 분석하고 훈련하는 2단계 《기출 변형 모의고사》, 실전 감각의 극대화를 위한 3단계 《실전 봉투 모의고사》, 시험 직전에 풀어 보는 4단계 《최종 점검 파이널 모의고사》가 바로 그것입니다.

 현재 공무원 국어 시험은 3~4 문항으로 고득점이 결정되는 경향을 띠고 있습니다. 총 20문제 중에 합격을 가르는 변별력 있는 문제가 3~4 문항밖에 없다는 것이지요. 그러하기에 평이한 난도로 출제되는 대부분의 문제들은 빠르게 푸는 것이 중요합니다. 그리고 합격을 가르는 3~4 문항들은 어떻게 출제될지 모르기 때문에, 좀 더 난도 있는 문제와 다양한 유형의 문제를 풀어서 만반의 대비를 해야만 합니다. 하나의 유형을 쉬운 문제와 어려운 문제로 구성하여 본인의 실력을 점검하는 역할을 하는 것이 《반반 난이도 실력 확인 모의고사》라면, **《기출 변형 모의고사》**는 기출문제의 유형과 거의 동일하게 제작된 문제를 통해 **최신 경향을 확실히 익히고 약점을 보다 철저히 보완**하게 해 줍니다. 그리고 최종적으로 진행되는 《실전 봉투 모의고사》와 《최종 점검 파이널 모의고사》는 실전 감각을 극대화하여 수험생들의 합격을 앞당겨 줄 것입니다.

 《기출 변형 모의고사》는 다음과 같은 특성이 있습니다.

 첫째, 국가직 및 지방직 시험과 동일한 유형으로 제작된 기출 변형 모의고사를 실어, 기출 유형을 확실히 익히고 실전 감각을 높이도록 구성했습니다.
 최근의 국가직 및 지방직 시험과 유형은 물론 지문의 길이까지 유사하게 맞춘 기출 변형 모의고사를 수록한 것입니다. 이는 수험생들이 최근의 출제 방향과 경향을 보다 확실히 파악하게 함은 물론, 실제 시험에서 시간을 조절하는 데에도 큰 도움을 줄 것입니다.

학습 동영상·성적 확인 | www.gong.conects.com
카페 | cafe.daum.net/sjexam
인스타그램 | @sj_ssam
유튜브 | 선재국어TV

둘째, 추론형 문제와 신유형 문제를 강화하여 독해를 철저히 대비하였습니다.

최근 공무원 시험은 독해 지문이 늘어나고 단순 암기 문항이 줄어드는 경향을 보이고 있습니다. 이러한 변화된 시험 경향에 맞추어, 각각의 모의고사에 독해 지문을 강화하였습니다. 또한 인사 혁신처가 강화하겠다고 발표한 추론형 문제와 신유형 문제 역시 충실하게 실어, 어떠한 문제가 나와도 당황하지 않고 빠르고 정확히 풀 수 있도록 대비하였습니다.

셋째, 실시간 성적 확인 시스템을 도입하여 정확하게 자신의 실력을 분석, 예측합니다.

몇 년 전부터 선재국어가 야심차게 기획한 것은 합격 예측 풀서비스를 이용한 실시간 성적 확인 시스템입니다. 공무원 시험의 필수 코스라 할 수 있는 《기출 변형 모의고사》를 푸는 수험생들이, 자신의 점수를 공단기 홈페이지에 입력하여 전국 등수와 정답률, 오답률 등을 실시간으로 확인하는 시스템을 도입한 것입니다. 이를 통해 수험생들은 객관적으로 자신의 위치를 파악하는 것은 물론, 시험을 치르는 날까지 긴장의 끈을 끝까지 놓지 않게 될 것입니다.

좋은 모의고사집의 목표는 '문제를 푸는 힘'을 키워 주는 것이라고 생각합니다. 적중률은 말할 것도 없고 출제자의 의도를 꿰뚫어 문제를 정확하게 푸는 힘을 키우는 문제집, 그리하여 어떠한 함정도 거뜬히 넘어설 수 있는 문제집, 이것이 우리가 생각하는 좋은 모의고사집의 기준입니다.

《기출 변형 모의고사》는 정확하게 최신 기출 경향을 반영하여 합격이라는 최종 목표를 앞당길 수 있도록 기획된 책입니다. 아무쪼록 이 모의고사집이 최종 합격이라는 목표 지점을 관통하기 위한 결정적 무기가 되었으면 합니다. 성패를 가름하는 결정적 문제를 향해 힘차게 당긴 이 활시위가, 최종 합격이라는 떨리는 감격으로 이어졌으면 합니다.

2023. 12.
노량진 선재국어연구소에서
이선재 씀

차례
Contents

Part 01 국가직 기출 변형 모의고사

01 회
핵심 자료선 발음이 비슷한 단어의 쓰임 ··············· 008
국가직 기출 변형 모의고사 2023 국가직 9급 기출과 기출 변형 ··············· 010

02 회
핵심 자료선 〈한글 맞춤법〉 확인하기 ··············· 026
국가직 기출 변형 모의고사 2022 국가직 9급 기출과 기출 변형 ··············· 028

03 회
핵심 자료선 주요 표준어 확인하기 ··············· 044
국가직 기출 변형 모의고사 2021 국가직 9급 기출과 기출 변형 ··············· 046

04 회
핵심 자료선 띄어쓰기 확인하기 ··············· 060
국가직 기출 변형 모의고사 2020 국가직 9급 기출 변형 ··············· 062

05 회
핵심 자료선 로마자·외래어 표기 확인하기 ··············· 070
국가직 기출 변형 모의고사 2019 국가직 9급 기출 변형 ··············· 072

06 회
국가직 기출 변형 모의고사 2018 국가직 9급 기출 변형 ··············· 080

Part 02 지방직 기출 변형 모의고사

07회
핵심 자료선 올바른 문장 쓰기 — 090
지방직 기출 변형 모의고사 2023 지방직 9급 기출과 기출 변형 — 092

08회
핵심 자료선 주요 기출 어휘 — 106
지방직 기출 변형 모의고사 2022 지방직 9급 기출과 기출 변형 — 108

09회
핵심 자료선 주요 기출 관용 표현과 속담 — 122
지방직 기출 변형 모의고사 2021 지방직 9급 기출과 기출 변형 — 124

10회
핵심 자료선 주요 기출 한자어 — 142
지방직 기출 변형 모의고사 2020 지방직 9급 기출 변형 — 144

11회
핵심 자료선 주요 기출 한자 성어 — 150
지방직 기출 변형 모의고사 2019 지방직 9급 기출 변형 — 152

12회
지방직 기출 변형 모의고사 2018 지방직 9급 기출 변형 — 160

PART 01

국가직 기출 변형 모의고사 01~06회

추천 문풀 시간 | 18~20분

지금부터 우리는 2023~2018년 국가직 기출문제를 변형한 모의고사를 풀어 볼 것입니다. 이 모의고사는 문제의 유형은 물론 지문의 길이까지 실제 기출문제와 거의 똑같이 맞추었으므로, 실전 감각을 키우고 시간을 조절하는 데 큰 도움을 줄 것입니다.

1. 먼저 타이머를 맞추세요. 그리고 정신을 집중해서 문제를 풀어 보시기 바랍니다.
2. 왼쪽에 배열된 기출문제는 18~20분 내에 풀어 보세요. 우리가 생각보다 많은 출제 포인트를 잊어버리고 있었다는 사실을 알게 될 것입니다.
3. 강의를 들으면서 핵심 내용을 반복해서 정리하세요.

그럼 이제부터
실전 감각을 예리하게 키울 수 있도록,
기출 변형 모의고사 문제 풀이를 시작하겠습니다.

01회 국가직 기출 변형 모의고사

핵심 자료선 발음이 비슷한 단어의 쓰임

[01~40] 문맥상 적절한 단어를 고르시오.

01. 행운이 가득하기를 기원하는 것으로 치사를 {가름합니다/갈음합니다}.
02. 길거리에는 짝을 이룬 젊은 남녀들이 {간간이/간간히} 눈에 띄었다.
03. 경치가 좋은 곳을 관광지로 {개발/계발}하려고 한다.
04. 주가가 반등세를 보이며 연중 최고치 {갱신/경신}이 가능할 것으로 보인다.
05. 그를 보자 {걷잡을/겉잡을} 수 없이 눈물이 흐르기 시작했다.
06. 네가 이젠 집안을 아주 {결단/결딴}을 내려고 하는구나.
07. 물품 대금은 나중에 예치금에서 자동으로 {결재/결제}된다.
08. 그는 일이 그렇게 된 {내력/내역}을 모른다.
09. 그는 {낫잡아/낮잡아} 볼 만큼 만만한 사람이 아니다.
10. 저 고개 {너머/넘어}에 우리 집이 있다.
11. 쌍둥이인데도 성격이 전혀 {다르다/틀리다}.
12. 기운이 {달려/딸려} 더 이상은 일을 못 하겠다.
13. 싱그러운 봄나물이 입맛을 {돋군다/돋운다}.
14. 안개가 {두껍게/두텁게} 깔려 있어서 한 치 앞도 보이지 않았다.
15. 퇴근하는 길에 포장마차에 {들렀다가/들렸다가} 친구를 만났다.
16. 그의 얼굴은 살기를 {띄기/띠기}까지 했다.
17. 공부한 만큼 정답을 많이 {맞췄다/맞혔다}.
18. 아침에 먹은 것이 {받쳐서/받혀서} 아무래도 점심은 굶어야겠다.
19. 주말마다 등산하는 버릇이 몸에 {박여/배겨} 이제는 포기할 수 없다.
20. 우리에겐 그 사실을 뒤집을 만한 {반증/방증}이 없다.
21. 책상 위에 책을 어지럽게 {벌려/벌여} 두고 공부를 한다.
22. 이 글은 마지막 {부문/부분}에 요지가 들어 있다.
23. 사람의 이는 음식물을 잘게 {부셔/부숴} 삼키기 좋게 하여 소화를 돕는 역할을 한다.
24. 회의 내용을 극비에 {부쳐/붙여} 주시기 바랍니다.
25. 이 자리를 {빌려/빌어} 참석해 주신 여러분께 감사드립니다.
26. 이렇게 되기까지 그 {사단/사달}을 일으킨 장본인은 큰형이었다.
27. 그는 분을 {삭이지/삭히지} 못하고 거친 숨을 식식거리며 서 있었다.

28. 여태껏 부모 속을 {썩이거나/썩히거나} 말을 거역한 적이 없었다.
29. 그동안 내가 받아 온 멸시와 모욕에 대한 {안갚음/앙갚음}으로 단단히 혼쭐을 내 줘야지.
30. 솥에 쌀을 {안치러/앉히러} 부엌으로 갔다.
31. 해야 할 일은 제쳐 놓고 {애먼/엄한} 일을 붙들고 있다.
32. 오랜만에 만난 그는 오래 앓아서인지 얼굴은 홀쭉하게 {여위고/여의고} 두 눈만 퀭하였다.
33. 옷은 {이따가/있다가} 갈아입고 우선 여기 일 좀 도와주어라.
34. 그는 자기 가족에 관한 이야기를 어느 누구에게도 {일절/일체} 하지 않았다.
35. 김치를 담가야 하니 배추를 소금물에 {저려/절여} 두어라.
36. 우리는 부모님의 의견을 {좇기로/쫓기로} 했다.
37. 그는 연주를 시작하기 전에 항상 몇 초 동안 {지그시/지긋이} 눈을 감고 심호흡을 한다.
38. 갈등의 {지양/지향}과 극복을 통해 보다 나은 사회를 건설하자.
39. 그녀는 생선 광주리를 이고 다니면서 번 돈을 {푼푼이/푼푼히} 모아 아들의 입학금을 마련하였다.
40. 잠이 다 깨지 않았는지 그는 현실과 꿈 사이에서 {혼돈/혼동}을 일으켰다.

---

01. **갈음합니다(갈음하다)**: 다른 것으로 바꾸어 대신하다.
02. **간간이**: 공간적인 거리를 두고 듬성듬성
03. **개발**: 토지나 천연자원 따위를 유용하게 만듦.
04. **경신**: 어떤 분야의 종전 최고치나 최저치를 깨뜨림.
05. **걷잡을(걷잡다)**: 마음을 진정하거나 억제하다.
06. **결딴**: 살림이 망하여 거덜 난 상태
07. **결제**: 증권 또는 대금을 주고받아 매매 당사자 사이의 거래 관계를 끝맺는 일
08. **내력**: 일정한 과정을 거치면서 이루어진 까닭
09. **낮잡아(낮잡다)**: 사람을 만만히 여기고 함부로 낮추어 대하다.
10. **너머**: 높이나 경계로 가로막은 사물의 저쪽. 또는 그 공간
11. **다르다**: 비교가 되는 두 대상이 서로 같지 아니하다.
12. **달려(달리다)**: 재물이나 기술, 힘 따위가 모자라다.
13. **돋운다(돋우다)**: 입맛을 당기게 하다.
14. **두껍게(두껍다)**: 어둠이나 안개, 그늘 따위가 짙다.
15. **들렀다가(들르다)**: 지나는 길에 잠깐 들어가 머무르다.
16. **띠기(띠다)**: 감정이나 기운 따위를 나타내다.
17. **맞혔다(맞히다)**: 문제에 대한 답을 틀리지 않게 하다.
18. **받쳐서(받치다)**: 먹은 것이 잘 소화되지 않고 위로 치밀다.
19. **박여(박이다)**: 버릇, 생각, 태도 따위가 깊이 배다.
20. **반증**: 어떤 사실이나 주장이 옳지 아니함을 그에 반대되는 근거를 들어 증명함. 또는 그런 증거
21. **벌여(벌이다)**: 여러 가지 물건을 늘어놓다.
22. **부분**: 전체를 이루는 작은 범위. 또는 전체를 몇 개로 나눈 것의 하나
23. **부숴(부수다)**: 단단한 물체를 여러 조각이 나게 두드려 깨뜨리다.
24. **부쳐(부치다)**: 어떤 일을 거론하거나 문제 삼지 아니하는 상태에 있게 하다.
25. **빌려(빌리다)**: 어떤 일을 하기 위해 기회를 이용하다.
26. **사달**: 사고나 탈
27. **삭이지(삭이다)**: 긴장이나 화를 풀어 마음을 가라앉히다.
28. **썩이거나(썩이다)**: 걱정이나 근심 따위로 마음이 몹시 괴로운 상태가 되게 만들다.
29. **앙갚음**: 남이 저에게 해를 준 대로 저도 그에게 해를 줌.
30. **안치러(안치다)**: 밥, 떡, 찌개 따위를 만들기 위하여 그 재료를 솥이나 냄비 따위에 넣고 불 위에 올리다.
31. **애먼**: 일의 결과가 다른 데로 돌아가 엉뚱하게 느껴지는
32. **여위고(여위다)**: 몸의 살이 빠져 파리하게 되다.
33. **이따가**: 조금 지난 뒤에
34. **일절**: 아주, 전혀, 절대로의 뜻으로, 흔히 행위를 그치게 하거나 어떤 일을 하지 않을 때에 쓰는 말
35. **절여(절이다)**: 푸성귀나 생선 따위를 소금기나 식초, 설탕 따위에 담가 간이 배어들게 하다.
36. **좇기로(좇다)**: 남의 말이나 뜻을 따르다.
37. **지그시**: 슬며시 힘을 주는 모양
38. **지양**: 더 높은 단계로 오르기 위하여 어떠한 것을 하지 아니함.
39. **푼푼이**: 한 푼씩 한 푼씩
40. **혼동**: 구별하지 못하고 뒤섞어서 생각함.

2023 국가직 9급 기출

01 '해양 오염'을 주제로 연설을 한다고 할 때, 다음에 제시된 조건을 모두 충족한 것은?

> • 해양 오염을 줄일 수 있는 생활 속 실천 방법을 포함할 것
> • 설의적 표현과 비유적 표현을 활용할 것

① 바다는 쓰레기 없는 푸른 날을 꿈꾸고 있습니다. 미세 플라스틱은 바다를 서서히 죽이는 보이지 않는 독입니다. 우리의 관심만이 다시 바다를 살릴 수 있을 것입니다.
② 우리가 버린 쓰레기는 바다로 흘러갔다가 해양 생물의 몸에 축적이 되어 해산물을 섭취하면 결국 다시 우리에게 돌아오게 됩니다. 분리수거를 철저히 하고 일회용품을 줄이는 것이 바다도 살리고 우리 자신도 살리는 길입니다.
③ 여름만 되면 피서객들이 마구 버린 쓰레기로 바다가 몸살을 앓는다고 합니다. 자기 집이라면 이렇게 함부로 쓰레기를 버렸을까요? 피서객들의 양심이 모래밭 위를 뒹굴고 있습니다. 자기 쓰레기는 자기가 집으로 되가져 가도록 합시다.
④ 산업 폐기물이 바다로 흘러가 고래가 죽어 가는 장면을 다큐멘터리에서 본 적이 있습니다. 이대로 가다간 인간도 고통받게 되지 않을까요? 정부에서 산업 폐기물 관리 지침을 만들고 감독을 강화하지 않는다면 바다는 쓰레기 무덤이 되고 말 것입니다.

2023 국가직 9급 기출 변형

01 '겨울 바다'를 소재로 한 글을 쓰고자 할 때, 다음에 제시된 조건을 모두 만족하는 것은?

> • 여름과의 차이점을 드러낸다.
> • 비유적 표현을 사용한다.
> • 겨울 바다에 대한 긍정적인 느낌을 부각한다.

① 겨울 바다는 이제 막 사랑을 시작하는 연인들이 찾는다. 여름에는 더위를 잊기 위해 바다를 찾지만 겨울에는 연인들이 낭만적인 사랑을 만끽하기 위해 바다를 찾는다.
② 색색의 파라솔과 쓰레기로 가득한 여름 바다가 짙게 화장한 아가씨의 박장대소라면, 눈 내린 겨울 바다는 민낯의 소녀가 소리 없이 짓는 미소이다. 고요한 겨울 바다가 부르는 눈의 발라드에 사람들은 평온함을 얻는다.
③ 여름 바다가 정열로 가득 찬 청년과 같다면, 겨울 바다는 기력이 다해 죽을 날을 기다리는 노년과 같다. 찬바람이 불고 찾는 이 없이 텅 빈 백사장은 을씨년스러운 분위기를 자아낸다.
④ 겨울 바다에는 드문드문 낚싯대를 드리운 낚시꾼과 바위를 때리는 파도가 있다. 그러나 이제 곧 추위를 이겨 내고 맞을 햇빛의 온기 때문에 겨울 바다는 설레고 있다.

02 다음 대화에 나타난 말하기 방식을 설명한 것으로 적절하지 않은 것은?

> 백 팀장: 이번 워크숍 장면을 사내 게시판에 올리는 게 좋겠어요. 워크숍 내용을 공유하면 좋을 것 같아서요.
> 고 대리: 전 반대합니다. 사내 게시판에 영상을 공개하는 것은 부담스러워요. 타 부서와 비교될 것 같기도 하고요.
> 임 대리: 저도 팀장님 말씀대로 정보를 공유한다는 취지는 좋다고 생각해요. 다만 다른 팀원들의 동의도 구해야 할 것 같고, 여러 면에서 우려되긴 하네요. 팀원들 의견을 먼저 들어 보고, 잘된 것만 시범적으로 한두 개 올리는 것이 어떨까요?

① 백 팀장은 팀원들에 대한 유대감을 드러내는 표현을 사용하며 자신의 바람을 전달하고 있다.
② 고 대리는 백 팀장의 제안에 반대하는 이유를 명시적으로 밝히며 백 팀장의 요청을 거절하고 있다.
③ 임 대리는 발언 초반에 백 팀장 발언의 취지에 공감하여 백 팀장의 체면을 세워 주고 있다.
④ 임 대리는 대화 참여자의 의견을 묻는 의문문을 사용하여 자신의 의견을 간접적으로 드러내고 있다.

02 다음 대화에 대한 설명으로 적절하지 않은 것은?

> 훈민: 어제 ○○일보에서 정부가 적자에 시달리는 몇몇 공항의 민영화를 추진하고 있다는 뉴스를 읽었어. 그래서 매각이 예정된 공항도 있대.
> 정음: 공항을 국내 민간 자본에 넘긴다면 문제가 있지 않을까? 만약 외국 자본에 공항이 매각된다면 더 큰 논란이 생길 것 같은데.
> 용비: 공항의 소유권은 국가에 있고 운영권만 외국 회사가 갖는 방식이라 자산의 유출을 걱정하는 거라면 괜찮아. 더구나 적자 문제를 해결하면서 해당국의 경영 기법을 도입해서 공항의 경쟁력까지 높일 수 있지.

① 훈민은 화제로 제시한 정보의 출처를 구체적으로 밝혀 발언의 신뢰성을 높이고 있다.
② 정음은 공항을 민간에 매각해서는 안 된다는 주장에 대한 근거를 명확하게 밝히지 못하고 있다.
③ 용비는 정음이 걱정하고 있는 공항 매각과 관련한 대내외적 문제점을 인지하지 못하고 있다.
④ 용비는 공항 민영화가 주된 문제를 해결할 수 있을 뿐만 아니라 부수적 효과도 가져올 것이라 언급하고 있다.

03 관용 표현 ㉠~㉣의 의미를 풀이한 것으로 적절하지 않은 것은?

> • 그의 회사는 작년에 노사 갈등으로 ㉠홍역을 치렀다.
> • 우리 교장 선생님은 교육계에서 ㉡잔뼈가 굵은 분이십니다.
> • 유원지로 이어지는 국도에는 차가 많이 밀려 ㉢입추의 여지가 없었다.
> • 그분은 세계 유수의 연구자들과 ㉣어깨를 나란히 하는 물리학자이다.

① ㉠: 심한 어려움을 겪었다
② ㉡: 오랫동안 일을 하여 그 일에 익숙한
③ ㉢: 돌아서 갈 수 있는 방법이 없었다
④ ㉣: 비슷한 지위나 힘을 가지는

03 밑줄 친 관용 표현에 대한 설명으로 적절하지 않은 것은?

① 훈민은 점점 더 돈에만 집착하는 정음에게 학을 떼고 말았다.
 - 화가 치밀어 오르고
② 갑작스러운 태풍으로 손님들이 발이 묶였다.
 - 움직일 수 없는 형편이 되었다
③ 경기가 좋지 않아 사업이 영 게걸음만 치고 있다.
 - 발전이 없다
④ 선생님이 호통을 치자 떠들던 학생들은 금방 자라목이 되고 말았다.
 - 기세가 움츠러들고

04 (가)~(다)의 순서를 자연스럽게 배열한 것은?

> 빅 데이터가 부각된다는 것은 기업들이 빅 데이터의 가치를 받아들이기 시작했다는 뜻이다. 여기에는 기업들이 데이터를 바라보는 시각이 변한 측면도 있다.
>
> (가) 기업들은 고객이 판촉 활동에 어떻게 반응하고 평소에 어떻게 행동하며 사물에 대해 어떤 태도를 보이는지 알기 위해 많은 돈을 투자해 마케팅 조사를 해 왔다.
>
> (나) 그런 상황에서 기업들은 SNS나 스마트폰 등 새로운 데이터 소스로부터 그러한 궁금증과 답답함을 해결할 수 있다는 것을 알게 되었다. 페이스북에 올리는 광고에 친구가 '좋아요'를 한 것에서 기업들은 궁금증과 답답함을 해결할 수 있다.
>
> (다) 그런데 기업들의 그런 노력이 효과가 있는 경우도 있었으나 아쉬운 점도 많았다. 쉬운 예로, 기업들은 많은 광고비를 쓰지만 그 돈이 구체적으로 어느 부분에서 효과를 내는지는 알지 못했다.
>
> 결국 데이터가 있는 곳에서 기업들은 점점 더 고객의 취향에 집중할 수 있게 되었으며, 이에 따라 기업들은 소셜 미디어의 빅 데이터를 중요한 경영 수단으로 수용하기 시작한 것이다.

① (가) - (나) - (다)
② (가) - (다) - (나)
③ (나) - (가) - (다)
④ (다) - (나) - (가)

04 (가)~(마)를 자연스럽게 배열한 것은?

> (가) 우리가 집단에서 어떤 의사 결정을 할 때 가장 일반적으로 선택하는 방법은 바로 다수결의 원칙이다. 시민 주권의 원칙, 자치의 원칙, 권력 분립의 원칙과 함께 민주주의의 가장 대표적이고 기본적인 원칙으로 여겨진다.
>
> (나) 모든 개인은 동등한 인격과 가치를 지니고 있기 때문에 모든 개인의 의견은 여전히 동등한 권리를 갖는다는 사실을 인식해야 하는 것이다.
>
> (다) 그러나 이때 반드시 성찰해야 할 문제가 있다.
>
> (라) 다수결의 원칙이 유일한 또는 유력한 대안이라면 그것을 피할 수는 없지만 구성원들의 자유의사를 완전하게 토론할 수 있어야 하며 모든 정보가 공개돼야 한다.
>
> (마) 또한 모든 개인의 의견이 평등하다는 전제가 확고해야 한다.

① (가) - (나) - (다) - (라) - (마)
② (가) - (다) - (라) - (마) - (나)
③ (라) - (다) - (나) - (가) - (마)
④ (라) - (마) - (나) - (다) - (가)

05 ㉠을 이해한 내용으로 적절하지 않은 것은?

> "㉠무진(霧津)엔 명산물이 …… 뭐 별로 없지요?" 그들은 대화를 계속하고 있었다. "별게 없지요. 그러면서도 그렇게 많은 사람들이 살고 있다는 건 좀 이상스럽거든요." "바다가 가까이 있으니 항구로 발전할 수도 있었을 텐데요?" "가 보시면 아시겠지만 그럴 조건이 되어 있는 것도 아닙니다. 수심(水深)이 얕은 데다가 그런 얕은 바다를 몇 백 리나 밖으로 나가야만 비로소 수평선이 보이는 진짜 바다다운 바다가 나오는 곳이니까요." "그럼 역시 농촌이군요?" "그렇지만 이렇다 할 평야가 있는 것도 아닙니다." "그럼 그 오륙만이 되는 인구가 어떻게들 살아가나요?" "그러니까 그럭저럭이란 말이 있는 게 아닙니까?" 그들은 점잖게 소리 내어 웃었다. "원, 아무리 그렇지만 한 고장에 명산물 하나쯤은 있어야지." 웃음 끝에 한 사람이 말하고 있었다.
> 무진에 명산물이 없는 게 아니다. 나는 그것이 무엇인지 알고 있다. 그것은 안개다. 아침에 잠자리에서 일어나서 밖으로 나오면, 밤사이에 진주해 온 적군들처럼 안개가 무진을 뼁 둘러싸고 있는 것이었다. 무진을 둘러싸고 있는 산들도 안개에 의하여 보이지 않는 먼 곳으로 유배당해 버리고 없었다.
> ― 김승옥, 〈무진기행〉

① 수심이 얕아서 항구로 개발하기 어려운 공간이다.
② 산으로 둘러싸여 있고 평야가 많이 발달하지 않은 공간이다.
③ 지역의 경제적 여건에 비해 인구가 적지 않은 공간이다.
④ 누구나 인정할 만한 지역의 명산물로 안개가 유명한 공간이다.

05 '황만근'에 대한 설명으로 잘못된 것은?

> 황만근의 어머니와 아들, 조손은 입맛이 까다로워 비린 반찬이 없으면 먹지를 않는가 하면 비린 반찬이 있으면 밥상머리에서 돌아앉았다. 한 끼에 두 번 상을 차리는 일이 예사였다. 어머니 한 상, 아들 한 상이었고 본인은 상이 없이 먹었다. 황만근은 하루 일이 끝나면 반드시 경운기에 고기를 매달고 집으로 돌아왔다. [중략] 그는 얻어 온 고기를 뜨고 굽고 찌고 데치고 삶고 끓이는 데도 이골이 났다. 어쩌다 그가 만든 음식에 숟가락을 대 본 사람은 이구동성으로 감탄을 하게 마련이었다. 그러고 나서는 남녀노소를 막론하고 "희한할세, 바보가." 하는 말을 덧붙이는 것을 잊지 않았다. 그는 만들어져 있는 조미료를 몰랐지만 재료가 가지고 있는 맛을 흠뻑 우려내어 조화를 시킬 줄 알았다.
> 황만근은 또한 책에 나오는 예(禮)는 몰라도 염습과 산역같이 남이 꺼리는 일에는 누구보다 앞장을 섰고 동네 사람들도 서슴없이 그에게 그런 일을 맡겼다. 똥구덩이를 파고 우리를 짓고 벽돌을 찍는 일 또한 황만근이 동네 사람 누구보다 많이 했다. [중략] 동네의 일, 남의 일, 궂은일에는 언제나 그가 있었다. 그런 일에 대한 대가는 없거나(동네일인 경우), 반값이거나(다른 사람의 농사일을 하는 경우), 제값이면(경운기와 함께하는 경우) 공치사가 따랐다.
> ― 성석제, 〈황만근은 이렇게 말했다〉

① 다른 사람이 싫어하는 일도 솔선수범해서 했다.
② 인공 조미료를 쓰지 않고 재료 본연의 맛을 살려 요리했다.
③ 가족들을 위해 상을 여러 번 차리는 일도 마다하지 않았다.
④ 동네일과 다른 집의 농사일은 대가를 받지 않고도 흔쾌히 도왔다.

06 빈칸에 들어갈 사자성어로 적절한 것은?

세상에는 어려운 일들이 많지만 외국 여행 다녀온 사람의 입을 막는 것도 그중 하나이다. 특히 그것이 그 사람의 첫 외국 여행이었다면 입 막기는 포기하고 미주알고주알 늘어놓는 여행 경험을 들어주는 편이 정신 건강에 좋다. 그 사람이 별것 아닌 사실을 _____하거나 특수한 경험을 지나치게 일반화한들, 그런 수다로 큰 피해를 입는 것도 아니지 않은가?

① 刻舟求劍   ② 捲土重來
③ 臥薪嘗膽   ④ 針小棒大

06 ㉠에 들어갈 한자 성어로 가장 적절한 것은?

관광 산업이 주력인 제주도는 코로나19 강타 이후 최대의 위기에 직면했다. 2020년 코로나19 발발 이후 방한 외국인 관광객은 252만 명으로 전년 대비 85.6% 감소, 1988년 수준으로 급감했다. 하지만 이런 위기는 오히려 제주에는 ㉠ 이/가 됐다. 한국인의 해외여행이 428만 명으로 전년 대비 85.1% 감소한 가운데 이들이 제주도로 발길을 돌렸기 때문이다.

여행에 목마른 개인, 국내에서 특별한 여행지를 찾던 신혼부부가 하나둘 제주도를 찾았다. 이로 인해 제주도를 찾는 내국인 관광객은 코로나19 사태 이후인 2020년 1002만 명, 2021년 1196만 명으로 감소했던 것이 2022년 1381만 명을 기록했다. 이는 역대 가장 많은 내국인이 방문한 2019년의 1356만 명보다 25만 명이 많은 규모다.

① 轉禍爲福   ② 吳越同舟
③ 先見之明   ④ 切齒腐心

07 다음 시를 감상한 내용으로 가장 적절한 것은?

어이 못 오던가 무슴 일로 못 오던가
너 오는 길에 무쇠 성(城)을 싸고 성안에 담 싸고 담 안에 집을 짓고 집 안에 두지 노코 두지 안에 궤(櫃)를 쫏고 그 안에 너를 필자형(必字形)으로 결박(結縛)호여 너코 쌍배목(雙排目)의 걸쇠 금(金)거북 자물쇠로 슈긔슈긔 잠가 잇더냐 네 어이 그리 아니 오더니
혼 히도 열두 둘이오 혼 둘 셜흔 놀의 날 볼 홀니 업스랴.
– 작가 미상

① 동일 구절을 반복하여 '너'에 대한 섭섭한 감정을 표출하고 있다.
② 날짜 수를 대조하여 헤어진 기간이 길다는 것을 강조하고 있다.
③ 동일한 어휘를 연쇄적으로 나열하여 감정의 기복을 표현하고 있다.
④ 단계적으로 공간을 축소하여 '너'를 만날 수 있다는 희망을 표현하고 있다.

07 다음 시에 대한 설명으로 적절하지 않은 것은?

생매 잡아 길 잘 들여 먼 산 두메로 꿩 사냥 보내고 흰 말 구불구종* 갈기 솔질 활활 쌀쌀 하여 임의 집 송정 뒤 잔디 잔디 금잔디 밭에 말 말뚝 쾅쾅쌍쌍 박아 숭마 바 고삐 길게 늘려 매고
앞내 여울 고기 뒷내 여울 고기 오르는 고기 내리는 고기 자나 굵으나 굵으나 자나 주섬주섬 낚아 내여 시내 동으로 뻗은 움버들 가지 와지끈 뚝딱 꺾어 거꾸로 잡고 잎사귀 셋만 남기고 주루룩 훑어 아가미 너슬너슬 꿰어 시내 잔잔 흐르는 물에 납작 실죽 청 바둑돌로 임도 모르고 아무도 모르게 가만히 살짝 자기자 장단 맞춰 지근지지 눌러 놓고 동자야 이 뒤에 학 타신 선관이 날 찾거든 그물 낚싯대 종이 종다래끼* 파리 밥풀통 고추장 술병까지 가지고 뒷내 여울로 오라고 일러만 주소
아마도 산중호걸이 나뿐인가 하노라
– 작가 미상

*구불구종: 말 모는 하인
*종다래끼: 작은 바구니

① 음성 상징어를 활용하여 생동감을 주고 있다.
② 대구와 열거의 방식으로 운율을 형성하고 있다.
③ 생활용품을 활용한 비유로 대상을 묘사하고 있다.
④ 시간의 흐름에 따라 시상이 전개되고 있다.

08 ㉠과 ㉡에 들어갈 말로 가장 적절한 것은?

특정한 작업을 수행하기 위해 신체 근육의 특정 움직임을 조작하는 능력을 운동 능력이라고 한다. 언어에 관한 운동 능력은 '발음 능력'과 '필기 능력' 두 가지인데 모두 표현을 위한 능력이다.

말로 표현하기 위해서는 발음 능력이 필요한데, 이는 음성 기관을 움직여 원하는 음성을 만들어 내는 능력이다. 이 능력은 영·유아기에 수많은 시행착오와 꾸준한 훈련을 통해 습득된다. 이렇게 발음 능력을 습득하면 음성 기관의 움직임은 자동화되어 음성 기관의 어느 부분을 언제 어떻게 움직일지를 화자가 거의 의식하지 않는다. 우리가 모어에 없는 외국어 음성을 발음하기 어려운 이유는 ㉠ 있기 때문이다.

글로 표현하기 위해서는 필기 능력이 필요하다. 필기에서는 글자의 모양을 서로 구별되게 쓰는 것은 기본이고 그 수준을 넘어서서 쉽게 알아볼 수 있는 모양으로 잘 쓰는 것도 필요하다. 글씨를 쓰기 위해 손을 놀리는 것은 발음을 하기 위해 음성 기관을 움직이는 것에 비해 상당히 의식적이라 할 수 있다. 그렇지만 개인의 의지와 관계없이 필체가 꽤 일정하다는 사실은 손을 놀리는 데에 ㉡ 의미한다.

① ㉠: 음성 기관의 움직임이 모어의 음성에 맞게 자동화되어
㉡: 무의식적이고 자동적인 면이 있음을

② ㉠: 낯선 음성은 무의식적으로 발음하도록 훈련되어
㉡: 유아기에 수행한 훈련이 효과적이지 않음을

③ ㉠: 음성 기관의 움직임이 모어의 음성에 맞게 자동화되어
㉡: 유아기에 수행한 훈련이 효과적이지 않음을

④ ㉠: 낯선 음성은 무의식적으로 발음하도록 훈련되어
㉡: 무의식적이고 자동적인 면이 있음을

08 다음 글의 문맥상 ㉠에 들어가기에 알맞은 것은?

중국 춘추 시대에 초나라는 남쪽의 강대국이었고 진(晉)나라는 서쪽의 강대국이었다. 서기전 547년, 채나라의 성자(聲子)라는 인물이 두 나라 사이의 분쟁을 조정하기 위해 진나라에 머물다 초나라로 왔다. 초나라의 영윤(재상) 자목이 성자를 맞아 진나라의 정세를 탐문하면서 초와 진 가운데 어느 나라 인재의 역량이 뛰어난지 물었다. 성자는 이렇게 답했다.

"초의 좋은 목재와 가죽을 진에서 쓰듯, 초에 인재가 있으나 실제로 그들을 쓰는 건 진입니다[雖楚有才, 晉實用之]." 여기서 다른 나라의 인재를 활용한다는 뜻의 '초재진용(楚才晉用)'이라는 성어가 남았다.

자목은 더 물었다. "그들은 핏줄도 안 따지는가?" 성자는 이렇게 답했다. "핏줄도 따지지만, 초의 인재를 현실적으로 많이 씁니다. 정치를 잘하는 사람은 상벌을 남용하지 않습니다. 포상을 남발하면 나쁜 자도 상을 받고, 형벌을 남용하면 좋은 이도 벌 받을 우려가 있기 때문입니다. 그렇지만 차라리 포상이 지나친 게 낫습니다. ㉠ . 나라에 좋은 사람이 없으면 나라도 망합니다."

자목은 이어 초나라의 잘못된 상벌과 부패 때문에 초나라에서 진나라로 망명한 뒤 진나라의 참모가 되어 초나라와의 싸움에서 큰 공을 세운 인재들인 석공, 옹자, 자령, 묘분황 등의 사례를 상세히 설명했다.

① 나쁜 사람이 상을 받고 개과천선할 수 있다면 더 없이 좋기 때문입니다
② 나쁜 이가 상을 받을 위험을 만들지 않는 게 더 중요하기 때문입니다
③ 좋은 사람을 놓치지 않는 게 더 중요하기 때문입니다
④ 칭찬은 고래도 춤추게 할 수 있기 때문입니다

09 ㉠~㉣ 중 〈한글 맞춤법〉에 맞게 쓰인 것만을 모두 고르면?

- 혜인 씨에게 ㉠ 무정타 말하지 마세요.
- 재아에게는 ㉡ 섭섭치 않게 사례해 주자.
- 규정에 따라 딱 세 명만 ㉢ 선발토록 했다.
- ㉣ 생각컨대 그의 보고서는 공정하지 못했다.

① ㉠, ㉡ ② ㉠, ㉢
③ ㉡, ㉣ ④ ㉢, ㉣

09 ㉠~㉤ 중 표기가 옳은 것으로만 묶인 것은?

- 현실은 생각보다 ㉠ 만만찮다는 것을 깨달았다.
- 내 진심을 알아주지 못하는 친구가 참 ㉡ 야속터군요.
- ㉢ 어떠튼 나는 그의 요청을 들어주기로 했다.
- 늦은 밤이라 야간 운전에 ㉣ 익숙지 않아 고생했다.
- 무용수들은 아름다운 전통 춤을 선보여 관객들을 ㉤ 감탄케 했다.

① ㉠, ㉡, ㉣ ② ㉠, ㉣, ㉤
③ ㉡, ㉢, ㉤ ④ ㉢, ㉣, ㉤

10 ㉠~㉣의 한자로 적절하지 않은 것은?

예정보다 지연되긴 했으나 열 시쯤에는 마애불에 ㉠ 도착할 수가 있었다. 맑은 날씨에 빛나는 햇살이 환히 비춰 ㉡ 불상들은 불그레 물들어 있었다. 만일 신비로운 ㉢ 경지라는 말을 할 수 있다면 바로 이런 경우가 아닐지 모르겠다. 꼭 보고 싶다는 숙원이 이루어진 기쁨에 가슴이 벅차 왔다. 아마 잊을 수 없는 ㉣ 추억의 한 토막으로 남을 것 같다.

① ㉠: 到着 ② ㉡: 佛像
③ ㉢: 境地 ④ ㉣: 記憶

10 ㉠~㉣의 한자 표기로 옳지 않은 것은?

㉠ 파괴라는 말은 그 말의 강한 ㉡ 인상 때문에 다양성과는 거리가 멀다는 인상을 준다. 하지만 창조의 형식만큼 파괴의 형식도 다양하다. 흔히 창조적 파괴라는 말을 한다. 이때 파괴는 단순히 창조를 위한 ㉢ 전제에 불과한 것이 아니다. 파괴의 형식이 창조의 형식을 규정하고, 파괴의 결이 창조의 결로 이어진다. 한마디로 파괴는 무차별적인 그 무엇이 아니며, 창조가 파괴로부터 명확하게 ㉣ 구분이 되는 것도 아니다. 파괴되는 순간, 창조의 방향은 이미 결정이 나 있다고 할 수 있다.

① ㉠: 破壞 ② ㉡: 印象
③ ㉢: 專制 ④ ㉣: 區分

11 다음 글을 이해한 내용으로 적절하지 않은 것은?

> 사람의 '지각과 생각'은 항상 어떤 맥락, 관점 혹은 어떤 평가 기준이나 가정하에서 일어난다. 이러한 맥락, 관점, 평가 기준, 가정을 프레임이라고 한다. 지각과 생각은 인간의 모든 정신 활동을 뜻한다. 따라서 우리의 모든 정신 활동은 진공 상태에서 일어나는 것이 아니라, 어떤 맥락이나 가정하에서 일어난다. 한 마디로 우리가 프레임이라는 안경을 쓰고 세상을 보고 있음을 의미한다. 간혹 어떤 사람이 자신은 어떤 프레임의 지배도 받지 않고 세상을 있는 그대로, 객관적으로 본다고 주장한다면, 그 주장은 진실이 아닐 것이다.

① 인간의 정신 활동은 프레임 없이 일어나지 않는다.
② 프레임은 인간이 세상을 바라볼 때 어떤 편향성을 가지게 한다.
③ 인간의 지각과 사고를 확장하는 과정에서 프레임은 극복해야 할 대상이다.
④ 프레임은 인간의 정신 활동에 영향을 미치는 어떤 맥락이나 평가 기준이다.

11 다음 글에 나타난 글쓴이의 궁극적인 견해로 가장 적절한 것은?

> 자연이 만든 것 중에 배타적 재산권과 가장 친하지 아니한 것이 바로 관념이라 불리는 사고력의 작용이다. 관념은 밖으로 내뱉는 순간 모든 사람의 소유가 되고 누구도 그것을 빼앗을 수 없다. 그것의 또 다른 특징은 모두가 전부를 가지고 있기에 아무도 적게 가질 수 없다는 것이다. 누가 나의 관념을 전달받았다고 해서 나의 것이 줄어들지는 않는다. 누가 내 등잔의 심지에서 불을 붙여 갔더라도 내 등잔불은 여전히 빛나고 있는 것이다. 도덕적으로 서로를 교육하며 삶의 질을 개선하기 위하여 온 세상으로 관념이 자유롭게 확산되어야 한다는 것, 이것은 자연이 준 특이하고 자비로운 선물일 것이다. 구석구석을 비추며 사방으로 뻗어 나가는 빛처럼, 우리가 그 속에서 숨 쉬고 움직이고 존재하는 공기처럼, 자연은 배타적 소유나 제한이 없도록 관념을 만들었다.

① 관념은 보다 많은 사람들에게 확산될수록 심오해진다.
② 관념은 인간을 교육하고 삶을 개선하기 위한 가장 효과적인 수단이다.
③ 관념을 나누면 나의 관념이 줄어드는 대신 남의 관념이 늘어나므로 보람차다.
④ 관념은 배타적인 소유의 대상이 아니므로 널리 확산되어야 한다.

12 다음 글을 이해한 내용으로 가장 적절한 것은?

전 세계를 대표하는 항공기인 보잉과 에어버스의 중요한 차이점은 자동 조종 시스템의 활용 정도에 있다. 보잉의 경우, 조종사가 대개 항공기를 조종간으로 직접 통제한다. 조종간은 비행기의 날개와 물리적으로 연결되어 있어서 어떤 상황에서도 조종사가 조작한 대로 반응한다. 이와 다르게 에어버스는 조종간 대신 사이드스틱을 설치하여 컴퓨터가 조종사의 행동을 제한하거나 조종에 개입할 수 있게 설계되었다. 보잉에서는 조종사가 항공기를 통제할 수 있는 전권을 가지지만 에어버스에서는 컴퓨터가 조종사의 조작을 감시하고 제한한다.

보잉과 에어버스의 이러한 차이는 기계를 다루는 인간을 바라보는 관점이 서로 다른 데서 비롯된다. 보잉사를 창립한 윌리엄 보잉의 철학은 "비행기를 통제하는 최종 권한은 언제나 조종사에게 있다."이다. 시스템은 불안정하고 완벽하지 않기 때문에 컴퓨터가 조종사의 판단보다 우선시될 수 없다는 것이다. 반면 에어버스의 아버지라고 불리는 베테유는 '인간은 실수할 수 있는 존재'라고 전제한다. 베테유는 이런 자신의 신념을 토대로 에어버스를 설계함으로써 조종사의 모든 조작을 컴퓨터가 모니터링하고 제한하게 만든 것이다.

① 보잉은 시스템의 불완전성을, 에어버스는 인간의 실수 가능성을 고려하여 설계되었다.
② 베테유는 인간이 실수할 수 있는 존재라고 보지만 윌리엄 보잉은 그렇지 않다고 본다.
③ 에어버스의 조종사는 항공기 운항에서 자동 조종 시스템을 통제하고 조작한다.
④ 보잉의 조종사는 자동 조종 시스템을 사용하지 않고 항공기를 조종한다.

12 다음 글의 내용과 부합하지 않는 것은?

우리나라는 지리적으로 삼면이 바다로 둘러싸여 있어 바다와는 친근하다. 하지만 안동은 경북 북부에 위치한 내륙 지방이므로 가장 가까운 바다는 영덕이었다. 따라서 안동에서는 지리적인 조건으로 자연 해산물이 귀하고 곡물이 많았다. 하지만 안동 사람들은 '꿩 대신 닭'이라고 영양 만점인 간고등어를 개발하였던 것이다.

교통이 원활하지 못한 지난날 40~50년 전만 하더라도 안동 사람들은 안동에서 제일 가까운 영덕에서 해산물을 주로 가져와 먹었다. 물론 그 옛날 옛적부터 내려온 가장 효율적인 생활의 양식으로, 장사꾼들은 영덕 강구에서 잡은 고등어를 달구지에 싣고 동이 틀 무렵 영덕과 안동을 이어 주는 청송의 황장재를 넘어 해거름에 임동 잿거리 장터에 도착하였다. 안동까지 남은 이십오 리 길에서 고등어 배를 갈라 내장을 제거하고 왕소금을 알맞게 뿌리면, 햇빛과 바람으로 고등어가 자연 숙성된다.

자연의 지리적 조건으로 만들어진 간고등어는 지난날 양반들이 많은 안동 지방, 가난한 선비들의 고급 반찬이요 특산물이었다. 특히 간고등어는 저렴하고 장기 보존이 가능하여 빈부를 막론하고 어느 가정에서도 언제 어느 때건 손님이 찾아와도 대접할 수 있는 반찬 중 하나이다.

① 소금과 함께 안동의 자연 조건은 간고등어 숙성에 도움을 주었다.
② 40~50년 전에 임동에서 영덕까지의 거리는 약 25리 정도였다.
③ 안동에서는 가난한 선비들과 평민들도 간고등어를 먹었다.
④ 안동은 사면(四面) 중 바다를 면한 부분이 없다.

13 다음 글에서 추론한 내용으로 가장 적절한 것은?

> 공포의 상태와 불안의 상태를 구분하는 것은 쉽지 않다. 왜냐하면 두 감정을 함께 느끼거나 한 감정이 다른 감정을 유발할 때가 많기 때문이다. 가령, 무시무시한 전염병을 목도하고 공포에 빠진 사람은 자신도 언젠가 그 병에 걸릴지 모른다는 불안 상태에 빠지게 된다. 이처럼 두 감정은 서로 밀접하게 얽혀 있다는 점에서 혼동하기 쉽다. 하지만 두 감정을 야기한 원인을 따져 보면 두 감정을 명확하게 구분할 수 있다. 공포는 실재하는 객관적 위협에 의해 야기된 상태를 의미하고, 불안은 현재 발생하지 않았으며 미래에 일어날지 모르는 불명확한 위협에 의해 야기된 상태를 의미한다. 공포와 불안의 감정은 둘 다 자아와 관련되어 있지만 여기에서도 차이를 찾을 수 있다. 공포를 느끼는 것은 '나 자신'이 위험한 상황에 놓여 있다는 사실을 아는 것이고, 불안의 경험은 '나 자신'이 위해를 입을까 봐 걱정하는 것이다.

① 자신이 처한 위험한 상황을 정확히 인식하는 경우에는 공포감에 비해 불안감이 더 크다.
② 전기·가스 사고가 날까 두려워 외출하지 못하는 사람은 불안한 상태에 있는 것이다.
③ 시험에 불합격할 수 있다는 생각에 사로잡힌 사람은 공포감에 빠져 있는 것이다.
④ 과거에 큰 교통사고를 경험한 사람은 공포감은 크지만 불안감은 작다.

13 다음 글에서 추론한 내용으로 적절하지 않은 것은?

> 영화는 이미지와 사운드를 결합하여 의미와 감동을 만들어 낸다. 이미지와 사운드의 결합은 대개 다음과 같이 구분된다. 먼저, 사운드가 발생한 원천을 화면을 통해 확인할 수 있는 것을 '인(in) 음향'이라고 한다. 예를 들어, 화면에 배우가 보이면서 그의 대사가 동시에 들리는 것이다. 이때의 사운드는 화면에 보이는 피사체로부터 직접 발생하는 것이다.
>
> 두 번째는 사운드가 발생한 원천이 화면에 보이지 않는 경우이다. A와 B 두 명의 배우가 대화 중인데, 화면에는 A의 말을 듣고 있는 B만 보인다거나, 어떤 장면의 배경 음악으로 기성의 음악이 깔리는 것을 예로 들 수 있다. 이 중 후자는 사운드의 원천이 화면에서 전개되는 시공간에 속하지 않는 경우로, 이를 '오프(off) 음향'이라고 한다. 전자는 사운드의 원천이 직접적으로 화면에 보이지는 않지만, 화면에 보이는 장면과 동일한 공간에 있다는 것을 앞뒤 맥락을 통해 알 수 있는 경우로, 이를 '화면 밖 음향'이라 한다.

① 화면 밖 음향은, 사운드의 원천이 화면에 보이지는 않지만 화면 속 장면의 공간에 존재한다고 인지되는 경우를 말한다.
② 오프 음향과 달리 인 음향은 사운드의 원천이 화면 속 장면의 시공간으로부터 나온 것이다.
③ 화면에 주인공이 문을 여는 장면이 나오면서 그 문에서 발생한 소리가 동시에 들리는 경우는 인 음향이 삽입된 것이다.
④ 주인공이 말없이 피아노를 바라보는 장면에 유명한 피아니스트의 연주곡이 배경 음악으로 깔리는 것은 화면 밖 음향이 삽입된 것이다.

14 다음 글의 내용과 부합하지 않는 것은?

과학 혁명 이전 아리스토텔레스 철학은 로마 가톨릭교의 정통 교리와 결합되어 있었기 때문에 오랜 시간 동안 지배적인 영향력을 발휘하였다. 천문 분야 또한 예외는 아니었다. 아리스토텔레스의 세계관을 따라 우주의 중심은 지구이며, 모든 천체는 원운동을 하면서 지구의 주위를 공전한다는 천동설이 정설로 자리 잡고 있었다. 프톨레마이오스가 천체들의 공전 궤도를 관찰하던 도중, 행성들이 주기적으로 종전의 운동과는 반대 방향으로 움직인다는 관찰 결과를 얻었을 때도 그는 이를 행성의 역행 운동을 허용하지 않는 천동설로 설명하고자 하였다. 그래서 지구를 중심으로 공전하는 원 궤도에 중심을 두고 있는 원, 즉 주전원(周轉圓)을 따라 공전 궤도를 그리면서 행성들이 운동한다고 주장하였다.

과학과 아리스토텔레스 철학의 결별은 서서히 일어났다. 그 과정에서 일어난 가장 중요한 사건은 1543년 코페르니쿠스가 행성들의 운동 이론에 관한 책을 발간한 일이다. 코페르니쿠스는 천체의 중심에 지구 대신 태양을 놓고 지구가 태양의 주위를 공전한다고 주장하였다. 태양을 우주의 중심에 둔 코페르니쿠스의 지동설은 행성들의 운동에 대해 프톨레마이오스보다 수학적으로 단순하게 설명하였다.

① 과학 혁명 이전 시기에는 천동설이 정설로 받아들여졌다.
② 프톨레마이오스의 주전원은 지동설을 지지하고자 만든 개념이다.
③ 천동설과 지동설은 우주의 중심을 어디에 두느냐에 따라 구분된다.
④ 행성의 공전에 대한 프톨레마이오스의 설명은 코페르니쿠스의 설명보다 수학적으로 복잡하였다.

14 다음 글의 내용과 부합하는 것은?

현대 사회의 한 특징으로 권위의 해체 혹은 추락을 들 수 있다. 이는 사회적 의사소통의 측면에서 다음과 같은 현상으로 나타난다. 우선 작가 혹은 저자의 절대적 권위가 해체되는 것이다. 저자를 뜻하는 'author'에 접사가 붙어 만들어진 'authority'가 권위 혹은 권력이라는 의미를 지니는 데서 알 수 있듯이 근대적인 문자 문화에서는 작가 혹은 저자가 상당한 독점적 지위를 지니고 있었다. 문자로 글을 써서 공적인 소통에 참여할 수 있었던 사람들이 소수였기 때문이다.

그런데 오늘날에는 대부분의 사람들이 글을 읽는 독자인 동시에 글을 쓰는 저자로서 자발적이고도 자유롭게 사회적 의사소통에 참여하는 것이 일상화되어 있다. 이에 따라 저자의 독점적 지위는 흔들릴 수밖에 없게 된 것이다. 그 연장선상에서 이 무수한 저자들은 유명 작가의 작품과 위인의 어록, 그리고 집단적 지혜가 담겨 있는 속담이나 격언 등의 권위에 대해서도 도전한다. 널리 진리나 진실로 인정받는 관념을 비틀고 인터넷 등을 통해 이를 공유하는 일도 여기에 해당된다. '오늘의 할 일을 내일로 미루지 말라.'를 '내일 할 수 있는 일을 오늘 할 필요는 없다.'로 비트는 것이 그 사례다.

이러한 자발적이고도 자유로운 글쓰기, 그리고 이를 활발하게 소통하고 공유하는 것은 근대적인 문자 문화에서는 흔히 볼 수 있는 일이 아니었다. 이는 개방성과 포용성이라는 디지털 매체의 매력 덕분이라 할 수 있을 것이다.

① 현대 사회에서는 저자의 절대적 권위가 해체됨으로써 대부분의 사람들이 일상적으로 사회적 의사소통에 참여할 수 있게 되었다.
② 현대 사회에서는 디지털 매체의 개방성과 포용성 덕분에 자발적이고 자유롭게 쓴 글을 소통하고 공유하는 것이 가능해졌다.
③ 근대적인 문자 문화에서는 문자로 글을 써서 공적인 소통에 참여할 수 있는 작가의 수를 제한하였다.
④ 오늘날에는 사람들이 디지털 매체를 통해 자유롭게 자신이 쓴 글을 공유하면서 새로운 문화 권력으로 부상하게 되었다.

15 밑줄 친 단어가 〈표준어 규정〉에 맞게 쓰인 것은?

① 저기 보이는 게 암염소인가, 수염소인가?
② 오늘 윗층에 사시는 분이 이사를 가신대요.
③ 봄에는 여기저기에서 아지랭이가 피어오른다.
④ 그는 수업을 마치면 으레 친구들과 운동을 한다.

15 밑줄 친 부분이 모두 〈표준어 규정〉에 맞는 것은?

① 그는 재산을 모두 떨어먹고 사글세를 살고 있었다.
② 만전을 부리다 고기를 물크러지도록 삶았다.
③ 그는 내 대답이 두루뭉실하다고 궁시렁댔다.
④ 우리 민족은 옛부터 웃어른을 공경했다.

16 ㉠~㉣을 문맥에 맞게 수정하는 방안으로 적절한 것은?

　　난독(難讀)을 해결하려면 정독을 해야 한다. 여기서 말하는 정독은 '뜻을 새겨 가며 자세히 읽음', 즉 '정교한 독서'라는 뜻으로 한자로는 '精讀'이다. '精讀'은 '바른 독서'를 의미하는 '正讀'과 ㉠ 소리는 같지만 뜻이 다르다. 무엇이 정교한 것일까? 모든 단어에 눈을 마주치면서 제대로 인식하는 것이다. 이와 같은 ㉡ 정독(精讀)의 결과로 생기는 어문 실력이 문해력이다. 문해력이 발달하면 결국 독서 속도가 빨라져, '빨리 읽기'인 속독(速讀)이 가능해진다. 빨리 읽기는 정독을 전제로 할 때 빛을 발한다. 짧은 시간에 같은 책을 제대로 여러 번 읽을 수 있기 때문이다. 그래서 문해력의 증가는 '정교하고 빠르게 읽기', 즉 ㉢ 정속독(正速讀)에서 일어나게 되어 있다. 정독이 생활화되면 자기도 모르게 정속독의 경지에 오르게 된다. 그런 경지에 오른 사람들은 뭐든지 확실히 읽고 빨리 이해한다. 자연스레 집중하고 여러 번 읽어도 빠르게 읽으므로 시간이 여유롭다. ㉣ 정독이 빠진 속독은 곧 빼먹고 읽는 습관, 즉 난독의 일종임을 잊지 말아야 한다.

① ㉠을 '다르게 읽지만 뜻이 같다'로 수정한다.
② ㉡을 '정독(正讀)'으로 수정한다.
③ ㉢을 '정속독(精速讀)'으로 수정한다.
④ ㉣을 '속독이 빠진 정독'으로 수정한다.

16 ㉠~㉣을 수정하는 방안으로 가장 적절한 것은?

　　오늘날 우리가 접하는 현대 미술이란 사진의 출현에 따른 미술의 활로 모색의 부산물이었다. 현대 미술가들은 사진과 같이 ㉠ 사실적으로 그리는 일을 포기했다. 그 대신 사진이 못 하는 분야를 집중적으로 연구하기 시작했다. 그것이 바로 ㉡ 분석적인 눈을 통해 대상을 바라보고 작품화하는 것이었다. 이 눈을 통해 이루어진 대표적인 미술이 바로 몬드리안의 작품과 같은 기하학적 ㉢ 추상(抽象) 미술이다. 몬드리안은 나무를 단순화시켜 하나의 선으로 표현했다. 몬드리안에게 그림은 사물을 표현하는 ㉣ 수단이며 점이나 선·면·색과 같은 순수한 조형으로 그려진 세계이며, 몬드리안에게 중요한 것은 선과 선, 색과 면, 선과 면의 조화였다.

① ㉠을 '사실적으로 그리려 노력했다'로 고친다.
② ㉡을 '사실적인'으로 고친다.
③ ㉢을 '구상(具象) 미술'로 고친다.
④ ㉣을 '수단이 아니며'로 고친다.

17 다음 시를 감상한 내용으로 적절하지 않은 것은?

> 막바지 뙤약볕 속
> 한창 매미 울음은
> 한여름 무더위를 그 절정까지 올려놓고는
> 이렇게 다시 조용할 수 있는가.
> 지금은 아무 기척도 없이
> 정적의 소리인 듯 쟁쟁쟁
> 천지(天地)가 하는 별의별
> 희한한 그늘의 소리에
> 멍청히 빨려 들게 하구나.
>
> 사랑도 어쩌면
> 그와 같은 것인가.
> 소나기처럼 숨이 차게
> 정수리부터 목물로 들이붓더니
> 얼마 후에는
> 그것이 아무 일도 없었던 양
> 맑은 구름만 눈이 부시게
> 하늘 위에 펼치기만 하노니.
>
> — 박재삼, 〈매미 울음 끝에〉

① 갑작스럽게 변화한 자연 현상을 감각적으로 제시하고 있다.
② 청각적 이미지와 시각적 이미지를 활용하여 시상을 전개하고 있다.
③ 소나기가 그치고 맑은 구름이 펼쳐진 것을 통해 사랑의 속성을 드러내고 있다.
④ 매미 울음소리가 절정에 이르렀다가 사라진 직후의 상황을 반어법으로 표현하고 있다.

17 다음 시에 대한 설명으로 옳지 않은 것은?

> 삶은 계란의 껍질이
> 벗겨지듯
> 묵은 사랑이
> 벗겨질 때
> 붉은 파밭의 푸른 새싹을 보아라
> 얻는다는 것은 곧 잃는 것이다
>
> 먼지 앉은 석경 너머로
> 너의 그림자가
> 움직이듯
> 묵은 사랑이
> 움직일 때
> 붉은 파밭의 푸른 새싹을 보아라
> 얻는다는 것은 곧 잃는 것이다
>
> 새벽에 준 조로의 물이
> 대낮이 지나도록 마르지 않고
> 젖어 있듯이
> 묵은 사랑이
> 뉘우치는 마음의 한복판에
> 젖어 있을 때
> 붉은 파밭의 푸른 새싹을 보아라
> 얻는다는 것은 곧 잃는 것이다
>
> — 김수영, 〈파밭 가에서〉

① 시적 구조를 반복하여 시상을 안정감 있게 전개하고 있다.
② 비유적 표현과 색채 대비를 통해 화자의 인식을 구체화하고 있다.
③ 자연물을 활용하여 새로운 가치에 대한 지향 의지를 나타내고 있다.
④ 모순적인 어법을 통해 미래에 대한 비관적 인식을 드러내고 있다.

18 다음 글을 이해한 내용으로 가장 적절한 것은?

루카치는 그리스 세계를 신과 인간의 결합 정도를 가리키는 '총체성' 개념을 기준으로 세 시대로 구분하였다. 첫 번째 시대에서 후대로 갈수록 총체성의 정도는 낮아진다. 첫째는 총체성이 완전히 구현되어 있는 '서사시의 시대'이다. 호메로스의 《일리아드》와 《오디세이아》에서는 신과 인간의 세계가 하나로 얽혀 있다. 인간들이 그리스와 트로이 두 패로 나뉘어 전쟁을 벌일 때 신들도 인간의 모습을 하고 두 패로 나뉘어 전쟁에 참여했다. 둘째는 '비극의 시대'이다. 소포클레스나 에우리피데스의 비극에서는 총체성이 흔들려 신과 인간의 세계가 분리된다. 하지만 두 세계가 완전히 분리되지는 않고 신탁이라는 약한 통로로 이어져 있다. 비극에서 신은 인간의 행위에 직접 개입하지 않고 신탁을 통해서 자신의 뜻을 그저 전달하는 존재로 바뀐다. 셋째는 플라톤으로 대표되는 '철학의 시대'이다. 이 시대는 이미 계몽된 세계여서 신탁 같은 것은 신뢰할 수 없게 되었다. 신과 인간의 세계가 완전히 분리됨으로써 신의 세계는 인격적 성격을 상실하여 '이데아'라는 추상성의 세계로 바뀐다. 신의 세계와 인간의 세계는 그 사이에 어떤 통로도 존재할 수 없는, 절대적으로 분리된 세계가 되었다.

① 계몽사상은 서사시의 시대에서 철학의 시대로의 전환을 이끌었다.
② 플라톤의 이데아는 신탁이 사라진 시대의 비극적 세계를 표현한다.
③ 루카치는 각기 다른 기준에 따라 그리스 세계를 세 시대로 구분하였다.
④ 에우리피데스의 비극에 비해 《오디세이아》에서는 신과 인간의 결합 정도가 높다.

18 다음 글의 내용과 부합하지 않는 것은?

뇌는 진화의 시간을 거치는 동안 점점 커지면서 재조직되었다는 사실이 밝혀지고 있다. 예를 들어 보자. 당신의 뇌에는 네 개의 신경 세포 클러스터 또는 뇌 영역이 들어 있다. 이것이 당신의 몸의 움직임을 감지하고 촉각을 만들어 내도록 돕는다. 이 뇌 영역들을 통틀어 일차 체성 감각 피질이라고 한다. 하지만 쥐의 뇌에서 일차 체성 감각 피질은 하나의 영역으로 되어 있어 여기에서 모든 과업을 수행한다. 우리가 인간과 쥐의 뇌를 간단히 눈으로만 들여다본다면 인간의 뇌에서 발견된 체성 감각 영역 중 세 개가 쥐에게는 없다고 믿기에 이를 것이다. 그리하여 이 세 영역은 인간에게서만 새로 진화된 것이며 인간 특유의 기능들이 이 영역에 들어 있으리라고 결론 내릴 것이다.

하지만 과학자들은 우리의 네 개 영역과 쥐의 한 개 영역에 같은 유전자들이 다수 포함되어 있다는 사실을 발견해 냈다. 이 한 토막의 발견이 진화에 관해 무언가를 암시해 준다. 바로 지금으로부터 약 6,600만 년 전에 살았던 인간과 설치류의 마지막 공통 조상은 오늘날 우리 뇌의 네 개 영역이 담당하는 기능들을 수행하는 하나의 체성 감각 영역을 가졌으리라는 것이다. 우리 조상들의 뇌와 몸이 더 크게 진화함에 따라 그 하나의 영역이 확장되어 그때까지 맡았던 책임들을 재분배하기 위해 세분화되었을 것이다. 뇌 영역들의 재배치, 곧 영역 간 분리와 통합을 통해 더 복잡한 뇌가 만들어졌고, 이로써 더 크고 복잡해진 신체를 제어할 수 있게 되었다.

① 6,600만 년 전 인간 조상 뇌보다 오늘날 인간의 뇌는 더 복잡해진 신체를 제어할 수 있게 진화되었다.
② 쥐의 뇌는 인간의 뇌보다 일차 체성 감각 피질의 영역이 세 개나 적지만, 쥐의 뇌와 인간의 뇌에는 같은 유전자들이 다수 포함되어 있다.
③ 진화의 시간을 거치는 동안 인간의 뇌는 쥐의 뇌보다 세분화가 더 많이 이루어졌고, 그 덕분에 인간은 쥐보다 더 섬세한 촉각을 만들어 내게 되었다.
④ 인간과 설치류의 마지막 공통 조상과 오늘날 인간 뇌에 차이가 생긴 까닭은 우리 조상들의 뇌와 몸이 더 커짐에 따라 그 책임을 맡은 뇌 영역들이 재배치되었기 때문이다.

19 다음 글의 내용과 부합하지 않는 것은?

> 몽유록(夢遊錄)은 '꿈에서 놀다 온 기록'이라는 뜻으로, 어떤 인물이 꿈에서 과거의 역사적 인물을 만나 특정 사건에 대한 견해를 듣고 현실로 돌아온다는 특징이 있다. 이때 꿈을 꾼 인물인 몽유자의 역할에 따라 몽유록을 참여자형과 방관자형으로 구분할 수 있다. 참여자형에서는 몽유자가 꿈에서 만난 인물들의 모임에 초대를 받고 토론과 시연에 직접 참여한다. 방관자형에서는 몽유자가 인물들의 모임을 엿볼 뿐 직접 그 모임에 참여하지는 않는다. 16~17세기에 창작되었던 몽유록에는 참여자형이 많다. 참여자형에서는 몽유자와 꿈속 인물들이 동질적인 이념을 공유하고 현실의 고통스러운 문제에 대해 의견을 나누며 비판적 목소리를 낸다. 그러나 주로 17세기 이후에 창작된 방관자형에서는 몽유자가 꿈속 인물들과 함께 현실을 비판하는 것이 아니라 구경꾼의 위치에 서 있다. 이 시기의 몽유록이 통속적이고 허구적인 성격으로 변모하는 것은 몽유자의 역할 변화와 무관하지 않다.

① 몽유자가 꿈속 인물들의 모임에 직접 참여하는지, 참여하지 않는지에 따라 몽유록의 유형을 나눌 수 있다.
② 17세기보다 나중 시기의 몽유록에서는 몽유자가 현실을 비판하는 경향이 강하게 나타난다.
③ 몽유자가 모임의 구경꾼 역할을 하는 몽유록은 통속적이고 허구적인 성격이 강하다.
④ 몽유자가 꿈속 인물들과 함께 현실을 비판하는 몽유록은 참여자형에 해당한다.

19 다음 글의 내용과 부합하지 않는 것은?

> 우리 헌법은 위법한 국가 작용에 의한 국민의 권리 침해뿐만 아니라 합법적인 공권력 작용에 의해서 발생하는 권리 침해에 대해서도 이를 구제해 줄 수 있는 권리 구제 제도를 마련함으로써 법치 국가의 실질적 내용을 실현하고 있다. 국가 배상 청구권(제29조), 손해 배상 청구권(제23조 3항), 형사 보상 청구권(제28조), 청원권(제26조), 헌법 소원 심판 청구권(제111조 1항, 5항) 등이 그것이다.
>
> 효과적인 권리 구제 제도를 위해서는 다음과 같은 요소들이 중요하다. 권리 구제 기구는 독립적이고 중립적으로 운영되어야 한다. 이는 재판권의 독립성을 보장하고, 권리에 대한 신속하고 공정한 판단을 할 수 있는 환경을 조성해야 함을 의미한다. 또한, 권리 구제 제도 절차의 간소화를 통해 개인들이 신청하고 접근할 수 있는 권리 구제의 접근성을 높여야 한다. 마지막으로, 권리 구제 기구는 권리 침해에 대한 효과적인 구제 방안을 제공해야 한다. 이는 법원 이외의 조정, 중재, 보조 기관 등에서 권리를 복구하거나 보상받을 수 있는 조치를 포함한다.

① 공권력의 작용이 합법적인 경우라고 하더라도 그로 인해 국민의 권리 침해가 일어났다면 헌법에 따라 구제받을 수 있다.
② 효과적인 권리 구제 제도를 위해 권리 구제 제도 절차를 간소화해야 한다.
③ 손해 배상 청구권과 형사 보상 청구권은 권리 구제 제도에 해당한다.
④ 권리 구제 기구는 독립성을 유지하기 위해서 권리 침해에 대한 구제 조치가 법원에서만 독립적으로 일어나도록 보장해야 한다.

20 다음 글을 이해한 내용으로 적절한 것은?

디지털 트윈은 현실 세계와 똑같은 가상의 세계이다. 최근 주목받고 있는 메타버스와 개념은 유사하지만 활용 목적의 측면에서 구별된다. 메타버스는 가상 세계와 현실 세계가 융합된 플랫폼으로 이용자들에게 새로운 경제·사회·문화적 경험을 제공하는 데 목적을 둔다. 반면 디지털 트윈은 현실 세계에 존재하는 사물, 공간, 환경, 공정 등을 컴퓨터상에 디지털 데이터 모델로 표현하여 똑같이 복제하고 실시간으로 서로 반응할 수 있도록 한다. 그래서 디지털 트윈의 이용자는 가상 세계에서의 시뮬레이션을 통해 미래 상황을 예측할 수 있게 된다. 디지털 트윈에 대한 수요가 증가하면서 관련 시장도 확대되고 있으며, 국내외의 글로벌 기업들은 여러 산업 분야에서 디지털 트윈을 도입하여 사전에 위험 요소를 제거하고 수익 모델의 효율성을 높이고 있다. 디지털 트윈이 이렇게 주목받는 이유는 안정성과 경제성 때문인데 현실 세계를 그대로 옮겨 놓은 가상 세계에 데이터를 전송, 취합, 분석, 이해, 실행하는 과정은 실제 실험보다 매우 빠르고 정밀하며 안전할 뿐 아니라 비용도 적게 든다.

① 디지털 트윈을 활용함에 따라 글로벌 기업들의 고용률이 향상되었다.
② 디지털 트윈의 데이터 모델은 현실 세계의 각종 실험 모델보다 경제성이 낮다.
③ 디지털 트윈에서의 시뮬레이션으로 현실 세계의 위험 요소를 찾아내고 방지할 수 있다.
④ 디지털 트윈은 현실 세계의 이용자에게 새로운 문화적 경험을 제공하는 데 목적이 있다.

20 다음 글의 내용과 일치하는 것은?

컴퓨터의 중앙 처리 장치인 CPU는 데이터를 처리하기 위해 주기억 장치와 끊임없이 데이터를 주고받는다. 그런데 CPU는 처리 속도가 매우 빠른 반면, 주기억 장치의 처리 속도는 상대적으로 느리다. 그렇기 때문에 CPU가 명령을 실행할 때마다 주기억 장치로부터 데이터를 읽어 오면 두 장치의 처리 속도의 차이로 인해 명령을 빠르게 실행할 수가 없다. 그래서 캐시 기억 장치를 활용하여 데이터 처리 속도를 향상시킨다.

캐시 기억 장치는 CPU 내에 또는 CPU와 주기억 장치 사이에 위치한 기억 장치로 주기억 장치보다 용량은 작지만 처리 속도가 매우 빠르다. 이러한 캐시 기억 장치에 주기억 장치의 데이터 중 자주 사용되는 데이터의 일부를 복사해 두고 CPU가 이 데이터를 사용하도록 하는 과정을 '캐싱(caching)'이라고 한다.

캐싱이 효율적으로 이루어지려면 CPU가 캐시 기억 장치에 저장된 데이터를 반복적으로 사용하는 것이 중요한데 이를 위해 고려되는 것이 참조의 지역성이다. 참조의 지역성은 시간적 지역성과 공간적 지역성으로 나눌 수 있다. 시간적 지역성은 CPU가 한 번 사용한 특정 데이터가 가까운 미래에 다시 사용될 가능성이 높은 것을 말하고, 공간적 지역성은 한 번 사용한 데이터 근처에 있는 데이터가 곧 사용될 가능성이 높은 것을 말한다.

① CPU는 주기억 장치보다 데이터 처리 속도가 느리기 때문에 캐시 기억 장치를 활용한다.
② 캐시 기억 장치는 주기억 장치보다 용량이 크고 처리 속도가 매우 빠르다.
③ 캐싱의 효율성을 위해 고려되는 참조의 지역성은 시간과 공간으로 나눈다.
④ 사용했던 데이터 근처의 데이터가 곧 사용될 가능성이 높은 것은 시간적 지역성이다.

02회 국가직 기출 변형 모의고사

핵심 자료선 〈한글 맞춤법〉 확인하기

[01~45] 올바른 표기는 ○ 표를 하고, 틀린 표기는 바르게 고치시오.

01. 오늘 독자 투고난에 실린 글 봤니?

02. 밀턴의 《실락원》은 기독교적인 이상주의와 청교도적인 세계관을 반영하고 있다.

03. 우리 기관에서는 신년도가 회계년도 기준으로 3월부터입니다.

04. 어떡해 번번이 합격율이 낮습니까?

05. 이 가곡의 노래말은 아름답다.

06. 선생님은 간단한 인사말을 건넸다.

07. 점심에는 김치 만두를 넣고 만둣국을 끓일 거야.

08. 지하 전셋방에서 살림을 시작한 지 10년 만에 집을 장만하였다.

09. 등굣길에 있는 신호등의 갯수와 점등 횟수를 점검하십시오.

10. 아이는 슬며시 발판에 발을 딛었다.

11. 그를 만나러 갈 생각에 벌써부터 설레인다.

12. 답을 얻기 위해 눈 덮힌 산야를 하염없이 헤매이고 있을 거야.

13. 그는 아직 운전에 익숙치 않은지 운전석에 앉은 모습이 조금 긴장되 보였다.

14. 생각컨대 그는 숨길 마음은 없었던 것 같다.

15. 그는 끝까지 일을 말끔케 처리하였다.

16. 사람이 영 변변찮아 일을 맡기기가 더렵다.

17. 그렇찮아도 선생님을 한번 찾아가 뵈려던 참이었어요.

18. 자네 덕에 생일을 잘 쇠서 고맙네.

19. 남에게 존경받는 사람이 돼라는 아버지의 유언

20. 정리는 그만하고 앉아서 모닥불이나 좀 쬐요.

21. 장마 후 날씨가 개서 가족과 함께 가까운 곳으로 소풍을 갔다.

22. 신문에 뭐라고 씌여 있습니까?

23. 시계를 보니 벌써 점심때가 가까왔다.

24. 앞으로도 항상 행복하길 바래!

25. 그는 자물쇠로 책상 서랍을 잠궈 두었다.

26. 바닷물이 퍼레서 무서운 느낌이 든다.

27. 앉은 자세가 곧바라야 허리에 무리가 가지 않는다.

28. 종이비행기가 생각보다 잘 날라가서 놀랐어.

29. 거울이 바닥에 떨어져서 산산이 부숴졌다.

30. 밥을 먹었다. 그리고 나서 이를 닦았다.
31. 이번 운전면허 시험에는 꼭 합격할께요.
32. 그 문제에 대해서는 아마 내 생각이 맞을껄?
33. 삼촌이 그러는데요, 민희가 무척 예뻐졌데요.
34. 내가 옆에서 봤는데 농구 선수가 크긴 크데.
35. 놀이터에서 놀고 있는 두 아이는 쌍둥이에요.
36. 아이가 밥을 먹었을런지 모르겠어.
37. 내일 모임에 오던가 말던가 네가 알아서 해라.
38. 함께 음식을 만드므로써 화목한 분위기를 만듭니다.
39. 교실에서는 좀 조용히 해 주십시요.
40. 아니오. 저 두 사람은 부부가 아니오, 친구입니다.
41. 하느라고 했는데 마음에 드실지 모르겠습니다.
42. 철수는 나무가 듬성듬성 서 있는 언덕배기를 힘겹게 올라갔다.
43. 오래된 오이소배기는 물컹물컹해서 먹을 수가 없다.
44. 동생이 발뒷굼치를 들고 조용히 이동했다.
45. 찌개는 뚝빼기로 끓여야 제맛이지.

---

01. 투고난(×) → 투고란(投稿欄)(○)
02. 실락원(×) → 실낙원(失樂園)(○)
03. 회계년도(×) → 회계 연도(會計年度)(○)
04. 어떡해(×) → 어떻게(○), 합격율(×) → 합격률(合格率)(○)
05. 노래말(×) → 노랫말(○)
06. ○
07. 만두국(×) → 만둣국(○)
08. 전셋방(×) → 전세방(傳貰房)(○)
09. 갯수(×) → 개수(個數)(○)
10. 딛었다(×) → 디뎠다(○)
11. 설레인다(×) → 설렌다(○)
12. 덮힌(×) → 덮인(○), 헤매이고(×) → 헤매고(○)
13. 익숙치(×) → 익숙지(○), 긴장되(×) → 긴장돼(○)
14. 생각컨대(×) → 생각건대(○)
15. ○
16. 변변챦아(×) → 변변찮아(○)
17. 그렇챦아도(×) → 그렇잖아도(○), 뵈려던(×) → 보려던(○)
18. 쇠서(×) → 쇠어서(○)/쇄서(○)
19. 돼라는(×) → 되라는(○)
20. ○
21. ○
22. 씌여(×) → 쓰여(○)/씌어(○)
23. 가까왔다(×) → 가까웠다(○)
24. 바래(×) → 바라(○)
25. 잠궈(×) → 잠가(○)
26. ○
27. 곧바라야(×) → 곧발라야(○)
28. 날라가서(×) → 날아가서(○)
29. 부숴졌다(×) → 부서졌다(○)
30. 그리고 나서(×) → 그러고 나서(○)
31. 합격할께요(×) → 합격할게요(○)
32. 맞을껄(×) → 맞을걸(○)
33. 예뻐졌데요(×) → 예뻐졌대요(○)
34. ○
35. 쌍둥이에요(×) → 쌍둥이예요(○)/쌍둥이여요(○)
36. 먹었을런지(×) → 먹었을는지(○)
37. 오던가 말던가(×) → 오든가 말든가(○)
38. 만드므로써(×) → 만듦으로써(○)
39. 주십시요(×) → 주십시오(○)
40. 아니오(×) → 아니요(○)
41. 하느라고(×) → 하노라고(○)
42. ○
43. 오이소배기(×) → 오이소박이(○)
44. 발뒷굼치(×) → 발뒤꿈치(○)
45. 뚝빼기(×) → 뚝배기(○)

02회 국가직 기출 변형 모의고사

2022 국가직 9급

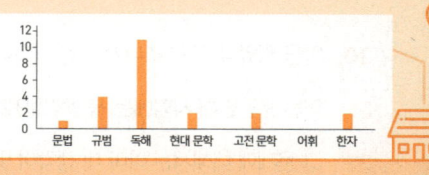

2022 국가직 9급 기출

01 밑줄 친 말의 쓰임이 옳지 않은 것은?

① 그는 아까운 능력을 썩히고 있다.
② 음식물 쓰레기를 썩혀서 거름으로 만들었다.
③ 나는 이제까지 부모님 속을 썩혀 본 적이 없다.
④ 그들은 새로 구입한 기계를 창고에서 썩히고 있다.

02 (가)~(라)를 고쳐 쓴 것으로 옳지 않은 것은?

(가) 오빠는 생김새가 나하고는 많이 틀려.
(나) 좋은 결실이 맺어졌으면 하는 바람입니다.
(다) 내가 오직 바라는 것은 네가 잘됐으면 좋겠어.
(라) 신은 인간을 사랑하기도 하지만 시련을 주기도 한다.

① (가): 오빠는 생김새가 나하고는 많이 달라.
② (나): 좋은 결실을 맺었으면 하는 바램입니다.
③ (다): 내가 오직 바라는 것은 네가 잘됐으면 좋겠다는 거야.
④ (라): 신은 인간을 사랑하기도 하지만 인간에게 시련을 주기도 한다.

2022 국가직 9급 기출 변형

01 ㉠~㉢에 들어갈 말이 바르게 연결된 것은?

- 나는 방에 누워 옆방에서 ㉠ 들려오는 웃음소리에 귀를 기울였다.
- 그렇지 않아도 단둘이 ㉡ 있을 때 얘기하려고 했어.
- 열심히 ㉢ 했는데 마음에 드실지 모르겠네요.

	㉠	㉡	㉢
①	간간히	이따가	하느라고
②	간간히	있다가	하느라고
③	간간이	있다가	하노라고
④	간간이	이따가	하노라고

02 ㉠~㉣을 고쳐 쓴 것으로 옳지 않은 것은?

㉠ 내 동생은 나보다 게임을 더 좋아한다.
㉡ 이 제품은 소음과 제동력을 높이기 위해 새로 개발되었다.
㉢ 노사 간에 대화를 시도하고 있으나, 불필요한 공방으로 인해 기약 없이 지연되고 있다.
㉣ 어린아이를 혼자서 키운다는 것은 여간 어려운 일이다.

① ㉠: 내 동생은 나를 좋아하는 것보다 게임을 더 좋아한다.
② ㉡: 이 제품은 소음을 줄이고 제동력을 높이기 위해 새로 개발되었다.
③ ㉢: 노사 간에 대화를 시도하고 있으나, 불필요한 공방으로 인해 기약 없이 연장되고 있다.
④ ㉣: 어린아이를 혼자서 키운다는 것은 여간 어려운 일이 아니다.

03 사자성어의 쓰임이 적절하지 않은 것은?

① 그는 구곡간장(九曲肝腸)이 끊어지는 듯한 슬픔에 빠졌다.
② 학문의 정도를 걷지 않고 곡학아세(曲學阿世)하는 이가 있다.
③ 이유 없이 친절한 사람은 구밀복검(口蜜腹劍)일 수 있으니 조심해야 한다.
④ 신중한 태도로 문제의 본질에 접근하는 당랑거철(螳螂拒轍)의 자세가 필요하다.

03 밑줄 친 한자 성어의 쓰임이 적절하지 않은 것은?

① 두 학생의 수학 실력은 그야말로 騎虎之勢여서 한 명만 뽑기가 어려웠다.
② 사장은 신년사에서 직원들에게 자신의 목표를 향해 自強不息할 것을 당부했다.
③ 야당 대표는 泣斬馬謖의 심정으로 동료 의원에게 자숙을 요청했다고 발표했다.
④ 선생님께서는 磨斧作針의 자세로 노력한다면 안 될 일이 없다고 말씀하셨다.

04 다음 대화에서 나타난 '지민'의 의사소통 방식으로 가장 적절한 것은?

> 정수: 지난번에 너랑 같이 들었던 면접 전략 강의가 정말 유익했어.
> 지민: 그랬어? 나도 그랬는데.
> 정수: 특히 아이스크림 회사의 면접 내용이 도움이 많이 됐어.
> 지민: 맞아. 그중에서도 두괄식으로 답변하라는 첫 번째 내용이 정말 인상적이더라. 핵심 내용을 먼저 말하는 전략이 면접에서 그렇게 효과적일 줄 몰랐어.
> 정수: 어! 그래? 나는 두 번째 내용이 훨씬 더 인상적이었는데.
> 지민: 그랬구나. 하긴 아이스크림 매출 증가에 관한 통계 자료를 인용해서 답변한 전략도 설득력이 있었어. 하지만 초두 효과의 효용성도 크지 않을까 해.
> 정수: 그렇긴 해.

① 자신의 면접 경험을 예로 들어 상대방을 설득하고 있다.
② 상대방의 약점을 공략하며 상대방의 이견을 반박하고 있다.
③ 상대방의 견해를 존중하면서 자신의 의견을 제시하고 있다.
④ 상대방과의 갈등 해소를 위해 자신의 감정을 표현하고 있다.

04 다음 대화에서 '선생님'의 말하기 방식으로 알맞지 않은 것은?

> 영희: 선생님, 안녕하세요?
> 선생님: 응, 영희로구나. 점심은 먹었니?
> 영희: (어두운 표정으로) 아, 네…….
> 선생님: 무슨 일 있니? 오늘따라 표정이 어둡네. 기운도 없는 것 같고.
> 영희: 아, 아니에요. 아무 일도 없어요.
> 선생님: 늘 밝고 명랑하던 영희가 웬일로 이렇게 기운이 없을까? 어려워하지 말고 편하게 말해 보렴.
> 영희: 이번 국어 시험 성적이 엉망이거든요. 공부를 한다고 했는데 성적이 안 나와서 속상해요.
> 선생님: 국어 시험 성적이 좋지 않다고?
> 영희: 네, 특히 언어 부분은 거의 다 틀렸어요. 정말 열심히 했는데…….
> 선생님: 그랬구나. 언어가 어렵긴 해. 영희는 매사 꼼꼼한 학생이니까 틀린 문제를 다시 한번 본다면 같은 실수를 반복하지 않을 거야.
> 영희: 네, 선생님. 항상 저를 믿어 주셔서 마음이 든든해요.

① 평소와 다른 상대의 상태를 알아채고 있다.
② 상대가 말을 쉽게 꺼낼 수 있도록 격려해 주고 있다.
③ 자신의 체험을 들어 상대의 문제점을 우회적으로 짚어 주고 있다.
④ 문제 예방책에 칭찬을 덧붙임으로써 상대의 사기를 높여 주고 있다.

05 다음 글에 대한 이해로 적절하지 않은 것은?

> 승상이 말을 마치기도 전에 구름이 걷히더니 노승은 간 곳이 없고 좌우를 돌아보니 팔 낭자도 간 곳이 없었다. 승상이 놀라 어찌할 바를 모르는 중에 높은 대와 많은 집들이 한순간에 사라지고 자기의 몸은 작은 암자의 포단 위에 앉아 있었는데, 향로의 불은 이미 꺼져 있었고 지는 달이 창가에 비치고 있었다.
> 자신의 몸을 보니 백팔 염주가 걸려 있고 머리를 손으로 만져 보니 갓 깎은 머리털이 까칠까칠하더라. 완연한 소화상의 몸이요, 전혀 대승상의 위의가 아니었으니, 이에 제 몸이 인간 세상의 승상 **양소유**가 아니라 연화 도량의 행자 **성진**임을 비로소 깨달았다.
> 그리고 생각하기를, '처음에 스승에게 책망을 듣고 풍도옥으로 가서 인간 세상에 환도하여 양가의 아들이 되었지. 그리고 장원 급제를 하여 한림학사가 된 후 출장입상하고 공명신퇴하여 두 공주와 여섯 낭자로 더불어 즐기던 것이 다 하룻밤 꿈이었구나. 이는 필시 사부가 나의 생각이 그릇됨을 알고 나로 하여금 이런 꿈을 꾸게 하시어 인간 부귀와 남녀 정욕이 다 허무한 일임을 알게 하신 것이로다.'
>
> – 김만중, 〈구운몽〉

① '양소유'는 장원 급제를 하여 한림학사가 되었다.
② '양소유'는 인간 세상에 환멸을 느껴 스스로 '성진'의 모습으로 되돌아왔다.
③ '성진'이 있는 곳은 인간 세상이 아니다.
④ '성진'은 자신의 외양을 통해 꿈에서 돌아왔음을 인식한다.

05 다음 글에 대한 이해로 적절하지 않은 것은?

> 장 원수가 본진에서 군사를 쉬게 하더니, 이윽고 일색이 저물게 이르러 원수가 장대에서 몽사(夢事)를 생각하고 군사를 지휘하더니, 과연 세찬 물결이 진중으로 달려들거늘, 촉날의 흉계인 줄 알고 물을 피하여 동으로 가는 체하다가 가만히 운곡에 들어가 군사를 쉬게 하고 동정을 살피니, 촉날이 과연 기병을 거느려 원수의 뒤를 따라 운곡을 지나거늘, 원수가 재촉하여 촉날의 추격병을 급습해 죽이고 급히 반운산에 들어가 매복하니라.
> 이때 촉날이 원수를 따라 동편에 이르니, 굴막대의 복병이 일시에 일어나 고각함성이 진동하며 화살이 비 오듯 하니, 촉날의 군사가 복병인 줄 알고 접전하지 아니하고 스스로 요란하여 죽는 자가 태반이요, 촉날도 또한 가슴을 맞고 외쳐 왈,
> "굴막대는 나를 모르난다?"
> 하되, 함성 소리에 듣지 못하고 급습해 죽이니, 촉날의 군사가 십분 위태한지라. 촉날이 견디지 못하여 황망히 남은 군사를 거느려 평구로 달아나다가 석용달의 복병을 만나 남은 군사를 다 죽이고 겨우 십여 명 군사를 데리고 돌아가려 하다가, 운곡에 장 원수의 군사가 매복하였다 하여 협로로 들어 반운산 좌편으로 향하여 가더니, 원수의 복병이 내달아 적장 촉날을 에워싸고 원수가 참사검을 들고 대호 왈,
> "촉날 적자(賊子)야! 간계로 나를 해하려다가 네 꾀에 너의 군사가 패몰하였으니, 무삼 면목으로 너의 왕을 보려 하난다? 차라리 이곳에서 죽어 네 죄를 속(贖)하라."
>
> – 작가 미상, 〈이대봉전〉

① 장 원수는 촉날이 세운 작전을 역으로 이용하였다.
② 촉날의 군사는 굴막대의 복병에 적극적으로 대응하지 못했다.
③ 촉날의 군사 대부분은 매복한 장 원수의 군사에게 급습당해 죽었다.
④ 장 원수의 군사는 본진에서 운곡으로 이동하고 다시 반운산으로 이동했다.

06 (가)~(라)의 ㉠~㉣에 대한 설명으로 적절하지 않은 것은?

(가) 간밤의 부던 ᄇᆞ람에 눈서리 치단 말가
　　㉠낙락장송(落落長松)이 다 기우러 가노ᄆᆡ라
　　ᄒᆞ믈며 못다 핀 곳이야 닐러 무슴 ᄒᆞ리오.
　　　　　　　　　　　　　　　　　　- 유응부

(나) 철령 노픈 봉에 쉬어 넘ᄂᆞᆫ 져 구룸아
　　고신원루(孤臣寃淚)를 비 사마 ᄯᅴ여다가
　　㉡님 계신 구중심처(九重深處)에 ᄲᅳ려 본들 엇ᄃᆞ리.
　　　　　　　　　　　　　　　　　　- 이항복

(다) 이화우(梨花雨) 흣ᄲᅳ릴 제 울며 잡고 이별ᄒᆞᆫ 님
　　추풍낙엽(秋風落葉)에 ㉢저도 날 ᄉᆡᆼ각ᄂᆞᆫ가
　　천리(千里)에 외로온 ᄭᅮᆷ만 오락가락 ᄒᆞ노매.
　　　　　　　　　　　　　　　　　　- 계랑

(라) 삼동(三冬)의 뵈옷 닙고 암혈(巖穴)의 눈비 마자
　　구룸 낀 볏뉘도 쬔 적이 업건마는
　　서산의 ㉣ᄒᆡ 디다 ᄒᆞ니 그를 셜워 ᄒᆞ노라.
　　　　　　　　　　　　　　　　　　- 조식

① ㉠은 억울하게 해를 입은 충신을 가리킨다.
② ㉡은 궁궐에 계신 임금을 가리킨다.
③ ㉢은 헤어진 연인을 가리킨다.
④ ㉣은 오랜 세월을 함께한 벗을 가리킨다.

06 ㉠~㉣에 대한 설명으로 잘못된 것은?

(가) 제월(霽月)이 구룸 ᄯᅳᆶ고 솔 ᄭᅳᆺ테 ᄂᆞ라올라
　　십분 청광(十分淸光)이 벽계(碧溪) 중에 빗ᄭᅧ거늘
　　어ᄃᆡ 인ᄂᆞᆫ 물 일흔 ㉠ᄀᆞᆯ며기 나를 조차 노ᄂᆞ다.
　　　　　　　　　　　　　　　- 권호문, 〈한거십팔곡〉

(나) 내 일 망녕된 줄 내라 하여 모랄 손가.
　　이 마음 어리기도 님 위한 탓이로세.
　　㉡아뫼 아무리 일러도 임이 혜여 보소서.
　　　　　　　　　　　　　　　- 윤선도, 〈견회요〉

(다) 벽사창(碧紗窓) 밖이 어른어른커늘 임만 너겨 나가 보니
　　임은 아니 오고 명월(明月)이 만정(滿庭)ᄒᆞᆫ듸 벽오동 져즌 닙헤 봉황이 ᄂᆞ려와 깃다듬ᄂᆞᆫ* ㉢그림재로다.
　　모쳐라 밤일식만졍 ᄂᆞᆷ 우일 번ᄒᆞ괘라.
　　　　　　　　　　　　　　　　　　- 작가 미상

(라) 금강(金剛) 일만 이천 봉이 눈 아니면 옥(玉)이로다.
　　혈성루 올라가니 ㉣천상인(天上人) 되었어라.
　　아마도 서부진 화부득(書不盡畵不得)은 금강인가 하노라.
　　　　　　　　　　　　　　　　　　- 안민영

* 깃다듬ᄂᆞᆫ: 깃 다듬는

① ㉠: 화자가 물아일체의 경지를 드러내기 위해 언급한 대상이다.
② ㉡: 임에게 화자를 모함하는 말을 전한 대상이다.
③ ㉢: 화자가 임의 것으로 착각한, 벽오동의 그림자이다.
④ ㉣: 화자 자신을 신선에 비유한 말이다.

07 다음 글의 '동기화 단계 조직'에 따라 (가)~(마)를 배열한 것으로 가장 적절한 것은?

> 설득하는 말하기의 메시지를 조직하는 방법으로 '동기화 단계 조직'이 있다. 이 방법의 세부 단계는 다음과 같다.
> 1단계: 주제에 대한 청자의 주의나 관심을 환기한다.
> 2단계: 특정 문제를 청자와 관련지어 설명함으로써 청자의 요구나 기대를 자극한다.
> 3단계: 해결 방안을 제시하여 청자의 이해와 만족을 유도한다.
> 4단계: 해결 방안이 청자에게 어떤 도움이 되는지 구체화한다.
> 5단계: 구체적인 행동의 내용과 방법을 제시하여 특정 행동을 요구한다.

> (가) 지난주 제 친구는 일을 마친 후 자전거를 타고 집으로 돌아오다가 사고를 당해 머리를 다쳤습니다.
>
> (나) 여러분이 자전거를 탈 때 헬멧을 착용하면 머리를 보호할 수 있습니다.
>
> (다) 아마 여러분도 가끔 자전거를 타는 경우가 있을 것입니다. 그런데 매년 2천여 명이 자전거를 타다가 머리를 다쳐 고생한다고 합니다.
>
> (라) 만약 자전거를 타는 모든 사람이 헬멧을 착용한다면 자전거 사고를 당해도 뇌 손상을 비롯한 신체 피해를 75% 줄일 수 있습니다. 또 자전거 타기가 주는 즐거움과 편리함을 안전하게 누릴 수 있습니다.
>
> (마) 자전거를 탈 때는 안전을 위해서 반드시 헬멧을 착용하시기 바랍니다.

① (가) - (나) - (다) - (라) - (마)
② (가) - (다) - (나) - (라) - (마)
③ (가) - (다) - (라) - (나) - (마)
④ (가) - (라) - (다) - (나) - (마)

07 다음 글을 바탕으로 할 때, ㉠~㉤의 배열 순서로 적절한 것은?

> 일반적인 서적의 경우 그 책의 전체적인 주제나 줄거리 같은 것이 있기 마련이지만, 원칙적으로 사전에는 그런 것이 없다. 독립된 텍스트 하나하나가 동일한 유형의 언어적 정보를 동일한 방식으로 처음부터 끝까지 일관되게 제시해 나갈 뿐이다. 예컨대, 아래와 같은 동형어(同形語) '가'의 처리를 보자.
>
>> 가
>> ㉠ 가(可) 「명사」 옳거나 좋음.
>> ㉡ 가(假) 「접사」 '가짜', '거짓' 또는 '임시적인'의 뜻을 더하는 접두사
>> ㉢ 가 「명사」 경계에 가까운 바깥쪽 부분
>> ㉣ 가 「조사」 어떤 상태를 보이는 대상이나 일정한 상태나 상황을 겪는 경험주 또는 일정한 동작의 주체임을 나타내는 격 조사. 문법적으로는 앞말이 서술어와 호응하는 주어임을 나타낸다.
>> ㉤ 가 「명사」 『음악』 서양 음악의 칠음 체계에서, 여섯 번째 음이름
>
> 위에서 보듯이 이들은 서로 어떤 의미적 연관성도 없으나 단지 그 형태가 같다는 이유만으로 같은 곳에서 기술된다. 물론 표기가 같기 때문에 그 순서를 어떻게 할 것이냐가 문제가 되는데, 각각의 사전들은 저마다의 기준을 세울 수 있다. 위의 예에서는 우선 남한의 학교 문법을 기준으로 하여 품사*의 지위를 갖는 것을 먼저 그리고 그렇지 못한 것을 나중에 놓고, 품사의 지위를 갖는 것들 중에도 일정한 순서를 매겨서 명사를 조사 앞에 놓는 것이다. 그리고 같은 품사라면 고유어를 한자어나 외래어보다 앞에, 그리고 일반어를 전문어보다 앞에 두는 순서를 취하였다.

*품사(品詞): 단어를 기능, 형태, 의미에 따라 나눈 갈래. 현재 우리나라의 학교 문법에서는 명사, 대명사, 수사, 조사, 동사, 형용사, 관형사, 부사, 감탄사의 아홉 가지로 분류한다.

① ㉢ - ㉠ - ㉤ - ㉣ - ㉡
② ㉢ - ㉤ - ㉠ - ㉣ - ㉡
③ ㉤ - ㉠ - ㉢ - ㉣ - ㉡
④ ㉤ - ㉢ - ㉠ - ㉡ - ㉣

08 다음 글에 대한 이해로 적절하지 않은 것은?

국가정보자원관리원과 ○○시는 빅 데이터 기반의 맞춤형 복지 서비스 분석 사업을 수행했다. 국가정보자원관리원은 자체 확보한 공공 데이터와 ○○시로부터 받은 복지 사업 관련 데이터를 활용하여 '복지 공감 지도'를 제작하고, 복지 기관 접근성 분석을 통해 취약 지역 지원 방안을 제시했다.

복지 공감 지도는 공간 분석 시스템을 활용하여 ○○시에 소재한 복지 기관들의 다양한 지원 항목과 이를 필요로 하는 복지 대상자, 독거노인, 장애인 등의 수급자 현황을 한눈에 확인할 수 있도록 구현한 것이다. 이 지도를 활용하면 복지 혜택이 필요한 지역과 수급자를 빨리 찾아낼 수 있으며, 생필품 지원이나 방문 상담 등 복지 기관의 맞춤형 대응이 가능하고, 최적의 복지 기관 설립 위치를 선정할 수 있다.

이 사업을 통해 ○○시는 그동안 복지 기관으로부터 도보로 약 15분 내 위치한 수급자에게 복지 혜택이 집중되고 있는 것도 확인했다. 이에 교통이나 건강 등의 문제로 복지 기관 방문이 어려운 수급자를 위해 맞춤형 복지 서비스가 절실하게 필요한 상황임을 발견하고 복지 셔틀버스 노선을 4개 증설할 계획을 수립했다.

① 빅 데이터를 활용하여 복지 사각지대를 줄이는 방안을 마련할 수 있다.
② 복지 기관과 수급자 거주지 사이의 거리는 복지 혜택의 정도에 영향을 준다.
③ 복지 기관 접근성 분석 결과는 복지 셔틀버스 노선 증설의 근거가 된다.
④ 복지 공감 지도로 복지 혜택에 대한 수급자들의 개별 만족도를 파악할 수 있다.

08 다음 글에 대한 이해로 적절하지 않은 것은?

《표준국어대사전》(국립국어원)은 '아이러니하다(모순된 점이 있다)'와 '아이로니컬하다(아이러니의 속성이 있다)'를 다른 말로 본 것 같다. 후자는 전자에 비해 '그런 느낌이 있다'는 뜻을 더하는 말로 풀이한 듯하다. 하지만 실제 발화에서 그것을 구별해 쓰는 게 거의 불가능하다.

우리말에 외래어가 들어와 동사나 형용사를 만들 때에는 규칙이 있다. '외래어 + -하다'는 그중에서도 대표적 조어 형태다. 그런데 외래어와 합성해 새 말을 만들 때 아무 말과 어울리지는 않는다. 우선 접미사 '-하다'는 추상 명사와 잘 결합하지 않는다. '평화하다'가 정상적인 말이 아닌 것을 생각하면 이해하기 쉽다. 대개는 동작성 또는 상태성 있는 말과 결합한다. 그중에서도 형용사를 만드는 '-하다'는 어근에 '상태성' 있는 말이 와야 한다. '아이로니컬하다, 로맨틱하다, 리얼하다, 섹시하다, 쇼킹하다, 스마트하다, 유머러스하다, 해피하다, 쿨하다…' 모두 '형용사 + -하다'를 써서 어휘를 만들었다. '추상 명사 + 하다' 꼴은 찾기 힘들다.

이것은 정규 문법화하진 않았어도 오랫동안 우리말에서 관용적 어법으로 굳어져 왔다. 《표준국어대사전》에 오른 '외래어 + -하다' 형용사 24개 중 '명사 + -하다' 꼴은 '아이러니하다' 하나다. 예전엔 그리 쓰지 않았는데, 1999년 《표준국어대사전》이 나오면서 이 말이 튀어나왔다. 비슷한 형태의 말이 의미에 별 차이가 없고 그중 하나가 더 널리 쓰이면, 그 한 형태만 표준어로 삼는다는 게 우리 표준어 사정 원칙(제17항)이다. '아이러니하다'와 '아이로니컬하다' 역시 우리말 조어법에 맞춰 '아이로니컬하다'로 통일할 필요가 있다.

① '아이로니컬하다'와 달리 '아이러니하다'는 우리말의 외래어 조어법에 맞지 않는다.
② '로맨틱하다'와 '아이러니하다'는 모두 형용사이지만, '-하다'와 결합된 외래어의 품사는 서로 다르다.
③ 현재 《표준국어대사전》에는 '형용사 + -하다', '동사 + -하다'의 형태로 구성된 외래어만 등재되어 있다.
④ 글쓴이는 '아이로니컬하다'와 '아이러니하다' 중 '아이로니컬하다'가 언중에서 더 많이 사용된다고 판단하고 있을 것이다.

09 ㉠~㉣의 사례로 적절하지 않은 것은?

단어의 의미가 변화하는 양상은 다양하다. 첫째, "아침 먹고 또 공부하자."에서 '아침'은 본래의 의미인 '하루 중의 이른 시간'을 가리키지 않고 '아침에 먹는 밥'이라는 의미로 쓰인다. '밥'의 의미가 '아침'에 포함되어서 '아침'만으로도 '아침밥'의 의미를 표현하게 된 것으로, ㉠ 두 개의 단어가 긴밀한 관계여서 한쪽이 다른 한쪽의 의미까지 포함하는 의미로 변화하게 된 경우이다. 둘째, '바가지'는 원래 박의 껍데기를 반으로 갈라 썼던 물건을 가리켰는데, 오늘날에는 흔히 플라스틱 바가지를 가리킨다. 이것은 ㉡ 언어 표현은 그대로인데 시대의 변화에 따라 지시 대상 자체가 바뀌어서 의미 변화가 발생한 경우이다. 셋째, '묘수'는 본래 바둑에서 만들어진 용어이지만 일상적인 언어생활에서도 '쉽게 생각해 내기 어려운 좋은 방안'이라는 의미로 사용된다. 이는 ㉢ 특수한 영역에서 사용되던 말이 일반화되면서 단어의 의미가 변화한 경우에 해당한다. 넷째, 호랑이를 두려워하던 시절에 사람들은 '호랑이'라는 이름을 직접 부르기 꺼려서 '산신령'이라고 부르기도 했는데, 이는 ㉣ 심리적인 이유로 특정 표현을 피하려다 보니 그것을 대신하는 단어의 의미에 변화가 생긴 경우이다.

① ㉠: '아이들의 코 묻은 돈'에서 '코'는 '콧물'의 의미로 쓰인다.
② ㉡: '수세미'는 원래 식물의 이름이었지만 오늘날에는 '그릇을 씻는 데 쓰는 물건'이라는 의미로 쓰인다.
③ ㉢: '배꼽'은 일반적으로 '탯줄이 떨어지면서 배의 한가운데에 생긴 자리'를 가리키지만 바둑에서는 '바둑판의 한가운데'라는 의미로 쓰인다.
④ ㉣: 무서운 전염병인 '천연두'를 꺼려서 '손님'이라고 불렀다.

09 다음 글의 내용과 일치하지 않는 것은?

영화 소설은 소설 형식의 시나리오 및 영화의 소설판으로, 소설과 시나리오가 양적으로 결합된 상태가 아니라 뒤섞이어 분리할 수 없는 상태에서 새로운 성질을 띠게 된 혼성 문학 양식이다. 영화 소설의 발생에는 1920년대부터 유행하기 시작한 대중 소설과 초창기 영화의 교섭이 중요한 역할을 하였다. 신문 연재소설이 유행했던 이 시기에 민간 신문사들은 유력한 대중 매체로 부상하고 있던 영화와 신문 연재소설의 결합을 꾀했고 그 결과 영화 소설이라는 독특한 문학 양식이 만들어졌다. 소설체로 쓰인 시나리오에 실연 사진(實演寫眞)을 삽화 대신 삽입한 신문 연재 영화 소설이 큰 인기를 끌자, 영화 소설의 발표 매체는 단행본, 잡지 등으로 확대되었다.

영화 소설은 일반적으로 카메라 눈[camera eye]의 시점으로 서술되며 영화적 기법을 빈번히 사용하고 신(scene)별로 서술되는 것이 특징이다. 또한 영화 소설은 발표 매체에 따라 다른 특징을 보인다. 신문 연재 영화 소설은 실연 사진, 말풍선, 자막 등을 사용해 소설 내용을 시각화하는 데 주력하였으며 당시 신문 연재소설의 통속적 주제와 서술 테크닉을 답습하였다. 단행본 영화 소설은 영화의 소설판으로, 영화의 인기에 기대어 소설을 파는 것이 목적이었으므로 가능하면 영화를 그대로 소설로 고쳐 썼다. 잡지 게재 영화 소설에는 사진이 삽입되지 않았으므로 시각성은 떨어졌지만 문학성과 실험성이 중요시되었다.

① 신문 연재 영화 소설에는 다양한 시각화의 수단들이 사용되었다.
② 실험성이 중시된 단행본 영화 소설은 영화의 내용을 새롭게 재구성했다.
③ 영화 소설은 대중성을 지닌 매체인 영화와 연재소설이 질적으로 혼합하여 생겨났다.
④ 민간 신문사는 영화 소설이라는 문학 양식이 발생하는 데에 매개체 역할을 했다.

10 다음 글에 대한 이해로 적절하지 않은 것은?

> △△시 시장님께
> 안녕하십니까? 저는 △△시에서 농장을 운영하는 □□□입니다. 이렇게 글을 쓰게 된 것은 우리 농장 근처에 신축된 골프장의 빛 공해 문제에 대해 말씀드리기 위함입니다. 빛이 공해가 될 수 있다는 말이 다소 생소하실 수도 있습니다. 하지만 지나친 야간 조명이 식물의 성장에 부정적인 영향을 끼쳐 작물 수확량을 감소시킬 수 있음은 이미 여러 연구를 통해 입증된 바 있습니다. 좀 늦었지만 △△시에서도 이 문제에 대해 경각심을 가질 필요가 있습니다. 실제로 골프장이 야간 운영을 시작했을 때를 기점으로 우리 농장의 수확률이 현저히 낮아졌음을 제가 확인했습니다. 물론, 이윤을 추구하는 골프장의 야간 운영을 무조건 막는다면 골프장 측에서 반발할 것입니다. 그래서 계절에 따라 야간 운영 시간을 조정하거나 운영 제한에 따른 손실금을 보전해 주는 등의 보완책도 필요합니다. 또한 ○○군에서도 빛 공해 문제를 해결하기 위해 야간 조명의 조도를 조정하는 프로젝트를 진행한 바 있으니 참고해 보시기 바랍니다. 모쪼록 시장님께서 이 문제에 관심을 가지고 농장과 골프장이 상생할 수 있는 정책을 펼쳐 주시기를 부탁드립니다.

① 시장에게 빛 공해로 농장이 겪는 어려움에 대해 관심을 촉구하고 있다.
② 건의에 대한 신뢰성을 높이기 위해 인용한 자료의 출처를 밝히고 있다.
③ 다른 지역에서 야간 조명으로 인한 폐해를 해결하기 위해 노력한 사례를 언급하고 있다.
④ 골프장의 야간 운영을 제한할 때 예상되는 문제점과 그 해결 방안에 대해 제시하고 있다.

10 다음 글에 대한 설명으로 적절하지 않은 것은?

> 안녕하세요? 저는 독도에 관심이 많은 시민 ○○○입니다. 독도의 주요 정보를 제공하고 있는 '독도 336' 운영자님께 두 가지 사항을 건의하고 싶습니다.
> 현재 '독도 336'은 크게 '독도의 역사'와 '독도의 가치'로 그 내용이 나누어져 있습니다. '독도의 역사'에서는 세계 여러 문헌에 나타나 있는 독도와 관련된 역사적 사실을, '독도의 가치'에서는 독도 근해의 풍부한 수산 자원과 해저에 매장되어 있는 천연자원의 현황을 파악할 수 있습니다. 이렇듯 독도에 관한 역사적 사실과 독도의 경제적 가치에 대해서는 잘 알 수 있는 반면, 독도의 지리적·생태적 특성과 같은 자연환경에 대해서는 알 수가 없습니다. '독도 336'의 소개란을 보면 독도가 천연기념물 제336호라는 점에 착안하여 웹 사이트의 이름을 붙였다고 하는데, 이를 고려해 독도의 자연환경과 관련된 내용의 추가가 필요하다고 생각합니다.
> 또한 현재 스마트폰과 같은 모바일 기기로 '독도 336'에 접속해 보면 PC에서 보았던 웹 사이트의 형태가 모바일 기기의 작은 화면에 그대로 담겨 있어서 자료의 열람이 불편합니다. 모바일 기기를 통해 인터넷을 이용하는 경우가 많아지고 있는 만큼 이런 문제를 해결하지 않으면 '독도 336'의 이용자가 크게 감소할 수도 있다고 생각합니다. '독도 336'은 독도의 주요 정보를 제공하는 대표적인 웹 사이트로서 그 위상에 맞도록 모바일 편의성을 전면적으로 개선해 주시길 바랍니다.

① '독도 336'의 내용 영역을 분류한 뒤 의의를 설명하고 있다.
② 다른 사이트와 비교·대조하여 '독도 336'의 문제를 부각하고 있다.
③ '독도 336'의 작명 취지를 통해 건의 내용의 타당성을 강조하고 있다.
④ '독도 336'을 접속하면서 발생할 수 있는 문제에 대한 해결책을 촉구하고 있다.

11 다음 대화의 ㉠~㉤에 대한 설명으로 적절하지 않은 것은?

이진: 태민아, ㉠이 책 읽어 봤니?
태민: 아니, ㉡그 책은 아직 읽어 보지 못했어.
이진: 그렇구나. 이 책은 작가의 문체가 독특해서 읽어 볼 만해.
태민: 응, 꼭 읽어 볼게. 한 권 더 추천해 줄래?
이진: 그럼 ㉢저 책은 어때? 한국 대중문화를 다양한 시각에서 다룬 재미있는 책이야.
태민: 그래, ㉣그 책도 함께 읽어 볼게.
이진: (두 책을 들고 계산대로 간다.) 읽어 보겠다고 하니, 생일 선물로 ㉤이 책 두 권 사 줄게.
태민: 고마워. 잘 읽을게.

① ㉠은 청자보다 화자에게, ㉡은 화자보다 청자에게 가까이 있는 대상을 가리킨다.
② ㉢은 화자보다 청자에게 멀리 있는 대상을 가리킨다.
③ ㉢과 ㉣은 같은 대상을 가리킨다.
④ ㉤은 ㉡과 ㉢ 모두를 가리킨다.

11 ㉠~㉤에 대한 설명으로 옳은 것은?

(캠핑장에서)
훈민: 오랜만에 바닷바람을 쐬니 기분이 상쾌하네. ㉠여기에 텐트를 치면 어떨까? 바닷가 가는 길이 가까워서 좋을 것 같아.
정음: ㉡거기가 위치는 좋긴 한데 아무래도 보행로 옆이라 오고 가는 사람들 때문에 신경 쓰일 것 같지 않니?
훈민: 나는 ㉢거기까지는 미처 생각하지 못했네. 아무래도 좀 신경 쓰이겠지? 그럼 ㉣저기는 어때? 저기도 앞이 훤히 트여서 바다가 한눈에 들어올 거 같아.
정음: 그래, ㉤거기가 좋겠다.

① ㉠은 청자에게 가까운 곳을 가리키고, ㉡은 화자에게 가까운 곳을 가리킨다.
② ㉡과 ㉤은 같은 곳을 가리킨다.
③ ㉢은 앞에서 정음이 이야기한 내용을 가리킨다.
④ ㉣은 청자보다 화자에게 멀리 있는 곳을 가리킨다.

12 ㉠~㉢에 들어갈 말로 가장 적절한 것은?

- 그들의 끈기가 이 경기의 승패를 ㉠ 했다.
- 올해 영화제 시상식은 11개 ㉡ 으로 나뉜다.
- 그 형제는 너무 닮아서 누가 동생이고 누가 형인지 ㉢ 할 수 없다.

	㉠	㉡	㉢
①	가름	부문	구별
②	가름	부분	구분
③	갈음	부문	구별
④	갈음	부분	구분

12 ㉠~㉢에 들어갈 말로 가장 적절한 것은?

- 당장 내 일도 해결하지 못하고 있는 판국이라 남의 일에 간섭할 ㉠ 가 못 된다.
- 그는 이번 대회에서 세계 신기록 ㉡ 에 도전한다.
- 이 책은 그가 우리 역사 연구의 독보적인 존재라는 하나의 ㉢ 이 될 수 있을 것이다.

	㉠	㉡	㉢
①	계제	경신	방증
②	게재	갱신	방증
③	계제	갱신	반증
④	게재	경신	반증

13 다음 글에 대한 이해로 적절하지 않은 것은?

아동이 부모의 소유물 또는 종족의 유지나 국가의 방위를 위한 수단으로 간주되었던 전근대 사회에서는 아동의 권리에 대한 인식이 존재하지 않았다. 산업 혁명으로 봉건 제도가 붕괴되고 자본주의가 탄생한 근대 사회에 이르러 구빈법에 따른 국가 개입과 민간단체의 자발적인 참여로 아동 보호가 시작되었다.

1922년 잽 여사는 아동 권리 사상을 담아 아동 권리에 대한 내용을 성문화하였다. 이를 기초로 1924년 국제 연맹에서는 전문과 5개의 조항으로 된 〈아동 권리에 관한 제네바 선언〉을 채택하였다. 여기에는 "아동은 물질적으로나 정신적으로 정상적인 발달을 위해 필요한 조건이 충족되어야 한다."라든지 "아동의 재능은 인류를 위해 쓰인다는 자각 속에서 양육되어야 한다." 등의 내용이 포함되었다.

그러나 여기에서도 아동은 보호의 객체로만 인식되었을 뿐 생존, 보호, 발달을 위한 적극적인 권리의 주체로 인식되지는 않았다. 최근에 와서야 국제 사회의 노력에 힘입어 아동은 보호되어야 할 수동적인 존재에서 자신의 권리를 주장할 수 있는 능동적인 존재로 자리매김할 수 있게 되었다. 1989년 유엔 총회에서 채택된 〈아동 권리 협약〉이 그것이다.

우리나라는 이를 토대로 2016년 〈아동 권리 헌장〉 9개 항을 만들었다. 이 헌장은 '생존과 발달의 권리', '아동이 최선의 이익을 보장 받을 권리', '차별 받지 않을 권리', '자신의 의견이 존중될 권리' 등 유엔의 〈아동 권리 협약〉의 네 가지 기본 원칙을 포함하고 있다. 또한 전문에는 아동의 권리와 더불어 "부모와 사회, 국가와 지방 자치 단체는 아동의 이익을 최우선으로 고려해야 하며, 다음과 같은 아동의 권리를 확인하고 실현할 책임이 있다."라고 명시하여 아동을 둘러싼 사회적 주체들의 책임을 명확히 하였다.

① 아동의 권리에 대한 인식은 근대 이후에 형성되었다.
② 〈아동 권리 헌장〉은 〈아동 권리 협약〉을 토대로 만들어졌다.
③ 〈아동 권리에 관한 제네바 선언〉, 〈아동 권리 협약〉, 〈아동 권리 헌장〉에는 모두 아동의 발달에 대한 내용이 들어가 있다.
④ 〈아동 권리에 관한 제네바 선언〉은 아동을 적극적인 권리의 주체로 인식함으로써 아동의 권리에 대한 진전된 성과를 이루었다.

13 다음 글에 대한 이해로 적절하지 않은 것은?

미국 수정 헌법 제1조의 표현에 관한 중립성 원칙은 지난 수십 년에 걸쳐 발전해 왔다. 이 발전 과정의 초기에 미국 연방 대법원은 표현의 자유를 부르짖는 급진주의자들의 요구에 선동적 표현의 위험성을 근거로 내세우며 맞섰다. 1940~50년대에 연방 대법원은 수정 헌법 제1조가 보호하는 표현과 그렇지 않은 표현을 구분하는 이중 기준론을 표방하면서, 수정 헌법 제1조의 보호 대상이 아닌 표현들이 있다고 판결했다. 추잡하고 음란한 말, 신성 모독적인 말, 인신공격이나 타인을 모욕하는 말, 즉 발언만으로도 누군가에게 해를 입히거나 사회의 양속을 해칠 말이 이에 포함되었다.

이중 기준론의 비판자들은 연방 대법원이 표현의 범주를 구분하는 과정에서 표현의 내용에 관한 가치 판단을 내림으로써 실제로 표현의 자유를 침해했다고 공격하였다. 1960~70년대를 거치며 연방 대법원은 점차 비판자들의 견해를 수용했다. 1976년 연방 대법원이 상업적 표현도 수정 헌법 제1조의 보호 범위에 포함된다고 판결한 데 이어, 인신 비방 발언과 음란성 표현 등도 표현의 자유에 포함되기에 이르렀다.

정부가 모든 표현에 대해 중립적이어야 한다는 원칙은 1970~80년대에 내용 중립성 원칙을 통해 한층 더 또렷이 표명되었다. 내용 중립성 원칙이란, 정부가 어떤 경우에도 표현되는 내용에 대한 평가에 근거하여 표현을 제한해서는 안 된다는 것이다. 다시 말해 정부는 표현되는 사상이나 주제나 내용을 이유로 표현을 제한할 수 없다. 이렇게 해석된 수정 헌법 제1조에 따르면, 미국 정부는 특정 견해를 편들 수 없을 뿐만 아니라 어떤 문제가 공공의 영역에서 토론하거나 논쟁할 가치가 있는지 없는지 미리 판단하여 선택해서도 안 된다.

① 이중 기준론보다 내용 중립성 원칙에 따를 때 수정 헌법 제1조가 보호하는 표현의 범주가 더 넓다.
② 1980년대에 들어서야 인신 비방 발언과 음란성 표현은 수정 헌법 제1조의 보호 대상 범위에 포함됐다.
③ 내용 중립성 원칙과 달리 이중 기준론에 따르면, 미국 정부는 일부 표현에 대해 가치 판단을 내릴 수 있다.
④ 1980년대 수정 헌법 제1조에 따라 미국 정부는 신성 모독적인 말, 사회의 양속을 해칠 말을 미리 제한할 수 없다.

14 다음 시에 대한 이해로 적절하지 않은 것은?

> 봄은
> 남해에서도 북녘에서도
> 오지 않는다.
>
> 너그럽고
> 빛나는
> 봄의 그 눈짓은,
> 제주에서 두만까지
> 우리가 디딘
> 아름다운 논밭에서 움튼다.
>
> 겨울은,
> 바다와 대륙 밖에서
> 그 매운 눈보라 몰고 왔지만
> 이제 올
> 너그러운 봄은, 삼천리 마을마다
> 우리들 가슴속에서
> 움트리라.
>
> 움터서,
> 강산을 덮은 그 미움의 쇠붙이들
> 눈 녹이듯 흐물흐물
> 녹여버리겠지.
>
> – 신동엽, 〈봄은〉

① 현실을 초월한 순수 자연의 세계를 노래하고 있다.
② 희망과 신념을 드러내는 단정적 어조로 표현하고 있다.
③ 시어들의 상징적인 의미를 통해 주제를 형성하고 있다.
④ '봄'과 '겨울'의 이원적 대립으로 시상을 전개하고 있다.

14 다음 시에 대한 설명으로 적절하지 않은 것은?

> 더러는
> 옥토(沃土)에 떨어지는 **작은 생명**이고저……
>
> 흠도 티도,
> 금 가지 않은
> 나의 전체(全體)는 오직 이뿐!
>
> 더욱 값진 것으로
> 드리라 하올 제,
>
> 나의 가장 나아종 지니인 것도 오직 이뿐!
>
> 아름다운 나무의 꽃이 시듦을 보시고
> 열매를 맺게 하신 당신은,
>
> 나의 웃음을 만드신 후에
> 새로이 나의 **눈물**을 지어 주시다.
>
> – 김현승, 〈눈물〉

① 시적 허용을 통해 시적 의미를 부각하고 있다.
② 경어체를 사용하여 시적 대상에 대한 태도를 표현하고 있다.
③ '눈물'을 '작은 생명'에 비유하여 화자의 소망을 드러내고 있다.
④ 자연과 인간사를 대조하여 자연의 본질적 가치를 강조하고 있다.

15 다음 글의 전개 순서로 가장 자연스러운 것은?

㉠ 이 기관을 잘 수리하여 정련하면 그 작동도 원활하게 될 것이요, 수리하지 아니하여 노둔해지면 그 작동도 막혀 버릴 것이니 이런 기관을 다스리지 아니하고야 어찌 그 사회를 고취하여 발달케 하리오.

㉡ 이러므로 말과 글은 한 사회가 조직되는 근본이요, 사회 경영의 목표와 지향을 발표하여 그 인민을 통합시키고 작동하게 하는 기관과 같다.

㉢ 말과 글이 없으면 어찌 그 뜻을 서로 통할 수 있으며, 그 뜻을 서로 통하지 못하면 어찌 그 인민들이 서로 이어져 번듯한 사회의 모습을 갖출 수 있으리오.

㉣ 그뿐 아니라 그 기관은 점점 녹슬고 상하여 필경은 쓸 수 없는 지경에 이를 것이니 그 사회가 어찌 유지될 수 있으리오. 반드시 패망을 면하지 못할지라.

㉤ 사회는 여러 사람이 그 뜻을 서로 통하고 그 힘을 서로 이어서 개인의 생활을 경영하고 보존하는 데에 서로 의지하는 인연의 한 단체라.

- 주시경, 〈대한국어문법 발문〉

① ㉤ - ㉠ - ㉢ - ㉡ - ㉣
② ㉤ - ㉠ - ㉣ - ㉢ - ㉡
③ ㉤ - ㉢ - ㉠ - ㉣ - ㉡
④ ㉤ - ㉢ - ㉡ - ㉠ - ㉣

15 (가)~(마)의 전개 순서로 가장 자연스러운 것은?

(가) 본디 언어란 길거리의 신호등과 마찬가지로 무엇을 나타내기 위해 만들어진 인위적 기호에 지나지 않는다. 이런 점에서 보면 언어는 가치 중립적인 도구에 지나지 않으며, 사용 원리만이 충실하게 지켜지면 될 듯하다.

(나) 언어로 이루어지는 여러 문화 양식, 예컨대 일상의 대화에서 문학의 세계에 이르기까지 언어문화에 나타나는 차이가 정신 활동의 차이를 반영할 것임은 자명하다.

(다) 그러나 언어가 드러내는 정신세계와의 관련을 생각하면 언어는 결코 가치 중립적인 기호가 아니라 문화적 가치가 투영되는 대상이 된다. 다시 말해 언어는 언어 일반의 규범성을 넘어서서 정신 활동의 차이를 반영하기도 한다.

(라) 결국 언어가 지닌 문화적 가치를 통해 사회적·문화적 결속을 이루기도 하고, 나아가 새로운 문화를 형성하기도 한다는 점에 언어가 지닌 문화 원리의 중요성이 있다.

(마) 이런 이유에서 같은 언어를 사용하게 되면 동질감을, 다른 언어를 사용하면 이질감을 느끼게 마련이다. 언어가 민족의식과 관련된다는 것은 이러한 문화 원리에 기반을 둔 것이다.

① (가) - (나) - (다) - (라) - (마)
② (가) - (다) - (나) - (마) - (라)
③ (나) - (가) - (마) - (다) - (라)
④ (나) - (다) - (가) - (라) - (마)

16 다음 문장이 들어가기에 가장 적절한 곳을 ㉠~㉣에서 고르면?

> 신분에 따라 문체를 고착화하는 것을 인정하지 않았던 것이다.

> 유럽이 교회로부터 정신적으로 해방된 것은 그리스와 로마의 고대 작가들에 대한 재발견을 통해서였다. ㉠ 그 이후 고대 작가들의 문체는 귀족 중심의 유럽 문화에서 모범으로 여겨졌다. ㉡ 이러한 상황은 대략 1770년대에 시작되는 낭만주의에서부터 변화하기 시작했다. ㉢ 이 낭만주의 시기에 평등과 민주주의를 꿈꿨던 신흥 시민 계급은 문학에서 운문과 영웅적 운명을 귀족에게만 전속시키고 하층민에게는 산문과 우스꽝스러운 상황을 배정하는 전통 시학을 거부했다. ㉣ 고전 문학은 더 이상 문학의 규범이 아니었으며, 문학을 현실의 모방으로 인식하는 태도도 포기되었다.

① ㉠
② ㉡
③ ㉢
④ ㉣

16 〈보기〉가 들어가기에 가장 적절한 곳을 ㉠~㉣에서 고르면?

보기
> 그러나 우리의 능력을 판단하는 많은 기준들이 어쩌면 누군가에게는 유리하고 누군가에게는 불리하게 편향되어 있지 않은지 의심해 봐야 한다.

> 능력주의는 '누구나 능력 있고 열심히 하면 성공한다'는 믿음이다. 그런데 능력주의는 정말 공정한 규칙일까? 능력주의가 정말 공정한 규칙이 되려면 무슨 능력을 어떻게 측정할 것인가 하는 평가 기준을 만들고 수행하는 사람들에게 아무런 편향이 없어야 한다. ㉠ 사람은 누구나 개인적 경험, 사회·경제적 배경 등에 따라 어떤 방향으로든 편향된 관점을 가지기 마련이다. ㉡ 어떤 능력을 중요하게 볼 것인지, 그 능력을 어떤 방법으로 측정할 것인지와 같은 판단은 이미 편향이 작용된 결정이다. ㉢ 실질적으로 평등을 구현하고자 한다면 모든 사람을 똑같이 대우하는 것만으로는 부족하다. ㉣ 불평등의 대물림을 끊는 재분배 정책도 필요하고, 소수자에 대한 편견과 낙인과도 싸워야 하며, 개인들의 다양성을 고려한 제도를 만드는 등 다른 조치들이 있어야 한다.

① ㉠
② ㉡
③ ㉢
④ ㉣

17 한자 표기가 옳지 않은 것은?

① 오늘 협상에서 만족(滿足)할 만한 성과를 거두었다.
② 김 위원의 주장을 듣고 그 의견에 동의하여 재청(再請)했다.
③ 우리 지자체의 해묵은 문제를 해결(解結)할 방안이 생각났다.
④ 다수가 그 의견에 동의하지 않았기에 재론(再論)이 필요하다.

17 한자 표기가 옳은 것은?

① 학자로서 그가 한 행동은 상식(常織) 밖의 것이었다.
② 그의 발언이 보도(服道)되어 사회에 물의를 일으켰다.
③ 오늘 바람이 많이 불어서 추위를 더 체감(體感)할 수 있었다.
④ 이 건물은 현재 외부인의 출입이 통제(統制)되고 있습니다.

18 다음 글에 대한 이해로 적절하지 않은 것은?

정거장에 나온 박은 수염도 깎은 지 오래어 터부룩한 데다 버릇처럼 자주 찡그려지는 비웃는 웃음은 전에 못 보던 표정이었다. 그 다니는 학교에서만 지싯지싯* 붙어 있는 것이 아니라 이 시대 전체에서 긴치 않게 여기는, 지싯지싯 붙어 있는 존재 같았다. 현은 박의 그런 지싯지싯함에서 선뜻 자기를 느끼고 또 자기의 작품들을 느끼고 그만 더 울고 싶게 괴로워졌다.

한참이나 붙들고 섰던 손목을 놓고, 그들은 우선 대합실로 들어왔다. 할 말은 많은 듯하면서도 지껄여 보고 싶은 말은 골라낼 수가 없었다. 이내 다시 일어나 현은,

"나 좀 혼자 걸어 보구 싶네."

하였다. 그래서 박은 저녁에 김을 만나 가지고 대동강가에 있는 동일관이란 요정으로 나오기로 하고 현만이 모란봉으로 온 것이다.

오면서 자동차에서 시가도 가끔 내다보았다. 전에 본 기억이 없는 새 빌딩들이 꽤 많이 늘어섰다. 그중에 한 가지 인상이 깊은 것은 어느 큰 거리 한 뿌다귀*에 벽돌 공장도 아닐 테요 감옥도 아닐 터인데 시뻘건 벽돌만으로, 무슨 큰 분묘와 같이 된 건축이 웅크리고 있는 것이다. 현은 운전사에게 물어보니, 경찰서라고 했다.

- 이태준, 〈패강랭〉

*지싯지싯: 남이 싫어하는지는 아랑곳하지 아니하고 제가 좋아하는 것만 짓궂게 자꾸 요구하는 모양
*뿌다귀: '뿌다구니'의 준말로, 쑥 내밀어 구부러지거나 꺾어져 돌아간 자리

① '현'은 예전과 달라진 '박'의 태도가 자신의 작품 때문이라고 생각하고 있다.
② '현'은 자신과 비슷한 처지에 있는 '박'을 통해 자신을 연민하고 있다.
③ '현'은 새 빌딩들을 보고 도시가 많이 변화하고 있음을 인지하고 있다.
④ '현'은 시뻘건 벽돌로 만든 경찰서를 보고 암울한 분위기를 느끼고 있다.

18 다음 글에 대한 이해로 적절하지 않은 것은?

모두가 생각하면 할수록 어리석은 짓이었음을 그는 뒤늦게야 깨닫고 있었다. 처음부터 앞뒤 가릴 여유조차 없이 어머니의 황당한 넋두리를 좇아서 덜컥 그곳으로 찾아 내려온 것부터가 엉뚱하기 그지없는 일이었다. 애당초 십여 년이 지난 지금까지 그 가난한 꼬두메 마을이 고스란히 남아 있을 리가 만무했다.

"찬우야이. 어서 우리 집으로 가자니께 왜 여그서 이러고 있냐이."

어머니는 어린아이처럼 보채기 시작했다. 추위로 그녀의 입술이 푸르게 변해 있었다. 여기가 꼬두메예요, 어머니. 똑똑히 보시라구요. 어머니가 그렇게 가자고 조르시던 곳이 바로 여기라니까요. 하지만 그는 차마 그 말을 입 밖에 낼 수가 없었다. 설혹 그런다 한들 알아들을 리도 없을 터였다. 그는 눈앞으로 허공을 비스듬히 가로지르고 있는 아파트 건물을 우울하게 올려다보았다. 거기는 바로 예전에 공동묘지가 있던 자리였다. 십 년이 넘도록 한 번도 찾아보지 못한 채 내버려 두었던 아버지의 무덤. 그 무덤이 어쩌면 저 거대한 아파트 밑의 땅속 어딘가에 묻혀 있을지도 모른다는 생각이 들었다. 그는 문득 무엇인가 목구멍을 치밀어 오르는 뜨거운 덩어리를 삼켰다.

- 임철우, 〈눈이 오면〉

① 어머니는 꼬두메 마을에 대한 그리움을 안고 있다.
② 찬우는 변화한 꼬두메 마을에서 아버지 무덤의 소재를 파악할 수 없었다.
③ 찬우는 어머니를 실망시키고 싶지 않아 선의의 거짓말을 하고 있다.
④ 어머니는 변화한 현실을 인지하지 못하고 과거의 기억에만 사로잡혀 있다.

19 다음 규정에 근거할 때 옳지 않은 것은?

<한글 맞춤법> 제30항
사이시옷은 다음과 같은 경우에 받치어 적는다.
(가) 순우리말로 된 합성어로서 앞말이 모음으로 끝나면서 뒷말의 첫소리가 된소리로 나는 것
(나) 순우리말과 한자어로 된 합성어로서 앞말이 모음으로 끝나면서 뒷말의 첫소리가 된소리로 나는 것

① (가)에 따라 '아래 + 집'은 '아랫집'으로 적는다.
② (가)에 따라 '쇠 + 조각'은 '쇳조각'으로 적는다.
③ (나)에 따라 '전세 + 방'은 '전셋방'으로 적는다.
④ (나)에 따라 '자리 + 세'는 '자릿세'로 적는다.

19 <보기>는 <한글 맞춤법> 제30항의 일부이다. ㉠~㉢의 예에 해당하는 단어가 바르게 연결된 것은?

보기
제30항 사이시옷은 다음과 같은 경우에 받치어 적는다.
1. 순우리말로 된 합성어로서 앞말이 모음으로 끝난 경우
 (1) 뒷말의 첫소리가 된소리로 나는 것 ······················㉠
 (2) 뒷말의 첫소리 'ㄴ, ㅁ' 앞에서 'ㄴ' 소리가 덧나는 것 ···㉡
 (3) 뒷말의 첫소리 모음 앞에서 'ㄴㄴ' 소리가 덧나는 것
2. 순우리말과 한자어로 된 합성어로서 앞말이 모음으로 끝난 경우
 (1) 뒷말의 첫소리가 된소리로 나는 것
 (2) 뒷말의 첫소리 'ㄴ, ㅁ' 앞에서 'ㄴ' 소리가 덧나는 것
 (3) 뒷말의 첫소리 모음 앞에서 'ㄴㄴ' 소리가 덧나는 것 ···㉢

	㉠	㉡	㉢
①	콧병	아랫니	뒷일
②	핏기	제삿날	예삿일
③	냇가	빗물	훗일
④	뱃길	툇마루	나뭇잎

20 글쓴이의 견해에 부합하는 것은?

> 문화란 공동체의 구성원들이 공유하는 생각과 행동 양식의 총체라고 할 수 있다. 문화를 연구하는 사람들의 주된 관심사는 특정 생각과 행동 양식이 하나의 공동체 안에서 전파되는 기제이다.
> 이에 대한 견해 중 하나는 문화를 생각의 전염이라는 각도에서 바라보는 것이다. 예컨대, 리처드 도킨스는 '밈(meme)'이라는 개념을 통해 생각의 전염 과정을 설명하고자 했다. 그에 따르면 문화는 복수의 밈으로 이루어져 있는데, 유전자에 저장된 생명체의 주요 정보가 번식을 통해 복제되어 개체군 내에서 확산되듯이, 밈 역시 유전자와 마찬가지로 공동체 내에서 복제를 통해 확산된다.
> 그러나 문화 전파의 기제를 설명하는 이론으로는 밈 이론보다 의사소통 이론이 더 적절해 보인다. 일례로, 요크셔 지역에 내려오는 독특한 푸딩 요리법은 누군가가 푸딩 만드는 것을 지켜본 후 그것을 그대로 따라 하는 방식으로 전파되었다기보다는 요크셔 푸딩 요리법에 대한 부모와 친척, 친구들의 설명을 통해 입에서 입으로 전파되고 공유되었을 가능성이 크다.
> 생명체의 경우와 달리 문화는 완벽하게 동일한 형태로 전파되지 않는다. 전파된 문화와 그것을 수용한 결과는 큰 틀에서는 비슷하더라도 세부적으로는 다를 수밖에 없다. 다시 말해 요크셔 지방의 푸딩 요리법은 다른 지방의 푸딩 요리법과 변별되는 특색을 지니는 동시에 요크셔 지방 내부에서도 가정이나 개인에 따라 약간씩의 차이를 보인다. 이는 푸딩 요리법의 수신자가 발신자가 전해 준 정보에다 자신의 생각을 덧붙였기 때문인데, 복제의 관점에서 문화의 전파를 설명하는 이론으로는 이와 같은 현상을 설명하기 어렵다. 반면, 의사소통 이론으로는 설명 가능하다. 이에 따르면 사람들은 자신이 들은 이야기를 남에게 전달할 때 들은 이야기에다 자신의 생각을 더해서 그 이야기를 전달하기 때문이다.

① 문화의 전파 기제는 밈 이론보다는 의사소통 이론으로 설명하는 것이 적절하다.
② 의사소통 이론에 따르면 문화의 수용 과정에는 수용 주체의 주관이 개입하지 않는다.
③ 의사소통 이론에 따르면 특정 공동체의 문화는 다른 공동체로 복제를 통해 전파될 수 있다.
④ 요크셔 푸딩 요리법이 요크셔 지방의 가정이나 개인에 따라 세부적인 차이를 보이는 현상은 밈 이론에 의해 설명할 수 있다.

20 다음 글에 대한 설명으로 적절하지 않은 것은?

> 조선 성리학에서 리(理)가 원리, 본질 등을 의미한다면 기(氣)는 현실 세계의 현상, 재료 등을 의미한다. 이황은 리를 기로부터 분리한다. 그에게 리란 본연적으로 갖추어진 것이며 공정하고 바른 마음이고, 기는 사사로움에서 비롯된 마음이며 기질적이고 이기적인 것이다. 그는 기질의 한계를 벗어나 선험적으로 주어진 리가 현실 속에서 실현될 수 있어야 한다는 점을 강조하였고 이것이 인간이 힘써 실천해야 할 당위라고 생각했다. 즉 이황은 리가 보편적인 자연법칙이자 도덕 원리일 뿐 아니라 현실에 적극적으로 개입하는 운동성을 갖는 것으로 보았다. 또 터럭만큼의 나쁨도 섞이지 않은 성인의 모습을 원했고 그 근거를 리에서 도출해 냈다. 리의 본연성이 기의 작용을 받지 않고 그대로 드러나는 것이 성인이 되는 방법이라 보았으며 인간 사회에서 리의 발현을 통해 선의지를 실현해야 함을 강조하였다.
> 반면에 이이는 근원적으로 리와 기가 떨어질 수 없는 존재라는 점을 강조하였다. 또 리는 운동성이 없는 원리의 개념이며, 운동하는 것은 기뿐이라고 주장했다. 리는 스스로 발현하는 것이 아니라 기가 나타날 때 원리로서 드러나는 것이다. 리는 모든 인간에게 무형 무위한 원리로 보편적이지만 기는 유형 유위하기 때문에 사람에 따라 바르기도 하고 치우치기도 한다. 선악의 문제는 바로 이러한 기의 특수성에서 비롯된다. 기 자체는 선하지도 악하지도 않은 것이지만 그것이 지나치거나 모자라게 나타나면 악이 되고, 알맞게 발현되면 선이 된다고 보았다. 이이는 보편적인 원리로서의 리보다는 개별적인 기의 작용에 관심을 두었으며 그런 점에서 기질의 변화를 강조하였다. 이이는 기의 발현을 올바르게 하는 것이 성인이 되는 방법이라고 생각한 것이다.

① 이황은 기 자체를 악하게 보았지만, 이이는 선하게 보았다.
② 이황과 이이는 모두 리를 보편적으로 작용하는 원리라고 주장했다.
③ 이황은 리를 운동성이 있는 것으로, 이이는 운동성이 없는 것으로 보았다.
④ 이이와 달리 이황은 기의 작용을 받지 않아야 성인이 될 수 있다고 주장했다.

03회 국가직 기출 변형 모의고사

핵심 자료선 주요 표준어 확인하기

[01~45] 올바른 표기는 ○ 표를 하고, 틀린 표기는 바르게 고치시오.

01. 구멍난 양말을 꼬매려고 반짓고리를 찾았다.
02. 금붙이를 이렇게 가지고 다니다가는 도둑에게 빼앗기기 쉽상이다.
03. 그 집 형제는 재산을 다 떨어먹고도 허구헌 날 싸움질이다.
04. 그는 숫소와 숫염소, 숫돼지 한 마리 씩을 기르고 있다.
05. 개구장이 꼬마 녀석이 오늘은 왠일로 알은체를 했다.
06. 비가 오는 날이면 으례 호박 덩쿨에 달린 애호박을 따다가 부침개를 부쳐 먹었다.
07. 우리 집 윗층을 학생에게 삭월세로 세놓았다.
08. 구하기 힘든 약이라 특별히 윗돈을 주고 주문했다.
09. 짭잘하게 끓인 된장찌게는 입맛을 돋운다.
10. 아내는 아이들과 법썩을 피우며 대청소를 하고 있다.
11. 그는 당황하지 않고 곰곰이 혼자 대책을 궁리하였다.
12. 선생님은 수업 계획안을 꼼꼼이 작성하셨다.
13. 남에게 신세 지는 일은 되도록이면 삼가야 한다.
14. 아주머니는 부엌에서 갖가지 양념을 뒤어내고 있었다.
15. 어머니는 몇 일째 몸도 못 추슬르고 누워만 계신다.
16. 맨날 만나는 사람인데 오늘따라 왠지 멋있어 보인다.
17. 나는 졸음을 이기지 못하고 잠에 골아떨어졌다.
18. 그런 말을 서슴지 않고 하다니 그 사람 참 주책이야.
19. 큰 죄를 짓고도 그는 백주(白晝)에 누 연히 대중 앞에 나섰다.
20. 그 녀석 엥간해서는 말을 듣지 않을 것이다.
21. 이 집은 마루가 넓직해서 시원해 보인다.
22. 상승세를 탄 우리 팀은 끝까지 상대 팀을 밀어부쳤다.
23. 운명을 건 거사의 날, 칠흑같이 어두운 밤이었다.
24. 회의가 끝난 뒤에 그들은 남은 뒷치다꺼리를 하려고 늦게까지 남아 있었다.
25. 콧망울이 크고 두둑해야 복이 있다고 한다.
26. 친구의 사연이 너무 애닲구나.
27. 엄마는 나에게 사과가 가득 들어 있는 광우리를 통채로 맡기셨다.
28. 잘못한 사람이 되려 큰소리를 친다.
29. 하늘에서 우뢰가 치니 곧 세찬 비가 쏟아졌다.

30. 정육간에 가서 살고기를 한 근 사 오너라.
31. 딸아이는 사 준 옷이 맘에 안 든다고 까탈스럽게 굴었다.
32. 가시에 찔린 상처가 누렇게 곰겨서 병원에 갔다.
33. 직원들이 일할 생각은 안 하고 잡지 나부랑이나 들여다보고 있다.
34. 그렇게 조그만 일에 삐지다니 큰일을 못할 사람일세.
35. 그를 옆에서 자꾸 추켜올리니 그도 공연히 우쭐대는 마음이 들었다.
36. 명함을 받기는 했지만 오늘 처음 본 사람을 따라나서기가 께름직했다.
37. 세계적으로 내노라하는 학자들이 이번 학회에 다 모였다.
38. 바지의 헤진 부분에 짜집기를 한 것이 멋스럽다.
39. 염치 불구하고 하룻밤 신세 좀 지겠습니다.
40. 선생님은 항년 팔십 세를 일기로 생을 마감하셨다.
41. 산수갑산에 가는 한이 있어도 이 복수를 포기할 수는 없다.
42. 일도 하지 않고 이렇게 주구장창 누워만 있으면 어떡하니?
43. 그는 아버지의 사업 실패로 풍지박산이 된 집안을 수습하였다.
44. 그는 평생 가난을 모르고 호의호식하며 지냈다.
45. 공기업들도 환골탈퇴의 변화를 하지 않을 수 없다.

---

01. 꼬매려고(×) → 꿰매려고(○), 반짓고리(×) → 반짇고리(○)
02. 쉽상(×) → 십상(○)
03. 떨어먹고도(×) → 털어먹고도(○), 허구헌(×) → 허구한(○)
04. 숫소(×) → 수소(○), 숫돼지(×) → 수퇘지(○)
05. 개구장이(×) → 개구쟁이(○), 왠일(×) → 웬일(○)
06. 으례(×) → 으레(○), 덩쿨(×) → 넝쿨(○)/덩굴(○)
07. 윗층(×) → 위층(○), 삭월세(×) → 사글세(○)
08. 윗돈(×) → 웃돈(○)
09. 짭잘하게(×) → 짭짤하게(○), 된장찌게(×) → 된장찌개(○)
10. 법썩(×) → 법석(○)
11. ○
12. 꼼꼼이(×) → 꼼꼼히(○)
13. 삼가해야(×) → 삼가야(○)
14. 뒤어내고(×) → 뒤져내고(○)
15. 몇 일(×) → 며칠(○), 추슬고(×) → 추스르고(○)
16. ○
17. 골아떨어졌다(×) → 곯아떨어졌다(○)
18. ○
19. 뉘연히(×) → 버젓이(○)
20. 엥간해서는(×) → 엔간해서는(○)
21. 넓직해서(×) → 널찍해서(○)
22. 밀어부쳤다(×) → 밀어붙였다(○)
23. ○
24. 뒷치다꺼리(×) → 뒤치다꺼리(○)
25. 콧망울(×) → 콧방울(○)
26. 애닯구나(×) → 애달프구나(○)
27. 광우리(×) → 광주리(○), 통채(×) → 통째(○)
28. 되려(×) → 도리어(○)/되레(○)
29. 우뢰(×) → 우레(○)/천둥(○)
30. 정육간(×) → 고깃간(○)/푸줏간(○), 살고기(×) → 살코기(○)
31. ○
32. ○
33. 나부랑이(×) → 나부랭이(○)/너부렁이(○)
34. ○
35. ○
36. ○
37. 내노라하는(×) → 내로라하는(○)
38. 헤진(×) → 해진(○), 짜집기(×) → 짜깁기(○)
39. 불구하고(×) → 불고하고(○)
40. 항년(×) → 향년(○)
41. 산수갑산(×) → 삼수갑산(○)
42. 주구장창(×) → 주야장천(○)
43. 풍지박산(×) → 풍비박산(○)
44. ○
45. 환골탈퇴(×) → 환골탈태(○)

03회 국가직 기출 변형 모의고사

2021 국가직 9급 기출

01 맞춤법에 맞는 것만으로 묶은 것은?
① 돌나물, 꼭지점, 페트병, 낚시꾼
② 흡입량, 구름양, 정답란, 칼럼난
③ 오뚜기, 싸라기, 법석, 딱다구리
④ 찻간(車間), 홧병(火病), 셋방(貰房), 곳간(庫間)

02 ㉠~㉣의 의미로 적절하지 않은 것은?

> 二月ㅅ 보로매 아으 노피 ㉠현 燈ㅅ블 다호라
> 萬人 비취실 즈싀샷다
> 아으 動動다리
>
> 三月 나며 開흔 아으 滿春 돌욋고지여
> ᄂᆞ믜 브롤 ㉡즈슬 디녀 나샷다
> 아으 動動다리
>
> 四月 아니 ㉢니저 아으 오실셔 곳고리새여
> ㉣므슴다 錄事니믄 녯 나를 닛고신뎌
> 아으 動動다리
>
>   - 작가 미상, 〈동동〉

① ㉠은 '켠'을 의미한다.
② ㉡은 '모습'을 의미한다.
③ ㉢은 '잊어'를 의미한다.
④ ㉣은 '무심하구나'를 의미한다.

2021 국가직 9급 기출 변형

01 〈한글 맞춤법〉에 맞는 것으로만 묶인 것은?
① 깍두기, 눈곱, 짭짤하다, 똑딱똑딱
② 케케묵다, 휴게실, 반짇고리, 사흗날
③ 등굣길, 공깃밥, 머릿말, 기찻간
④ 고랭지, 명중율, 남존녀비, 사상누각

02 ㉠~㉣의 의미로 적절하지 않은 것은?

> 서경(西京)이 아즐가 서경이 셔울히마르는
> 위 두어렁셩 두어렁셩 다링디리
> 닷곤 딕 아즐가 닷곤 딕 쇼셩경 ㉠고외마른
> 위 두어렁셩 두어렁셩 다링디리
> ㉡여히므론 아즐가 여히므론 질삼뵈 브리시고
> 위 두어렁셩 두어렁셩 다링디리
> ㉢괴시란딕 아즐가 괴시란딕 ㉣우러곰 좃니노이다
> 위 두어렁셩 두어렁셩 다링디리
>
>   - 작가 미상, 〈서경별곡〉

① ㉠: '사랑하지마는'의 의미이다.
② ㉡: '여의기보다는'의 의미이다.
③ ㉢: '사랑만 해 주신다면'의 의미이다.
④ ㉣: '우러러보며'의 의미이다.

03 다음 글의 설명 방식으로 적절하지 않은 것은?

> 빛 공해란 인공조명의 과도한 빛이나 조명 영역 밖으로 누출되는 빛이 인간의 건강하고 쾌적한 생활을 방해하거나 환경에 피해를 주는 상태를 말한다. 국제 과학 저널인 《사이언스 어드밴스》의 '전 세계 빛 공해 지도'에 따르면, 우리나라는 빛 공해가 심각한 국가이다. 빛 공해는 멜라토닌 부족을 초래해 인간에게 수면 부족과 면역력 저하 등의 문제를 유발하고, 농작물의 생산량 저하, 생태계 교란 등의 문제를 일으킨다.

① 빛 공해의 정의를 제시하고 있다.
② 빛 공해의 주요 요인인 인공조명의 누출 원인을 제시하고 있다.
③ 자료를 인용하여 빛 공해가 심각한 국가로 우리나라를 제시하고 있다.
④ 사례를 들어 빛 공해의 악영향을 제시하고 있다.

03 다음 글의 진술 방식에 대한 설명으로 적절하지 않은 것은?

> 대부분의 수학자들은 자신이 하는 일이 '현실적인 응용과 무관하게 수학 정리를 개선하고 발전시키는 고상한 게임'이라고 생각하는 경향이 있다. 물론 틀린 말은 아니다. 그러나 수학은 우주를 이해하고 서술하는 데 가장 강력한 위력을 발휘하는 과학적 언어이다. 20세기 최고의 과학자인 아인슈타인조차도 "경험과 무관한 사고(思考)의 산물이 어떻게 현실 세계를 그토록 정확하게 서술할 수 있다는 말인가?"라며 의문을 제기했을 정도이다. 응용에 능했던 고대의 수학자들도 수학을 이용하여 부를 축적하고, 영향력을 키우고, 세상을 바꾸는 방법을 잘 알고 있었다. 아르키메데스는 현실과 별 상관없어 보이는 원주율[π]을 계산하는 데 많은 시간을 투자했지만, 다른 한편으로는 수학 원리를 이용하여 성 앞까지 쳐들어온 로마군의 전함을 높이 들었다가 바닥으로 내리꽂는 갈고리를 발명하는 등 수학의 응용에도 적지 않은 업적을 남겼다.

① 역사적 사실을 사례로 들어 논지를 강화하고 있다.
② 특정 현상이 나타난 세부적인 원인을 설명하고 있다.
③ 특정 범주에 속한 사람들의 통념을 반박하고 있다.
④ 전문가의 견해를 인용하여 글의 신뢰성을 높이고 있다.

04 ㉠, ㉡의 사례로 옳은 것만을 짝 지은 것은?

> 용언의 불규칙 활용은 크게 ㉠어간만 불규칙하게 바뀌는 부류, ㉡어미만 불규칙하게 바뀌는 부류, 어간과 어미 둘 다 불규칙하게 바뀌는 부류로 나눌 수 있다.

	㉠	㉡
①	걸음이 <u>빠름</u>	꽃이 <u>노람</u>
②	잔치를 <u>치름</u>	공부를 <u>함</u>
③	라면이 <u>불음</u>	합격을 <u>바람</u>
④	우물물을 <u>품</u>	목적지에 <u>이름</u>

04 ㉠, ㉡에 해당하는 예가 올바르게 묶인 것은?

> 용언의 불규칙 활용은 ㉠ <u>어간의 변화가 불규칙한 것</u>, ㉡ <u>어미의 변화가 불규칙한 것</u>, 어간과 어미가 모두 불규칙하게 변하는 것의 세 가지 유형으로 나누어 볼 수 있다.

	㉠	㉡
①	생선을 반으로 <u>잘랐다</u>.	친구 집에 잠깐 <u>들렀다</u>.
②	그를 천재라 <u>불렀다</u>.	카페에 음악이 <u>흐른다</u>.
③	아직 포기하기엔 <u>이르다</u>.	하늘이 높고 <u>푸르다</u>.
④	층계가 <u>가팔랐다</u>.	소리를 <u>질렀다</u>.

05 (가)~(라)에 대한 이해로 적절하지 않은 것은?

> (가) 반중(盤中) 조홍(早紅)감이 고와도 보이느다
> 　　 유자(柚子) 아니라도 품엄즉 ᄒ다마는
> 　　 품어 가 반기리 업슬싀 글노 설워ᄒᆞ노이다
> 　　　　　　　　　　　　　　　　　　　　　 - 박인로
>
> (나) 동지(冬至)ㅅ돌 기나긴 밤을 한 허리를 버혀 내여
> 　　 춘풍(春風) 니불 아레 서리서리 너헛다가
> 　　 어론 님 오신 날 밤이여든 구뷔구뷔 펴리라.
> 　　　　　　　　　　　　　　　　　　　　　 - 황진이
>
> (다) 말 업슨 청산(靑山)이오, 태(態) 업슨 유수(流水)] 로다.
> 　　 갑 업슨 청풍(淸風)이오, 임자 업슨 명월(明月)이라.
> 　　 이 중(中)에 병(病) 업슨 이 몸이 분별(分別) 업시 늙으리라.
> 　　　　　　　　　　　　　　　　　　　　　 - 성혼
>
> (라) 농암(籠巖)애 올라 보니 노안(老眼)이 유명(猶明)이로다.
> 　　 인사(人事)이 변ᄒᆞᆫ들 산천(山川)이ᄯᆞᆫ 가실가.
> 　　 암전(巖前)에 모수 모구(某水某丘)이 어제 본 둣 ᄒᆞ예라.
> 　　　　　　　　　　　　　　　　　　　　　 - 이현보

① (가)는 고사의 인용을 통해 돌아가신 부모님에 대한 그리움을 표현하고 있다.
② (나)는 의태적 심상을 통해 임에 대한 기다림을 표현하고 있다.
③ (다)는 대구와 반복을 통해 자연에 귀의하려는 의지를 표현하고 있다.
④ (라)는 자연과의 대조를 통해 허약해진 노년의 무력함을 표현하고 있다.

05 (가)~(라)에 대한 이해로 적절하지 않은 것은?

> (가) 천만 리(千萬里) 머나먼 길히 고은 님 여희읍고
> 　　 ᄂᆡ ᄆᆞ음 둘 ᄃᆡ 업서 냇ᄀᆞ의 안쟈시니,
> 　　 **져 믈**도 ᄂᆡ 안 ᄀᆞᆺᄒᆞ여 우러 밤길 녜놋다.
> 　　　　　　　　　　　　　　　　　　　　　 - 왕방연
>
> (나) **귀ᄯᅩ리** 져 귀ᄯᅩ리 어엿부다 져 귀ᄯᅩ리
> 　　 어인 귀ᄯᅩ리 지는 ᄃᆞᆯ 새는 밤의 긴 소리 쟈른 소리 절절이
> 　　 슬픈 소리 제 혼자 우러 녜어 사창(紗窓) 여윈 ᄌᆞᆷ을 슬ᄯᅳ리도
> 　　 ᄭᅢ오는고야.
> 　　 두어라, 제 비록 미물(微物)이나 무인동방(無人洞房)에 내
> 　　 ᄯᅳᆺ 알리는 너ᄲᅮᆫ인가 ᄒᆞ노라.
> 　　　　　　　　　　　　　　　　　　　　　 - 작가 미상
>
> (다) 님 보신 **ᄃᆞᆯ** 보고 님 뵈온 듯 반기로다
> 　　 님도 너을 보고 날 본 듯 반기는가
> 　　 출하리 저 ᄃᆞᆯ이 되어셔 비최여나 보리라
> 　　　　　　　　　　　　　　　　　　　　　 - 이원익
>
> (라) 동지ㅅ돌 밤 기닷 말이 나는 니론 거즛말이
> 　　 님 오신 날이면 하늘조차 밉게 너겨
> 　　 자는 **돍** 일쯕 깨워 울려 님 가시게 ᄒᆞᄂᆞᆫ고
> 　　　　　　　　　　　　　　　　　　　　　 - 작가 미상

① (가): 임을 두고 떠나온 슬픔을 '져 믈'에 빗대어 표현하고 있다.
② (나): '귀ᄯᅩ리'는 독수공방하는 화자의 외로움이 투영된 대상이다.
③ (다): 'ᄃᆞᆯ'은 임과 화자를 이어 주는 동시에 만남을 방해하는 이중적 역할을 한다.
④ (라): 조금이라도 더 임과 함께하고 싶은 화자의 마음은 '돍' 소리에 의해 좌절된다.

06 다음 토의에 대한 설명으로 적절하지 않은 것은?

> 사회자: 오늘의 토의 주제는 '통일 시대의 남북한 언어가 나아갈 길'입니다. 먼저 최○○ 교수님께서 '남북한 언어 차이와 의사소통'이라는 제목으로 발표해 주시겠습니다.
> 최 교수: 남한과 북한의 말은 비슷하지만 다른 점이 있습니다. 남한과 북한의 어휘 차이가 대표적입니다. 남한과 북한의 어휘 차이를 분석한 결과, [중략] 앞으로도 남북한 언어 차이에 대한 연구가 지속되어야 합니다.
> 사회자: 이로써 최 교수님의 발표를 마치겠습니다. 다음은 정○○ 박사님의 '남북한 언어의 동질성 회복 방안'에 대한 발표가 있겠습니다.
> 정 박사: 앞으로 통일을 대비해 남북한 언어의 다른 점을 줄여 나가는 노력이 필요합니다. 실제로도 남한과 북한의 학자들로 구성된 '겨레말큰사전 편찬 위원회'에서는 남북한 공통의 사전인 《겨레말큰사전》을 만들며 서로의 차이를 이해하고 받아들이기 위한 노력을 하고 있습니다. [중략]
> 사회자: 그러면 질의응답이 있겠습니다. 시간상 간략하게 질문해 주시기 바랍니다.
> 청중 A: 두 분의 말씀 잘 들었습니다. 남북한 언어의 차이와 이를 극복하는 방안을 말씀하셨는데요. 그렇다면 통일 시대에 대비한 언어 정책에는 무엇이 있을까요?

① 학술적인 주제에 대한 발표 형식으로 진행되고 있다.
② 사회자는 발표자 간의 이견을 조정하여 의사 결정을 유도하고 있다.
③ 발표자는 주제에 대한 자신의 견해를 밝혀 청중에게 정보를 제공하고 있다.
④ 청중 A는 발표자의 발표 내용을 확인하고 주제와 관련된 질문을 하고 있다.

06 다음 대화에 대한 설명으로 적절하지 않은 것은?

> A: 무고한 사람들을 무참히 살해한 사람은 그에 합당한 형벌을 받아야 합니다. 그리고 사형 제도가 있다는 것만으로도 흉악범들에게는 경고의 효과가 있어서, 범죄 예방에 도움이 될 수 있습니다. 게다가 각종 여론 조사 기관의 조사를 봐도 우리 국민들 다수가 사형 제도 유지에 찬성하고 있습니다.
> B: 물론 흉악범에게 합당한 처벌을 해야 한다는 점에는 저도 동의합니다. 그러나 사형 선고를 받은 사형수가 죽기 직전에 진짜 범인이 밝혀져 풀려난 경우도 있었습니다. 만약 그 사람이 누명을 벗지 못하고 사형을 당했다면 어떻게 되었겠습니까?
> A: 극히 예외적인 사례를 들어서 사형제 폐지를 주장하는 것은 빈대 잡으려고 초가삼간을 태우는 것이나 마찬가지입니다. 억울한 사람이 나오지 않도록 사법 제도를 정비하면 되는 것입니다.
> B: 아무리 정비를 한다고 해도 사람이 하는 일인데, 실수가 생기지 않는다고 장담할 수 있겠습니까? 재판의 결과가 항상 정확하다고 볼 수는 없지요. 단 한 명이라도 억울한 희생자가 나온다면, 올바른 제도라고 할 수 있겠습니까? 흉악한 범죄를 저질렀다고 판단되는 사람에게는 종신형을 선고하면 됩니다. 지금처럼 중간에 감형해 주지 않고, 보석도 허용치 않는 절대적 종신형을 통해 사회로부터 격리하면 되는 것입니다. 그렇게 하면, 나중에 선고가 잘못됐거나 무죄로 밝혀졌을 때도 억울함을 풀어 줄 수 있습니다.

① A와 B는 사형 제도에 대해 서로 상반된 견해를 드러내고 있다.
② A는 비유적 표현을 활용해 B의 견해를 반박하고 있다.
③ B는 사형 제도의 대안을 제시하여 자신의 주장을 강화하고 있다.
④ A와 B는 상대의 의견을 일부 수용하면서 자신의 견해를 제시하고 있다.

07 ㉠~㉢은 '공손하게 말하기'에 대한 설명이다. ㉠~㉢을 적용한 B의 대답으로 적절하지 않은 것은?

> ㉠ 자신을 상대방에게 낮추어 겸손하게 말해야 한다.
> ㉡ 상대방의 처지를 고려하여 상대방이 부담을 갖지 않도록 말해야 한다.
> ㉢ 상대방이 관용을 베풀 수 있도록 문제를 자신의 탓으로 돌려 말해야 한다.
> ㉣ 상대방의 의견에서 동의하는 부분을 찾아 인정해 준 다음에 자신의 의견을 말해야 한다.

① ㉠ A: "이번에 제출한 디자인 시안 정말 멋있었어."
    B: "아닙니다. 아직도 여러모로 부족한 부분이 많습니다."
② ㉡ A: "미안해요. 생각보다 길이 많이 막혀서 늦었어요."
    B: "괜찮아요, 쇼핑하면서 기다리니 시간 가는 줄 몰랐어요."
③ ㉢ A: "혹시 내가 설명한 내용이 이해 가니?"
    B: "네 목소리가 작아서 내용이 잘 안 들렸는데 다시 한번 크게 말해 줄래?"
④ ㉣ A: "가원아, 경희 생일 선물로 귀걸이를 사 주는 것은 어때?"
    B: "그거 좋은 생각이네. 하지만 경희의 취향을 우리가 잘 모르니까 귀걸이 대신 책을 선물하는 게 어떨까?"

08 한자 표기가 옳은 것은?
① 그분은 냉혹한 현실(現室)을 잘 견뎌 냈다.
② 첫 손님을 야박(野薄)하게 대해서는 안 된다.
③ 그에게서 타고난 승부 근성(謹性)이 느껴진다.
④ 그는 평소 희망했던 기관에 채용(債用)되었다.

07 '동의의 격률'을 적용한 B의 대답으로 적절한 것은?
① A: 우리 학교 끝나고 떡볶이 먹으러 갈까?
   B: 좋지. 그런데 나는 치킨이 먹고 싶은데 둘 다 파는 가게를 찾아볼까?
② A: 혹시 제가 설명한 내용을 이해하셨나요?
   B: 제가 제대로 못 들었는데, 다시 한번 말씀해 주시겠어요?
③ A: 이번에 대회에서 상을 받았다며? 정말 축하해.
   B: 고마워, 운이 좋았어.
④ A: 약속 시간에 늦어서 미안해요.
   B: 괜찮습니다. 저도 방금 왔어요.

08 밑줄 친 부분의 한자 표기가 옳지 않은 것은?
① 다양한 상품 개발은 고객에게 선택(選擇)의 폭을 넓혀 준다.
② 눈앞에 펼쳐진 지리산은 웅장한 자태(姿態)를 뽐내고 있다.
③ 검찰은 마침내 이 사건의 진상 파악(把握)에 나섰다.
④ 그는 공석인 회장 자리를 끝내 고사(考査)하였다.

09 '하버마스'의 주장에 부합하는 사례로 가장 적절한 것은?

하버마스는 18세기부터 현대까지 미디어의 등장 배경과 발전 과정을 분석하면서, 공공 영역의 부상과 쇠퇴를 추적했다. 하버마스에게 공공 영역은 일반적 쟁점에 대한 토론과 의견을 형성하는 공공 토론의 민주적 장으로서 역할을 한다.

하버마스는 17세기와 18세기 유럽 도시의 살롱에서 당시의 공공 영역을 찾았다. 비록 소수의 사람들만이 살롱 토론 문화에 참여했으나, 공공 토론을 통해 정치적 문제를 해결하는 논리를 도입할 수 있었기 때문에 살롱이 초기 민주주의 발전에 중요한 역할을 했다고 그는 주장한다. 적어도 살롱 문화의 원칙에서 공개적 토론을 위한 공공 영역은 각각의 참석자들에게 동등한 자격을 부여했다.

그러나 하버마스에 따르면, 현대 사회에서 민주적 토론은 문화 산업의 발달과 함께 퇴보했다. 대중 매체와 대중오락의 보급은 공공 영역이 공허해지는 원인으로 작용했다. 상업적 이해관계는 공공의 이해관계에 우선하게 되었다. 공공 여론은 개방적이고 합리적 토론을 통해서가 아니라 광고에서처럼 조작과 통제를 통해 형성되고 있다.

미디어가 점차 상업화되면서 하버마스가 주장한 대로 공공 영역이 침식당하고 있다. 상업화된 미디어는 광고 수입에 기대어 높은 시청률과 수익을 보장하는 콘텐츠 제작만을 선호하게 되었다. 그 결과 공적 주제에 대한 시민들의 논의와 소통의 장이 줄어들어 결과적으로 공공 영역이 축소되었다. 많은 것을 약속한 미디어는 이제 민주주의 문제의 일부로 변해 버린 것이다.

① 살롱 문화에서 특정 사회 계층에 대한 비판적인 토론은 허용되지 않았다.
② 인터넷의 발달과 보급은 상업적 광고뿐만 아니라 공익 광고도 증가시켰다.
③ 글로벌 미디어가 발달하더라도 국제 사회의 공공 영역은 공허해지지 않는다.
④ 수익성 위주의 미디어 플랫폼과 콘텐츠가 더 많아지면서 민주적 토론이 감소되었다.

09 다음 글을 읽고 추론한 내용으로 적절하지 않은 것은?

환경 보호가 건강한 삶을 위한 전제로 인식되기 시작하였고, 심각한 환경 침해에 대해서는 형사적으로 처벌해야 한다는 것이 세계적인 추세이다. 우리나라도 1980년 헌법에서 헌법상 기본권으로 환경권(環境權)을 명시하였고, 현행 헌법 제35조에서도 환경권을 규정하고 있다. 특히 1991년 '환경 범죄의 처벌에 관한 특별 조치법'을 제정하여 환경 침해에 대한 형법적 규제를 강화하였다. 이 법률은 1999년 적용 범위를 확대하고 처벌을 강화하기 위해 '환경 범죄의 단속에 관한 특별 조치법'으로 개정되었고, 그 후 2011년 '환경 범죄의 단속 및 가중 처벌에 관한 법률'로 개정되어 현재에 이르고 있다.

환경 형법은 양벌 규정에 의한 법인의 형사 책임 규정을 두고 있다. 양벌 규정이란 형벌 법규를 직접 위반한 행위자를 벌하는 외에 그 행위자와 일정한 관계를 맺고 있는 다른 사람도 함께 처벌하는 규정을 말한다. 환경 범죄의 대부분은 조직화된 기업체에 의해 대규모로 행해지고, 그 특성상 행위자를 특정하기 어렵다. 설령 특정되더라도 종업원인 실행 행위자만 처벌되는 등 환경 범죄 예방 내지 억제의 근본적인 문제점이 드러난다. 그리하여 환경 범죄에 대한 효율적 대처를 위해서는 양벌 규정을 두어 실행 주체인 종업원뿐만 아니라 사업주인 법인 또는 개인의 형사 책임을 인정하고 있다. 그러나 환경 범죄의 책임 주체 특히 법인의 형사 책임에 관해서는 형법 이론적으로 그리고 양벌 규정에 대한 해석론적으로 계속 논란이 되고 있다.

① 우리나라에서는 1991년 이후 여러 차례 환경 형법이 강화되었다.
② 양벌 규정에 따르면, 환경 범죄의 법규를 직접적으로 위반한 실행자보다 그의 배후에 있는 사업주가 더 큰 형사 책임을 지게 된다.
③ 환경 범죄에 대해 양벌 규정을 적용하면 실행 주체만 처벌했을 때보다 환경 범죄 억제 효과가 높을 것이다.
④ 환경 형법에 양벌 규정이 없다면 직원에게 불법으로 폐수를 방출하게끔 지시를 내린 회사 대표는 면책될 확률이 높다.

10 ㉠~㉤의 전개 순서로 가장 자연스러운 것은?

> 폭설, 즉 대설이란 많은 눈이 시간적, 공간적으로 집중되어 내리는 현상을 말한다.
> ㉠ 그런데 눈은 한 시간 안에 5cm 이상 쌓일 수 있어 순식간에 도심 교통을 마비시키는 위력을 가지고 있다.
> ㉡ 또한, 경보는 24시간 신적설이 20cm 이상 예상될 때이다.
> ㉢ 다만, 산지는 24시간 신적설이 30cm 이상 예상될 때 발령된다.
> ㉣ 이때 대설의 기준으로 주의보는 24시간 새로 쌓인 눈이 5cm 이상이 예상될 때이다.
> ㉤ 이뿐만 아니라 운송, 유통, 관광, 보험을 비롯한 서비스 업종과 사회 전반에 영향을 미친다.

① ㉠-㉤-㉡-㉢-㉣
② ㉠-㉣-㉤-㉢-㉡
③ ㉣-㉡-㉢-㉠-㉤
④ ㉣-㉠-㉤-㉢-㉡

10 다음 글의 전개 순서로 가장 자연스러운 것은?

> ㉠ 좋은 행위를 하기 위해 필요한 덕은 성격적 덕을 의미한다.
> ㉡ 덕은 그것을 바탕으로 사람들이 가장 좋은 행위를 할 수 있고, 그것에 따라 가장 좋은 대상에 관련해서 최선의 상태에 놓일 수 있는 성향이기 때문이다.
> ㉢ 아리스토텔레스는 성격적 덕을 얻기 위해서는 덕행을 즐거워하도록 젊어서부터, 사실 어려서부터 교육받아야 한다고 생각했다.
> ㉣ 아리스토텔레스의 윤리학은 폴리스에 속한 시민들이 좋은 삶을 영위할 수 있도록 덕을 갖게 만드는 것을 목적으로 한다.
> ㉤ 따라서 가족 내에서 이뤄지는 조기 교육은 덕을 가르치는 데 매우 중요한 역할을 맡고 있다고 볼 수 있다.

① ㉠-㉡-㉢-㉣-㉤
② ㉠-㉢-㉤-㉡-㉣
③ ㉢-㉤-㉡-㉠-㉣
④ ㉣-㉡-㉠-㉢-㉤

11 다음 글의 사례로 적절하지 않은 것은?

> 인간은 언어를 사용하며 언어는 인간의 사고, 사회, 문화를 반영한다. 인간의 지적 능력이 발달하게 된 것은 바로 언어를 사용하기 때문이다.
> 언어와 사고는 기본적으로 상호 작용을 한다. 둘 중 어느 것이 먼저 발달하고 어떻게 영향을 주는지는 알 수 없다. 그러나 언어와 사고가 서로 깊은 관계를 맺고 있다는 사실은 여러 가지 근거를 통해서 뒷받침된다.

① 영어의 '쌀[rice]'에 해당하는 우리말에는 '모', '벼', '쌀', '밥' 등이 있다.
② 어떤 사람은 산도 파랗다고 하고, 물도 파랗다고 하고, 보행 신호의 녹색등도 파랗다고 한다.
③ 일상생활에서 어떠한 사물의 개념은 머릿속에서 맴도는데도 그 명칭을 떠올리지 못할 때가 있다.
④ 우리나라는 수박[watermelon]은 '박'의 일종으로 보지만 어떤 나라는 '멜론(melon)'에 가까운 것으로 파악한다.

11 제시문을 뒷받침할 수 있는 사례로 적절한 것은?

> 언어는 인간이 다른 동물과 구별되게 하는 특성 중 하나이다. 그만큼 언어는 인간사의 여러 면과 깊은 관계를 맺고 있다. 언어에는 그 언어를 사용하는 사람들의 삶과 정신, 곧 문화가 반영되어 있다. 이러한 문화는 어휘 속에 잘 반영되어 나타난다. 언어는 한 사회의 문화적 특성을 반영하며, 그 자체로 문화적 산물이기도 하다.

① 음악가는 언어를 사용하지 않고도 작곡을 통해 자신의 사상이나 생각을 표현한다.
② 북극 지방에 사는 이누이트족은 눈을 '내리고 있는 눈, 땅에 쌓여 있는 눈, 바람에 휘날리는 눈' 등으로 구별하여 부른다.
③ 어린아이는 언어 능력이 발달하면서 지적 능력이나 사고력도 함께 높아진다.
④ 아프리카의 바사(Bassa)인들이 무지개색을 두 가지로 구별하는 것은 무지개색을 분류하는 그들의 말이 두 가지이기 때문이다.

12 다음 글의 주된 서술 방식은?

> 변지의가 천 리 길을 마다하지 않고 나를 찾아왔다. 내가 그 뜻을 물었더니, 문장 공부를 하기 위해 나를 찾아왔다고 했다. 때마침 이날 우리 아이들이 나무를 심었기에 그 나무를 가리켜 이렇게 말해 주었다.
> "사람이 글을 쓰는 것은 나무에 꽃이 피는 것과 같다. 나무를 심는 사람은 가장 먼저 뿌리를 북돋우고 줄기를 바로잡는 일에 힘써야 한다. [중략] 나무의 뿌리를 북돋아주듯 진실한 마음으로 온갖 정성을 쏟고, 줄기를 바로잡듯 부지런히 실천하며 수양하고, 진액이 오르듯 독서에 힘쓰고, 가지와 잎이 돋아나듯 널리 보고 들으며 두루 돌아다녀야 한다. 그렇게 해서 깨달은 것을 헤아려 표현한다면 그것이 바로 좋은 글이요, 사람들이 칭찬을 아끼지 않는 훌륭한 문장이 된다. 이것이야말로 참다운 문장이라고 할 수 있다."

① 서사 ② 분류
③ 비유 ④ 대조

12 다음 글에 사용된 전개 방식이 아닌 것은?

> 자동 조종 장치는 조종사가 비행 전에 미리 입력한 데이터에 따라 자동으로 비행 경로 및 고도를 유지해 주는 장치이다. 자동 조종 장치에서 관성 항법 장치라고 불리는 감지 센서는, 다양한 비행 상황에 대응하기 위해 비행기의 이동 방향, 이동 거리, 속도 등을 지속적으로 정확하게 측정하는 역할을 한다. 이 장치의 핵심은 가속도 센서와 자이로스코프인데, 이를 통해 측정된 값을 계산하여 운항 정보를 파악함으로써 비행기가 정해진 경로로 운항할 수 있게 되는 것이다.

① 블루투스 통신을 위해서는 통신하고자 하는 기기들이 '페어링'되어야 하는데, 페어링이란 블루투스 기기들 간의 무선 통신을 위해 서로 식별할 수 있는 정보를 확인하고 연결을 설정하는 것이다.
② 주사 전자 현미경의 주요 부품으로는 전자총, 전자기 집광 렌즈, 주사 코일, 전자기 대물렌즈, 전자 검출기, 모니터나 필름 등이 있다.
③ 세계의 문자들은 그 성질로 보아 크게 표의 문자와 표음 문자로 나누고, 표음 문자는 다시 음절 문자와 음소 문자로 나누는 것이 전통적인 틀이었다.
④ 초창기 황태 덕장은 동해안에서 생산된 '지방태'를 재료로 사용했다. 당시에는 교통이 불편하고, 운송 수단이 마땅치 않았을 뿐만 아니라 대부분의 명태가 생태로 소비됐으므로 많은 양의 황태를 생산할 수 없었기 때문이다.

13 ㉠의 단어와 의미가 같은 것은?

> 친구에게 줄 선물을 예쁜 포장지에 ㉠싼다.

① 사람들이 안채를 겹겹이 싸고 있다.
② 사람들은 봇짐을 싸고 산길로 향한다.
③ 아이는 몇 권의 책을 싼 보퉁이를 들고 있다.
④ 내일 학교에 가려면 책가방을 미리 싸 두어라.

13 ㉠과 가장 유사한 의미로 쓰인 것은?

> 숨길 ㉠생각 말고 차근차근 얘기해 봐. 우리가 이해할 수 있도록. 어차피 별도 조사가 있을 테니까 감춰 봐야 고생만 하게 돼.
> 　　　　　　　　　　　　　　　　　　　　　－ 이문열,〈변경〉

① 밤이 너무 늦었으니 갈 생각 말고 우리 집에서 자고 가라.
② 매번 신세를 지는 것 같아서, 친구에게 미안한 생각이 들었다.
③ 나는 생각이 너무 많아서 결정을 내리는 데 오래 걸린다.
④ 그는 고향에 계신 어머니 생각에 깊이 잠겼다.

14 다음 글에 대한 이해로 적절하지 않은 것은?

언어마다 고유의 표기 체계가 있는데, 이는 읽기 과정에 영향을 미친다. 알파벳 언어는 표기 체계에 따라 철자 읽기의 명료성 수준이 달라진다. 철자 읽기가 명료하다는 것은 한 글자에 대응되는 소리가 규칙적이어서 글자와 소리의 대응이 거의 일대일이라는 것을 의미한다. 그 예로 이탈리아어와 스페인어가 있다. 이 두 언어의 사용자는 의미를 전혀 모르는 새로운 단어를 발견하더라도 보자마자 정확한 발음을 할 수 있다. 이에 비해 영어는 철자 읽기의 명료성이 낮은 언어이다. 영어는 발음이 아예 나지 않는 묵음과 같은 예외도 많은 편이고 글자에 대응하는 소리도 매우 다양하다.

한편 알파벳 언어를 읽을 때 사용하는 뇌의 부위는 유사하지만 뇌의 부위에 의존하는 방식에는 차이가 있다. 영어와 이탈리아어를 읽는 사람은 동일하게 좌반구의 읽기 네트워크를 사용한다. 하지만 무의미한 단어를 읽을 때 영어를 읽는 사람은 암기된 단어의 인출과 연관된 뇌 부위에 더 의존하는 반면 이탈리아어를 읽는 사람은 음운 처리에 연관된 뇌 부위에 더 의존한다. 왜냐하면 무의미한 단어를 읽을 때 이탈리아어를 읽는 사람은 규칙적인 음운 처리 규칙을 적용하는 반면에, 영어를 읽는 사람은 암기해 둔 수많은 예외들을 떠올리기 때문이다.

① 알파벳 언어의 철자 읽기는 소리와 표기의 대응과 관련되는데, 각 소리가 지닌 특성은 철자 읽기의 명료성을 판단하는 기준이 된다.
② 영어 사용자는 무의미한 단어를 읽을 때 좌반구의 읽기 네트워크를 활용하면서 암기된 단어의 인출과 연관된 뇌 부위에 더욱 의존한다.
③ 이탈리아어는 소리와 글자의 대응이 규칙적이어서 낯선 단어를 발음할 때 영어에 비해 철자 읽기의 명료성이 높다.
④ 영어는 음운 처리 규칙에 적용되지 않는 예외들이 많아서 스페인어에 비해 소리와 글자의 대응이 덜 규칙적이다.

14 다음 글에 대한 이해로 적절하지 않은 것은?

학익진은 부채꼴 모양으로 적을 감싸는 진법의 하나로, 적을 포위하면서 공격하기에 적합하다. 학익진은 학이 날개를 펼친 형태를 취하고 있다고 하여 붙여진 이름이다. 이러한 진형은 기본적으로는 육지에서 기동력이 뛰어난 기병들이 사용한 병법이었지만, 조선 수군은 명령 전달과 이행이 매우 빨랐기 때문에 학익진을 사용할 수 있었다. 이순신 장군이 필승 전략 중 하나로 학익진을 사용할 수 있었던 것도 거북선과 판옥선이 일제히 민첩하게 움직였기에 가능했던 것이다.

전쟁 초기에 이순신 장군은 대장선에서 깃발을 흔들어 수군을 지휘했는데, 깃발을 사람이 직접 흔들어야 해서 깃발 크기에 제한이 있고, 다른 배나 지형에 가려 보이지 않는 경우도 많아 비효율적이었다. 그래서 이순신 장군은 여러 가지 신호를 담은 거대한 연을 만들어 높이 띄웠고, 전 함대가 연에 담긴 명령을 통해 일사불란하게 움직일 수 있었다.

학익진에는 놀라운 수학 원리가 숨어 있다. 학익진으로 상대를 포위하고 바깥쪽에서 안쪽으로 공격하면, 공격이 집중되어 적을 명중시킬 확률이 높아진다. 하지만 반대로 안쪽에서 바깥쪽으로 공격하면 공격이 분산되어 적중률이 떨어지게 된다. 이순신 장군은 많은 적을 상대하려고 우선 적을 좁은 곳으로 유인한 후에 배를 돌리고 미리 장전해 둔 화포를 발사하여 적군을 물리쳤다.

① 학익진은 원래 육지에서 기병들이 사용했던 병법이었다.
② 수군을 지휘할 때 연은 깃발보다 효율적으로 명령을 전달하는 수단이 되었다.
③ 학익진 진형을 사용한 것이 원인이 되어 조선 수군과 거북선은 민첩하게 명령을 이행할 수 있었다.
④ 이순신 장군은 공격의 적중률을 높이기 위해 적을 좁은 곳으로 유인하는 전략을 사용했다.

15 다음 글에 대한 이해로 가장 적절한 것은?

> 암소의 뿔은 수소의 그것보다도 한층 더 겸허하다. 이 애상적인 뿔이 나를 받을 리 없으니 나는 마음 놓고 그 곁 풀밭에 가누워도 좋다. 나는 누워서 우선 소를 본다.
> 소는 잠시 반추를 그치고 나를 응시한다.
> '이 사람의 얼굴이 왜 이리 창백하냐. 아마 병인인가 보다. 내 생명에 위해를 가하려는 거나 아닌지 나는 조심해야 되지.'
> 이렇게 소는 속으로 나를 심리하였으리라. 그러나 오 분 후에는 소는 다시 반추를 계속하였다. 소보다도 내가 마음을 놓는다.
> 소는 식욕의 즐거움조차를 냉대할 수 있는 지상 최대의 권태자다. 얼마나 권태에 지질렸길래 이미 위에 들어간 식물을 다시 게워 그 시큼털털한 반소화물의 미각을 역설적으로 향락하는 체해 보임이리오?
> 소의 체구가 크면 클수록 그의 권태도 크고 슬프다. 나는 소 앞에 누워 내 세균같이 사소한 고독을 겸손하면서 나도 사색의 반추는 가능한지 불가능한지 몰래 좀 생각해 본다.
> — 이상, 〈권태〉

① 대상의 행위를 통해 글쓴이의 심리가 투사되고 있다.
② 과거의 삶을 회상하며 글쓴이의 처지를 후회하고 있다.
③ 공간의 이동을 통해 글쓴이의 무료함을 표현하고 있다.
④ 현실에 대한 글쓴이의 불만이 반성적 어조로 표출되고 있다.

15 다음 글에 대한 이해로 적절하지 않은 것은?

> 반면이 갈라진다는 것은 기약치 않은 불측(不測)의 사고이다. 사고란 어느 때 어느 경우에도 별로 환영할 것이 못 된다. 그 **균열**의 성질 여하에 따라서는 일급품 바둑판이 목침(木枕)감으로 전락해 버릴 수도 있다. 그러나 그렇게 큰 균열이 아니고 회생할 여지가 있을 정도라면 헝겊으로 싸고 뚜껑을 덮어서 조심스럽게 간수해 둔다. (갈라진 균열 사이로 먼지나 티가 들어가지 않도록 하는 단속이다.)
> 1년, 이태, 때로는 3년까지 그냥 내버려 둔다. 계절이 바뀌고 추위, 더위가 여러 차례 순환한다. 그동안에 상처 났던 바둑판은 제힘으로 제 상처를 고쳐서 본디대로 유착해 버리고, 균열 진 자리에 머리카락 같은 희미한 흔적만이 남는다.
> 비자의 생명은 유연성이란 특질에 있다. 한 번 균열이 생겼다가 제힘으로 도로 유착·결합했다는 것은 그 유연성이란 특질을 실제로 증명해 보인, 이를테면 졸업 증서이다. 하마터면 목침감이 될 뻔했던 불구 병신이, 그 치명적인 시련을 이겨 내면 되레 한 급(級)이 올라 특급품이 되어 버린다. 재미가 깨를 볶는 이야기다.
> 더 부연할 필요도 없거니와, 나는 이것을 인생의 **과실**(過失)과 결부시켜서 생각해 본다. [중략]
> 과실은 예찬할 것이 아니요, 장려할 노릇도 못 된다. 그러나 그와 동시에 과실이 인생의 '올 마이너스'일 까닭도 없다.
> 과실로 해서 더 커 가고 깊어 가는 인격이 있다.
> 과실로 해서 더 정화(淨化)되고 굳세어지는 사랑이 있다. 생활이 있다.
> 누구나 할 수 있는 일은 아니다. 어느 과실에도 적용된다는 것은 아니다. 제 과실, 제 상처를 제힘으로 다스릴 수 있는 '비자반'의 탄력 — 그 탄력만이 과실을 효용한다.
> — 김소운, 〈특급품〉

① 유추의 방식으로 유연한 삶의 태도의 중요성을 강조하고 있다.
② 인고의 세월로 특급품을 완성한 장인 정신을 주제로 하고 있다.
③ 의인법과 은유법을 사용하여 대상의 속성을 제시하고 있다.
④ 극복될 대상으로서의 '균열'과 '과실'을 긍정적으로 평가하고 있다.

16 '황거칠'이 처한 상황에 어울리는 한자 성어로 가장 적절한 것은?

> 황거칠 씨는 더 참을 수가 없었다. 그는 거의 발작적으로 일어섰다.
> "이 개 같은 놈들아, 어쩌면 남이 먹는 식수까지 끊으려노?"
> 그는 미친 듯이 우르르 달려가서 한 인부의 괭이를 억지로 잡아서 저만큼 내동댕이쳤다. [중략]
> 경찰은 발포를 — 다행히 공포였지만 — 해서 겨우 군중을 해산시키고, 황거칠 씨와 청년 다섯 명을 연행해 갔다. 물론 강제 집행도 일시 중단되었다.
> 경찰에 끌려간 사람들은 밤에도 풀려나오지 못했다. 공무 집행 방해에다, 산주의 권리 행사 방해, 그리고 폭행죄까지 뒤집어쓰게 되었던 것이다. 그래서 그 이튿날도 풀려나오질 못했다. 쌍말로 썩어 갔다.
> 황거칠 씨는 모든 죄를 자기가 안아맡아서 처리하려고 했다. 그러나 그것이 뜻대로 되지 않았다. 면회를 오는 가족들의 걱정스런 얼굴을 보자, 황거칠 씨는 가슴이 아팠다. 그는 만부득이 담당 경사의 타협안에 도장을 찍기로 했다. 석방의 조건으로서, 다시는 강제 집행을 방해하지 않겠다는 각서였다.
> 이리하여 황거칠 씨는 애써 만든 산수도를 포기하게 되고 '마삿등'은 한때 도로 물 없는 지대가 되고 말았다.
> — 김정한, 〈산거족〉

① 同病相憐 ② 束手無策
③ 自家撞着 ④ 輾轉反側

16 ㉠에 들어갈 말로 적절한 것은?

> 여남은 사람 더 점검을 하고 있을 때 달주 어머니 부안댁이 나왔다.
> "아들이 어디 갔소?"
> "저기 조소리 사시는 제 훈장님이 어디 심부름을 보낸다고 불러서 갔소."
> "어제 언제 집을 나갔소?"
> "점심 묵고 나갔소."
> "저쪽에 서 있으시오!"
> 강쇠와 만득이가 서 있는 데를 가리켰다. 동네 사람들을 모두 점검했으나 밖에 나간 사람은 모두 세 사람뿐이었다.
> "당신들은 군아까지 가야겠소. 앞서시오!"
> "우리가 먼 죄를 졌다고 그러시오?"
> 강쇠였다.
> "잔소리 말고 앞서!"
> 벙거지들은 그들 세 사람만 데리고 동네를 나가 천치재를 넘어가 버렸다.
> 운학동 앞 도리깨고개 밑에서 살변이 났다는 소문을 하학동 사람들이 들은 것은 그날 아침 새참 때가 조금 지나서였다.
> [중략]
> 달주 작은아버지 김한준은 다음 날 창골 조만옥을 읍내에서 만났다. 만나자고 미리 기별을 했던 것이다. 얼마 전까지 창골 동임*이었던 조만옥은 관청 사람들과 낯이 넓었고, 수교(首校)*은덕초와는 사돈 간이었다. [중략]
> "형수께서 곤욕을 치르고 계신다고?"
> 조만옥은 이미 들어 알고 있는 모양이었다.
> "㉠ 으로 하필 조카아이가 집을 나간 것이 어제여서 혐의를 둔 모양일세. 장정들도 못 견디는 것이 형문인데, 내가 당하고 말지 이거 말이 아니구만."
> — 송기숙, 〈녹두 장군〉

*동임(洞任): 동네의 일을 맡아보는 사람
*수교: 각 고을 장교의 우두머리

① 衣錦夜行 ② 烏飛梨落
③ 雪上加霜 ④ 脣亡齒寒

17 다음 시의 특징으로 가장 적절한 것은?

> 살아가노라면
> 가슴 아픈 일 한두 가지겠는가
>
> 깊은 곳에 뿌리를 감추고
> 흔들리지 않는 자기를 사는 나무처럼
> 그걸 사는 거다
>
> 봄, 여름, 가을, 긴 겨울을
> 높은 곳으로
> 보다 높은 곳으로, 쉬임 없이
> 한결같이
>
> 사노라면
> 가슴 상하는 일 한두 가지겠는가
>
> — 조병화, 〈나무의 철학〉

① 문답법을 통해 과거의 삶을 반추하고 있다.
② 반어적 표현을 활용하여 슬픔의 정서를 나타내고 있다.
③ 사물을 의인화하여 현실을 목가적으로 보여 주고 있다.
④ 설의적 표현을 활용하여 삶의 깨달음을 강조하고 있다.

17 다음 시의 특징이 아닌 것은?

> 산 너머 고운 노을을 보려고
> 그네를 힘차게 차고 올라 발을 굴렀지
> 노을은 끝내 어둠에게 잡아먹혔지
> 나를 태우고 날아가던 그넷줄이
> 오랫동안 삐걱삐걱 떨고 있었어
>
> 어릴 때는 나비를 쫓듯
> 아름다움에 취해 땅끝을 찾아갔지
> 그건 아마도 끝이 아니었을지 몰라
> 그러나 살면서 몇 번은 땅끝에 서게도 되지
> 파도가 끊임없이 땅을 먹어 들어오는 막바지에서
> 이렇게 뒷걸음질 치면서 말야
>
> 살기 위해서는 이제
> 뒷걸음질만이 허락된 것이라고
> 파도가 아가리를 쳐들고 달려드는 곳
> 찾아 나선 것도 아니었지만
> 끝내 발 디디며 서 있는 땅의 끝,
> 그런데 이상하기도 하지
> 위태로움 속에 아름다움이 스며 있다는 것이
> 땅끝은 늘 젖어 있다는 것이
> 그걸 보려고
> 또 몇 번은 여기에 이르리라는 것이
>
> — 나희덕, 〈땅끝〉

① 중의적 의미를 가진 시어를 활용하고 있다.
② 시상의 흐름에 따라 화자의 인식이 변화하고 있다.
③ 비속어와 활유법을 사용하여 부정적 현실을 강조하고 있다.
④ 내면과 상반된 진술을 통해 화자의 깨달음을 표현하고 있다.

18 ㉠에 들어갈 말로 가장 적절한 것은?

　한 민족이 지닌 문화재는 그 민족 역사의 누적일 뿐 아니라 그 누적된 민족사의 정수로서 이루어진 혼의 상징이니, 진실로 살아 있는 민족적 신상(神像)은 이를 두고 달리 없을 것이다. 더구나 국보로 선정된 문화재는 우리 민족의 성력(誠力)과 정혼(精魂)의 결정으로 그 우수한 질과 희귀한 양에서 무비(無比)의 보(寶)가 된 자이다. 그러므로 국보 문화재는 곧 민족 전체의 것이요, 민족을 결속하는 정신적 유대로서 민족의 힘의 원천이라 할 것이다.
　로마는 하루아침에 만들어지지 않는다는 말도 그 과거 문화의 존귀함을 말하는 것이요, ㉠ 는 말도 국보 문화재가 얼마나 힘 있는가를 밝힌 예증이 된다.

① 구르는 돌에는 이끼가 끼지 않는다
② 지식은 나눌 수 있지만 지혜는 나눌 수 없다
③ 사람은 겪어 보아야 알고 물은 건너 보아야 안다
④ 그 무엇을 내놓는다고 해도 셰익스피어와는 바꾸지 않는다

18 ㉠에 들어갈 말로 가장 적절한 것은?

　토마스 홉스의 법 개념은 그의 사상의 핵심을 구성하고 있는 '국가' 개념만큼이나 서양 정치사상에서 중요한 위치를 차지하고 있다. 17세기 영국 내전 시기를 살았던 홉스는 정치 공동체의 통합성을 약화시키는 교회 세력과 판사 집단을 제어하기 위하여 왕의 권력을 보위할 수 있는 통일적인 법체계의 완성이 시급하다고 판단했다. 아울러 그는 이러한 판단으로 법의 정당성은 법을 공포하는 자의 권위로부터 발생하는 것이지 법의 내용이 품고 있는 규범에서 연원하는 것이 아니라고 주장한다. 무엇보다도 홉스는 이러한 주장을 바탕으로 법을 '주권자의 명령'으로 정의했으며, 그에 의하면 '정의(定義)'는 ㉠ 것이다.

① 왕이 제정한 법을 따르는
② 인간의 본성과 이성에 근거한 법을 따르는
③ 시민들의 권리를 보장하는
④ 보편타당한 내용의 법을 따르는

19 가장 자연스러운 문장은?

① 날씨가 선선해지니 역시 책이 잘 읽힌다.
② 이렇게 어려운 책을 속독으로 읽는 것은 하늘의 별 따기이다.
③ 내가 이 일의 책임자가 되기보다는 직접 찾기로 의견을 모았다.
④ 그는 시화전을 홍보하는 일과 시화전의 진행에 아주 열성적이다.

19 어법에 맞고 자연스러운 문장은?

① 아이가 손을 넣고 뛰어가다 그만 빙판에 미끄러졌다.
② 시민 단체는 일본 정부에게 독도 문제에 대한 사과를 요구했다.
③ 정부는 사고 원인 파악과 재발 방지 대책을 조속히 마련해야 한다.
④ 겁이 많았던 나는 혼자 어두운 길을 가는 것이 무서워 친구와 동행하였다.

20 다음 글에서 추론한 내용으로 적절하지 않은 것은?

과학의 개념은 분류 개념, 비교 개념, 정량 개념으로 구분할 수 있다. 식물학과 동물학의 종, 속, 목처럼 분명한 경계를 가지고 대상들을 분류하는 개념들이 분류 개념이다. 어린이들이 맨 처음에 배우는 단어인 '사과', '개', '나무' 같은 것 역시 분류 개념인데, 하위 개념으로 분류할수록 그 대상에 대한 정보가 더 많이 전달된다. 또한, 현실 세계에 적용 대상이 하나도 없는 분류 개념도 있을 수 있다. 예를 들어 '유니콘'이라는 개념은 '이마에 뿔이 달린 말의 일종임' 같은 분명한 정의가 있기에 '유니콘'은 분류 개념으로 인정되는 것이다.

'더 무거움', '더 짧음' 등과 같은 비교 개념은 분류 개념보다 설명에 있어서 정보 전달에 더 효과적이다. 이것은 분류 개념처럼 자연의 사실에 적용되어야 하지만, 분류 개념과 달리 논리적 관계도 반드시 성립해야 한다. 예를 들면, 대상 A의 무게가 대상 B의 무게보다 더 무겁다면, 대상 B의 무게가 대상 A의 무게보다 더 무겁다고 말할 수 없는 것처럼 '더 무거움' 같은 비교 개념은 논리적 관계를 반드시 따라야 한다.

마지막으로 정량 개념은 비교 개념으로부터 발전한 것인데, 이것은 자연의 사실로부터 파악할 수 있는 물리량을 측정함으로써 만들어진다. 물리량을 측정하기 위해서는 몇 가지 규칙이 필요한데, 그 규칙에는 두 물리량의 크기를 비교하는 경험적 규칙과 물리량의 측정 단위를 정하는 규칙 등이 포함된다. 이러한 정량 개념은 자연에 의해서 주어지는 것이 아니라 우리가 자연현상에 수를 적용하는 과정에서 생겨나는 것이다. 정량 개념은 과학의 언어를 수많은 비교 개념 대신 수를 사용할 수 있게 하여 과학 발전의 기초가 되었다.

① '호랑나비'는 '나비'와 동일한 종에 속하지만, 나비에 비해 정보량이 적다.
② '용(龍)'은 현실 세계에 적용할 수 있는 지시물이 없더라도 분류 개념으로 인정된다.
③ '꽃'이나 '고양이'와 같은 개념은 논리적 관계를 따라야 하는 것은 아니기 때문에 비교 개념에 포함되지 않는다.
④ 물리량을 측정할 수 있는 'cm'나 'kg' 같은 측정 단위는 자연현상에 수를 적용할 수 있게 해 주었다.

20 다음 글에서 추론할 수 있는 내용으로 적절한 것은?

임계 온도 이하의 극저온에서 금속, 합금, 반도체 또는 유기화합물 같은 물질에 전기 저항이 갑자기 없어져(저항 0) 전류가 장애 없이 흐르는 현상을 초전도 현상이라 한다. 외부 자기장과 반대 방향의 자기장을 형성하는 반자성도 띤다. 이런 초전도 현상이 일어나는 물질이 초전도체다. 보통의 금속도 초전도 현상을 가질 수 있지만, 온도와 기압이라는 특정 조건을 갖춰야 해 지금까지 상온·상압 초전도체는 미지답의 영역이었다.

초전도체의 특성은 전기 저항이 0이라는 게 핵심이다. 전력 손실이 없다는 뜻으로, 임계 온도에서도 열이 발생하지 않는다. 지금은 송전선으로 전력이 이동할 때 통상 저항에 따라 전력 손실이 발생한다. 미국은 송전 과정에서 발생하는 전력 손실이 한 해 22조 원에 달한다. 우리도 매년 1조 5,000억 원의 손실이 발생하는데 초전도체가 발명된다면 손실은 0이 된다.

반자성이란 자기장을 미는 힘이다. 내부에는 자기장이 들어갈 수 없고, 내부에 있던 자기장도 밖으로 밀어내는 성질(마이스너 효과)이 있어 자석 위에 떠오르는 자기 부상 현상을 나타낸다. 예컨대 강력한 초전도 자석을 활용하는 자기 부상 열차를 생각해 보자.

초전도체는 다른 물질과 접합했을 때 '조셉슨 효과'라 불리는 특이한 전기적 성질을 보인다. 이 성질은 극도로 민감한 자기장 센서를 만들거나 양자 컴퓨터의 큐빗을 만드는 데에 사용되고 있다. 우리의 삶에서 초전도체를 가장 많이 사용하는 곳은 병원이다. 병원에 있는 자기 공명 영상[MRI]에는 초전도체로 만들어진 전자석이 활용된다.

① 초전도 현상을 띨 수 있는 금속은 정해져 있다.
② 전기 저항이 없는 초전도체는 내부에 자기장을 지니지 않는다.
③ 자기 부상 열차는 강력한 자성을 이용한 원리로 운행된다.
④ 초전도체의 자성을 활용한 전자석을 이용해 MRI를 만든다.

04회 국가직 기출 변형 모의고사

핵심 자료선 띄어쓰기 확인하기

[01~40] 다음 문장에 띄어쓰기 표시를 하시오.

01. 이끄는대로따라갈밖에.
02. 부모님말씀대로행동해야한다.
03. 들고갈수있을만큼만담아라.
04. 못본사이에키가전봇대만큼자랐구나!
05. 내가가진것은이것뿐이다.
06. 그이야기는소문으로들었을뿐이다.
07. 그사람이떠난지사흘만에돌아왔다.
08. 휴일을보내는데책만한것이없다.
09. 너의죄가큰바응당벌을받아야한다.
10. 빠른시일내지원해줄것이다.
11. 김양의할머니는안동권씨라고합니다.
12. 내일이이충무공탄신500돌이다.
13. 네말을들으니그럴법하다는생각이든다.
14. 모르는척하고넘어갈만도하다.
15. 강물에떠내려가버렸다.
16. 그일은할만하다.
17. 불이꺼져간다.
18. 하늘을보니비가올듯도하다.
19. 그녀는가족의빨래를빨아말렸다.
20. 힘깨나쓴다고자랑하지마라.
21. 소비절약을호소하는정공법밖에달리도리는없다.
22. 매일같이지각하던김선생이직장을그만두었다.
23. 태권도에서만큼은발군의실력을낼거야.
24. 그는재산이많을뿐더러재능도남에게뒤질것이없다.
25. 일이오늘부터는잘돼야할텐데.
26. 사흘간에걸쳐국어시험을준비하느라놀기는커녕자지도못했다.
27. 그녀는사업차외국에나갔다.
28. 예전에가본데가어디쯤인지모르겠다.
29. 그녀는스무살남짓되어보였다.
30. 그일은이십세기경일어난일이다.
31. 600여개부스는수많은관람객들로북적였다.
32. 제3장의내용을요약해주세요.
33. 시간날때낚시나한번같이갑시다.
34. 우리는겨우일주일에한번밖에못만난다.
35. 사람들은황급히굴속으로모여들었다.
36. 졸지에부도를맞았다니참안됐어.
37. 저집은부부간에금실이좋아.
38. 한밤중에전화가왔다.
39. 지난주에발생한사고를어떻게해결해야할지회의를했다.
40. 그는네팔인셰르파와함께에베레스트산등정에성공하였다.

---

01. 이끄는∨대로∨따라갈밖에.
▶ '대로'가 '어떤 모양이나 상태와 같이' 등의 의미로 쓰이는 경우 의존 명사이므로 앞말과 띄어 쓴다. '-ㄹ밖에'는 '-ㄹ 수밖에 다른 수가 없다'의 뜻을 나타내는 종결 어미이므로 앞말에 붙여 쓴다.

02. 부모님∨말씀대로∨행동해야∨한다.
▶ '대로'가 체언 뒤에 붙은 조사로 쓰였으므로 앞말에 붙여 쓴다.

03. 들고∨갈∨수∨있을∨만큼만∨담아라.
▶ '들고 가다'는 한 단어가 아니므로 띄어 쓴다. '수'와 '만큼'은 용언의 관형사형 뒤에 쓰인 의존 명사이므로 앞말과 띄어 쓴다. '만'은 한정이나 강조를 나타내는 보조사로 쓰였으므로 앞말에 붙여 쓴다.

04. 못∨본∨사이에∨키가∨전봇대만큼∨자랐구나!
▶ '만큼'이 체언 뒤에서 앞말과 비슷한 정도를 나타내는 조사로 쓰였으므로 앞말에 붙여 쓴다.

05. 내가∨가진∨것은∨이것뿐이다.
▶ '뿐'이 '그것만이고 더는 없음' 또는 '오직 그렇게 하거나 그러하다는 것'을 나타내는 보조사로 쓰였으므로 앞말에 붙여 쓴다.

06. 그ˇ이야기는ˇ소문으로ˇ들었을ˇ뿐이다.
    ▶ '뿐'은 용언의 관형사형 뒤에 쓰인 의존 명사이므로 앞말과 띄어 쓴다.

07. 그ˇ사람이ˇ떠난ˇ지ˇ사흘ˇ만에ˇ돌아왔다.
    ▶ '지'는 어떤 일이 있었던 때로부터 지금까지의 동안을 나타내는 의존 명사이고, '만'은 '앞말이 가리키는 동안이나 거리'를 나타내는 의존 명사이므로 각각 앞말과 띄어 쓴다. '돌아오다'는 한 단어이므로 붙여 쓴다.

08. 휴일을ˇ보내는ˇ데ˇ책만ˇ한ˇ것이ˇ없다.
    ▶ '데'가 '곳'이나 '장소', '일'이나 '것', '경우'의 뜻을 나타내는 의존 명사로 쓰였으므로 앞말과 띄어 쓴다. '만'은 앞말이 나타내는 대상이나 내용 정도에 달함을 나타내는 보조사이므로 앞말에 붙여 쓰고, '한'은 동사 '하다'의 활용형이므로 앞말과 띄어 쓴다.

09. 너의ˇ죄가ˇ큰바ˇ응당ˇ벌을ˇ받아야ˇ한다.
    ▶ '-ㄴ바'가 뒤 절에서 어떤 사실을 말하기 위하여 그 사실이 있게 된 것과 관련된 상황을 제시하는 데 쓰는 연결 어미로 쓰였으므로 앞말에 붙여 써야 한다.

10. 빠른ˇ시일ˇ내ˇ지원해ˇ줄ˇ것이다.
    ▶ '내'는 '일정한 범위의 안'을 뜻하는 의존 명사이므로 앞말과 띄어 쓴다.

11. 김ˇ양의ˇ할머니는ˇ안동ˇ권씨라고ˇ합니다.
    ▶ 성과 이름 등에 덧붙는 호칭어, 관직명 등은 띄어 쓴다. '씨'가 성씨를 나타낼 때는 붙여 쓴다.

12. 내일이ˇ이충무공ˇ탄신ˇ500돌이다.
    ▶ 성과 이름, 성과 호 등은 붙여 쓰므로 '이충무공(李忠武公)'과 같이 붙여 쓴다.

13. 네ˇ말을ˇ들으니ˇ그럴ˇ법하다는ˇ생각이ˇ든다.(원칙)/그럴법하다는(허용)
    ▶ '법하다'는 앞말이 뜻하는 상황이 실제 있거나 발생할 가능성이 있음을 나타내는 보조 형용사이다. '관형사형 + 보조 용언(의존 명사 + -하다/-싶다)' 구성의 경우, 띄어 씀을 원칙으로 하되 경우에 따라 붙여 씀도 허용한다.

14. 모르는ˇ척하고ˇ넘어갈ˇ만도ˇ하다.(원칙)/모르는척하고(허용)
    ▶ '척하다'는 보조 용언이다. '관형사형 + 보조 용언'의 구성의 경우, 보조 용언은 띄어 씀을 원칙으로 하되 붙여 씀도 허용한다. '만도ˇ하다'와 같이 의존 명사 뒤에 조사가 붙은 경우는 보조 용언 구성이 아니라 의존 명사와 용언의 구성이므로 붙여 쓸 수 없다.

15. 강물에ˇ떠내려가ˇ버렸다.
    ▶ '떠내려가다'는 한 단어이므로 붙여 쓴다. '-아/-어'로 연결되는 본용언과 보조 용언은 띄어 쓰는 것이 원칙이되, 본용언이 복합어일 때 그 활용형이 2음절인 경우에만 보조 용언을 붙여 씀을 허용한다. 따라서 '떠내려가다'는 합성어이고 그 활용형이 4음절이므로 '떠내려가ˇ버렸다'로만 쓸 수 있다.

16. 그ˇ일은ˇ할ˇ만하다.(원칙)/할만하다(허용)
    ▶ 본용언과 보조 용언이 '관형사형 + 보조 용언(의존 명사 + -하다/-싶다)' 구성일 경우, 띄어 쓰는 것이 원칙이고 붙여 쓰는 것도 허용한다.

17. 불이ˇ꺼져ˇ간다.(원칙)/꺼져간다(허용)
    ▶ '가다'는 보조 용언이다. '본용언 + -아/-어 + 보조 용언' 구성의 경우, 보조 용언은 띄어 씀을 원칙으로 하되 붙여 씀도 허용한다.

18. 하늘을ˇ보니ˇ비가ˇ올ˇ듯도ˇ하다.
    ▶ 보조 용언은 띄어 씀을 원칙으로 하되, 경우에 따라 붙여 씀도 허용한다. 다만 '올ˇ듯도ˇ하다'와 같이 의존 명사 뒤에 조사가 붙은 경우는 보조 용언 구성이 아니라 의존 명사와 용언의 구성이므로 붙여 쓸 수 없다.

19. 그녀는ˇ가족의ˇ빨래를ˇ빨아ˇ말렸다.
    ▶ '빨다'와 '말리다'가 둘 다 주어인 '그녀'의 행위를 단독으로 서술하는 것이 가능하다. 따라서 둘 다 본용언이므로 붙여 쓸 수 없다.

20. 힘깨나ˇ쓴다고ˇ자랑하지ˇ마라.
    ▶ '깨나'는 어느 정도 이상의 뜻을 나타내는 보조사이므로 앞말에 붙여 쓴다.

21. 소비ˇ절약을ˇ호소하는ˇ정공법밖에ˇ달리ˇ도리는ˇ없다.
    ▶ '밖에'가 '그것 말고는', '그것 이외에는', '기꺼이 받아들이는', '피할 수 없는'의 뜻을 나타낼 때에는 보조사이므로 앞말에 붙여 쓴다.

22. 매일같이ˇ지각하던ˇ김ˇ선생이ˇ직장을ˇ그만두었다.
    ▶ '같이'가 앞말이 나타내는 그때를 강조하는 격 조사로 쓰일 때에는 앞말에 붙여 쓴다. 성과 이름, 성과 호 등은 붙여 쓰고, 이에 덧붙는 호칭어, 관직명 등은 띄어 쓴다. '그만두다'는 한 단어이므로 붙여 쓴다.

23. 태권도에서만큼은ˇ발군의ˇ실력을ˇ낼ˇ거야.
    ▶ 조사는 그 앞말에 붙여 쓰며, 조사가 둘 이상 겹쳐지는 경우에도 붙여 쓴다. '거'는 '것'을 구어적으로 이르는 의존 명사로 앞말과 띄어 쓴다.

24. 그는ˇ재산이ˇ많을뿐더러ˇ재능도ˇ남에게ˇ뒤질ˇ것이ˇ없다.
    ▶ '-을뿐더러'는 '어떤 일이 그것만으로 그치지 아니하고 나아가 다른 일이 더 있음을 나타내는 연결 어미'이므로 앞말에 붙여 쓴다.

25. 일이ˇ오늘부터는ˇ잘돼야ˇ할ˇ텐데.
    ▶ '텐데'는 '터인데'가 줄어든 것이다. '예정'이나 '추측', '의지'의 뜻을 나타내는 의존 명사 '터'는 앞말과 띄어 쓴다. '터'는 서술격 조사 '이다'가 붙을 때에는 '터이다'가 되는데, '터이다'가 '테다'로 줄기도 한다. '일, 현상, 물건 따위가 썩 좋게 이루어지다' 등을 뜻하는 '잘되다'는 한 단어이다.

26. 사흘간에ˇ걸쳐ˇ국어ˇ시험을ˇ준비하느라ˇ놀기는커녕ˇ자지도ˇ못했다.
    ▶ 기간을 나타내는 명사 뒤에서 '-간(間)'이 '동안'의 뜻을 나타내는 경우는 접미사이므로 앞말에 붙여 쓴다. '는커녕'은 보조사이므로 앞말에 붙여 쓴다.

27. 그녀는ˇ사업차ˇ외국에ˇ나갔다.
    ▶ '-차(次)'가 '목적'의 뜻을 더하는 접미사로 쓰였으므로 앞말에 붙여 쓴다.

28. 예전에ˇ가ˇ본ˇ데가ˇ어디쯤인지ˇ모르겠다.
    ▶ '가ˇ보다'는 한 단어가 아니므로 띄어 쓰고, '데'는 '곳'이나 '장소'의 뜻을 나타내는 의존 명사이므로 앞말과 띄어 쓴다. '-쯤'은 '알맞은 한도, 그만큼가량'을 더하는 접미사이므로 앞말에 붙여 쓰고, '인지'는 조사 '이다'에 어미 '-ㄴ지'가 붙은 형태이므로 앞말에 붙여 쓴다.

29. 그녀는ˇ스무ˇ살ˇ남짓ˇ되어ˇ보였다.
    ▶ '살'은 나이를 세는 단위인 의존 명사이므로 앞말과 띄어 쓴다. '남짓'은 크기, 수효, 부피 따위가 어느 한도에 차고 조금 남는 정도임을 나타내는 의존 명사이므로 앞말과 띄어 써야 한다.

30. 그ˇ일은ˇ이십ˇ세기경ˇ일어난ˇ일이다.
    ▶ '-경'은 '그 시간 또는 날짜에 가까운 때'의 뜻을 더하는 접미사이므로 앞말에 붙여 쓴다.

31. 600여ˇ개ˇ부스는ˇ수많은ˇ관람객들로ˇ북적였다.
    ▶ '-여'는 '그 수를 넘음'의 뜻을 더하는 접미사이므로 앞말에 붙여 쓰고, '개'는 낱으로 된 물건을 세는 단위인 의존 명사이므로 앞말과 띄어 쓴다.

32. 제3장의ˇ내용을ˇ요약해ˇ주세요.(원칙)/제3장의(허용)
    ▶ '제-'는 '그 숫자에 해당되는 차례'의 뜻을 더하는 접두사이므로 뒤의 말에 붙여 쓴다. 단위를 나타내는 명사는 띄어 쓴다. 다만, 순서를 나타내는 경우나 숫자와 어울리어 쓰이는 경우에는 붙여 쓸 수 있으므로 '제3ˇ장의(원칙)'와 '제3장의(허용)' 모두 쓸 수 있다.

33. 시간ˇ날ˇ때ˇ낚시나ˇ한번ˇ같이ˇ갑시다.
    ▶ '한번'이 '기회 있는 어떤 때에'를 의미할 경우는 한 단어이므로 붙여 쓴다.

34. 우리는ˇ겨우ˇ일주일에ˇ한ˇ번밖에ˇ못ˇ만난다.
    ▶ '번'이 일이 일어나는 횟수를 나타내는 의존 명사로 쓰였으므로 앞말과 띄어 쓴다. '한 번'을 '두 번', '세 번'으로 바꾸어 뜻이 통하면 '한 번'으로 띄어 쓰고 그렇지 않으면 '한번'으로 붙여 쓴다. '밖에'는 보조사로 쓰였으므로 앞말에 붙여 쓴다.

35. 사람들은ˇ황급히ˇ굴속으로ˇ모여들었다.
    ▶ '굴속'이 '굴의 안'을 뜻하는 한 단어이므로 붙여 쓴다. '모여들다' 또한 한 단어이다.

36. 졸지에ˇ부도를ˇ맞았다니ˇ참ˇ안됐어.
    ▶ '안되다'가 '섭섭하거나 가엾어 마음이 언짢다'의 의미인 한 단어로 쓰였으므로 붙여 쓴다.

37. 저ˇ집은ˇ부부간에ˇ금실이ˇ좋아.
    ▶ '부부간'은 한 단어이므로 붙여 쓴다.

38. 한밤중에ˇ전화가ˇ왔다.
    ▶ '한밤중'은 '깊은 밤'을 뜻하는 한 단어이므로 붙여 쓴다.

39. 지난주에ˇ발생한ˇ사고를ˇ어떻게ˇ해결해야ˇ할지ˇ회의를ˇ했다.
    ▶ '이 주의 바로 앞의 주'를 나타내는 '지난주'는 한 단어로 붙여 쓴다. '-ㄹ지'는 추측에 대한 막연한 의문을 나타내는 어미이므로 앞말에 붙여 쓴다.

40. 그는ˇ네팔인ˇ셰르파와ˇ함께ˇ에베레스트산ˇ등정에ˇ성공하였다.
    ▶ '-인'은 '사람'의 뜻을 더하는 접미사이므로 앞말에 붙여 쓴다. '해', '섬', '강', '산' 등이 외래어에 붙을 때에는 띄어 쓰고, 우리말에 붙을 때에는 붙여 쓴다는 조항이 2017년 〈외래어 표기법〉에서 삭제됨에 따라 그동안 띄어 썼던 '해', '섬', '강', '산' 등을 모두 붙여 쓴다.

04회 국가직 기출 변형 모의고사

2020 국가직 9급

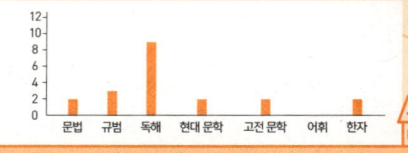

01 '근대 국가'에 대한 '스콧'의 견해에 가장 부합하는 것은?

> 미국 예일 대학의 저명한 인류학자 스콧은 《국가처럼 보기》라는 흥미로운 제목의 저서에서 '국가 단순화'라는 개념을 제시하고 이를 근대 국가의 핵심적인 특징 중 하나로 제시했다. 스콧은 근대 국가와 전근대 국가를 가르는 가장 중요한 특징이 통치 대상으로서의 시민과 그들이 처한 상황을 '지식화'해서 일반화할 수 있는 능력의 소유 여부에 있다고 본다. 스콧에 따르면 그러한 능력을 결여했던 전근대 국가는 '맹인'과 같은 존재였고, 그 결과 시민들의 삶에 대한 국가의 개입 방식이 '거칠거나 자기 파멸적'이었다. 반면, 근대 국가는 도량형 표준화, 토지 조사와 인구 등록, 언어와 법률 담론의 표준화, 도시 계획 등 시민들의 일상적인 삶에 개입해 이를 관리하고 조직하는 능력을 보유했다. 하지만 여기서 중요한 사실은 그러한 근대 국가의 관리와 조직화가 시민들의 삶을 상당 부분 '단순화'하는 방식으로 이루어진다는 점이다. 근대 국가가 시민들과 그들의 환경에 대해 구축한 지식은 단순화된 지식이며, 그런 의미에서 정밀한 실측 지도가 아니라 '약도'에 가깝다는 것이다. 약도는 우리가 가려는 장소를 찾는 데 필요한 최소한의 정보만을 포함한다. 즉 근대 국가는 자신의 이해관계에 따라 시민들이 처한 현실을 자의적으로, 곧 자신들이 보고 싶은 방향으로 재구성한다. 그리고 그러한 과정에서 인간의 삶 역시 변형되고, 왜곡되고, 황폐화되며, 심지어는 국가가 추구하는 목표를 위해 희생되기도 한다.

① 자신의 이해관계에 따르므로 전근대 국가보다 인간의 삶을 황폐화시킨다.
② 시민들이 처한 상황을 있는 그대로 파악하기 때문에 전근대와 차별성이 있다.
③ 국가 단순화는 근대 국가의 이해관계에 따라 시민들의 삶을 임의적으로 파악하는 방식으로 작동한다.
④ 시민이 처한 상황을 일반화할 수 있는 능력이 결여되어 있어 시민들에 대해 단순화된 지식을 구축한다.

02 ㉠~㉣의 고쳐쓰기 방안으로 적절하지 않은 것은?

> ㉠ 그 안건은 과반수 이상의 찬성을 얻지 못하여 부결되고 말았다.
> ㉡ 일이 꺼림칙하게 되어 가더니만 결국 사달이 났다.
> ㉢ 토익 시험에 응시하실 분들은 학교에 원서를 접수하십시오.
> ㉣ 우리는 다른 사람들과 서로 경쟁하기도 하지만, 도움을 얻기도 한다.

① ㉠: '과반수'와 '이상'은 의미가 중복되므로 '과반수 이상의'는 '과반수의'로 고쳐 쓴다.
② ㉡: '사달이 나다'는 잘못된 표현이므로 '사단이 났다'로 고쳐 쓴다.
③ ㉢: 맥락상 '접수'는 문안이나 의견, 법안 따위를 낸다는 의미인 '제출'로 고쳐 쓴다.
④ ㉣: 필수 부사어가 누락되었으므로 '도움을' 앞에 '다른 사람들에게'를 넣어 준다.

03 ㉠~㉣을 한자로 바르게 쓴 것은?

> 이런 세상이라면 석대는 어디선가 틀림없이 다시 급장이 되었을 것이다. — 나는 그렇게 ㉠단정했다. 공부의 석차도 싸움의 순위도 그의 ㉡조작에 따라 ㉢결정되고, 가짐도 누림도 그의 ㉣의사에 따라 분배되는 어떤 반, 때로 나는 운 좋게 그 반을 찾아내 옛날처럼 석대 곁에서 모든 걸 함께 누리는 꿈을 꾸다가 서운함 속에 깨어나기까지 했다.
> — 이문열, 〈우리들의 일그러진 영웅〉

① ㉠: 端正 ② ㉡: 操作
③ ㉢: 決定 ④ ㉣: 擬似

04 다음 글을 통해 추론할 수 있는 '구보'의 심리로 적절하지 않은 것은?

> 이 사내는, 어인 까닭인지 구보를 반드시 '구포'라고 발음하였다. 그는 맥주병을 들어 보고, 아이 쪽을 향하여 더 가져오라고 소리치고, 다시 구보를 보고, 그래 요새두 많이 쓰시우. 무어 별로 쓰는 것 '없습니다.' 구보는 자기가 이러한 사내와 접촉을 가지게 된 것에 지극한 불쾌를 느끼며, 경어를 사용하는 것으로 그와 사이에 간격을 두기로 하였다. 그러나 이 딱한 사내는 도리어 그것에서 일종 득의감을 맛볼 수 있었는지도 모른다. 그뿐 아니라, 그는 한 잔 십 전짜리 차들을 마시고 있는 사람들 틈에서 그렇게 몇 병씩 맥주를 먹을 수 있는 것에 우월감을 갖고, 그리고 지금 행복이었을지도 모른다. 그는 구보에게 술을 따라 권하고, 내 참 구포 씨 작품을 애독하지. 그리고 그러한 말을 하였음에도 불구하고 구보가 아무런 감동도 갖지 않는 듯싶은 것을 눈치채자, 사실, 내 또 만나는 사람마다 보고,
> "구포 씨를 선전하지요."
> 그러한 말을 하고는 혼자 허허 웃었다. 구보는 의미 몽롱한 웃음을 웃으며, 문득, 이 용감하고 또 무지한 사내를 고급(高給)으로 채용하여 구보 독자 권유원을 시키면, 자기도 응당 몇 십 명의, 또는 몇 백 명의 독자를 획득할 수 있을지 모르겠다고 그런 난데없는 생각을 하여 보고, 그리고 혼자 속으로 웃었다. 참 구보 선생, 하고 최 군이라 불린 사내도 말참견을 하여, 자기가 독견(獨鵑)의 〈승방비곡(僧房悲曲)〉*과 윤백남(尹白南)의 〈대도전(大盜傳)〉*을 걸작이라 여기고 있는 것에 구보의 동의를 구하였다. 그리고, 이 어느 화재 보험 회사의 권유원인지도 알 수 없는 사내는, 가장 영리하게,
> "구보 선생님의 작품은 따루 치고……."
> 그러한 말을 덧붙였다.
> – 박태원, 〈소설가 구보 씨의 일일〉

* 승방비곡: 1927년《조선일보》에 연재되었던 최독견의 장편 소설
* 대도전: 1930년(전편)과 1931년(후편)《동아일보》에 연재되었던 윤백남의 장편 소설

① 사내는 구보가 경어체를 사용하는 의도를 곡해하고 있다.
② 구보는 애초에 자신의 작품을 홍보할 용도로 사내를 만났으나 그를 못마땅해 하고 있다.
③ 사내는 남들과 달리 비싼 맥주를 시킬 수 있는 것에 자부심을 느끼고 있다.
④ 최 군은 구보도 독견의 〈승방비곡〉을 걸작이라 여겼으면 좋겠다고 생각하고 있다.

05 사전 등재 순서에 맞게 배열된 것은?

> ㉠ 뗏장   ㉡ 뒤꼍
> ㉢ 뒷갈망 ㉣ 돼지

① ㉡ → ㉢ → ㉠ → ㉣
② ㉡ → ㉣ → ㉢ → ㉠
③ ㉣ → ㉠ → ㉢ → ㉡
④ ㉣ → ㉡ → ㉢ → ㉠

06 밑줄 친 부분의 표기가 모두 바른 문장은?

① 그 가수는 한창 활동할 시기에 하필 발목을 접질렸다.
② 안줏감으로 둘 중에 뭐가 더 낳은지 모르겠다.
③ 이 문제를 회의에 붙이고 있으니 모두 대기하시오.
④ 할아버지를 뵈러 가서 일을 도와드리다 그만 칼날에 손이 벴다.

07 밑줄 친 말의 의미와 뜻이 가장 통하는 한자어는?

> 차라리 그 재주 가지고 칩거하여 문학이나 할 일이지 능도 없으면서 운동은 무슨 놈의 운동이오. 그러니까 마각이 드러나지.
> – 박경리, 〈토지〉

① 發散   ② 發覺
③ 感覺   ④ 發掘

08 다음 글을 읽고 이해한 것으로 적절하지 않은 것은?

쇤베르크의 12음 기법은 12음을 한 번씩 사용하여 만든 기본 음렬(音列)에 이를 '전위', '역행', '역행 전위'의 방법으로 파생시킨 세 가지 음렬을 더해 악곡을 창작하는 체계적인 작곡 기법이다.

기본 음렬은 작곡가가 곡을 만들 때 12음을 자신의 의도대로 처음 배열한 음렬을 말한다. 기본 음렬은 한 옥타브 안에 있는 12개의 서로 다른 음을 한 음의 반복도 없이 원하는 순서대로 배열하여 구성한다. 기본 음렬을 구성할 때는 중요한 음이나 중심이 되는 화음 없이 12음 각각에 동등한 자격을 주어야 하며, 구성한 후에는 배열된 음들의 정해진 순서를 지켜야 한다.

12음 기법은 기본 음렬을 한 번 파생한 '역행'과 '전위', 전위한 음렬을 다시 역행하여 배열한 '역행 전위'의 방법으로 음렬을 구성한다. 역행은 기본 음렬의 12음을 거꾸로 배열하는 방법인데 '도'를 출발점으로 하여 기본 음렬을 '도-도#-레#-⋯-라-라#-시'로 정했을 때, 이것을 거꾸로 '시-라#-라-⋯-레#-도#-도'로 배열하는 것이다. 전위는 기본 음렬 속 첫째 음을 출발점으로 하여 변화하는 음의 위치를 반대 방향으로 진행시킨 것이다. 이를테면 기본 음렬 속 첫째 음이 둘째 음, 셋째 음으로 이동할 때 '도-도#-레#'으로 1도씩 상향하여 이동했다면 전위 음렬에서는 출발점 '도'에서 '도-시-라#'으로 1도씩 하향하여 배열되는 방식이다. 전위의 출발점은 기본 음렬의 첫째 음과 같지만 둘째 음부터는 기본 음렬의 음의 진행 방향과 반대의 방향으로 배열된다. 마지막으로 역행 전위는 기본 음렬을 전위한 후 그 음렬을 다시 역행시켜 배열하는 방법이다.

① 12음 기법의 기본 음렬로 곡을 만들 경우, 맨 먼저 사용된 음은 나머지 11개 음이 연주되고 난 다음에 다시 사용된다.
② 12음 기법의 기본 음렬은 작곡가가 처음 배열한 음렬의 순서를 반드시 지켜야 한다.
③ 기본 음렬을 '파-파#⋯레-레#-미'로 정했을 때 전위 음렬은 '미-레#-레⋯' 순으로 배열된다.
④ 역행 전위 음렬은 기본 음렬에서 파생된 전위 음렬에서 한 번 더 파생된 음렬이다.

09 〈보기〉는 다음 한시에 대한 감상이다. ㉠~㉢ 중 적절하지 않은 것은?

鳥獸哀鳴海岳嚬	새와 짐승은 슬피 울고 강산은 찡그리네.
槿花世界已沈淪	무궁화 세계는 이미 사라지고 말았구나.
秋燈掩卷懷千古	가을 등불 아래 책 덮고 역사를 생각하니,
難作人間識字人	세상에서 글 아는 사람 노릇하기 어렵구나.

제3수

曾無支厦半椽功	일찍이 나라 위한 작은 공도 없었으니,
只是成仁不是忠	나의 죽음은 인(仁)일망정 충성은 아니로다.
止竟僅能追尹穀	끝맺음이 겨우 윤곡*을 따르는 데 그쳤을 뿐
當時愧不踰陳東	당시의 진동*을 좇지 못함이 부끄럽기만 하네.

제4수
- 황현, 〈절명시〉

* 윤곡: 중국 송나라의 선비. 몽골이 침입한 뒤 가족이 몰살당하자 자결을 함.
* 진동: 중국 송나라의 선비. 국가의 기강을 세우는 상소를 하고 황제의 노여움을 사 참형을 당함.

─ 보기 ─
〈절명시〉는 한일 병합 조약으로 인한 울분을 이기지 못해 자결한 황현이 하룻밤 동안에 남긴 작품이다. 화자는 ㉠자연물에 감정을 이입하여 자신의 비통한 심정을 절절하게 표현하고 있다. 또한 ㉡조선의 아름다운 자연 풍경을 상징하는 '무궁화'가 사라졌다는 시구를 통해 일제의 강점으로 피폐해진 백성의 모습을 표현하고 있으며, ㉢'가을 등불' 아래에서 자아를 성찰하는 화자는 망국의 현실에서 지식인의 역할은 무엇인가에 대해 고뇌하고 있다. 그러나 ㉣자신의 자결이 윤곡과 같이 '인(仁)'을 실현하기는 했으나 진동과 같이 '충(忠)'을 이루지는 못했다면서 자괴감을 드러내고 있다.

① ㉠
② ㉡
③ ㉢
④ ㉣

10 '김 대리'의 말하기 방식에 대한 설명으로 잘못된 것은?

> 정 사원: 김 대리님, 저 고민이 있는데요……. 잠깐 시간 좀 내 주실 수 있을까요?
> 김 대리: 그럼, 물론이죠. 난 남는 게 시간밖에 없어요.
> 정 사원: (웃음) 사실은, 제 동기들이랑 어울리기가 힘들어서요. 뭔가 저만 소외된 느낌이고, 동기 모임도 가끔 따로 갖는 것 같고요.
> 김 대리: 그런 일이 있었어요? 저라면 많이 섭섭했을 것 같아요. 이유가 뭔 것 같아요?
> 정 사원: 글쎄요, 제가 동기들보다 나이가 많아서 그런 것 같기도 해요. 세대 차이가 날 수 있으니까요.
> 김 대리: 그렇군요, 요새는 한두 살 차이만 나도 이야기 주제가 달라지곤 하니까요. 그런 문제라면 시간이 해결해 줄 수도 있을 것 같아요. 먼저 다가가서 간단한 이야기라도 나누다 보면 자연스럽게 공통 화제가 생길 수 있고, 대화도 늘어 친해질 수 있겠죠.
> 정 사원: 네, 이제부터는 제가 먼저 대화를 시도해 봐야겠어요. 고맙습니다, 대리 님.

① 자신의 감정을 말하며 상대를 위로해 주고 있다.
② 문제에 대한 해결책을 순차적으로 제시하고 있다.
③ 상대가 알아채지 못한 문제의 원인을 밝히고 있다.
④ 유머를 사용하여 상대가 편하게 이야기할 수 있도록 돕고 있다.

11 어법상 가장 자연스러운 문장은?
① 국가 경쟁력을 높이는 요소 중 하나는 인문학적 상상력이다.
② 여론 조사 결과가 조금씩 다른 이유는 조사 방식이 다르다.
③ 이 글을 보면 새로운 사고방식이 낡은 사고방식과 대치되고 있다.
④ ○○ 기술원이 그룹 내 다른 연구소와 다른 점은 연구 개발 폭이 상대적으로 넓다.

12 다음 글의 주된 전개 방식이 사용된 것은?

> 혁명을 위해 거리로 몰려나온 사람들에겐 자신들이 그래도 되는 것인지는 알 바 아니었다. 정치적 전복을 허가받는 신청서가 있는지 묻는 사람은 없다. 규칙을 지키지 않는 것이 바로 혁명의 본질이기 때문이다. 그것은 과학도 마찬가지이다. 정상 과학 단계에서도 때로는 기존의 유효한 패러다임으로 설명할 수 없는 문제에 봉착한다. 기존의 법칙으로 설명이 되지 않고, 계속해서 헷갈리는 모순을 만날 때 완전히 새로운 패러다임이 새로운 정상 과학을 가능하게 한다.

① 어떤 문제에 대한 판단을 내릴 때 처음에 설정한 기준에 영향을 받아 그 주변에서 크게 벗어나지 못하고 판단을 내리는 현상 또는 그러한 심리 상태를 닻 내림 효과라고 한다.
② 조선 시대 고전 소설에는 신분 제도에 대한 불만이 드러나는 경우가 많다. 그 대표적인 예가 〈춘향전〉과 〈홍길동전〉이다.
③ 아이스크림과 연유는 둘 다 유지방을 다량 함유하고 있다.
④ 혈액 순환이 잘 이루어지지 않으면 건강에 문제가 생기듯이, 교통의 순환이 원활하지 않으면 그 지역의 경제도 어려움을 겪게 된다.

13 ㉠~㉣에 대한 설명으로 적절하지 않은 것은?

> ㉠ 우리는 그가 담임 선생님임을 알았다.
> ㉡ 나는 그 사람이 잡은 손을 놓지 않았다.
> ㉢ 철수는 발에 땀이 나도록 뛰었다.
> ㉣ 비가 오는 소리가 들린다.

① ㉠에는 명사의 역할을 하는 안긴문장이 있고, ㉣에는 관형어의 역할을 하는 안긴문장이 있다.
② ㉠에서 안은문장의 주어와 안긴문장의 주어는 다르다.
③ ㉡의 안긴문장에는 목적어가 생략되었지만 ㉣의 안긴문장에는 생략된 문장 성분이 없다.
④ ㉢과 달리 ㉡에는 안긴문장 속에 부사어가 있다.

14 토론자들의 말하기 방식에 대한 설명과 거리가 먼 것은?

> 사회자: 오늘은 '학생회장 선거를 1학기 말에 실시해야 한다.'라는 논제로 토론을 하겠습니다. 먼저 찬성 측에서 입론해 주십시오.
> 찬성 측: 저희는 학생회장 선거 시기를 7월로 바꾸어야 한다고 생각합니다. 1학기 말에 학생회장을 2학년 중에서 선출하고 2학년 2학기부터 3학년 1학기까지를 임기로 하는 학생회를 구성하면 입시 준비의 부담이 덜하므로 적극적인 학생회 활동이 가능합니다. 그리고 선배가 졸업한 후에 임기를 시작하면 의지할 데가 없지만, 2학기부터 2학년인 학생회장이 활동을 시작하면 전임 3학년 학생회 임원들에게 조언을 구할 수 있어 3학년의 졸업으로 인한 학생회의 단절 문제를 극복하여 학생회의 연속성이 강화될 것입니다.
> 사회자: 이번에는 반대 측에서 입론해 주십시오.
> 반대 측: 저희는 지금처럼 2학기 말에 학생회장 선거를 실시하고, 학생회장의 임기는 3학년 1학기부터 시작해야 한다고 생각합니다. 학생회장이 3학년으로서 1학기부터 임기를 시작하면 선배들을 의식하지 않아도 되므로 주체적으로 활동할 수 있지만, 2학년 중에서 학생회장을 선출하여 2학기부터 활동을 하면 전임 3학년 학생회장과 알력이 생길 소지가 다분합니다. 그리고 대학 입시가 3학년 학생회장의 적극적인 활동을 방해할 수도 있겠지만, 그것은 학생회장의 의지와 체계적인 활동 계획으로 충분히 극복할 수 있을 것입니다. 예를 들어, 3학년 임원들이 활동하기가 힘든 2학기에는 1학기 동안 학생회 활동을 경험한 2학년 임원들이 주도적으로 학생회를 이끌면서 필요할 때마다 3학년 임원들과 상의하는 것입니다. 그러면 3학년 임원들의 입시 부담도 덜 뿐 아니라 2학년 임원들도 학생회 경험을 풍부하게 쌓을 수 있을 것입니다.

① 찬성 측은 예상되는 반론 가능성을 차단하며 자신의 주장을 관철하고 있다.
② 반대 측은 예상되는 갈등 상황을 제시하여 상대의 견해를 반박하고 있다.
③ 찬성 측은 개인의 상황과 공동체의 상황 모두를 고려한 견해를 제시하고 있다.
④ 반대 측은 문제 해결을 위해 구체적인 대안을 언급하며 자신의 주장을 강화하고 있다.

15 다음 글에 대한 설명으로 적절하지 않은 것은?

> "사모님 같은 분이 이렇게 오래 기다리는 면회를 하신대서야 말이 됩니까? 오죽한 사람들이 이 짓을 합니까? 돈푼이나 있는 사람은 다 특별 면회라는 걸 이용하니 사모님도 제가 그걸 알선해 드리죠. 이거면 되니까요, 이거요."
> 그는 다섯 손가락을 짝 펴 보였다. 그 후 나는 구치소 정문 앞 주차장에 즐비한 승용차가 이런 특별 면회자 중의 또 특수층의 차라는 것도 알게 됐다. 그러니까 오 분의 만남을 위한 갖은 수모와 다섯 시간의 기다림조차도 공평한 게 아니라 각양각색으로 ⊙ 억울한 사람들만의 이중의 억울함이었던 것이다. 특별 면회라는 것에 유혹을 안 느낀 건 아니지만 그동안 내가 친해진 사람들과의 공통의 억울함에서 나만 놓여나는 게 무슨 배신 같아 꺼림칙한 것 또한 어쩔 수 없었다.
> 한편 K지청 권 주임의 친절을 가장한 은밀한 공갈은 계속되었다. 어느 날은 남편이 K지청으로 검사 취조 받으러 왔는데 자기가 사식을 대접했노라는 핑계로 상당액의 금액을 요구하기까지 했다. 그가 요구한 금액을 마련해 갖고 그를 만난 날 그는 더 노골적으로 나왔다.
> "아줌마, 왜 이렇게 정신 못 차려. 지금 검사 손에 달렸을 때 손을 써야 한다니까. 기소돼서 판사한테로 넘어가 봐. 그때야말로 큰돈 든다구, 큰돈. 호미로 막을 것 가래로 막는다구. 불기소 처분하는 걸로 내가 아주 청부 맡고 아줌마는 이것만 준비하라니까, 이것만. 날짜가 없어, 날짜가."
> 그러면서 다섯 손가락을 두 번인가 세 번 폈다 접었다 하면서 안달을 했다.
>
> — 박완서, 〈조그만 체험기〉

① 특정한 제도를 통해 사회적 불평등을 반영하고 있다.
② 보여주기의 방식으로 인물의 가치관을 나타내고 있다.
③ 내적 갈등을 겪는 인물의 심리를 드러내고 있다.
④ ⊙은 제도적 허점을 이용하는 사람들의 감정을 표현한 것이다.

16 ㉠~㉣에 들어갈 말로 적절하지 않은 것은?

> 시계로 측정된 물리적인 시간은 우리 경험의 질적 차이를 구분해 주지 못한다. 가령 사랑하는 사람과 데이트를 하는 놀이동산에서의 10시간과 출장길에 타고 가는 비행기에서의 10시간을 비교해 보자. 이 두 '10시간'은 결코 같을 수 없다. 이처럼　㉠　.
> 프랑스의 철학자 앙리 베르그송은 경험의 질적 차이를 구분해 주지 못하는 물리적인 시간은 진짜 시간이 아니라고 말한다. 베르그송은 물리적인 시간과 구별되는 의식의 시간이 있다고 말하고 이를 '지속'이라 불렀다. 지속이란 '흐름'이다.　㉡　.
> 베르그송에 따르면 흐름의 속성을 가진 시간은 단절적인 점들이 쭉 이어져 있는 선이 아니라 서로 침투하여 융합하는 것이다. 예를 들어 내가 길을 가다가 친구를 만났다고 해 보자. 내가 지금 인식하고 있는 친구에게는 현재 포착한 친구의 모습에 과거부터 지금까지 그 친구와 관련된 경험들이 함께 용해되고 중첩되어 있다. 이처럼　㉢　.
> 베르그송은 누구에게나 객관적이고 동일한 시간은 진정한 시간이 아니며 사람마다 서로 다른 '시간들'이 중요하다고 본다. 우리에게 의미 있는 것은 객관적인 시간에서 해방되어 자기의 시간, 흐르고 침투되어 융합되는 지속을 자기 스스로가 체험하는 것이다. 이런 사람에게 시간은 물리적인 시간처럼 '만들어진 것'이 아니라 언제나 자기에 의해 '만들어지고 있는 것'이다. 그러므로　㉣　. 이것이 바로 베르그송이 우리에게 던지는 메시지이다.

① ㉠: 시간 경험과 인식은 개인의 문제임에도 불구하고 공공장소에 걸린 시계는 마치 시간이 모든 이에게 동일하고 균일한 것인 듯한 인상을 준다
② ㉡: 흘러가는 강물을 칼로 잘라서 어느 한 지점의 고정된 물을 얻을 수 없듯이 시간은 명확하게 분절되지 않는다는 것이다
③ ㉢: 과거는 현재에 의해 밀려 사라지는 것이 아니라 현재 속에 스며들어 융합되어 있는 것이다
④ ㉣: 우리에게 시간은 '어떻게 보내고 있는가?'의 문제가 아니라 얼마만큼 '썼는가?', '남았는가?'의 문제가 된다

17 글의 통일성을 고려할 때, ㉠에 들어갈 문장으로 가장 적절한 것은?

> 보험업계에 따르면 자동차 보험을 판매하는 손해 보험사 10곳의 2021년 손해율(가마감 기준)이 84.7%로 전년(89.7%) 대비 5.0% 포인트 개선된 것으로 집계되었다.
> 통상적으로 자동차 보험의 적정 손해율은 78~80% 정도로 알려져 있다. 자동차 보험 유지를 위한 사업 비율이 20% 선에서 형성되기 때문이다. 다만 80% 대 초반 수준까지는 흑자를 기록하기에 충분하다는 것이 업계 관계자의 설명이다. 자동차 보험 '빅 4'의 평균 손해율은 약 80.8% 수준이다. 이들의 자동차 보험 시장 점유율은 전체 시장의 8할 이상을 차지할 정도로 높다. [중략]
>　㉠　.
> 자동차 보험의 흑자 달성이 기정사실화됨에 따라 보험료 인하에 대한 분위기의 여론이 형성되고 있어서다. 특히 올해 실손 보험료의 평균 인상 폭이 상당했다는 점도 자동차 보험료 인하 압력의 이유로 작용하고 있다. 손실액 등을 근거로 실손 보험에서 높은 인상이 진행돼, 지난해 흑자가 발생한 자동차 보험의 보험료는 내려야 한다는 주장이 일각에서 제기되고 있는 것이다. 하지만 손해 보험업계에서는 지난해 1회성 요인에 의한 일시적인 손해율 개선일 가능성이 높다며 보험료 인하는 어렵다는 입장이다.

① 손해 보험사들과 여론은 서로 화이부동(和而不同)하는 모습을 보인다
② 호실적을 거둔 손해 보험사들은 호사다마(好事多魔) 처지에 처했다
③ 손해 보험사들은 기대 이상의 실적에 호가호위(狐假虎威)해서는 안 된다
④ 사면초가(四面楚歌)의 위기에 빠진 손해 보험사들은 손해율을 줄이기 위해 노력하고 있다

18 ㉠과 가장 유사한 정서가 드러나는 것은?

> 가시 박힌 상처가 벌겋게 부어올라 마음이 쉽게 가라앉지 않는 날, 나는 고향의 탱자나무 울타리를 떠올리곤 한다. 둥근 탱자를 손에 쥐고 다니던 그때, 탱자 가시로 장난을 치곤 하던 그때, 내 삶에 이런 가시들이 돋아나리라고는 짐작조차 할 수 없었던 그때…… 그 평화롭던 유년의 울타리가 탱자나무로 되어 있었다는 사실이 내게는 어떤 전언처럼 받아들여진다.
>
> 내게 열매와 꽃과 가시를 처음으로 가르쳐 준 나무. 내가 살아가면서 잃어버려야 할 것과 지켜 가야 할 것을 동시에 보여 준 나무. 그러면서 나와 함께 좁은 나이테를 늘려 가고 있을 탱자나무. ㉠ 눈앞에 그 짙푸른 탱자나무를 떠올리고 있으면 부어오른 마음도 조금은 가라앉게 되는 것이다.
>
> – 나희덕, 〈내 유년의 울타리는 탱자나무였다〉

① 공백한 하늘에 걸려 있는 촌락의 시계가 / 여윈 손길을 저어 열 시를 가리키면, / 날카로운 고탑(古塔)같이 언덕 위에 솟아 있는 / 퇴색한 성교당의 지붕 위에선 // 분수처럼 흩어지는 푸른 종소리.
– 김광균, 〈외인촌〉

② 말 마소 내 집도 / 정주 곽산 / 차 가고 배 가는 곳이라오. // 여보소 공중에 / 저 기러기 / 공중엔 길 있어서 잘 가는가? // 여보소 공중에 / 저 기러기 / 열십자 복판에 내가 섰소. // 갈래갈래 갈린 길 / 길이라도 / 내게 바이 갈 길은 하나 없소. – 김소월, 〈길〉

③ 앞뒤로 덤비는 이리 승냥이 바야흐로 내 마음을 노리매 / 내 산 채 짐승의 밥이 되어 찢기우고 할퀴우라 내맡긴 신세임을 // 나는 독을 차고 선선히 가리라. / 막음 날 내 외로운 혼 건지기 위하여.
– 김영랑, 〈독을 차고〉

④ 아픔에 하늘이 무너졌다. / 깨진 하늘이 아물 때에도 / 가슴에 뼈가 서지 못해서 / 푸른빛은 장마에 / 넘쳐흐르는 흐린 강물 위에 떠서 황야에 갔다. // 나는 무너지는 둑에 혼자 섰다. / 기슭에는 채송화가 무더기로 피어서 / 생의 감각을 흔들어 주었다.
– 김광섭, 〈생의 감각〉

19 다음 글을 읽고 추론할 수 있는 사실로 가장 적절한 것은?

> 경쟁에 기반한 시장 경제 체제가 인간 사회의 생존을 보장하는 가장 적합한, 심지어 유일한 경제 체제라고 믿는 사람들이 점차 증가하고 있다. 이들은 호혜성 물물 교환 제도가 미개 사회에나 존재하는 것이라 생각하고, 만약 그런 미개 사회가 시장 경제 체제를 도입하기만 한다면 더 나은 삶을 누릴 수 있으리라 믿는 경향이 있다. 돌려받을 대가가 무엇인지, 언제 그 대가를 받을 수 있는지 등이 분명하게 특정되지 않은 호혜성 물물 교환 제도는 적절한 경쟁을 유발할 수 없는 비효율적인 것이어서, 소득과 생활 수준 향상에 도움이 되지 못한다는 것이다.
>
> 호혜성 교환 경제 체제는 초과 생산을 향해 집중적인 경쟁을 하도록 자극하는 것이 오히려 한 집단의 생존에 악영향을 끼치는 자연 조건에서 주로 발견된다. 사냥꾼이 어느 한 시기에 모든 노력을 집약하여 더 많은 동물과 식물을 남획할 경우 그들 서식지 내의 식량 공급 능력이 영원히 상실될 위험 속에 살아가는 에스키모족이나 부시맨족은 그와 같은 환경에 우선적으로 적응하는 경제 체제를 취할 수밖에 없는 것이다.
>
> 리차드 리 교수의 발표에 의하면 부시맨들은 일주일에 단 10~15시간의 노동으로 생활을 영위할 수 있다. 이러한 사실의 발견은 현대인이 인류 역사상 가장 적은 시간의 노동을 하고 가장 장시간의 휴식을 취하고 있다는 현대 산업 사회의 신화를 무색하게 만든다. 호혜성이란 정확한 계산이라든지 누구에게 빚을 졌다는 사고와는 정반대의 사고로 부시맨 사회에서는 호혜성 물물 교환이 널리 행해지고, 시혜를 베푼다는 느낌 없이 자기가 잡은 사냥물을 조용히 분배하는 믿음직스러운 사냥꾼에게 최고의 영예가 수여된다.

① 호혜성 교환 경제 체제에서는 시장 경제 체제와 달리 경쟁을 유발할 수 없는 사회적 제도 때문에 노동 시간이 줄어들게 된다.
② 외부 환경이나 자연 조건이 동일하다면 시장 경제 체제가 호혜성 교환 경제 체제보다 우월한 결과를 낳는다.
③ 혁신적인 작업 방식을 개발해 개인 생산량을 대폭 증가시키는 사람은 부시맨 사회의 생존을 위협하는 요인이 된다.
④ 호혜성이 지배하는 부시맨 사회에서는 타인에게 물품이나 용역을 제공받은 경우 공개적으로 감사를 표시하는 것이 상례이다.

20 다음 글을 읽고 추론한 내용으로 적절한 것은?

> 피의자 또는 피고인을 구금하는 구속은 신체의 자유를 강력히 제한한다. 그렇기 때문에 구속의 남용을 방지하기 위한 사법적인 통제 장치를 마련하고 있다. 먼저 구속 전 피의자 심문 제도는 검사로부터 구속 영장의 청구를 받은 판사가 피의자를 직접 심문하여 구속 사유를 판단하는 것으로 구속 영장 실질 심사 제도라고도 한다. 우리나라에서는 구속 전 피의자 심문을 필수적으로 실시하도록 하여 피의자에 대한 구속을 신중하게 하고 있다.
>
> 또한 구속된 피의자와 그의 변호인 등은 구속 적부 심사 제도를 활용할 수 있다. 만일 법원에서 구속이 위법하거나 불필요하다고 인정하는 경우에는 구속된 피의자의 석방을 명한다. 구속 상태에 있는 형사 피고인은 일정한 보증금의 납부를 조건으로 하는 보석 제도를 활용할 수 있다. 이러한 보석은 원칙적으로 기소 후의 구속 단계에서 가능하다. 법원이 보석을 허가하면 피고인은 석방되어 불구속 상태에서 재판을 받을 수 있다.
>
> 한편, 형사 피의자 또는 형사 피고인으로서 구금되었던 사람이 불기소 처분을 받거나 무죄 판결을 받은 때에는 국가에 보상을 청구하는 형사 보상 제도가 있다. 피고인이 무죄 판결로 재판이 확정된 때에는 본인의 무죄 재판서를 법무부 인터넷 누리집에 게재할 수 있는 명예 회복 제도를 이용할 수도 있다.

① 영장 실질 심사 제도의 도입으로 위법하거나 불필요한 구속이 늘어나겠군.
② 구속 전 피의자 심문 제도의 도입으로 구속 적부심의 기각률이 높아지겠군.
③ 명예 회복 제도의 도입으로 피의자에 대한 구속 영장 발부가 대폭 감소하겠군.
④ 형사 보상 제도를 통해 형사 피해자가 민사적인 손해 배상을 받는 비율이 증가하겠군.

05회 국가직 기출 변형 모의고사

핵심 자료선 로마자·외래어 표기 확인하기

[01~45] 다음 단어를 로마자로 표기하시오.

01. 다보탑
02. 벚꽃
03. 월곶
04. 합덕
05. 북악산
06. 북한산
07. 속리산
08. 한라산
09. 금강
10. 낙동강
11. 압록강
12. 경복궁
13. 백록담
14. 선릉
15. 촉석루
16. 대관령
17. 설악
18. 울릉
19. 알약
20. 학여울
21. 해돋이
22. 밀양
23. 묵호
24. 오죽헌
25. 집현전
26. 광화문
27. 광희문
28. 샛별
29. 압구정
30. 반구대
31. 독도
32. 백령도
33. 여의도
34. 전라북도
35. 청주시
36. 함평군
37. 순창읍
38. 삼죽면
39. 인왕리
40. 왕십리
41. 청량리
42. 종로 2가
43. 세종로
44. 홍빛나(인명)
45. 민용하(인명)

---

01. Dabotap
02. beotkkot
03. Wolgot
04. Hapdeok
05. Bugaksan
06. Bukhansan
07. Songnisan
08. Hallasan
09. Geumgang
10. Nakdonggang
11. Amnokgang
12. Gyeongbokgung
13. Baengnokdam
14. Seolleung
15. Chokseongnu
16. Daegwallyeong
17. Seorak
18. Ulleung
19. allyak
20. Hangnyeoul
21. haedoji
22. Miryang
23. Mukho
24. Ojukheon
25. Jiphyeonjeon
26. Gwanghwamun
27. Gwanghuimun
28. saetbyeol
29. Apgujeong
30. Ban-gudae
31. Dokdo
32. Baengnyeongdo
33. Yeouido
34. Jeollabuk-do
35. Cheongju-si/Cheongju
36. Hampyeong-gun/Hampyeong
37. Sunchang-eup/Sunchang
38. Samjuk-myeon
39. Inwang-ri
40. Wangsimni
41. Cheongnyangni
42. Jongno 2(i)-ga
43. Sejong-ro/Sejongno
44. Hong Bitna/Hong Bit-na
45. Min Yongha/Min Yong-ha

[01~25] 밑줄 친 외래어를 바르게 표기하시오.

01. 우리 팀, <u>화이팅</u>!
02. 우리 회사의 <u>워크샾</u>은 아주 성공적이었다.
03. 분위기 좋은 <u>까페</u>에서 커피를 마시자.
04. 사람들은 <u>삐에로</u>가 뒤뚱뒤뚱 걸을 때마다 박장대소했다.
05. 유명인들의 <u>캐리커쳐</u>를 그리는 화가가 있다.
06. 오랜만에 우리 <u>랍스타</u>를 먹으러 갑시다.
07. 나는 무엇보다도 <u>플룻</u>의 고운 음색을 좋아한다.
08. 설탕이 듬뿍 묻은 <u>도너츠</u>는 맛있지.
09. 지도자에게는 강한 <u>리더쉽</u>이 필요하다.
10. 경비원이 <u>플래쉬</u>를 비추며 아파트 주위를 순찰한다.
11. <u>쇼윈도우</u>에 걸려 있는 옷이 참 예쁘다.
12. 저녁에 날씨가 쌀쌀해진다는 예보가 있어 출근길에 <u>가디건</u>을 챙겨 나왔다.
13. 친구들이랑 <u>렌트카</u>로 강원도를 일주하고 왔지.
14. 이번 여행에서 가장 기억에 남는 것은 야외에서의 <u>바베큐</u> 파티였다.
15. 철수는 거의 매달 <u>비지니스</u> 문제로 중국에 간다.
16. 훈민정음에 관한 <u>심포지움</u>이 개최되었다.
17. 영희는 친구와 <u>초콜렛</u>을 나누어 먹었다.
18. 작가가 말하고자 하는 <u>컨셉</u>이 뭔지 모르겠다.
19. 경쟁 업체가 우리 회사 인터넷 사이트의 <u>컨텐츠</u>를 무단으로 복제했다.
20. 축제 기간에 진행하는 행사들은 <u>팜플렛</u>을 통해 소개되었다.
21. 그는 우리 회사에서 <u>프리젠테이션</u>을 가장 잘해.
22. 강좌를 알리는 <u>플랭카드</u>가 거리에 걸려 있다.
23. 올해 목표는 <u>도스토예프스키</u>의 〈죄와 벌〉을 읽는 것이다.
24. 우리들 모두 중국의 정치가 하면 <u>마오쩌뚱</u>을 먼저 떠올린다.
25. <u>아더왕</u>과 원탁의 기사들의 이야기는 중세의 대표적인 로망이다.

01. 파이팅	10. 플래시	19. 콘텐츠
02. 워크숍	11. 쇼윈도	20. 팸플릿
03. 카페	12. 카디건	21. 프레젠테이션
04. 피에로	13. 렌터카	22. 플래카드
05. 캐리커처	14. 바비큐	23. 도스토옙스키
06. 로브스터/랍스터	15. 비즈니스	24. 마오쩌둥/모택동
07. 플루트	16. 심포지엄	25. 아서왕
08. 도넛	17. 초콜릿	
09. 리더십	18. 콘셉트	

2019 국가직 9급

05회 국가직 기출 변형 모의고사

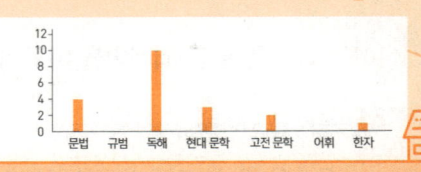

01 밑줄 친 부분의 품사가 서로 같은 것으로 묶인 것은?

① • 요즘처럼 날씨가 건조하면 나무가 <u>크지</u> 못한다.
   • 그 소년은 덩치만 <u>크지</u> 겁이 많았다.
② • 그녀는 돌발 상황에서 <u>이성적</u>으로 대처했다.
   • 인간은 <u>이성적</u> 동물이다.
③ • 너는 <u>다른</u> 생각 말고 일이나 해라.
   • 나는 너와는 <u>다른</u> 사람이야.
④ • 그 사업은 전망이 <u>밝아서</u> 투자자들이 몰려들었다.
   • 벽지가 <u>밝아서</u> 집 안이 아주 환해 보인다.

02 ㉠~㉣에 대한 설명으로 적절하지 않은 것은?

> ㉠ 덮개[덥깨]   ㉡ 잃는대[일른대]
> ㉢ 꽃잎[꼰닙]   ㉣ 숱하다[수타다]

① ㉠: 두 가지 유형의 음운 변동이 나타난다.
② ㉡: 인접한 음의 영향을 받아 조음 방법이 같아지는 동화 현상이 나타난다.
③ ㉢: 음운 변동 전과 후의 음운 개수가 다르다.
④ ㉣: 음운의 교체와 축약이 일어난다.

03 다음 글의 내용을 고려할 때 '토론 논제'로 가장 적절한 것은?

> 토론 논제를 정할 때는 찬성 측과 반대 측이 명확하게 구분될 수 있도록 해야 한다. 또한 논제는 한 가지 쟁점만이 분명하게 드러난 긍정 평서문으로 진술하는 것이 바람직하다. 마지막으로 논제는 공정해야 한다. 평가가 포함된 불필요한 형용사나 부정적 인식을 주는 단어는 지양해야 한다.

① 사형 제도는 인권을 짓밟으므로 폐지를 유지해야 한다.
② 저출산·고령화가 우리 사회에 미친 영향을 파악해야 한다.
③ 한식을 세계화하기 위해서 한식의 표준화가 수반되어야 한다.
④ 경제 협력 확대는 남북 관계 개선을 위한 최우선 과제가 아니다.

04 다음 글에 대한 이해로 적절하지 않은 것은?

> 명서 처: (순돌에게 식은 밥을 주며) 이거나 처먹으렴! (순돌 흐느끼며 주는 밥을 떠먹는다.) …… 네 어미두 사람 구실 허긴 인제 틀렸느니라. 살림이 없으지문 허는 수 없기야 허지만, 거지 실성이 들이두 여간이 아닌걸, 뭐. 게을쿠 추접스러워서 되문 되는 대루, 허문 허는 대루…… (경선의 처의 기거하는 부엌을 가리키며) 저 지저분헌 자릴 좀 봐라. 저게 사람 사는 데야?
>
> 경선의 처는 조금 전에 등장하여 문께 섰다. 젖먹이를 업었다. 금녀 어머니의 하는 말을 심술스럽게 가만히 듣고 섰다.
>
> 순돌: (어느새 어머니를 발견하고) 엄마!
> 경선 처: 여보, 웬 꽐셀 그리허슈? 당신네 집 부엌에 좀 붙어 있다구 그러우? 헹, 번듯한 한 칸 방이나 내주었으문 그 세도 바람에 비깝*이나 허겠나.
> 명서 처: 왜 사람이 차츰 못돼 가느냐 말야. 우리같이 틈틈이 따리라두 만들지. 그러문 하루 2, 3전은 벌 것 아냐. 그저 게을러빠져서 밥술이나 얻어먹으문 늘어져 자구 일어나문 밥 얻어먹기가 바쁘구, 애가 오줌을 싸니 그걸 거둘 줄 알까, 벽이 무너지니 추운 줄 알까…….
> 금녀: 어머니, 가만히 좀 계세유.
> 경선 처: (서슬이 시퍼렇게) 어데, 부귀영화를 누리구 사는 이 마나님의 꼴 좀 봅시다. 에구, 이렇게 부판*으루 생겼으니 그러시겠죠? 대체 이 돼지우리 같은 움집에 기어들구두 사람 축에나 드는 줄 알구 이래? [중략]
> 명서 처: 저 돼 가는 걸 보니, 저것의 집을 집행해 갈 때 저것의 혼마저 빼앗아 갔나 보구먼!
> 경선 처: 헤헤헤…… 맞았어, 우리 집 항아리, 냄비, 들보, 집터를 가져갈 제 눔들은 정녕 내 정신까지 쓸어 간 거여, 이 등신만 남겨 두구…… (발을 구르며) 이눔들아, 왜 이 등신은 못 가져가니? 이 죽일 놈들아!

— 유치진, 〈토막〉

*비깝: 빚 값
*부판: 물품을 등에 지고 다니면서 파는 일

① 경선네는 명서네 부엌에 얹혀사는 처지에 있다.
② 경선 처는 궁핍한 삶으로 정신이 피폐해져 있다.
③ 명서 처는 경선 처의 모습을 못마땅해하고 있다.
④ 경선 처는 자신의 살림살이를 앗아간 명서 처에게 악다구니를 부리고 있다.

05 다음 대화에서, 두 사람의 갈등이 해결되거나 생기지 않게 하기 위해 해 줄 수 있는 말로 적절하지 않은 것은?

> 훈민: 1시간이나 늦었네. 너 때문에 예매한 영화도 못 보게 됐잖아. 책임져.
> 정음: 나가려는데 휴대폰이 보이질 않는 거야. 그래서……
> 훈민: 아, 됐어. 지난번에도 30분이나 늦었잖아. 휴대폰 찾다가 늦었다는 건 거짓말 아니야?
> 정음: 휴대폰이 없으니 연락도 못 한 거란 말이야. 거짓말 아니야.
> 훈민: 저번 달에 콘서트 보러 갈 때도 늦어 놓고는. 게다가 늦었으면 미안하다는 말부터 해야 하는 거 아니니?
> 정음: 네가 책임지라는 얘기부터 꺼내니 나도 기분 나쁘잖아. 그리고 지난 일은 왜 꺼내는데?

① 훈민은 정음의 잘못을 소급해서 탓하지 말았어야 했다.
② 정음은 약속에 늦은 이유를 진실되게 이야기했어야 했다.
③ 훈민은 정음을 만나자마자 비난하는 말부터 꺼내지 말았어야 했다.
④ 정음은 약속 시간에 늦은 것에 대해 사과부터 해야 했다.

06 다음 토의 참가자의 말하기 방식으로 적절하지 않은 것은?

> 사회자: 최근 우리 △△군을 찾는 관광객의 수가 부쩍 줄었습니다. 주민 대표님께서는 요즘 우리 지역의 관광 산업이 얼마나 위축됐다고 보십니까?
> 주민 대표: 최근 3년 동안 우리 지역의 주요 관광지인 ○○동굴을 찾는 관광객의 수가 30%나 감소했습니다. 이전에는 동굴을 찾는 관광객들이 많아서 빈방을 찾기가 어려웠는데, 요즘에는 주말에도 빈방이 너무 많습니다. 음식점들도 손님이 없어 수입이 크게 줄었습니다. 지역 신문의 보도에 따르면 작년에 비해 관광 관련 업소의 폐업률이 25%나 증가했다고 합니다.
> 사회자: 지역 경제의 침체가 심각할 정도로 관광 산업이 위축되었다는 말씀이시군요. 이러한 문제가 발생한 원인은 무엇일까요?
> 김 교수: 이 지역의 관광 산업은 다른 유인 요소가 거의 없어 ○○동굴에 대한 의존도가 너무 높습니다. 그리고 제반 시설이 낙후되어 관광객들의 불만이 높아 평판이 나빠졌습니다. 무엇보다 지자체의 실질적 지원이 부족한 것이 가장 큰 문제입니다.
> 사회자: 동굴에 대한 지나친 의존도, 제반 시설의 낙후, 지자체의 지원 부족 등이 주요 원인이라는 말씀이시군요. 저도 최근에 ○○동굴을 다녀온 적이 있는데요, 제 생각에도 편의 시설을 더 늘려야겠더군요. 지자체에서는 이 문제와 관련하여 어떤 입장이신가요?
> 지자체 대표: 저희가 1년 동안 쓸 수 있는 예산은 한정되어 있는데, 최근 하천 정비 사업으로 인해 관광 산업 활성화에는 예산을 많이 배정하지 못했습니다. 대신에 저희는 새로운 문화 산업을 개발하여 외부 투자를 유치하고 그것을 통해 관광 산업을 활성화할 수 있는 방안을 마련하고 있습니다.

① 사회자는 주민 대표와 김 교수의 말을 요약하여 정리하고 있다.
② 주민 대표는 과거와 현재의 상황을 대조하여 문제의 심각성을 강조하고 있다.
③ 김 교수는 사회자의 질문에 답변하며 문제로 인해 파생된 부정적 결과를 언급하고 있다.
④ 지자체 대표는 문제가 발생한 이유를 설명하며 문제 해결을 위해 노력하고 있음을 밝히고 있다.

07 ㉠~㉢에 들어갈 말로 가장 적절한 것은?

경상 수지 적자는 우리나라 상품과 서비스의 수출이 줄어들거나, 외국 상품과 서비스의 수입이 늘어나서 ㉠ 이 ㉡ 을 초과할 때 발생한다. 상품과 서비스의 수출이 줄어들면 기업의 생산이 줄고, 생산이 줄면 고용이 위축되고 실업이 증가하여 소득이 감소한다. 이 외에도 경상 수지 적자는 대외 채무를 지속해서 증가시켜, 원금 및 이자 상환에 대한 부담을 가중하고, 대외 신용도를 떨어뜨리는 문제를 발생시킨다.

그러나 경상 수지 적자가 국내 경제에 항상 나쁜 영향만 주는 것은 아니다. 경상 수지 적자는 국내 투자가 ㉢ 경우에도 발생할 수 있다. 예를 들어 기업들이 미래 경기가 좋아질 것으로 예상한다면, 기업들은 생산성을 높이고자 할 것이다. 이러한 투자 과정에서 나타나는 경상 수지 적자는 국가 경제가 장기적으로 성장하는 데 도움이 될 수 있다.

	㉠	㉡	㉢
①	수출액	수입액	줄어드는
②	수입액	수출액	줄어드는
③	수출액	수입액	늘어나는
④	수입액	수출액	늘어나는

08 〈보기 1〉을 참고할 때, 〈보기 2〉의 ㉠~㉣에 대한 설명으로 옳은 것은?

— 보기 1 —
국어의 높임법에는 말하는 이가 듣는 이에 대하여 높이거나 낮추어 말하는 상대 높임법, 문장의 주체를 높이는 주체 높임법, 문장의 객체를 높이는 객체 높임법 등이 있다.

— 보기 2 —
㉠ 부장님, 저에게 물어보셨던 내용을 검토했습니다.
㉡ 어머니께서 할머니께 선물을 드리셨습니다.
㉢ 형은 할아버지를 모시고 공원에 갔어요.
㉣ 아버지께서는 요즘 허리가 많이 아프십니다.

① ㉠과 ㉡에는 객체 높임법과 상대 높임법이 사용되었다.
② ㉠과 ㉣에는 주체 높임법과 상대 높임법이 사용되었다.
③ ㉡과 ㉢에는 주체 높임법과 상대 높임법이 사용되었다.
④ ㉢과 ㉣에는 객체 높임법과 상대 높임법이 사용되었다.

09 ㉠~㉣ 중 〈보기〉가 들어갈 자리로 가장 알맞은 것은?

— 보기 —
그런데 실제로 이것은 이상일 뿐, 대상에 따라 사람들이 태도를 달리하는 것을 심정적인 면에서까지 완전히 없앨 수는 없었다.

사실 모든 사람의 생명이 존엄하다는 대원칙이 보편화되기까지는 오랜 역사적 과정이 소요되었다. 윤리라는 사회적 장치도 이 과정에서 발생한 어려움을 극복하기 위한 의식적 노력의 일환으로 나타나게 된 것이다. ㉠ 특히 남의 생명의 소중함이 자기 생명의 소중함과 같다는 생각은 인간 사회를 지탱하는 근본을 이루는 것이었으므로, 이 생각은 윤리의 '황금률'로 받아들여지게 되었다. ㉡ 그러므로 사람들은 윤리의 초점을, 상대방의 입장에 대한 '이해'를 바탕으로, 기준이 되는 사회 규범을 마련하는 것에까지만 맞추게 되었다. ㉢ 사람들은 이 윤리를 바탕으로 생명을 확장시키거나 감소시킬 수 있는 중요한 판단을 끊임없이 해 오고 있다. ㉣

① ㉠ ② ㉡
③ ㉢ ④ ㉣

10 ㉠~㉢을 설명하기 위한 예로 가장 적절한 것은?

언어는 통시적으로 꾸준히 변화하고, 음운, 어휘, 문법, 의미 등 언어를 구성하는 모든 부분에서 변화가 일어난다. 그중 의미 변화는 어떤 말의 중심 의미가 새로 생겨난 다른 의미와 함께 사용되다가 마침내 다른 의미로 바뀌는 현상이다. 단어가 의미 변화를 겪고 난 후의 결과를 보면 단어가 지시하는 범위, 곧 의미 영역에 변화가 일어나는데, ㉠ 의미가 확대되는 경우와 ㉡ 축소되는 경우, 그리고 ㉢ 제3의 다른 의미로 바뀌는 경우를 볼 수 있다.

	㉠	㉡	㉢
①	어여쁘다	인정(人情)	다리[脚]
②	인정(人情)	짐승	놈
③	짐승	다리[脚]	어여쁘다
④	다리[脚]	놈	인정(人情)

11 ㉠과 ㉡에 대한 설명으로 가장 적절한 것은?

(가) 솔 아리 구븐 길로 오며 가며 ᄒᆞ는 적의
　　녹양(綠楊)의 우는 ㉠ 황앵(黃鶯) 교태(嬌態) 겨워 ᄒᆞ는 괴야.
　　나모 새 ᄌᆞᄌᆞ지여 수음(樹陰)이 얼린 적의
　　백 척(百尺) 난간(欄干)의 긴 조으름 내여 펴니
　　수면(水面) 양풍(洋風)이야 긋칠 줄 모르는가.
　　　　　　　　　　　　　　　　　　　- 송순, 〈면앙정가〉

(나) 버들 위에 ㉡ 꾀꼬리는 쌍쌍(雙雙)이 비끼 날아
　　쫓기거니 따르거니 금(金)북을 던지는 듯
　　한 소리 두 소리 높으락낮으락
　　무정(無情)히 울건마는
　　어찌한 내 귀에는 유정(有情)하게 들리는구나
　　저 같은 미물(微物)도 자웅(雌雄)을 각각(各各) 생겨
　　교태(嬌態) 겨워 논다마는
　　최귀(最貴)한 사람은 새만도 못하구나
　　　　　　　　　　　　　　　　　　　- 박인로, 〈상사곡〉

① ㉠은 화자가 비판하는 대상이고, ㉡은 화자와 대립되는 대상이다.
② ㉠은 감정이 이입된 대상이고, ㉡은 감정을 환기하는 대상이다.
③ ㉠과 ㉡은 모두 화자가 깨달은 삶의 교훈을 전달하는 대상이다.
④ ㉠과 ㉡은 모두 화자와 자연과의 물아일체를 의미하는 대상이다.

12 '그'의 상황을 표현하는 한자 성어로 가장 적절한 것은?

　그는 오라는 데는 없어도 갈 데는 많았다. 산으로 들로 해변으로 발부리 놓이는 곳이 즉 가는 곳이었다.
　그러다 저물면은 그대로 쓰러진다. 남의 방앗간이고 헛간이고 혹은 강가, 시새장*. 물론 수가 좋으면 괴때기* 위에서 밤을 편히 잘 적도 있었다. 이렇게 하여 강원도 어수룩한 산골로 이리 넘고 저리 넘고 못 간 데 별로 없이 유람 겸 편답하였다.
　　　　　　　　　　　　　　　　　　　- 김유정, 〈만무방〉

* 시새장: 모래사장
* 괴때기: → 괴꼴. 타작을 할 때에 생기는 벼 낟알이 섞인 짚북데기

① 風餐露宿　　　② 搖之不動
③ 走馬加鞭　　　④ 厚顔無恥

13 다음 시에 대한 설명으로 적절하지 않은 것은?

　산이 날더러는
　흙이나 파먹으라 한다
　날더러는 삽이나 들라 하고
　쑥굴헝에 박혀
　쑥이 되라 한다
　늘퍼진 날 산은
　쑥국새 울고
　저만치 홀로 서서 날더러는
　쑥국새마냥 울라 하고
　흙 파먹다 죽은 아비
　굶주림에 지쳐
　쑥굴헝에 나자빠진
　에미처럼 울라 한다
　산이 날더러
　흙이나 파먹다 죽으라 한다
　　　　　　　　- 정희성, 〈저 산이 날더러 ― 목월 시 운을 빌려〉

① 수미상관의 방식으로 시상을 전개하고 있다.
② 주객전도의 표현으로 달관적 태도를 드러내고 있다.
③ 부정적 현실 상황을 감각적 표현으로 나타내고 있다.
④ 특정한 조사와 어미를 반복하여 정서를 강조하고 있다.

14 ㉠~㉣에 대한 이해로 적절하지 않은 것은?

최척은 홀로 선창(船窓)에 기대 자신의 신세를 생각하다가, 짐 꾸러미 안에서 퉁소를 꺼내 슬픈 곡조의 노래를 한 곡 불어 가슴속에 맺힌 슬픔과 원망을 풀어 보려 했다. ㉠<u>최척의 퉁소 소리에 바다와 하늘이 애처로운 빛을 띠고 구름과 안개도 수심에 잠긴 듯했다.</u> 뱃사람들도 그 소리에 놀라 일어나 모두들 서글픈 표정을 지었다. 그때 문득 일본 배에서 염불하던 소리가 뚝 그쳤다. 잠시 후 ㉡<u>조선말로 시를 읊는 소리가 들렸다.</u> [중략]

시 읊는 소리가 그치더니 한숨 소리, 쯧쯧 혀 차는 소리가 들려왔다. 최척은 시 읊는 소리를 듣고는 깜짝 놀라 얼이 빠진 사람 같았다. 저도 모르는 새 퉁소를 땅에 떨어뜨리고 마치 죽은 사람처럼 멍하니 서 있었다. 송우가 말했다.

"왜 그래? 왜 그래?"

㉢<u>거듭 물어도 대답이 없었다. 세 번째 물음에 이르러서야 비로소 최척은 뭔가 말을 하려 했지만 목이 막혀 말을 하지 못하고 눈물만 하염없이 흘렸다.</u> 최척은 잠시 후 마음을 진정시킨 뒤 이렇게 말했다.

"저건 내 아내가 지은 시일세. 우리 부부 말곤 아무도 알지 못하는 시야. 게다가 방금 시를 읊던 소리도 아내 목소리와 흡사해. 혹 아내가 저 배에 있는 게 아닐까? 그럴 리 없을 텐데 말야."

그러고는 ㉣<u>자기 일가가 왜적에게 당했던 일의 전말을 자세히 말했다. 배 안에 있던 사람들이 모두 놀랍고 희한한 일로 여겼다.</u>

— 조위한, 〈최척전〉

① ㉠: 감정 이입으로 최척의 슬픔과 가족에 대한 그리움을 드러내고 있다.
② ㉡: 최척에게 앞으로 벌어질 사건을 암시하는 기능을 하고 있다.
③ ㉢: 최척의 행동을 통해 최척의 심리가 간접적으로 나타나고 있다.
④ ㉣: 편집자적 논평을 통해 사건이 일어난 원인을 설명하고 있다.

15 다음 글에 대한 이해로 적절하지 않은 것은?

그리곤 누굴 믿고 하는 수작일 테지만 후욕 패설을 함부로 뇌까리자, 순간 화가 머리끝까지 치밀었을 갈밭새 영감도,

"이 개 같은 놈아, 사람의 목숨이 중하냐, 네놈들의 욕심이 중하냐?"

말도 채 끝내기 전에 덜렁 그자를 들어 물속에 태질을 해 버렸다는 것이다. 상대방은 '아이고' 소리도 못 해 보고 탁류에 휘말려 가고, 지레 달아난 녀석의 고자질에 의해선지 이내 경찰이 둘이나 달려왔더라고.

"내가 그랬소!"

갈밭새 영감은 서슴지 않고 두 손을 내밀었다는 거다. 다행히도 벌써 그때는 둑이 완전히 뭉거지고, 섬을 치덮던 탁류도 빙 에워 돌며 뭉그적뭉그적 빠져나가고 있었다는 것이다.

"정말 우리 조마이섬을 지키다시피 해 온 영감인데…… 살인죄라니 우짜문 좋겠능기요?"

게까지 말하고 나를 쳐다보는 윤춘삼 씨의 벌건 눈에서는 어느덧 닭똥 같은 눈물이 뚝뚝 떨어지기 시작했다.

법과 유력자의 배짱과 선량한 다수의 목숨…… 나는 이방인처럼 윤춘삼 씨의 캉캉한 얼굴을 건너다보았다.

폭풍우는 끝났다. 육십 년래 처음이니 뭐니 하고 수다를 떨던 라디오와 신문들도 이제는 거기에 대해선 감쪽같이 말이 없었다. 그저 몇몇 일간 신문의 수해 구제 의연란에 다소의 금액과 옷가지들이 늘어 갈 뿐이었다.

섬사람들의 애절한 하소연에도 불구하고 육십이 넘은 갈밭새 영감은 결국 기약 없는 감옥살이로 넘어갔다.

— 김정한, 〈모래톱 이야기〉

① 공간적 배경을 구체적으로 제시하고 있다.
② 작중 인물이 인물과 사건에 거리를 유지한 채 서술하고 있다.
③ 언어 사용과 행동 묘사로 등장인물들의 성격을 부각하고 있다.
④ 갈밭새 영감은 살인죄를 지었다는 누명을 쓰고 감옥살이를 한다.

16 (가)와 (나)를 읽고 알 수 있거나 추정한 바로 적절하지 않은 것은?

(가) ㉠갈등론에서는 사회 불평등 현상을 지배 집단이 자신의 기득권을 유지하기 위해 사회적 자원을 불공정하게 분배한 결과라고 본다. 이 관점에서는 사회 구성원들이 담당하고 있는 일의 기능적 중요성을 정확히 판단하기 어려운데, 지배 집단이 자신들의 이익에 부합하는 분배 기준을 만들어 적용하고 있어서 불평등이 나타난다고 본다. 또한 사회적 희소 자원이 개인의 능력이나 노력보다는 권력이나 가정의 사회·경제적 배경과 같은 요인에 의해 차등 분배된다고 주장한다. 그러므로 사회 불평등은 기존의 불평등한 계층 구조를 재생산하고, 나아가 집단 간 대립과 갈등을 유발한다고 강조한다.

(나) 다산 ㉡정약용은 1731년 노비종모법을 실시한 이래 노비가 감소하자 이를 비판하며 오히려 그 이전의 악습인 일천즉천(부모 중 한 사람이 노비면 그 자식도 노비) 방식으로 돌아갈 것을 주장했다. "신해년 이후 출생한 모든 사노의 양처 소생은 모두 어미를 따라 양인이 되게 하니, 위는 약해지고 아래가 강해져서 기강이 무너지고 민심이 흩어져 통솔할 수 없게 되었다. 그러므로 노비법을 복구하지 않으면 어지럽게 망하는 것을 구할 수 없을 것이다." 정약용의 '나라의 모든 백성이 통틀어 양반이 될까 걱정한다. 다 귀하면 성공하지 못하고 이롭지 못하다.'라는 주장은 그런 맥락에서 나온 것으로 보인다.

① 1731년 이후에는 아비의 신분이 노비인 사람도 양인의 신분을 얻을 수 있었다.
② ㉠은 ㉡과 달리, 조선의 갈등이 집단 간 갈등에서 기인한 것이지 신분제의 변화가 원인이 된 것은 아니라고 생각할 것이다.
③ ㉡은 양반과 같은 평등한 사회적 기회를 노비에게 주는 것에 반대하고 있다.
④ ㉡은 나라의 통치 안정을 위해 일천즉천 방식으로 돌아가자고 주장한 것이다.

17 다음 글에 대한 설명으로 적절하지 않은 것은?

살아 있는 유기체들은 대부분 물로 이루어져 있고, 나무도 예외가 아니다. 나무를 이루는 모든 세포는 기본적으로 물이 든 상자이고, 물은 정확히 섭씨 0도에 얼어붙는다. 물은 또 얼면서 팽창한다. 대부분의 액체와 반대인 이 특징으로 인해 물을 안에 함유하고 있는 것들은 물이 얼면서 터질 수 있다. 냉장고 안쪽이 너무 차가워졌을 때 쉽게 관찰할 수 있는 현상이다. 약간만 서리가 껴도 그 안에 있던 샐러리는 축 처지고 시들어 버린다. 세포 안에 들어 있던 물이 얼면서 세포벽이 터지기 때문에 먹을 수 없게 돼 버리는 것이다.

동물의 세포는 영하의 온도를 짧은 기간 동안은 버텨 낼 수 있다. 끊임없이 당을 태우면서 열에너지를 만들어 낼 수 있기 때문이다. 그와 반대로 식물은 빛 에너지를 흡수해서 당을 만들어 낸다. 기온이 영상으로 유지되지 못할 정도로 햇빛이 약하면, 나무의 체온은 영상으로 유지되지 못한다. 지구의 자전축이 1년 중 일정 기간 동안 태양에서 먼 쪽으로 기울어져 있어서 위도가 높은 지역에 닿는 태양열이 줄어들면 북반구에 겨울이 온다.

긴 겨울 여행에 대비하기 위해 나무들은 '경화' 과정을 거친다. 먼저 세포벽의 투과성이 극적으로 증가해서 순수한 물은 흘러나오고 세포 안에 남은 당, 단백질, 산이 농축된다. 이 화학 물질들은 효과적인 부동액 역할을 해서 온도가 0보다 훨씬 더 떨어져도 세포 안에 든 액체는 시럽 같은 액체 상태가 유지된다. 세포들 사이의 공간은 세포에서 나온 고도로 정제된 물로 채워지는데, 이 물은 너무도 순수한 상태여서 여기엔 얼음 결정의 핵심이 돼서 자라도록 하는, 혼자 떨어져 돌아다니는 원자가 하나도 없다. 얼음은 분자가 3차원적인 결정을 만드는 구조이기 때문에 얼음이 생기려면 핵이 있어야 그것을 기초로 얼음 결정이 쌓아 올려지는 것이다. 핵이 될 만한 디딤돌이 전혀 없는 순수한 물은 영하 40도까지 '초냉각'을 해도 얼음이 없는 액체 상태로 존재할 수 있다. 이렇게 일부분은 화학 물질로 가득 채우고, 또 다른 부분은 완전히 순수한 상태로 유지하는 '경화' 과정을 거쳐 나무는 겨울을 견딘다.

① 나무를 이루는 세포의 특성을 비유를 들어 설명하고 있다.
② 물로 이루어진 유기체의 성질을 구체적 예를 들어 설명하고 있다.
③ 동물과 식물의 에너지 대사를 대비하여 식물 세포의 우수성을 드러내고 있다.
④ 과정과 인과의 방법으로 나무가 겨울에 얼어 죽지 않는 현상을 설명하고 있다.

18 (가)와 (나)를 바탕으로 한 추론으로 적절하지 않은 것은?

> (가) 제임스와 랑에는 정서에 의해 신체 반응이 유발되는 것이 아니라 신체 반응이 오히려 정서보다 앞서 나타난다고 주장한다. 즉 웃으니까 기쁜 감정이 생기고, 우니까 슬픈 감정이 생긴다. 특정한 신체 반응 이후에 특정한 정서가 유발되는 것이다. 이는 외부 자극에 대한 자율 신경계의 반응으로 신체의 변화가 먼저 일어나고, 이러한 변화에 대한 자각을 한 이후 공포감이나 놀라움이라는 정서를 느끼게 되었음을 보여 준다. 이 이론에 따르면, 외부 자극은 인간의 신체 내부에 자율 신경계의 반응을 일으키고, 정서는 이러한 신체 반응의 결과로 나타난다는 것이다.
>
> (나) 캐넌과 바드는 제임스와 랑에의 이론에 대해 다른 의견을 제시한다. 첫째, 그들은 정서와 신체 반응은 거의 동시에 나타난다고 주장한다. 즉 정서를 일으키는 외부 자극이 대뇌에 입력되는 것과 동시에 우리 몸의 신경계가 자극되므로 정서와 신체 반응은 거의 동시에 발생한다는 것이다. 둘째, 특정한 신체 반응에 하나의 정서가 일대일로 대응되어 연결되는 것이 아니라고 주장한다. 즉 특정한 신체 반응이 여러 가지 정서들에 대응되기도 한다는 것이다. 따라서 제임스와 랑에의 이론에는 한계가 있다고 본 것이다.

① (가)에 따르면, 의식적인 감정은 생리적 상태의 반영일 뿐이다.
② (가)에 따르면, 인위적으로 신체 반응을 유발할 수 있다면 그에 따른 정서를 바꿀 수도 있다.
③ (나)에 따르면, 운동을 해서 아드레날린 호르몬이 분비되는 게 아니라 아드레날린 호르몬이 분비되니까 운동을 하는 것이다.
④ 동일한 신체의 고통을 느낄 때 웃는 사람과 우는 사람이 있다는 사례는 (나)로 설명이 가능하다.

19 다음 글을 읽고 알 수 있는 내용으로 적절한 것은?

> 우리는 오래전부터 쌀, 고구마 등으로 술을 만들었다. 술은 기호품이자 동시에 소독약으로도 사용된다. 쌀이나 고구마의 주성분은 녹말로, 녹말을 효소(아밀라아제)로 분해하면 포도당이 얻어진다. 그리고 포도당은 효모라는 미생물에 의해 에탄올이 된다. 사탕수수는 주성분이 설탕이고 이것은 효소(인베르타아제)에 의해 포도당과 과당으로 되고, 여기에 효모를 배양하면 에탄올이 얻어진다. 또 포도의 주성분도 설탕이므로 포도로도 에탄올을 만들 수 있다.
>
> 지금까지는 주로 술로 사용되어 왔으나, 최근 지구 온난화에 따른 이산화 탄소 감축의 필요성에 따라 바이오 에너지로서 에탄올의 중요성이 커지고 있다. 지구상의 화석 연료, 즉 석탄이나 석유를 연소시키면 이산화 탄소가 생성되고 이것이 대기 중으로 배출되어 지구상의 이산화 탄소 농도가 증가한다. 이에 반해 식물은 대기 중의 이산화 탄소를 광합성에 의해 탄수화물로 합성하게 된다. 이러한 식물 유래 탄수화물로 에탄올을 만들어 연소시키면 이산화 탄소가 나오게 되는데, 전체적으로는 지구상의 이산화 탄소가 순환하게 되는 것이므로 순수 이산화 탄소 배출은 거의 없는 셈이 된다.
>
> 그러나 녹말, 사탕수수 등은 식량이기도 하므로 식량이 아닌 나무나 풀로 에탄올을 만드는 연구가 활발히 수행되고 있다. 즉 풀과 나무의 주성분은 섬유소로서 섬유소 가수 분해 효소(셀룰라아제)에 의해 포도당으로 분해된다. 섬유소를 효소를 이용해 가수 분해시킨 포도당에 효모를 배양하면 같은 방식으로 에탄올이 만들어진다. 외국에서는 가솔린에 에탄올을 10% 정도 혼합한 가소홀을, 아니면 100% 에탄올을 자동차 연료로 사용하고 있다. 이러한 풀, 나무로부터 에탄올을 생산함으로써 새로운 친환경 에너지 산업을 발전시킬 수 있다.

① 곡물의 녹말과 나무의 섬유소는 아밀라아제라는 가수 분해 효소에 의해 포도당으로 분해된다.
② 식물 유래 탄수화물을 미생물로 발효시켜 만든 에탄올은 기호 식품, 의약품, 자동차 연료로 사용되고 있다.
③ 식물을 에너지원으로 이용하는 방법은 식물의 식용 가능 여부에 따라 직접 연소와 에탄올 발효로 나뉜다.
④ 바이오 에탄올 연료는 연소 시 이산화 탄소가 발생하지 않는다는 점에서 환경 오염 저감 효과를 기대할 수 있다.

20 (가)~(라)에 대한 설명으로 가장 적절한 것은?

(가) 근대와 현대를 거치는 동안 재현적 미술과 비재현적 미술이 공존하며 수많은 예술 형식이 시도되었는데, 이로 인해 예술에서 무엇이 맞고 무엇이 틀리는지를 논하기가 매우 어려워졌으며 단일한 방향성을 찾기는 더더욱 어려워졌다. 단토가 말한 '예술의 종말'이 의미하는 바가 바로 이것이며, 예술이 해석과 철학의 영역으로 이동하였음을 뜻한다.

(나) 실재의 모방이라는 임무를 충실히 수행하던 예술이 구성적 재현을 시도한 큐비즘이나 비재현적 추상 미술로 나아간 데는 기술이라는 압력의 작용을 무시할 수 없다. '카메라'라는 기계의 출현으로 인해 전통적 화가들이 새로운 길을 모색해야 했듯이 '인공 지능'이라는 기계는 다시 한번 예술가에게 새로운 길을 모색할 것을 재촉한다. 카메라가 인간이 시각으로 감각하는 실재를 렌즈를 통해 유사하게 재현하는 기계라면, 인공 지능은 인간이 뇌를 통해 정보를 처리하는 과정을 유사하게 재현하는 기계다. 따라서 인공 지능은 인간 예술가의 창작 과정을 유사하게 재현하며, 그 과정을 통해 출력된 결과물은 감상자에게 예술가의 작품을 감상하는 것과 유사한 미적 경험을 제공한다.

(다) 우리는 지금 '자동 창작 시대의 예술 작품'을 논하지 않으면 안 되는 처지에 놓였다. 기술 복제 시대를 거치며 미술관에 갇혀 있던 예술은 모두의 스마트폰 속으로 스며들었다. 이를 통해 경험했던 것이 예술 감상에서의 민주화라면, 예술을 창작하는 기계의 출현은 어느새 예술 창작에서의 민주화를 타진하고 있다. 과학자들의 말처럼 정말로 예술을 창작하는 기계가 출현한다면, 이제는 모두가 예술가가 될 것이다.

(라) 인공 지능이 예술을 창작한다는 얘기가 흘러나오지만, 이런 기계를 만드는 일에 예술가가 참여했다는 얘기는 들어 본 적이 없다. 이런 시도는 예술계와는 거의 무관하게 컴퓨터 과학계를 통해 시도되고 있다. 이제 예술가들이 선택할 수 있는 것은 인공 지능을 자신의 예술 창작에 사용할 것인지 말 것인지 정도인데, 문제는 이 선택권이 예술가뿐만 아니라 예술가가 아닌 사람들에게도 주어진다는 것이다. 창작하는 기계가 발전할수록 일반인과 일류 예술가의 경계는 모호해질 것이다.

① (가): 예술 형식의 변화를 통시적으로 설명하고 있다.
② (나): 두 기계를 비교하며 기술이 예술에 미친 영향력을 서술하고 있다.
③ (다): 인공 지능은 예술 창작의 어려움을 해소할 것이라고 전망하고 있다.
④ (라): (다)와 대조된 견해를 제시하여 기술과 예술에 대한 통합적 사고를 유도하고 있다.

06회 국가직 기출 변형 모의고사

01 〈로마자 표기법〉에 대한 설명으로 가장 적절한 것은?

① '홍빛나 Hong Binna', '민복남 Min Bongnam'처럼 인명에서 일어나는 음운 변화는 표기에 반영하고 붙임표(-)는 허용하지 않는다.
② '희망[히망]', '광희문[광히문]'은 〈표준 발음법〉에 따라 각각 'himang', 'Gwanghimun'으로 적는다.
③ '선릉[설릉]', '백마[뱅마]'는 자음 사이에서 동화 작용이 일어나는 경우 변화의 결과에 따라 적으므로 각각 'Seolleung', 'Baengma'로 적는다.
④ '벚꽃[벋꼳]', '울산[울싼]'은 된소리되기는 표기에 반영하지 않으므로 각각 'beotkot'과 'Ulsan'으로 적는다.

02 ㉠~㉢에 들어갈 한자를 순서대로 나열한 것은?

- 20세기 말은 냉전 ㉠ 가 붕괴되는 정치적인 격변이 있었다.
- 친구 아버지의 전화 음성은 친구의 음성으로 ㉡ 될 정도로 거의 유사하다.
- 검찰은 수사 기록에 나타난 뇌물 수수 ㉢ 을 공개했다.

	㉠	㉡	㉢
①	體系	混沌	內譯
②	體系	混同	來歷
③	體制	混同	內譯
④	體制	混沌	來歷

03 다음 글의 제목으로 가장 적합한 것은?

근대 과학은 허구에 대한 사실의 우위를 전제로 해서 성립했다. 사실적으로 증명할 수 없는 것은 과학의 영역에서 제외됐다. 이에 따라 역사는 소설보다 더 과학적인 진실을 대변하는 것으로 여겨졌다. 이런 사실주의 시대에서 소설과 영화는 역사와 같은 사실 장르에 영합하여 역사 소설과 역사 영화와 같은 복합장르가 되고자 했다. 하지만 탈근대 '팩션(faction) 시대'에서는 역사 영화나 역사 소설처럼 역사를 앞세운 장르 대신에 역사가 뒤로 밀리는 '영상 역사'와 '소설 역사' 같은 새로운 장르가 출현했다.
역사 소설이 역사의 소설적 구성을 추구했다면, '소설 역사'는 소설의 역사적 구성을 시도한다. 전자의 역사 소설이 '유사' 역사가 되는 것을 목표로 했다면, 후자의 '소설 역사'에서 역사는 지향하는 목표가 아니라 의미 전달의 수단일 뿐이다. 다시 말해 '소설 역사'는 역사라는 콘텐츠를 소설의 목적에 따라 이용할 뿐이며 '유사' 역사가 되고자 하지 않는다. '팩션 시대'에서 많은 사람들이 믿고 싶어 하는 허구는 사실로서의 충분한 효과를 발휘하며, 사람들의 삶에 역사가가 쓴 역사보다 더 많은 영향을 미친다.

① 역사를 기록하는 두 가지 상반된 방식
② 사실주의 시대와 팩션 시대의 시기 구분
③ 팩션 시대에 전도된 사실과 허구의 위계
④ 역사적 사실에 대한 이해 방식의 변화

04 ㄱ~ㄹ 중 문단의 통일성을 해치는 내용은?

트랜스 지방은 그 건강상의 위해(危害) 효과 때문에 주목받고 있다. ㉠트랜스 지방은 조리와 보존의 편의를 도모해 준다. ㉡트랜스 지방은 포화 지방인 동물성 지방처럼 심혈관계에 해롭다. ㉢트랜스 지방은 혈관에 나쁜 저밀도 지방 단백질[LDL]의 혈중 농도를 증가시키는 한편 혈관에 좋은 고밀도 지방 단백질[HDL]의 혈중 농도는 감소시켜 혈관벽을 딱딱하게 만들어 심장병이나 동맥 경화를 유발하고 악화시킨다. ㉣쥐의 먹이에 함유된 트랜스 지방 함량을 2% 증가시키자 쥐의 심장병 발병률이 25% 증가하였다.

① ㉠ ② ㉡ ③ ㉢ ④ ㉣

05 ㉠~㊅에 대한 설명으로 적절한 것은?

(가) ·이런 젼·ᄎ·로 ㉠어·린 百빅姓·셩·이 니르·고·져 ·홇 ㉡·배이·셔·도
ᄆᆞᄎᆞᆷ:내제 ㉢·ᄠᅳ·들 시·러 펴·디 :몯훓 ·노·미 ㉣하·니·라.

(나) ㉤불·휘 기·픈 ㊂남·ᄀᆞᆫ ᄇᆞᄅᆞ·매 아·니 :뮐·ᄊᆡ, 곶 :됴코 여·름·하ᄂᆞ·니.
:시·미 기·픈 ·므·른 ·ᄀᆞᄆᆞ·래 아·니 그·츨·ᄊᆡ, ㊅:내·히 이·러 바·ᄅᆞ·래 가ᄂᆞ·니.

① ㉠은 '幼'의 의미이고, ㉣은 '多'의 의미이다.
② ㉡과 ㉤에는 모두 주격 조사의 형태로 ' ㅣ '가 사용되었다.
③ ㉢은 현대 국어와 달리 단어의 첫머리에 서로 다른 두 개의 자음이 나란히 사용되었다.
④ ㊂과 ㊅은 각각 '남'과 '낳'가 주격 조사와 만나 형태가 변한 것이다.

06 (가)~(라)에 대한 설명으로 가장 적절한 것은?

(가) 내 언제 무신(無信)ᄒᆞ야 님을 언제 속엿관듸
월침삼경(月沈三更)에 온 ᄯᅳᆺ지 전혀 업다.
추풍(秋風)에 지는 닙 소리야 낸들 어이ᄒᆞ리오.
― 황진이

(나) 부귀(富貴)라 구(求)치 말고 빈천(貧賤)이라 염(厭)치 말라
인생 백 년(百年)에 한가할사 사니 이 내 것이
백구(白鷗)야 날지 말라 너와 망기(忘機)*하오리라.
― 권구, 〈병산육곡〉

(다) 꿈으로 차사(差使)*를 삼아 먼 데 님 오게 하면
비록 천 리라도 순식(瞬息)에 오련마는
그 님도 님 둔 님이니 올동말동하여라
― 이정보

(라) 창(窓) 내고쟈 창(窓)을 내고쟈 이 내 가슴에 창(窓)을 내고쟈
고모장지 세살장지 들장지 열장지 암돌져귀 수돌져귀 비목걸새 크나큰 쟝도리로 쑹닥 바가 이 내 가슴에 창(窓) 내고쟈
잇다감 하 답답홀 제면 여다져 볼가 ᄒᆞ노라
― 작가 미상

*망기: 속세의 일이나 욕심을 잊음.
*차사: 임금이 중요한 임무를 위하여 파견하던 임시 벼슬. 또는 그런 벼슬아치

① (가): 계절감이 드러나는 이미지를 활용하여 임에 대한 화자의 심리 변화를 나타내고 있다.
② (나): 대구를 통해 자연 경물의 모습을 제시함으로써 한적한 분위기를 조성하고 있다.
③ (다): 의인화된 대상과의 대화를 통해 화자의 소망이 실현되기 어려운 이유를 제시하고 있다.
④ (라): 비유와 일상적 사물의 열거를 통해 답답함을 해소하고자 하는 바람을 드러내고 있다.

07 ㉠~㉣에 대한 이해로 적절하지 않은 것은?

> ㉠ 땅에 스몄다가 뿌리를 타고 올라가 너는
> 나무에 잎을 달고 꽃을 피우고 열매를 맺는다.
> ㉡ 때로는 땅갗을 뚫고 솟거나 산기슭을 굽돌아
> 샘이나 개울이 되어 사람을 모아 마을을 만들고
> 먼 데 사람까지를 불러 저자를 이루기도 하지만
> 그러다가도 심술이 나면 무리 지어 몰려다니며
> 날카로운 이빨과 손톱으로 물고 할켜
> 나무들 줄줄 피 흘리고 상처 나게 만들고 더러는
> 아예 뿌리째 뽑아 들판에 메다꽂는다.
> 마을과 저자를 성난 발길질로 허물고
> 두려워 떠는 사람들을 거친 언덕에 내팽개친다.
> 하룻밤새 마음이 가라앉아 다시 나무들 열매 맺고
> 사람들 새로 마을을 만들게 하는 너를 보고
> ㉢ 사람들은 하지만 네가 자기들 편이라고 생각한다.
> 너를 좇아 만들고 허물고 다시 만들면서
> ㉣ 너보다도 더 사나운 발길질과 주먹질로 할퀴고 간
> 역사까지도 끝내는 자기들 편이라고 생각한다.
>
> – 신경림, 〈비에 대하여〉

① ㉠: 생산의 주체로서 '비'가 지닌 속성을 표현하고 있다.
② ㉡: '비'가 마을을 만드는 데서 나아가 문명을 형성하는 주체임을 표현하고 있다.
③ ㉢: 파괴의 주체에서 평화의 주체로의 '비'를 겪으면서 '비'를 신뢰하는 사람들의 모습을 표현하고 있다.
④ ㉣: 암울한 시대 상황을 거치면서 생긴 '역사'에 대한 불신을 반어적으로 표현하고 있다.

08 다음 글에 대한 이해로 적절하지 않은 것은?

> '돈 주고 양반을 사!'
> 이것이 상훈에게는 일종의 굴욕이었다.
> 그러나 조 의관으로서 생각하면 이때껏 자기가 쓴 돈은 자기 부친이 물려준 천량*에서 범용한 것이 아니라 자수로 더 늘린 속에서 쓴 것이니까 그리 아깝지도 않고 선고(先考)의 혼령에 대하여도 떳떳하다고 자긍하는 것이다. 저 잘나면 부조(父祖)의 추증도 하게 되는 것인데 있는 돈 좀 들여서 양반 되기로 남이 웃기는새로에 그야말로 이현부모(以顯父母)가 아닌가 하는 요량이다. 어쨌든 사천 원 돈을 바치고 조상 신주 모시듯이 ○○조씨 대동보소의 문패를 모셔다가 크나큰 문전에 달고 ○○조씨 문중 장손파가 자기라는 듯싶이 버티고 족보까지 박게 되고 나니 이번에는 ○○조씨 중시조인 ○○당 할아버지의 산소가 수백 년래에 말이 아니 되었으니 다시 치산(治山)*을 하고 그 옆에 묘막보다는 큼직한, 옛날로 말하면 서원 같은 것을 짓자는 의논이 일어났다.
> 지금 상훈이가 창훈이더러 일거리가 없어져 가니까 또 새판으로 일을 꾸민다고 비꼬는 말이 이를 두고 하는 말이다.
> 제절 앞의 석물도 남 볼썽사납지 않게 일신하게 하여야 하겠고 묘막이니 제위답(祭位畓)이니 무엇무엇…… 모두 합하면 한 만 원 예산은 있어야 할 터인데 반은 저희들이 부담하겠지만 절반 오천 원은 아무래도 조 의관이 내놓아야 하겠다는 것이다.
>
> – 염상섭, 〈삼대〉

* 천량: 개인 살림살이의 재산
* 치산: 산소를 매만져서 다듬음.

① 작중 인물들의 생각을 통해 가치관의 차이를 부각하고 있다.
② 조 의관은 자기가 번 돈으로 양반을 샀으므로 아버지에게 미안할 것이 없다고 생각하고 있다.
③ 상훈은 조씨 가문 할아버지의 묘소를 새롭게 다듬어야 한다는 조씨 가문의 의견에 냉소적 태도를 보이고 있다.
④ 조씨 가문 사람들은 묘소와 그 주변을 새롭게 꾸미기 위한 돈 전액을 조 의관에게 요청하고 있다.

09 ㉠~㉣의 한자 표기로 옳지 않은 것은?

> 우리 사회가 도덕적 ㉠해이를 ㉡방지하고 초일류 국가로 성장하기 위해서는 사회 ㉢전반의 투명성을 높이고 경제 주체 간 정보의 비대칭 현상을 해소해야 한다. 고용인과 피고용인과의 계약 체결 문화를 ㉣개선하고 성과급 중심의 보상 체계가 정착되도록 노력해야 한다. 이 밖에 모든 조직은 내부 통제 시스템을 정비하고 국가적으로는 내부 고발자 보호 제도의 개선이 필요하다.

① ㉠: 解離
② ㉡: 防止
③ ㉢: 全般
④ ㉣: 改善

10 ㉠~㉣에 대한 설명으로 옳은 것은?

> ㉠ 그 어린아이가 심한 고통을 참을 수 있을런지 모르겠다.
> ㉡ 그는 "내일이면 떠난다."고 내게 말했다.
> ㉢ 훈민이는 열심히 일하므로써 삶의 보람을 느꼈다.
> ㉣ 친구들이 얘기하기를 그 영화가 정말 재미있대.

① ㉠: '-을런지'는 실현 가능성에 대한 의문을 나타내는 어미이므로 '있을런지'를 그대로 두고 고치지 않는다.
② ㉡: 직접 인용문에 쓰이는 인용격 조사는 '고'이므로 그대로 두고 고치지 않는다.
③ ㉢: 수단이나 방법, 도구 등을 나타낼 때에는 '-ㅁ으로써'를 사용하므로 '일함으로써'로 고쳐야 한다.
④ ㉣: 과거 어느 때에 직접 경험하여 알게 된 사실을 말함을 나타내는 어미는 '-데'이므로 '재미있대'는 '재미있데'로 고쳐야 한다.

11 다음 글에서 범하고 있는 논증의 오류가 나타난 것은?

> 아프리카는 세계에서 가장 가난한 대륙입니다. 그러니 거기 사는 모든 사람들도 빈곤하겠죠?

① 이 잡채 맛이 달콤한 걸 보니 아마도 달달한 재료들만 모아서 볶았나 봐.
② 요새 미국에서 한국의 냉동 김밥이 열풍이다. 역시 미국 사람들은 한국 음식을 매우 좋아한다.
③ 수소(H)와 산소(O)는 가연성 물질이다. 그러므로 물(H_2O)은 가연성 물질이다.
④ 내가 갔던 식당은 꼭 인기가 많아지더라? 사람들이 내가 다니는 식당들을 따라 다니나 봐.

12 ㉠~㉢의 예가 바르게 연결된 것은?

> 반의 관계는 서로 반대되거나 대립되는 의미를 가진 단어 사이의 의미 관계를 말한다. 반의 관계는 정도의 차이를 표현하는 반의어인 ㉠정도 반의어, 각각의 의미 영역이 배타적인 반의어인 ㉡상보 반의어, 마주 선 방향에 따라 관계나 이동의 측면에서 대립을 이루는 반의어인 ㉢방향 반의어로 나누어질 수 있다.

	㉠	㉡	㉢
①	높다 - 낮다	오다 - 가다	동쪽 - 서쪽
②	살다 - 죽다	빠르다 - 느리다	사다 - 팔다
③	아래 - 위	남자 - 여자	크다 - 작다
④	밝다 - 어둡다	출석 - 결석	주다 - 받다

13 다음 글을 전개하는 주된 방식이 사용된 것은?

> 프라이팬이 한국에 전해진 것은 일제 강점기였지만 대중화된 것은 1970년대부터였다. 식품 회사들이 콩기름을 대량으로 생산하기 시작한 이후다. 한국에서는 식용유가 귀했기 때문에 볶음 요리가 발전하기 어려웠고 프라이팬의 쓸모도 적었다. 프라이팬은 올리브유가 풍부했던 서양에서나 어울린 주방용품이었다. 콩기름이 흔해지면서 한국인들이 프라이팬의 필요성을 느끼게 되었고, 그때부터 한국에서는 프라이팬이 흔하게 사용되기 시작했다.

① 12월에 부산의 냉동 창고에서 운반한 동태를 마당에 널어놓고, 물을 뿌려서 4~5시간 정도 냉기를 뺀다. 그런 다음 얼어 있는 명태 덩어리를 돌 위에 던져서 얼음을 깬 뒤에 물이 가득 담긴 반 토막의 드럼통에 넣고 장화를 신은 발로 밟아서 녹인다. 명태가 녹으면 곧바로 할복 작업을 한다.

② 요새도 비과학적인 주장을 하는 사람들이 더러 있다. 지구가 평면이라고 믿는 사람들이 그중 하나이다. 이들은 과학자처럼 지구 평면설(지평설)에 대한 진지한 연구를 하기도 한다. 소위 '지평인'이라 일컬어지는 이들은, 도리어 자기들을 깔보고 비웃는 '지구인'들이 지구가 둥글다는 것을 맹신하도록 세뇌당한 것이라고 주장한다.

③ 신문 기사의 역삼각형 서술 구조는 전신으로 기사를 송고하던 시절에 만들어진 문화이다. 전신 요금이 비싸고 도중에 자주 끊어지는 통에 핵심 내용부터 먼저 보내고 뒤로 갈수록 덜 중요한 내용을 보냈던 것이다.

④ 생쥐스트는 1794년 혁명군을 이끌고 플뢰뤼스 전투에서 오스트리아군을 물리치고 큰 승리를 거둔다. 하지만 파리에 돌아왔더니 옛 동지들이 반대파가 돼 있었다. '테르미도르 반동'이라 불리는 사건이다. 그는 그가 따르던 로베스피에르와 함께 구금된다. 파리 민중이 봉기를 일으켜 잠시 풀려났지만 다시 체포됐다.

14 다음 글에 대한 이해로 적절하지 않은 것은?

> 제도는 본래 불안정한 존재인 인간들이 서로 견뎌 내고 믿을 수 있도록 하기 위하여 찾아낸 형식이다. 제도 안에서 삶의 목적이 공동으로 추구되고 우리가 무엇을 하고, 하지 말아야 되는지를 결정할 수 있도록 도움을 받으며 내적 삶의 안정을 획득한다. 그리하여 제도는 우리가 항상 격렬하게 대립해야 하는 부담과 기본적인 문제에 대하여 결정해야 하는 부담에서 벗어나게 해 준다. 제도는 개인이 태어나기 전부터 이미 존재하며, 개인은 그 제도 안에 편입되어 있다. 따라서 개인은 사실상 사유 재산이나 결혼과 같은 제도를 개인적 차원을 넘어선 행동 양식으로 체험한다. 제도는 그 구성원이 바뀌는 것에 관계없이 오래전부터 지금까지 존속하고 있는 것으로 개인에게 의식되며, 개인은 그런 의식을 가지고 직업·관청·공장과 같은 제도 안으로 들어온다. 인간이 함께 살아가고 함께 일하는 형식들 안에서 지배가 형성되고 정신적인 교류가 이뤄지는, 이러한 형식들이 결국은 그 자체로 중요성을 지닌 제도가 되고, 이 제도가 개인에 대하여 권력을 획득하는 것이다. 그러므로 우리는 사회 체제 내에서 개인이 차지하는 위치가 어디인지, 또 어떤 제도에 그 개인이 편입되어 있는지를 안다면 개인의 행동을 비교적 확실하게 예측할 수 있게 된다.

① 제도는 완벽하지 못한 인간 존재가 상호 신뢰를 구축하기 위해 찾아낸 형식이다.

② 개인은 제도를 개인의 선택이 아닌 삶의 방식으로 받아들인다.

③ 제도는 인간의 행동을 일정한 방향으로 이끌어 주는 역할을 한다.

④ 제도는 권력을 획득함으로써 개인의 자율성을 침해할 가능성이 있다.

15 띄어쓰기가 옳은 문장은?

① 나도∨설명서∨대로∨해∨봤지만∨아무래도∨기계가∨고장 난∨것같다.
② 좀∨모자란∨듯싶게∨밥을∨먹었던데∨조금∨더∨먹지그래.
③ 모처럼∨외할머니도∨뵐겸∨바람도∨쐴겸∨목포∨행∨열차 에∨올랐다.
④ 그는∨그것∨하고∨모양이∨비슷한∨모자를∨본∨적이∨있 다고∨떠들어댔다.

16 〈보기〉와 같이 음운 변동 현상을 유형화할 때, 각 단어에 나타난 음운 변동 현상에 대한 설명으로 옳은 것은?

― 보기 ―
㉠ 교체: XaY → XbY   ㉡ 축약: XabY → XcY
㉢ 탈락: XaY → XY   ㉣ 첨가: XY → XaY

① '뜻하다'는 축약만 일어나며 음운의 개수가 한 개 줄어든다.
② '낯설다'는 교체만 일어나며 음운의 개수가 변하지 않는다.
③ '읽느라'는 축약과 교체가 일어나며 음운의 개수가 한 개 줄어든다.
④ '늦여름'은 첨가와 교체가 일어나며 음운의 개수가 변하지 않는다.

17 다음 글을 읽고, 〈보기〉의 원인을 추론한 것으로 가장 적절한 것은?

어느 특정한 지역에서 관찰되는 생물의 다양한 정도를 생물 다양성이라고 한다. 생물 다양성은 단순히 생물종의 수만을 나타내는 것은 아니다. 생물 다양성은 생물이 지닌 유전자의 다양성, 생물종의 다양성, 그리고 생물이 서식하는 생태계의 다양성을 통합적으로 의미한다.

생물 다양성은 한 생물의 생존뿐만 아니라 전체 생태계의 보전에도 중요하다. 유전자, 종, 생태계가 다양할 때 전체 생태계는 안정적으로 유지된다. 한 생물종 내에서도 개체마다 유전자가 달라 다양한 형질이 나타나는데, 한 종 내에서 유전자의 다양성이 낮으면 불리한 환경 변화가 닥쳤을 때 이에 적응하는 개체가 없어 생물종 전체가 사라질 수 있다. 또한 한 지역 내에 서식하는 다양한 종 중에서 한 종이 사라지면 그것으로 끝이 아니라 먹이 관계로 연결된 다른 생물종에게도 연쇄적으로 영향을 준다.

지구에는 기후에 따라 열대 우림, 온대림, 초원, 사막처럼 다양한 서식 환경이 있고, 이는 다양한 생물이 살아가는 터전이 된다. 하지만 개발로 열대 우림과 같은 생물의 주요 서식지가 지속적으로 파괴되고 있다. 서식지의 파괴는 생물 다양성을 심각하게 훼손하며, 이는 곧 전체 생태계의 파괴로 이어진다.

― 보기 ―
㉠ 과거 바나나의 주 품종은 그로미셸이었는데, 파나마병이 유행하면서 멸종 수준에 이르렀다. 현재 바나나의 주 품종은 캐번디시인데, 신파나마병이 유행하면서 다시 멸종 위기에 처해 있다.
㉡ 1950년대 말 우리나라에서는 모자이크 바이러스에 강하다는 이유로 '광교'라는 콩 품종이 정부 추진하에 전국에 보급되었다. 그러나 3년 만에 이 품종에 치명적인 괴저병이 번져 콩의 수확량이 급감하였다.

① ㉠, ㉡ 모두 경작지에서 인위적으로 재배되어 다양한 서식 환경이 존재하지 않았기 때문이다.
② ㉠, ㉡ 모두 단일한 품종만을 재배하여 먹이 사슬에서 포식자의 다양성이 줄어들었기 때문이다.
③ ㉠은 종 다양성, ㉡은 유전적 다양성이 줄어들면서 환경 변화에 연쇄적으로 영향을 받았기 때문이다.
④ ㉠, ㉡ 모두 유전적 다양성이 줄어들어 전염병에 견딜 수 있는 형질을 가진 개체가 없기 때문이다.

[18~19] 다음 글을 읽고 물음에 답하시오.

여인이 말하기를,

"이곳은 사실 인간 세상이 아닙니다. 첩은 시중 아무개의 딸이온데, 죽어 이곳에 묻힌 지 사흘이 지났습니다. 우리 아버지께서 오래 요직을 차지하고 계시면서 사소한 원한까지도 복수를 하여 사람을 매우 많이 해쳤습니다. 때문에 애초에 아들 다섯과 딸 하나를 두셨는데 ㉠다섯 오빠들은 아버지보다 먼저 요절하였고 제가 홀로 곁에서 모시고 있다가 지금 또 이렇게 되었습니다. 어제 옥황상제께서 저를 부르시어 명하시기를, ㉡'네 애비가 큰 옥사를 심리하여 죄 없는 사람 수십 명을 살려 주었으니, 지난날 남을 중상하여 해쳤던 죄를 용서받을 수 있게 되었다. 다섯 아들은 죽은 지가 이미 오래되어 어찌할 수 없고 너를 다시 인간 세상으로 돌려보내야 되겠다.' 하였습니다. 저는 절을 하고 물러나 왔습니다. 기한이 오늘까지인데, 이 기한을 넘기면 다시 살아날 가망이 없습니다. 오늘 낭군을 만나게 된 것도 역시 운명인가 봅니다. 영원히 좋은 사이가 되어 평생 낭군을 모시며 뒷바라지하고자 하는데, 낭군께서는 허락해 주시겠습니까?" / 하고 말하였다.

하생도 울먹이며 말하기를,

"그 말이 사실이라면 응당 목숨을 걸고 그렇게 하겠습니다." 하였다. 여인이 이에 베갯머리에서 금척(金尺) 하나를 꺼내 주며 말하기를,

"낭군께서 이것을 가지고 가서 국도(國道)의 저잣거리 큰 절 앞에 하마석(下馬石) 위에다 올려놓으십시오. 반드시 알아보는 자가 있을 것입니다." [중략]

그 아래에는 시녀들이 수십 명 둘러 모여 서로 보려고 밀치면서 말하기를,

"생긴 것은 유자(儒者)처럼 생겼는데 행실은 도적이구먼." 하였다. 시중이 금척을 가져다가 알아보고는 눈물을 흘리면서 말하기를,

"과연 ㉢내 딸의 무덤에 순장했던 금척이다." 하였다. 주렴 안에서 흑흑 울음소리가 들렸고 시녀들도 모두 얼굴을 가리고 울었다. 시중이 손을 저어 그치게 하고 하생에게 묻기를,

"너는 무엇 하는 사람이며 이 물건은 어디서 났느냐?" 하였다. 하생이 답하기를,

"저는 태학생이고 이것은 ㉣무덤 안에서 얻었습니다." 하였다. 시중이 말하기를,

"네가 입으로는 시(詩)와 예(禮)를 말하면서 행실이 무덤이나 파는 도적과 같으니 될 말인가?"

하니, 하생이 웃으며 말하기를,

"제 결박을 풀고 가까이 가게 해 주십시오. 좋은 소식을 전해 드리겠습니다. 대인께서는 은혜 갚을 것을 생각하셔야지 도리어 화를 내시면 되겠습니까?" / 하였다.

– 신광한, 〈하생기우전〉

18 ㉠~㉣을 사건의 시간 순서에 따라 가장 적절하게 배열한 것은?

① ㉠-㉡-㉢-㉣
② ㉠-㉢-㉡-㉣
③ ㉡-㉠-㉢-㉣
④ ㉢-㉠-㉣-㉡

19 이 글을 통해 알 수 있거나 추론할 수 있는 바로 적절하지 않은 것은?

① 여인은 무덤에 묻힌 지 이틀이 지난 후에 옥황상제에게 부름을 받게 되었다.
② 여인은 이승에 있는 아버지의 덕행 덕분에 인간 세상에 가게 될 기회를 얻었다.
③ 여인은 사람들이 빨리 발견할 수 있게 하기 위해 하마석 위에 금척을 올려놓으라고 했을 것이다.
④ 하생은 도둑으로 몰리는 상황을 모면하기 위해 여인의 아버지에게 헛된 기대를 심어 주고 있다.

20 다음 글에 대한 이해로 적절한 것은?

> 세종은 자신의 시대를 '수성기(守成期)'로 인식하고 있었다. 수성기란 '창업(創業) - 수성(守成) - 경장(更張) - 쇠퇴(衰退)'라는 동양 사상의 체계 순환론에서 두 번째 단계로, 혁명과 건국이라는 창업의 어수선한 시기를 지나 정치 및 사회 운영 메커니즘이 안정화되고 제도화되어 가는 시기를 뜻한다. 난관들을 극복하고 정상(頂上)에 올랐다 하더라도 그것을 '지키고 이루어 내지' 못한다면 그동안의 노력은 물거품이 되고 만다. 따라서 창업의 단계를 넘어서 수성의 단계로 진입시키는 뛰어난 리더십이 필요하다. 태종이 양녕이나 그 아래 효령이 아니라 충녕으로 후계자를 바꾼 이유가 바로 여기에 있다.
>
> 우선, 수성의 지도자는 조직에 자기 지속적인 생명력을 불어넣어야 한다. 지속성을 지니면서도[守] 끊임없이 자기 혁신을 거듭하여 발전해 가는[成] 생명체와도 같은 조직을 만드는 일이 그것이다. 한마디로 자기 지속적인 성장 시스템을 구축해야 한다는 말인데, 세종 시대 사람들은 이를 '권도(權道)의 정치'에서 '경도(經道)의 정치'로의 전환이라고 불렀다. 즉 '시의(時宜)에 따라서 변경할 수 있는 손익(損益)하는 법'인 권도가 창업의 덕목인 데 비해, 수성의 군주는 '영세(永世)토록 전하여 변경할 수 없는 경상(慶常)의 법'인 정도(正道)를 정착시키는 데 온 힘을 기울여야 한다는 것이다.
>
> 수성 군주의 두 번째 목표는 '제도화'다. 앞에서 말한 '경도의 정치'란 결국 누가 그 자리에 있더라도 조직이 원활하게 돌아갈 수 있도록 만들어야 하는 것이다. 좌사간 허성에 따르면 그것은 곧 좋은 제도의 수립을 가리킨다. 이때 중요한 것은 구성원들 스스로가 그 원칙과 절차의 가치를 인정하고 타당한 것으로 받아들이게 하는 것이다. 강제와 위압이 아닌 토론과 비전을 통한 국가 운영이 필요한 것이다.

① 조직이 원활하게 돌아가도록 인재를 적재적소에 배치하는 것이 수성기 '제도화'의 목표이다.
② 태종은 세종이 수성의 덕목인 끝없는 도전 정신이 있다고 판단하여 자신의 후계자로 결정했다.
③ 수성 군주에게는 장기적이고 안정된 국가 시스템을 만들고 정착시킬 수 있는 역량이 요구된다.
④ '경도의 정치'의 목표는 국가가 직면한 대내외적 시련을 극복하여 국가를 정상에 올려놓는 것이다.

PART 02

지방직 기출 변형 모의고사 07~12회

추천 문풀 시간 | 18~20분

지금부터 우리는 2023~2018년 지방직 기출문제를 변형한 모의고사를 풀어 볼 것입니다. 이 모의고사는 문제의 유형은 물론 지문의 길이까지 실제 기출문제와 거의 똑같이 맞추었으므로, 실전 감각을 키우고 시간을 조절하는 데 큰 도움을 줄 것입니다.

1. 먼저 타이머를 맞추세요. 그리고 정신을 집중해서 문제를 풀어 보시기 바랍니다.
2. 왼쪽에 배열된 기출문제는 18~20분 내에 풀어 보세요. 우리가 생각보다 많은 출제 포인트를 잊어버리고 있었다는 사실을 알게 될 것입니다.
3. 강의를 들으면서 핵심 내용을 반복해서 정리하세요.

그럼 이제부터
실전 감각을 예리하게 키울 수 있도록,
기출 변형 모의고사 문제 풀이를 시작하겠습니다.

07회 지방직 기출 변형 모의고사

핵심 자료선 올바른 문장 쓰기

[01~40] 다음 문장을 어법에 맞고 자연스럽게 고치시오.

01. 우리나라는 연평균 강우량이 1,000mm를 넘는다.

02. 태풍으로 희생된 분들의 넋을 기리기 위해 이 행사를 마련했습니다.

03. 출제자들은 이번 시험의 난이도가 크게 낮아졌다고 말했다.

04. 내가 유학을 떠나는 날은 가족 모두가 공항까지 나와 마중하였다.

05. 공무원은 불편부당하지 않기 위해 최선을 다해야 합니다.

06. 이 집은 단열재를 쓰지 않아 연료의 손상이 많다.

07. 세금을 수납하실 분은 3번 영업 창구로 가십시오.

08. 대통령은 이번 화재로 피해을 입은 이재민들의 애환을 위로하였다.

09. 우리 협회 회장의 임기는 6년이고, 역임할 수 있다.

10. 우리 응원단은 월등한 수적 열세에도 불구하고 질서 있게 응원전을 펼쳤다.

11. 그는 유머 감각이 뛰어나 친구들 사이에서 유명세가 대단했다.

12. 그는 재산 일절을 학교에 기부하였다.

13. 그의 사위는 우리 회사의 뛰어난 재원이다.

14. 그는 아직도 이상을 지양하는 이상주의자이다.

15. 대통령은 신임 장관들에게 임명장을 추서하였다.

---

01. 강우량(降雨量) → 강수량(降水量): '비, 눈, 우박, 안개 따위로 일정 기간 동안 일정한 곳에 내린 물의 총량'을 뜻하는 경우에는 '강수량'을 쓴다.
02. 기리기 → 위로하기: '따뜻한 말이나 행동으로 괴로움을 덜어 주거나 슬픔을 달래 주다'의 뜻으로는 '위로하다'가 적절하다.
03. 난이도(難易度) → 난도(難度): '어려움의 정도'를 뜻하는 '난도'를 쓴다. '난이도'는 '어려움과 쉬움의 정도'를 뜻하므로, 동시에 낮게 할 수는 없다.
04. 마중하였다 → 배웅하였다: '떠나가는 손님을 일정한 곳까지 따라 나가서 작별하여 보내다'의 뜻으로는 '배웅하다'를 쓴다.
05. 불편부당하지 않기 → 불편부당(不偏不黨)하기: '아주 공평하여 어느 한쪽으로 치우치지 아니하다'의 뜻으로는 '불편부당하다'를 쓴다.
06. 손상(損傷) → 손실(損失): '잃어버리거나 축나서 손해를 봄. 또는 그 손해'의 뜻으로는 '손실'을 쓴다.
07. 수납(收納)하실 → 납부(納付/納附)하실: '세금이나 공과금 따위를 관계 기관에 내다'의 뜻으로는 '납부하다'를 쓴다.
08. 애환(哀歡) → 슬픔: '애환'은 '슬픔과 기쁨'이므로 이를 위로할 수는 없다. '슬픔을 위로한다'는 표현이 적절하다.
09. 역임(歷任) → 연임(連任): '원래 정해진 임기를 다 마친 뒤에 다시 계속하여 그 직위에 머무름'을 뜻할 경우에는 '연임'을 쓴다.
10. 월등(越等)한 → 현저(顯著)한: '월등하다'는 긍정적인 의미로 사용되기 때문에 '열세'와 같은 부정적 의미의 단어와 어울리지 않는다.
11. 유명세(有名稅) → 인기(人氣): '유명세'는 주로 부정적인 의미로 사용되기 때문에 문맥상 '인기'를 쓰는 것이 적절하다.
12. 일절(一切)을 → 일체(一切)를: '모든 것'을 뜻하는 경우에는 '일체'를 쓴다.
13. 재원(才媛) → 재사(才士): '재원'은 '재주가 뛰어난 젊은 여자'를 뜻하는 말이므로 '사위'에게 쓰기에 적절하지 않다. '재주가 뛰어난 남자'를 뜻하는 말은 '재사'이다.
14. 지양(止揚)하는 → 지향(志向)하는: '어떤 목표로 뜻이 쏠리어 향하다'의 뜻으로는 '지향하다'를 쓴다.
15. 추서(追敍)하였다 → 수여(授與)하였다: '증서, 상장, 훈장 따위를 주다'의 뜻으로는 '수여하다'를 쓴다. '추서하다'는 '죽은 뒤에 관등을 올리거나 훈장 따위를 주다'의 의미이다.

16. 제안서 및 과업 지시서는 참가 신청자에게 한하여 교부한다.
17. 주민들은 정부 당국에게 건의 사항을 전달했다.
18. 그는 이 문제에 대해 가능한 충실히 논의해 왔다.
19. 검찰이 성역 없는 수사를 한다고 해서 수사 결과를 두고 볼 일이다.
20. 내가 강조하고 싶은 점은 우리가 고유 언어를 가졌다.
21. 현재의 부동산 정책은 앞으로 손질이 불가피할 전망입니다.
22. 통계 자료를 살펴보면, 2000년대 이후 복지 정책에 상당히 큰 변화가 일어나고 있다.
23. 공사가 언제부터 시작되고 언제 개통될지 알 수 없다.
24. 작성 내용의 정정 또는 신청인의 서명이 없는 서류는 무효입니다.
25. 인생을 살다 보면 남을 도와주기도 하고 도움을 받기도 한다.
26. 그의 목표는 세계 최고의 축구 선수가 되는 것이었고, 그래서 단 하루도 연습을 쉬지 않았다.
27. 전철 내에서 뛰지 말고, 문에 기대거나 강제로 열려고 하지 마십시오.
28. 겨우내 팽이와 썰매를 타던 논에는 어느새 물이 넘실거리고 있다.
29. 불필요한 기능은 빠지고 필요한 기능만 살렸다.
30. 이 제품을 사용하다가 궁금한 점이나 작동이 잘 안 될 때는 바로 연락을 주시기 바랍니다.
31. 1반 축구 팀은 불안한 수비와 문전 처리가 미숙하여 2반 축구 팀에 패배하였다.
32. 사고 원인의 파악과 재발 방지 대책을 조속히 마련하여 주시기 바랍니다.
33. 균형 있는 식단 마련과 쾌적한 실내 분위기를 조성하기 위해 노력해 왔다.
34. 이 시는 토속적인 시어의 사용과 현장감을 높이고 있다.
35. 12월 중에 한-중 정상 회담이 다시 한번 열릴 것으로 보여집니다.
36. 실력 있는 강사진이 수강생 여러분을 직접 교육시켜 드립니다.
37. 그날 밤중에 잠을 깬 사람은 비단 나뿐이었다.
38. 그는 내키지 않는 일은 반드시 하지 않는다.
39. 공사하는 기간 동안 안전사고가 일어나지 않도록 유의해 주십시오.
40. 우리 회사는 서울에 위치하고 있습니다.

---

16. 신청자에게 → 신청자에
17. 정부 당국에게 → 정부 당국에
18. 가능한 → 가능한 한
19. 한다고 해서 → 한다고 하니
20. 가졌다 → 가졌다는 것(점)이다
21. 불가피할 전망입니다 → 불가피할 것으로 전망됩니다
22. 일어나고 있다 → 일어나고 있음을 알 수 있다
23. 언제 개통될지 → 도로가 언제 개통될지
24. 정정 또는 → 정정이 있거나
25. 도움을 받기도 → 남에게 도움을 받기도
26. 그래서 단 하루도 → 그래서 그는 단 하루도
27. 강제로 열려고 → 강제로 문을 열려고
28. 팽이와 → 팽이를 치고(돌리고)
29. 기능은 빠지고 → 기능은 빼고
30. 궁금한 점이나 → 궁금한 점이 있거나
31. 불안한 수비와 → 수비가 불안하고
32. 사고 원인의 파악과 → 사고 원인을 파악하고
33. 균형 있는 식단 마련과 → 균형 있는 식단을 마련하고
34. 토속적인 시어의 사용과 → 토속적인 시어를 사용하여
35. 보여집니다 → 보입니다
36. 교육시켜 → 교육해
37. 비단 나뿐이었다 → 비단 나뿐이 아니었다
38. 반드시 → 절대로
39. 공사하는 기간 동안 → 공사하는 동안
40. 위치하고 있습니다 → 있습니다

07회 지방직 기출 변형 모의고사

2023 지방직 9급 기출

01 ㉠~㉢의 말하기 방식을 설명한 내용으로 가장 적절한 것은?

> 김 주무관: AI에 대한 국민 이해도를 높이기 위해 설명회를 개최할 필요가 있다고 생각해요.
> 최 주무관: ㉠ 저도 요즘 그 필요성을 절감하고 있어요.
> 김 주무관: ㉡ 그런데 어떻게 준비해야 효과적으로 전달할 수 있을지 고민이에요.
> 최 주무관: 설명회에 참여할 청중 분석이 먼저 되어야겠지요.
> 김 주무관: 청중이 주로 어떤 분야에 관심이 있는지 알면 준비할 때 유용하겠네요.
> 최 주무관: ㉢ 그럼 청중의 관심 분야를 파악하려면 청중의 특성 중에서 어떤 것들을 조사하면 좋을까요?
> 김 주무관: ㉣ 나이, 성별, 직업 등을 조사할까요?

① ㉠: 상대의 의견에 대해 공감을 표현하고 있다.
② ㉡: 정중한 표현을 사용하여 직접 질문하고 있다.
③ ㉢: 자신의 반대 의사를 우회적으로 드러내고 있다.
④ ㉣: 의문문을 통해 상대의 의견을 반박하고 있다.

2023 지방직 9급 기출 변형

01 ㉠~㉢의 말하기 방식을 설명한 내용으로 적절하지 않은 것은?

> 동아리 회장: 지난 회의에서 우리 학교 학생들을 대상으로 반려 식물 키우기 캠페인을 하기로 결정했는데요, ㉠ 오늘은 캠페인을 어떻게, 어떤 내용으로 진행할지에 대해 협의해 보겠습니다. 좋은 의견이 있으면 말씀해 주시기 바랍니다.
> 부원 1: 이번 캠페인을 통해 많은 학생들이 반려 식물을 키워 보는 경험을 하려면 학생들에게 반려 식물 모종을 나누어 주고 직접 키워 보도록 해야 할 것 같습니다.
> 부원 2: 저도 같은 생각입니다. ㉡ 그런데 우리 학교 학생들에게 나누어 줄 모종을 충분히 준비할 수 있을까요?
> 동아리 회장: 동아리 담당 선생님께서 생태 교육 예산으로 300개의 모종을 준비해 주실 수 있다고 말씀하셨고, 학생들이 키우기 좋은 반려 식물 세 가지도 추천해 주셨습니다.
> 부원 1: 반가운 소식이네요. ㉢ 다만 모종의 수가 우리 학교 학생 수의 절반밖에 되지 않아 걱정입니다.
> 부원 2: 그래도 300명이나 되는 학생들이 반려 식물을 키우는 경험을 할 수 있고 반려 식물 키우기를 원치 않는 학생들도 있을 테니, 모종 300개로도 캠페인을 진행하는 데 무리가 없을 것 같습니다.
> 부원 1: ㉣ 말씀을 들어 보니 모종 수는 문제가 되지 않겠네요.

① ㉠: 부원들에게 회의의 목적을 제시하고 발언 기회를 제공하고 있다.
② ㉡: 정중한 표현을 통해 상대에게 직접적으로 질문하고 있다.
③ ㉢: 상대의 견해에 대한 반대 의사를 우회적으로 드러내고 있다.
④ ㉣: 상대의 말을 다른 표현으로 바꾸어 동의 의사를 밝히고 있다.

02 ㉠~㉢을 맥락에 따라 가장 자연스럽게 배열한 것은?

독서는 아이들의 전반적인 뇌 발달에 큰 영향을 미친다.
㉠ 그에 따르면 뇌의 전두엽은 상상력을 관장하는데, 책을 읽으면 상상력이 자극되어 전두엽을 많이 사용하게 된다.
㉡ A 교수는 책을 읽을 때와 읽지 않을 때의 뇌 변화를 연구해서 세계적인 명성을 얻었다.
㉢ 이처럼 책을 많이 읽으면 전두엽이 훈련되어 전반적인 뇌 발달의 가능성이 높아지는데, 그 결과는 교육 현장에서 실증된 바 있다.
독서를 많이 한 아이는 학교에서 더 좋은 성적을 낼 뿐 아니라 언어 능력도 발달한다는 사실이 밝혀진 것이다.

① ㉡-㉠-㉢
② ㉡-㉢-㉠
③ ㉢-㉠-㉡
④ ㉢-㉡-㉠

02 ㉠~㉤의 전개 순서로 가장 자연스러운 것은?

㉠ 청약 확인은 소비자의 계약 체결 의사인 청약의 내용을 확인하는 것으로 대금 결제 전 특정 팝업 창에서 확인할 수 있다.
㉡ 먼저 신원 정보 확인이란 판매자의 상호, 사업자 등록 번호, 연락처 등을 쇼핑몰 초기 화면에서 확인하는 것을 말한다.
㉢ 안전한 구매를 위해 '전자 상거래 등에서의 소비자 보호법'에서 규정하고 있는 여러 보호 장치를 잘 이해하고 확인할 필요가 있다.
㉣ 이러한 팝업 창을 통해 소비자의 컴퓨터 조작 실수나 주문 실수를 방지한다.
㉤ 우선 판매자의 신원 정보 확인, 청약 확인 등을 거쳐야 한다.

① ㉠-㉡-㉤-㉣-㉢
② ㉠-㉣-㉢-㉡-㉤
③ ㉢-㉤-㉠-㉡-㉣
④ ㉢-㉤-㉡-㉠-㉣

03 ㉠~㉣을 설명한 내용으로 적절하지 않은 것은?

• ㉠지원은 자는 동생을 깨웠다.
• 유선은 도자기를 ㉡만들었다.
• 물이 ㉢얼음이 되었다.
• ㉣어머나, 현지가 언제 이렇게 컸지?

① ㉠: 동작의 주체를 나타내는 주어이다.
② ㉡: 주어와 목적어를 요구하는 서술어이다.
③ ㉢: 서술어를 꾸며 주는 부사어이다.
④ ㉣: 문장의 다른 성분과 직접적으로 관련을 맺지 않는 독립어이다.

03 ㉠~㉣에 대한 설명으로 적절한 것은?

• 옆집 철수는 ㉠학생이 아니다.
• ㉡시험 날짜가 일주일 앞으로 다가왔다.
• ㉢당국에서 강력한 부동산 투기 억제책을 폈다.
• 물이 ㉣얼음으로 되었다.

① ㉠: 동작의 주체를 나타내는 주어이다.
② ㉡: 체언을 수식하는 관형어이다.
③ ㉢: 서술어를 수식하는 부사어이다.
④ ㉣: 서술어를 보충하는 보어이다.

04 (가)와 (나)를 이해한 내용으로 적절하지 않은 것은?

> (가) 청산(靑山)은 내 쯧이오 녹수(綠水)는 님의 졍(情)이
> 녹수(綠水) ㅣ 흘너간들 청산(靑山)이야 변(變)홀손가
> 녹수(綠水)도 청산(靑山)을 못 니저 우러 녜어 가는고.
> — 황진이
>
> (나) 청산(靑山)은 엇뎨ᄒᆞ야 만고(萬古)애 프르르며
> 유수(流水)는 엇뎨ᄒᆞ야 주야(晝夜)애 긋디 아니ᄂᆞᆫ고
> 우리도 그치디 말아 만고상청(萬古常靑) 호리라.
> — 이황, 〈도산십이곡〉

① (가)는 '청산'과 '녹수'의 대조를 활용하여 화자가 처한 상황을 제시하고 있다.
② (나)는 시각적 심상과 청각적 심상을 활용하여 주제를 강조하고 있다.
③ (가)와 (나) 모두 대구를 활용하여 시상을 전개하고 있다.
④ (가)와 (나) 모두 설의적 표현을 활용하여 화자의 정서를 드러내고 있다.

04 (가)~(라)를 이해한 내용으로 적절하지 않은 것은?

> (가) 흰 구름 프른 너는 골골이 잠겻는듸
> 추풍(秋風)에 물든 단풍(丹楓) 봄곳도곤 더 죠해라
> 천공(天公)이 날을 위ᄒᆞ야 뫼 빗츨 쑴여 너도다
> — 김천택
>
> (나) 님 그린 상사몽(相思夢)이 실솔(蟋蟀)의 넉시 되여
> 추야장(秋夜長) 깁픈 밤에 님의 방(房)에 드럿다가
> 날 잇고 깁피 든 잠을 씨와볼가 ᄒ노라.
> — 박효관
>
> (다) 백사장(白沙場) 홍료변(紅蓼邊)에 구버기는 백로(白鷺)들아
> 구복(口腹)을 못 몌워 뎌다지 굽ᄂᆞᆫ다
> 일신(一身)이 한가(閑暇)홀션졍 술져 무슴 ᄒ리오
> — 작가 미상
>
> (라) 한식(寒食) 비 온 밤에 봄빗치 다 퍼졋다
> 무정(無情)ᄒᆞᆫ 화류(花柳)도 쌔를 아라 픠엿거든
> 엇더타 우리의 님은 가고 아니 오ᄂᆞᆫ고
> — 신흠, 〈방옹시여〉

① (가): 색채 대비와 은유법으로 자연의 아름다움을 예찬하고 있다.
② (나): 감정 이입의 수법으로 임에 대한 그리움과 원망을 표현하고 있다.
③ (다): 우의적 수법과 설의적 표현으로 탐욕에 대한 경계의 뜻을 나타내고 있다.
④ (라): 선경 후정의 전개 방식을 통해 화자의 심리를 드러내고 있다.

05 다음 글의 중심 내용으로 가장 적절한 것은?

교환 가치는 거래를 통해 발생하는 가치이며, 사용 가치는 어떤 상품을 사용할 때 느끼는 가치이다. 전자가 시장에서 결정된다는 점에서 객관적이라면, 후자는 개인에 따라 다르다는 점에서 주관적이다. 상품에는 사용 가치와 교환 가치가 섞여 있는데, 교환 가치가 아무리 높아도 '나'에게 사용 가치가 없다면 해당 상품을 구매하지 않을 것이다.

하지만 이 같은 상식이 통하지 않는 경우를 종종 볼 수 있다. 예를 들어 보자. 인터넷 커뮤니티에서 백만 원짜리 공연 티켓을 판매하는데, 어떤 사람이 "이 공연의 가치는 돈으로 환산할 수 없어요." 등의 댓글들을 보고서 애초에 관심도 없던 이 공연의 티켓을 샀다. 그에게 그 공연의 사용 가치는 처음에는 없었으나 많은 댓글로 인해 사용 가치가 있을 것으로 잘못 판단한 것이다. 안타깝게도, 그는 그 공연에서 조금도 만족하지 못했다.

이 사례에서 볼 때 건강한 소비를 위해서는 구매하려는 상품의 사용 가치가 어떤 과정을 거쳐 결정된 것인지 곰곰이 생각해 봐야 한다. '나'에게 얼마나 필요한가에 대해 고민 없이 다른 사람들의 말에 휩쓸려 어떤 상품의 사용 가치가 결정될 때, 그 상품은 '나'에게 쓸모없는 골칫덩이가 될 수 있다.

① 사용 가치보다 교환 가치가 큰 상품을 구매해야 한다.
② 상품을 구매할 때 사용 가치와 교환 가치를 두루 고려해야 한다.
③ 상품에 대한 다른 사람들의 평가를 반영해서 상품을 구매해야 한다.
④ 상품을 구매할 때 사용 가치가 자신의 필요에 의해 결정된 것인지 신중하게 따져야 한다.

05 다음 글의 중심 내용으로 가장 적절한 것은?

생각하는 인간은 기계적인 설명을 벗어나 '하나'에서 '여럿'으로, '단순'에서 '복잡'으로, '원인'에서 '결과'로 서서히 변해 간다고 설명하려 한다. 그러나 이 과정에서 외부 대상의 끊임없는 변화에 역시 당황해할 수밖에 없다. 그래서 대상을 조직적으로 파악하기 위해 대상에 영원불변의 형태를 부여해야만 했고, 그 결과 세상을 정적인 어떤 것으로 만들어야만 했던 것이다.

즉, 대상의 본질은 변하지 않는 것이라고 믿고 싶어 하는 '무시간적 사고'는 인간의 사고에 깊이 뿌리내린 사상으로 자리 잡게 되었다. 생각하는 인간은 이 세상을 합리적으로 규명하기 위해 과거의 기억을 바탕으로 늘 변모하는 사건들의 패턴 뒤에 숨어 있는 영원한 요소를 찾아내려고 했으며, 또한 미래에도 동일하게 그런 요소가 존재할 것이라는 믿음을 지닐 수 있었던 것이다. 이러한 과정을 통해 인간은 시간을 통해서 자신의 모습을 인식할 수 있게 되었다. 즉 인간이 자기 인식을 할 수 있는 존재, 자기 정체성을 확인하는 존재로 거듭나게 된 것이다.

① 인간은 과거의 기억을 바탕으로 미래의 사건을 예측할 수 있게 되었다.
② 인간은 세상을 합리적으로 규명하기 위해 무시간적 사고를 하게 되었다.
③ 인간은 무시간적 사고를 통해 자신의 정체성을 인식하는 존재가 될 수 있었다.
④ 인간은 외부의 변화에 적절히 대응하기 위해 대상의 본질이 변하지 않는다는 믿음을 갖게 되었다.

06 ㉠~㉣에 들어갈 단어로 적절하지 않은 것은?

- 우리 회사는 올해 최고 수익을 창출해서 전성기를 ㉠ 하고 있다.
- 그는 오래 살아온 자기 명의의 집을 ㉡ 하려 했는데 사려는 사람이 없다.
- 그들 사이에 ㉢ 이 심해서 중재자가 필요하다.
- 제가 부족하니 앞으로 많은 ㉣ 을 부탁드립니다.

① ㉠: 구가(謳歌)
② ㉡: 매수(買受)
③ ㉢: 알력(軋轢)
④ ㉣: 편달(鞭撻)

06 ㉠~㉣에 들어갈 단어로 적절하지 않은 것은?

- 그는 프로 바둑 기사에게 바둑을 ㉠ 해서 지금은 뛰어난 실력을 갖추었다.
- 인종 차별적인 발언을 한 운동선수가 여론의 ㉡ 를 받았다.
- 그런 식으로 했다가는 욕먹기가 ㉢ 이니 조심합시다.
- 우리는 태양이 ㉣ 하는 바닷가에 누워 모래찜질을 즐겼다.

① ㉠: 사사(師事)
② ㉡: 질타(叱咤)
③ ㉢: 첩경(捷徑)
④ ㉣: 작렬(炸裂)

07 ㉠~㉣ 중 어색한 곳을 찾아 수정하는 방안으로 가장 적절한 것은?

> 조선 후기에 서학으로 불린 천주학은 '학(學)'이라는 말에서도 짐작할 수 있듯이 ㉠ 종교적인 관점에서보다 학문적인 관점에서 받아들여졌다. 당시의 유학자 중 서학 수용에 적극적인 이들까지도 서학을 무조건 따르자고 ㉡ 주장하지는 않았는데, 서학은 신봉의 대상이 아니라 분석의 대상이었기 때문이다. 그들은 조선 사회를 바로잡고 발전시키기 위해 새로운 학문과 지식이 필요하다고 생각했지만, 외부에서 유입된 사유 체계에는 양명학이나 고증학 등도 있어서 서학이 ㉢ 유일한 대안은 아니었다. 그들은 서학을 검토하며 어떤 부분은 수용했지만, 반대로 어떤 부분은 ㉣ 지향했다.

① ㉠: '학문적인 관점에서보다 종교적인 관점에서'로 수정한다.
② ㉡: '주장하였는데'로 수정한다.
③ ㉢: '유일한 대안이었다'로 수정한다.
④ ㉣: '지양했다'로 수정한다.

08 다음 글의 맥락을 고려할 때 빈칸에 들어갈 말로 가장 적절한 것은?

> 능숙한 필자와 미숙한 필자는 글쓰기 과정 중 '계획하기'에서 뚜렷한 차이를 보인다. 전자는 이 과정에 오랜 시간 공을 들이는 반면, 후자는 그렇지 않다. 글쓰기에서 계획하기는 글쓰기의 목적 수립, 주제 선정, 예상 독자 분석 등을 포함한다. 이 중 예상 독자 분석이 중요한 이유는 _____ 때문이다. 글을 쓸 때 독자의 수준에 비해 너무 어려운 개념과 전문 용어를 사용한다면 독자가 글을 이해하기 어렵게 된다. 글쓰기는 필자가 글을 통해 자신의 메시지를 독자에게 전달하는 행위라는 점을 고려하면 계획하기 단계에서 반드시 예상 독자를 분석해야 한다.

① 계획하기 과정이 글쓰기 전체 과정의 첫 단계이기
② 글에 어려운 개념이나 전문 용어를 어느 정도 포함해야 하기
③ 필자의 메시지를 독자에게 효과적으로 전달하는 데 도움이 되기
④ 독자의 배경지식 수준을 고려해야 글의 목적과 주제가 결정되기

07 ㉠~㉣ 중 어색한 곳을 찾아 수정하는 방안으로 가장 적절한 것은?

> 식물과 벌레는 때론 죽음의 문턱까지도 갈 수 있지만 실제론 ㉠ 공생 관계일 때가 많다. 잎을 엄청나게 갉아 먹는 애벌레는 훗날 나방이나 나비가 되어 꽃의 수분을 도와준다. ㉡ 균도 마찬가지다. 식물을 숙주로 영양분을 ㉢ 갈취하기도 하지만 때론 질소를 공급해 주는 일도 한다. 게다가 식물 또한 무작정 벌레를 그대로 두진 않는다. 잎에서 화학 물질을 배출해 벌레들의 생식을 막거나 식욕을 ㉣ 촉진한다.

① ㉠은 '천적 관계일 때가'로 고친다.
② ㉡은 '균은 다르다'로 고친다.
③ ㉢은 '제공하기도'로 고친다.
④ ㉣은 '잃게 한다'로 고친다.

08 ㉠에 들어갈 말로 적절한 것은?

> ____㉠____. 가령, 홍합을 바위에 달라붙게 하는 접착 단백질을 이용하면 수술 후 상처 부위를 꿰맬 때 실 대신 사용할 수 있다. 2004년 포항 공대 연구 팀은 홍합에서 추출한 접착 단백질의 유전자를 대장균에서 배양 생산하는 데 성공했다. 홍합에서 추출한 생체 접착제는 인공 접착제에 비해 접착력과 유연성이 뛰어나고 인체에 면역 거부 반응이 거의 없는 것으로 알려져 있다.
>
> 가을 소풍 때 소풍을 다녀오면 바지 섶에 엉겅퀴, 도꼬마리, 도깨비풀 같은 식물의 씨앗이 무수히 들러붙은 적이 있을 것이다. 이 식물들은 그 씨앗을 사람의 옷이나 동물의 털에 들러붙게 하여 먼 곳까지 이동할 수 있도록 특수한 구조를 갖고 있다. 이 구조를 이용한 것이 '찍찍이'라 부르는 벨크로 테이프다. 이 제품은 각종 신발과 의류는 물론이고 무중력 상태의 우주선 내에서 물건을 고정시키는 데 이용되고 있다.

① 모방의 긍정적 가치는 자연 공학에서만 그치는 것이 아니다
② 자연에 대한 모방은 인간에게 많은 이익을 안겨 준다
③ 인간이 다른 동물보다 우월한 이유는 모방을 통해 배우기 때문이다
④ 생활 속 물건을 모방하는 데서 과학적 창조는 시작된다

09 다음 시를 이해한 내용으로 적절하지 않은 것은?

> 사랑을 잃고 나는 쓰네
>
> 잘 있거라, 짧았던 밤들아
> 창밖을 떠돌던 겨울 안개들아
> 아무것도 모르던 촛불들아, 잘 있거라
> 공포를 기다리던 흰 종이들아
> 망설임을 대신하던 눈물들아
> 잘 있거라, 더 이상 내 것이 아닌 열망들아
>
> 장님처럼 나 이제 더듬거리며 문을 잠그네
> 가엾은 내 사랑 빈집에 갇혔네
>
>   - 기형도, 〈빈집〉

① 대상들을 호명하며 안타까운 심정을 표현하고 있다.
② '빈집'은 상실감으로 공허해진 내면을 상징하고 있다.
③ 영탄형 어조를 활용해 이별에 따른 정서를 부각하고 있다.
④ 글 쓰는 행위를 통해 잃어버린 사랑의 회복을 열망하고 있다.

09 다음 시에 대한 설명으로 적절하지 않은 것은?

> 제 손으로 만들지 않고
> 한꺼번에 싸게 사서
> 마구 쓰다가
> 망가지면 내다 버리는
> 플라스틱 물건처럼 느껴질 때
> 나는 당장 버스에서 뛰어내리고 싶다
> 현대 아파트가 들어서며
> 홍은동 사거리에서 사라진
> 털보네 대장간을 찾아가고 싶다
> 풀무질로 이글거리는 불 속에
> 시우쇠처럼 나를 달구고
> 모루 위에서 벼리고
> 숫돌에 갈아
> 시퍼런 무쇠 낫으로 바꾸고 싶다
> 땀 흘리며 두들겨 하나씩 만들어 낸
> 꼬부랑 호미가 되어
> 소나무 자루에서 송진을 흘리면서
> 대장간 벽에 걸리고 싶다
> 지금까지 살아온 인생이
> 온통 부끄러워지고
> 직지사 해우소
> 아득한 나락으로 떨어져 내리는
> 똥덩이처럼 느껴질 때
> 나는 가던 길을 멈추고 문득
> 어딘가 걸려 있고 싶다
>
>   - 김광규, 〈대장간의 유혹〉

① 자신의 삶을 무가치하다고 느끼는 화자의 모습이 나타나 있다.
② 대립적인 공간을 제시하여 현대인의 삶의 방식을 비판하고 있다.
③ 소모적이고 편의적인 삶의 방식에 매몰된 세태를 묘사하고 있다.
④ 화자가 지향하는 삶의 모습을 관념적 대상을 통해 나타내고 있다.

10 다음 글을 이해한 내용으로 가장 적절한 것은?

> 반드시 갚는 조건임을 강조하면서 그는 마치 성경책 위에다 오른손을 얹고 말하듯이 엄숙한 표정을 했다. 하마터면 나는 잊을 뻔했다. 그가 적시에 일깨워 주었기 망정이지 안 그랬더라면 빌려주는 어려움에만 골똘한 나머지 빌려줬다 나중에 돌려받는 어려움이 더 클 거라는 사실은 생각도 못 할 뻔했다. 그렇다. 끼니조차 감당 못 하는 주제에 막벌이 아니면 어쩌다 간간이 얻어걸리는 출판사 싸구려 번역 일 가지고 어느 해가*에 빚을 갚을 것인가? 책임이 따르는 동정은 피하는 게 상책이었다. 그리고 기왕 피할 바엔 저쪽에서 감히 두말을 못 하도록 야멸치게 굴 필요가 있었다.
> "병원 이름이 뭐죠?"
> "원산부인과입니다."
> "지금 내 형편에 현금은 어렵군요. 원장한테 바로 전화 걸어서 내가 보증을 서고 약속할 테니까 권 선생도 다시 한번 매달려 보세요. 의사도 사람인데 설마 사람을 생으로 죽게야 하겠습니까. 달리 변통할 구멍이 없으시다면 그렇게 해 보세요."
> 내 대답이 지나치게 더디 나올 때 이미 눈치를 챈 모양이었다. 도전적이던 기색이 슬그머니 죽으면서 그의 착하디착한 눈에 다시 수줍음이 돌아왔다. 그는 고개를 좌우로 흔들어 보였다.
> "원장이 어리석은 사람이길 바라고 거기다 희망을 걸기엔 너무 늦었습니다. 그 사람은 나한테서 수술 비용을 받아 내기가 수월치 않다는 걸 입원시키는 그 순간에 벌써 알아차렸어요."
>
> — 윤흥길, 〈아홉 켤레의 구두로 남은 사내〉

*해가(奚暇): 어느 겨를

① 서술자가 등장인물의 심리를 전지적 위치에서 전달하고 있다.
② 서술자가 등장인물이 되어 다른 등장인물의 행동을 진술하고 있다.
③ 서술자가 주인공으로서 유년 시절을 회상하며 갈등 원인을 해명하고 있다.
④ 서술자가 주관을 배제하고 외부 관찰자의 시선으로 사건을 이야기하고 있다.

10 다음 글에 나타난 서술 방식으로 가장 적절한 것은?

> 밖을 내다보던 송 영감은 제힘만이 아닌 어떤 힘으로 벌떡 일어나 다시 독 짓기를 시작하는 것이었으나, 이번에는 겨우 한 개를 짓고는 다시 쓰러지듯이 눕고 말았다.
> 다음에 송 영감이 정신이 든 것은 아주 어두운 속에서 애가 흔들어 깨워서였다. 울먹이던 애가 깨나는 아버지를 보고 그제야 안심된 듯이 저쪽에서 밥그릇을 가져다 아버지 앞에 놓았다. 웬 거냐고 하니까 애가, 앵두나뭇집 할머니가 주더라고 한다. 송 영감은 확 분노가 치밀어, 누가 거랑질해 오라더냐고 밥그릇을 밀쳐놓자 애가 훌쩍훌쩍 울기 시작했다. 송 영감은 아침에 어제의 저녁밥 남은 것을 조금 뜨는 것처럼 하고는 하루 종일 아무것도 입에 대지 않은 것을 생각하고는, 애도 아직 저녁을 못 먹었을지 모른다고 밥그릇을 도로 끌어다 한 술 입에 떠 넣으며 이번에는 애보고, 맛있으니 너도 먹으라는 것이었으나, 자신은 입맛을 잃은 탓만도 아닌 무엇이 밥 넘기려는 목을 치밀어 올라오곤 해, 좀처럼 밥을 넘길 수가 없었다.
>
> — 황순원, 〈독 짓는 늙은이〉

① 서술자가 사건을 전개하면서 관련된 인물의 내면을 직접적으로 드러내고 있다.
② 서술자와 중심인물 간의 대화를 통해 인물의 성격을 암시하고 있다.
③ 작품 내부의 서술자가 상황에 따른 자신의 심리를 보여 주고 있다.
④ 작품 밖의 서술자가 인물의 행동을 객관적 시점에서 서술하고 있다.

11 다음 대화를 분석한 내용으로 적절하지 않은 것은?

> 은지: 최근 국민 건강 문제와 관련해 '설탕세' 부과 여부가 논란인데, 나는 설탕세를 부과해야 한다고 생각해. 그러면 당 함유 식품의 소비가 감소하게 되고, 비만이나 당뇨병 등의 질병이 예방되니까 국민 건강 증진에 도움이 되기 때문이야.
> 운용: 설탕세를 부과하면 당 소비가 감소한다고 믿을 만한 근거가 있니?
> 은지: 세계 보건 기구 보고서를 보면 당이 포함된 음료에 설탕세를 부과하면 이에 비례해 소비가 감소한다고 나와 있어.
> 재윤: 그건 나도 알아. 그런데 설탕세 부과가 질병을 예방한다는 것은 타당하지 않아. 여러 연구 결과를 보면 당 섭취와 질병 발생은 유의미한 상관관계가 없어.

① 은지는 첫 번째 발언에서 화제를 제시하고 있다.
② 운용은 은지의 주장에 반대하고 있다.
③ 은지는 두 번째 발언에서 자신의 주장에 대한 근거를 제시하고 있다.
④ 재윤은 은지가 제시한 주장의 근거를 부정하고 있다.

11 다음 대화를 분석한 내용으로 적절하지 않은 것은?

> 사회자: '범칙금에 대한 일수 벌과금제'는 법규 위반자의 경제력을 고려하여 벌금액을 산정하는 방식인데, 이 제도의 도입에 대한 찬반 의견이 팽팽하게 맞서고 있습니다.
> 훈민: 일수 벌과금제를 도입하게 된다면, 경제력이 높다는 이유만으로 자신이 잘못한 것 이상의 책임을 져야 하는 경우가 발생하게 됩니다. 이는 법 적용의 형평성에도 어긋날 뿐만 아니라 법에 대한 신뢰성을 약화시키는 결과를 초래할 수도 있다고 생각합니다.
> 정음: 법규를 위반한 사람에게 동일한 벌금을 부과하면 실제로 체감하는 책임의 무게는 당사자의 경제력에 따라 달라질 수 있습니다. 이렇게 되면 경제력이 높은 사람들에게 벌금은 실질적인 형벌의 의미가 약할 수밖에 없습니다. 벌금을 부과하는 것은 책임을 묻는 것이기도 하지만 예방을 위한 것이기도 합니다. 그러므로 이를 위해서는 실질적으로 책임을 느낄 수 있는 벌금을 부과해야 합니다.
> 용비: 조사에 따르면 생계를 위한 운전자들의 경우 부득이 주·정차 위반을 할 수밖에 없는 경우가 많다고 합니다. 그런데 이들과 경제력이 높은 사람들에게 동일한 잣대로 벌금을 부과하는 제도는 기계적 평등에 지나지 않습니다.

① 사회자는 토론의 화제를 제시하고 있다.
② 훈민과 달리 정음은 '범칙금에 대한 일수 벌과금제' 도입을 찬성하고 있다.
③ 정음은 벌금 부과의 두 가지 목적을 언급하며 자신의 견해를 강화하고 있다.
④ 용비는 구체적 근거를 들어 정음의 주장을 반박하고 있다.

12 밑줄 친 단어의 쓰임이 올바르지 않은 것은?

① 이 일은 정말 힘에 <u>부치는</u> 일이다.
② 그와 나는 전부터 <u>알음</u>이 있던 사이였다.
③ 대문 앞에 서 있는데 대문이 저절로 <u>달혔다</u>.
④ 경기장에는 <u>걷잡아서</u> 천 명이 넘게 온 듯하다.

12 밑줄 친 단어의 쓰임이 모두 올바른 것은?

① 나는 찌개를 <u>안쳐</u> 놓고 멸치와 고추를 간장에 <u>졸였다</u>.
② 이 문제는 <u>반듯이</u> 당사자들끼리 <u>부딪쳐야만</u> 해결이 날 것 같다.
③ 경찰이 도둑을 <u>쫓다가</u> 승용차에 <u>받혀</u> 크게 다쳤다.
④ 그는 눈을 <u>지긋이</u> 감고 끓어오르는 분노를 <u>삭혔다</u>.

13 다음 글에서 추론한 내용으로 적절하지 않은 것은?

우리는 개별적으로 고립된 채 살아가는 존재일 수 없다. 사회 속에서 여럿이 모여 '복수(複數)'의 상태로 살아갈 수밖에 없는 존재라는 것이다. 복수의 상태로 살아가는 우리는 종(種)적인 차원에서 보면 보편적이고 동등한 존재이다. 그러나 우리는 각각 유일무이성을 지닌 '단수(單數)'이기도 하다. 즉 모든 인간은 개인으로서 고유한 인격체라는 특수성을 지닌다. 사회 속에서 우리는 보편적 복수성과 특수한 단수성을 겸비한 채 살아가고 있는 셈이다. 바로 이러한 이유로 우리는 다원적 존재이다. 이러한 존재들로 구성된 다원적 사회에서는 어떠한 획일화도 시도되어서는 안 된다. 우리가 이 같은 사회에서 살아가기 위해서는 타인을 포용하는 공존의 태도가 필요하다. 공동체 정화 등을 목적으로 개별적 유일무이성을 제거하는 것은 우리가 살아가는 사회의 다원성을 파괴하는 일이다.

① 우리는 고립된 상태에서 '단수'로 살아가는 존재가 아니다.
② 우리는 다원성을 지닌 존재로서 포용적으로 공존해야 한다.
③ 개인의 유일무이성을 보존하려는 제도는 개인의 보편적 복수성을 침해한다.
④ 개인의 특수한 단수성을 제거하려는 시도는 사회의 다원성을 파괴하는 결과로 이어질 수 있다.

13 다음 글을 통해 추론할 수 있는 사실로 적절하지 않은 것은?

동양인들의 생각에, 우주는 정적인 곳이 아닌 역동적이고 변화 가능한 곳이다. 우주는 끊임없이 변화하기 때문에 대립, 역설, 변칙이 늘 발생하며, 신구·선악·강약이 모든 사물 안에 동시에 존재한다. 대립은 사실상 서로를 완성시키고 보완하는 기능을 한다. 도교에서는, 모순 관계에 있는 두 주장들이 역동적인 조화의 상태로 존재하며, 서로 대립적인 동시에 서로 연결되어 상호 통제한다고 생각한다.

서양 사고의 기본 원리 중 하나인 '동일률'은 상황이 변해도 달라지지 않는 일관성을 강조한다. 즉, A는 맥락에 관계없이 A인 것이다. 또한 '모순율'은 한 명제와 그 명제의 부정이 동시에 참일 수 없음을 강조한다. 즉, A이면서 동시에 A가 아닌 것이 있을 수 없다.

물론 현대의 동양인들이 서양인들의 논리학 원리를 모르는 것은 아니다. 그러나 동양인들은 순전히 형식 논리상 모순된다는 이유로 결론을 부정하는 것은 잘못된 판단으로 이어질 수 있다고 믿는다. 그들은, 개념이란 단지 사물의 반영에 불과하기 때문에, 반대인 것처럼 보이는 두 개념을 동시에 참이라고 받아들이는 것이 현명하다고 생각한다.

① 서양인들은 모순이 되는 두 주장을 동시에 받아들이지 않았다.
② 동양인들은 형식 논리상 모순이 되는 결론을 부정하지 않았다.
③ 동양인들은 대립되는 두 요소가 서로 연결되어 하나의 통일된 의미를 도출한다고 보았다.
④ 동양인들은 '상황에 따른 맥락'을, 서양인들은 '상황과 상관없는 일관성'을 바탕으로 하여 사고하였다.

14 다음 글을 이해한 내용으로 적절하지 않은 것은?

> 매우 치라 소리 맞춰, 넓은 골에 벼락치듯 후리쳐 딱 붙이니, 춘향이 정신이 아득하여, "애고 이것이 웬일인가" 일 자(一字)로 운을 달아 우는 말이, "일편단심 춘향이 일정지심 먹은 마음 일부종사 하쟀더니 일신난처 이 몸인들 일각인들 변하리까? 일월 같은 맑은 절개 이리 힘들게 말으시오."
>
> "매우 치라." "꽤 때리오." 또 하나 딱 부치니, "애고." 이 자(二字)로 우는구나. "이부불경 이내 마음 이군불사와 무엇이 다르리까? 이 몸이 죽더라도 이 도령은 못 잊겠소 이 몸이 이러한들 이 소식을 누가 전할까? 이왕 이리 되었으니 이 자리에서 죽여 주오."
>
> "매우 치라." "꽤 때리오." 또 하나 딱 부치니, "애고." 삼 자(三字)로 우는구나. "삼청동 도련님과 삼생연분 맺었는데 삼강을 버리라 하소? 삼척동자 아는 일을 이내 몸이 조각조각 찢겨져도 삼종지도 중한 법을 삼생에 버리리까? 삼월 삼일 제비같이 훨훨 날아 삼십삼천 올라가서 삼태성께 하소연할까? 애고애고 서러운지고."
>
> – 작가 미상, 〈춘향전〉

① 동일한 글자를 반복함으로써 리듬감을 조성하고 있다.
② 숫자를 활용하여 주인공이 처한 상황을 제시하고 있다.
③ 등장인물 간의 대화를 통해 주인공의 내적 갈등이 해결되고 있다.
④ 유교적 가치를 담고 있는 말을 활용하여 주인공의 의지를 드러내고 있다.

14 다음 글을 이해한 내용으로 가장 적절한 것은?

> 노승이 웃고 벽장을 열어 옥으로 만든 함을 내어놓으며 말했다.
>
> "옥함은 용궁의 조화이지만, 옥함을 싸맨 수건은 어떤 사람의 수건인지 자세히 보사이다."
>
> 충렬이 옥함을 살펴보니 '남경 도원수 유충렬은 열어 보아라.'라고 황금빛 글자로 새겨 있었고, 싸맨 수건을 끌러 보니 '모년 모월 모일에 남경 동성문 안에 사는 충렬의 모친 장 부인은 내 아들 충렬에게 부치노라.'라고 쓰여 있었다. 이에, 충렬이 목 놓아 섧게 우니, 노승이 위로하여 말했다.
>
> "소승이 수년 전에 절을 새롭게 고치기 위해 시주를 얻으러 다니는 승려로서 번양 회수에 갔던 적이 있었는데, 기이한 오색구름이 수건을 덮고 있어 서둘러 가서 보니, 옥함이 물가에 놓여 있었나이다. 임자를 찾아 주려고 가져다가 간수하였더니, 오늘로 볼진대 상공이 전쟁터에서 필요한 도구들이 옥함 속에 있는가 하나이다."
>
> 요점만 말하자면, 이 옥함은 회수 가에 사는 마철이가 물속에 잠수질하다가 큰 거북이 이 옥함을 지고 나오자, 마철이 그 거북을 죽이고 옥함을 가져다가 제집에 두었던 것이다. 지난날 장 부인이 도적에게 잡히어 석장동 마철의 집에 갔다가 옥함을 가져다 수건에 글을 쓰고 회수에 던져 넣었는데, 백룡사의 부처 승이 가져다가 이날 충렬에게 주었더라.
>
> – 작가 미상, 〈유충렬전〉

① 잦은 장면 전환을 통해 환상적인 분위기를 조성하고 있다.
② 서술자가 작중에 직접 개입하여 인물의 됨됨이를 평가하고 있다.
③ 전기적(傳奇的) 요소를 활용하여 인물이 처한 위기 상황을 드러내고 있다.
④ 요약적 서술을 통해 사건의 경과를 드러내고 있다.

15 다음 글을 이해한 내용으로 적절하지 않은 것은?

고소설의 유통 방식은 '구연에 의한 유통'과 '문헌에 의한 유통'으로 나눌 수 있다. 구연에 의한 유통은 구연자가 소설을 사람들에게 읽어 주는 방식으로, 글을 모르는 사람들과 글을 읽을 수 있지만 남이 읽어 주는 것을 선호하는 이들을 대상으로 이루어졌다. 구연자는 '전기수'로 불렸으며, 소설 구연을 통해 돈을 벌던 전문적 직업인이었다. 하지만 이 방식은 문헌에 의한 유통에 비해 시간과 공간의 제약이 많아서 유통 범위를 넓히는 데 뚜렷한 한계가 있었다.

문헌에 의한 유통은 차람, 구매, 상업적 대여로 나눌 수 있다. 차람은 소설을 소유하고 있는 사람에게 직접 빌려서 보는 것으로, 알고 지내던 개인들 사이에서 이루어졌다. 구매는 서적 중개인에게 돈을 지불하고 책을 사는 것인데, 책값이 상당히 비쌌기 때문에 소설을 구매할 수 있는 사람은 그리 많지 않았다. 상업적 대여는 세책가에 돈을 지불하고 일정 기간 동안 소설을 빌려 보는 것이다. 세책가에서는 소설을 구매하는 것보다 훨씬 적은 비용으로 빌려 볼 수 있었기 때문에 경제적으로 넉넉하지 않은 사람도 소설을 쉽게 접할 수 있었다. 이로 인해 조선 후기 사회에서 세책가가 성행하게 되었다.

① 전기수는 글을 모르는 사람들에게 소설을 구연하였다.
② 차람은 알고 지내던 사람에게 대가를 지불하고 책을 빌려 보는 방식이다.
③ 문헌에 의한 유통은 구연에 의한 유통에 비해 시간과 공간의 제약이 적었다.
④ 조선 후기에 세책가가 성행한 원인은 소설을 구매하는 비용보다 세책가에서 빌리는 비용이 적다는 데 있다.

15 다음 글의 내용과 일치하는 것은?

지역, 성별, 세대와 같은 사회 언어학적 변수는 한국어의 발화 속도에 어느 정도의 영향을 미칠까? 먼저, 발화 속도는 휴지(休止)를 포함한 말 속도와 휴지를 제외한 조음 속도로 나뉜다. 말 속도는 발화 음절 수를 전체 발화 시간으로 나눈 것이며, 조음 속도는 발화 음절 수를 휴지를 제외한 발화 시간으로 나눈 것이다. 이와 함께 휴지의 양상을 살피기 위해, 휴지의 길이와 휴지의 빈도 또한 측정한다.

'한국인 표준 음성 데이터베이스'에서 지역, 성별, 세대가 다양한 412명의 발화를 분석한 결과, 한국어의 발화 속도에 가장 큰 영향을 미치는 변수는 세대이다. 장년층은 청년층보다 말 속도와 조음 속도가 모두 유의미하게 느린 것으로 나타났다. 장년층은 청년층에 비해 조음에 더 긴 시간이 걸렸고, 더 자주, 그리고 더 길게 휴지를 실현하는 경향이 있다.

성별은 조음 속도에만 영향을 미치는 것으로 관찰되었다. 남성은 여성에 비해 조음 자체를 빨리하는 경향이 있어서 조음 속도가 빨라졌으나, 휴지를 포함한 말 속도를 비교하면 두 성별이 유의미한 차이를 나타내지 않았다. 이는 여성의 발화가 남성의 발화보다 휴지의 비율과 휴지 빈도가 낮기 때문인 것으로 나타났다. 즉, 남성은 여성에 비해 말을 할 때 조음 자체는 빨리하지만 더 자주 그리고 더 길게 휴지를 실현한다. 한편, 9개 지역 방언 간 비교에서는 유의미한 차이가 드러나지 않았다. 말 속도나 조음 속도는 물론, 휴지의 패턴에서도 지역 간 차이가 크지 않았다.

① 조음 속도는 발화 시간, 휴지의 길이와 빈도에 따라 달라진다.
② 지역은 한국어의 발화 속도에 유의미한 차이를 가져오는 사회 언어학적 변수이다.
③ 청년층은 장년층보다, 남성은 여성보다 발화에서 조음 속도가 더 빠르다.
④ 남성은 여성보다 휴지를 사용하는 횟수는 적지만 발화 중 휴지를 유지하는 시간은 더 길다.

16 다음 글을 이해한 내용으로 가장 적절한 것은?

《삼국사기》는 본기 28권, 지 9권, 표 3권, 열전 10권의 체제로 되어 있다. 이 중 열전은 전체 분량의 5분의 1을 차지하며, 수록된 인물은 86명으로, 신라인이 가장 많고, 백제인이 가장 적다. 수록 인물의 배치에는 원칙이 있는데 앞부분에는 명장, 명신, 학자 등을 수록했고, 다음으로 관직에 있지는 않았으나 기릴 만한 사람을 실었다.

반신(叛臣)의 경우 열전의 끝부분에 배치되어 있다. 이들을 수록한 까닭은 왕을 죽인 부정적 행적을 드러내어 반면교사로 삼는 데 있었으나, 그 목적에 부합하지 않는 내용이 있어 흥미롭다. 가령 고구려의 연개소문은 반신이지만, 당나라에 당당히 대적한 민족적 영웅의 모습도 포함되어 있다. 흔히 《삼국사기》에 대해, 신라 정통론에 기반해 있으며, 유교적 사관에 따라 당시의 지배 질서를 공고히 하고자 했다고 평가한다. 하지만 연개소문의 사례에서 볼 수 있듯 《삼국사기》는 기존 평가와 달리 다면적이고 중층적인 역사 텍스트라고 할 수 있다.

① 《삼국사기》 열전에 고구려인과 백제인도 수록되었다는 점은 이 책이 신라 정통론을 계승하지 않았다는 것을 보여 준다.
② 《삼국사기》 열전에 수록된 반신 중에는 이 책에 대한 기존 평가를 다르게 할 수 있는 사례가 있다.
③ 《삼국사기》 열전에는 기릴 만한 업적이 있더라도 관직에 오르지 못한 사람은 수록되지 않았다.
④ 《삼국사기》의 체제 중에서 열전이 가장 많은 권수를 차지한다.

16 다음 글을 이해한 내용으로 가장 적절한 것은?

중국에서는 일찍부터 종이 위에 모눈을 그어 모든 지역이 같은 비율로 나타나도록 표현하는 방식이 고안되었다. 방격법이라 불린 이 방법은 우리나라에 전래되어 우물 정(井) 자를 긋는다는 의미로 획정(劃井)이라 불렸다. 17세기의 조선 정부는 북방 지역에 대해 커다란 관심을 기울였고, 남구만은 이 방법을 적용하여 함경도의 지도를 만들었다.

18세기 초에 정상기가 백리척을 이용한 축척법을 만들어 동국지도를 제작함으로써 조선의 지도 제작 기술은 한 단계 도약하였다. 그는 서울을 중심으로, 서울에서 가까운 지방, 좀 더 먼 지방 순으로 차례로 지도를 제작하였다. 이때 각 지역 간의 상대적 거리를 설정해야만 했고, 백리척은 이 과정에서 만들어졌다.

18세기 말 정조 대에는 열람과 휴대의 편의를 고려하면서도 합리적 표현을 중시하며 지도를 만들었다. 어떤 한 지역과 다른 지역 사이의 거리만을 중시하던 단계에서 벗어나 지도에 각 지역의 북극 고도를 고려함으로써 지도의 정확성이 높아졌다. 북극 고도는 동양의 천문 지식을 활용하여 측정하였다. 이처럼 조선 후기 지도 제작의 역사 속에서 대동여지도를 만들 만한 기술적 여건이 충족되어 있었다. 김정호는 당시 국가가 소장하고 있던 각종 지도와 지도 제작 방법에 관한 자료를 모두 열람할 수 있었고, 북극 고도 측정 방법을 비롯하여 그때까지 조선에 축적된 지도 제작 기술과 정보를 배워 대동여지도 제작에 반영하였다.

① 중국에서 전래된 축척법과 방격법은 대동여지도 제작에도 영향을 미쳤다.
② 정상기는 서울과 각 지방 간의 상대적 거리를 설정하여 지도 제작에 반영하였다.
③ 조선 후기에는 각 지역의 북극 고도를 기기로 실측하여 지도를 제작함으로써 합리적 표현을 중시하였다.
④ 북방 지역에 대한 조선 정부의 관심은 지도 제작으로 이어졌는데, 이때 천문 지식을 활용하여 지도의 정확성을 높였다.

17 다음 글에서 추론한 내용으로 적절하지 않은 것은?

프랑스에서 의무 교육 제도를 실시하면서 정규 학교에 입학하기 어려운 지적 장애아, 학습 부진아를 가려내고자 하였다. 이에 기초 학습 능력 평가를 목적으로, 1905년 최초의 IQ 검사가 이루어졌다. 이 검사를 통해 비로소 인간의 지능을 구체적으로 수치화하고 객관적으로 비교할 수 있게 되었다.

이후 오랫동안 IQ가 높으면 똑똑한 사람, 그렇지 않으면 머리가 좋지 않고 학습에도 부진한 사람으로 판단했다. 물론 IQ가 높은 아이는 그렇지 않은 아이에 비해 읽기나 계산 등 사고 기능과 관련된 과목에서 높은 성취도를 보이는 경우가 많다. 이는 IQ 검사가 기초 학습에 필요한 최소 능력인 언어 이해력, 어휘력, 수리력 등을 측정하기 때문이다. 학습의 기초 능력을 측정하는 IQ 검사에서 높은 점수를 받은 아이는 동일한 능력을 측정하는 학업 평가에서도 높은 점수를 받을 가능성이 크다. 하지만 문제는 IQ 검사가 인간의 지능 중 일부만을 측정한다는 점이다.

① 최초의 IQ 검사는 학습 능력이 우수한 아이를 고르기 위해 시행되었다.
② IQ 검사가 만들어지기 전에는 인간의 지능을 수치로 비교할 수 없었다.
③ IQ가 높은 아이라도 전체 지능은 높지 않을 수 있다.
④ IQ가 높은 아이가 읽기 능력이 좋을 확률이 높다.

17 다음 글을 통해 추론할 수 있는 것은?

음식의 온도에 따라서 우리가 느끼는 맛에는 차이가 생긴다. 일반적으로 사람의 혀는 20~40℃에서 가장 민감한데, 음식의 온도에 따라 각각의 맛을 느끼는 정도가 변한다. 단맛은 사람의 체온과 비슷한 35℃에서 가장 달게 느껴지지만 이 온도보다 높거나 낮으면 그다지 달게 느껴지지 않는다. 아이스커피나 뜨거운 커피에 설탕을 넣어도 좀처럼 달콤해지지 않는 것은 이 때문이다. 짠맛은 온도가 높을 때에는 그다지 강하게 느껴지지 않지만, 온도가 낮을수록 강하게 느껴진다. 쓴맛도 짠맛과 마찬가지로 온도가 낮을수록 강하게 느껴진다. 일반적으로 식은 요리가 맛이 없다고 느끼는 이유는 쓴맛이 강하게 느껴지기 때문이다. 특이하게도 신맛은 온도와는 상관이 없다. 온도가 높건 낮건 신맛이 나는 것은 마찬가지이다.

① 짠맛을 느끼는 정도는 음식의 온도와 비례한다.
② 뜨거운 초콜릿 음료는 고형 초콜릿보다 더 달게 느껴질 것이다.
③ 사람이 느끼는 모든 미각은 음식의 온도 변화와 밀접한 관련을 갖는다.
④ 가루약을 따뜻한 물과 함께 먹으면 찬물과 먹었을 때보다 쓴맛을 덜 느낄 수 있을 것이다.

18 ㉠~㉢과 바꿔 쓸 수 있는 유사한 표현으로 적절하지 않은 것은?

• 서구의 문화를 ㉠맹종하는 이들이 많다.
• 안일한 생활에서 ㉡탈피하여 어려운 일에 도전하고 싶다.
• 회사의 생산성을 ㉢제고하기 위해 노력하자.
• 연못 위를 ㉣부유하는 연잎을 바라보며 여유를 즐겼다.

① ㉠: 무분별하게 따르는
② ㉡: 벗어나
③ ㉢: 끌어올리기
④ ㉣: 헤엄치는

18 ㉠~㉣을 풀이한 것으로 적절하지 않은 것은?

• 그 화가의 나이가 어리다고 해서 그의 작품까지 함부로 ㉠폄하할 수는 없다.
• 인권 단체들은 언론 보도가 사건의 본질을 ㉡호도하고 있다며 강력히 비판했다.
• 장관이 그 안을 ㉢재가하지 않으니 일을 추진할 수가 없다.
• 그는 증거도 없이 사건을 ㉣억측하여 그녀를 범인으로 몰아세웠다.

① ㉠: 가치를 깎아내릴
② ㉡: 널리 알리고
③ ㉢: 결재하여 허가하지
④ ㉣: 짐작해서

19 ㉠~㉢의 한자 표기로 올바른 것은?

- 복지부 ㉠장관은 의료 시설이 대도시에 편중된 문제에 대해 대책을 마련하라고 지시하였다.
- 박 주무관은 사유지의 국유지 편입으로 발생한 주민들의 피해를 ㉡보상하는 업무를 맡고 있다.
- 김 주무관은 이 팀장에게 부서 운영비와 관련된 ㉢결재를 올렸다.

	㉠	㉡	㉢
①	長官	補償	決裁
②	將官	報償	決裁
③	長官	報償	決濟
④	將官	補償	決濟

19 ㉠~㉢의 한자 표기가 바른 것으로만 연결된 것은?

- 영화사에서는 내주에 개봉될 영화를 시민 회관에서 ㉠시사하였다.
- 한 경제학자는 부가 일부 계층에 ㉡편재되어 있음을 지적했다.
- 영화를 ㉢감상한 후에 그는 곧 집으로 돌아갔다.

	㉠	㉡	㉢
①	試寫	偏在	鑑賞
②	示唆	偏在	感傷
③	試寫	編制	鑑賞
④	示唆	編制	感傷

20 다음 글에서 추론한 내용으로 적절하지 않은 것은?

한글은 소리를 나타내는 표음 문자여서 한국어 문장을 읽는 데 학습해야 할 글자가 적지만, 한자는 음과 상관없이 일정한 뜻을 나타내는 표의 문자여서 한문을 읽는 데 익혀야 할 글자 수가 훨씬 많다. 이러한 번거로움에도 한글과 달리 한자가 갖는 장점이 있다. 한글에서는 동음이의어, 즉 형태와 음이 같은데 뜻이 다른 단어가 많아 글자만으로 의미를 파악하지 못하는 경우가 많다. 하지만 한자는 그렇지 않다. 예컨대, 한글로 '사고'라고만 쓰면 '뜻밖에 발생한 사건'인지 '생각하고 궁리함'인지 구별할 수 없다. 한자로 전자는 '事故', 후자는 '思考'로 표기한다. 그런데 한자는 문맥에 따라 같은 글자가 다른 뜻으로 쓰이지는 않지만 다른 문장 성분으로 사용되기도 해 혼란을 야기한다. 가령 '愛人'은 문맥에 따라 '愛'가 '人'을 수식하는 관형어일 때도, '人'을 목적어로 삼는 서술어일 때도 있는 것이다.

① 한문은 한국어 문장보다 문장 성분이 복잡하다.
② '淨水'가 문맥상 '깨끗하게 한 물'일 때 '淨'은 '水'를 수식한다.
③ '愛人'에서 '愛'의 문장 성분이 바뀌더라도 '愛'는 동음이의어가 아니다.
④ '의사'만으로는 '병을 고치는 사람'인지 '의로운 지사'인지 구별할 수 없다.

20 ㉠의 사례로 가장 적절한 것은?

갈등은 두 가지 이상의 상반되는 욕구, 요소, 기회 또는 목표에 당면했을 때 일어나며, 한 가지 욕구를 만족시키기 위해서는 다른 한 가지 욕구를 포기해야 한다. 이때 어떤 기준을 가지고 대안을 선택하는 것을 '의사 결정'이라고 한다. 우리가 겪는 갈등에는 먼저 동일한 가치를 지닌 매력적인 목표 사이에서 선택할 때 나타나는 '접근-접근' 갈등이 있다. 반대로 동일한 크기의 불쾌한 목표 사이에서 선택해야 할 때의 '회피-회피' 갈등도 있다. 이런 갈등은 강렬한 스트레스이면서 쉽사리 해결되지도 않는다. 또 어떤 한 가지 목표가 매력적인 것과 불쾌한 것을 동시에 가지고 있는 '접근-회피' 갈등의 경우에도 해결이 만만치 않다. 매력적인 쪽에 접근할수록 불쾌한 쪽에 대한 두려움이 커지기 때문이다. 마지막으로 각각의 목표가 매력적인 것과 불쾌한 것을 동시에 가지고 있다면 ㉠'이중 접근-회피' 갈등 상황이 생긴다.

① 피자를 먹고 싶은데 뱃살이 나올까 걱정되어 망설일 때
② 비싼 7성급 호텔에서 독방을 써야 할지 싼 도미토리에서 공용룸을 사용해야 할지 고민일 때
③ 먹방도 보고 싶고 주식 강의도 보고 싶은데 라이브 방영 시간이 겹칠 때
④ 미국 파견 명령을 받았는데 미국으로 가기도 싫고 직장을 그만두기도 싫을 때

08회 지방직 기출 변형 모의고사

핵심 자료선 주요 기출 어휘

[01~30] 뜻풀이를 참고하여 ▢▢ 안에 들어갈 알맞은 단어를 쓰시오.

01. 공연히 갈피 없는 생각에 ▢▢▢ 밤을 지새웠다.
    * 잠이 오지 아니하여 누워서 몸을 이리저리 뒤척거리다.

02. 뜨거운 죽을 그릇에 담을 때에는 넘지 않도록 ▢▢▢ 담아라.
    * 담긴 것이 가득 차지 아니하고 조금 모자란 듯하다.

03. 저녁이 되자 부엌에서는 ▢▢▢ 된장국 냄새가 났다.
    * 변변하지 않은 음식의 맛이 제법 구수하여 먹을 만하다.

04. 우리 일에는 김 씨처럼 ▢▢▢ 사람이 적격이다.
    * 성격이 너그럽고 활달하다.

05. 그가 떠난 지 ▢▢▢ 가량 지났다.
    * 한 달이 조금 넘는 기간

06. 서울살이 10년에 그는 ▢▢▢이/가 다 되었다.
    * 온갖 어려운 일을 겪어서 아주 야무진 사람을 비유적으로 이르는 말

07. 그 문제를 ▢▢▢ 덤비다가 망신만 당했다.
    * 자세히 모르고 대강 또는 반쯤만 알다.

08. 그는 농사, 운동, 집안 살림 등 못하는 것 없는 ▢▢▢이다.
    * 한 사람이 여러 방면에 능통함. 또는 그런 사람

09. 우리는 사로잡은 적들을 굴비 ▢▢▢처럼 새끼로 엮었다.
    * 조기 따위의 물고기를 짚으로 한 줄에 열 마리씩 두 줄로 엮은 것

10. 많은 식솔들을 거두느라 바쁜 나날에 시달려 온 ▢▢▢ 가장의 얼굴이 보였다.
    * 몹시 지친 상태에 있다.

11. 그 사람은 초보자라서 일하는 것이 좀 ▢▢▢.
    * 동작이 둔하고 느리다.

12. 그는 사실을 알면서도 ▢▢▢ 되물었다.
    * 알고 있으면서 일부러 모르는 체하다.

13. ▢▢▢같이 보이지 않게 노력해야 해.
    * 말이나 행동이 좀 모자란 듯이 보이는 사람을 비유적으로 이르는 말

14. 제 행동이 다소 버릇없고 ▢▢▢ 용서하십시오.
    * 예의를 지키지 않으며 삼가고 조심하는 것이 없다.

15. 겨울 산행에서 ▢▢▢이/가 있는 풍경을 만났다.
    * 나무나 풀에 내려 눈처럼 된 서리

16. 남의 일에 일일이 참견하고 잔소리를 하는 것도 ▢▢▢ 짓이다.
    * 보통의 이치에서 벗어나 막되고 상스럽다.

17. 세상 이치는 모를 것이 없지만 실제에 있어서는 매사에 아주 ▢▢▢이다.
    * 아주 할 줄 모르는 솜씨

18. 그는 정말이지 마음 씀씀이가 ◻◻◻◻.
    * 마음씨가 너그럽고 미덥다.

19. ◻◻◻◻ 시작한 일이지만 결과는 참으로 좋았다.
    * 별로 힘들이지 않고 거의 저절로

20. 술국이나 한 뚝배기 ◻◻◻◻ 퍼 오너라.
    * 담은 것이 그릇에 넘치도록 많이

21. 부모를 모시러 간다는 것을 생각하면 ◻◻◻◻ 마음에 어깨춤이라도 추고 싶다.
    * 마음에 흡족하게 흐뭇하다.

22. 심지어 일부 ◻◻◻◻은/는 오늘의 경제 위기를 남북 화해 정책 탓으로 몰아붙이기도 한다.
    * 자기만 혼자 잘나고 영악한 체하는 사람을 낮잡아 이르는 말

23. 그는 늘 ◻◻◻◻ 행동하여 경박한 사람이라고 소문이 났다.
    * 행동이 가볍고 참을성이 없이

24. 그는 ◻◻◻◻ 사실인 것처럼 이야기를 한다.
    * 과연 정말로

25. 처음에 앳되고 비쩍 마른 그는 ◻◻◻◻(으)로만 여겨졌다.
    * 책상 앞에 앉아 글공부만 하여 세상일을 잘 모르는 사람을 낮잡아 이르는 말

26. 북어 한 ◻◻◻◻을/를 사다가 북어찜을 해 먹었다.
    * 북어를 묶어 세는 단위

27. 그는 ◻◻◻◻(이)라서 사사건건 토를 달고 나선다.
    * 이유 없이 남의 말에 반대하기를 좋아함. 또는 그런 성격을 지닌 사람

28. 나무 그늘에서 이 이야기 저 이야기 하다 보니 ◻◻◻◻이/가 되었습니다.
    * 해가 서쪽으로 넘어가는 일. 또는 그런 때

29. 이 대회는 ◻◻◻◻(으)로 열린다.
    * 한 해를 거름. 또는 그런 간격

30. ◻◻◻◻ 때문에 한 치 앞도 보이지 않았다.
    * 바다 위에 낀 아주 짙은 안개

01. 궁싯거리며(=궁싯대며)	09. 두름	17. 손방	25. 책상물림
02. 골막하게	10. 맛문한	18. 슬겁다	26. 쾌
03. 구뜰한	11. 머줍다	19. 시부저기	27. 트레바리
04. 늡늡한	12. 몽따고	20. 안다미로	28. 해거름
05. 달포	13. 무녀리	21. 오달진	29. 해거리
06. 대갈마치	14. 무람없더라도	22. 윤똑똑이	30. 해미
07. 데알고	15. 상고대	23. 자발없이	
08. 두루치기	16. 상없는	24. 짜장	

2022 지방직 9급 기출

01 언어 예절로 가장 적절한 것은?

① 지금부터 회장님의 말씀이 계시겠습니다.
② (시누이에게) 고모, 오늘 참 예쁘게 차려입으셨네요?
③ (처음 자신을 소개하면서) 처음 뵙겠습니다. 박혜정입니다.
④ (다른 사람에게 자기 아내를 가리키며) 이쪽은 제 부인입니다.

02 다음 글의 주된 서술 방식은?

> 이지러는 졌으나 보름을 가제 지난 달은 부드러운 빛을 흐붓이 흘리고 있다. 대화까지는 칠십 리의 밤길, 고개를 둘이나 넘고 개울을 하나 건너고, 벌판과 산길을 걸어야 된다. 길은 지금 긴 산허리에 걸려 있다. 밤중을 지난 무렵인지 죽은 듯이 고요한 속에서 짐승 같은 달의 숨소리가 손에 잡힐 듯이 들리며, 콩 포기와 옥수수 잎새가 한층 달에 푸르게 젖었다.
> - 이효석, 〈메밀꽃 필 무렵〉

① 묘사 ② 설명
③ 유추 ④ 분석

2022 지방직 9급 기출 변형

01 언어 예절로 가장 적절한 것은?

① (사무실에서 대리가 전무에게) 전무님, 부장님은 오전에 외근 나가셨습니다.
② (전화가 잘못 걸려 오는 경우) 아닌데요, 전화 잘못 거셨습니다.
③ (교실에서 학생이) 선생님께서 교무실로 오시라면 가야지.
④ (카페에서 점원이) 손님, 주문하신 커피 나오셨습니다.

02 다음 글을 전개하는 주된 방식이 나타난 것은?

> 여기, 계단식 원형 극장이 있다. 여기서 중앙 무대는 원자핵이고 관객은 전자에 해당한다. 이 '양자 극장'을 찾은 관객들을 어떤 순서로 앉혀야 할까? 그 답을 알려 주는 것이 바로 슈뢰딩거의 파동 방정식이다. 실제 극장에서 높은 계단으로 올라가려면 그만큼 힘이 드는 것처럼, 전자도 높은 층에 도달하려면 그에 해당하는 에너지가 필요하다. 따라서 가장 안정한 상태에 있는 원자는 에너지가 가장 낮은 좌석부터 전자를 배치하고, 이 좌석이 다 찬 경우에 한하여 한 단계 위의 좌석을 순차적으로 채워 나간다.

① 그림을 배울 때 가장 먼저 하는 것은 선 긋기다. 선 긋기가 기본이고 기초이기 때문이다. 직장 생활도 마찬가지이다. 큰 규모의 업무를 프로세스에 맞춰 능수능란하게 처리하는 능력 못지않게, 보잘것없지만 원칙과 기본을 지키려는 마음가짐이 중요하다.
② 오스트레일리아의 각 지역은 개별적인 식민지나 다름없었기 때문에 해안선을 따라 이들을 연결하는 것은 우선 사항이 아니었다. 그래서인지 초창기 도로는 해안선을 따라 만들어지지는 않고 주로 내륙 쪽으로 연결됐다.
③ 다부진 체격의 파레이아사우루스는 네 발로 뒤뚱뒤뚱 기어다녔는데 우툴두툴한 피부, 육중한 머리, 전체적으로 난폭해 보이는 인상이 호전적인 라인맨을 연상시켰을 것이다.
④ 영리한 동물인 원숭이의 뇌는 아주 발달하였는데, 중량이 크고 복잡한 피질로 덮여 있다. 영리한 동물인 돌고래의 뇌도 원숭이의 뇌와 비슷하여 많은 피질을 가지고 있다.

03 다음 글에 대한 이해로 적절하지 않은 것은?

연출자가 자신의 저작권을 침해당했다고 주장하기 위해서는 우선 그가 유효한 저작권을 소유하고 있어야 한다. 즉 저작권 보호 가능성이 있는 창작물이 필요하다. 다음으로 창작적인 표현을 도용당했는지 밝혀야 하는데, 이것이 쉽지 않다. 왜냐하면 연출자가 주관적으로 창작성이 있다고 느끼는 부분일지라도 객관적인 시각에서는 이미 공연 예술 무대에서 흔히 사용되는 표현 기법일 수 있고, 저작권법상 보호 대상이 아닌 아이디어의 요소와 보호 가능한 요소인 표현이 얽혀 있는 경우가 있기 때문이다. 쉬운 예로 셰익스피어를 보자. 그의 명작 중에 선대에 있었던 작품에 의거하지 않고 탄생한 작품이 있는가. 대부분의 연출자는 선행 예술가로부터 영향을 받아 창작에 임하는 것이 너무도 당연하고 자연스럽다. 따라서 무대 연출 작업 중에서 독보적인 창작을 걸러 내서 배타적인 권한인 저작권을 부여하는 것은 매우 흔치 않은 경우이고, 후발 창작을 방해하는 요소로 작용할 수도 있다. 저작권법은 창작자에게 개인적인 인센티브를 제공하여 창작을 장려함과 동시에 일반 공중이 저작물을 원활하게 이용할 수 있도록 해야 하는 두 가지 가치의 균형을 이루는 것이 목표다.

① 무대 연출의 창작적인 표현의 도용 여부를 밝히기는 쉽지 않다.
② 저작권 침해를 당했다고 주장하려면 유효한 저작권을 소유하고 있어야 한다.
③ 독보적인 무대 연출 작업에 저작권을 부여한다고 해서 후발 창작에 방해가 되지는 않는다.
④ 저작권법의 목표는 창작자의 창작을 장려하고 일반 공중의 저작물 이용을 원활하게 하는 것이다.

04 단어에 대한 설명으로 적절하지 않은 것은?

① 가난: 한자어 '간난'에서 'ㄴ'이 탈락하면서 된 말이다.
② 어리다: '어리석다'는 뜻에서 '나이가 적다'는 뜻으로 바뀐 말이다.
③ 수탉: 'ㅎ'을 종성으로 갖고 있던 '숳'에 '닭'이 합쳐져 이루어진 말이다.
④ 점잖다: '의젓함'을 나타내는 '점잖이'에 '하다'가 붙어 형성된 말이다.

03 다음 글에 대한 이해로 적절하지 않은 것은?

과학이 가치 중립적이라는 말은 크게 보아서 다음 두 가지의 의미를 지니고 있다. 첫째는, 자연 현상을 기술할 때 얻게 되는 과학의 법칙이나 이론으로부터 개인적 취향(趣向)이나 가치관에 따라 결론을 취사선택할 수 없다는 점이고, 둘째는, 과학으로부터 얻은 결론, 즉 과학 지식이 그 자체로서 가치에 관한 판단이나 결정을 내리지 못한다는 점이다.

사람에 따라서는 이 중에서 첫째는 수긍하면서 둘째에 대해서 반론(反論)을 제기하기도 한다. 예를 들어, 그들은 인간의 질병 중에서 어떤 것이 유전(遺傳)한다는 유전학의 지식이 유전성 질병이 있는 사람은 아기를 낳지 못하게 해야 한다는 결론을 내린다고 생각한다. 즉, 과학적 지식이 인간의 문제에 관하여 결정을 내려 준다고 생각한다. 그러나 더 주의 깊게 살펴보면 이것이 착각이라는 것은 분명하다. 앞의 유전학적 지식이 말해 주는 것은 단순히 어떤 질병이 유전한다는 것일 뿐, 그런 질병을 가진 사람이 아기를 낳지 않는 것이 옳은가, 역시 같은 질병을 가진 아기라도 낳아서 가정생활을 하는 것이 좋은가에 대한 결정은 내려 주지 않는다. 이 결정은 전적으로 인간이, 즉 그런 질병을 가진 사람 자신 혹은 사회가 내리는 것이지 과학이 내리는 것은 아니다.

① 과학 지식이 가치 판단에 지대한 영향을 끼친다고 생각하는 사람들이 있다.
② 과학 지식을 소유한 사람이 가치를 판단하고 결정하는 것이 적절하다.
③ 개인의 주관에 따라 과학 지식을 선별할 수 없다는 점에서 과학은 가치 중립적이다.
④ 과학 지식이 가치 판단으로 이어지지 않는다는 점에서 과학은 가치 중립적이다.

04 어휘에 대한 설명으로 가장 적절하지 않은 것은?

① 모과나무의 열매인 '모과'는 본음이 '목과'이지만 속음인 '모과'로 적는다.
② '골병'은 '상하다'라는 뜻인 '곯다'의 어간 '곯-'과 '병'이 결합한 말이다.
③ '주검'은 '죽다'의 어간 '죽-'에 명사 파생 접미사 '-엄'이 붙은 말이다.
④ '어여쁘다'는 '불쌍하다'라는 뜻에서 '예쁘다'라는 뜻으로 의미가 이동한 말이다.

05 ㉠~㉢의 고쳐쓰기로 적절하지 않은 것은?

파놉티콘(panopticon)은 원형 평면의 중심에 감시탑을 설치해 놓고, 주변으로 빙 둘러서 죄수들의 방이 배치된 감시 시스템이다. 감시탑의 내부는 어둡게 되어 있는 반면 죄수들의 방은 밝아 교도관은 죄수를 볼 수 있지만, 죄수는 교도관을 바라볼 수 없다. 죄수가 잘못했을 때 교도관은 잘 보이는 곳에서 처벌을 가한다. 그렇게 수차례의 처벌이 있게 되면 죄수들은 실제로 교도관이 자리에 ㉠ 있을 때조차도 언제 처벌을 받을지 모르는 공포감에 의해서 스스로를 감시하게 된다. 이렇게 권력자에 의한 정보 독점 아래 ㉡ 다수가 통제된다는 점에서 파놉티콘의 디자인은 과거 사회 구조와 본질적으로 같았다.

현대 사회는 다수가 소수의 권력자를 동시에 감시할 수 있는 시놉티콘(synopticon)의 시대가 되었다. 시놉티콘에 가장 크게 기여한 것은 인터넷의 ㉢ 동시성이다. 권력자에 대한 비판을 신변 노출 없이 자유롭게 표현할 수 있게 되었기 때문이다. 정보화 시대가 오면서 언론과 통신이 발달했고, ㉣ 특정인이 정보를 수용하고 생산하게 되었다. 그로 인해 사회에서 일어나는 일에 대한 비판적 인식 교류와 부정적 현실 고발 등 네티즌의 활동으로 권력자들을 감시하는 전환이 일어났다.

① ㉠을 '없을'로 고친다.
② ㉡을 '소수'로 고친다.
③ ㉢을 '익명성'으로 고친다.
④ ㉣을 '누구나가'로 고친다.

05 ㉠~㉢의 고쳐쓰기로 적절하지 않은 것은?

우리의 뇌가 정상적으로 작동하기 위해서는 외부의 자극과 그로 인한 각성이 필요하다. 사람들이 원하는 적절한 각성의 수준을 최적 각성 수준이라고 하는데, 사람마다 ㉠ 동일하기 때문에 롤러코스터를 타야 재미를 느끼는 사람도 있지만 회전목마만 겨우 타는 사람도 있다. 주의력 결핍 및 과잉 행동 장애[ADHD]가 있는 아동들에게 의사들은 약물 치료의 일환으로 ㉡ 각성제를 투여했다. 하지만 차도가 없는 것은 물론 오히려 더 산만한 행동을 보였다고 한다. 그래서 자율 신경계를 흥분시키는 약물을 투여했더니 놀랍게도 조용해졌다고 한다. 왜 이런 일이 일어났을까? 그 이유는 ADHD 아동들의 최적 각성 수준이 다른 아이들에 비해서 ㉢ 높기 때문이다. 평소에는 자신이 원하는 각성 수준을 충족하기 위해 주의가 산만해지고 과잉 행동을 했지만, 약물 치료 효과로 더 이상 그럴 필요가 없어진 것이다.

또한 최적의 각성은 수행과도 연관이 있다. 각성이 지나치게 높다는 것은 너무 긴장이 된다는 의미이고, 각성이 지나치게 낮다는 것은 졸리고 집중이 안 된다는 것이다. 어떤 사람들은 조용한 집을 놔두고 도서관에 가려고 하는 것을 의아해할지도 모른다. 하지만 주변이 너무 조용하거나 아무도 없으면 우리의 각성은 ㉣ 높아진다. 도서관처럼 사람이 많은 곳에서 공부가 잘되는 것도 이런 이유다.

① ㉠은 '다르기'로 고친다.
② ㉡은 '진정제'로 고친다.
③ ㉢은 '낮기'로 고친다.
④ ㉣은 '떨어진다'로 고친다.

06 밑줄 친 부분에 어울리는 한자 성어로 가장 적절한 것은?

추사 김정희의 〈세한도〉는 글씨를 쓰다 남은 먹을 버리기 아까워 그린 듯이 갈필(渴筆)의 거친 선 몇 개로 이루어져 있다. 정말 큰 기교는 겉으로 보기에는 언제나 서툴러 보이는 법이다. 그러나 대가의 덤덤한 듯, <u>툭 던지는 한마디는 예리한 비수가 되어 독자의 의식을 헤집는다</u>.

① 巧言令色
② 寸鐵殺人
③ 言行一致
④ 街談巷說

06 밑줄 친 부분에 어울리는 한자 성어로 적절한 것은?

진(晉)의 무제 때에는 전부터 발명되었던 유리를 창문에 이용하고 있었으나, 유리는 당시 보석처럼 귀중한 물건이어서 구경하기가 힘들었다. 어느 날 만분이 무제와 같이 앉아 있는데 마침 북쪽 창이 훤히 비치는 유리 병풍으로 둘러쳐져 있었다. 원래 기질이 약해 조금만 바람을 쐬도 감기에 자주 걸려 바람을 두려워했던 만분은, 틈이 없어 바람이 새지 않는데도 난색을 표했다. 왕이 이를 보고 웃자 만분은 "저는 마치 남쪽의 소가 <u>달만 보아도 헐떡이는 것과 같습니다</u>."라고 하였다.

① 傷弓之鳥
② 見物生心
③ 刮目相對
④ 識字憂患

07 밑줄 친 말의 쓰임이 올바른 것은?

① 습관처럼 중요한 말을 되뇌이는 버릇이 있다.
② 나는 친구 집을 찾아 골목을 헤매이고 다녔다.
③ 너무 급하게 밥을 먹으면 목이 메이기 마련이다.
④ 그는 어린 시절 기계에 손가락이 끼이는 사고를 당했다.

07 밑줄 친 말의 표기가 모두 옳은 문장은?

① 가슴을 에는 사연 때문에 각지에서 걷힌 후원금도 액수가 컸다.
② 날이 개자 도시가 온통 눈으로 덮힌 광경이 눈앞에 펼쳐졌다.
③ 밤을 새워 생각해 보아도 이 일에 대해 짚히는 바가 없었다.
④ 게으름을 피지 말고 열심히 일해서 생산성을 높혀야 한다.

08 ㉠~㉣에 대한 이해로 가장 적절한 것은?

> ㉠ 산(山)새도 오리나무
> 위에서 운다
> 산새는 왜 우노, 시메 산골
> 영(嶺) 넘어가려고 그래서 울지
>
> 눈은 내리네 와서 덮이네
> 오늘도 하룻길은
> ㉡ 칠팔십 리(七八十里)
> 돌아서서 육십 리는 가기도 했소
>
> ㉢ 불귀(不歸) 불귀 다시 불귀
> 삼수갑산에 다시 불귀
> 사나이 속이라 잊으련만,
> 십오 년 정분을 못 잊겠네
>
> 산에는 오는 눈, 들에는 녹는 눈
> 산새도 오리나무
> ㉣ 위에서 운다
> 삼수갑산 가는 길은 고개의 길
>
> — 김소월, 〈산〉

① ㉠은 시적 화자와 상반되는 처지에 놓여 있다.
② ㉡은 시적 화자에게 놓인 방랑길을 비유한다.
③ ㉢은 시적 화자의 이국 지향 의식을 강조한다.
④ ㉣은 시적 화자가 지닌 분노의 정서를 대변한다.

08 ㉠~㉣에 대한 이해로 적절하지 않은 것은?

> 눈물 아롱아롱
> 피리 불고 가신 임의 밟으신 길은
> 진달래 꽃비 오는 서역(西域) 삼만 리(三萬里).
> ㉠ 흰 옷깃 여며 여며 가옵신 임의
> 다시 오진 못하는 파촉(巴蜀) 삼만 리(三萬里).
>
> 신이나 삼아 줄걸 슬픈 사연의
> 올올이 아로새긴 ㉡ 육날 메투리.
> 은장도 푸른 날로 이냥 베어서
> 부질없는 이 머리털 엮어 드릴걸.
>
> 초롱에 불빛, 지친 밤하늘
> 굽이굽이 ㉢ 은핫물 목이 젖은 새,
> 차마 아니 솟는 가락 눈이 감겨서
> 제 피에 취한 새가 ㉣ 귀촉도 운다.
> 그대 하늘 끝 호올로 가신 임아.
>
> — 서정주, 〈귀촉도〉

① ㉠: 시각적 심상으로 시적 화자가 처한 상황을 암시한다.
② ㉡: 임에 대한 시적 화자의 사랑과 정성을 의미한다.
③ ㉢: 시적 화자와 임을 연결하는 매개체이다.
④ ㉣: 시적 화자의 감정이 이입된 자연물이다.

09 다음 글에 대한 감상으로 적절하지 않은 것은?

"같이 가시지. 내 보기엔 좋은 여자 같군."
"그런 거 같아요."
"또 알우? 인연이 닿아서 말뚝 박구 살게 될지. 이런 때 아주 뜨내기 신셀 청산해야지."
영달이는 시무룩해져서 역사 밖을 멍하니 내다보았다. 백화는 뭔가 수군대고 있는 두 사내를 불안한 듯이 지켜보고 있었다.
영달이가 말했다.
"어디 능력이 있어야죠."
"삼포엘 같이 가실라우?"
"어쨌든……."
영달이가 뒷주머니에서 꼬깃꼬깃한 오백 원짜리 두 장을 꺼냈다.
"저 여잘 보냅시다."
영달이는 표를 사고 삼립빵 두 개와 찐 달걀을 샀다. 백화에게 그는 말했다.
"우린 뒤차를 탈 텐데……. 잘 가슈."
영달이가 내민 것들을 받아 쥔 백화의 눈이 붉게 충혈되었다. 그 여자는 더듬거리며 물었다.
"아무도…… 안 가나요?"
"우린 삼포루 갑니다. 거긴 내 고향이오."
영달이 대신 정 씨가 말했다. 사람들이 개찰구로 나가고 있었다. 백화가 보퉁이를 들고 일어섰다.
"정말, 잊어버리지…… 않을게요."
백화는 개찰구로 가다가 다시 돌아왔다. 돌아온 백화는 눈이 젖은 채로 웃고 있었다.
"내 이름 백화가 아니에요. 본명은요…… 이점례예요."
여자는 개찰구로 뛰어나갔다. 잠시 후에 기차가 떠났다.
- 황석영, 〈삼포 가는 길〉

① 정 씨는 영달이 백화와 함께 떠날 것을 권유했군.
② 백화는 영달의 선택이 어떤 것일지 몰라 불안했군.
③ 영달은 백화를 신뢰할 수 없기 때문에 같이 떠나지 않았군.
④ 백화가 자신의 본명을 말한 것은 정 씨와 영달에 대한 고마움의 표현이었군.

09 다음 글에 대한 감상으로 적절하지 않은 것은?

"돌아다니고 있어요, 저게. 염병 돌듯이."
아내는 빠른 입놀림으로 이렇게 헐떡거리듯이 지껄였다. 나는 그 아내를 금방 신 내리는 무당 쳐다보듯이 을씨년스러운 느낌을 섞어 쳐다보았다.
"돌아다니다니, 대체 무슨 소리야?"
"이 집에서 저 집으로, 저 집에서 이 집으로."
"그때 그 고무신짝은 분명히 쓰레기통에 버렸잖아."
"아무래도 꺼림칙해서 그날 밤 당신이 들어오시기 전에 내가 다시 들고 나갔던 거예요."
"무엇이? 그럼 어느 집 담장 너머로 버렸었다는 말인가?"
"그렇지요."
아내는 당연하다는 듯이 약간 우락부락한 얼굴까지 되며 말하였다.
"왜?"
"왜라뇨. 당신 그걸 지금 나한테 따져 묻는 거예요?"
"던지긴 어느 집으로 던졌어?"
"몰라요."
"……."
그러니까 이렇게 된 모양이다. 새벽 일찍 뜰 한가운데 그 고무신짝이 떨어진 것을 본 그 어느 집의 부부들도 찡한 느낌에 휘어 감기며 간밤 내 근처에서 들리던 굿하는 꽹과리 소리 같은 것을 떠올리며 공포감에 사로잡혔을 것이다. 별로 복잡하게 궁리할 것도 없이, 그날 낮이든가 밤에, 이웃집 아무 집에겐 담장 너머로 그 고무신짝을 훌쩍 던졌을 것이다. 남편 모르게 아내가, 혹은 아내 모르게 남편이. 그만한 자존심들은 있었을 것이다. 그렇게 액은 이웃집으로 옮아 보내고, 제집은 일단 마음을 놓았을 것이다. [중략] 그 이웃집에서는 다시 이웃집으로, 또 그 이웃집으로, 순이네 집에서 영이네 집으로 영이네 집에서 웅이네 집으로, 웅이네 집에서 건이네 집으로, 이런 식이었을 것이다. 모두 현대적인 교육을 받은 터여서 자존심들은 있었을 것이다.
- 이호철, 〈큰 산〉

① '나'의 이웃들은 고무신짝을 불길하게 여기고 있다.
② '나'는 아내가 고무신짝을 이웃집에 버리는 것을 만류했다.
③ 고무신짝은 현대인의 이기적인 태도를 보여 주는 소재이다.
④ '나'는 아내의 말을 듣고 고무신이 돌아온 경위를 추측하고 있다.

10 다음 글의 전개 순서로 가장 자연스러운 것은?

(가) 과거에는 고통만을 안겨 주었던 지정학적 조건이 이제는 희망의 조건이 되고 있습니다. 이제 한반도는 사람과 물자가 모여드는 동북아 물류와 금융, 비즈니스의 중심지가 될 것입니다. 우리가 주도해서 평화와 번영의 동북아 시대를 열어 나가야 합니다.

(나) 100년 전 우리는 수난과 비극의 역사를 겪었습니다. 해양으로 나가려는 세력과 대륙으로 진출하려는 세력이 한반도를 가운데 놓고 싸움을 벌였습니다. 마침내 우리는 국권을 상실하는 아픔을 감수해야 했습니다.

(다) 지금은 무력이 아니라 경제력이 국력을 좌우하는 시대입니다. 우리나라는 전쟁의 폐허를 극복하고 세계적인 경제 강국을 건설하고 있습니다. 우수한 인력과 세계 선두권의 정보화 기반을 갖추고 있습니다. 바다와 하늘과 땅을 연결하는 물류 기반도 손색이 없습니다.

(라) 그 아픔은 분단으로 이어져서 오늘에 이르고 있습니다. 그 과정에서는 정의가 패배하고 기회주의가 득세하는 불행한 역사를 겪었습니다. 그러나 이제 우리에게도 새로운 희망의 시대가 열리고 있습니다. 세계의 변방으로 머물러 왔던 동북아시아가 북미·유럽 지역과 함께 세계 경제의 3대 축으로 떠오르고 있습니다.

① (가) - (나) - (다) - (라)
② (가) - (라) - (나) - (다)
③ (나) - (가) - (라) - (다)
④ (나) - (라) - (다) - (가)

10 다음 글의 전개 순서로 가장 자연스러운 것은?

(가) 그 결과 합성 살충제가 끊임없이 등장했다. 구성 분자를 조작하거나 원자를 대체하거나 그 배열을 바꾸는 등 인위적 과정을 거치면서 전쟁 전 사용되던 단순한 무기 화합물 살충제와는 전혀 다른 새로운 살충제가 등장한 것이다.

(나) 인류가 화학 물질을 사용한 지 20여 년이 채 안 되는 동안 유기 합성 살충제는 생물계와 무생물계를 가리지 않고 어디에나 스며들고 있다. 대부분의 강과 하천은 물론 눈에 잘 보이지 않는 땅속으로 흐르는 지하수에서도 살충제 성분이 발견된다. 과학자들이 동물 실험을 통해 밝혀낸 결과에 따르면 어떤 생물도 이런 오염에서 완전히 벗어날 수는 없다고 한다.

(다) 새로운 합성 살충제의 특징은 놀라운 생물학적 잠재력에 있다. 이런 살충제는 유해 물질로부터 신체를 보호해 주는 효소를 파괴하고 에너지를 얻는 산화 과정을 방해하며 각종 기관의 정상적인 기능을 억제해 불치병을 일으키는 등 점진적이고 돌이킬 수 없는 변화를 유도한다.

(라) 합성 화학 살충제 산업의 급작스러운 부상과 놀랄 만한 확장이 문제의 원인이다. 이 산업은 제2차 세계 대전의 산물이다. 화학전에 사용할 약제를 개발하는 과정에서, 몇 종류의 물질은 곤충에 치명적인 것으로 드러났다. 이런 발견은 우연하게 이루어진 것이 아니다. 인간을 죽음에 이르게 할 약제를 시험하는 데 곤충류가 자주 사용된 때문이었다.

① (나) - (다) - (라) - (가)
② (나) - (라) - (가) - (다)
③ (다) - (가) - (라) - (나)
④ (다) - (라) - (나) - (가)

11 다음 대화에 대한 설명으로 가장 적절한 것은?

> A: 예은 씨. 오늘 회의 내용을 팀원들에게 공유해 주시면 좋겠네요.
> B: 네. 알겠습니다. 팀장님, 오늘 회의 내용을 요약 정리해서 메일로 공유하면 되겠지요?
> A: (고개를 끄덕이며) 맞습니다.
> B: 네. 그럼 회의 내용은 개조식으로 요약하고, 팀장님을 포함해서 전체 팀원에게 메일로 보내도록 하겠습니다.
> A: 예은 씨. 그런데 개조식으로 회의 내용을 요약하는 방식에는 문제가 있지 않을까요?
> B: (고개를 끄덕이며) 그렇겠네요. 개조식으로 요약할 경우 회의 내용이 과도하게 생략되어 이해가 어려울 수 있겠네요.

① A는 B에게 내용 요약 방식을 제안하고 있다.
② A와 B는 대화 중에 공감의 표지를 드러내며 상대방의 말을 듣고 있다.
③ B는 회의 내용 요약 방식에 대한 A의 문제 제기에 대해 자신이 다른 입장임을 드러내고 있다.
④ A는 개조식 요약 방식이 회의 내용을 과도하게 생략하여 이해에 어려움을 줄 수 있다고 명시하고 있다.

11 다음 대화에 대한 설명으로 가장 적절한 것은?

> A: 민수야, 부채 박물관 다녀왔다면서, 어땠어?
> B: 응, 아주 좋았어. 평소에 부채는 단순하게 더위를 식혀 주는 도구쯤으로 생각했었는데, 박물관에 가서 직접 보니 그게 아니더라. 종류도 많고 부채에 담긴 의미도 다양했거든.
> A: 그래? 제일 기억에 남는 부채 하나만 이야기해 줄래?
> B: 음, 나는 '벽온선'이라는 부채가 제일 기억에 남았는데, 너 혹시 벽온선이라는 부채 아니?
> A: 어, 단오 때 서로에 대한 애정의 표시로 부채를 교환했다고 들었어. 남원 지방에서 이몽룡과 춘향이가 서로 주고받은 것에서 유래되었대.
> B: 그래? 내가 아는 것과 다르네.
> A: 그럼 네가 박물관에서 알게 된 내용은 뭔데?
> B: 내가 벽온선에 대해 박물관에서 알게 된 사실은 벽온선이 병을 옮기고 다니는 귀신을 쫓을 수 있는 부채라는 것이었어. 그런데 넌 그 설명을 어디서 들었어?
> A: 다른 반 친구 기현이한테 들었어.

① A는 벽온선에 대해 잘못 알고 있는 B의 말을 수정하고 있다.
② B는 A의 말을 제대로 이해했는지 질문을 통해 확인하고 있다.
③ A와 B는 자신의 설명이 더 타당하다며 서로 논박하고 있다.
④ A와 달리 B는 벽온선에 관한 정보의 출처를 묻고 있다.

12 밑줄 친 부분의 한자 표기가 옳지 않은 것은?

① 우리 시대 영웅으로 소방관(消防官)이 있다.
② 과학자(科學者)는 청소년들이 선망하는 직업이다.
③ 그는 인공 지능 연구소의 연구원(研究員)이 되었다.
④ 그는 법원의 명령에 따라 변호사(辯護事)로 선임되었다.

12 밑줄 친 한자어의 표기가 옳지 않은 것은?

① 건물 디자인은 유명 건축가(建築家)에게 의뢰했다.
② 그는 고등학교에서 국어 교사(敎士)로 있다.
③ 나는 그쪽 분야로는 문외한(門外漢)이라고 고백했다.
④ 나는 커서 국가 대표 야구 선수(選手)가 되는 것이 꿈이었다.

13 다음 글에 대한 이해로 적절하지 않은 것은?

> 올해 A시는 '청소년 의회 교실' 운영에 관한 조례를 발표함으로써 청소년들이 지방 의회의 역할과 기능을 이해하고 민주 시민으로서의 소양과 자질을 함양할 수 있는 근거를 마련하였다. 청소년 의회 교실이란 청소년을 대상으로 실시하는 의회 체험 프로그램을 의미한다. 여기에 참여할 수 있는 대상은 A시에 있는 학교에 재학 중인 만 19세 미만의 청소년이다. 이 조례에 따르면 시의회 의장은 의회 교실의 참가자 선정 및 운영 방안을 결정할 수 있다. 운영 방안에는 지방 자치 및 의회의 기능과 역할, 민주 시민의 소양과 자질 등에 관한 교육 내용이 포함된다. 또한 시의회 의장은 고유 권한으로 본회의장 시설 사용이 가능하도록 지원할 수 있다. 최근 A시는 '수업 시간 스마트폰 사용 제한에 관한 조례안'을 주제로 본회의장에서 첫 번째 의회 교실을 운영하였다. 참석 학생들은 1일 시의원이 되어 의원 선서를 한 후 주제에 관한 자유 발언 시간을 가졌다. 이어서 관련 조례안을 상정한 후 찬반 토론을 거쳐 전자 투표로 표결 처리하였다. 학생들이 의회 과정 전반에 대해 체험할 수 있었던 뜻깊은 시간이었다.

① A시에 있는 학교의 만 19세 미만 재학생은 청소년 의회 교실에 참여할 수 있는 대상이다.
② A시의 시의회 의장은 청소년 의회 교실의 민주 시민 소양과 관련된 교육 내용을 결정할 수 있다.
③ A시에서 시행된 청소년 의회 교실에서 시의회 의장은 본회의장 시설을 사용하도록 지원해 주었다.
④ A시의 올해 청소년 의회 교실은 의원 선서, 조례안 상정, 자유 발언, 찬반 토론, 전자 투표의 순서로 진행되었다.

13 다음 글에 나타난 인과 관계를 바르게 정리한 것은?

> 우주가 생성될 때 일어난 대폭발로 수소와 일부의 헬륨이 생겼다. 그리고 별이 진화하는 과정 속에서 나머지 헬륨과 또 다른 원소들이 만들어졌다. 태양보다 질량이 큰 별의 생성 초기에는 수소로부터 헬륨이 만들어지는데, 여기에는 천만 도(10^7K) 이상의 높은 온도가 필요하다. 고온에서 원자핵이 반응하여 더 큰 원자핵이 되는 것을 핵융합이라고 한다. 수소가 핵융합을 하여 헬륨을 생성하는 단계가 끝난 후, 별의 중심부 온도가 일억 도(10^8K) 정도로 올라가면 헬륨보다 무거운 원소들이 만들어지기 시작한다. 헬륨 3개가 결합하여 탄소가 만들어지며, 탄소에 하나의 헬륨이 더해져 산소가 만들어진다. 별의 중심부 온도가 십억 도(10^9K) 이상이 되면 탄소와 산소가 다시 작은 원소로 깨어지고 서로 합쳐져 질량이 더 큰 마그네슘, 규소, 황 등 다양한 원소들이 만들어진다.
>
> 그러나 현재 존재하는 원소 중 철보다 무거운 것은 단순히 핵융합에 의해 만들어지지 않는다. 비록 철 원소가 만들어지는 조건에서 일시적으로 철보다 무거운 원소가 만들어지더라도 곧 다시 분해되어 안정된 철로 되돌아간다. 철보다 무거운 원소들은 다음과 같이 별이 폭발할 때 만들어지는 것으로 설명되고 있다. 핵융합에 의해 만들어진 철이 많아질수록 별의 수축이 일어난다. 별 중심부로의 수축이 진행될수록 온도가 높아지다가 어떤 한계점에 이르게 되면 별은 폭발한다. 철보다 무거운 원소들은 별이 폭발할 때 생기는 높은 밀도의 양성자와 중성자가 그전에 만들어진 원소와 결합하여 순간적으로 만들어진다. 라듐이나 우라늄 등이 이렇게 만들어진 원소이다.

① 별의 중심부 온도가 상승하면 헬륨으로부터 수소가 생성된다.
② 탄소가 생성되면 별의 중심부 온도가 상승하여 산소가 생성된다.
③ 별의 내부에 철 원소가 축적되면 별이 수축하여 별이 폭발한다.
④ 철이 생성되어 핵융합이 일어나야 라듐과 우라늄이 생성된다.

14 다음 글의 주제로 가장 적절한 것은?

예전에 '혐오'는 대중에게 관심을 끄는 말이 아니었지만, 요즘에는 익숙하게 듣는 말이 되었다. 이는 과거에 혐오가 존재하지 않았다는 말이 아니다. 단지 최근 몇 년 사이에 이 문제가 폭발하듯 가시화되었다는 뜻이다. 혐오 현상은 외계에서 뚝 떨어진 괴물이 만들어 낸 것이 아니라, 거기엔 자체의 역사와 사회적 배경이 반드시 선행한다.

이 문제를 바라볼 때 주의 사항이 있다. 혐오나 증오라는 특정 감정에 집착해선 안 된다는 것이다. 혐오가 주제인데 거기에 집중하지 말라니, 얼핏 이율배반처럼 들리지만 이는 매우 중요한 포인트다. 왜 혐오가 나쁘냐고 물어보면 많은 사람들은 이렇게 답한다. "나쁜 감정이니까 나쁘다.", "약자와 소수자를 차별하게 만드니까 나쁘다." 이 대답들은 분명 선량한 마음에서 나온 것이다. 하지만 문제의 성격을 오인하게 만들 수 있다. 혐오나 증오라는 감정에 집중할수록 우린 '달을 가리키는 손가락만 바라보는' 잘못을 범하기 쉬워진다.

인과 관계를 혼동하면 곤란하다. 우리가 문제시하고 있는 각종 혐오는 자연 발생한 게 아니라 사회적으로 형성된 감정이다. 사회 문제의 기원이나 원인이 아니라, 발현이며 결과다. 더 정확히 말하자면 혐오는 증상이다. 증상을 관찰하는 일은 중요하지만 거기에만 매몰되면 곤란하다. 우리는 혐오나 증오 그 자체를 사회악으로 지목해 도덕적으로 지탄하는 데서 그치지 말아야 한다.

① 혐오 현상에는 인과 관계가 존재하지 않는다.
② 혐오 현상은 선량한 마음으로 바라보아야 한다.
③ 혐오 현상을 만들어 내는 근본 원인을 찾아야 한다.
④ 혐오라는 감정에 집중할수록 사회 문제는 잘 보인다.

14 글쓴이의 궁극적인 견해로 가장 적절한 것은?

최근 20여 년 동안 자유 무역의 바람이 전 세계로 퍼지면서 세계 시장에서 모든 물품의 자유로운 거래를 당연한 것으로 여기는 경향이 있다. 자유 무역의 이러한 논리에 따르면 식량도 자유 무역의 대상에서 예외가 될 수 없다.

현재 식량 문제의 주도권은 일부 거대 곡물 회사들이 쥐고 있다. 이들 거대 곡물 회사들은 높은 수익을 얻기 위해 주도권을 행사하고 있지만, 바로 여기에 문제가 있다. 지구는 약 130억 명이 먹을 수 있는 식량을 생산할 능력이 있다. 현재 지구의 인구는 70억 명에 불과하다. 공급 능력 대비 수요를 고려하면 굶주림에 시달리는 사람이 없어야 하고 식량 가격은 지금보다 훨씬 낮아야 한다. 그러나 현실은 그렇지 않다. 이들이 세계 곡물 거래량의 80%를 넘는 곡물을 거래하고 있으며, 최대치의 이윤을 얻기 위해 곡물 생산량을 임의로 결정하기 때문이다.

식량은 인간 생존의 필수적인 품목이다. 자유 무역의 논리에도 불구하고 식량을 자유 무역의 상품으로 던져둘 수 없는 이유가 여기에 있다. 실제로 선진국에서도 식량 문제에 대해서는 이중적인 태도를 보이고 있다. 저개발 국가에는 자유 무역에 동참할 것을, 그래서 그 국가의 정부가 시장에 개입하지 못하도록 요구하면서도 자국의 경제를 운용할 때에는 굶주림에 시달리는 불행한 국민이 없도록 최소 생존권을 보장하는 정책을 적용하고 있다. 기업의 이윤 극대화보다 더 중요한 것이 인간의 최소 생존권임을 인정하고 있는 것이다.

① 기업의 최대 이윤을 보장하면서도 식량 문제를 해결할 수 있는 방안이 필요하다.
② 인간 생존의 기본 요건인 식량 문제를 자유 무역의 대상으로 다루어서는 안 된다.
③ 최소 생존권 보장을 위해 거대 곡물 회사들의 수익을 환수하는 제도의 도입이 시급하다.
④ 식량난을 해소하기 위해 곡물 생산량을 늘릴 수 있는 방안을 마련하여야 한다.

15 ㉠~㉣에 대한 이해로 적절하지 않은 것은?

有此茅亭好	이 멋진 ㉠초가 정자 있고
綠林細徑通	수풀 사이로 오솔길 나 있네
微吟一杯後	술 한 잔 하고 시를 읊조리면서
高座百花中	온갖 꽃 속에서 ㉡높다랗게 앉아 있네
丘壑長看在	산과 계곡은 언제 봐도 그대로건만
樓臺盡覺空	㉢누대는 하나같이 비어 있구나
莫吹紅一點	붉은 꽃잎 하나라도 흔들지 마라
老去惜春風	늙어갈수록 ㉣봄바람이 안타깝구나

- 심환지, 〈육각지하화원소정염운〉

① ㉠: 시간적 흐름에 따른 시상 전개를 매개하고 있다.
② ㉡: 시적 화자의 초연한 태도를 드러내고 있다.
③ ㉢: 자연에 대비되는 쇠락한 인간사를 암시하고 있다.
④ ㉣: 꽃잎을 흔드는 부정적 이미지로 기능하고 있다.

16 밑줄 친 단어 중 사람의 몸을 지시하는 말이 포함되지 않은 것은?

① 선생님께서는 슬하에 세 명의 자녀를 두셨다고 한다.
② 그는 수완이 좋아서 사람들에게 인정을 받는다.
③ 여러 팀이 우승을 위해 긴 시간 동안 각축을 벌였다.
④ 사업단의 발족으로 미뤄 뒀던 일들이 진행되기 시작했다.

15 ㉠~㉣에 대한 이해로 적절하지 않은 것은?

不爲浮名役役忙	헛된 이름 따라 허덕허덕 바삐 다니지 않고,
生涯追逐水雲鄕	평생 물과 구름 가득한 마을을 찾아 다녔네. ㉠
平湖春暖烟千里	따스한 봄 잔잔한 호수엔 안개가 천 리에 끼었고,
古岸秋高月一航	맑은 가을날 옛 기슭엔 달이 배 한 척 비추네. ㉡
紫陌紅塵無夢寐	서울 길의 붉은 먼지 꿈에서도 바라지 않고,
綠簑靑篛共行藏	초록 도롱이 푸른 삿갓과 함께 살아간다네. ㉢
一聲欸乃歌中趣	어기여차 노랫소리는 뱃사람의 흥취이니,
那羨人間有玉堂	세상에 옥당 있다고 어찌 부러워하리오 ㉣

- 설장수, 〈어옹〉

① ㉠에서는 과거 회상을 통해 긍정하는 삶을 제시하고 있다.
② ㉡에서는 시간의 흐름에 따른 자연의 풍경을 묘사하고 있다.
③ ㉢에서는 색채 대비를 통해 속세에서의 삶을 반성하고 있다.
④ ㉣에서는 설의적 표현으로 강호에서 살아가는 만족감을 드러내고 있다.

16 ㉠~㉤ 중 사람의 신체를 지시하는 말이 포함된 것으로만 묶인 것은?

- 대표팀은 새로운 감독을 만나 단기간에 ㉠장족의 발전을 했다.
- 그들은 3년 동안 저항하다 결국 ㉡항복을 결정하였다.
- 친구는 물건을 고르는 ㉢안목이 뛰어나다.
- 그는 톨스토이에 ㉣비견할 만한 소설가이다.
- 영수는 누군가가 자기를 ㉤미행하고 있음을 알아차렸다.

① ㉠, ㉡, ㉢　　　　② ㉠, ㉢, ㉣
③ ㉡, ㉣, ㉤　　　　④ ㉢, ㉣, ㉤

17 ㉠과 ㉡에 대한 설명으로 가장 적절한 것은?

(가) ㉠ 계월이 여자 옷을 벗고 갑옷과 투구를 갖춘 후 용봉황월(龍鳳黃鉞)과 수기(手旗)를 잡아 행군해 별궁에 자리를 잡았다. 그리고 군사를 시켜 보국에게 명령을 전하니 보국이 전해진 명령을 보고 화가 머리끝까지 났다. 그러나 보국은 예전에 계월의 위엄을 보았으므로 명령을 거역하지 못해 갑옷과 투구를 갖추고 군문에 대령했다.
　이때 계월이 좌우를 돌아보며 말했다.
　"보국이 어찌 이다지도 거만한가? 어서 예를 갖추어 보이라."
　호령이 추상과 같으니 군졸의 대답 소리로 장안이 울릴 정도였다. 보국이 그 위엄을 보고 겁을 내어 갑옷과 투구를 끌고 몸을 굽히고 들어가니 얼굴에서 땀이 줄줄 흘러내렸다.

― 작가 미상, 〈홍계월전〉

(나) 장끼 고집 끝끝내 굽히지 아니하여 ㉡ 까투리 홀로 경황(驚惶)없이 물러서니, 장끼란 놈 거동 보소. 콩 먹으러 들어갈 제 열두 장목 펼쳐 들고 꾸벅꾸벅 고개 조아 조츰조츰 들어가서 반달 같은 혀뿌리로 드립다 꽉 찍으니, 두 고패 둥그레지며 [중략] 까투리 하는 말이.
　"저런 광경 당할 줄 몰랐던가, 남자라고 여자의 말 잘 들어도 패가(敗家)하고, 계집의 말 안 들어도 망신(亡身)하네."
　까투리 거동 볼작시면, 상하평전 자갈밭에 자락머리 풀어 놓고 당굴당굴 뒹굴면서 가슴 치고 일어앉아 잔디풀을 쥐어뜯어 애통하며 두 발로 땅땅 구르면서 붕성지통(崩城之痛) 극진하니, 아홉 아들 열두 딸과 친구 벗님네들도 불쌍타 의논하며 조문 애곡(哀哭)하니 가련 공산 낙목천(落木天)에 울음소리뿐이로다.

― 작가 미상, 〈장끼전〉

① ㉠과 ㉡은 모두 상대에 비해 우월한 지위를 가지고 있다.
② ㉠이 상대의 행동을 비판하는 반면, ㉡은 옹호하고 있다.
③ ㉠이 갈등 상황을 타개하는 데 적극적인 반면, ㉡은 소극적이다.
④ ㉠이 주변으로부터 호의적인 반응을 얻은 반면, ㉡은 적대적인 반응을 얻는다.

17 ㉠~㉣에 대한 설명으로 적절하지 않은 것은?

(가) 심신이 황홀하여 죽장을 짚고 월령산 조대로 나아가니 나무 베는 ㉠ 아이가 나무를 베어 시냇가에 놓고 버들 그늘을 의지하여 잠이 깊이 들었거늘, 보니 의상이 남루하고 머리털이 흩어져 귀밑을 덮었으며 검은 때 줄줄이 흘러 두 뺨에 가득하니 그 추레함을 측량치 못하나 그중에도 은은한 기품이 때 속에 비치거늘 승상이 깨우지 않으시고, 옷에 무수한 이를 잡아 죽이며 잠 깨기를 기다리더니, 그 아이가 돌아누우며 탄식 왈,
　"형산백옥이 돌 속에 섞였으니 누가 보배인 줄 알아보랴. [중략]" / 하니 그 소리 웅장하여 산천이 울리는지라.
　탈속한 기운이 소리에 나타나니, ㉡ 승상이 생각하되, '영웅을 구하더니 이제야 만났도다.' 하시고, 깨우며 물어 왈,
　"봄날이 심히 곤한들 무슨 잠을 이리 오래 자느냐? 일어앉으면 물을 말이 있노라."
　"어떤 사람이관데 남의 단잠을 깨워 무슨 말을 묻고자 하는가? 나는 배고파 심란하여 말하기 싫도다."

― 작가 미상, 〈소대성전〉

(나) 강호 땅에 이르러 물정(物情)을 구경하더니, 한 ㉢ 노인이 삼척장검(三尺長劍)을 팔에 걸고 앉았거늘, ㉣ 웅이 그 칼을 보고 가지고 싶으나 푼돈이 없는 고로 칼만 보고 앉았더니, 날이 저물매 노인이 칼을 넣고 가거늘, 이튿날 또 저자에 가니 노인이 또 앉았더라. [중략] 하루는 '월정에게 이 말을 하여 값을 취하리라.' 하고 또 나가 보았다. 노인이 칼을 걸고 앉았거늘, 가까이 가 자세히 보니 칼 겉에 조웅검(趙雄劍)이라 하였더라. 웅이 여취여성(呂醉如醒)하여 노인께 절하고 칼값을 물으니, 노인이 얼마간 보다가 웅의 손을 잡고 말하길
　"그대 조웅이 아니냐?" / 하니, 웅이 답하여 말했다.
　"어찌 아시나이꼬?" / 노인이
　"하늘이 보검을 주시매 임자를 찾으러 두루 다니더니, 수월 전에 장성(張星)이 강호에 비치거늘, 이곳에 와 기다리되 끝내 만나지 못하매 괴이히 여겨 다시 천문(天文)을 보니 장성을 떠나지 아니하나 행색이 곤핍하기로 개걸(丐乞)하는 줄 짐작하였으나 어찌 늦게 오뇨?"
　하고 칼을 주거늘, 웅이 재배하고 말했다.

― 작가 미상, 〈조웅전〉

① ㉠에 비해 ㉣은 예의 바른 모습을 보여 주고 있다.
② ㉠에 비해 ㉣은 상황을 타개하기 위한 적극적 태도를 보여 주고 있다.
③ ㉡은 ㉠의 이름을 알지 못했으나 ㉢은 ㉣의 이름을 미리 알고 있었다.
④ ㉡과 ㉢은 각각 ㉠과 ㉣의 비범함을 행색을 통해 확인하고 있다.

18 다음 글에 대한 이해로 적절하지 않은 것은?

르네상스가 일어나게 된 요인으로 많은 것들이 거론되어 왔지만, 의학사의 관점에서 볼 때 흥미롭고 논쟁적인 원인은 페스트이다. 페스트가 유럽의 인구를 격감시킴으로써 사회 경제 구조가 급변하게 되었고, 사람들은 재래의 전통이 지니고 있던 강력한 권위에 의문을 품기 시작했다. 예컨대 사람들은 이 무시무시한 질병을 예측하지 못한 기존의 의학적 전통을 불신하게 되었으며, 페스트로 인해 '사악한 자'들만이 아니라 '선량한 자'들까지 무차별적으로 죽는 것을 보고 이전까지 의심하지 않았던 신과 교회의 막강한 권위에 대해서도 회의하게 되었다.

속수무책으로 당할 수밖에 없었던 죽음에 대한 경험은 사람들을 여러 방향에서 변화시켰다. 사람들은 거리에 시체가 널려 있는 광경에 익숙해졌고, 인간의 유해에 대한 두려움 또한 점차 옅어졌다. 교회에서 제시한 세계관 및 사후관에 대한 신뢰가 떨어지고, 삶과 죽음 같은 인간의 본질적인 문제에 대해 새롭게 사유하기 시작했다. 중세의 지적 전통에 대한 의구심은 고대의 학문과 예술, 언어에 대한 재평가로 이어졌으며, 이에 따라 신에 대한 무조건적 찬양과 복종 대신 인간에 대한 새로운 관심과 사유가 활발해졌다.

이러한 움직임은 미술사에서 두드러지게 포착된다. 인간에 대한 관심의 증대에 따라 인체의 아름다움이 재발견되었고, 인체를 묘사하는 다양한 화법도 등장했다. 인체에 대한 관심은 보이는 부분뿐만 아니라 보이지 않는 부분에 대한 관심으로 이어졌다. 기존의 의학적 전통을 여전히 신봉하던 의사들에게 해부학적 지식은 불필요한 것으로 인식되었던 반면, 당시의 미술가들은 예술가이면서 동시에 해부학자이기도 할 만큼 인체의 내부 구조를 탐색하는 데 골몰했다.

① 전염병의 창궐은 르네상스의 발생을 설명하는 다양한 요인 가운데 하나이다.
② 페스트로 인한 선인과 악인의 무차별적인 죽음은 교회가 유지하던 막강한 권위를 약화시켰다.
③ 예술가들이 인체의 아름다움을 재발견함으로써 고대의 학문과 언어에 대한 재평가도 이루어졌다.
④ 르네상스 시기에 해부학은 의사들보다도 미술가들의 관심을 끌었다.

18 다음 글에 대한 이해로 적절하지 않은 것은?

글을 읽을 때 독자는 눈동자를 단어에 멈추는 고정, 고정과 고정 사이에 일어나는 도약을 보였는데, 도약은 한 단어에서 다음 단어로 이동하는 짧은 도약과 단어를 건너뛰는 긴 도약으로 구분된다. 고정이 관찰될 때는 단어의 의미 이해가 이루어졌지만, 도약이 관찰될 때는 건너뛴 단어의 의미 이해가 이루어지지 않았다. 글을 읽을 때 독자가 생각하는 단어의 중요도나 친숙함에 따라 눈동자의 고정 시간과 횟수, 도약의 길이와 방향도 달랐다. 독자가 중요하거나 생소하다고 생각한 단어일수록 고정 시간이 길었다. 이러한 단어는 독자가 글의 진행 방향대로 읽어 가다가 되돌아와 다시 읽는 경우도 있어 고정 횟수도 많았고, 이때의 도약은 글의 진행 방향과는 다르게 나타났다. 중요한 단어나 생소한 단어가 연속될 때는 그 단어마다 눈동자가 멈추면서 도약의 길이가 짧았다.

눈동자 움직임의 양상은 독자의 읽기 능력이 발달하면서 변화한다. 읽기 능력이 발달하면 이전과 같은 수준의 글을 읽거나 전에 읽었던 글을 다시 읽을 때, 단어마다 눈동자를 고정하지는 않게 되어 이전보다 고정 횟수와 고정 시간이 줄어들고 단어를 건너뛰는 긴 도약이 자주 일어나는 모습이 관찰된다. 학습 경험과 독서 경험이 쌓이면서 글의 구조에 대한 지식과 아는 단어, 배경지식이 늘어나기 때문이다. 또한 읽기 목적을 분명하게 인식하게 되면서 글에서 중요한 단어를 정확하게 선택할 수 있게 되는 것도 그 이유 중의 하나이다. 이때 문맥을 파악하기 위해 이미 읽은 단어를 다시 확인하려는 도약, 앞으로 읽을 단어를 먼저 탐색하는 도약 등이 빈번하게 나타난다.

① 도약은 글의 진행 방향과 일치하기도 하지만 이를 거슬러 진행되기도 한다.
② 읽기 목적이 분명하면 이전보다 고정 시간이 줄어들고 긴 도약이 자주 일어난다.
③ 짧은 도약이 일어나는 동안에는 긴 도약이 일어나는 동안보다 단어의 의미 이해가 많이 이루어진다.
④ 독자의 읽기 능력이 발달하면 글의 구조에 대한 지식과 아는 단어, 배경지식이 늘어나기 때문에 고정 횟수가 줄어들게 된다.

19 다음 글에서 추론한 내용으로 가장 적절한 것은?

> 논리 실증주의자들에 따르면, 만약 어떤 것이 과학일 경우 거기에서 사용되는 문장은 유의미하다. 그들은 유의미한 문장의 기준으로 소위 '검증 원리'라고 불리는 것을 제안했다. 검증 원리란, 경험을 통해 참이나 거짓을 검증할 수 있는 문장은 유의미하고 그렇지 않은 문장은 유의미하지 않다는 것이다. 다음 두 문장을 예로 생각해 보자.
>
> (가) 달의 다른 쪽 표면에 산이 있다.
> (나) 절대자는 진화와 진보에 관계하지만, 그 자체는 진화하거나 진보하지 않는다.
>
> 위 두 문장 중 경험을 통해 검증할 수 있는 것은 무엇인가? 비록 현실적으로 큰 비용이 들기는 하지만 (가)는 분명히 경험을 통해 진위를 밝힐 수 있다. 즉 우리는 (가)의 진위를 확정하기 위해서 무엇을 경험해야 하는지 알고 있다는 것이다. 이런 점에 근거하여 논리 실증주의자들은 (가)는 검증할 수 있고, 유의미한 문장이라고 판단한다. 그럼 (나)는 어떠한가? 우리는 무엇을 경험해야 (나)의 진위를 확정할 수 있는가? 논리 실증주의자들은 그런 것은 없다고 주장하고, 이에 (나)는 검증할 수 없고 과학에서 사용될 수 없는 무의미한 문장이라고 말한다.

① 논리 실증주의자들에 따르면 무의미한 문장을 사용하는 것은 과학이 아니다.
② 논리 실증주의자들에 따르면 과학의 문장들만이 유의미하다.
③ 검증 원리에 따르면 아직까지 경험되지 않은 것을 언급한 문장은 무의미하다.
④ 검증 원리에 따르면 거짓인 문장은 무의미하다.

19 다음 글에서 추론한 내용으로 가장 적절한 것은?

> 유진 파마(Eugune Fama)는 주식의 가격이 정보의 가치에 의해 형성된다는 개념을 근거로 효율적 시장 가설을 제시했다. 이는 주식 시장에서 주식의 가격이 이용 가능한 모든 정보를 충분히, 즉각적으로 반영하고 있다는 가설이다. 시장 참여자들이 이익을 얻기 위해서는 어떤 회사의 주가와 조금이라도 관련이 있는 정보가 있으면 다양한 방법으로 정보를 분석하여 찾아낸 가치를 주가에 즉각 반영해야만 한다. 즉 주식 시장 참여자들이 이익을 얻는 것이 성립하려면 주가와 관련된 정보를 주가에 즉각 반영하는 것이 필요하다. 다수의 이런 행위로 인해 정보의 가치가 주가에 충분히 반영된 시장이 신속히 형성된다.
>
> 효율적 시장 가설을 사실이라고 전제하면, 현재 시점에서 미래의 주가를 예측한다는 것은 무의미해진다. 왜냐하면 현재 시점에서 이용 가능한 모든 정보는 이미 주가에 반영되어 있기 때문이다. 이 경우 지금까지 알려지지 않은 오직 미래의 새로운 정보만이 미래의 주식 가격 변동을 유발할 수 있다. 미래에 나타날 가치 있는 정보를 얻을 수 있다면 미래의 가격을 예측할 수 있으나, 현재 시점에서 미래에 나타날 새로운 정보를 얻을 수 없으므로 미래의 가격을 전혀 예측할 수 없다. 따라서 현재의 주식 가격은 현재까지의 모든 정보가 반영되어 형성된 것이며, 미래의 주가는 미래에 발생할 모든 정보를 반영하여 새롭게 형성될 것이다. 그러므로 현재 시점에서는 현재의 주가와 미래의 주가 사이에는 아무런 연관성도 찾아볼 수 없게 된다.

① 효율적 시장 가설에 따르면 가치 있는 정보는 주가에서 비롯된다.
② 현재 시점에서 미래의 주가를 예측한다는 것이 무의미하다는 것은 효율적 시장 가설이 참이라는 것이다.
③ 시장 참여자들이 가치 있는 정보를 주가에 즉각 반영하는 것은 주식으로 이익을 얻기 위해 필수적이다.
④ 시장 참여자들은 다양한 방법을 통해 현재 주가에 즉각 반영할 수 있는 미래의 정보를 찾아낼 수 있다.

20 다음 글에서 추론할 수 있는 것만을 〈보기〉에서 모두 고르면?

컴퓨터에는 자유 의지가 있을까? 나아가 컴퓨터에 도덕적 의무를 구속시킬 수 있을까? 컴퓨터는 다양한 전기 회로로 구성되어 있고, 물리 법칙, 프로그래밍 방식, 하드웨어의 속성 등에 따라 필연적으로 특정한 초기 상태로부터 다음 상태로 넘어간다. 마찬가지로 두 번째 상태에서 세 번째 상태로 이동하고, 이러한 과정이 계속해서 이어진다. 즉 컴퓨터는 결정론적 법칙의 지배를 받는 시스템이라는 것이다. 그럼 이러한 시스템에는 자유 의지가 있을까?

결정론적 법칙의 지배를 받는 시스템의 중요한 특징은 주어진 조건에 따라 결과가 하나로 고정된다는 점이다. 다시 말해, 이러한 시스템에는 항상 하나의 선택지만 있을 뿐이다. 그런 뜻에서 결정론적 지배를 받는다는 것과 자유 의지를 가진다는 것은 양립할 수 없음이 분명하다. 어떤 선택을 할 때 그것과 다른 선택을 할 수도 있다는 것은 자유 의지의 필요조건이기 때문이다. 결국 결정론적 법칙의 지배를 받는 시스템은 자유 의지를 가지지 않는다. 또한 자유 의지를 가지지 않는 시스템에 도덕적 의무를 귀속시킬 수 없음은 당연하다.

─〈보기〉─
㉠ 컴퓨터는 자유 의지를 가지지 않으며 도덕적 의무의 귀속 대상일 수도 없다.
㉡ 도덕적 의무를 귀속시킬 수 있는 시스템은 결정론적 법칙의 지배를 받지 않는다.
㉢ 어떤 선택을 할 때 그것과 다른 선택을 할 수 없는 시스템은 자유 의지를 가지지 않는다.

① ㉠, ㉡ ② ㉠, ㉢
③ ㉡, ㉢ ④ ㉠, ㉡, ㉢

20 다음 글에 대한 평가로 적절한 것만을 〈보기〉에서 모두 고르면?

사회 문제는 열악한 주거 환경, 부족한 영양 섭취, 좁은 교육 기회 등 취약한 물질적 환경 때문에 발생한다는 견해가 있다. 그렇다면 부유한 선진국이 다른 국가들보다 나은 결과를 보여야 하는데 사실은 그렇지 않다. 몇몇 부유한 선진국은 후진국보다 못하기 때문이다. 부유한 국가에서 생기는 문제는 사회가 충분히 부유하지 못하기 때문이 아니라 동일한 사회 내에서 사람들 간의 물질적 차이가 너무 크기 때문에 발생한다. 문제가 되는 것은 우리 사회 내에서 남들과 비교했을 때 자기 자신이 어디에 위치하느냐 하는 것이다. 불평등이 심한 사회일수록 사회적 지위는 중요해진다. 예를 들어 미숙련 저임금 노동자가 성공해서 돈과 명예를 모두 얻게 되었을 때, 얼마나 많은 지위와 부를 획득했느냐는 자신에 대한 인식뿐만 아니라 친구들과 가족들이 그 사람을 긍정적으로 바라보는 데에도 영향을 미친다. 여기서 사회적 지위는 우월함과 열등함을 나타내는 가장 강력한 지표이다. 불평등이 심해 일부만 중요한 사람이고 다른 사람들은 보잘것없는 존재가 되어 버리면 자신이 어디에 위치해 있는가 하는 문제는 더 중요해진다. 그리고 사회적 지위를 둘러싼 경쟁도 격화되고 지위에 대한 근심도 그만큼 깊어질 것이다.

─〈보기〉─
㉠ 선진국은 후진국에 비해 치안, 공공 서비스, 교육, 의료, 복지 등의 수준이 높다는 사실은 이 글의 논지를 약화한다.
㉡ 소득 격차가 클수록 사회 피라미드는 더 높고 가팔라지고 사회적 지위를 나타내는 라이프 스타일의 차이가 커지면서 낮은 지위는 더욱 도드라진다는 견해는 이 글의 논지를 강화한다.
㉢ 불평등이 심하거나 고착화되는 경우 경제적으로 구분되는 계층 간 분열 및 상대적 박탈감 등으로 인해 범죄와 같은 반사회적인 행태가 표출될 수 있다는 견해는 이 글의 논지를 강화한다.

① ㉢ ② ㉠, ㉡
③ ㉠, ㉢ ④ ㉡, ㉢

09회 지방직 기출 변형 모의고사

핵심 자료선 주요 기출 관용 표현과 속담

[01~25] 관용 표현의 뜻풀이를 참고하여, 다음 ___에 알맞은 단어를 쓰시오.

01. ___이/가 찢어질 형편에 누구를 돕겠느냐.
    * ___이/가 찢어지다: 몹시 가난한 살림살이를 비유적으로 이르는 말

02. 이젠 완전히 ___이/가 물렀으니 더 이상 기다릴 필요가 없다.
    * ___이/가 무르다: 기회가 완전히 무르익다.

03. 나무 그늘에서 ___을/를 들인 후 다시 산길을 오르기 시작했다.
    * ___을/를 들이다: 몸을 시원하게 하여 땀을 없애다.

04. 이미 다 ___이/가 있어서 그러는 건데 너 혼자만 반대하는 근거는 무엇이냐?
    * ___이/가 있다: 어떤 말이 상정되거나 토론이 되다.

05. 아버지가 말할 때마다 어머니도 ___을/를 달았다.
    * ___을/를 달다: 남이 말하는 옆에서 덩달아 말하다.

06. 몇 달 만에야 ___이/가 되어 겨우 만나 보았다.
    * ___이/가 되다: 남에게 소개하는 의논의 길이 트이다.

07. 그는 요즘 등산에 ___을/를 붙여 매주 일요일마다 등산을 한다.
    * ___을/를 붙이다: 마음에 당겨 재미를 붙이다.

08. 주인의 말에 넘어가 ___을/를 쓰고 이 물건을 샀다.
    * ___을/를 쓰다: 요금이나 물건값을 실제 가격보다 비싸게 지불하여 억울한 손해를 보다.

09. 그는 ___이/가 좋아 웬만한 일에는 성을 내지 않는다.
    * ___이/가 좋다: 노여움이나 부끄러움을 타지 아니하다.

10. 그렇게 ___을/를 올리지 말고 바른대로 말해.
    * ___을/를 올리다(치다): 바로 집어 말을 하지 않고 둘러서 말을 하다.

11. 그는 싹싹해 보이지만 알고 보면 ___이/가 살았다.
    * ___이/가 살다: 겉으로는 수그러진 듯하나 속에는 반항하는 마음이 있다.

12. ___이/가 건 어머니는 친구가 오면 언제나 음식을 푸짐하게 차리곤 하셨다.
    * ___이/가 걸다(크다): 씀씀이가 후하고 크다.

13. ___이/가 싸서 일찍 끝냈구나.
    * ___이/가 싸다(빠르다): 일 처리가 빠르다.

14. 이 일은 반드시 내 손에서 ___을/를 짓겠다.
    * ___을/를 짓다: 일이나 말을 끝마무리하다.

15. 기말 보고서를 내고 나서야 비로소 ___을/를 펼 수 있었다.
    * ___을/를 펴다: 마음을 놓고 여유 있게 지내다.

16. 넌 얼마나 ___이/가 넓기에 이 일 저 일 다 참견하는 거니?
    * ___이/가 넓다: 쓸데없이 지나치게 아무 일에나 참견하는 면이 있다.

17. 그녀는 바쁘다는 말이 ___에 붙었다.
    * ___에 붙다: 아주 익숙하여 버릇이 되다.

18. 아이는 ___이/가 밭아 음식을 조금 먹다가 그만둔다.
    * ___이/가 밭다(짧다): 음식을 심하게 가리거나 적게 먹다.

19. 그 사람은 야무지게 생긴 얼굴 못지않게 ___이/가 여물어 함께 일하기에 편하다.
    * ___이/가 여물다(야무지다): 말이 분명하고 실속이 있다.

20. 김 교수는 토론에서 상대에게 밀려 ___을/를 싸쥐고 말았다.
    * ___을/를 싸쥐다: 무안이나 핀잔으로 얼굴을 들 수 없게 되다.

21. 그는 상대편을 보고는 속으로 ___을/를 쳤다.
    * ___을/를 치다: 남을 깔보고 비웃다.

22. 나는 학창 시절에 수학이라면 거의 ___을/를 뗐다.
    * ___을/를 떼다: 괴롭거나 어려운 상황을 벗어나느라고 진땀을 빼거나, 그것에 거의 질려 버리다.

23. 나는 이번 일도 ___을/를 짚으면 책임을 지고 사퇴를 할 생각이었다.
    * ___을/를 짚다: 잘못 알거나 잘못 예산하여 실패하다.

24. 두 선수는 한 팀에서 오랫동안 ___을/를 맞춰 왔다.
    * ___을/를 맞추다: 일을 할 때 서로의 행동이나 의향을 잘 알고 처리하여 나가다.

25. 입이 거친 그를 ___(으)로 보는 것은 당연한 일이다.
    * ___(으)로 보다: 업신여기거나 못마땅하게 여기다.

01. 가랑이	06. 말길	11. 속	16. 오지랖	21. 코웃음
02. 꼭지	07. 맛	12. 손	17. 입	22. 학
03. 땀	08. 바가지	13. 손	18. 입	23. 허방
04. 말	09. 반죽	14. 아귀	19. 입	24. 호흡
05. 말곁	10. 변죽	15. 오금	20. 코	25. 흰 눈

[01~25] 속담의 뜻풀이를 참고하여, 다음 ▨에 알맞은 어구를 쓰시오.

01. 가난한 집 ▨ 굶듯
    * 줄곧 굶기만 한다는 말

02. 가난한 집 ▨ 자랑하기
    * 실속은 없으면서 허세만 부림을 비꼬아 이르는 말

03. ▨에 돌 친다
    * 무슨 일이든지 사전에 미리 준비를 해야 함을 비유적으로 이르는 말

04. ▨도 약에 쓰려면 없다
    * 평소에 흔하던 것도 막상 긴하게 쓰려고 구하면 없다는 말

05. ▨에 (주석) 편자
    * 옷차림이나 지닌 물건 따위가 제격에 맞지 아니하여 어울리지 않음을 비유적으로 이르는 말

06. 구르는 돌은 ▨이/가 안 낀다
    * 부지런하고 꾸준히 노력하는 사람은 침체되지 않고 계속 발전한다는 말

07. ▨이/가 선산을 지킨다
    * 쓸모없어 보이는 것이 도리어 제구실을 하게 됨을 비유적으로 이르는 말

08. ▨ 미역 감듯{목욕하듯}
    * 일한 자취나 보람이 드러나지 않음을 비유적으로 이르는 말 / 일을 처리함에 있어 세밀하지 못하고 거친 것을 비유적으로 이르는 말

09. 남의 말도 ▨
    * 소문은 시일이 지나면 흐지부지 없어지고 만다는 말

10. ▨도 차면 기운다
    * 세상의 온갖 것이 한번 번성하면 다시 쇠하기 마련이라는 말 / 행운이 언제까지나 계속되는 것은 아님을 비유적으로 이르는 말

11. ▨ 치고 가재 잡는다
    * 일의 순서가 바뀌었기 때문에 애쓴 보람이 나타나지 않음을 비유적으로 이르는 말 / 한 가지 일로 두 가지 이익을 봄을 비유적으로 이르는 말

12. 동풍 안개 속에 ▨ 꼬이듯
    * 심술이 사납고 마음이 토라진 사람을 비유적으로 이르는 말

13. 똥 묻은 ▨이/가 겨 묻은 ▨ 나무란다
    * 자기는 더 큰 흉이 있으면서 도리어 남의 작은 흉을 본다는 말

14. 말 안 하면 ▨도 모른다
    * 마음속으로만 애태울 것이 아니라 시원스럽게 말을 하여야 한다는 말

15. ▨은 해야 맛이고 ▨는 씹어야 맛이다
    * 마땅히 할 말은 해야 한다는 말

16. ▨ 떡 하나 더 준다
    * 미운 사람일수록 잘해 주고 감정을 쌓지 않아야 한다는 말

17. ▨ 입고 밤길 가기
    * 생색이 나지 않는 공연한 일에 애쓰고도 보람이 없는 경우를 비유적으로 이르는 말

18. 빈대 잡으려고 ▨ 태운다
    * 손해를 크게 볼 것을 생각지 아니하고 자기에게 마땅치 아니한 것을 없애려고 그저 덤비기만 하는 경우를 비유적으로 이르는 말

19. 서리 맞은 ▨
    * 행동이 굼뜨고 힘이 없는 사람을 비유적으로 이르는 말 / 세력이 다하여 모든 희망이 좌절된 사람을 비유적으로 이르는 말

20. 아쉬운 감 장수 ▨부터 한다
    * 돈이 아쉬워서 물건답지 못한 것을 미리 내다 팖을 비유적으로 이르는 말 / 변변치 못한 일을 남보다 일찍 함을 비유적으로 이르는 말

21. 언 발에 ▨
    * 임시변통은 될지 모르나 그 효력이 오래가지 못할 뿐만 아니라 결국에는 사태가 더 나빠짐을 비유적으로 이르는 말

22. ▨ 덕에 나팔{나발} 분다
    * 남의 덕으로 당치도 아니한 행세를 하게 되거나 그런 대접을 받고 우쭐대는 모양을 비유적으로 이르는 말

23. 재미난 골에 ▨ 난다
    * 편하고 재미있다고 위험한 일이나 나쁜 일을 계속하면 나중에는 큰 화를 당하게 됨을 이르는 말 / 지나치게 재미있으면 그 끝에 가서는 좋지 않은 일이 생김을 이르는 말

24. 절에 간 ▨
    * 남이 시키는 대로 따라 하는 사람을 이르는 말 / 아무리 싫어도 남이 시키는 대로 따라 하지 아니할 수 없는 처지에 있는 사람을 이르는 말

25. 하늘 보고 ▨
    * 상대가 되지도 아니하는 보잘것없는 사람이 건드려도 꿈쩍도 아니 할 대상에게 무모하게 시비를 걸며 욕함을 비유적으로 이르는 말 / 어떤 일을 이루려고 노력을 하나 그럴 만한 능력이 없으므로 공연한 짓을 함을 비유적으로 이르는 말

01. 신주	06. 이끼	11. 도랑	16. 미운 아이{놈}	21. 오줌 누기
02. 족보	07. 굽은 나무	12. 수숫잎	17. 비단옷	22. 원님
03. 가물	08. 까마귀	13. 개, 개	18. 초가삼간	23. 범
04. 개똥	09. 석 달	14. 귀신	19. 구렁이{병아리}	24. 색시
05. 개발	10. 달	15. 말, 고기	20. 유월	25. 손가락질한다{주먹질한다}

2021 지방직 9급 기출

01 밑줄 친 부분이 바르게 쓰이지 않은 것은?

① 바쁘다더니 여긴 웬일이야?
② 결혼식이 몇 월 몇 일이야?
③ 굳은살이 박인 오빠 손을 보니 안쓰럽다.
④ 그는 주말이면 으레 친구들과 야구를 한다.

02 밑줄 친 조사의 쓰임이 옳은 것은?

① 언니는 아버지의 딸로써 부족함이 없다.
② 대화로서 서로의 갈등을 풀 수 있을까?
③ 드디어 오늘로써 그 일을 끝내고야 말았다.
④ 시험을 치는 것이 이로서 세 번째가 됩니다.

03 단어의 뜻풀이가 옳지 않은 것은?

① 반나절: 하루 낮의 반
② 달포: 한 달이 조금 넘는 기간
③ 그끄저께: 오늘로부터 사흘 전의 날
④ 해거리: 한 해를 거른 간격

2021 지방직 9급 기출 변형

01 밑줄 친 부분이 모두 어법에 맞게 쓰인 것은?

① 상사의 승락이 떨어지지 않아 좋은 기회를 번번히 놓쳤다.
② 쓰레기를 처내고 나니 한 걸음도 더 걷지 못하리만큼 지쳤다.
③ 짐작컨대, 영희는 시청에서 일하는 공무원이예요.
④ 어떻게 매번 칠칠치 못하다는 꾸중을 듣는지 모르겠다.

02 조사에 대한 설명으로 가장 옳지 않은 것은?

① '물고기가 그물에 걸리다'의 '가'는 주격 조사이지만, '고래는 물고기가 아니다'의 '가'는 보격 조사이다.
② '나는 사과를 제일 좋아한다'의 '는'은 주격 조사이지만, '사과는 먹어도 배는 먹지 마라'의 '는'은 보조사이다.
③ '영수는 철수하고 닮았다'의 '하고'는 부사격 조사이지만, '영수하고 철수는 학교에 갔다'의 '하고'는 접속 조사이다.
④ '우리 학교에서 우승을 차지했다'의 '에서'는 주격 조사이지만, '어느 학교에서 있었던 일이다'의 '에서'는 부사격 조사이다.

03 밑줄 친 어휘의 뜻풀이로 바르지 못한 것은?

① 남의 물건에 무단히 손을 대어서는 안 된다.
  - 무단히: 사전에 허락이 없이
② 훈민이는 신참이라서 업무 처리가 좀 머줍다.
  - 머줍다: 동작이 둔하고 느리다.
③ 우리는 와르르 술을 안다미로 붓고 술잔을 부딪쳤다.
  - 안다미로: 담은 것이 그릇에 넘치도록 많이
④ 일곱 살이라고 하기에는 아이가 하는 행동이 너무 자깝스러웠다.
  - 자깝스럽다: 말이나 행동이 조급하고 경망스러운 데가 있다.

04 ㉠~㉣에 대한 설명으로 옳지 않은 것은?

　이때는 오월 단옷날이렷다. 일 년 중 가장 아름다운 시절이라. ㉠이때 월매 딸 춘향이도 또한 시서 음률이 능통하니 천중절을 모를쏘냐. 추천을 하려고 향단이 앞세우고 내려올 제, 난초같이 고운 머리 두 귀를 눌러 곱게 땋아 봉황 새긴 비녀를 단정히 매었구나. [중략] 장림 속으로 들어가니 ㉡녹음방초 우거져 금잔디 좌르르 깔린 곳에 황금 같은 꾀꼬리는 쌍쌍이 날아든다. 버드나무 높은 곳에서 그네 타려 할 때, 좋은 비단 초록 장옷, 남색 명주 홑치마 훨훨 벗어 걸어 두고, 자주색 비단 꽃신을 썩썩 벗어 던져두고, 흰 비단 새 속옷 턱밑에 훨씬 추켜올리고, 삼 껍질 그넷줄을 섬섬옥수 넌지시 들어 두 손에 갈라 잡고, 흰 비단 버선 두 발길로 훌쩍 올라 발 구른다. [중략] ㉢한 번 굴러 힘을 주며 두 번 굴러 힘을 주니 발밑에 작은 티끌 바람 쫓아 펄펄, 앞뒤 점점 멀어 가니 머리 위의 나뭇잎은 몸을 따라 흔들흔들. 오고 갈 제 살펴보니 녹음 속의 붉은 치맛자락 바람결에 내비치니, 높고 넓은 흰 구름 사이에 번갯불이 쏘는 듯 잠깐 사이에 앞뒤가 바뀌는구나. [중략] 무수히 진퇴하며 한참 노닐 적에 시냇가 반석 위에 옥비녀 떨어져 쟁쟁하고, '비녀, 비녀' 하는 소리는 산호채를 들어 옥그릇을 깨뜨리는 듯. ㉣그 형용은 세상 인물이 아니로다.

　　　　　　　　　　　　　　　　　- 작가 미상, 〈춘향전〉

① ㉠: 설의적 표현을 통해 춘향이도 천중절을 당연히 알 것이라는 점을 서술하고 있다.
② ㉡: 비유법을 사용하고 음양이 조화를 이룬 아름다운 봄날의 풍경을 서술하고 있다.
③ ㉢: 음성 상징어를 사용하여 춘향의 그네 타는 모습을 시각적으로 서술하고 있다.
④ ㉣: 서술자의 편집자적 논평을 통해 춘향이의 내면적 아름다움을 서술하고 있다.

04 ㉠~㉣에 대한 설명으로 옳지 않은 것은?

　이때 무릉촌 장 승상 댁 부인이 심 소저의 글을 벽에 걸어 두고 날마다 징험하되 빛이 변하지 아니하더니, ㉠하루는 글 족자에 물이 흐르고 빛이 변하여 검어지니, '심 소저가 물에 빠져 죽었는가?' 하여 무수히 슬퍼하고 탄식하더니, 이윽고 물이 걷고 빛이 황홀해지니, 부인이 괴이히 여겨 '누가 구하여 살아났는가?' 하며 십분 의혹하나 ㉡어찌 그러하기 쉬우리오.

[가운데 부분의 줄거리] 인당수에 몸을 던진 심청은 용궁에서 극진한 대접을 받고, 광한전 옥진 부인이 된 어머니를 만나게 된다.

　부인이 울며 말하기를,
　"나는 죽어 귀히 되어 인간 생각 아득하다. 너의 부친 너를 키워 서로 의지하였다가 너조차 이별하니, 너 오던 날 그 모습이 오죽하랴. 내가 너를 보니 반가운 마음이야 너의 부친 너를 잃은 설움에다 비길쏘냐. 묻노라. 너의 부친 가난에 절어 그 모습이 어떠하냐? 응당 많이 늙었으리라. 그간 십수 년에 홀아비나 면했으며, 뒷마을 귀덕 어미 네게 극진하지 않더냐?"
　얼굴도 대어 보며, 수족도 만져 보며,
　"귀와 목이 희니 너의 부친 같기도 하다. 손과 발이 고운 것은 어찌 아니 내 딸이랴. 내 끼던 옥지환도 네가 지금 가졌으며, '수복강녕', '태평 안락' 양편에 새긴 돈 붉은 줌치 청홍 당사 벌매듭도 애고 네가 찼구나. 아비 이별하고 어미 다시 보니 ㉢다 갖추기 어려운 건 인간 고락이라. 그러나 ㉣오늘날 나를 다시 이별하고 너의 부친을 다시 만날 줄을 네가 어찌 알겠느냐? 광한전 맡은 일이 직분이 허다하여 오래 비우기 어렵기로 도리어 이별하니 애통하고 딱하나 내 맘대로 못 하나니 한탄한들 어이할쏘냐. 후에 다시 만나 즐길 날이 있으리라."

　　　　　　　　　　　　　　　　　- 작가 미상, 〈심청전〉

① ㉠: 전기적 요소를 활용하여 인물이 처한 상황을 암시하고 있다.
② ㉡: 서술자가 개입하여 인물의 생각을 논평하고 있다.
③ ㉢: 영탄적 어조로 심청의 초라한 행색에 대한 안쓰러움을 나타내고 있다.
④ ㉣: 설의법을 사용하여 향후 전개될 사건을 미리 드러내고 있다.

05 다음 대화에 대한 설명으로 적절한 것은?

> A: 지난번 제안서 프레젠테이션을 마친 후 "검토하고 연락드리겠습니다."라고 답변을 받았는데 아직 별다른 연락이 없어서 고민이에요.
> B: 어떤 연락을 기다리신다는 거예요?
> A: 해당 사업에 관하여 제 제안서를 승낙했다는 답변이잖아요. 그런데 후속 사업 진행을 위해 지금쯤 연락이 와야 할 텐데 싶어서요.
> B: 글쎄요. 보통 그런 상황에서는 완곡하게 거절하는 의사 표현이라 볼 수 있어요. 그리고 해당 고객이 제안서 내용은 정리가 잘되었지만, 요즘 같은 코로나 시기에는 이전과 동일한 사업적 효과가 있을지 궁금하다고 말한 것을 보면 알 수 있죠.
> A: 네, 기억납니다. 하지만 궁금하다고 말한 것이지 사업을 수용하지 않는다는 것은 아니지 않나요? 답변을 할 때도 굉장히 표정도 좋고 박수도 쳤는데 말이죠. 목소리도 부드러웠고요.

① A와 B는 고객의 답변에 대해 제안서 승낙이라는 의미로 동일하게 이해한다.
② A는 동일한 사업적 효과가 있을지 궁금하다는 표현을 제안한 사업에 대한 부정적 평가라고 판단한다.
③ B는 고객이 제안서에 의문을 제기한 내용을 근거로 고객의 답변에 대해 판단한다.
④ A는 비언어적 표현을 바탕으로 하여 고객의 답변을 제안서에 대한 완곡한 거절로 해석한다.

05 다음 대화에 대한 설명으로 적절하지 않은 것은?

> 훈민: 이번 달 축제에 가수 A 씨의 출연이 결정되었다면서?
> 정음: 응. 그런데 섭외할 때 요새 스케줄이 너무 많아서 어떨지 모르겠다고 했잖아? 난 그 말이 출연을 우회적으로 거절한 거라고 생각했거든.
> 훈민: 나중에 매니저를 통해 알아보니 A 씨가 지난달에 비해 이번 달 스케줄이 많은 건 사실이더라고. 그렇지만 A 씨의 부인이 우리 학교 동문이니 최대한 스케줄을 맞춰 볼 거라고 생각했지.
> 정음: 설마, 부인이 나온 학교라서 그랬을라고 뭐, 섭외 당시의 분위기는 좋았어. 용비의 좀 무례한 농담에도 기분 좋게 웃어 줬고.
> 훈민: 난 용비의 농담 때문에 A 씨가 거절하면 어쩌나 조마조마하더라. 억지로 웃는 것처럼 보였거든.

① 훈민과 정음은 A의 비언어적 표현을 서로 다르게 해석했다.
② 정음과 달리 훈민은 A의 가족 관계가 출연 결정에 영향을 미쳤을 거라고 생각했다.
③ 훈민과 정음은 A가 출연 요청을 수락할 것이라고 예측한 근거를 서로 다르게 들었다.
④ 특정 발언에 대해, 정음은 그것을 간접적인 의사 표현으로 해석했고 훈민은 후속 조사를 통해 그 진위를 확인했다.

06 다음 글의 내용과 부합하지 않는 것은?

> 무슈 리와 엄마는 재혼한 부부다. 내가 그를 아버지라고 부르기 어려운 것은 거의 그런 말을 발음해 본 적이 없는 습관의 탓이 크다.
> 나는 그를 좋아할뿐더러 할아버지 같은 이로부터 느끼던 것의 몇 갑절이나 강한 보호 감정—부친다움 같은 것도 느끼고 있다.
> 그러나 나는 그의 혈족은 아니다.
> 무슈 리의 아들인 현규와도 마찬가지다. 그와 나는 그런 의미에서는 순전한 타인이다. 스물두 살의 남성이고 열여덟 살의 계집아이라는 것이 진실의 전부이다. 왜 나는 이 일을 그대로 알아서는 안 되는가?
> 나는 그를 영원히 아무에게도 주기 싫다. 그리고 나 자신을 다른 누구에게 바치고 싶지도 않다. 그리고 우리를 비끄러매는 형식이 결코 '오누이'라는 것이어서는 안 될 것을 알고 있다.
> 나는 또 물론 그도 나와 마찬가지로 같은 일을 생각하고 있기를 바란다. 같은 일을—같은 즐거움일 수는 없으나 같은 이 괴로움을.
> 이 괴로움과 상관이 있을 듯한 어떤 조그만 기억, 어떤 조그만 표정, 어떤 조그만 암시도 내 뇌리에서 사라지는 일은 없다. 아아, 나는 행복해질 수는 없는 걸까? 행복이란, 사람이 그것을 위하여 태어나는 그 일을 말함이 아닌가?
> 초저녁의 불투명한 검은 장막에 싸여 짙은 꽃향기가 흘러든다. 침대 위에 엎드려서 나는 마침내 느껴 울고 만다.
> — 강신재, 〈젊은 느티나무〉

① '나'는 '현규'도 '나'와 같은 감정을 갖고 있기를 기대하고 있다.
② '나'와 '현규'는 혈연적으로는 아무런 관계가 없는 타인이며, 법률상의 '오누이'일 뿐이다.
③ '나'는 '현규'에 대한 감정 때문에 '무슈 리'를 아버지로 부르는 것에 거부감을 갖고 있다.
④ '나'는 사회적 인습이나 도덕률보다는 '현규'에 대한 '나'의 감정에 더 충실해지고 싶어 한다.

06 다음 글의 내용과 부합하는 것은?

> "훈아, 너희 담임 선생님이 그러시는데 너는 인문계보다는 이공계가 더 적성에 맞는대. 좀 좋아. 공대 같은 데 가면 요새 공장이 많이 생겨서 공대 출신이 제일 잘 팔린다더라. 넌 큰 기업체에 취직해서 착실하게 일해서 돈도 모으고 연애도 하고 결혼도 해서 살림 재미도 보고 재산도 늘리고, 그러고 살아야 돼. 문과 가서 뭐 하겠니? 그야 상대나 법대로도 풀릴 수 있지만 그게 그리 쉬우냐, 까딱하단 문학이나 철학이나 하기가 꼭 알맞지. 아서라 아서. 사람이 어떡하면 편하고 재미나게 사느냐를 생각하지 않고, 사람은 왜 사나, 뭐 이런 게지. 돈을 어떡허면 많이 벌 수 있나 하는 생각보다 돈은 왜 버나, 뭐 이런 생각 말이야. 그리고 오늘 고깃국을 먹었으면 내일은 갈비찜을 먹을 궁리를 하는 게 순선데, 내 이웃은 우거짓국도 못 먹었는데 나만 고깃국을 먹은 게 아닌가 하고 이미 배 속에 든 고깃국조차 의심하는 바보짓 말이다. 이렇게 자꾸 생각이 빗나가기 시작하면 영 사람 버리고 마는 거야. 어떡허든 너는 이 사회에 순응해서 이득을 보는 사람이 돼야지 괜히 사회의 병폐란 병폐는 도맡아 허풍을 떨면서 앓는 소리를 내는 사람이 될 건 없잖아."
> "고모, 아버지가 그런 사람이었나요?"
> 훈이가 내 말의 중턱을 자르며 푸듯이 말했다. 나는 당황했다. 훈이가 아버지에 대해 뭘 물어본 게 이번이 처음이라 그렇기도 했지만, 내가 오빠에 대해 오랫동안 몰래 추측하고 있던 걸 훈이한테 느닷없이 들키고 만 것 같아 더 그랬다.
> 나는 아니라고 강하게 부인하고 다시 아까 한 소리를 간곡하게 되풀이했다. 내 말에 감동했는지 귀찮아서 그랬는지 아무튼 훈이는 내가 옮겨 준 대로 이과에 잘 다녔다. 그러나 형편없이 성적은 떨어졌다.
> — 박완서, 〈카메라와 워커〉

① '나'는 훈이를 이과로 전과시키기 위해 오빠의 과거 이야기를 실토하였다.
② '나'는 훈이가 문과를 선택하면 오빠의 삶을 답습할 수 있다고 걱정하였다.
③ '나'는 오빠가 사회의 병폐에 희생된 것에 억울함을 느끼고 있었다.
④ '나'는 훈이가 일신상의 안녕을 도모한 이후에야 사회 문제에 관심을 갖기를 바랐다.

07 ㉠에 들어갈 한자 성어로 적절한 것은?

> "집안 내력을 알고 보믄 동기간이나 진배없고, 성환이 이 자는 대학생이 됐으니께 상의도 오빠걸이 그렇게 알아놔라." 하고 장씨 아저씨는 말하는 것이었다. 그러나 상의는 처음 만났을 때도 그랬지만 두 번째도 거부감을 느꼈다. 사람한테 거부감을 느꼈기보다 제복에 거부감을 느꼈는지 모른다. 학교 규칙이나 사회의 눈이 두려웠는지 모른다. 어쨌거나 그들은 청춘남녀였으니까. 호야 할매 입에서도 성환이 이름이 나오기론 이번이 처음이 아니었다.
>
> "㉠, 손주 때문에 눈물로 세월을 보내더니, 이자는 성환이도 대학생이 되었으니 할매가 원풀이 한풀이를 다 했을 긴데 아프기는 와 아프는고, 옛말 하고 살아야 하는 긴데."
>
> – 박경리, 〈토지〉

① 오매불망(寤寐不忘) ② 망운지정(望雲之情)
③ 염화미소(拈華微笑) ④ 백아절현(伯牙絶絃)

07 ㉠에 들어갈 한자 성어로 적절한 것은?

> "그런 현금을 마치 가져가 달라는 듯 집에 두었다는 것은 아무래도 이상하지 않소?" [중략]
> "그럼 그 돈 있는 것을 어찌 알았을까?"
> "그거는 나도 궁금하오."
> "내부 사정을 잘 아는 놈의 소행인 듯한데."
> "아까 당신네들은 대일본 제국 경찰의 치욕이다, 그런 말을 했는데, 이거는 내 이도영의 치욕이오. 내가 친일파라는 것은 세상이 더러 아는 일이지마는, 이제는 세상 사람 놀림감이 되지 않겠소? 진주 사람이 드세다는 것은 당신네들이 더 잘 알 기요. 나도 돈의 문제보다 이 아무개가 친일을 해서 돈냥이나 벌더니 가정부* 사람들이 와서 칼 딜이대고 털어 갔다, 속이 씨원하다, 그렇기들 입방아를 찧어 쌓으면 내 장사는 어찌 되겠소. 당신네들 치안이 물샐틈없었다면 이런 일이 일어났겠소? ㉠ (이)라더니 피해자를 보고 머 어째요?"
> "아아, 아 고정하시오. 우리도 신경이 곤두서다 보니, 언짢은 점이 있더라도 양해하시오."
> 계속 땀을 흘리고 얼굴이 새파랗게 돼 있던 이도영은 성질을 내다가 자리에 픽 쓰러졌다. 혼절을 했던 것이다.
>
> – 박경리, 〈토지〉

* 가정부(假政府): 상해 임시 정부

① 賊反荷杖 ② 不偏不黨
③ 明若觀火 ④ 附和雷同

08 ㉠~㉣이 지시하는 대상이 다른 것은?

　수박을 먹는 기쁨은 우선 식칼을 들고 이 검푸른 ㉠구형의 과일을 두 쪽으로 가르는 데 있다. 잘 익은 수박은 터질 듯이 팽팽해서, 식칼을 반쯤만 밀어 넣어도 나머지는 저절로 열린다. 수박은 천지개벽하듯이 갈라진다. 수박이 두 쪽으로 벌어지는 순간, '앗' 소리를 지를 여유도 없이 초록은 ㉡빨강으로 바뀐다. 한 번의 칼질로 이처럼 선명하게도 세계를 전환시키는 사물은 이 세상에 오직 수박뿐이다. 초록의 껍질 속에서, ㉢새까만 씨앗들이 별처럼 박힌 선홍색의 바다가 펼쳐지고, 이 세상에 처음 퍼져 나가는 비린 향기가 마루에 가득 찬다. 지금까지 존재하지 않던, ㉣한바탕의 완연한 아름다움의 세계가 칼 지나간 자리에서 홀연 나타나고, 나타나서 먹히기를 기다리고 있다. 돈과 밥이 나오지 않았다 하더라도, 이것은 필시 흥부의 박이다.

　　　　　　　　　　　　　　　　　　　- 김훈, 〈수박〉

① ㉠　　　　② ㉡
③ ㉢　　　　④ ㉣

08 ㉠~㉣ 중 의미하는 바가 다른 하나는?

　이제는 가고 안 계신 한 노사(老師)로부터 들은 이야기다. 내게는 생생하게 살아 있는 노사의 모습이다.
　㉠산에서 살아 보면 누구나 다 아는 일이지만, 겨울철이면 나무들이 많이 꺾인다. 모진 비바람에도 끄떡 않던 아름드리나무들이, 꿋꿋하게 고집스럽기만 하던 그 소나무들이 ㉡눈이 내려 덮이면 꺾이게 된다. 가지 끝에 사뿐사뿐 내려 쌓이는 그 가볍고 하얀 눈에 꺾이고 마는 것이다.
　깊은 밤, 이 골짝 저 골짝에서 나무들이 꺾이는 메아리가 울려올 때, 우리들은 잠을 이룰 수 없다. 정정한 나무들이 부드러운 것 앞에서 넘어지는 그 의미 때문일까. 산은 한겨울이 지나면 앓고 난 얼굴처럼 수척하다.
　사밧티의 온 시민들을 공포에 떨게 하던 살인귀 앙굴리말라를 귀의시킨 것은 부처님의 불가사의한 신통력이 아니었다. 그것은 오로지 ㉢자비였다. 아무리 흉악무도한 살인귀라 할지라도 차별 없는 훈훈한 사랑 앞에서는 돌아오지 않을 수 없었던 것이다.
　바닷가의 조약돌을 그토록 둥글고 예쁘게 만든 것은 무쇠로 된 정이 아니라, 부드럽게 쓰다듬는 ㉣물결이다.

　　　　　　　　　　　　　　　　　　　- 법정, 〈설해목〉

① ㉠　　　　② ㉡
③ ㉢　　　　④ ㉣

09 다음 글의 내용과 부합하는 것은?

미국의 어머니들은 자녀와 함께 놀이를 할 때 특정 사물에 초점을 맞추고 그 사물의 속성을 아이들에게 가르친다. 사물의 속성 자체에 관심을 기울이도록 훈련받은 아이들은 스스로 독립적인 행동을 하도록 교육받는다. 미국에서는 아이들에게 의사소통을 가르칠 때 자신의 생각을 분명하게 표현하고 말하는 사람의 입장에서 대화에 임해야 하며, 대화 과정에서 오해가 발생하면 그것은 말하는 사람의 잘못이라고 강조한다.

반면에 일본의 어머니들은 대상의 '감정'에 특별히 신경을 써서 가르친다. 특히 자녀가 말을 안 들을 때에 그러하다. 예를 들어 "네가 밥을 안 먹으면, 고생한 농부 아저씨가 얼마나 슬프겠니?", "인형을 그렇게 던져 버리다니, 저 인형이 울잖아. 담장도 아파하잖아." 같은 말들로 꾸중하는 모습을 자주 볼 수 있다. 다른 사람과의 관계에 초점을 맞춘 훈련을 받은 아이들은 자신의 생각을 드러내기보다는 행동에 영향을 받는 다른 사람들의 감정을 미리 예측하도록 교육받는다. 곧 일본에서는 아이들에게 듣는 사람의 입장에서 말할 것을 강조한다.

① 미국의 어머니는 듣는 사람의 입장, 일본의 어머니는 말하는 사람의 입장을 강조한다.
② 일본의 어머니는 사물의 속성을 아는 것이 관계를 아는 것보다 더 중요하다고 생각한다.
③ 미국의 어머니는 어떤 일을 있는 그대로 보지 말고 이면에 있는 감정을 읽어야 한다고 생각한다.
④ 미국의 어머니는 자녀가 독립적인 행동을 하도록 교육하며, 일본의 어머니는 자녀가 타인의 감정을 예측하도록 교육한다.

09 다음 글의 내용과 부합하지 않는 것은?

월대(月臺)는 조선 시대 궁궐과 사당 등 주요 건물 앞에 설치된 널찍한 단을 말한다. 경복궁 근정전, 종묘 정전, 성균관 명륜당 월대가 대표적이다. 월대 중앙에 약 7m 너비의 임금이 다니던 길이었던 어도(御道)를 두고 양옆에 '신하의 길'이 있는 삼단 구도로 돼 있다. 신하는 입궐할 때 월대 앞 해태상이 있는 지점에서 말에서 내려 걸어 들어가야 했다.

광화문 월대가 역사 기록에 처음 등장한 것은 《세종실록》에서다. 1431년(세종 13년) 예조 판서 신상이 광화문 앞에 월대를 설치하자고 건의했으나 세종이 농번기에 인력을 동원할 수 없다는 이유로 불허했다는 내용이 그것이다. 세종이 내린 월대 건축 금지령은 400년 넘게 지켜졌다. 1866년 고종 때 섭정으로 실권을 쥔 아버지 흥선 대원군이 임진왜란 후 270여 년 동안 폐허였던 경복궁을 중건하며 정문인 광화문의 품격을 높이기 위해 월대를 쌓았다. 하지만 일제가 1923년 전차 선로를 설치하며 철거했다.

광화문 월대는 왕권의 영역인 궁궐과 신하·백성들의 영역을 구별하는 경계이자, 왕과 백성이 만나는 소통의 공간이었다. 이곳에서 백성들의 상언*을 받았고, 어려운 백성들에게는 구휼미를 나눠 줬다. 월대에서 외국의 칙사들을 맞이하고, 무과 시험·산대놀이 등 각종 행사가 열렸다는 기록도 있다.

* 상언(上言): 임금에게 글을 올려 민원을 제기하는 문서

① 조선 시대에 입궐하는 신하는 말을 타고 월대를 지나지 못했다.
② 경복궁 중건 시기에 광화문 월대가 새롭게 설치되었다.
③ 세종 이후 1866년까지 궁궐에 월대를 지으려는 시도는 일어나지 않았다.
④ 월대는 조선 시대에 왕과 백성의 소통 공간으로 궁궐에만 존재했다.

10 다음 글의 결론으로 가장 적절한 것은?

인공 지능[AI]은 비즈니스 패러다임을 획기적으로 바꾸고 있다. 인공 지능은 생물학 분야에도 광범위하게 영향을 미칠 것이며, 애완동물이 인공 지능[AI]으로 대체될 수도 있을 것이다. 인공 지능[AI]은 스스로 수학도 풀고 글도 쓰고 바둑을 두며 사람을 이길 수도 있다. 어느 영화에서처럼 실제로 인간관계를 대신할 수도 있다. 인공 지능[AI]은 배우면서 성장할 수도 있다. 인공 지능[AI]이 사람보다 똑똑해질 수 있을지도 모른다.

인공 지능[AI]이 사람보다 똑똑해질 수 있는지는 차치하고, 인공 지능[AI]이 사람을 게으르게 만들 수도 있지 않을까? 이 게으름은 우리의 건강과 행복, 그리고 일상생활의 패턴을 바꿔 놓을 수도 있다.

인공 지능[AI]이 앱을 통해 좀 더 편리한 삶을 제공하여 사람의 뇌를 어떻게 바꾸는지를 일상에서 보여 주는 대표적 사례가 바로 GPS다. 불과 몇 년 전만 해도 지도를 보고 스스로 거리를 가늠하고 도착 시간을 계산했던 운전자들은 이 내비게이션의 등장으로 어디에서 어떻게 가라는 기계 속 음성에 전적으로 의존하기 시작했다. 예전의 방식으로도 충분히 잘 찾아가던 길에서조차 습관적으로 내비게이션을 켠다. 이것이 없으면 자주 다니던 길도 제대로 찾지 못하고 멀쩡한 어른도 길을 잃는다.

이와 같이 기계에 의존해서 인간이 살아가는 사례는 오늘날 우리의 두뇌가 게을러진 것을 보여 주는 여러 사례 가운데 하나일 뿐이다. 삶을 더 편하게 해 준다며 지름길을 제시하는 도구들이 도리어 우리의 기억력과 창조력을 퇴보시키고 있다. 인간을 태만하고 나태하게 만들어 뇌의 가장 뛰어난 영역인 상상력을 활용하지 않도록 만드는 것이다.

① 인간의 인공 지능[AI]에 대한 독립성은 지속적으로 증가하게 될 것이다.
② 인공 지능[AI]으로 인해 인간의 두뇌가 게을러지는 부작용이 발생하게 될 것이다.
③ 인공 지능[AI]은 인간을 능가하는 사고력을 가질 것이다.
④ 인공 지능[AI]은 궁극적으로 상상력을 가지게 될 것이다.

10 글쓴이가 궁극적으로 말하고자 하는 바로 가장 적절한 것은?

해거리는 과실이 한 해에 많이 열리면 그다음 해에 결실량이 현격히 줄어드는 현상을 말한다. 감나무, 대추나무, 밤나무처럼 우리가 아는 많은 나무가 해거리를 한다. 해거리는 정신없이 달리다가 천천히 한 해를 쉬는 '나무들의 안식년'인 셈이다.

하지만 과실을 수확해야 하는 농부 처지에선 수확량 감소는 난감한 일이 아닐 수 없다. 그래서 해거리를 방지하고자 이들이 하는 일이 '가지치기'다. 썩은 가지는 물론이고 복잡한 잔가지와 큰 가지를 '미리' 잘라 병충해를 막고 성장을 돕는 것이다.

'해거리'와 '가지치기'는 '힘과 쉼'처럼 우리에게 필요한 양면의 지혜다. 더 빨리 달리기 위해 멈추고, 더 가득 채우기 위해 비우는 자연과 인간 모두의 지혜이기 때문이다. 힘과 쉼은 얼핏 정반대 성질처럼 보이지만 실은 동전의 양면처럼 붙어 있다. 힘을 빼고 천천히 멈춘 상태가 '쉼'이기 때문이다. 더 높은 성장을 위해 힘을 내고, 달리고 나면 반드시 힘을 빼야 한다. 이것이 해거리를 하는 감나무와 가지치기를 하는 성실한 농부에게 우리가 배워야 할 지혜다. 가지치기하는 농부의 마음은 지금 휑하게 잘린 텅 빈 가지에 있지 않다. 그들 눈은 더 많은 열매가 달린 미래의 나무를 본다.

① 적절한 휴식과 비움은 성장의 원동력이다.
② 더 나은 미래를 위해서는 희생정신이 필요하다.
③ 농부의 지혜로 더 많은 결실을 이룰 수 있다.
④ 자연의 순리를 통해 인간 세상의 진리를 터득한다.

11 다음 글에 대한 이해로 적절한 것은?

> 국제기구인 유엔은 영어, 중국어, 러시아어, 프랑스어, 스페인어, 아랍어 등이 공용어로 사용되나 그곳에 근무하는 모든 외교관들이 이 공용어들을 전부 다 잘해야 하는 것은 아니다. 유럽 연합에서의 공용어 개념도 유엔에서의 경우와 마찬가지로 여러 공용어 중 하나만 알아도 공식 업무상 불편이 없게끔 한다는 것이지 모든 유럽 연합인들이 열 개가 넘는 공용어를 전부 다 배워야 하는 것은 아니다.
>
> 마찬가지 논리로 우리가 만일 한국어와 영어를 공용어로 지정한다면 이는 한국에서는 한국어와 영어 중 어느 하나만 알기만 하면 공식 업무상 불편이 없게끔 국가에서 보장한다는 뜻이지 모든 한국인들이 영어를 할 줄 알아야 된다는 뜻은 아니다. 따라서 우리가 영어를 한국어와 함께 공용어로 지정하기만 하면 모든 한국인이 영어를 잘할 수 있게 되리라는 믿음은 공용어의 개념을 제대로 이해하지 못한 데서 오는 망상에 불과하다.

① 유엔에서 근무하는 외교관들은 유엔의 공용어를 다 구사하지 않으면 안 된다.
② 유럽 연합은 복수의 공용어를 지정하여 공무상 편의를 도모하였다.
③ 한국에서 영어를 공용어로 지정하면 한국인들은 영어를 다 잘할 수 있을 것이다.
④ 한국에서 머지않아 영어가 공용어로 지정될 것이다.

11 다음 글에 대한 이해로 적절한 것은?

> 달은 점점 지구에서 멀어지고 지구의 자전 주기는 점점 더 길어진다. 이렇게 달은 매년 38mm씩 지구에서 멀어진다. 지구의 자전 주기는 매년 백만 분의 17초 정도 느려진다. 지구 자전이 해마다 느려지면 그만큼 하루가 길어진다. 반대로 초기 지구의 하루는 지금보다 더 짧았을 것이다. 실제로 공룡이 활보하던 수억 년 전에는 지구의 하루가 23시간이었다. 고생물학과 지질학의 도움을 얻으면 실제로 지구의 자전 주기가 느려지고 있음을 확인할 수 있다.
>
> 미국의 고생물학자인 존 웰스는 산호 화석의 성장선 개수를 세어 고대에는 하루의 길이가 지금보다 더 짧았다는 것을 직접적으로 확인했다. 산호는 밤과 낮에 따라 그 성장 속도가 달라진다. 웰스는 데본기(4억 1천6백만 년 전~3억 6천만 년 전) 중기의 산호 화석을 조사했다. 산호는 밤과 낮에 따라 생장 속도에 차이가 나기 때문에 화석에는 하루의 변화를 나타내는 성장선이 나타나 있다. 좀 더 넓은 무늬마루는 일 년의 변화로 이해할 수 있어서 이들 사이의 미세한 성장선(약 50마이크론)을 세면 일 년의 날수를 셀 수 있는 것이다. 이것은 원리적으로 나무의 나이테와도 같다.
>
> 이런 식으로 웰스는 중기 데본기의 1년의 날수가 365일보다 더 많은 400일 정도(샘플에 따라 약 385~410일)임을 쉽게 알 수 있었다. 1년이 400일이면 하루의 시간은 약 22시간에 해당한다(24×365/400=21.9). 즉 웰스의 데이터를 이용하면 지금부터 약 4억 년 정도 전에는 하루의 길이가 22시간이었다는 결론을 얻는다.

① 달과 지구 사이의 거리는 점차 벌어지고 지구의 자전 속도는 점점 느려지고 있다.
② 공룡이 지구를 활보했던 시기는 데본기 중기보다 더 이전이다.
③ 지구의 자전 주기가 길어지기 때문에 수억 년 전 지구의 1년 날수는 지금보다 적었다.
④ 1년 동안 최근에 만들어진 산호의 성장선 수는 같은 기간 중기 데본기 때 만들어진 산호의 성장선보다 더 많다.

12 다음 글의 내용과 부합하지 않는 것은?

인터넷이 있는 곳이면 어디나 악플이 있기 마련이지만, 한국은 정도가 심하다. 악플러들 가운데는 피해 의식과 열등감에 시달리는 이들이 많다고 한다. 그들에게 악플의 즐거움은 무엇인가. 자신이 올린 글 한 줄에 다른 사람들이 동요하는 모습을 보면서 자기 효능감[self-efficacy]을 맛볼 수 있다. 아무에게도 영향력을 행사하지 못하고 자신의 삶과 환경을 통제하지도 못하면서 무력감에 시달리는 사람일수록 공격적인 발설로 자기 효능감을 느끼려 한다.

그런데 자기 효능감은 상대방의 반응에 좌우된다. 마구 욕을 퍼부었는데 상대방이 별로 개의치 않는다면, 계속할 마음이 사라질 것이다. 무시당했다는 생각에 오히려 자괴감에 빠질 수도 있다. 개인주의가 안착된 사회에서는 자신을 향한 비판에 대해 '그건 너의 생각'이라면서 넘겨 버리는 사람들이 많다. 말도 안 되는 욕설이나 험담이 날아오면 제정신이 아닌 사람의 소행으로 웃어넘기거나 법적인 조치를 취할 것이다.

개인주의는 여러 속성을 지니고 있지만, 자신의 존재 가치를 스스로 매긴다는 긍정적 측면이 있다. 한국에는 그런 의미에서의 개인주의가 뿌리내리지 못했다. 남에 대해 신경을 너무 곤두세운다. 그것은 두 가지 차원으로 나뉘는데, 한편으로 타인에게 필요 이상의 관심을 보이면서 참견하고 타인의 영역을 침범한다. 다른 한편으로 자기에 대한 타인의 평가와 반응에 너무 예민하다. 이 두 가지 특성이 인터넷 공간에서 맞물려 악플을 양산한다. 우선 다른 사람들에게 너무 쉽게 험담을 늘어놓고 당사자에게 악담을 던진다. 그렇게 약을 올리면 상대방이 발끈하거나 움츠러든다. 이따금 일파만파로 사회가 요동을 치기도 한다. 악플러의 입장에서는 재미가 쏠쏠하다. 예상했던 피드백을 즉각적으로 받으면서 자기 효능감을 맛볼 수 있기 때문이다.

① 악플러는 자신의 말에 타인이 동요하는 것을 보면서 자기 효능감을 느낀다.
② 개인주의자는 악플에 무반응함으로써 악플러를 자괴감에 빠지게 할 수 있다.
③ 자신의 삶을 잘 통제하는 악플러일수록 타인을 더욱 엄격한 잣대로 비판한다.
④ 한국에서 악플이 양산되는 것은 한국인들이 타인에 대해 신경을 많이 쓰는 것과 관계가 있다.

12 다음 글의 내용과 부합하는 것은?

금은 인류가 구리 다음으로 가장 먼저 사용한 금속으로, 그 고유한 성질 때문에 먼 옛날부터 여러 분야에서 이용되었다. 금은 전성과 연성이 뛰어나 가공하기 쉽고, 광택이 나며 녹슬거나 변하지 않고 피부에 닿아도 전혀 해가 없다. 그래서 인류는 아주 오래전부터 금을 얇은 박이나 가는 실로 만들어 몸에 지니는 아름다운 장신구로 사용해 왔다.

또한, 금은 인체의 어떤 물질과도 반응하지 않고 변하지 않아 치과용 재료로 사용되었다. 기록에 의하면 금은 3천 년 전부터 치과용 재료로 사용되었다고 한다. 기원전 7세기경 이탈리아 반도에 살았던 에트루리아 사람들은 이가 빠지면 금박으로 인공 치아를 만들어 사용했고 이가 흔들리면 금박을 이용해 고정했다는 기록이 있다. 한편, 동양에서는 오래전부터 금을 약재로 쓰기도 했다. 《동의보감》 등의 의학 서적에는 금이 신경 안정 효과가 있다는 기록이 있다. 그래서 지금도 뇌 질환이나 신경성 질환에 사용하는 한약인 우황청심환의 겉을 순도 높은 금으로 코팅한다.

인류는 오래전부터 금의 가치를 알아보고 귀한 물질로 대접하였다. 그러면서 자연스럽게 화폐로 사용하기 시작했다. 기원전 7세기 초 지금의 터키 지역에 있던 고대 왕국 리디아에서는 자연에서 발견되는 금과 은의 합금인 호박 금을 콩 모양의 덩어리로 만들어서 화폐로 사용했다. 이것이 지금까지 알려진 가장 오래된 동전 모양의 금속 화폐이다. 그 후로도 금으로 만든 화폐는 오랜 기간 세계 곳곳에서 사용되었다.

① 기원전 7세기경 이탈리아에서는 다른 국가들보다 가장 먼저 금을 이용하기 시작했다.
② 현재까지 전하는 가장 오래된 동전 모양의 금속 화폐는 금과 은의 합금으로 이루어졌다.
③ 뇌 질환에 쓰는 약에 우연히 금을 이용하면서 금이 가진 신경 안정 효과가 발견되었다.
④ 부식되지 않는 성질을 지닌 금은 인류가 사용한 가장 오래된 금속이다.

13 (가)와 (나)에 대한 설명으로 적절하지 않은 것은?

> (가) 오백 년 도읍지를 필마로 도라드니
> 산천은 의구ᄒ되 인걸은 간 듸 업다.
> 어즈버, 태평연월이 쑴이런가 ᄒ노라.
> 　　　　　　　　　　　　　　　　　- 길재
>
> (나) 벌레먹은 두리기둥 빛 낡은 단청(丹靑) 풍경 소리 날러간 추녀 끝에는 산새도 비둘기도 둥주리를 마구쳤다. 큰 나라 섬기다 거미줄 친 옥좌(玉座) 위엔 여의주(如意珠) 희롱하는 쌍룡(雙龍) 대신에 두 마리 봉황(鳳凰)새를 틀어 올렸다. 어느 땐들 봉황이 울었으랴만 푸르른 하늘 밑 추석을 밟고 가는 나의 그림자. 패옥(佩玉) 소리도 없었다. 품석(品石) 옆에서 정일품(正一品) 종구품(從九品) 어느 줄에도 나의 몸 둘 곳은 바이 없었다. 눈물이 속된 줄을 모를 양이면 봉황새야 구천(九泉)에 호곡(呼哭)하리라.
> 　　　　　　　　　　　　　　　- 조지훈, 〈봉황수〉

① (가)는 '산천'과 '인걸'을 대비함으로써 인생의 무상함을 드러내고 있다.
② (나)는 '쌍룡'과 '봉황'을 대비함으로써 사대주의적 역사에 대한 비판적 시각을 드러내고 있다.
③ (가)와 (나) 모두 선경 후정의 기법을 사용하고 있다.
④ (가)와 (나) 모두 정해진 율격과 음보에 맞춰 시상을 전개하고 있다.

13 (가)와 (나)에 대한 설명으로 적절하지 않은 것은?

> (가) 흥망이 유수하니 만월대도 추초ㅣ로다.
> 오백 년 왕업이 목적에 부쳐시니,
> 석양에 지나는 객이 눈물계워 ᄒ노라.
> 　　　　　　　　　　　　　　　- 원천석
>
> (나) 죽는 날까지 하늘을 우러러
> 한 점 부끄럼이 없기를,
> 잎새에 이는 바람에도
> 나는 괴로워했다.
> 별을 노래하는 마음으로
> 모든 죽어 가는 것을 사랑해야지.
> 그리고 나한테 주어진 길을
> 걸어가야겠다.
>
> 오늘 밤에도 별이 바람에 스치운다.
> 　　　　　　　　　　　　- 윤동주, 〈서시〉

① (가)는 시각과 청각적 이미지를 활용하여 잃어버린 왕조를 표현하고 있다.
② (나)는 동일한 자연물을 활용하여 내적·외적 시련을 표현하고 있다.
③ (가)와 (나)는 모두 과거에 대한 회한과 현실 극복의 의지를 표현하고 있다.
④ (가)와 (나)는 모두 정서를 직접적으로 표현하고 있다.

14 ㉠~㉢에 들어갈 말로 가장 적절한 것은?

> 정철, 윤선도, 황진이, 이황, 이조년 그리고 무명씨. 우리말로 시조나 가사를 썼던 이들이다. 황진이는 말할 것도 없고 무명씨도 대부분 양반이 아니었겠지만 정철, 윤선도, 이황은 양반 중에 양반이었다. ㉠ 그들이 우리말로 작품을 썼던 걸 보면 양반들도 한글 쓰는 것을 즐겨 했다는 것을 부정할 수는 없다. ㉡ 허균이나 김만중은 한글로 소설까지 쓰지 않았던가. ㉢ 이들이 특별한 취향을 가진 소수의 양반이었다면 이야기는 달라진다. 우리말로 된 문학 작품을 만들겠다는 생각을 가진 특별한 양반들을 제외하고 대다수 양반들은 한문을 썼기 때문에 한글을 모를 수도 있었기 때문이다. 실학자 박지원이 당시 양반 사회를 풍자한 작품 〈호질〉은 한문으로 쓰여 있다. ㉣ 한 가지 분명한 것은 양반 대부분이 한글을 이해하지 못하는 상황이었다면 정철도 이황도 윤선도도 한글로 작품을 쓰지는 않았을 것이란 사실이다.

	㉠	㉡	㉢	㉣
①	그런데	게다가	그렇지만	그러나
②	그런데	그리고	그래서	또는
③	그리고	그러나	하지만	즉
④	그래서	더구나	따라서	하지만

14 ㉠~㉣에 들어갈 말로 바르게 짝 지어진 것은?

> 소리 자극은 크게 세 가지로 청각 과민증을 유발하는 특정 소리(음식을 먹는 소리와 숨 쉬는 소리), 일반적인 불쾌한 소리(아기 울음소리, 비명 소리), 중성의 소리(빗소리)다. 소리의 불쾌도를 1점(불쾌하지 않음.)에서 4점(아주 불쾌함.)까지 척도로 평가한 결과 예상대로 청각 과민증인 사람들은 청각 과민증을 유발하는 소리를 가장 못 견뎌 했다. ㉠ 보통 사람들은 일반적인 불쾌한 소리를 더 불쾌하다고 평가했다.
> 이 과정에서 이들의 뇌 활동을 기능성 자기 공명 영상[MRI]으로 분석한 결과 청각 과민증인 사람들과 보통 사람들 사이에서 AIC의 활동 차이가 두드러졌다. ㉡ 청각 과민증인 사람들이 청각 과민증을 유발하는 소리를 들을 때 AIC가 엄청나게 강하게 활성화됐다. AIC는 내수용성 지각과 정서 처리에 관여하는 영역이다. 내수용성 지각이란 우리 몸의 내부 상태를 알려 주는 지각이다. ㉢ 외부 자극인 소리를 듣고 내수용성 지각과 정서 처리 영역이 과민하게 반응한다는 것 자체가 비정상적인 반응인 셈이다.
> ㉣ 특정 소리가 불쾌한 정서를 촉발한 결과가 바로 청각 과민증이다. 흥미롭게도 청각 과민증을 유발하는 소리가 정서적으로 더 밀접한 상대에게서 나올 때 더 견디기 어려운 것으로 알려져 있는데, 이것은 정서 회로를 건드리기 때문으로 보인다.

	㉠	㉡	㉢	㉣
①	그러나	다시 말해	그러므로	따라서
②	요컨대	그리고	또한	여하튼
③	하지만	물론	그래서	오히려
④	반면	즉	따라서	아무튼

15 ㉠~㉣의 고쳐쓰기 방안으로 적절하지 않은 것은?

> ㉠ 현재 우리 구청 조직도에는 기획실, 홍보실, 감사실, 행정국, 복지국, 안전국, 보건소가 있었다.
> ㉡ 오늘은 우리 시청이 지양하는 '누구나 행복한 ○○시'를 실현하기 위한 추진 방안을 논의합니다.
> ㉢ 지난달 수해로 인한 준비 기간이 짧았기 때문에 지역 축제는 예년보다 규모가 줄어들었다.
> ㉣ 공과금을 기한 내에 지정 금융 기관에 납부하지 않으면 연체료를 내야 한다.

① ㉠: '있었다'는 문맥상 시제 표현이 적절하지 않으므로 '있다'로 고쳐 쓴다.
② ㉡: '지양'은 어떤 목표로 뜻이 쏠리어 향한다는 의미인 '지향'으로 고쳐 쓴다.
③ ㉢: '지난달 수해로 인한'은 '준비 기간'을 수식하는 절이 아니므로 '지난달 수해로 인하여'로 고쳐 쓴다.
④ ㉣: '납부'는 맥락상 금융 기관이 돈이나 물품 따위를 받아 거두어들인다는 '수납'으로 고쳐 쓴다.

15 ㉠~㉣의 고쳐쓰기 방안으로 적절하지 않은 것은?

> ㉠ 인간은 세상을 각자의 시선에서 보므로 인식의 도구인 각 언어에는 공통된 기준이 있을 수 없다.
> ㉡ 우리가 서 있는 이곳은 개인이 소유하고 있는 사유지입니다.
> ㉢ 저희는 균형 있는 식단 마련과 쾌적한 실내 분위기를 유지하기 위해 노력하고 있습니다.
> ㉣ 시간 내에 기차역에 도착하려면 가능한 빨리 뛰어야 합니다.

① ㉠: '보므로'는 맥락을 고려하여 '봄으로써'로 고쳐 쓴다.
② ㉡: '개인이 소유하고 있는 사유지'는 의미가 중복되므로 '개인이 소유하고 있는 토지'로 고쳐 쓴다.
③ ㉢: '균형 있는 식단 마련과'는 문장의 병렬 관계가 맞지 않으므로 '균형 있는 식단을 마련하고'로 고쳐 쓴다.
④ ㉣: '가능한' 뒤에 수식을 받을 수 있는 체언을 넣어 '가능한 한'의 형태로 고쳐 쓴다.

16 밑줄 친 부분과 바꿔 쓸 수 있는 관용 표현으로 적절하지 않은 것은?

① 몹시 가난한 형편에 누구를 돕겠느냐? – 가랑이가 찢어질
② 그가 중간에서 연결해 주어 물건을 쉽게 팔았다. – 호흡을 맞춰
③ 그는 상대편을 보고는 속으로 깔보며 비웃었다. – 코웃음을 쳤다
④ 주인의 말에 넘어가 실제보다 비싸게 이 물건을 샀다. – 바가지를 쓰고

16 밑줄 친 부분을 관용 표현으로 바꾼 것 중 가장 옳지 않은 것은?

① 그녀는 야무지게 생긴 얼굴 못지않게 말이 분명하고 실속이 있어 함께 일하기에 편하다. – 입이 여물어
② 내 눈치만 보면서 둘러서 말을 하지 말고, 이제 용건을 말하시오. – 변죽을 울리지
③ 금방 제 입으로 거짓말을 하고도 저렇게 엉큼스레 하지 않은 척하다니. – 꼬리를 내리다니
④ 그녀는 오늘 하던 일을 끝마무리하고 퇴근하겠다고 말했다. – 아퀴를 짓고

17 다음 글을 잘못 이해한 것은?

> 서연: 여보게, 동연이.
> 동연: 왜?
> 서연: 자네가 본뜨려는 부처님 형상은 누가 언제 그렸는지 몰라도 흔히 있는 것을 베껴 놓은 걸세. 그런데 자네는 그 형상을 또다시 베껴 만들 작정이군. 자넨 의심도 없는가? 심사숙고해 보게. 그런 형상이 진짜 부처님은 아닐세.
> 동연: 나에겐 전혀 의심이 없네.
> 서연: 의심이 없다니……?
> 동연: 무엇 때문에 의심해서 아까운 시간을 낭비해야 하는가?
> 서연: 음…….
> 동연: 공부를 하게, 괜히 의심 말고! (허공에 걸려 있는 탱화를 가리키며) 자넨 얼마나 많은 형상 공부를 했는가? 이 십일면관세음보살의 머리 위에는 열한 개의 얼굴들이 있는데, 그 얼굴 하나하나를 살펴나 봤었는가? 귀고리, 목걸이, 손에 든 보병과 기현화란 꽃의 형태를 꼼꼼히 연구했었는가? 자네처럼 게으른 자들은 공부는 안 하고, 아무 의미 없다 의심만 하지!
> 서연: 자넨 정말 열심히 공부했네. 그렇다면 그 형태 속에 부처님의 마음은 어디 있는지 가르쳐 주게.
> — 이강백, 〈느낌, 극락 같은〉

① 불상 제작에 대한 동연과 서연의 입장은 다르다.
② 서연은 전해지는 부처님 형상을 의심하는 인물이다.
③ 동연은 부처님 형상을 독창적으로 제작하는 인물이다.
④ 동연과 서연의 대화는 예술에 있어서 형식과 내용의 논쟁을 연상시킨다.

17 다음 글을 잘못 이해한 것은?

> 차녀: (회의적인 태도로 고개를 흔든다.) 난 여기에 온 걸 후회해. 솔직히, 우리 손으로 어머닐 옮겨 드리고, 그만 빨리 돌아갔으면 좋겠어.
> 장녀: 어머니를 옮길 곳이 어디야? 그리고 자식들인 우리가 돌아갈 곳은 어디구?
> 차녀: 우린 각자 살고 있는 곳이 있잖아?
> 장녀: 도대체 그게 무슨 소리냐! 결국 우리가 돌아갈 곳은 칠산리뿐이야!
> 차남: (장녀에게 동조하며) 옳은 말이야. 지금 우리가 살고 있는 곳은 임시로 머물러 있는 곳에 지나지 않아. 사람은 마지막 돌아갈 곳이 있어야 해. 우리에겐 그곳이 칠산리구, 어머니 무덤은 바로 그곳에 있어야지!
> 삼남: 칠산리라면 지긋지긋해. 그곳은 우릴 반겨 주지도 않잖아? 우리가 칠산리를 아예 잊어버리는 것두 나쁜 건 아니라구. 오히려 냉정히 생각해 보면, 잊고 사는 것이 더 좋을 수도 있어.
> 차녀: 그래, 오늘 여기에 오지 않은 사람들은 칠산리를 잊은 거야. 그들은 오고 싶어도 못 오는 게 아냐. 칠산리를 잊어버리려구, 그들은 일부러 오지 않았어.
> 장녀: (꾸짖는다.) 너희들, 많이 변했구나! 너희들은 이제 어머니의 자식들이 아냐!
> — 이강백, 〈칠산리〉

① 장녀는 칠산리에 대한 견해를 기준으로 하여 남매들을 양분하고 있다.
② 차남과 달리 차녀와 삼남은 어머니의 무덤이 자신들이 사는 곳 근처에 있어야 한다고 생각하고 있다.
③ 삼남은 칠산리에 거부감을 보이면서 칠산리를 잊는 것이 나을 수 있다고 주장하고 있다.
④ 장녀와 차남은 자신들이 궁극적으로 돌아가야 할 곳이 칠산리라고 생각하고 있다.

18 글의 통일성을 고려할 때, ㉠에 들어갈 말로 가장 적절한 것은?

혼정신성(昏定晨省)이란 저녁에는 부모님의 잠자리를 봐 드리고 아침에는 문안을 드린다는 뜻으로 자식이 아침저녁으로 부모의 안부를 물어 살핌을 뜻하는 말로 《예기(禮記)》의 〈곡례편(曲禮編)〉에 나오는 말이다. 아랫목 요에 손을 넣어 방 안 온도를 살피면서 부모님께 문안을 드리던 우리의 옛 전통은 온돌을 통한 난방 방식과 관련 깊다. 온돌을 통한 난방 방식은 방바닥에 깔려 있는 돌이 열기로 인해 뜨거워지고, 뜨거워진 돌의 열기로 방바닥이 뜨거워지면 방 전체에 복사열이 전달되는 방법이다. 방바닥 쪽의 차가운 공기는 온돌에 의해 따뜻하게 데워지므로 위로 올라가고, 위로 올라간 공기가 다시 식으면 아래로 내려와 다시 데워져 위로 올라가는 대류 현상으로 인해 결국 방 전체가 따뜻해진다. 벽난로를 통한 서양식의 난방 방식은 복사열을 이용하여 상체와 위쪽 공기를 데우는 방식인데, 대류 현상으로 바닥 바로 위 공기까지는 따뜻해지지 않는다. 그 이유는 ㉠ .

① 벽난로에 의한 난방은 방바닥의 따뜻한 공기가 위로 올라가 식으면 복사열로 위쪽의 공기만을 따뜻하게 하기 때문이다
② 벽난로에 의한 난방이 복사열에 의한 난방에서 대류 현상으로 인한 난방이라는 순서로 이루어졌기 때문이다
③ 대류 현상을 통한 난방 방식은 상체와 위쪽의 공기만 따뜻하게 하기 때문이다
④ 상체와 위쪽의 따뜻한 공기는 차가운 바닥으로 내려오지 않기 때문이다

18 ㉠에 들어갈 내용으로 가장 적절한 것은?

각 나라의 정부는 자국의 산업을 보호하고 육성하기 위해 수입을 규제할 수 있다. 수입 규제 수단 가운데 대표적인 것은 관세와 수입 수량 할당이다. 관세란 수입 상품에 부과하는 세금을 말한다. 관세가 부과되면 해당 상품의 국내 가격이 상승하여 수요가 감소하게 되고 그렇게 되면 수입량도 감소한다. 예를 들어 우리나라가 농산물을 관세 없이 자유롭게 수입하다가 정부에서 농산물에 관세를 부과하였다고 하자. 그러면 수입 농산물의 국내 가격은 관세를 더한 만큼 높아져 소비자들의 수요량은 감소한다.

수입 수량 할당은 일정 기간의 수입량을 일정 수준으로 제한하는 것이다. 자유 무역에서는 국내 생산이 수요를 충족시키지 못할 경우, 부족한 만큼을 수입할 수 있다. 이때의 시장 가격은 수요와 공급이 만나는 지점에서 형성되고 시장 거래량은 수요량과 일치한다. 그런데 수입 수량을 제한할 경우에는 수입이 자유로운 경우보다 수입량이 감소하게 된다. 예를 들어 포도주의 국내 생산이 수요를 충족시키지 못한다면 생산량을 늘리거나 초과 수요만큼 수입을 해야 한다. 그런데 국내 생산량에 변함이 없고 수입도 일정량만 할 수 있다면 수요에 비해 공급이 부족한 상황이 된다. 그러면 국내에서의 포도주 가격이 상승하게 되고 이것은 수요량 감소로 이어지게 된다.

즉 관세와 수입 수량 할당은 모두 ㉠ 는 공통점이 있다.

① 수요량보다 공급량을 늘려 수입 상품의 가격을 하락시켜 일시적으로 수입량을 줄인다
② 수입량을 줄여 소비자들의 수요량을 감소시킴으로써 자국의 산업을 보호하고 육성한다
③ 수입 상품의 국내 가격 상승으로 수입 상품에 대한 소비를 억제하는 효과를 불러일으킨다
④ 공급량이 줄어들면 수요량이 늘어나 수입 상품의 국내 가격이 상승하는 시장 원리를 바탕으로 한다

19 글쓴이의 견해에 부합하는 대응으로 가장 적절한 것은?

> 정중하고 단호한 태도를 보이는 것과, 수동적이거나 공격적인 반응을 하는 것은 엄청난 차이가 있다. 수동적인 사람들은 마음속에 있는 자신의 생각을 표현하면 분란이 일어날까 봐 두려워한다. 그러나 자신의 의견을 말하지 않는 한 자신이 원하는 것을 얻을 수는 없다. 이와 반대로 공격적인 태도는 자신의 권리를 앞세워 생각해서 남을 희생시켜서라도 자신이 원하는 것을 얻으려는 것이다. 공격적인 사람은 사람들이 싫어하는 행동을 하곤 한다. 그러나 단호한 반응은 공격적인 반응과 다르다. 단호한 반응은 다른 사람의 권리를 침해하지 않으면서 자신의 권리를 존중하고 지키겠다는 것이다. 이것은 상대방을 배려하는 태도를 보여 준다. 상대방을 존중하면서도 얼마든지 자신의 의견을 내세울 수 있다. 단호한 주장은 명쾌하고 직접적이며 요점을 찌른다.
>
> 그럼 실제로 연습해 보자. 어느 흡연자가 당신의 차 안에서 담배를 피워도 되는지 묻는다. 당신은 담배 연기를 싫어하고 건강에 해롭다는 것도 잘 알고 있어 달갑지 않다. 어떻게 대응하는 것이 좋을까?

① 좀 그러긴 하지만, 괜찮아요. 창문 열고 피우세요.
② 안 되죠. 흡연이 얼마나 해로운데요. 좀 참아 보시겠어요.
③ 안 피우시면 좋겠어요. 연기가 해롭잖아요. 피우고 싶으시면 차를 세워 드릴게요.
④ 물어봐 줘서 고마워요. 피워도 그렇고 안 피워도 좀 그러네요. 생각해 보시고서 좋은 대로 결정하세요.

19 다음 글을 읽고 〈보기〉를 평가한 것으로 적절하지 않은 것은?

> 논증을 할 때 반드시 전제를 언급해야만 하는 것일까? 꼭 그렇지만은 않다. 즉 전제를 생략할 수 있는 경우가 존재한다. 아리스토텔레스는 전제가 '확실한 지표', '일반적 통념', '지표'의 세 가지 경우에 속하면 생략할 수 있다고 했다.
>
> 우선 '확실한 지표'는 생략할 수 있다. 예컨대 '그녀가 아이를 낳았다.'라는 지표는 '그녀는 젖이 나온다.'라는 것을 확실히 의미한다. 따라서 '그녀는 젖이 나온다.'라는 전제 외에 '그녀가 아이를 낳았다.'라는 전제를 덧붙일 필요가 없다는 것이다. 이때 확실한 지표란 '비가 오면 땅이 젖는다.'나 '모든 물체는 위에서 아래로 떨어진다.'와 같이 누구나 인정할 수 있는 보편타당한 지식을 말한다. 그것들은 생략할 수 있다.
>
> 다음으로 '일반적 통념'도 생략할 수 있다. 예를 들어 '부모는 자식을 사랑한다.'나 '건강한 사람은 오래 산다.' 또는 '적당한 운동은 건강에 좋다.'와 같이 그 사회가 일반적으로 받아들이는 상식이 일반적 통념이다. 이러한 전제들은 확실한 지표처럼 절대적이라고 말할 수는 없지만 아주 빈번하게 일어나는 것이기 때문에 생략할 수 있다는 것이다.
>
> 마지막으로 아리스토텔레스는 증거가 될 만한 '지표'도 생략할 수 있다고 했다. 예를 들어 '그는 열이 있다.'는 지표는 '그는 호흡이 빠르다.'는 것을 의미한다. 따라서 생략할 수 있다는 것이다. 그러나 열이 없으면서 빠른 호흡도 있을 수 있기 때문에 논박이 가능하다는 것을 아리스토텔레스도 인정했다.

─ 보기 ─
㉠ 현주는 목감기에 걸렸다. 현주는 목이 따끔거린다.
㉡ 정환은 살아 있다. 정환의 심장은 뛰고 있을 것이다.
㉢ 재수의 아빠는 30년 동안 담배를 피웠다. 재수 아빠의 폐는 나쁠 것이다.
㉣ 한국인은 김치를 좋아한다. 연수는 한국인이므로 김치를 좋아할 것이다.

① ㉠은 증거가 될 만한 지표를 포함한 논증이다.
② ㉡은 절대적으로 옳은 지식이므로 전제를 생략할 수 있다.
③ ㉢은 보편타당하지만 논박이 가능한 지식을 포함하고 있다.
④ ㉣은 절대적이지는 않지만 생략 가능한 전제를 포함하고 있다.

20 다음 글에서 추론할 수 있는 것은?

포도주는 유럽 문명을 대표하는 술이자 동시에 음료수다. 우리는 대개 포도주를 취하기 위해 마시는 술로만 생각하기 쉬우나 유럽에서는 물 대신 마시는 '음료수'로서의 역할이 크다. 유럽의 많은 지역에서는 물이 워낙 안 좋아서 맨 물을 그냥 마시면 위험하기 때문에 제조 과정에서 안전성이 보장된 포도주나 맥주를 마시는 것이다. 이런 용도로 일상적으로 마시는 식사용 포도주로는 당연히 고급 포도주와는 다른 저렴한 포도주가 쓰이며, 술이 약한 사람들은 여기에 물을 섞어서 마시기도 한다.

소비의 확대와 함께, 포도주의 생산을 다른 지역으로 확산시키려는 노력도 계속되어 왔다. 포도주 생산의 확산에서 가장 큰 문제는 포도 재배가 추운 북쪽 지역으로 확대되기 힘들다는 점이다. 자연 상태에서는 포도가 자라는 북방 한계가 이탈리아 정도에서 멈춰야 했지만, 중세 유럽에서 수도원마다 온갖 노력을 기울인 결과 포도 재배가 상당히 북쪽까지 올라갔다. 대체로 대서양의 루아르강 하구로부터 크림반도와 조지아를 잇는 선이 상업적으로 포도를 재배할 수 있는 북방 한계선이다.

적정한 기온은 포도주 생산 가능 여부뿐 아니라 생산된 포도주의 질을 결정하는 중요한 요인이다. 너무 추운 지역이나 너무 더운 지역에서는 포도주의 품질이 떨어질 수밖에 없다. 추운 지역에서는 포도에 당분이 너무 적어서 그것으로 포도주를 담그면 신맛이 강하게 된다. 반면 너무 더운 지역에서는 섬세한 맛이 부족해서 '흐물거리는' 포도주가 생산된다(그 대신 이를 잘 활용하면 포르토나 셰리처럼 도수를 높인 고급 포도주를 만들 수 있다.). 그러므로 고급 포도주 주요 생산지는 보르도나 부르고뉴처럼 너무 덥지도 않고 너무 춥지도 않은 곳이다. 다만 달콤한 백포도주의 경우는 샤토 디켐(Château d'Yquem)처럼 뜨거운 여름 날씨가 지속하는 곳에서 명품이 만들어진다.

포도주의 수요는 전 유럽적인 데 비해 생산은 이처럼 지리적으로 제한됐기 때문에 포도주는 일찍부터 원거리 무역 품목이 됐고, 언제나 고가품 취급을 받았다. 그런데 한 가지 기억해야 할 점은 이렇게 수출되는 고급 포도주는 오래된 포도주가 아니라 바로 그해에 만든 술이라는 점이다. 우리는 포도주는 오래될수록 좋아진다고 믿는 경향이 있지만, 대부분의 백포도주 혹은 중급 이하 적포도주는 시간이 지날수록 오히려 품질이 떨어진다. 시간이 흐를수록 품질이 개선되는 것은 일부 고급 적포도주에만 한정된 이야기이며, 그나마 포도주를 병에 담아 코르크 마개를 끼워 보관한 이후의 일이다.

20 다음 글에서 추론할 수 있는 것은?

메소포타미아 문명의 수메르인이 맥주를 처음 만들어 마셨다는 것이 정설로 여겨진다. 수메르인 유적지에서 맥주 양조법으로 추정되는 그림이 새겨진 점토판이 발견되기도 했다. 당연히 지금과 같은 방식은 아니었고, 보리를 빻아 빵으로 만들고 다시 물을 부어 곤죽처럼 만든 뒤 저장했다. 이 과정에서 공기 중의 효모를 먹이 삼아 발효가 이루어지며 술이 됐고, 침전물이 내려앉은 맑은 부분을 갈대로 이어 만든 빨대를 사용해 마셨다고 한다. 상온에서 발효가 이루어진 이 맥주를 굳이 분류하자면 상면 발효(18~23℃의 비교적 고온에서 발효하는 방식으로 효모가 상면에 떠오른다.)로 만드는 에일 맥주에 속하는 것이다.

맥주는 그리스, 로마 문명을 맞아 갖은 홀대를 받기 시작했다. 같은 시기 고대 영국인 브리튼에서는 벌꿀을 발효한 술 미드가 인기였는데, 워낙 고가였던 꿀 술에 보리를 섞어 발효한 술이 생겨났다. 이 혼합 술에 알루라는 이름이 붙었다. 맥주든 알루든 그리스 문화를 이어받은 로마에서도 와인은 지배 계층의 선택을 받은 반면, 맥주는 미개한 야만인이 마시는 음료로 치부됐다.

재미있는 점은 이렇게 홀대받던 맥주의 부흥을 이끈 이들도 로마인이라는 것이다. 요즘으로 치면 일명 '맥덕(맥주 덕후)'이었던 샤를마뉴 대제가 도약을 이끈 주인공이다. 샤를마뉴는 전쟁으로 얻은 영토마다 수도원을 세웠다. 기독교를 전파하고 마을마다 정치 조직을 확립하기 위한 것이었는데, 이렇게 생겨난 수도원에서 저마다 맥주를 양조하기 시작했다. 샤를마뉴는 수도원을 정기적으로 순회하며 맥주 제조 환경을 점검했다. 맥주를 마실 때마다 양조한 수도사를 대동했는데, 맛이 좋을 경우 큰 상을 수여하기도 했다 하니 맛있는 맥주를 만들기 위한 수도원들의 눈에 보이지 않는 경쟁이 맥주 품질 향상으로 이어졌다고 해도 과언이 아니다.

수도원에서 맥주 양조가 본격적으로 이루어지고, 이후 세속 양조장으로 주도권이 전파되면서 산업적 맥주 양조가 융성해졌다. 유럽의 맥주 양조장 중 수도원에서 출발한 곳을 심심치 않게 찾아볼 수 있는 이유다. 대표적으로 현존하는 가장 오래된 양조장 바이엔슈테판이 있다. 725년 성 코르비니안과 수도사들이 양조를 시작한 것을 기원으로 하는데, 1804년 바이에른 왕국의 국립 맥주 회사로 편입됐다.

① 고급 포도주는 모두 너무 덥지도 춥지도 않은 곳에서 재배된 포도로 만들어졌다.
② 루아르강 하구로부터 크림반도와 조지아를 잇는 선은 이탈리아보다 남쪽에 있을 것이다.
③ 유럽에서 일상적으로 마시는 식사용 포도주는 저렴한 포도주거나 고급 포도주에 물을 섞은 것이다.
④ 병에 담겨 코르크 마개를 끼운 고급 백포도주는 보관 기간에 비례하여 품질이 개선되지는 않을 것이다.

한편 기업에 귀속되지 않고 오로지 수도원에서 만들어지는 맥주도 있다. 수도원들이 국제 트라피스트 협회를 조직하고 인증 조건을 확립한 것이다. 트라피스트 맥주로 인증받기 위한 조건은 이렇다. 수도원 담장 안에서 수도사의 감독 아래 양조될 것, 이익 창출이 아닌 수도사의 생활과 수도원 유지 비용에 그치며 그 외 수익은 사회에 환원할 것, 맥주 양조는 수도사의 부차적 행위에 불과하며 수도원의 주 사업이 아닐 것, 맥주 양조부터 판매에 관련된 모든 방침을 오직 수도원이 독립적으로 결정할 것. 이와 같이 엄격한 조건을 충족해야 하는 트라피스트 맥주는 전 세계 단 10개뿐이다.

① 벌꿀과 보리를 한데 섞어 발효시킨 술인 알루는 브리튼의 지배층과 달리 로마의 지배층에서는 사랑을 받지 못했을 것이다.
② 고대 수메르인이 마신 맥주는 에일 맥주와 같이 보리를 가공한 식품을 발효시킨 것으로, 효모가 위에 떠 있고 침전물이 가라앉은 그 사이의 물을 의미한다.
③ 샤를마뉴 대제는 정치적 목적으로 수도원에서 맥주를 양조하게 하였는데, 수도원 맥주에 대한 그의 직접적인 관심은 맥주의 품질 향상에 촉매제로 작용하였다.
④ 바이엔슈테판 맥주는 처음과 달리 양조 주체가 달라지고 회사의 주된 작업이 양조업이 되면서부터는 트라피스트 맥주로 인증받지 못하게 되었을 것이다.

10회 지방직 기출 변형 모의고사

핵심 자료선 주요 기출 한자어

[01~80] 한자어의 독음을 쓰시오.

01. 이론과 현실 사이에는 엄청난 間隙이 있다.
02. 남의 일에 지나친 干涉을 하지 마라.
03. 일부 소수의 의견을 대다수의 의견인 것처럼 看做하고 있다.
04. 현대 사회의 葛藤 구조를 다룬 소설
05. 감독은 선수들에게 強度 높은 훈련을 시켰다.
06. 죄인에게 改悛의 기회를 주다.
07. 그는 새로운 항공 노선 開拓을 위해 노력했다.
08. 그는 논문을 유명 학술지에 揭載하였다.
09. 체내에 산소가 缺乏되면 생명이 위험해진다.
10. 경쟁력을 높이는 데 국력을 傾注하다.
11. 우리 회사는 그동안 刮目할 만한 성장을 이루었다.
12. 그는 權勢 있는 집안에서 태어났다.
13. 그의 성실한 자세는 작가의 龜鑑으로 여겨진다.
14. 돈 문제로 두 사람 간에 龜裂이 생겼다.
15. 사치 풍조 根絕을 위해 노력하다.
16. 그는 통쾌한 승리를 거두겠다고 氣焰을 토했다.
17. 나는 그 광경을 보고 氣陷할 듯이 놀라며 소리를 질렀다.
18. 검찰은 악덕 상인의 壟斷을 뿌리 뽑겠다고 다짐하였다.
19. 그는 賂物 수수 혐의로 구속됐다.
20. 그는 訥辯이지만 진심 어린 연설로 우리를 감동시켰다.
21. 전통의 계승과 踏襲을 혼동해서는 안 된다.
22. 그는 학업뿐만이 아니라 인격의 陶冶에도 힘썼다.
23. 각 일간지의 신춘문예 공모는 젊은 소설가들의 登龍門이다.
24. 그는 아이를 돌보는 일에서 滿足을 얻는다.
25. 그는 초상화가 模寫에 불과하다고 말했다.
26. 우리는 비참한 광경을 目睹하고야 말았다.
27. 사건 현장을 생생하게 描寫하다.
28. 이번 정책은 彌縫策에 불과하다.
29. 反駁의 여지가 없는 완벽한 논리를 펼치다.
30. 지난 50년을 反芻해 보니 후회되는 일이 많구나.
31. 그는 辨明을 늘어놓기에 급급했다.
32. 마지막으로 辯護士가 피고인의 무죄를 변론하였다.
33. 모든 신하들은 왕의 말에 服從하였다.
34. 피의자는 며칠 전에 한 말을 否認했다.
35. 대학 입시 본고사가 10년 만에 復活했다.
36. 그는 참 운수가 否塞하기도 하지.
37. 국산화 比率이 증가하였다.
38. 그는 고위층과의 친분을 憑藉하여 사기 행각을 벌였다.
39. 그는 적의 使嗾를 받아 내부의 기밀을 염탐했다.
40. 부모님은 우리에게 奢侈하지 말라고 늘 말씀하셨다.
41. 김 씨는 공무원을 詐稱한 죄로 구속되었다.
42. 이 일로 과거의 잘못을 相殺한 셈이 되었다.
43. 경찰이 범인 索出 작업에 나섰다.
44. 나는 국어학을 전공으로 選擇했다.
45. 그는 아무런 說明도 없이 갑자기 집으로 갔다.
46. 그는 맡은 일은 꼭 해내는 誠實한 사람이다.
47. 문의 전화 殺到로 업무가 마비될 지경이다.
48. 주위 사람들은 그의 뛰어난 능력을 猜忌했다.
49. 정부는 불법 상거래에 대한 단속 강화를 示唆했다.
50. 파벌 간의 軋轢이 끊일 날이 없다.
51. 여행객에게 숙소를 斡旋해 주었다.
52. 영의정 대감은 왕을 謁見하려 입궐하였다.
53. 인정이 野薄하기 짝이 없다.
54. 아이들은 劣惡한 환경 속에서도 열심히 공부했다.

55. 시신을 확인한 가족들은 끝내 嗚咽하였다.
56. 나는 惡寒에 떨며 잠에서 깼다.
57. 신분 질서가 瓦解되다.
58. 남의 말을 歪曲하여 듣지 말아라.
59. 原則에 따라 일을 처리하다.
60. 그는 인기가 많아질수록 有名稅를 치를 수밖에 없다고 말했다.
61. 후보자들이 여기저기 다니며 遊說하고 있다.
62. 그는 역사에 대한 認識이 없다.
63. 그 일의 결과는 너무나 뻔하므로 再考의 여지도 없다.
64. 이 일은 너의 裁量에 맡기겠다.
65. 선거는 민주 정치에 매우 重要하다.
66. 수많은 사람들을 고통의 桎梏으로부터 구해 내다.
67. 대도시로 인구 集中 현상이 일어나다.
68. 연설문의 草案을 작성하다.
69. 비행기 墜落으로 많은 인명 피해가 발생했다.
70. 그는 인간 양심의 墮落을 개탄하였다.
71. 이 학생은 학습 態度가 매우 좋다.
72. 그는 洞察力이 뛰어난 사람이다.
73. 농촌 경제가 破綻에 이르렀다.
74. 그는 성질이 暴惡해서 사람들의 미움을 받았다.
75. 사람이 붐비는 곳은 화장실 標識를 눈에 띄게 해야 한다.
76. 친구 간에 생긴 문제의 解決은 당사자가 직접 해야 한다.
77. 도처에서 기술적 진보와 革新이 일어나고 있다.
78. 이 옷은 소매가 나비 날개 形態로 되어 있다.
79. 안타깝게도 이길 확률이 稀薄해 보인다.
80. 그는 왜 그렇게 사냐고 소심한 나를 詰責하고 있다.

01. 간극	17. 기함	33. 복종	49. 시사	65. 중요
02. 간섭	18. 농단	34. 부인	50. 알력	66. 질곡
03. 간주	19. 뇌물	35. 부활	51. 알선	67. 집중
04. 갈등	20. 눌변	36. 비색	52. 알현	68. 초안
05. 강도	21. 답습	37. 비율	53. 야박	69. 추락
06. 개전	22. 도야	38. 빙자	54. 열악	70. 타락
07. 개척	23. 등용문	39. 사주	55. 오열	71. 태도
08. 게재	24. 만족	40. 사치	56. 오한	72. 통찰력
09. 결핍	25. 모사	41. 사칭	57. 와해	73. 파탄
10. 경주	26. 목도	42. 상쇄	58. 왜곡	74. 포악
11. 괄목	27. 묘사	43. 색출	59. 원칙	75. 표지
12. 권세	28. 미봉책	44. 선택	60. 유명세	76. 해결
13. 귀감	29. 반박	45. 설명	61. 유세	77. 혁신
14. 균열	30. 반추	46. 성실	62. 인식	78. 형태
15. 근절	31. 변명	47. 쇄도	63. 재고	79. 희박
16. 기염	32. 변호사	48. 시기	64. 재량	80. 힐책

10회 지방직 기출 변형 모의고사

2020 지방직 9급

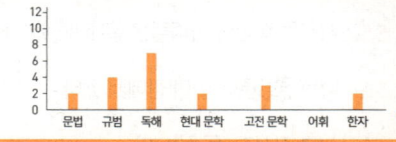

01 〈보기〉와 같은 유형의 잘못된 표현이 나타나지 않은 문장은?

― 보기 ―
　정부 차원에서 부동산 투기를 뿌리 뽑아 근절하기 위한 여러 조치들이 이루어졌다.

① 주어진 여건에서 최선을 다하는 것이 무엇보다 중요하다.
② 그 안건은 과반수 이상의 찬성을 얻지 못하여 부결되고 말았다.
③ 그는 공직에서 물러앉아 고향에서 조용히 남은 여생을 보냈다.
④ 여기에 제가 첩첩산중에서 홀로 살게 된 이유가 있습니다.

02 ㉠~㉣ 중 다음 글에서 의미하는 바가 다른 하나는?

　죽은 사람은 싫어할 만한 일이 생길 때마다 무덤 속에서 돌아눕는다는 속담대로라면, ㉠어젯밤 올드빅*에서 공연된 〈폭풍[The Tempest]〉 때문에 셰익스피어는 분명 무덤 속에서 또 돌아누웠을 것이다. 셰익스피어의 작품이 무대에 오를 때마다 셰익스피어를 아끼는 이들은 눈살을 찌푸리게 된다. 비극의 경우는 그나마 상황이 나은 편이다. 비극들은 보다 잘 알려져 있기도 하고, 어쨌든 살인과 죽음이 만연한 이유로 셰익스피어가 쓴 말 자체로 관객을 몰입시키는 데 꽤나 성공한다. 하지만 희극의 경우는 아예 가망이 없다. 관객 열에 아홉은 햄릿의 "사느냐 죽느냐[To be or not to be]"는 알아도 희극의 대사는 전혀 모르기 때문이다. 배우가 ㉡농담을 하면서 누군가의 엉덩이를 걷어차지 않으면 농담이 농담인 줄도 모른다. 그래서 배우들은 대사를 최고 속도로 뱉어 내고 그 빈자리를 ㉢슬랩스틱(slapstick)으로 최대한 채워 넣으려 한다. 관객들이 웃는다면 그건 셰익스피어의 글 때문이 아니라 ㉣광대짓 때문이다.

*올드빅(Old Vic): 19세기에 세워진 런던의 극장

① ㉠: 어젯밤 올드빅에서 공연된 〈폭풍〉
② ㉡: 농담
③ ㉢: 슬랩스틱
④ ㉣: 광대짓

03 다음 대화에서 나타난 표현 효과를 〈보기〉에서 모두 고른 것은?

훈민: 화학 공책 좀 빌릴 수 있을까? 내가 이해력이 좀 달려서 필기를 제대로 했는지 자신이 없네.
정음: 무슨 소리야, 독해력이 그렇게 좋은 애가. 국어는 네가 항상 1등이잖아.
훈민: 고마워, 하지만 화학은 개념 이해도 안 될 때가 있어서 걱정이야.

― 보기 ―
㉠ 자신의 의견과 다른 사람의 의견 사이의 다른 점을 최소화하고 일치점을 극대화한다.
㉡ 다른 사람에 대한 비방을 최소화하고 칭찬을 극대화한다.
㉢ 화자 자신에게 혜택을 주는 표현을 최소화하고 자신에게 부담이 되는 표현을 최대화한다.

① ㉠
② ㉠, ㉡
③ ㉡, ㉢
④ ㉠, ㉡, ㉢

04 ㉠~㉣에 대한 의견으로 적절하지 않은 것은?

• 두 나라의 정상은 양국 간 신뢰 ㉠조장을 위한 조치를 취했다.
• 김 교수는 수생 식물의 ㉡서식 환경을 연구하고 있다.
• 그의 아들은 폭넓은 교양과 전문적인 지식을 갖춘 ㉢재원이다.
• 우리 마을에서 경치가 좋은 곳을 골라 관광지로 ㉣개발하려고 한다.

① 훈: ㉠은 부정적인 일을 부추긴다는 뜻이므로 '조성'으로 바꾸는 것이 좋겠어.
② 민: ㉡은 동물과 식물에 대해 모두 쓸 수 있는 표현이므로 적절히 쓰였어.
③ 정: ㉢은 '재주가 뛰어난 젊은 여자'의 뜻이므로 적절하지 않은 표현이야.
④ 음: ㉣은 맥락상 적절하지 못한 단어이므로 '계발'로 바꾸는 것이 좋겠어.

05 다음 시에 대한 감상으로 옳지 않은 것은?

> 나는 시방 **위험한 짐승**이다.
> 나의 손이 닿으면 너는
> 미지(未知)의 까마득한 어둠이 된다.
>
> 존재의 흔들리는 가지 끝에서
> 너는 이름도 없이 피었다 진다.
>
> 눈시울에 젖어드는 이 무명(無名)의 어둠에
> 추억의 한 접시 불을 밝히고
> 나는 한밤내 운다.
>
> 나의 울음은 차츰 아닌 밤 돌개바람이 되어
> 탑(塔)을 흔들다가
> 돌에까지 스미면 금(金)이 될 것이다.
>
> ……얼굴을 가리운 **나의 신부(新婦)**여.
>
> – 김춘수, 〈꽃을 위한 서시〉

① 상징적인 시어들을 사용해서 주제를 형상화하고 있다.
② '위험한 짐승'과 '나의 신부'는 가리키는 대상이 같다.
③ 화자는 끝내 존재의 본질을 파악하지 못한 것으로 보인다.
④ '금'은 존재의 본질이 인식된 상태를 가리킨다.

06 생성형 인공 지능이 인간에게 미칠 악영향에 대한 글을 쓰기 위한 내용으로 적절하지 않은 것은?

> ㉠ 생성형 인공 지능의 상업화가 경제적 능력 격차에 따른 양극화를 초래할 수 있다.
> ㉡ 출처를 밝히지 않은 데이터들이 마구 생성됨으로써 저작권 문제가 발생할 수 있다.
> ㉢ 챗GPT를 통한 검색이 증가하면서 기존 포털 사이트들의 경쟁력이 약화될 수 있다.
> ㉣ 경험을 통해 얻어야 할 지식을 생성형 인공 지능을 통해 얻는 청소년들이 늘면서 학생들의 학습 능력이 저하될 수 있다.

① ㉠
② ㉡
③ ㉢
④ ㉣

07 다음 내용에 부합하는 한자 성어로 적절한 것은?

> 재선에 성공한 A 구청장은 재임 기간에 근심스러운 일이 생기면 먼저 나서서 해결하고, 즐거운 일이 있으면 구민들이 먼저 즐거울 수 있도록 구민을 먼저 생각하는 행정을 펼쳐 나갔다.

① 有備無患
② 先憂後樂
③ 前虎後狼
④ 興盡悲來

08 밑줄 친 부분의 표기가 모두 옳은 것은?

① 나는 책상 위에 책을 어지럽게 <u>벌여</u> 둔 채로 시험지를 정답과 <u>맞춰</u> 보았다.
② 공장의 규모가 커져 일손이 딸리니 공장의 <u>운영</u> 방식에도 변화가 있어야 한다.
③ 우리는 <u>두터운</u> 교분을 유지하는 것처럼 보이지만 <u>실재</u> 우리는 만난 일이 별로 없었다.
④ 귤을 <u>껍질채</u> 잘게 썰어 만든 귤차가 입맛을 <u>돋구었다</u>.

09 (가)~(마)의 전개 순서로 가장 자연스러운 것은?

> (가) 자전거가 굴러가려면 두 개의 바퀴가 필요하듯 건축은 기능 이외에 감정을 불러일으키는 바퀴도 필요하다. 현대 도시의 건축에서 부족한 부분이 이 부분이다.
> (나) 20세기 초반에 근대 건축의 거장 르 코르뷔지에는 주택을 '사람이 살 수 있게 하는 기계'라고 정의 내렸다.
> (다) 기능적으로 작동하는 도시를 만들기 위해서 빠른 자동차를 위한 길과 넓은 집들을 추구했지만 정작 감정을 불러일으키고 감성을 깨우는 공간을 놓쳐 온 것이다.
> (라) 건축에서 기능적인 면을 강조한 것이다. 하지만 기능은 건축이라는 자전거의 두 바퀴 중 하나에 불과하다.
> (마) 계절에 어울리는 한 곡의 노래가 우리의 삶의 의미를 깨우쳐 주는 것같이 감성을 울리는 건축이 필요하다.

① (가) – (나) – (다) – (라) – (마)
② (가) – (다) – (라) – (나) – (마)
③ (나) – (가) – (라) – (마) – (다)
④ (나) – (라) – (가) – (다) – (마)

10 다음 글의 중심 내용으로 가장 적합한 것은?

> 만약 불복종하는 시민을 '폭도'라고 부르고자 한다면 이는 오로지 시민들이 폭력 수단을 사용하는 경우에만 해당한다. 이러한 속성으로부터 우리는 시민 불복종*이 혁명적인 것이 아니라고 결론을 내릴 수 있다. 혁명가들이 기존 정부의 틀과 법치의 정당성을 거부하는 반면, 시민 불복종은 이를 받아들인다. 그러나 시민 불복종과 혁명가들의 차이를 따지는 일은 시민 불복종과 범죄 행위를 구분하는 일보다 더 어렵다. 왜냐하면 시민 불복종은 세상을 바꾸려는 의지를 혁명가들과 공유할 수 있기 때문이다. 즉 불복종 운동에 참여하는 시민들도 과감한 변화를 요구한다. 이런 사례는 간디의 경우에서 찾아볼 수 있는데, 그는 비폭력 운동을 전개했음에도 그가 기존 식민지 정권의 틀을 정당한 것으로 받아들였는지는 여전히 불투명하다.
>
> * 시민 불복종(市民不服從): 정부의 정책이나 법률 따위가 부당하다고 판단될 때, 시민들이 이를 따르지 아니하며 비폭력적으로 저항하는 일. 기본권과 헌법의 기본 질서를 보호하기 위한 행위이다.

① 시민 불복종은 기존 질서의 정당성을 수긍한다는 점에서 한계를 갖는다.
② 시민 불복종은 세상을 바꾸려는 의지를 갖는다는 점에서 혁명적인 운동이다.
③ 시민 불복종은 범죄 행위와 구별되도록 과감한 변화를 지향해야 한다.
④ 시민 불복종은 기존 정부의 틀과 법치의 정당성을 거부하는 쪽으로 적극성을 강화해야 한다.

11 밑줄 친 단어와 바꿔 쓸 수 있는 한자어로 가장 적절하지 않은 것은?

① 우리는 그 문제에 대해서 의견을 <u>나누었으나</u> 결론을 내지는 못했다. → 分析했으나
② 나는 이 물건들을 불량품과 정품으로 <u>나누는</u> 작업을 한다. → 分類하는
③ 이익금을 모두에게 공정하게 <u>나누어야</u> 불만이 생기지 않는다. → 分配해야
④ 아파트 매매 시 잔금은 2년 유이자로 <u>나누어</u> 납부할 수 있다. → 分割해

12 밑줄 친 용언의 활용이 모두 옳은 것은?

① 어머니는 짐을 <u>실고</u> 떠나는 아들이 <u>내밀은</u> 손을 꼭 잡았다.
② 생각을 좀 <u>추슬르고</u> 나니 마음이 한결 <u>평화로와졌다</u>.
③ 선수들의 체력이 한계에 <u>다다라</u> 아주 <u>곤혹스러운</u> 상황에 빠졌다.
④ 그녀는 집에 <u>들려서</u> 가스 밸브를 잠갔는지 확인해 보았다.

13 밑줄 친 부분의 띄어쓰기가 모두 옳은 것은?

① 필통,∨가방,∨지갑∨들을 다 뒤져 보아도 <u>천∨원은∨커녕</u> 백 원도 없다.
② 지난 <u>이틀∨간은</u> 눈이 왔는데 오늘 저녁에는 비가 <u>올듯도∨하다</u>.
③ 이 연구를 <u>진행하는∨데</u> 필요한 경비는 이미 <u>설명한∨바가</u> 있습니다.
④ 한밤중에 홍수가 나서 큰 나무가 강물에 <u>떠내려∨가버렸다</u>.

14 ㉠~㉢을 고친 내용으로 적절하지 않은 것은?

> 우리 장바구니를 채우고 있는 것들을 들여다보자. 장바구니에 담긴 먹을거리 대부분은 사람의 손으로부터 보호하는 포장을 두르고 있다. 간이 포장이든 잘 치장된 포장이든, 포장은 음식과 구매자 간의 소통을 ㉠<u>지연(遲延)</u>시킨다. 포장은 먹을거리가 사람에게 보내는 감각의 통로를 차단한다. ㉡<u>심지어 촉감뿐 아니라 시야도 가린다.</u> 일단 사지 않으면 내용물을 볼 수 없다. 이때 먹을거리와의 유일한 소통 창구는 포장의 외부에 적힌 설명이다. 그 설명만으로 우리는 그 안에 무엇이 들었는지 판별해야 한다.
>
> 소비자로서는 이미 먹어 봐서 내용물을 알고 있는 것이 아니라면 포장에 쓰인 설명을 읽고 정보를 얻어야 한다. ㉢<u>결국</u> 내용물에 대한 설명이라는 것이 도무지 이해하기 난감하다. 좋다고만 쓰여 있고, 무엇이 나쁘거나 해로울 수 있는지에 대해서는 밝히지 않는다. 영양 정보나 성분표를 보고 알아서 판단해야 한다. 좋은 것은 강조하였으니 나쁜 것은 소비자 스스로 판단하라는 말이다. ㉣<u>먹을 것을 지식화하는 것이다.</u>

① ㉠: 이어지는 내용에 맞게 '단절(斷絶)'로 수정한다.
② ㉡: 자연스러운 문맥을 위해 뒤의 문장과 위치를 바꾼다.
③ ㉢: 앞뒤 문장의 관계를 고려하여 '그런데'로 수정한다.
④ ㉣: 문단의 통일성에 어긋나므로 삭제한다.

15 다음 글을 이해한 내용으로 옳지 않은 것은?

> 공방은 생김새가 밖은 둥글고 구멍은 모나게 뚫렸다. [중략] 무제 때에는 온 천하의 경제가 말이 아니었다. 나라 안의 창고가 온통 비어 있었다. 임금은 이를 보고 몹시 걱정했다. 방을 불러 벼슬을 시키고 부민후(富民侯)로 삼아, 그의 무리인 염철승(鹽鐵丞) 근(僅)과 함께 조정에 있게 했다. 이때 근은 방을 보고 항상 형이라 하고 이름을 부르지 않았다.
>
> 방은 성질이 욕심이 많고 비루(鄙陋)하고 염치가 없었다. 그런 사람이 이제 재물을 맡아서 처리하게 되었다. 그는 돈의 본전과 이자의 경중을 다는 법을 좋아하여, 나라를 편안하게 하는 것은 반드시 질그릇이나 쇠그릇을 만드는 생산 방법에만 있는 것이 아니라고 생각했다. 그는 백성으로 더불어 한 푼 한 리의 이익이라도 다투고, 한편 모든 물건의 값을 낮추어 곡식을 몹시 천한 존재로 만들고 딴 재물을 중하게 만들어서, 백성들이 자기들의 본업인 농업을 버리고 사농공상(士農工商)의 맨 끝인 장사에 종사하게 하여 농사짓는 것을 방해했다. 임금께 아뢰는 사람들이 많이 상소하여 논했으나 위에서 듣지 않았다.
>
> 방은 또 재치 있게 권세와 부귀를 잘 섬겨 그쪽에 드나들며 권세를 부리는가 하면, 벼슬을 팔아 올리고 내침이 그 손바닥에 있으므로 많은 벼슬아치들이 많이 절개를 굽혀 섬겼다. 그리하여 곡식을 쌓고 뇌물을 거둔 문서와 증서가 산 같아 이루 셀 수가 없었다.
>
> — 임춘, 〈공방전〉

① 주인공의 생김새를 통해 사물을 의인화한 인물임을 드러내고 있다.
② 주인공이 관직을 맡아 재물을 처리한다는 데에서 인간의 삶과 밀접한 관련이 있는 사물임을 알 수 있다.
③ 권력을 이용해 부를 축적하는 주인공의 모습을 통해 매관매직을 일삼는 지배층의 타락상을 우의적으로 비판하고 있다.
④ 주인공의 부정적 면모와 긍정적 면모를 함께 제시하여 후대에 권계하고 있다.

16 다음 글에 대한 이해로 적절하지 않은 것은?

> 말뚝이: 내가 다름 아니라 우리 댁 샌님, 서방님, 도련님을 모시고 과거를 보러 가는데 산대굿 구경을 하다가 해 가는 줄 모르고 있다가 의막*을 못 정했다우.
> 쇠뚝이: 염려 마라, 정해 주마. (삼현*을 청하여 까끼걸음으로 장내를 돌다가 의막을 정하여 놓고서 말뚝이의 얼굴을 탁 친다. 삼현 중지.) 얘! 의막을 정해 놓고 왔다. 혹시 그놈들이 담배질을 하더라도 아래윗간은 분명해야 하지 않겠느냐!
> 말뚝이: 영락없지!
> 쇠뚝이: 그래서 말뚝을 뺑뺑 돌려서 박고 띠를 두르고 문은 하늘로 냈다.
> 말뚝이: 그것 고래당 같은 기와집이로구나.
> 쇠뚝이: 영락없지. [중략]
> 쇠뚝이: 옳겠다. 그러면 그 양반들이 어데 있느냐?
> 말뚝이: 저기들 있으니 들어 모시자. (타령조. 까끼걸음으로 샌님 일행을 돼지 몰아넣듯 채찍질을 하면서 "두두." 한다. 삼현 중지.)
> 샌님: 말뚝아!
> 말뚝이: 네 — 이!
> 샌님: 이 의막을 누가 정했느냐?
> 말뚝이: 아는 친구 쇠뚝이가 정해 주었소. (쇠뚝이 앞에 가서) 얘! 우리 댁 샌님이 이 의막을 누가 정했느냐 하기에 네가 정해 주었다고 했다. 그러하니 우리 댁 샌님을 한번 뵈어라. [중략]
> 말뚝이: 뵙고 왔느냐?
> 쇠뚝이: 내가 샌님 일행을 뵈니 그게 무슨 양반의 자식들이냐, 한량의 자식들이지.
> 말뚝이: 그렇지 않다. 분명한 양반이시다.
> 쇠뚝이: 내가 뵈니 샌님이란 작자는 도포는 입었으나 전대(戰帶)띠를 매고 두부 보자기를 쓰고 화선(花扇)을 들었으니 그게 무슨 양반의 자식이냐? 바닥의 아들놈이지.
>
> — 작가 미상, 〈양주 별산대 놀이〉

*의막(依幕): 막사로 쓰는 천막이나 장막이라는 뜻으로, 임시로 거처하게 된 곳을 이르는 말
*삼현(三絃): 거문고, 가야금, 향비파의 세 가지 현악기를 통틀어 이르는 말

① 대화나 상황에 변화가 있을 때 삼현을 중지하는군.
② 말뚝이는 양반이 없는 곳에서와는 달리 양반 앞에서는 언행을 공손하게 하고 있군.
③ 쇠뚝이는 담배를 피울 때조차도 신분을 따지는 양반들의 태도를 비꼬고 있군.
④ 말뚝이가, 쇠뚝이가 의막으로 정한 돼지우리를 보고 감탄하는 데에 반어적 표현이 사용되었군.

17 다음 글에서 궁극적으로 말하고자 하는 바는?

　무릇 음양이 어울려 만물이 생겨나지만, 같은 것이 모여 있을 때에는 발전해 나갈 수 없습니다. 서로 다른 사물끼리 서로를 보충해 균형 있게 하는 것을 화(和)라고 합니다. 그렇게 하면 만물을 풍부하게 하고 커지게 할 수 있습니다. 만약 같은 것에 보탠다면 더 이상 지속하지 못하고 버려질 것입니다.
　그러므로 선왕(先王)은 토(土)를 금(金)·목(木)·수(水)·화(火)와 섞어서 만물을 이루게 하였습니다. 다섯 가지 맛을 조화하여 입맛에 맞게 하고, 사지(四肢)를 튼튼히 하여 몸을 건강하게 하며, 여러 가지 음악 소리를 조절하여 귀를 밝게 하여 온전한 사람을 만들고, 아홉 가지 장기의 기능을 잘 발휘하여 순수한 품성을 세우며, 관리들의 열 가지 등급을 살펴서 각각의 직능과 업무를 이끌어 내었습니다. 이에 천(千) 가지 관직의 품계를 만들어 만(萬) 가지 국가 경영의 방략(方略)을 갖추었으며, 억(億) 가지 국가 일을 잘 헤아려 조(兆) 가지 사물들을 제자리에 있도록 하였으며, 경(京) 가지 세입(稅入)을 거두어 해(垓) 가지 행정을 펼쳤던 것입니다.
　그러므로 왕은 천하의 넓은 땅을 경영하면서 수많은 세입들을 거두어들여 수많은 백성들을 먹여 살리고, 가르치고 등용하여 그 백성들이 한집안처럼 화락하게 하였습니다. 이와 같아야 화(和)의 지극한 경지입니다.

① 정치는 만물의 다양함을 그대로 인정하고 만물이 균형과 조화를 이루게 해야 한다.
② 군주는 우리 것과 다른 것은 지양하고 유사한 것은 취해야 한다.
③ 화(和)는 서로 다른 사물끼리 서로를 보충해 균형 있게 하는 것이다.
④ 거두어들인 세금으로 가난한 백성들을 골고루 먹여 살려야 백성들이 화평할 수 있다.

18 다음 글에 대한 이해로 적절한 것은?

　제대 후 재득은 고향에 돌아가자 농사일을 때려 엎고 은행 돈을 빌려 대대적으로 양계(養鷄)를 시작했다. 농사일은 평생을 해 봐야 제 털 뽑아 제 구멍에 박는 짓이다. 뻔한 골패짝에 반발을 느낀 재득은, 여벌 모가지 걸어 놓고 한바탕 씩씩하게 발버둥을 쳐 보기로 했던 것이다. 신문과 방송에는 성공담도 숱하게 많다. 그러나 그것은 수백 명의 사람들 중 특출 나게 아다리가 맞은 한두 사람의 이야기다. 닭은, 낳으라는 알은 안 낳고 재득에게 빚과 한숨과 절망만을 낳아 주었다. 사료값은 오르고, 알값은 통값이고 닭은 닭대로 병에 걸려 하루에 수십 마리씩 바지게로 죽어 나간 것이다.
　은행에 잡혔던 집과 논밭은 장마철에 검불 떠내려가듯 재득의 눈앞에서 손을 흔들고 떠내려갔다. 그러나 빚은 은행뿐 아니라 대추나무에 연 걸리듯 마을 안 이웃들에게도 삼십여 만 원이 빡빡하게 깔려 있었다. 집도 절도 없는 재득 부부는 이제는 죽을래야 죽을 수도 없는 처지가 되고 말았다. 재득이 밤중에 고향에서 튄 것은 바로 이런 무렵이다. 어차피 그는 마을에 있어 봤자 삼십만 원 빚 때문에 평생을 살아도 밝은 빛은 보기 힘들다. 부부가 다 튀면 죽일 놈 소리가 나올 것 같아, 재득은 아내를 볼모로 남겨 둔 채 자기 혼자만 야간도주를 한 것이다.
　고향에서 튄 지 석 달 만에 재득은 드디어 정류장에 터를 잡았다. 재득은 부지런히 벌었다. 형섭이나 낙표처럼 그는 입담이 걸지 못하다. 그러나 착실하고 꼼꼼한 성격이라 재득은 허리띠를 졸라매고 매달매달 꼬박꼬박 몇 푼의 돈을 고향으로 부칠 수 있었다. 아내 역시 고향에서 놀고 지낸 것은 아니었다. 그녀는 평범한 여자였다. 예쁠 것도 없고 자랑할 것도 없는 말 없고 부지런한 보통의 시골 여자였다. 빚 삼십만 원에 볼모로 잡힌 그녀는 남의 집 밭과 논에서 뼈가 녹아나게 삯일을 했다. 그러나 그들의 안팎의 노력은 삼십만 원의 이자 가리는 데도 빡빡하게 힘이 부쳤다. 고향에 있으나 밖으로 나오나 재득의 삼십만 원 빚은 여전히 한 푼도 줄지 않았다.

　　　　　　　　　　　　　　　　　- 홍성원, 〈흔들리는 땅〉

① 재득은 양계를 시작하기 전에도 재산이 없었다.
② 재득은 무리한 사업 확장으로 인해 양계에 실패했다.
③ 재득은 경제적 상황을 바꿔 보고자 적극적으로 노력하였다.
④ 재득은 고향을 떠나자마자 새로운 일자리를 잡을 수 있었다.

19 다음 글에서 추론할 수 있는 내용이 아닌 것은?

냄새를 맡는 건 코지만, 인지하는 건 뇌다. 냄새 물질이 코로 들어온 뒤 뇌가 인지하기까지는 많은 단계를 거쳐야 한다. 그 과정에서 코 점막에 있는 단백질인 후각 수용체가 핵심 역할을 한다. 냄새 물질이 후각 수용체에 달라붙으면 마치 스위치가 켜진 듯 화학 신호들이 도미노처럼 잇따라 발생하고, 이 신호들이 신경망을 거쳐 뇌의 후각 담당 영역에 전달돼야 냄새를 알아차린다.

후각 수용체를 만드는 후각 유전자는 놀랍게도 1,000개가 넘는다. 하나하나가 서로 다른 후각 수용체를 만드는데, 냄새 맡는 데 기여하는 후각 수용체는 400개 정도로 알려져 있다. 후각 수용체마다 결합하는 냄새 물질의 구조가 다르고, 어떤 후각 수용체는 여러 물질과 결합하기도 한다. 이런 복잡한 과정을 거쳐 인간은 수많은 냄새를 구별하고 기억한다.

일상에서 맡는 냄새에는 대개 여러 물질이 섞여 있다. 그중 어떤 물질이, 얼마나 많이 후각 수용체에 달라붙는지, 그렇게 생긴 신호가 뇌에 어느 정도로 전달되는지는 사람에 따라, 상황에 따라 천차만별이다. 어떤 사람에게선 기능이 활발한 후각 수용체가 다른 이의 코에선 별로 일을 안 할 수 있다. 후각 유전자에 변이가 생기기도 하고, 냄새 신호가 뇌에 전달되면서 특정 장면이 함께 기억되기도 한다. 이런 이유들로 같은 냄새라도 누군 견딜 만하고, 누군 못 살겠다고 느낀다.

① 후각 수용체는 코에서 맡은 냄새를 뇌까지 전달하는 신경망이다.
② 후각 유전자 중에는 냄새를 감지하는 기능에 쓰이지 않는 것도 있다.
③ 동일한 물질이 후각 수용체로 전달되더라도 사람마다 냄새에 대한 느낌 차가 생길 수 있다.
④ 냄새를 맡기 위해서는 단백질로 구성된 후각 수용체에 물질이 달라붙는 과정이 있어야 한다.

20 ㉠~㉻에 대한 설명으로 잘못된 것은?

㉠선희궁*께서 13일 내게 편지하시되
"어젯밤 소문은 더욱 무서우니, 일이 이왕 이리된 바에는 내가 죽어 모르거나, 살면 종사를 붙들어야 옳고, 세손을 구하는 일이 옳으니, 내 살아 ㉡빈궁*을 다시 볼 줄 모르겠노라."
라고만 하시니, ㉢내 그 편지를 붙들고 눈물을 흘리니라. 하지만 그날 큰 변이 날 줄 어이 알았으리오.

그날 아침에 영조께서 무슨 일로 자리에 좌정하려 하시며 경희궁에 있는 경현당 관광청에 계시니, 선희궁께서 가서 울며 고하시되

"㉣동궁의 병이 점점 깊어 바랄 것이 없으니, ㉤소인이 차마 이 말씀을 드리는 것이 정리에 못 할 일이나, 옥체를 보호하고 세손을 건져 종사를 평안히 하는 일이 옳사오니, 대처분을 하소서."
하시니라. 또
"설사 그리하신다 해도 ㉥부자의 정이 있고 병으로 그리된 것이니 병을 어찌 꾸짖으리이까. 처분은 하시나 은혜를 끼치시고 세손 모자를 평안하게 하소서."
하시니, 내 차마 그 ㉦아내로 이 일을 옳다고는 못 하나 어쩔 수 없는 일이라. 그저 나도 ㉧경모궁을 따라 죽어 모르는 것이 옳되, 세손 때문에 차마 결단치 못하니라. 내 겪은 일이 기구하고 흉독함을 서러워할 뿐이라.

영조께서 선희궁의 말을 들으시고, 조금도 주저하며 지체하심이 없이 창덕궁 거동령을 급히 내신지라. 선희궁께서는 ㉨모자의 인정을 어려이 끊고 대의를 잡아 말씀을 아뢰시고 바로 가슴을 치며 혼절하시니라. 그리고 ㉩당신 계신 양덕당에 오셔서 식음을 끊고 눈물 흘리며 누워 계시니, 만고에 이런 일이 어디 있으리오.

— 혜경궁 홍씨, 〈한중록〉

* 선희궁: 영조의 후궁으로 사도 세자의 생모이다.
* 빈궁: 사도 세자의 아내인 혜경궁 홍씨이다.

① ㉠, ㉤, ㉩은 모두 같은 인물이다.
② ㉡, ㉢, ㉦은 모두 같은 인물이다.
③ ㉣, ㉧은 모두 같은 인물이다.
④ ㉥은 영조와 사도 세자를, ㉨은 혜경궁 홍씨와 세손을 의미한다.

11회 지방직 기출 변형 모의고사

핵심 자료선 주요 기출 한자 성어

[01~50] 한자 성어의 독음을 쓰시오.

01. 그는 시를 통해 **苛斂誅求**를 일삼는 위정자를 비판하였다.
02. 그동안 보살펴 주신 선생님의 은혜는 실로 **刻骨難忘**입니다.
03. **肝膽相照**하던 벗이 떠나 마음이 쓸쓸하다.
04. 그렇게 **牽強附會**하지 말고 타당한 근거를 대세요.
05. 누구 한 사람 도와주는 사람이 없으니 실로 **孤掌難鳴**이라, 일을 하기가 너무 어려웠다.
06. **苦盡甘來**라더니 이렇게 좋은 일도 있구나.
07. 학문의 정도를 걷지 않고 **曲學阿世**하는 이들이 있다.
08. 이 밖의 일은 아무리 **巧言令色**으로 장식해도 전부가 거짓이다.
09. 말이 너무 번드르해 미덥지 않은 자들은 대부분 **口蜜腹劍**형의 사람이다.
10. 정보 기술 업계의 **權不十年**이라 하지 않을 수 없다.
11. 그는 이번 실패에 굴하지 않고 **捲土重來**를 꿈꾸고 있다.
12. 우리의 거사는 **騎虎之勢**의 형국이니 목적을 달성할 때까지 버티어야 한다.
13. **男負女戴**하여 북쪽으로 이주해 가는 부락민이 끊이지 않았다.
14. **螳螂拒轍**도 유분수지 그런 일에 덤벼들다니.
15. 그 이야기를 나도 많이 듣긴 들었네만 **道聽塗說**을 믿을 수야 있나?
16. 저 두 사람은 같은 병을 앓다 보니까 **同病相憐**이라고 형제보다 그 우애가 더하다.
17. 숱한 역경을 헤치고 공직의 길에 들어선 그의 좌우명은 **磨斧爲針**이다.
18. 시험공부를 좀 더 일찍 시작했어야 한다고 후회해 봤자 **晚時之歎**이다.
19. 덕이 아닌 힘으로 사람을 따르게 하면 자연히 **面從腹背**하는 자가 생기기 마련이다.
20. **目不識丁**을 겨우 면한 내가 그 일을 어찌 알겠니.
21. 그들은 술에 취해 **傍若無人**하게 굴었다.
22. 그 같은 **背恩忘德**을 저지르고서 다시 나를 찾아오다니 기가 찰 노릇이다.
23. 또다시 예산 타령만 하고 있다면 이 문제의 해결은 **百年河淸**이 될 수밖에 없다.
24. 경찰은 수사를 할 때 피해자나 피의자의 말만 듣고 쉽게 **附和雷同**해서는 안 된다.
25. 성 안과 밖으로 적에게 둘러싸여 그야말로 **四面楚歌**였다.
26. 작년 홍수에 농사를 다 망치고 지금은 **三旬九食**하는 형편이다.
27. 어린 시절 뛰놀던 고향은 **桑田碧海**라는 비유가 어울릴 만큼 많이 변했다.
28. 시간도 없는데 **雪上加霜**으로 길까지 막힌다.
29. 도둑이 훔친 물건을 들고 달아나는 모양을 **束手無策**으로 바라보고만 있었다.

30. 이웃 나라가 침범을 당하니 **脣亡齒寒**이 될까 염려스럽다.

31. 그들은 서로 **我田引水** 격으로 각기 이 일을 해석했다.

32. 나는 욕심을 버리고 **安分知足**하며 살고 있다.

33. 그의 말이 **羊頭狗肉**으로 평가받는 것은 겉만 그럴듯해서이다.

34. 그는 **言行一致**를 추구하기 때문에, 한번 한 말에 대해서는 반드시 지키려고 애쓴다.

35. 실업자가 늘고 있는데 소비 심리가 개선되기를 바라는 것은 **緣木求魚**이다.

36. 나는 **愚公移山**을 좌우명 삼아 묵묵히 일한다.

37. **一擧兩得**의 기회를 놓칠 수야 없지.

38. 현재의 어려움을 **轉禍爲福**의 계기로 삼자.

39. **切磋琢磨**하여 실력을 기르는 수밖에.

40. 그가 속으로 얼마나 **切齒腐心**하고 있는지 느낄 수 있었다.

41. 그는 결단력이 없어 **左顧右眄**하다가 적절한 대응 시기를 놓쳐 버렸다.

42. 대부분의 관광객이 **走馬看山** 격으로 대충 구경만 하고 지나친다.

43. 이곳이야말로 꾸밈이 없는 **天衣無縫**의 화원(花園)이다.

44. 그의 한 컷짜리 만평은 **寸鐵殺人**의 풍자로 독자들의 큰 호응을 얻었다.

45. 그 친구는 **針小棒大**하는 경향이 있어서 하는 말을 곧이곧대로 믿기 어렵다.

46. 아군은 **破竹之勢**로 적군을 이 땅에서 몰아냈다.

47. 그는 **表裏不同**한 사람으로 소문이 자자하다.

48. 아버지의 권세에 기대어 **狐假虎威**할 사람은 아니다.

49. 그들은 **昏定晨省**으로 부모를 모시고 있다.

50. 날이 갈수록 뛰어난 후배들이 점점 많아져 **後生可畏**라는 말을 실감하게 된다.

01. 가렴주구	11. 권토중래	21. 방약무인	31. 아전인수	41. 좌고우면
02. 각골난망	12. 기호지세	22. 배은망덕	32. 안분지족	42. 주마간산
03. 간담상조	13. 남부여대	23. 백년하청	33. 양두구육	43. 천의무봉
04. 견강부회	14. 당랑거철	24. 부화뇌동	34. 언행일치	44. 촌철살인
05. 고장난명	15. 도청도설	25. 사면초가	35. 연목구어	45. 침소봉대
06. 고진감래	16. 동병상련	26. 삼순구식	36. 우공이산	46. 파죽지세
07. 곡학아세	17. 마부위침	27. 상전벽해	37. 일거양득	47. 표리부동
08. 교언영색	18. 만시지탄	28. 설상가상	38. 전화위복	48. 호가호위
09. 구밀복검	19. 면종복배	29. 속수무책	39. 절차탁마	49. 혼정신성
10. 권불십년	20. 목불식정	30. 순망치한	40. 절치부심	50. 후생가외

01 〈보기〉에 해당하는 사례로 적절한 것은?

― 보기 ―
두 단어가 일정한 의미 영역을 온전히 나눠 가지며 동일한 의미 영역 안에는 다른 단어가 존재하지 않는다.

① 기혼(旣婚) : 미혼(未婚)
② 시상(施賞) : 수상(受賞)
③ 출발(出發) : 도착(到着)
④ 부모(父母) : 자식(子息)

02 밑줄 친 말의 표기가 모두 옳은 것은?

① 등굣길에 만난 아이들은 정답게 인삿말을 주고받았다.
② 가욋일을 시작하기 전에 북엇국으로 든든하게 배를 채웠다.
③ 수평선 너머로 저물어 가는 햇님을 바닷가에 서서 바라보았다.
④ 아랫마을까지 내려가 전셋방을 찾아보기로 했다.

03 심포지엄의 사례로 가장 적절한 것은?

① '청소년 마약 문제, 어떻게 예방할 것인가'를 주제로 마약 퇴치 협회 회장, A 고등학교 교사, 고등학생 남매를 둔 학부모 등이 토의한 후 청중의 질문을 받는 시간이 이어졌다.
② '마약 중독자를 처벌 중심에서 치료 중심으로 전환하는 방안'과 관련해 마약 중독자 치료 병원 강당에서 병원 관계자들과 청중들이 모여 2시간 동안 질의응답을 나누었다.
③ '마약 투약 상태로 범죄를 저지른 자를 심신 미약 상태로 볼 것인가'를 주제로 법률 전문가 2명과 의료진 1명으로 각각 구성된 두 팀이 격론을 벌였다.
④ '신종 마약 유입' 문제와 관련해 의료계 종사자 2명, 경찰서장 1명이 각각 30분씩 강연한 뒤 청중과의 질의응답 시간을 짧게 가진 후 회의가 마무리되었다.

04 다음 글의 논지 전개 방식으로 적절하지 않은 것은?

　만병통치약은 인류의 오래된 염원이었지만, 그동안의 모든 만병통치약은 가짜로 밝혀졌다. 그래서 오늘날 만병통치약을 믿는 사람이 드물다. 하지만 만병통치약은 인류의 거의 모든 문화권에 등장했고 수많은 사람들을 유혹했다. 그 이유가 무엇일까?
　만병통치약은 약과 질병에 대한 인류 공통의 관념에서 처음 시작되었을 것이다. 질병의 증상은 여러 가지라도 질병을 구성하는 궁극적인 원인은 단 하나일 것이라고 사람들은 믿었고, 그렇기에 그 궁극적인 원인을 제거할 수 있는 약도 존재한다고 믿었을 것이다. 고대인들은 질병을 악령의 침투로 이해하였으며, 이후 이성적 치료를 표방한 히포크라테스마저 4가지 체액의 불균형으로 질병의 원인을 단순하게 받아들였다.
　하지만 오늘날 우리는 질병이 복합적인 원인으로 인해 발생하는 것으로 이해한다. 그리고 모든 질병에 단 하나의 궁극적인 원인이 존재하지 않는다는 것도 알고 있다. 하나의 질병에 수많은 생화학 신호 체계가 관여하며, 질병의 종류는 셀 수 없을 만큼 많고 그에 대한 치료제도 각각 다르다는 것을 경험적인 과학의 방법으로 발견하게 되었기 때문이다. 만병통치약, 즉 모든 질병을 치유하는 단 하나의 약이 존재할 수 없다는 것을 당연한 이치로 받아들이게 된 것이다.

① 대상에 대한 인식의 변화 과정을 서술하고 있다.
② 자문자답의 방식으로 논의를 전개하고 있다.
③ 통념을 반박한 뒤 결론을 유보하고 있다.
④ 특정 대상에 대한 그릇된 관념을 예시로 들고 있다.

05 다음 시를 감상한 방법이 나머지와 다른 하나는?

쫓아오던 햇빛인데
지금 교회당 꼭대기
십자가에 걸리었습니다.

첨탑(尖塔)이 저렇게도 높은데
어떻게 올라갈 수 있을까요.

종소리도 들려오지 않는데
휘파람이나 불며 서성거리다가,

괴로웠던 사나이,
행복한 예수 그리스도에게
처럼
십자가가 허락된다면

모가지를 드리우고
꽃처럼 피어나는 **피**를
어두워 가는 하늘 밑에
조용히 흘리겠습니다.

– 윤동주, 〈십자가〉

① '십자가', '피' 등의 상징성이 강한 소재와 '괴로웠던 사나이, / 행복한 예수 그리스도'라는 역설적 표현을 사용하고 있어.
② 기독교적 정신을 바탕으로 민족의 역사적 시련을 이겨 내려 했던 시인의 의지를 노래한 시야.
③ '종소리도 들려오지 않는데', '어두워 가는 하늘 밑'은 일제 강점기의 암울한 현실을 의미하는 것 같아.
④ 조국 광복을 위해 자신을 희생하겠다는 화자의 태도에서 아무리 절망적인 상황이라도 꿋꿋이 삶을 견디고 헤쳐 나가야 한다는 점을 깨달았어.

06 다음 글에 대한 설명으로 적절하지 않은 것은?

2004년 세계적인 권위를 지닌 과학 잡지 《사이언스》에 영국 플리머스 대학의 리처드 톰슨 교수가 바닷속 미세 플라스틱이 1960년대 이후 계속 증가해 왔다는 내용의 논문을 발표했다. 그 후로 미세 플라스틱이 해양 생태계에 끼치는 영향을 규명하려는 후속 연구들이 이어졌다.

해양 생물들이 플라스틱 조각을 먹이로 알고 먹으면, 포만감을 주어 영양 섭취를 저해하거나 장기의 좁은 부분에 걸려 문제를 일으킬 수 있다. 또한 플라스틱은 제조 과정에서 첨가된 잔류성 유기 오염 물질을 포함하고 있으며 바다로 흘러들어 간 후에는 물속에 녹아 있는 다른 유해 물질까지 끌어당긴다. 미세 플라스틱을 먹이로 착각하고 먹은 플랑크톤을 작은 물고기가 섭취하고, 작은 물고기를 다시 큰 물고기가 섭취하는 먹이 사슬 과정에서 농축된 미세 플라스틱의 독성 물질은 해양 생물의 생식력을 떨어뜨릴 수 있다.

미세 플라스틱은 인간에게도 위협이 될 수 있다. 한국 해양 과학 기술원의 실험 결과, 양식장 부표로 사용하는 발포 스티렌은 나노(10억분의 1) 크기까지 쪼개지는 것으로 확인되었다. 나노 입자는 생체의 주요 장기는 물론 뇌 속까지 침투할 수 있는 것으로 알려져 있다. 내장을 제거하지 않고 통째로 먹는 작은 물고기나 조개류를 즐기는 이들은 수산물의 체내에서 미처 배출되지 못한 미세 플라스틱을 함께 섭취할 위험이 높아지는 셈이다.

① 상위 포식자로 갈수록 미세 플라스틱의 축적은 증가할 수 있다.
② 1960년대에 미세 플라스틱의 존재가 밝혀진 이후부터 그에 관한 연구가 지속되었다.
③ 어류를 먹는 인간의 뇌에 미세 플라스틱 입자가 축적될 가능성이 있다.
④ 오염 물질이 포함된 플라스틱은 바닷속에서 다른 유해 물질까지 견인한다.

07 밑줄 친 부분의 한자 표기가 잘못된 것은?

① 요즘은 인터넷이 만화가의 <u>등용문(登龍門)</u> 역할을 하고 있다.
② 새 정부 구성을 앞두고 <u>하마평(河馬評)</u>이 무성하다.
③ 그 회사는 우리나라 <u>굴지(屈指)</u>의 재벌이다.
④ 남과 북의 분단은 <u>미증유(未曾有)</u>의 비극이었다.

08 띄어쓰기가 옳은 문장은?

① 어머니는∨"전에∨가∨본∨데가∨어디니?"라고∨물어보셨다.
② 각∨부서∨당∨한∨명씩∨부디∨참석해∨자리를∨빛내∨주시길∨바랍니다.
③ 저는∨키가∨전봇대∨만큼∨커서∨기억할∨만도∨한데요.
④ 몇∨끼를∨굶었더니∨먹을∨것∨이∨외에는∨아무∨것도∨눈에∨보이지∨않았다.

09 〈보기〉와 같이 음운 변동을 유형화할 때, 각 단어에 나타난 음운 변동 현상에 대한 설명으로 옳은 것은?

보기
㉠ XAY → XBY (교체)
㉡ XAY → X∅Y (탈락)
㉢ X∅Y → XAY (첨가)
㉣ XABY → XCY (축약)

① '콩엿[콩녇]'을 발음할 때 ㉠과 ㉡이 모두 일어난다.
② '맑는[만는]'을 발음할 때 ㉠과 ㉢이 모두 일어난다.
③ '삯돈[삭똔]'을 발음할 때 ㉠과 ㉣이 모두 일어난다.
④ '흙하고[흐카고]'를 발음할 때 ㉡과 ㉣이 모두 일어난다.

10 어법에 어긋난 문장을 수정하고 설명한 예로 옳지 않은 것은?

① ○○ 박물관에서 주말 동안 국악 공연이 열리고 전통 민속놀이 체험 마당도 운영된다.
→ 주어와 서술어가 호응하지 않으므로 '운영된다'는 '운영한다'로 바꾼다.
② 사업 시행자는 철도 시설을 제외한 전체 시설에 대하여 유지하고 관리해야 함.
→ 유지하고 관리해야 할 대상인 목적어가 없으므로 '전체 시설에 대하여'는 '전체 시설을'로 바꾼다.
③ 지도자는 자유 수호와 인권을 보장하는 것을 목표로 삼아야 한다.
→ 문장 구조를 맞춰 '자유 수호와'는 '자유를 수호하고'로 바꾼다.
④ 지하철 공사가 이제 시작됐으니, 언제 개통될지는 불투명하다.
→ '개통될지는'과 호응하는 주어를 보충하여 '지하철이 언제 개통될지는'으로 바꾼다.

11 다음에 제시된 단어의 의미에 맞게 쓴 문장으로 적절하지 않은 것은?

단어	의미	문장
털다	달려 있는 것, 붙어 있는 것 따위가 떨어지게 흔들거나 치거나 하다.	㉠
	자기가 가지고 있는 것을 남김없이 내다.	㉡
	남이 가진 재물이 보관된 장소를 모조리 뒤지어 훔치다.	㉢
	일, 감정, 병 따위를 완전히 극복하거나 말끔히 정리하다.	㉣

① ㉠: 노인은 곰방대를 <u>털며</u> 이야기를 시작했다.
② ㉡: 그는 사재를 <u>털어</u> 불우 이웃을 돕는 데 썼다.
③ ㉢: 나는 그들을 위해서 몇 푼 되는 저금통장을 몽땅 <u>털었다</u>.
④ ㉣: 그는 그제야 울적함을 <u>털어</u> 버린 듯 활달하게 말했다.

12 다음 시에 대한 설명으로 적절하지 않은 것은?

> (가) **청산**(靑山)은 에워 들고 **녹수**(綠水)는 도라가고
> 　　석양(夕陽)이 거들 째예 신월(新月)이 소사난다
> 　　안전(眼前)의 일존주(一尊酒) 가지고 시름 프자 ᄒ노라
> 　　　　　　　　　　　　　　　　　　　　　　제1수
>
> (나) **강산**(江山)의 눈이 닉고 **세로**(世路)의 놋치 서니
> 　　어듸 뉘 문(門)의 이 허리 굽닐손고
> 　　일존주 삼척금(三尺琴) 가지고 **백년소일**(百年消日)호리라
> 　　　　　　　　　　　　　　　　　　　　　　제3수
>
> (다) 닉 말도 **늄**이 마소 **늄**의 말도 닉 아닌닉
> 　　고산(孤山) 불고정(不孤亭)의 조하 늙는 몸이로쇠
> 　　어듸셔 망녕의 **손**이 검다 세다 ᄒ나니
> 　　　　　　　　　　　　　　　　　　　　　　제4수
>
> (라) **생애**도 **고초**(苦楚)*ᄒ고 세미(世味)도 담박(淡泊)ᄒ다
> 　　**흰 술** 흐두 잔의 **프른 글귀** 쑨이로쇠
> 　　옥경헌(玉鏡軒)* 평생행장(平生行狀)이 이 밧긔는 업세라
> 　　　　　　　　　　　　　　　　　　　　　　제7수
> 　　　　　　　　　　　　　　　　　　- 장복겸, 〈고산별곡〉
>
> *고초: 괴로움과 어려움을 아울러 이르는 말
> *옥경헌: 작가 소유의 전각의 이름이며 아호임.

① (가): '청산', '녹수' 등을 통해 화자가 위치한 공간을 제시하고 있다.
② (나): '강산'과 '세로'의 대조를 통해 '백년소일'하는 삶에 대한 긍정을 드러내고 있다.
③ (다): '눔'과 '손'의 말에 휘둘리지 않고 소신을 지키는 화자의 모습이 나타나고 있다.
④ (라): '생애'를 '고초'하게 한 '흰 술'과 '프른 글귀'에서 벗어나고자 하는 화자의 태도가 나타난다.

13 다음은 라디오 프로그램의 대화이다. 진행자의 말하기 방식에 대한 설명으로 적절하지 않은 것은?

> 진행자: 한 지방 자치 단체가 의료 취약 계층을 위해 의약품 공급 정보망 사업으로 일정 성과를 올리고 있는데요, 오늘은 그 관계자 한 분을 모시고 말씀을 들어 보기로 하겠습니다. 먼저, 의약품 공급 정보망이라는 말이 다소 생소한데 이게 무슨 말인가요?
> 과장: 약국이나 제약 회사가 판매하고 남은 의약품을 저희 정보망에 기탁하면, 의약품이 필요한 사회 복지 시설이나 국내외 의료 봉사 단체에 무상으로 연결시켜 주는 사이버상의 네트워크입니다.
> 진행자: 그렇군요. 그동안 이 사업에 성과가 있었다면, 그 이유는 의약품을 기탁하는 곳이나 받는 곳 모두 이점이 있었기 때문일 것 같습니다. 구체적으로 어떤 이점들이 있나요?
> 과장: 네. 약국이나 제약 회사에서는 처방전 변경 등으로 판매되지 않은 의약품들을 기탁하기 때문에 부담스럽지 않죠. 또 기부금 관련 세금 혜택도 받을 수 있습니다. 그리고 한정된 예산으로 운영되는 복지 시설이나 봉사 단체에서는 의료 보험이 적용되지 않는 영양제나 아토피 치료제 같은 의약품을 무상으로 지원받을 수 있습니다.
> 진행자: 네. 그렇군요. 음, 그런데 아직은 널리 확산되었다고는 볼 수 없을 것 같은데, 혹시 이 사업에 걸림돌이라도 있나요?
> 과장: 아, 네. 좀 있습니다. 재고 의약품을 무상으로 공급하다 보면 판매량 감소 등의 이유로 다시 재고가 쌓이는 문제가 생길 수 있고, 또 전문 의약품을 의사의 처방 없이 제공하는 데도 문제가 있을 수 있습니다.
> 진행자: 그러니까 앞으로 이런 문제를 해결하기 위한 제도 정비나 의료 전문 인력이 좀 더 필요하다는 말씀이신 것 같군요. 끝으로 이 사업에 참여하려면 어떻게 해야 할까요?
> 과장: 아, 그건 아주 쉬워요. 기부하고 싶은 사업체나 받고 싶은 시설 및 단체는 저희 홈페이지에 접속하셔서 회원으로 가입하시면 쉽게 참여하실 수 있습니다.
> 진행자: 네. 간편해서 좋군요. 모쪼록 이 의약품 공급 정보망 사업이 확대되어 국내외 의료 취약 계층에 많은 도움이 되기를 바랍니다. 감사합니다.

① 청취자의 이해를 돕기 위해 상대에게 낯선 용어에 대한 설명을 요구하고 있다.
② 주관적으로 판단한 사업 결과의 원인을 제시하고 있다.
③ 상대가 제시한 문제적 상황의 심각성을 부연 설명하고 있다.
④ 사업에 대한 긍정적인 전망을 언급하며 대화를 마무리하고 있다.

14 다음 글의 제목으로 가장 알맞은 것은?

시간은 시작도 끝도 없는 영원한 것으로, 우주가 생겨나고 사라지는 것과 아무 관계없이 항상 같은 방향으로 흘러간다. 시간은 빨라지지도 느려지지도 않는 물리량이며 모든 우주에서 동일한 빠르기로 흐르는 실체인 것이다. 이러한 뉴턴의 절대 시간 개념은 19세기 말까지 물리학자들에게 당연한 것으로 받아들여졌다.

하지만 20세기에 들어 시간의 절대성 개념은 아인슈타인에 의해 근본적으로 거부되었다. 그는 빛의 속도가 진공에서 항상 일정하다는 사실을 기초로 하여 상대성 이론을 수립하였다. 이 이론에 의하면 시간은 상대적인 개념이 되어, 빠르게 움직이는 물체에서는 시간이 느리게 간다. 광속을 c라 하고 물체의 속도를 v라고 할 때 시간은 $\frac{1}{\sqrt{1-(v/c)^2}}$ 배 팽창한다. 즉, 광속의 50%의 속도로 달리는 물체에서는 시간이 약 1.15배 팽창하고, 광속의 99%로 달리는 물체에서는 7.09배 정도 팽창한다. v가 c에 비하여 아주 작을 경우에는 시간 팽창 현상이 거의 감지되지 않지만 v가 c에 접근하면 팽창률은 급격하게 커진다.

아인슈타인에게 시간과 공간은 더 이상 별개의 물리량이 아니라 서로 긴밀하게 연관되어 함께 변하는 상대적인 양이다. 따라서 운동장을 질주하는 사람과 교실에서 가만히 바깥 풍경을 보고 있는 사람에게 시간의 흐름은 다르다. 속도가 빨라지면 시간 팽창이 일어나 시간이 그만큼 천천히 흐르는 시간 지연이 생긴다.

① 시간 지연이 생기는 원리
② 시간과 공간의 상대적인 관계
③ 시간의 상대적 성격을 밝힌 아인슈타인
④ 시간 개념에 대한 뉴턴과 아인슈타인의 공통점과 차이점

15 다음 글에 대한 이해로 적절하지 않은 것은?

교영이 고하기를,
"소녀 비록 그릇하였으나 모친은 잔명(殘命)을 용서하소서."
양 부인이 꾸짖어 왈,
"네 스스로 네 몸을 생각하면 죽음에 타인의 재촉을 기다리지 아니할 것이거든, 무슨 면목으로 '용서' 두 자를 입 밖에 내느냐? 내 자식은 이렇지 아니하리니 날더러 어미라 부르지 마라. 네가 유배지에서 비록 나약해져 절개를 잃었다면 돌아올 때라도 그 남자를 거절함이 옳거늘, 심지어 서로 만남을 언약하고 사는 곳을 알려 줘 여기까지 찾아오게 했으니, 이는 나를 토목(土木)같이 여김이라. 내 비록 일개 여자지만 자식은 처치하리니 이런 더러운 것을 집안에 두겠느냐? 네가 비록 구천에 가더라도 네 남편 이생과 부친을 무슨 낯으로 보겠느냐?"
말을 마치고 교영에게 약을 마시라 재촉하니, 장녀 월영이 머리를 두드리며 애걸하고 석파 등이 계단 아래 꿇어앉아 슬피 빌며 살려 주기를 바라되, 양 부인 노기가 등등하고 기세가 열렬하여 삭풍 한월(朔風寒月) 같더라. [중략]
현성이 방석을 내어 석파를 앉히고 한참을 탄식하더니 눈물을 드리워 오열하다가 이르되,
"제가 비록 무식한 아이지만 또한 동기의 정은 아니 어찌 누이를 죽게 하려는 뜻이 있으며, 우리 선산에 장사 지낼 뜻이 없으리오마는 사세 이러하니 장차 어찌하겠습니까? 어머니께서는 저희 세 남매를 두시고 만금같이 여기셨습니다. 사랑이 적어서도 정이 덜해서도 아니라 천성이 굳세고 매서워 정대함을 취하시는 고로 그 산 같은 정을 끊어 죽이신 것입니다. 무릇 임금과 부모가 그른 일이 있거든 곡진히 간함이 예이거니와 옳은 일을 하시는데 그르게 하시라고 간하는 것은 자식의 도리가 아닙니다. 어머니께서 처단하시는 바가 합당치 않은 바 없으니 장차 무엇이라 말리며 간하겠습니까?"
— 작가 미상, 〈소현성록〉

① 교영은 남편과 사별한 후 친정에 와 지내고 있었다.
② 현성은 누이에게 죽음을 종용한 어머니의 처사가 불합리하다고 생각하고 있다.
③ 양 부인은 딸의 실절(失節)을 개탄하며 딸에게 죽음을 종용하였다.
④ 현성은 가문을 위해 모성을 절제해야 했던 어머니의 심정을 헤아리고 있다.

16 다음 글에서 추론한 내용으로 가장 적절한 것은?

> 우리나라에서 가장 흔한 치매로는 알츠하이머병에 의한 치매(50~60퍼센트)와 혈관성 치매(20~30퍼센트)가 있다. 알츠하이머병은 20대 중반부터 독성 물질이 뇌에 쌓이기 시작하며 발생한다. 즉 20대부터 건강한 생활을 하는 것이 치매 예방에 중요하다. 술·담배를 멀리하고 꾸준히 운동하며 건강한 식생활을 하고 우울증 관리도 잘하는 등 올바른 생활 습관을 들여야 한다. 혈관성 치매는 뇌경색이나 뇌출혈 등 뇌혈관에 문제가 생겨 발생하는 것으로 고혈압, 당뇨, 고지혈증 등 뇌혈관 질환을 불러일으키는 위험 요인을 미리 차단하면 예방할 수 있다.
> 치매 예방 교육과 함께 치매 예비군에게는 진단법과 증상을 알려 주는 것도 필요하다. 치매가 의심되면 누구나 검사를 받으러 부담 없이 보건소로 갈 수 있어야 한다. 그러려면 치매를 두려워하거나 부끄러워하지 말아야 한다. 다음으로는 환자와 가족에게 치매 대처법을 교육해야 한다. 그러기 위해서는 치매 가족을 위한 상설 교육이 필요하다. 만일 치매 환자를 간병하는 방법과 기술을 교육해 주는 상설 기관이 있다면 치매 가족은 물론 우리 사회 전반의 긍정적 변화를 가져올 수 있다. 무엇보다 중요한 것은 국가가 치매 대응의 가장 강력한 주체라는 점이다. 일본이나 미국, 프랑스 등의 선진국들은 국책 사업으로서 치매에 대응하고 있다. 그에 비해 우리나라는 산발적인 대응 수준에 머무르고 있다. 국가가 적극적으로 치매 대응에 나서서 하루빨리 선진적 형태의 중장기 대책을 마련해야 할 것이다.

① 우리나라는 다른 선진국과 달리 국가 아닌 개인이 개별적으로 치매에 대응하고 있다.
② 혈관성 치매와 달리 알츠하이머병에 의한 치매는 20대 때부터 증상이 시작될 수 있다.
③ 혈관성 치매의 예방 방법으로는 뇌혈관 질환을 유발하는 위험 요인을 미리 차단하는 것밖에 없다.
④ 치매 가족을 위한 상설 교육 기관의 존재는 치매 가족에게 긍정적 변화를 가져오기 위한 충분조건이다.

17 다음 글의 내용과 관계있는 한자 성어로 가장 거리가 먼 것은?

> 한 국회 의원은 "더 이상 폭력과 떼법으로 국회의 기능이 마비되어서는 안 된다."라면서 "사사로운 이득보다는 국익을 먼저 생각하고, 당면 현안의 경중을 따져 시급한 일을 우선 처리하는 것이 위기 극복의 지름길"이라고 강조했다. 아울러 "세계적인 경제 위기 앞에서 더 이상의 정쟁은 명분도 없을 뿐 아니라 '소리 없는 아우성'일 뿐이며, 당리당략은 국민의 고통과 한숨만 가중시키고 있을 뿐"이라며 경제 위기 극복에 모든 당력을 집중해 나갈 것을 주문했다.

① 事半功倍
② 先公後私
③ 滅私奉公
④ 見利思義

18 다음 글에 나타난 내용이 아닌 것은?

아관 파천에서 대한 제국 수립으로 이어지는 시기는 고종의 왕권이 그 어느 때보다 강했던 시기였다. 경운궁(덕수궁) 환궁을 결정한 고종과 국왕의 측근 세력은 단지 궁궐 수리뿐 아니라, 새로운 본궁을 중심으로 왕권의 권위를 상징하는 기념물들을 건립 또는 배치하고 공원과 광장을 조성했으며, 무엇보다 새로운 방사상 도로망 계획을 추진했다.

이 계획은 당시 계획의 책임자였던 내부 대신 박정양, 한성 판윤 이채연 등이 오랫동안 외교관으로 근무했던 워싱턴 D.C.의 도로망과 공간 구성을 본뜬 것으로 알려져 있다. 그러나 그보다 근본적으로 이 계획에서는 궁을 교통의 기점이자 시선의 종점으로 하여 왕권의 절대성을 공간적으로 각인하는 서구 절대주의 왕정의 정신이 발견된다.

이와 더불어 그 중심이 '시정(市井)'에 가까운 경운궁이었음은 주목할 만하다. 경복궁이나 창경궁, 창덕궁 등이 민인*들의 생활 공간과 분리되어 고고하게 고립되어 있는 공간이라면, 경운궁이나 경희궁은 민인들의 공간과 직접적으로 연결되어 있었다. 이것은 이중적인 의미를 갖는데, 한편으로 왕실이 아래로 내려와 민인들과 가까워졌음을 의미하는 것이라면, 다른 한편으로는 보다 직접적이고 철저한 대민 지배의 의지를 천명하는 것이었다.

* 민인(民人): 국가나 사회를 구성하고 있는 사람들. 대체로 지배자에 대한 피지배자를 이른다. =인민(人民)

① 고종의 절대 왕권을 반영한 공간 계획
② 미국의 것을 본뜬 대한 제국 수도의 공간 구성 계획
③ 고종의 측근 세력이 추진한 사회 제도의 개혁
④ 궁(宮)의 배치에 나타난 대민 관계의 양면성

19 다음 글에서 추론한 내용으로 적절하지 않은 것은?

베블런에 의하면 사치품 사용 금기는 전근대적 계급에 기원을 두고 있다. 즉, 사치품 소비는 상류층의 지위를 드러내는 과시 소비이기 때문에 피지배 계층이 사치품을 소비하는 것은 상류층의 안락감이나 쾌감을 손상한다는 것이다. 따라서 상류층은 사치품을 사회적 지위 및 위계질서를 나타내는 기호(記號)로 간주하여 피지배 계층의 사치품 소비를 금지했다.

그러나 소득 수준이 높아지고 대량 생산에 의해 물자가 넘쳐흐르는 풍요로운 현대 대중 사회에서 서민들은 과거 왕족들이 쓰던 물건들을 일상생활 속에서 쓰고 있다. 따라서 새로운 사회의 도래는 베블런의 과시 소비 이론으로 설명하기 어려운 소비 행태를 가져왔다. 이때 상류층이 서민들과 구별될 수 있는 방법은 오히려 아래로 내려가는 것이다. 현대의 상류층에게는 차이가 중요한 것이지 사물 그 자체가 중요한 것이 아니기 때문이다. 월급쟁이 직원이 고급 외제차를 타면 사장은 소형 국산차를 타는 것이 그 예이다.

이와 같이 현대의 상류층은 고급, 화려함, 낭비를 과시하기보다 서민들처럼 소박한 생활을 한다는 것을 과시한다. 이것은 두 가지 효과가 있다. 사치품을 소비하는 서민들과 구별된다는 점이 하나이고, 돈 많은 사람이 소박하고 겸손하기까지 하여 서민들에게 친근감을 준다는 점이 다른 하나이다. 그러나 이런 행동들은 결국 한층 더 심한 과시이다. 소비하기를 거부하는 것이 소비 중에서도 최고의 소비가 된다.

다만 그들이 언제나 소형차를 타는 것은 아니다. 차별화해야 할 아래 계층이 없거나 경쟁 상대인 다른 상류층 사이에 있을 때 그들은 마음 놓고 경쟁적으로 고가품을 소비하며 자신을 마음껏 과시한다. 현대 사회에서 소비하지 않기는 고도의 교묘한 소비이며, 그것은 상류층의 표시가 되었다. 그런 점에서 상류층을 따라 사치품을 소비하는 서민층은 순진하다고 하지 않을 수 없다.

① 과거의 상류층은 현대의 상류층과 달리 사치품을 독점함으로써 자신의 사회적 지위를 과시했다.
② 사치품 소비가 상류층을 표시하는 기호의 역할을 상실할 때 현대의 상류층은 절제를 통해 자신을 과시한다.
③ '소비하지 않기'라는 현대 상류층의 고도의 소비 행태는 베블런의 과시 소비 이론으로 잘 설명되지 않는다.
④ 현대의 상류층은 경쟁 상대인 다른 상류층 사이에 있을 때 오히려 소박한 생활을 함으로써 자신의 우월함을 과시한다.

20 다음 글에 나타난 '울리히 벡'의 견해와 일치하지 않는 것은?

> 독일의 사회학자 **울리히 벡**은 '위험[리스크, Risiko]'이라는 개념을 통해 재난의 위험이 가진 역설적 특징을 포착해 낸 바 있다. 벡은 근대 이전 사회, 근대 사회(18세기~제2차 세계 대전), 현대 사회(제2차 세계 대전 이후)에서 '위험'의 의미를 구분한다.
>
> 근대 이전 사회에서의 위험은 대개 '밖'에서 인간에게 닥치는 어쩔 수 없는 자연 재난으로 받아들여졌다. 종교나 전통, 자연의 막강한 힘에 구속되지 않은 채 "스스로 산출한 미래의 개방성, 불확실성, 장애물과 직면"하게 되는 근대 사회에서는 인간의 합리성을 통해 위험을 통제하고 극복하려 한다.
>
> 하지만 현대 사회는 "스스로 산출한 위험을 통제할 수 있다는 믿음" 자체가 불가능해진 단계이다. "누구도 이 위험을 피할 수 없고 누구도 적절한 보호책을 마련할 수 없"는 현대, 즉 '위험 사회'는 인류 문명의 '승리'가 재난의 가능성을 가속화시키며, 그에 대해 확실한 통제가 불가능해진 사회를 지칭한다. 가령, 기후 변화, 대량 실업, 테러리즘, 핵폭발 등의 현대적 '위험'은 바로 성공적인 현대화의 산물일 뿐 아니라, 인류가 여전히 해법을 마련하지 못하고 있는 글로벌한 문제들이라는 것이다. 이제 '글로벌 위험 공동체'의 구성원이 된 위험 사회의 현대 인류는 집단적 불안 속에서 자유나 평등 같은 근대적 가치보다 '안전'을 갈구하게 되는 경향성을 가지며, 이에 따라 전체주의나 파시즘의 망령이 재등장할 가능성도 배제할 수 없게 된다.

① 성공적인 현대화가 인류에게 테러와 같이 피할 수 없는 위험을 야기했다.
② 18세기 이전까지 인류는 인간의 합리성을 통해 위험을 극복하려 했다.
③ 근대 사회에서는 인류가 자초한 위험을 통제하려는 시도를 했다.
④ 현대 사회에서 강해진 안전에 대한 욕구는 전체주의의 등장을 가능하게 하고 있다.

12회 지방직 기출 변형 모의고사

01 밑줄 친 부분과 문맥적 의미가 가장 가까운 것은?

> 이 두 논문은 모두 공업화에 따라 발생하는 환경 오염 문제를 다루고 있다.

① 그는 학교에서 늘 문제를 일으키는 학생이었다.
② 이런 어려운 문제는 대학 입시에 출제되지 않는다.
③ 학교는 입학 지원자의 감소로 존폐 문제가 거론되었다.
④ 이 일은 가치관에 관한 문제이기 때문에 정답이 있을 수 없다.

02 다음 시에 대한 설명으로 잘못된 것은?

> 나는 나룻배,
> **당신**은 행인.
>
> 당신은 흙발로 나를 짓밟습니다.
> 나는 당신을 안고 물을 건너갑니다.
> 나는 당신을 안으면 깊으나 얕으나 급한 여울이나 건너갑니다.
>
> 만일 당신이 아니 오시면 나는 바람을 쐬고 눈비를 맞으며 밤에서 낮까지 당신을 기다리고 있습니다.
> 당신은 물만 건너면 나를 돌아보지도 않고 가십니다그려.
> 그러나 당신이 언제든지 오실 줄만은 알아요.
> 나는 당신을 기다리면서 날마다 날마다 낡아 갑니다.
>
> 나는 나룻배,
> **당신**은 행인.
>
> — 한용운, 〈나룻배와 행인〉

① 행간 걸침을 통해 화자의 아쉬움을 표현하고 있다.
② 경어체를 사용하여 화자의 태도를 드러내고 있다.
③ '당신'은 화자에게 무심하고 무정한 태도를 보이고 있다.
④ 수미상관의 기법을 통해 시적 의미를 강조하고 있다.

03 다음 글을 통해 글쓴이가 궁극적으로 말하고자 하는 바로 적절한 것은?

> 인간 생명 복제 기술의 이용이 가져다줄 의학적 이점 때문에 이를 적극 육성해야 한다고 주장하는 사람이 많다. 그러나 이러한 의학적 이점이 실현되기 위해서는 그에 앞서 해결되어야 할 과제들이 있다. 먼저, 우리는 생명 복제 기술이 동식물을 대상으로 하는 기존의 유전 공학 기술과 근본적으로 차이가 있다는 점에 주목해야 한다. 생명 복제 기술이 상업적·군사적으로 또는 범죄에 이용될 위험이라든지 복제된 인간의 존엄성 문제, 복제로 인해 예견되는 법률적 혼란 등은 매우 구체적인 위험들이다.
>
> 또한, 우리는 복제 기술의 본성을 고려할 때 과학 기술의 사회학적 측면에 주목할 필요가 있다. 거대한 자본의 힘과 국가적 진흥 정책이 생명 복제 기술의 발전 방향과 속도를 좌우하고 있는 상황에서 문제의 기술이 가져다줄 몇몇 과학적 이점만을 강조하는 것은 사태를 호도하는 것에 다름 아니다. 만약 생명 복제 기술이 현실화된다면 인간의 생존 환경에 엄청난 변화를 몰고 올 것이다. 우리는 이 기술의 본질을 정확히 이해하고 그에 대한 공정한 평가를 시도해야 한다.

① 생명 복제에 대한 과학적 이해
② 생명 복제의 기술적 문제점
③ 생명 복제 기술의 활용 방안
④ 생명 복제 기술의 선결 과제

04 밑줄 친 부분 중 띄어쓰기가 잘못된 것은?

① • 나는 한동안 이렇게 지낼∨수밖에 없었다.
   • 그는 기대∨밖의 높은 점수를 얻었다.
② • 우리는 한 달에 한∨번은 반드시 이곳에 들른다.
   • 한번은 길에서 그 사람과 우연히 마주친 일이 있었어.
③ • 나는 거기에 어떻게 갈지 아직 결정하지 못했다.
   • 학교에서 아이들을 가르친∨지 어언 10년이 지났다.
④ • 그 이야기는 소문으로만 들었을뿐이네.
   • 내가 좋아하는 사람은 오직 그녀∨뿐이다.

05 다음 글과 거리가 먼 설명은?

어떤 ㉠매미 한 마리가 거미줄에 걸려 처량한 소리를 지르길래 내가 듣다 못하여 매미를 날아가도록 풀어 주었다. [중략]
"㉡거미란 놈의 성질은 본래부터 욕심이 많고, 매미란 놈은 욕심이 적고 자질이 깨끗하다. 항상 배가 부르기만을 바라는 거미의 욕구는 만족하기 어렵다. 그러나 이슬만 마시고도 만족해하는 저 매미를 두고 욕심이 있다 할 수 있을까? 저 탐욕스러운 거미가 이러한 매미를 위협하는 것을 나는 차마 볼 수 없기 때문에 매미를 구해 주었다." / 하였다.
가늘디가는 실로 그물을 만들어 놓으면 아무리 이루(離婁)* 같은 밝은 눈을 가진 이도 알아보기 어려운데, 하물며 이 어리석은 매미가 어떻게 그것을 살필 수 있겠는가? 어디로 날아가려던 참에 그만 거미줄에 걸려 날개를 움직일수록 매미는 더욱 더 얽혀지기만 하였다.
제 이익에 급급한 저 ㉢쉬파리 같은 무리들은 온갖 냄새를 따라다니면서 비린내 나는 음식만 찾으려 한다. 나비 역시 향기 나는 것을 구하려고 바람을 따라 바쁘게 오르내리고 있다. 그러다가 그물에 걸린들 누구를 원망하랴. 탐욕스러운 욕심 때문에 일어난 일인데. [중략]
"우선 울창한 숲을 찾아서 가거라. 그리고 깨끗한 곳을 골라 자리를 잡되 자주 나다니지 말아라. 탐욕스러운 거미들이 너를 호시탐탐 엿보고 있다. 그렇다고 같은 곳에서만 너무 오래 있지는 말아야 한다. ㉣버마재비란 놈이 뒤에서 너를 노리고 있으니 말이다. 너의 거취를 조심한 다음이라야 어려움 없이 살아갈 수 있다."

— 이규보, 〈방선부〉

* 이루: 중국 고대의 전설상의 인물로 백 보 떨어진 곳의 털끝을 볼 수 있을 만큼 시력이 뛰어났다고 한다.

① 의인화된 자연물을 대조적으로 제시하여 그것이 가진 속성을 부각하고 있다.
② 고사의 인용과 설의적 표현으로 생각이나 정서를 효과적으로 드러내고 있다.
③ ㉠은, 글쓴이가 느끼는 인식에서 ㉡~㉣과 차이를 보인다.
④ 글쓴이는 자기 성찰적 태도로 사람들에게 올바른 삶의 자세를 제시하고 있다.

06 〈한글 맞춤법〉 규정의 예로 옳지 않은 것은?

제19항 어간에 '-이'나 '-음/-ㅁ'이 붙어서 명사로 된 것과 '-이'나 '-히'가 붙어서 부사로 된 것은 그 어간의 원형을 밝히어 적는다. ··········㉠
[붙임] 어간에 '-이'나 '-음' 이외의 모음으로 시작된 접미사가 붙어서 다른 품사로 바뀐 것은 그 어간의 원형을 밝히어 적지 아니한다. ··········㉡
제23항 '-하다'나 '-거리다'가 붙는 어근에 '-이'가 붙어서 명사가 된 것은 그 원형을 밝히어 적는다. ··········㉢
[붙임] '-하다'나 '-거리다'가 붙을 수 없는 어근에 '-이'나 또는 다른 모음으로 시작되는 접미사가 붙어서 명사가 된 것은 그 원형을 밝히어 적지 아니한다. ··········㉣

① ㉠: 여닫이, 얼음, 굳이
② ㉡: 마감, 너무, 바깥
③ ㉢: 오뚝이, 홀쭉이, 삐죽이
④ ㉣: 뻐꾸기, 개구리, 얼루기

07 다음 대화에 대한 설명으로 옳은 것은?

(유기견 보호소에 봉사를 하러 간 상황)
훈: 일을 어떻게 분담하면 될까? 각자 하고 싶은 일을 말해 볼까?
민: 견사 청소는 내가 할게. 어제는 청소를 못 했다고 하니 그것부터 빨리 시작해야겠어.
정: 난 아이들 산책을 시켜도 될까? 어제 축구하다가 허리를 삐끗한 바람에 구부리는 게 좀 힘들어서 청소는 무리일 것 같아.
훈: 산책은 청소 끝나고 다 같이 하기로 했잖아. 옥상 물청소를 네가 맡아.
음: 어제 정이랑 같이 축구해서 아는데, 그 몸으로 청소는 무리야. 내가 마당 청소 한 뒤에 옥상 물청소까지 할게.

① 훈은 시종일관 권위적인 태도로 상대를 대하고 있다.
② 민은 주어진 상황을 고려하여 판단을 내리고 있다.
③ 정은 꾀병을 부림으로써 갈등을 유발하고 있다.
④ 음은 갈등을 해결하기 위해 화제를 전환하고 있다.

08 다음 글을 읽고 이해한 내용으로 옳지 않은 것은?

철학자 후설이 말하는 '의식 주체'는 서양 근대 철학의 형이상학적 사고방식을 잘 보여 준다. 후설에 의하면 의식 주체는 다른 것의 도움 없이 스스로 존재하는 것, 즉 현존하는 것이며, 사유의 대상인 객체에 비해 우월하며 본질적이다. 이와 같은 맥락에서 의식 주체인 정신은 곧 '나'의 본질로, 그 자체로 완전하고 절대적이며 어떤 상황에서도 변하지 않는 자기 동일성을 지닌 것으로 간주된다. 그런데 이러한 관점은 이원 대립적 사고방식을 바탕으로 주체와 객체가 우열 관계 내지 착취 관계에 있다고 보아 객체에 대한 주체의 지배를 정당화한다는 데 문제가 있다.

이와 같은 이원 대립과 위계의 가치 질서를 만들어 낸 후설의 의식 주체를 비판하는 입장에서, 데리다는 '차연'이라는 개념을 개진한다. '차연'을 뜻하는 신조어 '디페랑스(différance)'는 '차이(差異)'와 '연기(延期)'의 의미를 지닌다. 예를 들어 사전에서 어떤 단어(A)의 의미를 설명하기 위해 또 다른 단어(B)를 사용하는 경우가 있는데, 이때 단어의 의미는 고정되는 것이 아니라 또 다른 단어와의 차이에 의해 그 의미가 구별되면서 끊임없이 연기된다. 이와 마찬가지로 데리다에게 주체란 그 자체로 완전하고 절대적인 의미를 갖고 있는 것이 아니라, 다른 대상들과의 차이에 의해 의미가 드러나고 그 의미에 대한 최종 해석은 계속 연기되는 것이다.

① 데리다가 말하는 '차연' 개념에 따르면 고정불변한 주체는 존재하지 않는다.
② 의식 주체 개념은 주체에 의한 객체의 착취를 정당화한다는 문제점이 있다.
③ 후설에 따르면 의식 주체는 '나'의 본질이며, 이것은 객체보다 우월한 지위를 지닌다.
④ 데리다는 이원 대립과 위계의 가치 질서를 비판하며 주체와 객체를 동일한 것으로 간주한다.

09 (가)와 (나)에 대한 설명으로 적절한 것은?

(가) 취안(醉眼) 잠간 드러 석문을 바라보니
　　놀랍다 져 산봉우리는 어이ᄒ여 쭐녓ᄂ고
　　용문산 ᄶ린 도끼 수문(水門)을 내엿ᄂ가
　　거대한 신령의 큰 손바닥 산창(山窓)을 밀쳣ᄂ가
　　만고(萬古)의 동개(洞開)ᄒ여 다들 줄 몰낫도다
　　신선이 농사짓던 열두 배미 요초(瑤草)*를 심었던가
　　선인(仙人)은 어듸 가고 풀만 나마시니
　　우리 백성 농사를 권하여 수역(壽域)*의 올니고져
　　만강풍랑(滿江風浪) 치는 곳의 은주암 기묘 홀샤
　　작은 고깃배로 드러가면 처사 종적(處士蹤迹) 긔뉘 알니
　　팔판동(八判洞) 기픈 곳을 무릉이라 ᄒ건마는
　　인거(人居)는 어디인지 백운(白雲)만 ᄌ겻셔라
　　　　　　　　　　　　　　　　　　　- 신광수, 〈단산별곡〉

(나) 숑근(松根)을 베여 누어 풋줌을 얼픗 드니
　　꿈애 ᄒ 사ᄅᆷ이 날ᄃ려 닐온 말이
　　그ᄃᆡ를 내 모ᄅᆞ랴 상계(上界)예 진션(眞仙)이라
　　황뎡경(黃庭經) 일ᄌ(一字)를 엇디 그릇 닐거 두고
　　인간(人間)의 내려와셔 우리를 ᄯᅩ오는다
　　져근덧 가디 마오 이 술 ᄒ 잔 머거 보오
　　븍두셩(北斗星) 기우려 창ᄒᆡ슈(滄海水) 부어 내여
　　저 먹고 날 머겨늘 서너 잔 거후로니
　　화풍(和風)이 습습(習習)ᄒ야 냥익(兩腋)을 추혀드니
　　구만 리 댱공(九萬里長空)애 져기면 ᄂᆞ리로다
　　이 술 가져다가 ᄉᆞᄒᆡ(四海)예 고로 ᄂᆞ화
　　억만 창ᄉᆡᆼ(億萬蒼生)을 다 ᄎᆔ(醉)케 밍근 후(後)의
　　그제야 고텨 맛나 ᄯᅩ ᄒ 잔 하쟛고야
　　　　　　　　　　　　　　　　　　　- 정철, 〈관동별곡〉

* 요초: 아름다운 풀
* 수역: 다른 곳에 비하여 오래 사는 사람이 많은 지역이란 뜻으로, 풍요롭게 사는 즐거운 삶을 비유적으로 이름.

① (가)는 공간의 이동에 따라 시상이 전개된다.
② (가)와 달리 (나)에는 신선과 대화를 나누는 장면이 나온다.
③ (가)와 (나) 모두 술에 상징적 의미를 부여하고 있다.
④ (가)와 달리 (나)에는 화자의 애민 정신이 드러나 있다.

10 다음 글의 내용과 일치하지 않는 것은?

인류의 주된 식용 작물인 쌀, 밀, 옥수수는 해마다 씨를 뿌리고 경작한 후 추수를 반복해야 하는 한해살이 작물이다. 야생에는 여러해살이 벼와 밀이 있음에도 왜 한해살이 종류가 작물로 선택된 것일까. 미국 코넬대 연구에 따르면 그 이유는 신석기인들이 작물의 선택에 있어 식물의 빠른 개량 가능성에 중점을 두었기 때문이라 한다. 즉, 해마다 더 잘 번성하는 식물의 씨앗을 골라 다시 심는 방식으로 종자를 개량했고 이러한 이유로 해마다 다시 심을 필요가 없는 여러해살이 식물은 선택의 대상이 아니었다는 설명이다.

그러나 불행하게도 한해살이 작물 재배는 엄청난 비용과 노동력을 필요로 하며 지속적인 환경 피해를 유발한다. 한해살이 식물은 땅속 30cm 정도 깊이까지 뿌리를 내리기 때문에 지력을 쉽게 고갈시키고 이로 인해 비료 등 유기 물질의 영양 공급을 필요로 한다. 이 유기물의 절반 정도는 하천으로 유입되어 녹조 현상을 일으키고, 주기적으로 땅을 갈아엎는 행위는 토양 침식의 원인으로 작용한다.

반면에 여러해살이 식물은 땅속 3m까지 조밀한 구조의 뿌리를 내린다. 한해살이 식물 뿌리의 10배에 이르는 긴 뿌리는 깊은 토양의 물과 영양분을 충분히 흡수하기에 비료 등의 인위적 공급이 거의 필요 없고 유기물도 잘 씻겨 내려가지 않는다. 따라서 땅을 갈아엎는 행위가 불필요해 토양 침식도 유발되지 않는다. 이같이 여러해살이 작물이 경제적으로 유용한 동시에 환경적으로도 우수하다는 것은 근래 입증되었다.

① 한해살이 작물은 해마다 종자를 개량하려는 노력 속에서 선택되었다.
② 한해살이 작물 재배는 토양뿐만 아니라 하천에도 피해를 줄 수 있다.
③ 여러해살이 식물은 한해살이 식물보다 많은 비료 공급이 필요하다.
④ 토양 보호를 위해서는 여러해살이 작물이 한해살이 작물보다 유리하다.

11 밑줄 친 말이 바르게 쓰인 것은?

① 그녀는 벌써 몇 시간째 자리에 붙박인 듯 앉아 있다.
② 그는 하도 싸움을 잘해 어릴 때부터 싸움꾼이라고 불리웠다.
③ 내일 배낭여행을 떠난다는 생각에 마음이 설레여서 잠이 오지 않는다
④ 그 사건이 종료되기에는 많은 시간이 걸릴 것으로 생각되어진다.

12 〈보기〉를 참고할 때, 밑줄 친 부분에 해당하지 않는 것은?

보기
담화에서 발화자가 자신의 의견을 간접적으로 표현하는 간접 발화는 상황에 따라 그 의미가 달라질 수 있으며, 문장의 유형과 발화 의도가 일치하지 않는다. 간접 발화는 공손하게 표현할 때, 특히 요청이나 명령을 하는 상황에서 많이 사용된다.

① (학교에 늦은 아이에게) 훈민아, 빨리 가라.
② (붐비는 지하철에서 내리려고 할 때) 좀 내립시다.
③ (스터디 카페에서 직원이 큰 소리로 떠드는 학생에게) 죄송한데 다른 분들도 생각해 주시겠습니까?
④ (추운 강의실에서 창문을 닫고 싶을 때) 강의실이 너무 추운 것 같지 않니?

13 ㉠~㉢의 지배적인 정서로 가장 적절한 것은?

내 님믈 그리ᄉᆞ와 우니다니
㉠산(山) 졉동새 난 이슷ᄒᆞ요이다.
아니시며 거츠르신 ᄃᆞᆯ 아으
잔월효성(殘月曉星)이 아ᄅᆞ시리이다.
㉡넉시라도 님은 ᄒᆞᆫᄃᆡ 녀져라 아으
벼기더시니 뉘러시니잇가.
㉢과(過)도 허믈도 천만(千萬) 업소이다.
ᄆᆞᆯ힛마리신뎌
슬읏븐뎌 아으
니미 나ᄅᆞᆯ ᄒᆞ마 니ᄌᆞ시니잇가.
아소 님하, ㉣도람 드르샤 괴오쇼셔.
– 정서, 〈정과정〉

① ㉠: 閑情   ② ㉡: 忠情
③ ㉢: 禮讚   ④ ㉣: 勸戒

14 다음 글의 서술상 특징에 대한 설명으로 적절하지 않은 것은?

> 빗소리를 들을 때마다 원구에게는 으레 동욱과 그의 여동생 동옥이 생각나는 것이었다. 그들의 어두운 방과 쓰러져 가는 목조 건물이 비의 장막 저편에 우울하게 떠오르는 것이었다. 비록 맑은 날일지라도 동욱이 오뉘의 생활을 생각하면, 원구의 귀에는 빗소리가 설레고 그 마음 구석에는 빗물이 스며 흐르는 것 같았다. 원구의 머릿속에 떠오르는 동욱과 동옥은 그 모양으로 언제나 비에 젖어 있는 인생들이었다.
> 동욱의 거처를 왕방하기 전에 원구는 어느 날 거리에서 동욱을 만나 저녁을 같이한 일이 있었다. 동욱은 밥보다도 먼저 술을 먹고 싶어 했다. 술을 마시는 동욱의 태도는 제법 애주가였다. 잔을 넘어 흘러내리는 한 방울도 아까워서 동욱은 혀끝으로 잔굽을 핥았다. 기독교 가정에서 성장했을 뿐 아니라 몇몇 교회에서 다년간 찬양대를 지도해 온 동욱의 과거를 원구는 생각하며, 요즈음은 교회에 나가지 않느냐고 물어보았다. 동욱은 멋쩍게 생긋 웃고 나서 이따금 한 번씩 나가노라고 하고, 그런 때는 견딜 수 없는 절망감에 숨이 막힐 것 같은 날이라는 것이었다. 동욱은 소매와 깃이 너슬너슬한 양복저고리에 교회에서 구제품으로 탄 것이라는, 바둑판처럼 사방으로 검은 줄이 죽죽 간 회색 즈봉을 입고 있었다.
>
> — 손창섭, 〈비 오는 날〉

① 작품 속 인물인 서술자가 자신의 행동이나 심리를 기술하고 있다.
② 등장인물이 처한 운명을 배경 묘사로 암시하고 있다.
③ 부수적 인물의 시각에 초점을 맞추어 사건을 서술하고 있다.
④ 간접 화법으로 인물 간의 대화를 제시하고 있다.

15 다음 〈조건〉에 맞게 짧은 글을 쓸 때 가장 적절한 것은?

조건
- 의도: 긍정이 지닌 힘과 가치를 일깨울 것
- 표현: 비유와 대구, 대조를 활용함.

① 승자가 즐겨 쓰는 말은 '다시 한번 해 보자.'이고, 패자가 즐겨 쓰는 말은 '해 봐야 별 수 없다.'이다.
② 낙천주의자는 모든 장소에서 청신호밖에는 보지 않는 사람이지만, 비관주의자는 붉은 정지 신호만 보는 사람이다.
③ 행복의 한쪽 문이 닫히면 다른 쪽에 있는 문이 열린다. 그러나 흔히 우리는 닫힌 문을 오랫동안 바라보기 때문에 우리를 위해 열려 있는 다른 문을 보지 못한다.
④ 마음은 생각하고 상상하는 대로 만들어지는 우주이다. 눈앞에 벌어질 두려움을 상상하면 두려워했던 상황이 실제가 되며 눈앞에 벌어질 즐거움을 상상하면 즐거워하는 자신을 바라보게 된다.

16 다음 작품과 가장 관련 있는 한자 성어는?

> (가) 부모님 계신 제는 부모인 줄을 모르더니
> 부모님 여읜 후에 부모인 줄 아노라
> 이제야 이 마음 가지고 어디다가 베푸료
>
> — 이숙량, 〈분천강호가〉
>
> (나) 바릿밥 남 주시고 잡숫느니 찬 것이며
> 두둑히 다 입히고 겨울이라 엷은 옷을
> 솜치마 좋다시더니 보공되고 말아라.
>
> — 정인보, 〈자모사〉

① 大義滅親
② 亡羊之歎
③ 風木之悲
④ 金蘭之契

17 다음은 휴대 전화 자판의 배치를 비교한 것이다. 훈민정음의 제자 원리를 바탕으로 하여 (가), (나)를 설명한 것으로 바르지 못한 것은?

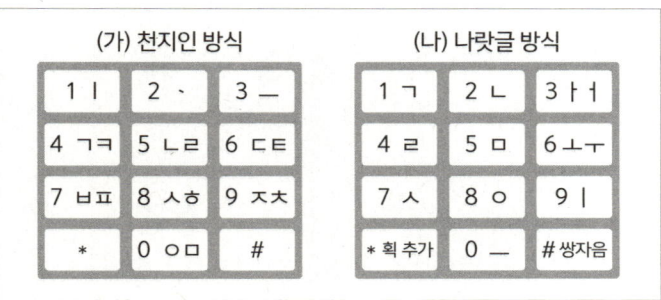

① (가): 초성의 경우 'ㄱㅋ' 칸만 기본자와 그 가획자를 한 칸에 함께 배치하였다.
② (가): 중성의 경우 기본자만 배치하고 이를 조합하여 초출자와 재출자를 만들 수 있도록 하였다.
③ (나): 초성의 경우 기본자만 배치하고 *을 이용해 가획자를 만들 수 있도록 하였다.
④ (나): 중성의 경우 초출자는 기본자를 조합할 필요가 없이 모두 자판에 배치하였다.

18 어법에 어긋난 문장을 수정하고 설명한 것으로 적절하지 않은 것은?

① 나는 학창 시절에 친구들과 운동도, 도시락도 먹던 기억이 그대로 남아 있다.
  → '운동도'에 호응하는 서술어가 생략되었으므로 '운동도' 뒤에 '하고'와 같이 적절한 서술어를 넣어 주어야 한다.
② 태풍이 북상할 것이라는 예보가 있어 모든 선박이 운행을 중지시켰다.
  → '중지시키다'는 과도한 사동 표현이므로 '중지시켰다'는 '중지했다'로 고쳐 쓴다.
③ 열차 내에서는 뛰지 말고, 문에 기대거나 강제로 열려고 하지 마십시오.
  → '열다'는 타동사이므로 '열려고' 앞에 '문을'과 같이 목적어를 넣어 주어야 한다.
④ 설령 그가 그것을 훔쳤음에도 너는 그를 믿어 주어야 한다.
  → 부사어와 서술어의 호응을 고려하여 '훔쳤음에도'는 '훔쳤지만'으로 고쳐 쓴다.

19 (가)~(라)를 가장 자연스럽게 배열한 것은?

(가) 공자가 '삼인행 필유아사(三人行 必有我師)'라고 설파한 데는 이처럼 인간관계 가운데 나의 존재가 변화를 겪을 수 있다는 뜻이 담겨 있다. '나'라는 주체는 대상이 되는 다른 인간의 영향을 받으며, 사회적 관계에 편입된다. 그런데 직·간접적인 관계를 맺지 않는 다른 사람은 나와 밀착된 의미 연관을 가지기 어려우며, 사회적 관계의 형성도 제한된다. 이처럼 연관이 없는 인간은 인간이되 사물로 존재하는 '그것'으로서의 인간이다. 따라서 남과 대면하면서 존재의 향상을 가져오지 못하는 인간관계는 왜곡된 것이다.

(나) 인간은, 다른 인간은 물론 사물과도 관계를 맺게 된다. 조각가는 대리석을 다루어 조각 작품을 만든다. 농부는 곡식을 심고 채소를 기른다. 이러한 과정에서 조각가나 농부는 대상으로부터 약간의 감흥과 즐거움을 얻을 수는 있지만, 자신의 존재가 근본적인 변화를 겪지는 않는다. 주체로서 인간이 만나는 다른 인간이 돌, 나무, 쇳덩이 같은 것들처럼 서로 간에 아무런 영향을 주고받지 못할 때, 타인은 사물화되어 존재론적 의미 영역에서 멀어진다.

(다) 인간을 일러 사회적 존재라 하는데, 이는 인간이 관계적 존재라는 뜻이다. '나'라는 존재는 다른 존재와 아무 연관도 없이 단독으로 살아가는 것이 아니라, 남과 관계를 맺으면서 살아가는 과정에서 다른 차원의 존재로 바뀐다. 예컨대, 나보다 우월한 사람을 만나면 나는 상대방으로부터 감화와 교훈을 얻게 되거나, 존재의 연약함을 보호받게 된다. 나보다 약한 사람을 만나면 그를 물질적·정신적으로 도와주어야 하는 시혜적 존재가 된다. 그러나 나와 동등한 사람을 만나면 경쟁을 하거나 협조를 하면서 일을 해내는 가운데 인간의 보편성을 이해하는 계기를 마련하게 된다.

(라) 인간과 인간의 관계에서 나타나는 이러한 사물화를 극복하기 위해서는 일차적으로 대상에 대한 관심을 불러일으켜야 한다. 이러한 관심은 윤리성을 띤다. 윤리적 관심이라야 존재의 의미를 향상시키는 계기가 되기 때문이다. 따라서 오도된 관심은 인간관계는 물론 인간의 존재 의미를 훼손할 수도 있다는 점을 인식하고, 이에 대해 진지하게 성찰해야 한다.

① (나) - (가) - (라) - (다)
② (나) - (다) - (라) - (가)
③ (다) - (가) - (나) - (라)
④ (다) - (나) - (가) - (라)

20 다음 글의 논지를 고려할 때, 글쓴이가 생각한 '소설'의 특징으로 옳은 것은?

> 사물을 해석하는 힘의 뿌리가 욕망이다. 현실 원칙 때문에 적절하게 규제된 욕망이 마음의 저 깊은 곳에 자리 잡고 있다가 사건들을 이야기할 때에 슬그머니 작용하여 객관적 사실은 자기 욕망에 맞게 변형시킨다. 객관적 사실이 자기의 욕망을 크게 자극하지 않을 때 그 변형은 그리 크지 않다. 그러나 객관적 사실, 다시 말해 자아 밖에 있는 사실이 자아 속에 있는 욕망을 크게 자극할 때에 그 변형은 갑작스럽고 전체적인 것이 된다. 그 세계는 세계를 욕망하는 자의 변형된 세계이다. 그 세계는 작가가 해석하고 바꿔 놓은 세계이다. 그 세계가 살 만한 세계인가 아닌가 하는 것은 작가에게 중요하지 않다. 작가에게 중요한 것은 그 세계가 자기의 욕망이 만든 세계라는 사실이다. 세계는 세계를 욕망하는 사람들에 의해 더욱 생생해지고 활기 있게 된다. 소설은 그 욕망의 세계를 구체적으로 드러낸다. 그것은 시처럼 감정의 세계만을 보여 주는 것도 아니고, 철학처럼 세계관만을 보여 주는 것도 아니다. 그것은 세계를 욕망의 대상으로 구체적으로 제시한다. 소설은 그 어떤 다른 예술보다도 구체적으로 또 전체적으로 세계를 보여 준다.

① 소설은 욕망을 표현하는 한편 실제 삶의 참모습을 보여 준다.
② 소설은 변형된 욕망의 구체적 표현이며 인간의 감정을 활기 있게 나타내는 데 목적을 둔다.
③ 소설은 욕망의 세계를 구체화하고 표현함으로써 사물을 해석한다.
④ 소설은 세계를 욕망하는 사람들에게 이상적인 세계를 제시한다.

MEMO

MEMO

가장 많은 수험생들이 선택하는
공무원 국어의 표준

선재국어

7·9급 공무원 시험 대비

공단기
gong.conects.com

가장 많은 수험생들이 선택하는 **공무원 국어 1위***
*공단기 국어 과목 패스 수강생 기준

2024 선재국어
Final 나침판
기출 변형
모의고사
정답과 해설

이선재·선재국어연구소 편저

공단기
gong.conects.com

2024 선재국어
Final 나침판
기출 변형
모의고사

정답과 해설

이선재·선재국어연구소 편저

빠른 정답 체크

01

	01	02	03	04	05	06	07	08	09	10	11	12	13	14	15	16	17	18	19	20
기출	③	①	③	②	④	④	①	①	②	④	③	①	②	②	④	③	④	④	②	③
기출 변형	②	③	①	②	④	①	③	③	②	③	④	②	④	②	②	④	④	③	④	③

02

	01	02	03	04	05	06	07	08	09	10	11	12	13	14	15	16	17	18	19	20
기출	③	②	④	③	②	④	②	④	③	②	②	①	④	①	④	④	③	①	③	①
기출 변형	④	③	①	③	③	③	②	②	②	②	③	①	②	④	②	①	④	③	③	①

03

	01	02	03	04	05	06	07	08	09	10	11	12	13	14	15	16	17	18	19	20
기출	②	④	②	④	④	②	③	②	④	③	③	③	③	①	①	②	④	④	①	①
기출 변형	①	④	②	③	③	④	①	④	②	④	②	③	①	③	②	④	④	①	④	②

04

	01	02	03	04	05	06	07	08	09	10	11	12	13	14	15	16	17	18	19	20
기출 변형	③	②	③	②	④	①	②	③	②	③	①	④	④	①	④	④	②	④	③	②

05

	01	02	03	04	05	06	07	08	09	10	11	12	13	14	15	16	17	18	19	20
기출 변형	④	①	③	④	②	③	④	②	②	④	②	①	②	④	④	③	③	③	②	②

06

	01	02	03	04	05	06	07	08	09	10	11	12	13	14	15	16	17	18	19	20
기출 변형	③	③	③	①	③	④	④	④	①	③	①	④	③	④	②	②	④	②	④	③

07

	01	02	03	04	05	06	07	08	09	10	11	12	13	14	15	16	17	18	19	20
기출	①	①	③	②	④	②	④	③	④	②	②	④	③	③	②	②	①	④	①	①
기출 변형	③	④	②	①	③	④	④	②	④	①	④	③	③	④	③	②	④	②	①	②

08

	01	02	03	04	05	06	07	08	09	10	11	12	13	14	15	16	17	18	19	20
기출	③	①	③	④	②	②	④	②	③	④	②	④	④	③	①	③	③	③	①	④
기출 변형	①	①	②	②	③	①	①	③	②	②	④	②	③	②	③	②	④	③	③	④

09

	01	02	03	04	05	06	07	08	09	10	11	12	13	14	15	16	17	18	19	20
기출	②	③	정답 없음.	④	③	③	①	①	④	②	②	③	④	①	④	②	③	④	③	④
기출 변형	④	②	④	③	②	①	①	④	①	①	②	③	④	①	③	②	③	③	④

10

	01	02	03	04	05	06	07	08	09	10	11	12	13	14	15	16	17	18	19	20
기출 변형	④	②	③	④	②	③	②	①	④	②	①	③	③	②	④	②	①	③	①	④

11

	01	02	03	04	05	06	07	08	09	10	11	12	13	14	15	16	17	18	19	20
기출 변형	①	②	④	③	①	②	②	①	④	①	③	④	③	③	②	④	①	③	④	②

12

	01	02	03	04	05	06	07	08	09	10	11	12	13	14	15	16	17	18	19	20
기출 변형	③	①	④	④	④	②	②	②	③	①	①	②	①	④	③	③	④	③	③

01회 국가직 기출 변형 모의고사

2023 국가직 9급

기출
01 ③ 02 ① 03 ③ 04 ② 05 ④ 06 ④ 07 ① 08 ① 09 ② 10 ④
11 ③ 12 ① 13 ③ 14 ② 15 ④ 16 ③ 17 ④ 18 ④ 19 ② 20 ②

기출 변형
01 ② 02 ③ 03 ① 04 ② 05 ④ 06 ① 07 ③ 08 ③ 09 ② 10 ③
11 ④ 12 ② 13 ④ 14 ② 15 ② 16 ④ 17 ④ 18 ③ 19 ④ 20 ②

---

01 정답 ③

해설 "자기 집이라면 ~ 쓰레기를 버렸을까요?"에서 설의적 표현을, '바다가 몸살을 앓는다'에서 비유적 표현(의인법)을 활용하고 있다. 또한 자기 쓰레기는 자기가 집으로 가져가자는 데에서 해양 오염을 줄일 수 있는 생활 속 실천 방법을 제시하고 있다.

오답 풀이 ① "바다는 ~ 꿈꾸고 있습니다"와 "미세 플라스틱은 ~ 독입니다"에 비유적 표현이 나타난다. 그러나 해양 오염을 줄일 수 있는 생활 속 실천 방법이나 설의적 표현은 나타나지 않는다.
② '분리수거를 철저히 하고 일회용품을 줄이는 것'에 해양 오염을 줄일 수 있는 생활 속 실천 방법이 나타난다. 그러나 설의적 표현과 비유적 표현은 나타나지 않는다.
④ "이대로 가다간 ~ 않을까요?"에서 설의적 표현을, '바다는 쓰레기 무덤'에서 비유적 표현을 활용하고 있다. 그러나 해양 오염을 줄이기 위한 정부의 실천 방안을 제시하고 있을 뿐 생활 속 실천 방법은 나타나지 않는다.

01 기출 변형 정답 ②

해설 ②에서는 화려한 여름 바다와 조용한 겨울 바다를 대조하고, 여름 바다를 아가씨의 박장대소에, 겨울 바다를 소녀의 미소에 비유하고 있다. 또한 겨울 바다의 고요함에 사람들이 평온함을 얻는다는 데서 겨울 바다의 긍정적 측면을 부각하고 있다.

오답 풀이 ① 비유적 표현이 나타나지 않는다.
③ 겨울 바다에 대한 긍정적인 느낌이 아니라 부정적인 느낌을 부각하고 있다.
④ 여름과의 차이점이 드러나지 않는다.

02 정답 ①

해설 백 팀장은 워크숍 내용을 공유하면 좋을 것 같다는 점을 근거로 하여 자신의 바람을 전달하고 있다. 그러나 팀원들에 대한 유대감을 드러내는 표현은 사용하지 않았다.

오답 풀이 ② 고 대리는 워크숍 영상을 공개하는 데에 대한 부담과 타 부서와의 비교를 이유로 들어 사내 게시판에 영상을 공개하자는 백 팀장의 요청을 거절하고 있다.
③ 임 대리는 발언 초반에 "저도 팀장님 ~ 좋다고 생각해요"에서 워크숍 내용을 공유하면 좋을 것 같다는 백 팀장의 취지에 공감하며 백 팀장의 체면을 세워 주고 있다.
④ 임 대리는 "팀원들 의견을 ~ 어떨까요?"에서 질문을 통해 워크숍 장면의 사내 게시판 공개에 대한 팀원들의 의견을 먼저 파악하자는 의견을 간접적으로 드러내고 있다.

02 기출 변형 정답 ③

출전 2009학년도 3월 고3 전국연합학력평가 듣기 대본, 수정

해설 용비는, 공항 매각과 관련해 대내외적 문제점이 발생할 수도 있다는 정음의 걱정을 해소할 수 있는 답변을 제시하고 있다. 따라서 용비가 정음이 제시한 문제점을 인지하지 못한 것은 아니다.

오답 풀이 ① 훈민이 공항 민영화 문제라는 화제를 제시하면서 ○○일보를 언급하는 데서 알 수 있다.
② 정음은 '문제가 있다', '논란이 생길 것이다'라고 말할 뿐 문제와 논란의 구체적 성격에 대해서는 말하지 못하고 있다.
④ 용비가 공항 적자 문제를 해결할 수 있을 뿐만 아니라 공항 경쟁력도 높일 수 있다고 말하는 데서 알 수 있다.

03 정답 ③

해설 '입추의 여지가 없다'는 '송곳 끝도 세울 수 없을 정도라는 뜻으로, 발 들여놓을 데가 없을 정도로 많은 사람들이 꽉 들어찬 경우를 비유적으로 이르는 말'이다. 따라서 '입추의 여지가 없었다'의 의미를 '돌아서 갈 수 있는 방법이 없었다'로 풀이하는 것은 적절하지 않다.

*입추(立錐): 송곳을 세움.

오답 풀이 ① 홍역(을) 치르다: 몹시 애를 먹거나 어려움을 겪다.
② 잔뼈가 굵다: 오랜 기간 일정한 곳이나 직장에서 일을 하여 그 일에 익숙하다.
④ 어깨를 나란히 하다: 서로 비슷한 지위나 힘을 가지다. / 나란히 서거나 나란히 서서 걷다. / 같은 목적으로 함께 일하다.

03 기출 변형 정답 ①

해설 '학을 떼다'는 '괴롭거나 어려운 상황을 벗어나느라고 진땀을 빼거나, 그것에 거의 질려 버리다'의 의미이다. '화가 치밀어 오르다'의 의미로는 '골(이) 오르다'를 쓴다.

오답 풀이 ② 발(이) 묶이다: 몸을 움직일 수 없거나 활동할 수 없는 형편이 되다.
③ 게걸음(을) 치다: 옆으로 걸어 나가다. / 걸음이 몹시 느리거나 사업이 발전이 없다.
④ 자라목(이) 되다: 사물이나 기세 따위가 움츠러들다.

04 정답 ②

해설 기업이 소셜 미디어의 빅 데이터를 경영 수단으로 수용한 원인을 살펴보는 글이다.

> 데이터를 바라보는 기업들의 관점이 변화하며 빅 데이터가 기업에서 부각되기 시작했다. → (가) 기업들은 판촉 활동에 대한 고객의 반응을 살펴보기 위해 많은 돈을 투자해 마케팅 조사를 해 왔다. → (다) 그런데 기업들의 그런 노력은 광고비가 구체적으로 어느 부분에서 효과를 내는지 알지 못해 아쉬운 점이 있었다. → (나) 그런 상황에서 기업들은 소셜 미디어의 새로운 데이터를 활용하면 그러한 궁금증과 답답함을 해결할 수 있다는 점을 알게 되었다. → 이에 따라 기업들은 소셜 미디어의 빅 데이터를 중요한 경영 수단으로 수용하기 시작했다.

04 기출 변형 정답 ②

출전 김경집, 〈소수자의 눈으로 세상을 읽어 내라〉, 《한경 BUSINESS》(2015. 7. 1.)

해설 다수결의 원칙에서 반드시 존중되어야 할 개인의 자율성과 평등성을 강조한 글이다.

> (가) 집단에서 어떤 의사 결정을 할 때 일반적으로 다수결의 원칙을 선택하는데, 이것은 민주주의의 가장 기본적인 원칙으로 여겨진다. → (다) 그러나 이때 반드시 성찰해야 할 문제가 있다. → (라) 다수결의 원칙에서는 구성원들의 자유의사를 완전하게 토론할 수 있어야 하며 모든 정보가 공개돼야 한다. → (마) 또한 모든 개인의 의견이 평등하다는 전제가 확고해야 한다. → (나) (마)의 상술

05 정답 ④

해설 김승옥의 〈무진기행(霧津紀行)〉은 '무진'이라는 가상의 공간을 설정하여 안개로 상징되는 허무로부터 벗어나 일상의 공간으로 돌아오는 한 젊은이의 귀향 체험을 그린 소설이다.
마지막 부분에서 '나'는 '안개'가 ㉠ '무진'의 명산물이라고 말하고 있다. 그러나 사람들이 "무진엔 명산물이 …… 뭐 별로 없지요?", "원, 아무리 그렇지만 한 고장에 명산물 하나쯤은 있어야지"라고 말하는 것으로 보아 '나'가 말한 '안개'가 누구나 인정할 만한 ㉠의 명산물인 것은 아니다.

오답 풀이 ① 바다가 가까워 항구로 발전할 수도 있지 않냐는 질문에 수심이 얕아 항구로 개발하기 어려운 조건이라고 답변하는 데에서 알 수 있다.
② 이렇다 할 평야가 없으며 산들이 무진을 둘러싸고 있다는 사람들의 말에서 알 수 있다.
③ '무진'은 명산물도 없고, 항구로 발전할 조건도 갖추지 못했으며, 이렇다 할 평야가 있는 곳도 아니지만 많은 사람들이 그럭저럭 살아간다는 데에서 알 수 있다.

05 기출 변형 정답 ④

해설 성석제의 〈황만근은 이렇게 말했다〉는 한 순박한 농부의 일대기를 통해 참된 인간상을 제시하고, 인정이 메마른 현대인과 농촌 현실을 비판한 소설이다.
황만근이 동네일을 돕는 경우에는 대가를 받지 못했지만, 다른 사람의 농사일을 하는 경우에는 반값을 받았다는 내용으로 보아, 대가를 받지 않고 다른 집의 농사일을 흔쾌히 도운 것은 아니다.

오답 풀이 ① 염습과 산역같이 남이 꺼리는 일에는 누구보다 앞장을 섰다는 내용에서 알 수 있다.
② 황만근이 만들어져 있는 조미료를 몰랐지만 재료가 가지고 있는 맛을 흠뻑 우려내어 조화를 시킬 줄 알았다는 내용에서 알 수 있다.
③ 상을 두 번 차리는 일도 예사였다는 내용에서 알 수 있다.

> **작품 해설** 성석제, 〈황만근은 이렇게 말했다〉
> 1. 갈래: 단편 소설
> 2. 성격: 해학적, 풍자적
> 3. 시점: 전지적 작가 시점
> 4. 배경: 1990년대, '신대리'라는 농촌 마을
> 5. 표현과 특성: ① 고전 소설의 '전(傳)'의 기법을 현대적으로 차용함.
>   ② 제목을 통해 주제를 제시함.
> 6. 주제: 남을 먼저 생각하고 자신의 분수를 지키는 인간의 본보기
> 7. 해설: 〈황만근은 이렇게 말했다〉는 가난하고 어수룩한 농부 황만근의 일대기를 통해 부채로 얼룩진 농촌의 현실과 메말라 가는 인정을 풍자·비판한 소설이다. 남의 비웃음이나 모멸과는 상관없이 평생 자신의 소임을 다하며 이웃을 돌보다가 갑작스럽게 사고사한 황만근의 일생은, 그의 진면목을 알아본 한 외지인에 의해 온전히 살아나고 재평가받게 된다. 제목인 '황만근은 이렇게 말했다'는 이 소설의 주제 의식을 담고 있다. 그런데 황만근이 말하고자 하는 바는 말 대신 행동으로 드러나, 그의 생애 자체는 욕망과 이기심으로 뭉친 사람들의 삶을 되비추는 독특한 거울이 된다.

06 정답 ④

출전 노명우, 〈아직도 못 벗은 '유길준의 안경'〉, 《경향신문》(2011. 8. 26.), 수정

해설 첫 외국 여행의 경험담을 듣는 일과 관련하여 빈칸의 앞부분에는 그 사람이 별것 아닌 사실을 얘기한다는 내용이 제시되어 있고, 뒷부분에는 특수한 경험을 지나치게 일반화한다는 내용이 이어진다. 이러한 내용이 서로 자연스럽게 연결되려면 빈칸에는 별것 아닌 사실을 지나치게 불려서 나타낸다는 내용의 사자성어가 들어가야 한다. 따라서 빈칸에는 '작은 일을 크게 불리어 떠벌림'을 뜻하는 '針小棒大(바늘 침, 작을 소, 몽둥이 봉, 큰 대)'가 들어가는 것이 적절하다.
*미주알고주알: 아주 사소한 일까지 속속들이

오답 풀이 ① 刻舟求劍(새길 각, 배 주, 구할 구, 칼 검): 융통성 없이 현실에 맞지 않는 낡은 생각을 고집하는 어리석음을 이르는 말. 초나라 사람이 배에서 칼을 물속에 떨어뜨리고 그 위치를 뱃전에 표시하였다가 나중에 배가 움직인 것을 생각하지 않고 칼을 찾았다는 데서 유래한다.
② 捲土重來[말 권, 흙 토, 거듭 중, 올 래(내)]: 땅을 말아 일으킬 것 같은 기세로 다시 온다는 뜻으로, 한 번 실패하였으나 힘을 회복하여 다시 쳐들어옴을 이르는 말. 항우가 유방과의 결전에서 패하여 오강 근처에서 자결한 것을 탄식한 말에서 유래한다. / 어떤 일에 실패한 뒤에 힘을 가다듬어 다시 그 일에 착수함을 비유하여 이르는 말
③ 臥薪嘗膽(누울 와, 땔나무 신, 맛볼 상, 쓸개 담): 불편한 섶에 몸을 눕히고 쓸개를 맛본다는 뜻으로, 원수를 갚거나 마음먹은 일을 이루기 위하여 온갖 어려움과 괴로움을 참고 견딤을 비유적으로 이르는 말. 중국 춘추 시대 오나라의 왕 부차가 아버지의 원수를 갚기 위하여 장작더미 위에서 잠을 자며 월나라의 왕 구천에게 복수할 것을 맹세하였고, 그에게 패배한 월나라의 왕 구천이 쓸개를 핥으면서 복수를 다짐한 데서 유래한다.

06 기출 변형 정답 ①

출전 조문호, 〈코로나19 위기 '전화위복' … 지속 가능 제주 관광 '재조명'〉, 《제주매일》(2023. 7. 4.), 수정

해설 코로나19 이후 외국인 관광객은 급감했으나 내국인들이 해외여행 대신 제주도로 발길을 돌려 오히려 이러한 위기가 제주에 호재로 작용했다는 내용으로 이어지는 것이 자연스럽다. 따라서 ㉠에는 '재앙과 근심, 걱정이 바뀌어 오히려 복이 됨'을 뜻하는 '轉禍爲福(구를 전, 재앙 화, 할 위, 복 복)'이 들어가는 것이 가장 적절하다.

오답 풀이 ② 吳越同舟(나라 이름 오, 넘을 월, 같을 동, 배 주): 서로 적의를 품은 사람들이 한자리에 있게 된 경우나 서로 협력하여야 하는 상황을 비유적으로 이르는 말. 중국 춘추 전국 시대에, 서로 적대시하는 오나라 사람과 월나라 사람이 같은 배를 탔으나 풍랑을 만나서 서로 단합하여야 했다는 데에서 유래한다.
③ 先見之明(먼저 선, 볼 견, 갈 지, 밝을 명): 어떤 일이 일어나기 전에 미리 앞을 내다보고 아는 지혜
④ 切齒腐心(끊을 절, 이 치, 썩을 부, 마음 심): 몹시 분하여 이를 갈며 속을 썩임.

07 정답 ①

해설 작가 미상의 〈어이 못 오던가 ~〉는 열거법, 과장법, 연쇄법 등을 사용하여 오지 않는 임에 대한 안타까움과 원망을 해학적으로 표현한 사설시조이다.
이 시에서는 '못 오던가'라는 구절을 반복하여 자신에게 오지 않는 '너'에 대한 섭섭한 감정을 드러내고 있다.

오답 풀이 ② 날짜 수를 대조하지는 않았다. 종장에서 1년 365일 단 하루도 임을 보러 오지 않는 '너'에 대한 화자의 원망을 드러내고 있다.
③ 중장에 '성, 담, 집, 두지(뒤주)' 등의 동일한 어휘가 연쇄적으로 나열되어 있다. 이는 '너'가 자신에게 오지 못하는 이유를 상상하여 과장되게 표현한 것이지, 감정의 기복을 표현한 것은 아니다.
④ '길에 무쇠로 쌓은 성 → 성안에 담 → 담 안에 집 → 집 안에 두지(뒤주)' 등과 같이

공간이 단계적으로 축소되고 있다. 그러나 공간이 축소될수록 '너'가 화자에게 오지 못하는 상황이 심화되는 것이므로, '너'를 만날 수 있다는 희망을 표현한 것은 아니다.

07 기출 변형　　　　　　　　　　　　　　　　　정답 ③

해설 〈생매 잡아 길 잘 들여 ~〉는 자연 속에서 꿩 사냥과 고기잡이를 하는 풍요로운 삶의 흥취와 자부심을 노래한 사설시조이다.
초장에는 생매를 사냥 보내고 말을 묶어 두는 모습이, 중장에는 냇가에서 물고기를 잡는 모습이 묘사되고 있는데, 이러한 과정에서 비유는 사용되지 않았다.

오답 풀이 ① 초장에서는 '활활 쌀쌀', '꽝꽝쌍쌍' 등의 음성 상징어를 활용하여 말을 솔질하는 모습, 말뚝 박는 모습 등을 생동감 있게 묘사하고 있다. 중장에서는 '주섬주섬', '와지끈 뚝딱', '주루룩', '너슬너슬' 등의 음성 상징어를 활용하여 물고기를 잡는 모습을 역동적이고 생동감 있게 묘사하고 있다.
② 중장의 '앞내 여울 고기 ~ 내리는 고기'에서 대구법과 열거의 방식이 사용되었다.
④ 생매를 꿩 사냥 보내고 말을 묶어 두며 고기를 잡는 일 등이 시간의 흐름에 따라 이루어지고 있다.

08　　　　　　　　　　　　　　　　　　　　　정답 ①

해설 ㉠ 2문단에 따르면, 영·유아기에 습득되는 발음 능력은 음성 기관의 움직임이 자동화되어 화자가 거의 의식하지 않는다. 이를 바탕으로 할 때, '모어에 없는 외국어 음성을 발음'하는 것이 어려운 이유는 음성 기관의 움직임이 영·유아기에 습득된 모어를 기준으로 자동화(㉠)되었기 때문이라고 추론할 수 있다.
㉡ 마지막 문단에 따르면, 필기 능력은 발음 능력에 비해 상당히 의식적이다. 그러나 개인의 의지와 관계없이 필체가 꽤 일정하다는 사실은, 필기 능력이 발음 능력과 마찬가지로 무의식적인 면이 있으며, 화자가 의식하지 않아도 손을 놀리는 것이 어느 정도 자동화되어 있다는 것을 의미한다. 따라서 ㉡에는 '무의식적이고 자동적인 면이 있음을'이 들어가야 적절하다.

오답 풀이 ㉠ 2문단에 따르면, '모어에 없는 외국어 음성(낯선 음성)'은 발음하기 어려우므로 '무의식적으로 발음하도록 훈련되어'는 ㉠에 들어갈 내용으로 적절하지 않다.
㉡ 필기 능력이 유아기에 수행한 훈련으로 습득되는지는 제시문에서 알 수 없다. 또한 2문단을 바탕으로 할 때, '꾸준한 훈련'은 신체 근육의 특정 움직임을 자동화하는 데 기여한다고 추론할 수 있다. 따라서 훈련이, 개인의 의지와 관계없이 필체가 일정하게 되는 데 효과적이지 않다고 볼 수도 없다.

08 기출 변형　　　　　　　　　　　　　　　　　정답 ③

출전 이상수, 〈빅토르 안과 초재진용〉, 《한겨레신문》(2014. 2. 24.)

해설 포상을 남발하면 나쁜 자도 상을 받고, 형벌을 남용하면 좋은 이도 벌 받을 우려가 있는데, 나라에는 좋은 사람이 필요하다. 따라서 나라에 필요한 좋은 사람이 떠나가지 않도록 형벌보다는 포상을 지나치게 하는 것이 낫다는 내용이다. 따라서 ㉠에는 포상이 지나친 것이 나은 이유, 즉 '좋은 사람을 놓치지 않는 게 중요하기 때문입니다'가 들어가는 것이 적절하다.

오답 풀이 ①·② 나쁜 사람이 개과천선하는 것이나, 나쁜 이가 상을 받을 위험과 관련된 내용은 이 글에 나오지 않으므로 적절하지 않다.
④ ㉠에는 '좋은 사람'에 한정된 내용이 들어가야 하는데 '칭찬은 고래도 춤추게 할 수 있다'는 '고래'가 좋은 사람과 나쁜 사람을 모두 포괄하므로 적절하지 않다.

09　　　　　　　　　　　　　　　　　　　　　정답 ②

해설 ㉠·㉢ **무정타**(○)·**선발토록**(○): 어간의 끝음절 '하'의 앞에 울림소리가 있으면, '하'의 'ㅏ'가 줄고 'ㅎ'이 다음 음절의 첫소리와 어울려 거센소리가 되고, 앞에 안울림소리가 있으면 '하'가 탈락된다. ㉠ '무정하다 → 무정타', ㉢ '선발하도록 → 선발토록'과 같이, 어간의 끝음절 '하'의 'ㅏ'가 줄고 'ㅎ'이 다음 음절의 첫소리와 어울려 거센소리로 될 적에는 거센소리로 적는다.

오답 풀이 ㉡·㉣ 섭섭치(×) → 섭섭지(○)·생각컨대(×) → 생각건대(○): 어간의 끝음절 '하'가 아주 줄 적에는 준 대로 적는다.

09 기출 변형　　　　　　　　　　　　　　　　　정답 ②

해설 ㉠ **만만찮다는**(○): 어미 '-하지' 뒤에 '않-'이 어울려 '-찮-'이 될 적에는 준 대로 적는다.
㉢ **익숙지**(○): 어간의 끝음절 '하' 앞에 안울림소리가 있어 '하'가 아주 줄 적에는 준 대로 적는다.
㉤ **감탄케**(○): 어간의 끝음절 '하' 앞에 울림소리가 있어 '하'의 'ㅏ'가 줄고 'ㅎ'이 다음 음절의 첫소리와 어울려 거센소리가 될 적에는 거센소리로 적는다.

오답 풀이 ㉡ 야속타군요(×) → 야속더군요(○): 어간의 끝음절 '하' 앞에 안울림소리가 있어 '하가 아주 줄 적에는 준 대로 적는다.
㉣ 어떠튼(×) → 어떻든(○): 의견이나 일의 성질, 형편, 상태 따위가 어떻게 되어 있든. =아무튼. 부사 '어떻든'은 형용사 '어떻다'와 관련이 있기 때문에 원형을 밝혀 적는다.

10　　　　　　　　　　　　　　　　　　　　　정답 ④

출전 신정일, 〈너무 늦게 알려진, 상상을 뛰어넘은 서산 마애 삼존불〉, 《더리포트》(2022. 5. 2.)

해설 '지나간 일을 돌이켜 생각함. 또는 그런 생각이나 일'을 뜻하는 '추억'은 追憶(쫓을 추, 생각할 억)'으로 쓴다.
*記憶(기록할 기, 생각할 억): 이전의 인상이나 경험을 의식 속에 간직하거나 도로 생각해 냄.

오답 풀이 ① 到着(다다를 도, 붙을 착): 목적한 곳에 다다름.
② 佛像(부처 불, 모양 상): 부처의 형상을 표현한 상
③ 境地(지경 경, 땅 지): 일정한 경계 안의 땅 / 학문, 예술, 인품 따위에서 일정한 특성과 체계를 갖춘 독자적인 범주나 부분 / 몸이나 마음, 기술 따위가 어떤 단계에 도달해 있는 상태

10 기출 변형　　　　　　　　　　　　　　　　　정답 ③

출전 이주헌, 〈논리 너머의 낯선 세계가 깨어난다〉

해설 '어떠한 사물이나 현상을 이루기 위하여 먼저 내세우는 것'을 뜻하는 '전제'는 '前提(앞 전, 끌 제)'로 쓴다.
*專制(오로지 전, 억제할 제): 다른 사람의 의사는 존중하지 않고 제 생각대로만 일을 결정함. / 국가의 권력을 개인이 장악하고 그 개인의 의사에 따라 모든 일을 처리함.

오답 풀이 ① 破壞(깨뜨릴 파, 무너질 괴): 때려 부수거나 깨뜨려 헐어 버림. / 조직, 질서, 관계 따위를 와해하거나 무너뜨림.
② 印象(도장 인, 형상 상): 어떤 대상에 대하여 마음속에 새겨지는 느낌
④ 區分(구역 구, 나눌 분): 일정한 기준에 따라 전체를 몇 개로 갈라 나눔.

11
정답 ③

해설 글쓴이는 프레임을 극복해야 하는 부정적인 대상으로 보고 있지 않으며, 인간의 지각과 사고의 확장을 다루지도 않았다.

오답 풀이 ① 인간의 모든 정신 활동은 어떤 맥락이나 가정하에서 일어난다. 여기서 '어떤 맥락이나 가정'은 프레임을 의미하므로 적절하다.
② 인간은 프레임이라는 안경을 쓰고 세상을 본다는 데에서 알 수 있다.
* 편향성(偏向性): 한쪽으로 치우친 성질
④ 사람의 지각과 생각은 항상 어떤 맥락이나 평가 기준 등에서 일어나는데 이러한 평가 기준 등을 프레임이라고 한다는 데서 알 수 있다.

11 기출 변형
정답 ④

출전 토머스 제퍼슨, 〈아이작 맥퍼슨에게 보내는 서간문〉

해설 글쓴이는 '관념'이 '모든 사람의 소유'가 되고, 다른 이에게 주어도 내 것이 줄어들지 않기 때문에 배타적인 소유의 대상이 되지 않는다고 하였다. 또한 서로를 도덕적으로 교육하고 삶의 질을 개선할 수 있도록 관념이 널리 확산되어야 한다고 주장하고 있다. 즉, 글쓴이는 '관념은 배타적인 소유의 대상이 아니므로 자유롭게 널리 퍼져야 한다'고 주장하고 있는 것이다.

오답 풀이 ① 관념이 확산될수록 그 자체가 깊고 심오해진다는 내용은 나오지 않는다.
② 관념은 '도덕적으로 서로를 교육하며 삶의 질을 개선'하기 위해 널리 확산되어야 한다고 했다. 하지만 그것이 가장 효과적인 수단이 된다는 내용은 나오지 않는다.
③ "누가 나의 관념을 전달받았다고 해서 나의 것이 줄어들지는 않는다"로 보아 잘못된 진술이다.

12
정답 ①

해설 보잉은 조종사가 대개 항공기를 조종간으로 직접 통제하게끔 설계되었지만, 에어버스는 컴퓨터가 조종사의 행동을 제한하거나 조종에 개입할 수 있게 설계되었다고 했다. 이러한 차이는 두 항공사의 관점 차이에서 비롯되었으므로, 보잉은 시스템의 불완전성을, 에어버스는 인간의 실수 가능성을 고려하여 설계되었다는 것이 적절한 이해이다.

오답 풀이 ② 2문단에 따르면, 베테유는 인간이 실수할 수 있는 존재라고 인식한다. 그러나 윌리엄 보잉이 그렇지 않다고 보는지는 알 수 없다.
③ 1문단에 따르면, 에어버스의 조종사는 항공기 운항에서 자동 조종 시스템에 통제되는 대상이지, 그것을 통제하고 조작하는 주체가 아니다.
④ 보잉과 에어버스의 중요한 차이점이 자동 조종 시스템의 활용 정도에 있고, 보잉은 조종사가 대개 항공기를 조종간으로 직접 통제한다고 했으므로, 보잉의 조종사가 자동 조종 시스템을 아예 활용하지 않는다고 볼 수는 없다.
* 조종간(操縱杆): 조종사가 항공기의 비행 방향과 운동 방향을 조종하는 막대 모양의 장치. 또는 그 장치의 손잡이

12 기출 변형
정답 ②

출전 서정희, 〈간고등어〉, 《수필시대》 20호 (겨울)(2022)

해설 2문단에, 40~50년 전에는 임동에서 안동까지의 거리가 25리라는 내용이 나온다. 그러나 임동에서 영덕까지의 거리가 얼마인지는 제시문에서 알 수 없다.

오답 풀이 ① 2문단의, 영덕에서 임동을 거쳐 안동으로 이어지는 자연의 지리적 조건 아래에서, 소금을 뿌린 간고등어가 자연 숙성되었다는 내용에서 알 수 있다.
③ 마지막 문단에 따르면, 간고등어는 빈부를 막론하고 먹은 반찬이었다.
④ 1문단의, 안동은 내륙 지방이며 가장 가까운 바다가 영덕이라는 내용에서 알 수 있다.

13
정답 ②

해설 불안은 현재 발생하지 않았으며 미래에 일어날지 모르는 불명확한 위협에 의해 야기된 상태를 의미한다고 했다. 전기, 가스 사고가 날까 두려워 외출하지 못하는 것은, 현재 발생하지 않았지만 미래에 사고가 날까 봐 두려움이 유발된 것이기 때문에 불안한 상태에 있다고 추론한 것은 적절하다.

오답 풀이 ① 공포를 느끼는 것은 '나 자신'이 위험한 상황에 놓여 있다는 사실을 아는 것이고, 불안의 경험은 '나 자신'이 위해를 입을까 봐 걱정하는 것이라고 했다. 따라서 자신이 처한 위험한 상황을 정확하게 인식하는 경우에는 공포감이 클 것이다.
③ 시험에 불합격할 수 있다는 생각에 사로잡힌 사람은 공포감이 아니라 불안감에 빠져 있는 것이다.
④ 공포와 불안은 서로 밀접하게 얽혀 있어서, 둘을 함께 느끼거나 한 감정이 다른 감정을 유발할 때가 많다고 했다. 따라서 과거에 큰 교통사고를 경험한 사람은 공포감이 크며 또다시 교통사고를 경험할지 모른다는 불안감도 클 것이다.

13 기출 변형
정답 ④

출전 2023년도 국가공무원 5급 공채 등 필기시험

해설 유명한 피아니스트의 연주곡은 기성의 음악이므로 사운드의 원천이 화면(주인공이 피아노를 바라보는 장면)에서 전개되는 시공간에 속하지 않는다. 따라서 이 경우는 화면 밖 음향이 아니라 오프 음향이 삽입된 것이다.

오답 풀이 ① 2문단에 따르면, 화면 밖 음향은 사운드의 원천이 화면에 직접적으로 보이지는 않지만 화면에 보이는 장면과 동일한 공간에 있다는 것을 앞뒤 맥락을 통해 알 수 있는 경우이다.
② 인 음향은 사운드가 발생한 원천을 화면을 통해 확인할 수 있으므로 사운드의 원천이 화면 속 장면과 같은 시공간으로부터 나온다. 반면 오프 음향은 사운드의 원천이 화면에서 전개되는 시공간에 속하지 않으므로 화면 속 장면과는 다른 시공간으로부터 나온 것이다.
③ 주인공이 문을 여는 장면이 나오면서 그 문에서 발생한 소리가 동시에 들리는 것은 화면에 보이는 피사체로부터 사운드가 직접 발생하는 것이므로 인 음향을 삽입한 경우이다.

14
정답 ②

해설 1문단에 따르면, 주전원이란 개념은 지동설을 지지하기 위해 만든 것이 아니라, 프톨레마이오스가 자신의 관찰 결과를 천동설로 설명하고자 주장한 것이다.

오답 풀이 ① 1문단의, 과학 혁명 이전에는 아리스토텔레스의 세계관을 따라 천동설이 정설로 자리 잡고 있었다는 내용에서 알 수 있다.
③ 천동설은 우주의 중심을 지구에 두었으며 지동설은 우주의 중심을 태양에 두었다는 점에서 구분된다는 내용에서 알 수 있다.
④ 2문단의, 코페르니쿠스의 지동설은 행성들의 운동에 대해 프톨레마이오스보다 수학적으로 단순하게 설명하였다는 내용에서 알 수 있다.

14 기출 변형
정답 ②

출전 2014학년도 한양대학교 논술고사

해설 마지막 문단의, '자발적이고도 자유로운 글쓰기, 그리고 이를 활발하게 소통하고 공유하는 것은 ~ 개방성과 포용성이라는 디지털 매체의 매력 덕분이라 할 수 있을 것이다'에서 알 수 있다.

오답 풀이 ① 원인과 결과가 뒤바뀐 진술이므로 적절하지 않다. 2문단에 따르면, 오늘날에는 대부분의 사람들이 글을 쓰는 저자로서 사회적 의사소통에 참여하는 것이 일상화됨에 따라(원인) 저자의 독점적 지위는 흔들릴 수밖에 없게 되었다(결과). 따라서 저자의 절대적 권위가 해체됨으로써 대부분의 사람들이 일상적으로

사회적 의사소통에 참여할 수 있게 되었다고 보기 어렵다.
③ 1문단에 따르면, 근대적인 문자 문화에서는 문자로 글을 써서 공적인 소통에 참여할 수 있었던 사람들이 소수였기 때문에 작가가 독점적인 지위를 차지했다. 그러나 공적 소통에 참여할 수 있는 작가의 수를 제한했다는 내용은 나오지 않는다.
④ 2문단에 따르면, 대부분의 사람들이 자발적이고도 자유롭게 사회적 의사소통에 참여하는 것이 일상화되어 있다. 그러나 그들이 새로운 문화 권력으로 부상하게 되었다는 내용은 나오지 않는다.

15   정답 ④

해설 으레(○)/으래(×): '으레'는 모음이 단순화한 형태를 표준어로 삼는다(〈표준어 규정〉 제10항).

오답 풀이 ① 수염소(×) → 숫염소(○): 수컷을 이르는 접두사는 '수-'로 통일하지만, '숫양', '숫염소', '숫쥐'의 경우 접두사는 '숫-'으로 한다(〈표준어 규정〉 제7항).
② 윗층(×) → 위층(○): '웃' 및 '윗-'은 명사 '위'에 맞추어 '윗-'으로 통일하지만, 된소리나 거센소리 앞에서는 '위-'로 한다(〈표준어 규정〉 제12항).
③ 아지랭이(×) → 아지랑이(○): '아지랑이'는 'ㅣ' 역행 동화가 일어나지 아니한 형태를 표준어로 삼는다(〈표준어 규정〉 제9항 [붙임 1]).

보충 자료 '수'의 표기

1. 수컷을 이르는 접두사 '수-': 수놈, 수소
2. 수+거센소리: 수캉아지, 수캐, 수컷, 수키와, 수탉, 수탕나귀, 수톨쩌귀, 수퇘지, 수평아리
3. 숫: 숫양, 숫염소, 숫쥐
* 수코양이(×), 수펄(×), 숫소(×), 숫놈(×) → 수고양이(○), 수벌(○), 수소(○), 수놈(○)

15 기출 변형   정답 ②

해설 · 딴전(○)/딴청(○): 한 가지 의미를 나타내는 형태 몇 가지가 널리 쓰이며 〈표준어 규정〉에 맞으면, 그 모두를 표준어로 삼는다.
· 물크러지도록(○): '물크러지다'는 '너무 무르거나 풀려서 본 모양이 없어지도록 헤어지다'라는 뜻의 표준어이다.

오답 풀이 ① · 떨어먹고(×) → 털어먹고(○): '재산이나 돈을 함부로 써서 몽땅 없애다'의 의미로는 '털어먹다'가 표준어이다.
· 사글세(○)/삭월세(×): 어원에서 멀어진 형태로 굳어져서 널리 쓰이는 것은, 그것을 표준어로 삼는다.
③ · 두루뭉실하다고(×) → 두리뭉실하다고(○)/두루뭉술하다고(○): '두리뭉실하다'도 '두루뭉술하다'와 뜻이나 어감에 차이가 있는 별도의 표준어로 인정되었다.
· 궁시렁댔다(×) → 구시렁댔다(○): '못마땅하여 군소리를 듣기 싫도록 자꾸 하다'의 의미로는 '구시렁대다'가 표준어이다.
④ · 옛부터(×) → 예부터(○): '아주 먼 과거'의 의미로는 '예'가 바른 표기이다. '옛'은 '지나간 때의'의 의미인 관형사이다.
· 웃어른(○): '아래, 위'의 대립이 없는 단어는 '웃-'으로 발음되는 형태를 표준어로 삼는다.

16   정답 ③

해설 정독(精讀)의 결과로 생기는 것이 문해력이며 문해력이 발달하면 속독이 가능해지고, 또한 빨리 읽기는 정독을 전제로 할 때 빛을 발한다. 따라서 ㉢ '정속독(正速讀)'을 '정'의 한자만 바꾸어 '정속독(精速讀)'으로 수정한다는 방안이 적절하다.

오답 풀이 ① 정독(精讀)과 정독(正讀)은 동음이의(同音異義)의 관계로, 즉 소리는 같지만 뜻이 다르기 때문에 ㉠은 수정하지 않고 그대로 두어야 한다.
* 정독(精讀): 뜻을 새겨 가며 자세히 읽음.
* 정독(正讀): 글의 참뜻을 바르게 파악함.
② '모든 단어에 눈을 마주치면서 제대로 인식하는 것'은 '뜻을 새겨 가며 자세히 읽음'이란 의미의 정독(精讀)의 방법이므로 ㉡은 수정하지 않고 그대로 두어야 한다.
④ 정독(精讀)은 속독의 전제이며, 정독(精讀)이 빠진 속독은 난독의 일종이 되므로 ㉣은 수정하지 말고 그대로 두어야 한다.

16 기출 변형   정답 ④

출전 박우찬, 〈사실적인 눈, 분석적인 눈〉

해설 추상 미술가인 몬드리안은 사물을 사실적으로 표현하지 않고 순수한 조형으로 표현했다는 내용이다. 따라서 ㉣은 '수단이 아니며'로 고치는 것이 적절하다.

오답 풀이 ① 현대 미술가들은 사진이 못 하는 분야를 연구했다는 데에서 현대 미술가들이 사진과 같이 사물을 사실적으로 그리는 것을 포기했음을 알 수 있다. 따라서 ㉠은 그대로 두어야 한다.
② 사물을 사실적으로 바라보는 것은 사진이므로, ㉡은 그대로 두어야 한다.
③ 나무를 단순화시켜 하나의 선으로 표현했다는 것은 사물을 추상적으로 그렸다는 것이므로 ㉢은 그대로 두어야 한다.
* 구상 미술: 실제로 있거나 상상할 수 있는 사물을 사실적으로 표현하는 미술

17   정답 ④

해설 박재삼의 〈매미 울음 끝에〉는 한여름의 매미 울음을 통해 화자가 생각하는 '사랑'의 속성을 형상화한 시이다.
매미 울음소리가 절정에 이르렀다가 사라진 직후의 상황은 "정적의 소리인 듯 쟁쟁쟁"으로 표현되고 있는데, 여기에는 반어법이 아니라 역설법이 쓰였다. 즉 '고요하여 괴괴함'의 의미인 '정적(靜寂)'을 소리와 함께 써 시끄럽다가 일순간에 고요해지는 현상을 역설적으로 표현한 것이다.

오답 풀이 ① "희한한 그늘의 소리에 / 멍청히 빨려 들게 하구나"에서 시각을 청각화한 공감각적 이미지('그늘의 소리')를 사용하여, 매미 울음이 끝난 후 조용해진 자연 현상에 대한 감상을 감각적으로 제시하고 있다.
② '매미 울음', '쟁쟁쟁' 등에 청각적 이미지가 사용되었다. 또한 "소나기처럼 숨이 차게 / 정수리부터 목물로 들이붓더니", "맑은 구름만 눈이 부시게 / 하늘 위에 펼치기만 하노니" 등에서 시각적 이미지가 사용되었다.
③ 화자는 자연 현상에서 사랑의 본질적인 속성을 깨닫고 있다. 즉 '소나기'가 그친 후에 '맑은 구름'이 눈부시게 하늘에 펼치기만 하듯이, 열정적인 사랑 역시 끝난 후에는 고요함만이 남는 것이다.

작품 해설 박재삼, 〈매미 울음 끝에〉

1. 갈래: 자유시, 서정시
2. 성격: 비유적, 감각적
3. 표현과 특성: ① 매미 울음과 사랑의 유사성을 바탕으로 시상을 전개함.
   ② 다양한 이미지를 활용하여 시적 대상을 표현함.
4. 주제: 사랑이 끝난 후의 고요함
5. 해설: 〈매미 울음 끝에〉는 매미 울음과 사랑의 유사성에 착안하여 화자가 생각하는 사랑의 속성을 감각적으로 형상화한 시이다. 1연에서는 한여름 무더위에 절정을 이루다가 어느 순간 사라진 '매미 울음'을 보여 주고, 2연에서는 '매미 울음'과 마찬가지로 절정까지 치솟았다가 차분해지는 사랑의 속성을 '소나기', '맑은 구름' 등의 시각적 이미지를 통해 보여 주고 있다.

17 기출 변형 정답 ④

해설 김수영의 〈파밭 가에서〉는 새로운 삶(또는 사랑)을 얻기 위해서는 과거에 대한 집착과 미련에서 벗어나야 한다는 점을 이야기하며, 새로운 삶을 향한 강한 의지를 드러낸 시이다.
"얻는다는 것은 곧 잃는 것이다"는 '얻는다'와 '잃는다'의 모순된 표현을 함께 써 새로운 가치를 위해서는 낡은 생각을 버려야 한다는 의미를 전하고 있다. 이 표현이 비관적 전망을 나타내는 것은 아니다.

오답 풀이 ① 각 연이 '~듯 / ~ㄹ 때 / 붉은 파밭의 푸른 새싹을 보아라 / 얻는다는 것은 곧 잃는 것이다'의 구조로 반복되고 있다.
② 묵은 사랑을 '삶은 계란의 껍질'에 비유하여 표현하고 있다. 또한 붉은색과 푸른색을 대비하여 새로운 가치(사랑)에 대한 화자의 인식을 선명하게 드러내고 있다.
③ '새싹' 등의 자연물을 다양하게 활용하여 새로운 가치에 대한 열망을 드러내고 있다.

18 정답 ④

해설 루카치의 그리스 세계 구분에 따르면, '서사시의 시대 → 비극의 시대 → 철학의 시대' 순으로 총체성, 즉 신과 인간의 결합 정도가 낮아진다. 따라서 '비극의 시대'에 속한 에우리피데스의 비극에 비해 '서사시의 시대'에 속한 《오디세이아》에서는 신과 인간의 결합 정도가 높을 것이다.

오답 풀이 ① 계몽사상이 서사시의 시대에서 철학의 시대로의 전환을 이끌었다는 내용은 제시문에 나오지 않는다.
② 플라톤의 이데아는 비극적 세계가 아니라 철학의 세계를 표현한다.
③ 루카치는 각기 다른 기준이 아니라 '총체성'이라는 단일한 개념을 기준으로 그리스 세계를 세 시대로 구분하였다.

18 기출 변형 정답 ③

출전 리사 펠드먼 배럿, 《이토록 뜻밖의 뇌 과학》

해설 2문단에 따르면, 진화의 시간을 거치면서 인간의 뇌는 세분화되었고, 이로써 더 크고 복잡해진 신체를 제어할 수 있게 되었음을 알 수 있다. 그러나 신체를 제어하는 방법이 더 섬세한 촉각을 만들어 내는 것이라는 정보는 나타나 있지 않다.

오답 풀이 ① 2문단에 따르면, 6,600만 년 전에 살았던 인간과 설치류의 공통 조상은 하나의 체성 감각 영역을 가졌을 것이나, 인간의 뇌와 몸이 진화하면서 뇌 영역들이 재배치되고 이로써 더 크고 복잡해진 신체를 제어할 수 있게 되었다.
② 1문단에 따르면, 인간의 뇌에는 네 개의 뇌 영역이, 쥐의 뇌에는 하나의 뇌 영역이 있다. 하지만 2문단에 따르면, 인간의 네 개 영역과 쥐의 한 개 영역에 같은 유전자들이 다수 포함되어 있다.
④ 2문단에 따르면, 인간과 설치류의 뇌는 하나의 체성 감각 영역을 가졌을 것이나, 인간 조상들의 뇌와 몸이 더 크게 진화함에 따라 하나의 영역이 책임들을 재분배하기 위해 세분화되면서 네 개의 영역으로 재배치가 이루어졌다.

19 정답 ②

해설 몽유록에서 몽유자가 현실을 비판하는 경향이 강하게 나타난 것은 17세기보다 나중 시기가 아니라 16~17세기의 몽유록에서이다.

오답 풀이 ① 몽유록 중 참여자형에서는 몽유자가 꿈속 인물들의 모임에 직접 참여하는 데 반해 방관자형에서는 몽유자가 그들의 모임에 참여하지 않는다고 했다. 따라서 몽유자가 꿈속 인물들의 모임에 직접 참여하는지, 참여하지 않는지에 따라 몽유록의 유형을 나눌 수 있는 것이다.
③ 몽유자가 모임의 구경꾼 역할을 하는 몽유록이란 방관자형을 말한다. 방관자형 몽유록은 통속적이고 허구적인 성격으로 변모한다고 했으므로, 적절한 내용이다.
④ 참여자형에서는 몽유자와 꿈속 인물들이 현실의 고통스러운 문제에 대해 의견을 나누며 비판적 목소리를 낸다는 내용에서 알 수 있다.

19 기출 변형 정답 ④

출전 우태식, 〈헌법상 법치 국가 실현에 관한 소고〉

해설 권리 구제 기구의 독립성은 재판권의 독립성 등 권리에 대한 판단이 독립적으로 일어나야 한다는 의미이다. 2문단의 마지막 문장에 따르면, 권리 구제 기구는 법원 이외의 기관에서도 권리를 복구하거나 보상받을 수 있도록 조치할 수 있다.

오답 풀이 ① 1문단의 첫 번째 문장에 따르면, 헌법은 '위법한 국가 작용뿐만 아니라 합법적인 공권력 작용에 의해서' 발생하는 국민의 권리 침해를 구제하고 있다.
② 2문단에서 알 수 있는 내용이다. 권리 구제 제도 절차의 간소화는 개인들의 권리 구제에 대한 접근성을 높인다.
③ 1문단의, 권리 구제 제도의 예시를 든 내용에서 알 수 있다.

20 정답 ③

해설 디지털 트윈의 이용자는 가상 세계에서의 시뮬레이션을 통해 미래 상황을 예측할 수 있는데, 특히 국내 글로벌 기업들은 디지털 트윈을 도입하여 사전에 위험 요소를 제거하고 있다고 했다. 이를 통해 디지털 트윈에서의 시뮬레이션으로 현실 세계의 위험 요소를 방지할 수 있음을 알 수 있다.

오답 풀이 ① 디지털 트윈의 활용도에 따른 글로벌 기업들의 고용률 변화는 제시문에 나오지 않는다.
② 디지털 트윈이 가상 세계에 데이터를 전송해서 실행하는 과정은 실제 실험보다 비용이 적게 든다고 했다. 즉 디지털 트윈의 데이터 모델은 현실 세계의 각종 실험 모델보다 경제성이 낮은 것이 아니라, 더 높은 것이다.
④ 이용자들에게 새로운 문화적 경험을 제공하는 데 목적을 두는 것은 디지털 트윈이 아니라 메타버스이다.

20 기출 변형 정답 ③

출전 2020학년도 9월 고1 전국연합학력평가

해설 마지막 문단에서, 참조의 지역성은 시간적 지역성과 공간적 지역성으로 나눌 수 있음을 알 수 있다.

오답 풀이 ① 1문단에 따르면, CPU는 처리 속도가 매우 빠른 반면, 주기억 장치의 처리 속도는 상대적으로 느리다.
② 2문단에서, 캐시 기억 장치는 주기억 장치보다 용량이 작다는 것을 알 수 있다.
④ 마지막 문단에서, 시간적 지역성은 CPU가 한 번 사용한 특정 데이터가 가까운 미래에 다시 사용될 가능성이 높은 것임을 알 수 있다.

02회 국가직 기출 변형 모의고사
2022 국가직 9급

기출
| 01 ③ | 02 ② | 03 ④ | 04 ③ | 05 ② | 06 ④ | 07 ② | 08 ④ | 09 ③ | 10 ② |
| 11 ② | 12 ① | 13 ④ | 14 ① | 15 ④ | 16 ④ | 17 ③ | 18 ① | 19 ③ | 20 ① |

기출 변형
| 01 ④ | 02 ③ | 03 ① | 04 ③ | 05 ③ | 06 ② | 07 ② | 08 ③ | 09 ③ | 10 ② |
| 11 ② | 12 ① | 13 ② | 14 ② | 15 ② | 16 ① | 17 ④ | 18 ② | 19 ③ | 20 ① |

01
정답 ③

해설 부모님 속을 썩혀(×) → 썩여(○): '걱정이나 근심 따위로 마음이 몹시 괴로운 상태가 되게 만들다'의 뜻으로는 '썩이다'가 바른 표기이다. 나머지 ①·②·④는 모두 '썩히다'가 바르게 쓰였다.

오답 풀이 ①·④ 능력을 썩히고(○)·기계를 썩히고(○): 물건이나 사람 또는 사람의 재능 따위가 쓰여야 할 곳에 제대로 쓰이지 못하고 내버려진 상태로 있게 하다.
② 음식물 쓰레기를 썩혀서(○): 유기물이 부패 세균에 의하여 분해됨으로써 원래의 성질을 잃어 나쁜 냄새가 나고 형체가 뭉개지는 상태가 되게 하다.

01 기출 변형
정답 ④

해설 ㉠ 간간이(○): '시간적인 사이를 두고서 가끔씩 / 공간적인 거리를 두고 듬성듬성'의 의미로는 '간간이'를 쓴다. '간간히'는 '입맛 당기게 약간 짠 듯이' 등의 의미로 쓴다.
㉡ 이따가(○): '조금 지난 뒤에'의 의미로는 '이따가'를 쓴다. '좀 있다가 만나'와 같이 앞에 목적어나 부사어가 쓰이는 구성에서는 동사 '있다'의 활용형인 '있다가'를 쓰고, '이따가 만나'처럼 앞말의 수식은 받지 않고 뒷말을 꾸미는 부사로 쓸 때에는 '이따가'를 쓴다.
㉢ 하노라고(○): 자기 나름대로 꽤 노력했음을 나타내는 연결 어미인 '-노라고'를 쓴다. '-느라고'는 앞 절의 사태가 뒤 절의 사태에 목적이나 원인이 됨을 나타내는 연결 어미이다.

02
정답 ②

해설 '어떤 일이 이루어지기를 기다리는 간절한 마음'의 뜻으로는 '바람'이 바른 표기이므로 '바람입니다'를 '바램입니다(×)'로 고치는 것은 적절하지 않다. '바램(×)'은 '바람'의 잘못된 표기이다. 또한 우리말은 되도록 능동 표현으로 쓰는 것이 자연스러우므로 '좋은 결실이 맺어졌으면'은 '좋은 결실을 맺었으면'으로 고쳐 쓸 수 있다. 다만, '좋은 결실을 맺다'를 의미의 중복으로 보는 견해도 있다.

* **결실(結實)**: 식물이 열매를 맺거나 맺은 열매가 여묾. 또는 그런 열매 / 일의 결과가 잘 맺어짐. 또는 그런 성과

오답 풀이 ① '비교가 되는 두 대상이 서로 같지 아니하다'의 의미로는 '다르다'를 쓴다. '다르다'는 차이를, '틀리다'는 오류를 나타낸다.
③ '내가 오직 바라는 것은 ~ 좋겠어'는 주어와 서술어의 호응이 맞지 않는 문장이므로 '좋겠어'를 '좋겠다는 거야'로 고쳐 쓴 것은 적절하다.
④ 서술어 '주다'는 '…에/에게 …을 주다'의 형태로 쓰이므로 '인간에게 시련을 주기도 한다'와 같이 부사어를 넣어 고쳐 쓴 것은 적절하다.

02 기출 변형
정답 ③

해설 '지연(遲延)되다'는 '무슨 일이 더디게 끌어져 시간이 늦추어지다'의 의미로 문맥에 맞는 표현이다. '연장(延長)되다'는 '시간이나 거리 따위가 본래보다 길게 늘어나다 / 어떤 일이 계속되다. 또는 하나로 이어지다' 등의 의미이므로 일정이 늦춰진다는 의미로는 쓰임이 적절하지 않다. 이 문장에서는 뒤 문장의 서술어인 '지연되고 있다'와 호응할 수 있는 주어가 생략된 문장이므로 '~ 불필요한 공방으로 인해 (협상이) 기약 없이 지연되고 있다'와 같이 적절한 주어를 넣어 주어야 한다.

오답 풀이 ① 내 동생이 나를 좋아하는 것보다 게임을 더 좋아한다는 것인지, 내가 게임을 좋아하는 것보다 더 게임을 좋아한다는 것인지 명확하지 않은 중의적 문장이므로, 한 가지 뜻으로만 해석되도록 고쳐 쓴 것은 적절하다.
② '소음을 높이다'는 문맥상 맞지 않으므로 '소음'과 호응할 수 있는 적절한 서술어를 넣어 '소음을 줄이고 제동력을 높이기 위해로' 고쳐 쓴 것은 적절하다.
④ '여간'은 주로 부정어와 호응하므로 부사어와 서술어의 호응을 고려하여 '여간 어려운 일이 아니다'로 고친다.

03
정답 ④

해설 '螳螂拒轍[사마귀 당, 사마귀 랑(낭), 막을 거, 바큇자국 철]'은 '제 역량을 생각하지 않고, 강한 상대나 되지 않을 일에 덤벼드는 무모한 행동거지를 비유적으로 이르는 말'이다. 따라서 '신중한 태도로'라는 앞부분의 내용과는 어울리지 않는다.

오답 풀이 ① 九曲肝腸(아홉 구, 굽을 곡, 간 간, 창자 장): 굽이굽이 서린 창자라는 뜻으로, 깊은 마음속 또는 시름이 쌓인 마음속을 비유적으로 이르는 말
② 曲學阿世(굽을 곡, 배울 학, 언덕 아, 세대 세): 바른길에서 벗어난 학문으로 세상 사람에게 아첨함.
③ 口蜜腹劍(입 구, 꿀 밀, 배 복, 칼 검): 입에는 꿀이 있고 배 속에는 칼이 있다는 뜻으로, 말로는 친한 듯하나 속으로는 해칠 생각이 있음을 이르는 말

03 기출 변형
정답 ①

해설 '騎虎之勢(말탈 기, 범 호, 갈 지, 기세 세)'는 '호랑이를 타고 달리는 형세라는 뜻으로, 이미 시작한 일을 중도에서 그만둘 수 없는 경우를 비유적으로 이르는 말'이다. 이 문장에서는 서로 우열을 가리기 힘든 형세라는 뜻인 '伯仲之勢(맏 백, 버금 중, 갈 지, 기세 세)' 등을 쓰는 것이 적절하다.

오답 풀이 ② 自強(强)不息(스스로 자, 강할 강, 아닐 불, 숨쉴 식): 스스로 힘써 몸과 마음을 가다듬어 쉬지 아니함.
③ 泣斬馬謖(울 읍, 벨 참, 말 마, 일어날 속): 큰 목적을 위하여 자기가 아끼는 사람을 버림을 이르는 말
④ 磨斧作針(갈 마, 도끼 부, 지을 작, 바늘 침): 도끼를 갈아서 바늘을 만든다는 뜻으로, 아무리 어려운 일이라도 끊임없이 노력하면 반드시 이룰 수 있음을 이르는 말

04
정답 ③

해설 지민이 면접 전략 강의 중 핵심 내용을 먼저 말하라는 첫 번째 내용이 인상적이라고 말하자, 정수는 첫 번째 내용보다 두 번째 내용이 더 인상적이라고 말하고 있다. 그러자 지민은 "그랬구나. 하긴 아이스크림 ~ 설득력이 있었어"라며 두 번째 내용이 더 인상적이라는 정수의 견해를 존중하고 있다. 그러면서 "하지만 초두 효과의 효용성도 크지 않을까 해"라며 자신의 의견을 제시하고 있으므로 ③이 가장 적절한 설명이다. 이러한 지민의 의사소통 방식은 공손성의 원리 중 자신의 의견과 다른 사람의 의견 사이의 다른 점을 최소화하고 일치점을 극대화하라는 '동의의 격률'을 지킨 것이다.

오답풀이 ① 지민은 면접 전략 강의를 듣고 그에 대한 의견을 제시하고 있을 뿐, 자신의 면접 경험을 예로 들어 정수를 설득하는 것은 아니다.
② 지민이 정수의 약점을 공략하거나 정수의 의견을 반박하는 내용은 없다.
④ 지민은 정수가 자신과 다른 의견을 제시하자 정수의 의견을 존중하면서 자신의 의견도 분명하게 제시하고 있다. 이 과정에서 지민이 갈등 해소를 위해 자신의 감정을 표현하는 내용은 나타나지 않는다.

04 기출 변형 정답 ③
출전 2013학년도 7월 고3 전국연합학력평가
해설 선생님이 자신의 직접적인 경험을 통해 영희의 문제점을 짚어 주는 내용은 나오지 않는다.
오답풀이 ① 늘 밝고 명랑하던 영희의 모습과 달리 표정이 어둡고 기운도 없는 모습을 알아채 말하는 부분에서 알 수 있다.
② "어려워하지 말고 편하게 말해 보렴"에서 알 수 있다.
④ 틀린 문제를 다시 한번 본다면 같은 실수를 반복하지 않을 거라는 말에 '영희는 매사 꼼꼼한 학생이니까'라고 칭찬을 덧붙이는 데서 알 수 있다.

05 정답 ②
해설 김만중의 〈구운몽(九雲夢)〉은 인생무상을 주제로 한 몽자류 소설이다.
꿈속의 양소유가 스스로 현실의 성진의 모습으로 돌아온 것은 아니다. 성진은 꿈에서 깨어난 이후에야 자신이 인간 세상에서 양소유가 되어 부귀영화를 누린 것이 하룻밤 꿈에 지나지 않음을 깨닫고 있다.
오답풀이 ① '인간 세상에 환도하여 양가의 아들이 되었지, 그리고 장원 급제를 하여 한림학사가 된 후' 등을 통해 알 수 있다. 꿈속에서 성진은 인간 세상의 양소유로 태어나 장원 급제하여 한림학사가 된 것이다.
③ '인간 세상의 승상 양소유가 아니라 연화 도량의 행자 성진임을 비로소 깨달았다'에서 성진이 있는 연화 도량은 인간 세상이 아님을 알 수 있다. 이 글은 성진이 있는 현실의 공간이 천상계(연화 도량)이고 성진이 꾸는 꿈속의 공간이 지상계(인간 세상)인 독특한 구성을 취하고 있다.
④ '자신의 몸을 보니 백팔 염주가 걸려 있고 머리를 손으로 만져 보니 갓 깎은 머리털이 까칠까칠하더라. 완연한 소화상의 몸이요'에서 성진은 자신의 외양을 통해 자신이 연화 도량의 행자임을 깨닫고 있다. 이후 '인간 세상에 환도하여 ~ 다 하룻밤 꿈이었구나'에서 성진은 자신이 인간 세상의 양소유가 된 꿈을 꾸고 현실로 돌아왔음을 인식하고 있음을 알 수 있다.

05 기출 변형 정답 ③
해설 작가 미상의 〈이대봉전(李大鳳傳)〉은 남녀 영웅들의 활약상을 그린 조선 후기의 군담 소설로, 특히 여성 영웅인 애황의 활약상을 두드러지게 그려 남성 중심의 사회를 비판한 점이 특징적이다.
촉날의 군사는 굴막대의 복병, 석용달의 복병을 만나고 '겨우 십여 명 군사'가 남는다. 그러고 나서 반운산에 매복한 장 원수의 군사를 만나게 된다. 따라서 촉날의 군사 대부분은 매복한 장 원수의 군사가 아니라, 굴막대, 석용달의 군사에게 급습당해 죽었다.
오답풀이 ① 본진으로 세찬 물결이 달려들자 장 원수가 '촉날의 흉계인 줄 알고' 동으로 가는 체한 뒤, 촉날의 추격병을 급습해 죽이고 반운산에 매복한 데에서 알 수 있다.
② '촉날의 군사가 복병인 줄 알고 접전하지 아니하고 ~ 태반이요'에서 알 수 있다.
④ 장 원수의 군사는 본진에서 쉬다가 세찬 물결을 피해 운곡에 들어간 뒤, 촉날의 추격병을 급습해 죽이고 반운산에 들어가 매복하였다. 따라서 장 원수의 군사의 이동 경로는 '본진 – 운곡 – 반운산'이다.

06 정답 ④
해설 (라) 조식의 〈삼동에 뵈옷 닙고 ~〉는 산중에 은거하는 몸으로 임금의 승하를 애도하는 마음을 노래한 시조이다.
"서산의 ㉣ 히 다 ᄒᆞ니 그를 셜워 ᄒᆞ노라"에서 '히 다다'는 임금의 승하를 비유하므로 ㉣은 벗이 아니라 임금을 의미한다.
오답풀이 ① (가) 유응부의 〈간밤의 부던 ᄇᆞ람 ~〉는 수양 대군의 계유정난을 풍자한 시조이다. 'ᄇᆞ람', '눈서리'는 단종의 왕위를 찬탈한 수양 대군의 폭력을, 다 기울어 가는 ㉠ '낙락장송'은 수양 대군에 의해 억울하게 해를 입은 단종의 충신들을 가리킨다.
② (나) 이항복의 〈철령 높은 봉에 ~〉는 작가가 광해군의 인목 대비 폐위를 반대하다가 유배를 당해 귀양을 가면서 지은 시조이다. 화자는 구름에게 고신원루를 임 계신 구중심처에 뿌려 달라고 말하며 자신의 비통한 심정을 호소하고 있다. 이때 ㉡ '님'은 구중심처, 즉 궁궐에 계신 임금을 뜻한다.
* 고신원루(孤臣寃淚): 임금의 신임이나 사랑을 받지 못하는 외로운 신하의 원통한 눈물
* 구중심처(九重深處): 밖으로 잘 드러나지 않는 깊숙한 곳 / 겹겹이 문으로 막은 깊은 궁궐이라는 뜻으로, 임금이 있는 대궐 안을 이르는 말. =구중궁궐(九重宮闕)
③ (다) 계랑의 〈이화우 흣쑤릴 제 ~〉는 봄날의 감성적 배경을 통해 임에 대한 애절한 그리움을 형상화한 시조이다. 화자는 배꽃이 떨어지는 봄에 이별한 임을 낙엽이 떨어지는 가을에도 여전히 그리워하면서 '㉢ 저도 날 싱각는가'라며 임도 자신을 그리워하고 있는지 궁금해하고 있다. 따라서 ㉢ '저'는 헤어진 연인을 가리킨다.

06 기출 변형 정답 ③
해설 (다) 작가 미상의 〈벽사창 밖이 어른어른커놀 ~〉은 임에 대한 그리움과 연모의 정을 해학적으로 표현한 사설시조이다.
화자가 ㉢을 임의 그림자로 착각한 것은 맞지만, ㉢은 벽오동 나무가 아니라 벽오동 나무의 젖은 잎에 봉황새가 내려와 깃 다듬는 모양의 그림자이다.
오답풀이 ① (가) 권호문의 〈한거십팔곡(閑居十八曲)〉은 유교적 깨달음을 실천하려는 마음과 안빈낙도에의 바람을 담은 연시조이다. 아름다운 자연 속에서 자연물인 ㉠이 자신을 좇아 노닌다고 하였으므로, ㉠은 자연과 물아일체된 화자의 경지를 드러내기 위해 사용된 대상이다.
② 윤선도의 〈견회요(遣懷謠)〉는 모함으로 유배된 처지의 작가가 부모님에 대한 그리움과 우국충정을 읊은 연시조이다. 종장에서 화자는 ㉡이 아무리 일러도 임이 헤아려 달라며 자신의 결백을 호소하고 있다. 따라서 ㉡은 화자에게 억울함을 일으키는 대상으로 임에게 화자를 모함하는 말을 한 신하를 의미한다.
④ (라) 안민영의 〈금강 일만 이천 봉이 ~〉는 눈 덮인 금강산의 경치가 지닌 아름다움을 예찬한 시조이다. 혈성루에 올라간 화자가 자기 자신을 '천상인'이라 표현한 것이므로 ㉣은 화자 자신을 신선에 비유한 말이다. 이를 통해 금강산의 선경(仙境)을 예찬한 것이다.

07 정답 ②
해설 (가) 친구가 자전거 사고를 당했다는 사실을 언급하여 '자전거 사고로 인한 머리 부상 예방법'이라는 주제에 대한 청자의 관심을 환기하고 있다. 이는 동기화 단계 조직의 1단계에 해당한다.
(나) 자전거 사고로 머리를 다치는 문제를 해결하기 위한 방안으로 '자전거를 탈 때 헬멧을 착용하자'는 방안을 제시하고 있다. 이는 동기화 단계 조직의 3단계에 해당한다.

(다) '자전거 사고로 인한 머리 부상'이라는 문제가 청자와 무관하지 않을 수 있다는 점을 설명함으로써 청자의 요구나 기대를 자극하고 있으므로, 동기화 단계 조직의 2단계에 해당한다.

(라) 자전거를 탈 때 헬멧 착용이라는 해결 방안이 청자에게 어떤 도움을 주는지를 구체적으로 언급하고 있으므로 동기화 단계 조직의 4단계에 해당한다.

(마) 자전거를 탈 때에는 반드시 헬멧을 착용하라는 특정 행동을 요구하고 있으므로 동기화 단계 조직의 5단계에 해당한다.

이를 동기화 단계 조직에 따라 배열하면 (가) - (다) - (나) - (라) - (마)이다.

07 기출 변형　　　　　　　　　　　　　　　　정답 ②

출전 김병문, 〈언어적 근대의 기획〉, 수정

해설 품사의 지위를 갖는 것이 그렇지 못한 것보다 먼저 놓이므로, 접사인 ⓒ이 제일 마지막에 온다. 품사의 지위를 갖는 것 중에서도 명사(㉠, ㉢, ㉣)가 조사(㉡) 앞에 놓이므로 ⓒ 앞에는 ㉡이 온다. 그리고 같은 명사라면 고유어(㉢, ㉣)를 한자어(㉠) 앞에, 일반어(㉢)를 전문어(㉣)보다 앞에 놓아야 하므로, ㉢ - ㉣ - ㉠ - ㉡ - ⓒ의 순서가 가장 적절하다.

08　　　　　　　　　　　　　　　　　　　　　정답 ④

해설 복지 공감 지도로 복지 혜택에 대한 수급자들의 개별 만족도를 파악할 수 있다는 내용은 나오지 않는다. 2문단에 따르면, 복지 공감 지도를 활용하면 복지 혜택이 필요한 지역과 수급자를 빨리 찾아낼 수 있으며, 복지 기관의 맞춤형 대응이 가능하고, 최적의 복지 기관 설립 위치를 선정할 수 있다.

오답 풀이 ① 1문단의 '빅 데이터 기반의 맞춤형 복지 서비스 분석 사업 수행'에서 복지 서비스 분석 사업이 빅 데이터를 활용한 것임을 알 수 있다. 또한 '복지 기관 접근성 분석을 통해 취약 지역 지원 방안을 제시했다'에서, 이 사업을 통해 복지 사각지대를 줄이기 위한 방안이 제시되었음을 알 수 있다.

*사각지대(死角地帶): 관심이나 영향이 미치지 못하는 구역을 비유적으로 이르는 말

② · ③ 마지막 문단에서 적절한 이해임을 알 수 있다. "이 사업을 통해 ~ 집중되고 있는 것도 확인했다"에서 복지 기관과 수급자 거주지 사이의 거리가 복지 혜택의 정도에 영향을 미침을 알 수 있다. 또한 이를 근거로 복지 기관 방문이 어려운 수급자에게 맞춤형 복지 서비스를 제공하기 위해 복지 셔틀버스 노선을 4개 증설할 계획을 수립했음을 알 수 있다.

08 기출 변형　　　　　　　　　　　　　　　　정답 ③

출전 홍성호, 〈'아이러니한'인가, '아이로니컬한'인가〉, 《한국경제》(2023. 11. 20.), 수정

해설 우리말의 외래어 조어법인 '외래어 + -하다'와 같은 형태에 들어가는 외래어는 대개 '동작성 또는 상태성 있는 말', 즉 동사나 형용사이다. 그러나 현재 《표준국어대사전》에는 '명사 + -하다' 형태인 '아이러니하다'도 등재되어 있다. 따라서 현재 《표준국어대사전》에는 '형용사 + -하다', '동사 + -하다'의 형태 외에도 '명사 + -하다' 형태로 구성된 단어도 등재되어 있다.

오답 풀이 ① 우리말의 대표적인 외래어 조어 형태인 '외래어 + -하다'는 대개 동작성 또는 상태성 있는 말과 결합하고, 추상 명사와 잘 결합하지 않는다. '아이로니컬하다'의 '아이로니컬'은 상태성 있는 형용사이지만, '아이러니하다'의 '아이러니'는 추상 명사이므로 우리말의 외래어 조어법에 맞지 않는다.

② '로맨틱하다'와 '아이러니하다'는 《표준국어대사전》에 오른 '외래어 + -하다' 형용사이지만, '로맨틱'은 형용사이고, '아이러니'는 명사이므로 품사가 서로 다르다.

④ 마지막 문단에 따르면, 글쓴이는 '비슷한 형태의 말이 의미에 별 차이가 없고 그중 하나가 더 널리 쓰이면 한 형태만 표준으로 삼는다'라는 표준어 사정 원칙을 근거로 제시하며 '아이러니하다'와 '아이로니컬하다' 중 '아이로니컬하다'로 통일해야 함을 주장하고 있다. 이는 글쓴이가 '아이로니컬하다'가 '아이러니하다'보다 더 널리 쓰이고 있다고 판단한 것으로 이해할 수 있다.

09　　　　　　　　　　　　　　　　　　　　　정답 ③

해설 ⓒ은 '묘수'와 같이 특수한 영역에서 사용되던 말이 일반화되면서 단어의 의미가 변화한 경우이다. 그러나 ③에서 '배꼽'이 일반적으로 탯줄이 떨어지면서 배의 한가운데에 생긴 자리를 가리키지만 바둑에서는 '바둑판의 한가운데'라는 의미로 쓰인다는 것은 일상적으로 사용되는 말이 특수한 영역에서 사용되는 경우로 이는 특정 분야에서 의미가 특수하게 변화된 예라 볼 수 있다. 따라서 이를 ⓒ의 사례로 드는 것은 적절하지 않다.

*배꼽점: 바둑판 한가운데의 점. 또는 그 자리에 놓은 바둑돌

오답 풀이 ① ㉠ '밥'의 의미가 '아침'에 포함되어서 '아침'이 '아침밥'의 의미를 표현하게 된 것처럼, '코'가 '콧구멍에서 흘러나오는 액체', 즉 '콧물'의 의미로 쓰이는 것은 ㉠의 사례로 적절하다. 이는 한쪽이 다른 한쪽의 의미까지 포함하는 의미로 변화한 것으로, 의미 변화의 원인 중 형태 일부가 생략된 후 나머지에 전체 의미가 잔류하는 '언어적 원인'과도 관련이 있다.

② ㉡ '바가지'는 원래 박을 갈라 썼던 물건을 의미했지만 오늘날 플라스틱 바가지를 가리키는 것처럼, '수세미'는 예전에는 식물의 이름을 의미하지만 오늘날에는 그릇을 씻는 데 쓰는 물건의 의미로 쓰이게 되었으므로 ㉡의 사례로 적절하다. 이는 언어 표현은 그대로인데 지시 대상 자체가 바뀐 것으로, 지시물이 변화하여 언어 형태와 지시물의 관계가 달라진 '역사적 원인'과도 관련이 있다.

④ ㉣ '호랑이'를 '산신령'으로 부른 것은 두려움으로 인해 완곡하게 표현한 것으로, '천연두'를 꺼려서 '손님'이라고 부른 것 역시 ㉣의 사례로 적절하다. 이는 심리적인 이유로 특정 표현을 피하려다 보니 의미나 용법이 변화하게 된 것으로 '심리적 원인'과도 관련이 있다.

09 기출 변형　　　　　　　　　　　　　　　　정답 ②

출전 김려실, 〈영화 소설 연구〉, 연세대 석사 논문 초록(2002)

해설 2문단에 따르면, 단행본 영화 소설은 영화의 내용을 재구성하지 않고 가능하면 그대로 소설로 고쳐 썼다.

오답 풀이 ① 2문단의, 신문 연재 영화 소설이 실연 사진, 말풍선, 자막 등을 사용해 소설 내용을 시각화하는 데 주력했다는 내용에서 알 수 있다.

③ 1문단의, 영화 소설은 대중 매체인 연재소설과 시나리오가 뒤섞이어 분리할 수 없는 상태를 보여 주는 새로운 '혼성 문학 양식'이라고 언급하는 데서 알 수 있다.

④ 1문단에 따르면, 1920년대의 민간 신문사들이 영화와 신문 연재소설의 결합을 꾀한 결과 영화 소설이라는 독특한 문학 양식이 만들어졌다. 즉 민간 신문사는 영화 소설이 발생하는 데 매개체의 역할을 한 것이다.

10　　　　　　　　　　　　　　　　　　　　　정답 ②

해설 글쓴이가 건의에 대한 신뢰성을 높이기 위해 인용한 자료의 출처를 밝힌 부분은 없다. 글쓴이는 지나친 야간 조명이 식물의 성장에 부정적인 영향을 끼쳐 작물 수확량을 감소시킬 수 있음이 여러 연구를 통해 입증된 바 있다는 것을 근거로 들어, 건의에 대한 신뢰성을 높이고 있다.

오답 풀이 ① '지나친 야간 조명이 식물의 성장에 부정적인 영향을 끼쳐 ~ 입증된 바 있습니다. 좀 늦었지만 ~ 경각심을 가질 필요가 있습니다. 실제로 ~ 확인했습니다'에서 알 수 있다. 즉 야간 조명이 식물의 성장에 미칠 수 있는 부정적 영향과

실제 발생한 피해를 근거로 들어 빛 공해로 자신의 농장이 겪고 있는 어려움에 관심을 가져 달라고 △△시 시장에게 요청하고 있다.
③ 'ㅇㅇ군에서도 빛 공해 문제를 해결하기 위해 야간 조명의 조도를 조정하는 프로젝트를 진행한 바 있으니 참고해 보시기 바랍니다'에서 알 수 있다.
④ 골프장의 야간 운영을 무조건 막는다면 '골프장 측에서 반발할 것'이라며 예상되는 문제점을 말하고, '계절에 따라 야간 운영 시간을 조정하거나 운영 제한에 따른 손실금을 보전해 주는 등의 보완책'을 언급하며 그 해결 방안을 제시하고 있다.

10 기출 변형   정답 ②

출전 2018학년도 9월 고2 전국연합학력평가, 수정

해설 '독도 336'의 문제를 부각하기 위해 다른 사이트와 비교·대조하는 부분은 없다. 마지막 문단에서 '독도 336'의 모바일 웹 사이트의 문제를 설명하기 위해 '독도 336'의 PC 웹 사이트와 비교·대조하고 있을 뿐이다.

오답 풀이 ① '독도 336'의 내용 영역을 '독도의 역사', '독도의 가치'로 분류하고, 이 두 영역으로 독도에 관한 역사적 사실과 경제적 가치에 대해서 잘 알 수 있다는 의의를 설명하고 있다.
③ "'독도 336'의 소개란은 ~ 필요하다고 생각합니다"에서 '독도 336'의 작명 취지를 고려했을 때, 자신이 제안한 '독도의 자연환경'이라는 내용을 추가하는 것이 타당하다고 강조하고 있다.
④ 마지막 문단의, '독도 336'을 모바일로 접속할 때 이용자가 겪을 수 있는 불편을 해결해 달라고 말하는 데서 알 수 있다.

11   정답 ②

해설 ⓒ '저 책'에서 '저'는 말하는 이와 듣는 이로부터 멀리 있는 대상을 가리킬 때 쓰는 관형사이다. 따라서 ⓒ은 화자보다 청자에게 멀리 있는 대상을 가리킨다고 말하기 어렵다.

오답 풀이 ① ⊙ '이 책'에서 '이'는 말하는 이에게 가까이 있거나 말하는 이가 생각하고 있는 대상을 가리킬 때 쓰는 관형사로, 화자인 '이진'에게 가까이 있는 대상을 가리킨다. 한편 ⓒ '그 책'에서 '그'는 듣는 이에게 가까이 있거나 듣는 이가 생각하고 있는 대상을 가리킬 때 쓰는 관형사로 화자인 '태민'보다 청자인 '이진'에게 가까이 있는 대상을 가리킨다.
③ 이진이 ⓒ '저 책'은 어떠냐고 묻자, 태민이 ⓔ '그 책'도 읽겠다고 말하고 있으므로 ⓒ과 ⓔ은 모두 같은 대상을 가리키고 있다.
④ 이진은 앞에서 말한 두 책을 들고 계산대로 가면서 ⓜ '이 책'을 모두 사 준다고 하고 있으므로, ⓜ은 ⓒ과 ⓔ 모두를 가리킨다.

11 기출 변형   정답 ③

해설 ⓒ '거기'는 앞에서 이미 이야기한 대상을 가리키는 지시 대명사이다. 제시문의 대화에서는 앞에서 정음이 이야기한, 텐트를 치려는 곳이 보행로 옆이라 오고 가는 사람들 때문에 신경 쓰일 것 같다는 내용을 가리킨다.

오답 풀이 ① ⊙ '여기'는 화자에게 가까운 곳을 가리키는 지시 대명사로 화자인 훈민에게 가까운 곳을 가리킨다. 또한 ⓒ '거기'는 청자에게 가까운 곳을 가리키는 지시 대명사로 화자인 정음보다 청자인 훈민에게 가까운 곳을 가리킨다.
② ⓒ '거기'는 훈민이 처음 텐트를 치려고 했던 곳을 가리키고, ⓜ '거기'는 정음의 말을 듣고 새로 찾은 곳을 가리키므로 같은 곳을 가리킨다고 보기 어렵다.
④ ⓔ '저기'는 화자나 청자로부터 멀리 있는 곳을 가리키는 지시 대명사이므로 청자보다 화자에게 멀리 있는 곳을 가리킨다고 보기 어렵다.

12   정답 ①

해설 ⊙ **가름**(○): '승부나 등수 따위를 정하는 일'의 의미로는 '가름'이 바른 표기이다.

ⓒ **부문**(部門)(○): '일정한 기준에 따라 분류하거나 나누어 놓은 낱낱의 범위나 부분'의 의미로는 '부문'이 바른 표기이다.
ⓒ **구별**(區別)(○): '성질이나 종류에 따라 차이가 남. 또는 성질이나 종류에 따라 갈라놓음'의 의미로는 '구별'이 바른 표기이다.

오답 풀이 ⊙ 갈음: 다른 것으로 바꾸어 대신함. ⓔ 차사를 갈음합니다.
ⓒ 부분(部分): 전체를 이루는 작은 범위. 또는 전체를 몇 개로 나눈 것의 하나 ⓔ 이 글은 마지막 부분에 요지가 들어 있다.
ⓒ 구분(區分): 일정한 기준에 따라 전체를 몇 개로 갈라 나눔. ⓔ 우리는 옳고 그른 일들을 구분할 줄 알아야 한다.

12 기출 변형   정답 ①

해설 ⊙ **계제**(階梯)(○): 사다리라는 뜻으로, 일이 되어 가는 순서나 절차를 비유적으로 이르는 말 / 어떤 일을 할 수 있게 된 형편이나 기회
ⓒ **경신**(更新)(○): 기록경기 따위에서, 종전의 기록을 깨뜨림.
ⓒ **방증**(傍證)(○): 사실을 직접 증명할 수 있는 증거가 되지는 않지만, 주변의 상황을 밝힘으로써 간접적으로 증명에 도움을 줌. 또는 그 증거

오답 풀이 ⊙ 게재(揭載): 글이나 그림 따위를 신문이나 잡지 따위에 실음.
ⓒ 갱신(更新): 이미 있던 것을 고쳐 새롭게 함. =경신 / 법률관계의 존속 기간이 끝났을 때 그 기간을 연장하는 일 / 기존의 내용을 변동된 사실에 따라 변경·추가·삭제하는 일
ⓒ 반증(反證): 어떤 사실이나 주장이 옳지 아니함을 그에 반대되는 근거를 들어 증명함. 또는 그런 증거 / 어떤 사실과 모순되는 것 같지만, 거꾸로 그 사실을 증명하는 것

13   정답 ④

해설 2~3문단에 따르면, 〈아동 권리에 관한 제네바 선언〉에서 아동은 보호의 객체로 인식되었을 뿐 생존, 보호, 발달을 위한 적극적인 권리의 주체로 인식되지 않았으므로 ④가 잘못된 이해이다. 아동이 자신의 권리를 주장할 수 있는 능동적인 존재로 자리매김할 수 있게 된 것은 1989년 유엔 총회에서 채택된 〈아동 권리 협약〉에서부터이다.

오답 풀이 ① 1문단의, 전근대 사회에서는 아동의 권리에 대한 인식이 존재하지 않았지만, 근대 사회에 이르러 아동 보호가 시작되었다는 내용에서 알 수 있다. 즉 근대 이후에 아동의 권리에 대한 인식이 형성된 것이다.
② 3~마지막 문단에서 알 수 있다. 1989년 〈아동 권리 협약〉이 유엔 총회에서 채택되었고, 우리나라는 이를 토대로 2016년에 〈아동 권리 헌장〉을 만들었다.
③ 2~마지막 문단에서 알 수 있다. 〈아동 권리에 관한 제네바 선언〉에는 "아동은 물질적으로나 정신적으로 정상적인 발달을 위해 필요한 조건이 충족되어야 한다"라는 내용이 포함되었다. 또한 〈아동 권리 협약〉과 이를 토대로 만들어진 〈아동 권리 헌장〉은 '생존과 발달의 권리'라는 원칙을 포함하고 있다.

13 기출 변형   정답 ②

출전 2019년도 국가공무원 5급·7급 민경채 PSAT, 지문 발췌

해설 인신 비방 발언과 음란성 표현이 수정 헌법 제1조의 보호 대상 범위에 포함된 시점은 1976년에 들어서이다. 따라서 1980년대에 들어서야 이러한 표현들이 표현의 자유에 포함된 것은 아니다.

오답 풀이 ① 이중 기준론에 따르면, 누군가에게 해를 입히거나 사회의 양속을 해칠 말은 수정 헌법 제1조의 보호 대상에 포함되지 않는다. 반면 내용 중립성 원칙에 따르면, 정부는 어떤 경우에도 특정 표현을 제한할 수 없다. 즉 수정 헌법 제1조는 모든 표현을 보호한다. 따라서 이중 기준론보다 내용 중립성 원칙에 따를 때, 수정 헌법 제1조가 보호하는 표현의 범주가 넓어진다.

③ 2문단의 "이중 기준론의 비판들은 ~ 공격하였다"에서 이중 기준론에는 표현에 대한 정부의 가치 판단이 포함되어 있음을 알 수 있다. 반면 내용 중립성 원칙에서는 모든 표현에 대해 정부는 미리 가치 판단을 내릴 수 없다.
④ 1970~80년대에 미국 정부는 모든 표현을 제한할 수 없다는 내용 중립성 원칙이 또렷이 표명되었으므로 미국 정부는 신성 모독적인 말, 사회의 양속을 해칠 말도 미리 제한할 수 없다.

14 정답 ①

해설 신동엽의 〈봄은〉은 자주적이고 평화적인 통일 실현이라는 화자의 소망을 의지적 어조로 노래한 시이다.
이 시는 현실을 초월한 순수 자연의 세계를 노래한 것이 아니라, 우리의 아름다운 국토에서 통일이 이루어지기를 바라는 마음을 드러내고 있다.

오답 풀이 ② 1연에서 '봄'은 통일을, '남해'와 '북녘'은 외세를 의미한다. 화자는 통일이 외세로부터 '오지 않는다'라는 단정적 어조를 사용해 우리 민족이 통일의 주체라는 신념을 드러내고 있다. 또 2연과 3연에서는 '움튼다', '움트리라' 등의 단정적 어조를 사용해 자주 통일에 대한 신념과 희망을 드러내고 있다.
③ '봄'은 통일을, '겨울'은 분단 상황을, '남해', '북녘', '바다와 대륙 밖'은 한반도를 둘러싼 외부 세력을, '눈보라'는 분단의 고통을, '미움의 쇠붙이'는 군사적인 대립과 긴장을 상징한다. 이 시는 이러한 시어들의 상징적 의미를 통해 자주적이고 평화적인 통일에 대한 염원이라는 주제를 형성하고 있다.
④ '봄'은 통일로 긍정적인 의미를, '겨울'은 분단의 현실로 부정적인 의미를 지닌다. 이 시에서는 '봄'과 '겨울'의 대립적인 이미지를 바탕으로 시상을 전개하고 있다.

14 기출 변형 정답 ④

해설 김현승의 〈눈물〉은 아들의 죽음으로 인한 슬픔을 기독교 신앙으로 승화하고자 하는 마음을 읊은 시이다.
자연과 인간사를 대조하여 자연의 본질적 가치를 강조한 부분은 없다. 5~6연에서 일시적이고 가변적인 '꽃'과 '웃음', 근원적이고 내면적인 '열매'와 '눈물'을 각각 대조하여 시련 후에 얻게 되는 눈물의 본질적인 가치를 강조하고 있다.

오답 풀이 ① 4연의 '나아종 지니인'에서 시적 허용을 사용해 '눈물'이 화자가 절대자인 '당신'에게 전달할 최후의 것이면서, 가장 근원적이고 순수한 것이라는 의미를 강조하고 있다.
② '드리라 하올 제', '보시고', '만드신' 등에 경어체를 사용하여 절대자인 '당신'에 대한 공손한 태도를 표현하고 있다.
③ '작은 생명'은 원관념인 '눈물'을 비유한 보조 관념이다. 이를 통해 순수한 생명에 대한 소망을 드러내고 있다.

작품 해설 김현승, 〈눈물〉
1. 갈래: 자유시, 서정시
2. 성격: 종교적, 상징적
3. 표현과 특성: ① 상징적 시어를 통해 주제를 표출함.
   ② 대조적 시어를 사용함(꽃, 웃음 ↔ 열매, 눈물).
   ③ 경어체로 경건한 신앙심을 표현함.
4. 주제: 영원한 진실과 절대적 가치로서의 눈물
5. 해설: 김현승은 기독교적 시인 또는 고독의 시인으로 알려져 있는데, 〈눈물〉은 어린 아들을 잃고 그 슬픔을 신에 의지해 잊어 보려는 마음에서 썼다고 한다. 그는 눈물을 신께 바치는 진실이라고 보았다. 즉 이 시에서 '눈물'은 가장 순수하고 깨끗한 존재, 가장 진실된 것, 더 큰 목적을 위해 신이 내리는 시련 등을 의미한다.

15 정답 ④

해설 '말과 글'을 '기관'에 빗대어, 이것을 잘 다스려야 사회가 유지되고 발달된다고 주장한 글이다.

ⓒ 사회는 여러 사람이 뜻을 서로 통하고 힘을 이어서 서로 의지하는 인연의 한 단체이다. → ⓒ 말과 글이 없으면 그 뜻을 서로 통할 수 없고, 그러면 인민들은 서로 이어지지 못해 번듯한 사회의 모습을 갖출 수 없다(원인). → ⓒ 이러므로 말과 글은 한 사회가 조직되는 근본이요, 인민을 통합시키고 작동하게 하는 기관과 같다(결과). → ㉠ 이 기관을 잘 수리하지 않으면 그 작동이 원활하게 되지 않아 사회가 발달할 수 없다. → ㉣ 그뿐 아니라 (이 기관을 잘 수리하지 않으면) 그 기관은 녹슬어 결국 쓸 수 없게 되어 그 사회가 유지되지 않아 패망할 것이다.

15 기출 변형 정답 ②

출전 김대행, 〈언어의 두 가지 성격〉

해설 언어는 가치 중립적인 도구가 아니라 문화적 가치를 지닌다는 견해를 제시한 글이다.

(가) 언어를 인위적 기호라고 본다면 언어는 가치 중립적인 도구에 지나지 않는다. → (다) 그러나 언어는 결코 가치 중립적인 기호가 아니라 문화적 가치가 투영되는 대상이 되며, 정신 활동의 차이를 반영하기도 한다. → (나) (따라서) 언어문화에 나타나는 차이가 정신 활동의 차이를 반영할 것임은 자명하다. → (마) 이런 이유에서 언어가 민족의식과 관련된다는 것은 이러한 문화 원리에 기반을 둔 것이다. → (라) 결국 언어가 지닌 문화적 가치를 통해 사회적·문화적 결속을 이루기도 하고, 나아가 새로운 문화를 형성하기도 한다는 점에 언어가 지닌 문화 원리의 중요성이 있다.

16 정답 ④

해설 구체적인 내용(상술)과 이를 일반화한 진술이 이어지는 구조이다. 신흥 시민 계급이 귀족과 하층민(신분)에 따라 문학의 장르와 내용을 다르게 배정했던 전통 시학을 거부했다는 구체적 내용 다음에 이를 일반화한 "신분에 따라 문체를 고착화하는 것을 인정하지 않았던 것이다(ⓔ)"가 이어지는 것이 가장 적절하다.

16 기출 변형 정답 ①

해설 〈보기〉는 능력을 판단하는 기준들이 편향되어 있지 않은지 의심해 봐야 한다는 내용이므로, 능력주의에 대한 본격적인 비판이 시작되는 ㉠에 들어가야 적절하다.

17 정답 ③

해설 '제기된 문제를 해명하거나 얽힌 일을 잘 처리함' 등을 뜻하는 '해결'은 '解決(풀 해, 결정할 결)'로 쓴다. *結: 맺을 결

오답 풀이 ① 滿足(찰 만, 발 족): 마음에 흡족함. / 모자람이 없이 넉넉함.
② 再請(다시 재, 청할 청): 이미 한 번 한 것을 다시 청함. / 회의할 때에 다른 사람의 동의에 찬성하여 자기도 그와 같이 청함을 이르는 말 / 출연자의 훌륭한 솜씨를 찬양하여 박수 따위로 재연을 청하는 일
④ 再論[다시 재, 논의할 론(논)]: 이미 논의한 것을 다시 논의함.

17 기출 변형 정답 ④

해설 統制(거느릴 통, 억제할 제): 일정한 방침이나 목적에 따라 행위를 제한하거나 제약함. / 권력으로 언론·경제 활동 따위에 제한을 가하는 일

오답 풀이 ① 常識(항상 상, 알 식): 사람들이 보통 알고 있거나 알아야 하는 지식. 일반적 견문과 함께 이해력, 판단력, 사리 분별 따위가 포함된다. *織: 짤 직

② 報道(갚을 보, 길 도): 대중 전달 매체를 통하여 일반 사람들에게 새로운 소식을 알림. 또는 그 소식 * 服: 입을 복
③ 體感(몸 체, 느낄 감): 몸으로 어떤 감각을 느낌. / 내장의 여러 기관이 자극을 받아 어떤 감각을 느낌. 배고픔, 목마름 따위의 감각이 있다. *惑: 미혹할 혹

18 정답 ①

해설 이태준의 〈패강랭(浿江冷)〉은 일제 강점기를 살아가는 지식인들의 고뇌를 다룬 소설이다.
'현'은 예전과 다른 '박'의 행색과 표정을 보게 된다. 그러나 '현'이 이러한 '박'의 변화가 자신의 작품 때문에 나타났다고 생각한다는 근거는 제시문에서 찾아볼 수 없다. '현'은 시대와 불화하는 '박'의 모습과도 같은 자신과 자신의 작품들을 떠올리며 괴로워하고 있을 뿐이다.
오답 풀이 ② '현'은 학교와 사회에서 구차하게 살아가는 '박'을 보며 자신과 자신의 작품 또한 '박'의 처지처럼 시대의 흐름에 소외되고 있다고 느끼며 이를 연민(불쌍히 여김.)하고 있다.
③ "오면서 ~ 전에 본 기억이 없는 새 빌딩들이 꽤 많이 늘어섰다"에서 '현'은 전에 본 적 없는 새 빌딩들이 늘어선 것을 보고 시가(도시)가 변화하고 있음을 인식하고 있다.
④ 경찰서를 분묘(무덤)와 같다고 표현한 부분에서 '현'이 경찰서를 부정적으로 인식하고 시대적 암울함을 느끼고 있음을 알 수 있다.

18 기출 변형 정답 ③

해설 임철우의 〈눈이 오면〉은 고향을 잃어버린 현대인의 상실감을 그린 소설이다.
찬우는 꼬두메 마을이 변했음을 인지하지 못하는 어머니에게 "여기가 꼬두메예요, 어머니. ~ 여기라니까요"라고 말하고 싶어 하지만, 이를 말하지 못한다. 이는 어머니를 실망시키고 싶지 않았기 때문으로 이해할 수 있다. 그러나 찬우가 어머니에게 선의의 거짓말을 하는 부분은 없다.
오답 풀이 ① 어머니가 꼬두메 마을로 가자고 자꾸 졸랐다는 말을 통해 어머니가 꼬두메 마을에 대한 그리움을 안고 있음을 알 수 있다.
② 아파트 건물이 들어선 꼬두메 마을을 바라보며, 찬우가 '그 무덤이 어쩌면 ~ 모른다'라고 생각하는 데서 알 수 있다.
④ 어머니가 꼬두메 마을이었던 곳에 와서 "어서 우리 집으로 가자니께 왜 여그서 이러고 있냐"라고 하는 데에서 어머니가 변화한 현실을 인지하지 못하고 과거의 기억, 즉 꼬두메 마을에 대한 기억에만 사로잡혀 있음을 알 수 있다.

작품 해설 임철우, 〈눈이 오면〉
1. 갈래: 단편 소설
2. 성격: 현실 비판적, 세태적, 상징적
3. 시점: 전지적 작가 시점
4. 배경: K시 인근의 시골 마을 꼬두메
5. 표현과 특성: ① 특정 인물의 시각에서 사건을 서술함.
   ② 고향을 찾아가는 여로형 구조를 취함.
6. 주제: 산업화 시대에 잃어버린 고향에 대한 그리움
7. 해설: 〈눈이 오면〉은 고향을 찾아가는 여로형 구조를 취해 잃어버린 고향에 대한 그리움을 형상화한 소설이다. '그(찬우)'의 귀향 수단이 되는 겨울밤 완행열차는 그에게 성찰의 공간이 되어 '그가 자신의 현재 모습에 대해 성찰할 수 있게 한다. 이 소설은 전지적 작가 시점을 취하고 있지만 서술자는 주로 '그'의 내면에만 관심을 가지고 '그'의 시각에서 사건을 서술하고 있다. 이 소설에서 눈 내리는 배경은 '비정한 현실'을 상징하는데, 주인공의 쓸쓸함 또는 허탈한 마음을 대변하기도 한다.

19 정답 ③

해설 전셋방(×) → 전세방(傳貰房)(○): 한자어와 한자어 사이일 때는 사이시옷을 표기하지 않으므로 '전세방'으로 적는다.
오답 풀이 ①·② '아랫집(아래+집)', '쇳조각(쇠+조각)'은 순우리말로 된 합성어로서 앞말이 모음으로 끝나면서 뒷말의 첫소리가 된소리로 나는 것은 사이시옷을 받치어 적는다는 (가)의 예에 해당한다.
④ '자릿세(자리+세)(자릿貰)'는 순우리말과 한자어로 된 합성어로서 앞말이 모음으로 끝나면서 뒷말의 첫소리가 된소리로 나는 것은 사이시옷을 받치어 적는다는 (나)의 예에 해당한다.

19 기출 변형 정답 ③

해설
• 냇가[내ː까/낻ː까]: 순우리말로 된 합성어로서 앞말이 모음으로 끝난 경우 뒷말의 첫소리가 된소리로 나는 것이므로 ㉠의 예에 해당한다.
• 빗물[빈물]: 순우리말로 된 합성어로서 앞말이 모음으로 끝난 경우 뒷말의 첫소리 'ㄴ, ㅁ' 앞에서 'ㄴ' 소리가 덧나는 것이므로 ㉡의 예에 해당한다.
• 훗일(後日)[훈ː닐]: 순우리말과 한자어로 된 합성어로서 앞말이 모음으로 끝난 경우 뒷말의 첫소리 모음 앞에서 'ㄴㄴ' 소리가 덧나는 것이므로 ㉢의 예에 해당한다.
오답 풀이 ① • 콧병(콧病)[코뼝/콛뼝]: 순우리말과 한자어로 된 합성어로서 앞말이 모음으로 끝난 경우 뒷말의 첫소리가 된소리로 나는 것의 예이다.
• 아랫니[아랜니]: 순우리말로 된 합성어로서 앞말이 모음으로 끝난 경우 뒷말의 첫소리 'ㄴ, ㅁ' 앞에서 'ㄴ' 소리가 덧나는 것이므로 ㉡의 예에 해당한다.
• 뒷일[된ː닐]: 순우리말로 된 합성어로서 앞말이 모음으로 끝난 경우 뒷말의 첫소리 모음 앞에서 'ㄴㄴ' 소리가 덧나는 것의 예이다.
② • 핏기(핏氣)[피끼/핃끼]: 순우리말과 한자어로 된 합성어로서 앞말이 모음으로 끝난 경우 뒷말의 첫소리가 된소리로 나는 것의 예이다.
• 제삿날(祭祀날)[제ː산날]: 순우리말과 한자어로 된 합성어로서 앞말이 모음으로 끝난 경우 뒷말의 첫소리 'ㄴ, ㅁ' 앞에서 'ㄴ' 소리가 덧나는 것의 예이다.
• 예삿일(例事일)[예ː산닐]: 순우리말과 한자어로 된 합성어로서 앞말이 모음으로 끝난 경우 뒷말의 첫소리 모음 앞에서 'ㄴㄴ' 소리가 덧나는 것이므로 ㉢의 예에 해당한다.
④ • 뱃길[배낄/밷낄]: 순우리말로 된 합성어로서 앞말이 모음으로 끝난 경우 뒷말의 첫소리가 된소리로 나는 것이므로 ㉠의 예에 해당한다.
• 툇마루(退마루)[퇸ː마루/퉨ː마루]: 순우리말과 한자어로 된 합성어로서 앞말이 모음으로 끝난 경우 뒷말의 첫소리 'ㄴ, ㅁ' 앞에서 'ㄴ' 소리가 덧나는 것의 예이다.
• 나뭇잎[나문닙]: 순우리말로 된 합성어로서 앞말이 모음으로 끝난 경우 뒷말의 첫소리 모음 앞에서 'ㄴㄴ' 소리가 덧나는 것의 예이다.

20 정답 ①

해설 3~마지막 문단에 따르면, 글쓴이는 생명체와 달리 완벽하게 동일한 형태로 전파되지 않는 문화의 특성상 밈 이론보다는 의사소통 이론이 문화의 전파 기제를 설명하는 데 더 적절하다고 보았다. 즉 복제의 관점에서 문화의 전파를 설명하는 밈 이론과 달리 의사소통 이론은 문화가 입에서 입으로 전파되는 과정에서 사람들의 생각이 덧붙여질 수 있다고 보므로 전파된 문화가 세부적으로 달라지는 이유를 설명할 수 있다는 것이다.
오답 풀이 ② 마지막 문단에 따르면, 의사소통 이론에서는 문화 수용 과정 중 사람들의 생각이 더해질 수 있다고 본다. 즉 수용 주체의 주관(생각)이 개입할 수 있다는 것이다.

③ 2문단에 따르면, 복제를 통해 문화가 전파될 수 있다고 주장한 것은 의사소통 이론이 아니라 밈 이론이다.
④ 마지막 문단에 따르면, 요크셔 지방의 푸딩 요리법이 지방이나 개인에 따라 세부적 차이가 나타나는 현상은 밈 이론으로 설명하기 어렵지만, 의사소통 이론으로는 설명이 가능하다.

20 기출 변형   정답 ①

출전 2011학년도 9월 고2 전국연합학력평가, 수정

해설 1문단에 따르면, 이황은 기를 '사사로움에서 비롯된 마음이며 기질적이고 이기적인 것'이라고 하여 악한 것이라 보았다. 반면 이이는 기 자체는 선하지도 악하지도 않다고 보았다. 기가 지나치거나 모자라게 나타나는 것이 악이라고 보았다.

오답 풀이 ② 1문단의 '이황은 리가 보편적인 자연법칙이자 도덕 원리'와 2문단의 '리는 모든 인간에게 ~ 보편적이지만', '이이는 보편적인 원리로서의 리'에서 알 수 있다.
③ 1문단의 '이황은 리가 ~ 현실에 적극적으로 개입하는 운동성을 갖는 것'과 2문단의 '리는 운동성이 없는 원리의 개념'에서 알 수 있다.
④ 이황은 리의 본연성이 기의 작용을 받지 않고 그대로 드러나야 성인이 될 수 있다고 보았다. 반면 이이는 기가 올바르게 발현되어야 성인이 될 수 있다고 보았다. 즉 이황은 기가 작용하지 않아야, 이이는 기가 작용해야 성인이 될 수 있다고 본 것이다.

03회 국가직 기출 변형 모의고사   2021 국가직 9급

기출

| 01 ② | 02 ④ | 03 ② | 04 ④ | 05 ④ | 06 ② | 07 ③ | 08 ② | 09 ④ | 10 ③ |
| 11 ③ | 12 ③ | 13 ④ | 14 ① | 15 ① | 16 ② | 17 ④ | 18 ④ | 19 ① | 20 ① |

기출 변형

| 01 ① | 02 ④ | 03 ② | 04 ③ | 05 ③ | 06 ④ | 07 ① | 08 ④ | 09 ② | 10 ④ |
| 11 ② | 12 ③ | 13 ① | 14 ③ | 15 ② | 16 ② | 17 ④ | 18 ① | 19 ④ | 20 ② |

01   정답 ②

해설 흡입량(○), 구름양(○), 정답란(○), 칼럼난(○): ②는 모두 두음 법칙과 관련이 있는 예들이다. 한자음 '량(量)', '란(欄)'이 단어 첫머리 이외에 올 경우에는 두음 법칙이 적용되지 않으므로 '흡입량(吸入量)', '정답란(正答欄)'은 맞는 표기이다. 한편, 고유어나 외래어에 붙을 경우에는, 두음 법칙은 한자음에서 적용되므로, 두음 법칙을 적용하여 '구름양(구름量)', '칼럼난(column欄)'으로 쓴 것은 맞는 표기이다.

오답 풀이 ① · 꼭지점(×) → 꼭짓점(○): '각을 이루고 있는 두 변이 만나는 점' 등을 뜻하는 말은 '꼭짓점(꼭짓點)'이 맞는 표기이다. 사잇소리가 나는 단어이므로 사이시옷을 밝혀 적는다.
 · 돌나물(○), 페트병(○), 낚시꾼(○)
 *페트병: '애완동물병'의 전 용어(pet病) / 음료를 담는 일회용병(PET瓶)
③ · 딱다구리(×) → 딱따구리(○): 한 단어 안에서 같은 음절이나 비슷한 음절이 겹쳐 나는 부분은 같은 글자로 적는다는 〈한글 맞춤법〉 제13항과 관련이 있다. 또한 '-하다'나 '-거리다'가 붙을 수 없는 어근에 '-이'나 또는 다른 모음으로 시작되는 접미사가 붙어서 명사가 된 것은 그 원형을 밝히어 적지 아니한다는 〈한글 맞춤법〉 제23항 [붙임]의 예이기도 하다.
 · 오뚝이(○): '-하다'나 '-거리다'가 붙는 어근에 '-이'가 붙어서 명사가 된 것은 그 원형을 밝히어 적는다는 〈한글 맞춤법〉 제23항의 예이다.
 · 법석(○): 'ㄱ, ㅂ' 받침 뒤에서 나는 된소리는, 같은 음절이나 비슷한 음절이 겹쳐 나는 경우가 아니면 된소리로 적지 아니한다는 〈한글 맞춤법〉 제5항 '다만'의 예이다.
④ 홧병(×) → 화병(○): 사이시옷은 한자어와 한자어 사이일 때는 표기하지 않으므로 '화병(火病)'이 맞는 표기이다. 두 음절로 된 '곳간(庫間), 셋방(貰房), 숫자(數字), 찻간(車間), 툇간(退間), 횟수(回數)'에서만 사이시옷을 표기한다.

01 기출 변형   정답 ①

해설 · 깍두기(○)/깍뚜기(×): 'ㄱ, ㅂ' 받침 뒤에서 나는 된소리는, 같은 음절이나 비슷한 음절이 겹쳐 나는 경우가 아니면 된소리로 적지 아니한다.
· 눈곱(○)/눈꼽(×): 한 형태소로 이루어진 단어 안에서 'ㄴ, ㄹ, ㅁ, ㅇ' 받침 뒤에서 나는 된소리는 다음 음절의 첫소리를 된소리로 적는다. 그러나 '눈곱'은 복합어이므로 [눈꼽]으로 발음하지만 '눈곱'으로 적는다.
· 짭짤하다(○)/짭잘하다(×), 똑딱똑딱(○)/똑닥똑닥(×): 한 단어 안에서 같은 음절이나 비슷한 음절이 겹쳐 나는 부분은 같은 글자로 적는다.

오답 풀이 ② 켸켸묵다(×) → 케케묵다(○): '케케묵다'는 모음이 단순화한 형태를 표준어로 삼는다는 〈표준어 규정〉 제10항에 따른 것이다.
③ · 머릿말(×) → 머리말(○): '머리말'은 사이시옷을 표기하지 않는다.
 · 기찻간(×) → 기차간(汽車間)(○): 한자어와 한자어 사이에는 사이시옷을 표기하지 않는다.

④ · 명중율(×) → 명중률(○): 한자음 '률(率)'은 단어의 첫머리 이외의 경우에는 본음대로 적는다. 모음이나 'ㄴ' 받침 뒤에 이어지는 '렬, 률'의 경우에만 '열, 율'로 적는다.
· 남존녀비(×) → 남존여비(○): 접두사처럼 쓰이는 한자가 붙어서 된 말이나 합성어에서, 뒷말의 첫소리가 'ㄴ' 소리로 나더라도 두음 법칙에 따라 적는다.

02 정답 ④

해설 작가 미상의 〈동동(動動)〉은 임에 대한 사랑을 세시 풍속에 따라 노래한 월령체의 고려 가요이다.
ⓐ '므슴다'는 '무심하구나'가 아니라, '무엇 때문에' 또는 '어이타' 정도의 의미이다. "므슴다 녹사니ᄆᆞᆫ 녯 나ᄅᆞᆯ 닛고신뎌[무엇 때문에(어이타) 녹사님은 옛날을(옛날의 나를) 잊고 계시는가]"에서 화자는 오지 않는 임을 원망하고 있다.
* 므슴: '무엇'의 옛말 / '무슨'의 옛말 / '어찌'의 옛말

오답풀이 ① '혀다'는 '켜다'의 옛말로, "이월ㅅ 보로매 아으 노피 ⓐ 현 ᄃᆞᆺ블 다호라"는 '2월 보름에 아아, 높이 켠 등불 같구나'로 해석할 수 있다. 여기서 '높이 켠 등불'은 임의 고매한 인격을 비유한 것이다.
② '즛'은 '모습'의 옛말, "ᄂᆞ미 브롤 ⓑ 즈슬 디녀 나샷다"는 '남이 부러워할 모습을 지녀 나셨네'로 해석할 수 있다.
③ 'ᄂᆞ저'는 '잊다'의 옛말인 '닞다'의 어간에 어미 '-어'가 결합한 형태이다.

02 기출 변형 정답 ④

해설 작가 미상의 〈서경별곡(西京別曲)〉은 대동강을 배경으로 남녀 간 이별의 정한을 노래한 고려 가요이다.
ⓐ '우러곰'은 '울면서'의 의미이다.

오답풀이 ③ 괴다: (예스러운 표현으로) 특별히 귀여워하고 사랑하다.

03 정답 ②

해설 빛 공해의 주요 요인인 인공조명 빛의 누출을 제시하고 있지만, 인공조명의 빛이 누출되는 원인에 대한 설명은 없다.

오답풀이 ① "빛 공해란 인공조명의 ~ 상태를 말한다"에서 빛 공해의 정의를 제시하고 있다.
③ 《사이언스 어드밴스》의 '전 세계 빛 공해 지도' 자료를 인용하여 '우리나라는 빛 공해가 심각한 국가이다'라고 제시하고 있다.
④ 수면 부족, 면역력 저하 등의 사례를 들어 빛 공해의 악영향을 언급하고 있다.

03 기출 변형 정답 ②

출전 아난요 바타차리야,〈서문〉,《미래에서 온 남자 폰 노이만》, 수정

해설 특정 현상이 나타난 원인은 제시문에 나오지 않는다.

오답풀이 ① 고대의 수학자 아르키메데스가 수학의 이론과 응용이라는 두 가지 분야에서 모두 중요한 업적을 남겼다는 것을 사례로 들어 수학이 현실 세계와 밀접한 관계에 있음을 강조하고 있다.
③ 첫 번째 문장에서 '대부분의 수학자들'이 지닌 통념을 제시한 뒤 수학은 우주를 이해하고 서술하는 데 가장 강력한 위력을 발휘하는 과학적 언어라면서 이를 반박하고 있다.
④ 아인슈타인의 견해를 인용하여 글의 신뢰성을 높이고 있다.

04 정답 ④

해설 ㉠ '품'의 기본형은 '푸다'이다. '푸다'는 '퍼 – 푸니'와 같이 '우' 불규칙 활용을 한다. '우' 불규칙 활용은 어간의 끝소리 '우'가 모음 앞에서 탈락하므로 ㉠의 예로 적절하다.
㉡ '이름'의 기본형은 '이르다'이다. '이르다'는 '이르러 – 이르니'와 같이 '러' 불규칙 활용을 한다. '러' 불규칙 활용은 어미의 첫소리 '-어'가 '-러'로 바뀌므로 ㉡의 예로 적절하다.

오답풀이 ① ㉠ '빠름'의 기본형은 '빠르다'이다. '빠르다'는 '빨라 – 빠르니'와 같이 '르' 불규칙 활용을 한다. '르' 불규칙 활용은 어간의 끝소리 '르'가 어미 '-아/-어' 앞에서 'ㄹㄹ'로 바뀌므로 ㉠의 예로 적절하다.
㉡ '노람'의 기본형은 '노랗다'이다. '노랗다'는 '노래 – 노라니 – 노랗소'와 같이 'ㅎ' 불규칙 활용을 한다. 'ㅎ' 불규칙 활용은 어간의 'ㅎ'이 탈락하고 어미 '-아/-어'가 '-애/-에'로 바뀌므로 어간과 어미 둘 다 불규칙하게 바뀌는 유형에 해당한다.
② ㉠ '치름'의 기본형은 '치르다'이다. '치르다'는 '치러 – 치르니'와 같이 용언의 어간 'ㅡ'가 어미 '-아/-어' 앞에서 탈락하는 'ㅡ' 탈락이 일어나는 규칙 활용을 한다.
㉡ '함'의 기본형은 '하다'이다. '하다'는 '하여 – 하니'와 같이 '여' 불규칙 활용을 한다. '여' 불규칙 활용은 어미의 '-아'가 '-여'로 바뀌므로 ㉡의 예로 적절하다.
③ ㉠ '불음'의 기본형은 '붇다'이다. '붇다'는 '불어 – 불으니 – 붇는'과 같이 'ㄷ' 불규칙 활용을 한다. 'ㄷ' 불규칙 활용은 어간의 끝소리 'ㄷ'이 모음 앞에서 'ㄹ'로 바뀌므로 ㉠의 예로 적절하다.
㉡ '바람'의 기본형은 '바라다'이다. '바라다'는 '바라 – 바라니'와 같이 규칙 활용을 한다.

04 기출 변형 정답 ③

해설 ㉠ '이르다'는 '일러 – 이르니'와 같이 '르' 불규칙 활용을 한다. '르' 불규칙 활용은 어간의 끝음절 '르'가 어미 '-아', '-어' 앞에서 'ㄹㄹ'로 바뀌므로 ㉠의 예로 적절하다.
㉡ '푸르다'는 '푸르러 – 푸르니'와 같이 '러' 불규칙 활용을 한다. '러' 불규칙 활용은 어미의 첫소리 '-어'가 '-러'로 바뀌므로 ㉡의 예로 적절하다.

오답풀이 ① ㉠ '자르다'는 '잘라 – 자르니'와 같이 '르' 불규칙 활용을 하므로 ㉠의 예로 적절하다.
㉡ '들르다'는 '들러 – 들르니'와 같이 용언의 어간 'ㅡ'가 어미 '-아/-어' 앞에서 탈락하는 'ㅡ' 탈락이 일어나는 규칙 활용을 한다.
② ㉠ '부르다'는 '불러 – 부르니'와 같이 '르' 불규칙 활용을 하므로 ㉠의 예로 적절하다.
㉡ '흐르다'는 '흘러 – 흐르니'와 같이 '르' 불규칙 활용을 한다. '르' 불규칙 활용은 ㉠의 예에 해당한다.
④ ㉠ '가파르다'는 '가팔라 – 가파르니'와 같이 '르' 불규칙 활용을 하므로 ㉠의 예로 적절하다.
㉡ '지르다'는 '질러 – 지르니'와 같이 '르' 불규칙 활용을 한다. '르' 불규칙 활용은 ㉠의 예에 해당한다.

보충 자료 용언의 활용

1. 규칙 활용

종류	변화의 양상	예문과 보충 설명
'ㄹ' 탈락	어간의 끝소리 'ㄹ'이 'ㄴ, ㅂ, ㅅ, -오, -ㄹ' 앞에서 탈락함.	· 하늘을 날+는 → 나는[날으는(×)] · 물건을 팔+는 → 파는[팔으는(×)] · 거칠+ㄴ 벌판 → 거친[거칠은(×)]
'ㅡ' 탈락	용언의 어간 'ㅡ'가 어미 '-아'나 '-어' 앞에서 탈락함.	· 바쁘+아 → 바빠 · 담그+아 → 담가 · 치르+어 → 치러

2. 불규칙 활용
① 어간이 바뀌는 불규칙 활용

종류	변화의 양상	불규칙 용언 동사	불규칙 용언 형용사	규칙 용언
'ㅅ' 불규칙	어간의 끝소리 'ㅅ'이 모음 앞에서 탈락함. 예 짓+어 → 지어	짓다, 젓다, 붓다, 잇다 등	'낫다[勝, 好]' 뿐임.	벗다, 빗다, 솟다, 빼앗다 등
'ㄷ' 불규칙	어간의 끝소리 'ㄷ'이 모음 앞에서 'ㄹ'로 바뀜. 예 · 걷+어 → 걸어 · 싣+어 → 실어	싣다, 붇다, 일컫다, 깁다, 묻다[問] 등	없음.	묻다[埋], 돋다, 닫다, 쏟다, 얻다 등
'ㅂ' 불규칙	어간의 끝소리 'ㅂ'이 모음 앞에서 '오/우'로 바뀜. 예 · 곱+아 → 고와 · 돕+아 → 도와	줍다, 눕다, 굽다[燔], 깁다 등	덥다, 사납다, 괴롭다, 무겁다 등	굽다[曲], 뽑다, 잡다, 좁다, 씹다, 입다, 접다 등
'르' 불규칙	어간의 끝소리 '一'가 탈락하면서 'ㄹ'이 덧생김. 예 흐르+어 → 흘러	부르다, 타오르다, 가르다, 누르다[壓], 오르다 등	이르다[早], 그르다, 무르다, 배부르다 등	치르다(치러), 우르다(우러러) 등
'우' 불규칙	어간의 끝소리 '우'가 모음 앞에서 탈락함. 예 푸+어 → 퍼	'푸다'뿐임.	없음.	주다, 꾸다, 두다, 쑤다 등

② 어미가 바뀌는 불규칙 활용

종류	변화의 양상	불규칙 용언 동사	불규칙 용언 형용사	규칙 용언
'여' 불규칙	어미의 '-아'가 '-여'로 바뀜. 예 하+아 → 하여	'-하다'로 끝나는 동사 전부	'-하다'로 끝나는 형용사 전부	사다, 나다, 차다, 파다 등
'러' 불규칙	어미의 첫소리 '-어'가 '-러'로 바뀜. 예 이르+어 → 이르러	'이르다[至]' 뿐임.	'푸르다, 누르다, 노르다[黃]' 뿐임.	들르다 등
'오' 불규칙	'달다'의 명령형 어미가 '-오'로 바뀜. 예 달+아라 → 다오	'달다'뿐임.	없음.	주다 등

③ 어간과 어미가 함께 바뀌는 불규칙 활용

종류	변화의 양상	불규칙 용언 동사	불규칙 용언 형용사	규칙 용언
'ㅎ' 불규칙	어간의 'ㅎ'이 탈락하고 어미 '-아/-어'가 '-애/-에'로 바뀜. 예 파랗+아 → 파래	없음.	누렇다, 빨갛다, 까맣다, 보얗다 등	좋다, 놓다 등

05
정답 ④

해설 (라) 이현보의 〈농암애 올라 보니 ~〉는 고향에 돌아온 기쁨과 변함없는 자연에 대한 예찬을 노래한 시조이다.
불변하는 '산천'을 변하는 '인사'와 대조하여 고향의 자연을 예찬하고 있다. 그러나 자연과의 대비로 노년의 무력함을 표현하지는 않았다. 초장은 풀이하면 '(고향의 바위인) 농암에 올라서서 바라보니 늙은이의 눈이 오히려 밝게 보인다'로, 고향을 찾은 반가움을 나타낸 것이다.

오답풀이 ① (가)는 육적의 회귤 고사를 인용하여 돌아가신 부모님에 대한 안타까움과 그리움을 표현한 시조이다.

② (나)는 임을 그리워하며 기다리는 마음을 '서리서리' 등 의태어를 사용하여 표현한 시조이다. 이 시조는 '밤'이라는 시간을 사물화하여 표현한 것이 특징적이다.
　* 서리서리: 국수, 새끼, 실 따위를 헝클어지지 아니하도록 둥그렇게 포개어 감아 놓은 모양

③ (다)는 자연을 벗 삼아 사는 즐거움을 주제로 한다. 초장과 중장에서 '~ 업슨 ~이오, ~ 업슨 ~(이)로다'의 대구의 표현을 반복하고 있다. 이를 통해 자연에 귀의하여 걱정 없이 살고 싶다('분별 업시 늙으리라')는 의지를 표현하였다.

05 기출 변형
정답 ③

해설 (가) 〈천만 리 머나먼 길히 ~〉는 세조 때 의금부 도사였던 왕방연이 영월로 유배되는 단종을 호송한 뒤 돌아오는 길에 지은 시조로, 임금을 유배지에 두고 돌아오며 느낀 죄책감과 괴로움을 흐르는 물에 의탁하여 표현하고 있다. (나) 작가 미상의 〈귀쏘리 져 귀쏘리 ~〉는 독수공방하는 화자의 외로움을 귀뚜라미에 감정 이입하여 표현한 사설시조이다. (다) 이원익의 〈님 보신 둘 보고 ~〉는 달을 매개로 하여 임 또는 임금에 대한 그리움을 노래한 시조이다. (라)는 작가 미상의 〈동지ㅅ둘 밤 기닷 말이 ~〉는 임과 함께하는 밤이 실제보다 짧게 느껴진다는 토로를 통해 임과 조금이라도 더 함께하고 싶은 애절한 마음을 노래한 시조이다.
(다)에서 달이 화자와 임 사이의 만남을 방해한다는 내용은 나타나지 않는다. 달은 임과 화자를 이어 주는 매개체이며 임과 재회하고 싶은 소망을 투영한 대상이다.

오답풀이 ① 천만 리 먼 곳에 임(어린 단종)을 두고 온 화자의 슬프고 괴로운 심정을 "져 믈도 ᄂᆡ 안 ᄀᆞᄐᆞ여 우러 밤길 녜놋다"라고 표현하고 있다. 즉 자신의 괴로운 심정을 밤새 흐르는(우는) 물에 빗대고 있는 것이다.

② '절절이 슬픈 소리 제 혼자 우러 녜어'에서 독수공방하는 화자의 외로움과 슬픔을 귀뚜라미 소리에 이입하여 나타내고 있다.

④ 임과 함께하는 날에는 닭이 일찍 운다고 하소연하는 것에서 닭 소리는 조금이라도 더 임과 함께하고 싶은 화자의 마음을 좌절시키는 역할을 함을 알 수 있다.

06
정답 ②

해설 사회자가 발표자인 최 교수와 정 박사 간의 서로 다른 의견을 조정하거나 의사 결정을 유도하는 부분은 없다. 사회자는 토의 주제, 발표자와 발표 주제 등을 청중에게 소개하고 발표가 끝난 후 청중과 발표자 간의 질의응답을 진행하는 역할만 하고 있다. 또한 이견을 조정하여 의사 결정을 유도하는 것은 토의에서 사회자가 하는 역할이 아니다.

오답풀이 ① '통일 시대의 남북한 언어가 나아갈 길'이라는 학술적 주제에 대해 최 교수와 정 박사가 각각 '남북한 언어 차이와 의사소통', '남북한 언어의 동질성 회복 방안'을 주제로 발표하는 형식으로 토의가 진행되고 있다.

③ 최 교수는 남북한 언어가 어휘에서 차이가 나기 때문에 앞으로 이 부분에 대한 연구가 지속되어야 한다는 견해를, 정 박사는 남북한 공통의 사전을 만드는 것과 같이 남북한 언어의 차이를 줄여 가는 노력이 필요하다는 견해를 밝히며 청중에게 남북한 언어에 대한 정보를 제공하고 있다.

④ 청중 A는, "두 분의 말씀 잘 들었습니다. 남북한 언어의 차이와 이를 극복하는 방안을 말씀하셨는데요"에서 최 교수의 발표 내용(남북한 언어 차이)과 정 박사의 발표 내용(남북한 언어 차이의 극복 방안)을 확인하고 있다. 이어서 '통일 시대에 대비한 언어 정책에는 무엇이 있을까요?'라는 질문을 하는데, 이는 '통일 시대의

'남북한 언어가 나아갈 길'이라는 토의 주제와 관련된다.

06 기출 변형 정답 ④

출전 2006학년도 고1 3월 전국연합학력평가

해설 B는 흉악범이 합당한 처벌을 받아야 한다며 A의 의견을 일부 수용하고 있다. 그러나 A가 B의 견해를 수용하는 내용은 나오지 않는다.

오답 풀이 ① A와 B는 각각 사형 제도에 대해 찬성·반대 의견을 제시하고 있다.

② A가, 억울한 누명을 쓰고 사형을 당하는 자가 생길 수 있다는 B의 견해에 '빈대 잡으려고 초가삼간을 태우는 것과 마찬가지'라는 비유적 표현을 써서 반박하는 것에서 알 수 있다.

*빈대 잡으려고 초가삼간 태운다: 손해를 크게 볼 것을 생각지 아니하고 자기에게 마땅치 아니한 것을 없애려고 그저 덤비기만 하는 경우를 비유적으로 이르는 말

③ B가 사형 제도의 대안으로 감형도 보석도 없는 종신형을 제시하는 데서 알 수 있다.

07 정답 ③

해설 ③에서 B는 상대방인 A의 목소리가 작아서 내용이 잘 안 들렸다고 대답하고 있다. 이는 내용이 잘 안 들리는 문제를 상대방의 탓으로 돌리는 것이므로, 문제를 화자 자신의 탓으로 돌려 말해야 한다는 ⓒ이 적용되지 않은 대답이다. ⓒ은 공손성의 원리 중 화자 자신에게 혜택을 주는 표현은 최소화하고 자신에게 부담을 주는 표현은 최대화하라는 관용의 격률과 관련된다.

오답 풀이 ① "아직도 여러모로 부족한 부분이 많습니다"는 ㉠이 적용된 대답이다. ㉠은 화자 자신에 대한 칭찬은 최소화하고 비방을 극대화하라는 겸양의 격률과 관련된다.

② B는 늦게 와서 미안해하는 A가 부담을 갖지 않도록 배려하고 있으므로 ⓒ이 적용된 대답이다. ⓒ은 상대에게 부담이 되는 표현은 줄이고 이익이 되는 표현을 최대화하라는 요령의 격률과 관련된다.

④ B는 귀걸이를 선물하자는 A의 의견에 대해 일단 동의한 다음에 "하지만 ~ 귀걸이 대신 책을 선물하는 게 어떨까?"라고 자신의 의견을 말하고 있으므로 ㉣이 적용된 대답이다. ㉣은 자신의 의견과 다른 사람의 의견 사이의 다른 점은 최소화하고 일치점을 극대화하라는 동의의 격률과 관련된다.

보충 자료 공손성의 원리를 지키기 위한 격률

요령의 격률	상대방에게 부담이 되는 표현을 최소화하고 상대방에게 이익이 될 수 있는 표현을 극대화하라. ⑩ 혹시 내 이야기 좀 들어 주겠니? 아주 잠깐이면 되는데.
관용의 격률	화자 자신에게 혜택을 주는 표현을 최소화하고 자신에게 부담이 되는 표현을 최대화하라. ⑩ 선생님, 죄송하지만 제가 그 부분을 잘 몰라서 그러는데 다시 한번 설명해 주시겠어요?
찬동(칭찬)의 격률	다른 사람에 대한 비방을 최소화하고 칭찬을 극대화하라. ⑩ 너 달리기 정말 잘한다. 육상 선수 같아.
겸양의 격률	자신에 대한 칭찬을 최소화하고 비방을 극대화하라. ⑩ 훈: 따님이 이번에 우등상을 받게 되었다면서요? 민: 이번에 운이 좋았나 봐요.
동의의 격률	자신의 의견과 다른 사람의 의견 사이의 다른 점을 최소화하고 일치점을 극대화하라. ⑩ 그래, 그 점에서는 네 말이 옳아. 그런데 상대방 입장에서는 조금 억울할 수도 있지 않겠니?

07 기출 변형 정답 ①

해설 '동의의 격률'은 자신의 의견과 다른 사람의 의견 사이의 다른 점을 최소화하고 일치점을 극대화하라는 것이다. 떡볶이를 먹자는 A의 제안에 B는 일단 "좋지"라고 말한 뒤 자신의 의견을 말하고 있으므로 동의의 격률을 적용한 말하기를 하고 있다.

오답 풀이 ② 화자 자신에게 부담이 되는 표현을 최대화한 관용의 격률이 쓰였다.

③ 자신에 대한 칭찬을 최소화하고 비방을 극대화하는 겸양의 격률이 쓰였다.

④ 상대방에게 부담이 되는 표현을 최소화한 요령의 격률이 쓰였다.

08 정답 ②

해설 '야멸치고 인정이 없음'을 뜻하는 '야박'은 '野薄(들 야, 얇을 박)'으로 옳게 쓰였다.

오답 풀이 ① '현재 실제로 존재하는 사실이나 상태'를 뜻하는 '현실'은 '現實(나타날 현, 열매 실)'로 쓴다. *室: 집 실

③ '태어날 때부터 지니고 있는 근본적인 성질 / 뿌리가 깊게 박힌 성질'을 뜻하는 '근성'은 '根性(뿌리 근, 성품 성)'으로 쓴다. *謹: 삼갈 근

④ '사람을 골라서 씀 / 어떤 의견, 방안 등을 고르거나 받아들여서 씀'을 뜻하는 '채용'은 '採用(캘 채, 쓸 용)'으로 쓴다.
· 債用(빚 채, 쓸 용): 돈이나 물건 따위를 빌려서 씀. =차용(借用)

08 기출 변형 정답 ④

해설 '제의나 권유 따위를 굳이 사양함'을 뜻하는 '고사'는 '固辭(굳을 고, 말씀 사)'로 쓴다.

*考査(상고할 고, 사실할 사): 자세히 생각하고 조사함. / 학생들의 학업 성적을 평가하는 시험

오답 풀이 ① 選擇(가릴 선, 가릴 택): 여럿 가운데서 필요한 것을 골라 뽑음.

② 姿態(맵시 자, 모양 태): 어떤 모습이나 모양. 주로 사람의 맵시나 태도에 대하여 이르며, 식물, 건축물, 강, 산 따위를 사람에 비유하여 이르기도 한다.

③ 把握(잡을 파, 쥘 악): 손으로 잡아 쥠. / 어떤 대상의 내용이나 본질을 확실하게 이해하여 앎.

09 정답 ④

해설 1문단에 "하버마스에게 공공 영역은 ~ 공공 토론의 민주적 장으로서의 역할을 한다", 마지막 문단에 "상업화된 미디어는 광고 수입에 기대어 ~ 그 결과 공적 주제에 대한 시민들의 논의와 소통의 장이 줄어들어 결과적으로 공공 영역이 축소되었다"라는 진술이 있다. 즉 하버마스는 미디어가 상업화될수록 민주적 토론이 이루어지는 공공의 영역이 축소된다고 주장한 것이다.

오답 풀이 ①·② 제시문을 통해 판단하기 어렵다.

③ 3문단의, '하버마스에 따르면, 현대 사회에서 ~ 대중 매체와 대중오락의 보급은 공공 영역이 공허해지는 원인으로 작용했다'와 부합하지 않는다.

09 기출 변형 정답 ②

출전 송승은, 〈환경 범죄에 대한 형사적 규제 - 양벌 규정을 중심으로〉, 《법 이론 실무 연구》, 수정

해설 2문단에, 양벌 규정에 따라 환경 범죄의 실행 주체인 종업원뿐만 아니라 사업주인 법인 또는 개인의 형사 책임을 인정한다는 내용이 있다. 그러나 사업주가 실행 주체보다 더 큰 형사 책임을 진다는 것을 추론할 수 있는 내용은 나오지 않는다.

오답풀이 ① 1문단에 따르면, 우리나라의 환경 형법은 1991년부터 2011년까지 여러 차례 강화되었다.
③ 2문단의 "설령 ~ 드러난다"에서 환경 범죄에 대해 양벌 규정을 적용하는 것은 환경 범죄에 효율적으로 대처하기 위한 방안이라는 것을 짐작할 수 있다.
④ 양벌 규정을 둔 이유 중 하나가 환경 범죄에서 실행 행위자만 처벌되는 경우가 많아 사업주인 법인 또는 개인에게 형사 책임을 묻기 위해서라는 내용에서 알 수 있다.

10 정답 ③
해설 대설 주의보와 경보의 발령 기준과 대설의 위험성을 설명한 글이다. 연결어를 잘 살펴야 한다.

> 대설의 정의 → ㉡ ('이때') 대설 주의보의 기준 → ㉢ ('또한') 대설 경보의 기준 → ㉠ ('다만') 대설 경보의 예외적 기준 → ㉣ ('그런데') 대설의 위력 1 → ㉤ ('이뿐만 아니라') 대설의 위력 2

10 기출 변형 정답 ④
출전 김동민, 〈아리스토텔레스의 자기애 개념에 대한 고찰〉,《고황 논집》, 수정
해설 아리스토텔레스의 윤리학에서 말하는 '좋은 삶을 영위하기 위한 덕'을 갖는 방법에 대해 설명한 글이다.

> ㉣ 아리스토텔레스는 좋은 삶을 영위하기 위해서 덕을 가져야 한다고 말한다. → ㉡ 덕을 바탕으로 사람들이 좋은 행위를 하기 때문이다. → ㉠ 좋은 행위를 하기 위해서는 성격적 덕이 필요하다. → ㉢ 아리스토텔레스는 성격적 덕을 얻기 위해서는 어려서부터 교육받아야 한다고 생각했다. → ㉤ 따라서 조기 교육이 중요하다.

11 정답 ③
해설 제시문은 언어와 사고, 사회, 문화는 서로 밀접한 관계가 있다는 내용을 담고 있다. 이를 뒷받침하는 근거로 볼 수 없는 것은 ③이다. 사물의 개념은 머릿속에서 맴도는데도 그 명칭을 떠올리지 못한다는 것은 언어와 사고가 서로 상호 작용을 하고 있는 근거로 보기 어렵다. 나머지 ①·②·④는 모두 언어와 사고, 문화 등이 깊은 관계를 맺고 있다는 사례로 들 수 있다.
오답풀이 ① 전통적으로 농경 사회였던 우리나라는 영어의 '쌀[rice]'을 가리키는 단어가 구체화되어 '모', '벼', '쌀', '밥'과 같이 다양하게 표현되고 있음을 보여 주고 있다. 이는 '쌀'이 우리의 삶과 문화에서 차지하는 중요성이 언어에 반영된 것이라고 이해할 수 있다. 따라서 언어와 그 사회나 문화가 밀접한 관계가 있음을 나타내는 사례라고 할 수 있다.
② 산, 물, 보행 신호의 녹색등의 실제 색은 제각각 다르지만 우리말로는 '파랗다'라는 하나의 단어로 표현하는 사람들이 많다. 이 경우 '파랗다'라는 언어 표현이 색과 관련하여 사고에 영향을 주는 사례라고 할 수 있다.
④ 한국어의 '수박'이라는 단어에서 알 수 있듯이 우리나라는 '수박'을 '박'의 일종으로 파악하고 있지만, 'watermelon'에서 알 수 있듯이 어떤 나라는 '멜론(melon)'에 가까운 것으로 파악한다. 이에 따르면 사고에 따른 언어의 차이는 언어 간에도 반영되어 드러난다는 점을 알 수 있으므로 언어와 사고가 밀접한 관계가 있음을 나타내는 사례라고 할 수 있다.

11 기출 변형 정답 ②
해설 제시문은 언어가 한 사회의 문화적 특성을 반영한다는 내용이다. 이와 가장 관련 있는 사례로 적절한 것은 ②이다. 이누이트족은 그들의 생활이 눈과 밀접한 관련이 있기 때문에 눈에 대한 어휘를 세분화하여 부르는 것이다. 나머지 ①·③·④는 모두 제시문을 뒷받침할 수 있는 사례로 보기 어렵다.
오답풀이 ① 언어가 우리의 사고를 지배하는 것은 아니라는 견해를 뒷받침하는 사례이다.
③ 언어와 사고가 상호 작용을 한다는 견해를 뒷받침하는 사례이다.
④ 언어가 우리의 사고에 영향을 미친다는 견해를 뒷받침하는 사례이다.

12 정답 ③
출전 정약용, 〈양덕 사람 변지의에게 주는 말〉,《다산시문집》
해설 나무에 꽃이 피는 과정에 빗대어 문장 공부의 방법을 설명한 글이므로 '비유(유추)'가 주된 서술 방식이다. "사람이 글을 쓰는 것은 나무에 꽃이 피는 것과 같다.", '나무의 뿌리를 북돋아 주듯 ~', '줄기를 바로잡듯 ~', '진액이 오르듯 ~', '가지와 잎이 돋아나듯 ~' 등의 어구에서 비유의 진술 방식이 잘 드러난다.

12 기출 변형 정답 ③
출전 2018학년도 11월 고2 전국연합학력평가
해설 "자동 조종 장치는 ~ 유지해 주는 장치이다"에서 자동 조종 장치의 개념을 정의하고, 자동 조종 장치에서 관성 항법 장치라고 불리는 감지 센서를 그 구성 요소인 가속도 센서와 자이로스코프로 분석하여 설명하고 있다. 또한 가속도 센서와 자이로스코프의 기능을 인과적으로 설명하고 있다. 그러나 ③에 쓰인 분류는 사용되지 않았다.
오답풀이 ① 정의 ② 분석 ④ 인과

보충 자료 주요 글의 전개 방식

동태적 전개 방식	서사	사건의 진행 과정이나 움직임, 변화를 시간의 흐름에 따라 진술하는 방법
	과정	어떠한 결말이나 결과를 야기하는 일련의 행동, 변화, 기능, 단계, 작용 등에 초점을 두어 설명하는 방법
	인과	어떤 결과를 가져오게 한 힘, 또는 이러한 힘에 의해 결과적으로 초래된 현상을 중심으로 설명하는 방법
정태적 전개 방식	정의	단어의 의미를 명확히 하여 개념을 한정하는 것
	예시	세부적인 예를 들어 일반적이고 추상적인 진술을 구체화하는 설명 방법
	비교	둘 이상의 사물을 공통되는 성질이나 유사성을 중심으로 설명하는 방법
	대조	둘 이상의 사물의 특성을 그 상대되는 성질이나 차이점을 들어 설명하는 방법
	분류 / 구분	어떤 대상들이나 생각들을 공통적인 특성에 근거하여 상위 항목을 하위 항목으로 나누는 것
	분류 / 분류	어떤 대상들이나 생각들을 공통적인 특성에 근거하여 하위 항목을 상위 항목으로 묶어 가는 것
	분석	어떤 대상을, 그것을 이루고 있는 구성 요소나 부분으로 나누어 각 부분들의 관계를 설명하는 방법
	묘사	대상을 감각적인 인상에 의존하여 그림을 그리듯이 그려 내는 방법
	유추	생소한 개념이나 복잡한 주제를 보다 친숙하고 단순한 것과 비교하여 설명하는 방법

13 정답 ③

해설 ㉠의 '싸다'는 '물건을 안에 넣고 보이지 않게 씌워 가리거나 둘러 말다'의 의미로 쓰인 것이다. 이와 같은 의미로 쓰인 것은 ③이다.

오답 풀이 ① 안채를 싸다: 어떤 물체의 주위를 가리거나 막다.
②·④ 봇짐을 싸다·책가방을 싸다: 어떤 물건을 다른 곳으로 옮기기 좋게 상자나 가방 따위에 넣거나 종이나 천, 끈 따위를 이용해서 꾸리다.

13 기출 변형 정답 ①

해설 〈보기〉의 '생각'은 '어떤 일을 하려고 마음을 먹음. 또는 그런 마음'의 뜻으로 쓰였다. 이와 가장 유사한 의미로 쓰인 것은 ①이다.

오답 풀이 ② 미안한 생각: 어떤 일에 대한 의견이나 느낌을 가짐. 또는 그 의견이나 느낌
③ 생각이 많다: 사물을 헤아리고 판단하는 작용
④ 어머니 생각: 어떤 사람이나 일 따위에 대한 기억

14 정답 ①

해설 1문단에 따르면, 알파벳 언어에서 철자 읽기의 명료성의 수준은 표기 체계, 즉 한 글자에 대응되는 소리가 규칙적인지의 여부에 따라 달라진다. 따라서 알파벳 언어에서 철자 읽기의 명료성을 판단하는 기준이, 각 소리가 지닌 특성이라는 설명은 적절하지 않다. 알파벳 언어의 철자 읽기가 소리와 표기의 대응과 관련된다는 설명은 적절하다.

오답 풀이 ② 2문단의, 영어를 읽는 사람은 좌반구의 읽기 네트워크를 사용하는데, 특히 무의미한 단어를 읽을 때는 암기된 단어의 인출과 연관된 뇌 부위에 더 의존한다는 내용에서 알 수 있다.
③ 1문단에 따르면, 알파벳 언어에서 철자 읽기가 명료하다는 것은 한 글자에 대응되는 소리가 규칙적이어서 글자와 소리의 대응이 거의 일대일이라는 것을 의미한다. 이탈리아어는 철자 읽기가 명료한 반면 영어는 철자 읽기의 명료성이 낮다.
④ 1문단에 따르면, 스페인어는 철자 읽기의 명료성이 높다. 그러나 영어는 묵음과 같은 예외도 많은 편이고 글자에 대응하는 소리도 매우 다양하다. 즉 음운 처리 규칙에 적용되지 않는 예외들이 많아서 소리와 글자의 대응이 덜 규칙적이다.

14 기출 변형 정답 ③

출전 〈문제 해결 - 추상화〉, 고등학교 《정보》 교과서, 수정

해설 1문단에 따르면, 조선 수군이 학익진을 사용할 수 있었던 것은 조선 수군과 거북선·판옥선이 민첩하게 움직였기 때문이다. 따라서 학익진 진형으로 인해 조선 수군과 거북선이 민첩하게 명령을 이행할 수 있었다는 것은 원인과 결과가 뒤바뀐 진술이다.

오답 풀이 ② 2문단에 따르면, 깃발을 사용한 지휘는 연을 띄우는 방식에 비해 깃발의 크기에 제한이 있고, 다른 배나 지형에 가려진다는 한계를 가지고 있었다. 따라서 연은 깃발보다 효율적으로 명령을 전달하는 수단이었음을 알 수 있다.
④ 마지막 문단에 따르면, 상대를 포위하고 바깥쪽에서 안쪽으로 공격하면 공격의 적중률을 높일 수 있다. 따라서 이순신 장군은 많은 적을 상대할 때 공격의 적중률을 높이기 위해 적을 좁은 곳으로 유인한 후 화포로 공격하는 전략을 사용했다는 것을 알 수 있다.

15 정답 ①

해설 이상의 〈권태(倦怠)〉는 벽촌의 여름 생활을 제재로 하여 단조로운 환경에서 오는 권태로움, 현대인의 정신적 방황과 무기력을 그린 수필이다. 글쓴이는 반추하는 소를 '식욕의 즐거움조차 냉대할 수 있는 지상 최대의 권태자'라고 표현하면서 자신도 사색의 반추가 가능할지 불가능할지 생각하고 있다. 즉 글쓴이는 먹이를 다시 게워 내어 씹는 소의 '반추' 행위에 자신의 심리를 투사하여, '반추'를 그것이 지닌 또 다른 의미로 사용하고 있는 것이다.

* 반추(反芻): 한번 삼킨 먹이를 다시 게워 내어 씹음. / 어떤 일을 되풀이하여 음미하거나 생각함. 또는 그런 일
* 투사(投射): 어떤 상황이나 자극에 대한 해석, 판단, 표현 따위에 심리 상태나 성격이 반영되는 일

오답 풀이 ② 과거의 삶을 회상하거나 글쓴이의 처지를 후회하는 내용은 나타나지 않는다.
③ 배경이 되는 공간은 풀밭으로, 공간의 이동은 나타나지 않는다.
④ 현실에 대한 불만을 반성적 어조로 표출한 부분은 나타나지 않는다.

15 기출 변형 정답 ②

해설 김소운의 〈특급품(特級品)〉은 상처가 난 바둑판이 제힘으로 상처를 고쳐서 특급품이 되는 과정을 설명하며, 이를 과실을 이겨 낸 인생에 연결하여 서술한 수필이다.
"1년, 이태, 때로는 3년까지 그냥 내버려 둔다"로 보아 균열이 생긴 바둑판이 여러 해를 거쳐 특급품으로 완성되는 것은 비자반이 지닌 탄력 덕분이지, 장인 정신 덕분이 아니다.

오답 풀이 ①·④ 균열이 있는 바둑판이 특급품이 되는 것에서 과실로 인해 인격이 더 깊어질 수 있다는 주제를 이끌어 내는 유추의 방식이 쓰였다.
③ '불구 병신이', '치명적인 시련을 이겨 내면' 등에서 바둑판을 의인화하고 있으며, '졸업 증서' 등에서 은유법을 사용하고 있다.

16 정답 ②

해설 제시문에서 황거칠 씨는 물이 나오지 않는 빈민촌인 '마삿등'에 산수도를 설치하는 데 사람들과 함께 나섰다가 경찰에 연행된다. 경찰에 끌려가서 풀려나오지 못하는 빈민촌 사람들과, 가족들의 걱정에 황거칠 씨는 결국 석방되는 조건으로 담당 경사의 타협안에 도장을 찍기로 하고 애써 만든 산수도를 포기하게 된다. 이러한 '황거칠'의 상황에 어울리는 한자 성어로 가장 적절한 것은 '손을 묶은 것처럼 어찌할 도리가 없어 꼼짝 못함'을 뜻하는 '束手無策(묶을 속, 손 수, 없을 무, 꾀 책)'이다.

오답 풀이 ① 同病相憐(같을 동, 병들 병, 서로 상, 불쌍히 여길 련(연)): 같은 병을 앓는 사람끼리 서로 가엾게 여긴다는 뜻으로, 어려운 처지에 있는 사람끼리 서로 가엾게 여김을 이르는 말
③ 自家撞着(스스로 자, 집 가, 칠 당, 붙을 착): 같은 사람의 말이나 행동이 앞뒤가 서로 맞지 아니하고 모순됨. '황거칠'이 산수도를 포기하게 된 것은 어쩔 수 없는 상황에 처했기 때문이므로, 이를 앞뒤가 안 맞는 모순된 행동으로 보는 것은 적절하지 않다.
④ 輾轉反側(구를 전, 구를 전, 돌이킬 반, 곁 측): 누워서 몸을 이리저리 뒤척이며 잠을 이루지 못함.

16 기출 변형 정답 ②

해설 제시문의 앞부분에는 살인 사건과 관련하여, 어제 동네 밖으로 나간 사람에게 혐의를 두고 군아로 데려가는 내용이 나온다. 또한 ㉠의 뒤로 '하필 조카아이가 집을 나간 것이 어제여서 혐의를 둔 모양이라는 말이 이어진다. 따라서 ㉠에는 '아무 관계도 없이 한 일이 공교롭게도 때가 같아 억울하게 의심을 받거나 난처한 위치에 서게 됨을 이르는 말'인 '烏飛梨落[까마귀 오, 날 비, 배나무 이(리), 떨어질 락(낙)]'이 들어가는 것이 가장 적절하다.

오답 풀이 ① 衣錦夜行(옷 의, 비단 금, 밤 야, 다닐 행): 비단옷을 입고 밤에 다닌다는 뜻으로, 모처럼 성공하였으나 남에게 알려지지 않음을 이르는 말

③ 雪上加霜(눈 설, 위 상, 더할 가, 서리 상): 눈 위에 서리가 덮인다는 뜻으로, 난처한 일이나 불행한 일이 잇따라 일어남을 이르는 말

④ 脣亡齒寒(입술 순, 망할 망, 이 치, 찰 한): 입술이 없으면 이가 시리다는 뜻으로, 서로 이해관계가 밀접한 사이에 어느 한쪽이 망하면 다른 한쪽도 그 영향을 받아 온전하기 어려움을 이르는 말

17　　　　　　　　　　　　　　　　　　　　　정답 ④

해설 조병화의 〈나무의 철학〉은 한결같은 나무의 모습을 통해 삶의 자세에 대한 통찰을 전하는 시이다.
"가슴 아픈 일 한두 가지겠는가", "가슴 상하는 일 한두 가지겠는가" 등에서 설의적 표현을 사용하고 있다. 이를 통해 많은 아픔이 있더라도 조용히 인내하며 자신의 소임을 다하며 살아야 한다는 깨달음을 강조하고 있다.

오답 풀이 ①·② 문답법과 반어적 표현은 쓰이지 않았다.
③ 나무를 의인화했지만, 아픔이 있더라도 이에 흔들리지 않고 자신의 삶을 사는 태도를 표현하고 있으므로 '현실을 목가적으로' 보여 주는 것은 아니다.

* 목가적(牧歌的): 농촌처럼 소박하고 평화로우며 서정적인 것 / 농촌처럼 소박하고 평화로우며 서정적인

17　기출 변형　　　　　　　　　　　　　　　　　정답 ④

해설 나희덕의 〈땅끝〉은 '땅끝'에 대한 역설적 인식을 통해 절망 속에서 발견하는 삶의 희망과 아름다움을 노래한 시이다.
④는 반어법에 대한 설명인데, 이 시에 반어적 표현은 나오지 않는다. 4연의 "위태로움 속에 아름다움이 스며 있다는 것이"는 절망적 상황에서 삶의 진실을 발견한다는 의미를 역설적으로 표현한 것이다.

오답 풀이 ① 이 시의 제목이기도 한 '땅끝'은, 지명을 뜻하는 동시에 삶에 대한 절망감을 일으키는 한계적 상황을 의미하는 중의적 시어이다.
② 1~2연에는 화자의 절망적 인식이 나타난다. 3연의 "그런데 이상하기도 하지"는, 극한 상황에서 희망을 발견하고 새롭게 의지를 다지는 화자의 인식 변화가 시작되는 부분이다.
③ 3연의 '아가리'는 '입'을 속되게 이르는 말이며, '파도가 아가리를 쳐들고 달려드는'에는, 무생물을 생명이 있는 것처럼 표현하는 활유법이 쓰였다. 이를 통해 화자에게 닥친 위협적이고 절망적인 현실을 강조하고 있다.

보충 자료　주요 수사법의 이해

직유법		원관념과 보조 관념을 '~같이, ~처럼, ~듯이, ~양, ~듯, ~모양으로' 등의 표현을 사용하여 직접적으로 연결하는 방법 예 인제는 돌아와 거울 앞에 선 / 내 누님같이 생긴 꽃이여
은유법		원관념과 보조 관념의 관계가 직접적으로 드러나지 않는 비유법 예 이것은 소리 없는 아우성
중의법		하나의 보조 관념으로 두 가지 이상의 원관념을 표현하는 방법 예 수양산 바라보며 이제를 한하노라. → 중국의 산 이름, 수양 대군
대유법	제유법	사물의 한 부분이 전체를 대신 표현하는 방법 예 사람은 빵만으로 살 수 없다. → 먹을 것
	환유법	표현하려는 대상과 연관되는 다른 사물의 속성이나 특징을 들어 그 대상을 대신 나타내는 표현 방법 예 백의의 천사 → 간호사
우의법		본뜻을 완전히 숨기고 비유하는 말만 제시하여 숨은 뜻을 암시하는 표현 방법 예 지렁이도 밟으면 꿈틀한다.
의인법		사람이 아닌 것에 인격을 부여하여 사람인 것처럼 표현하는 방법 예 울어 보렴 목 놓아 울어나 보렴 오랑캐꽃
반어법		겉으로 드러난 표현과 속에 숨겨져 있는 내용을 반대로 나타내는 방법 예 오늘도 어제도 아니 잊고 / 먼 훗날 그때에 "잊었노라"
역설법		표면적으로는 이치에 어긋나는 것처럼 보이지만, 그 속에 보다 깊은 뜻을 담고 있는 표현 방법 예 우리들의 사랑을 위하여서는 / 이별이, 이별이 있어야 하네.

18　　　　　　　　　　　　　　　　　　　　　정답 ④

해설 글쓴이는 '국보로 선정된 문화재(국보 문화재)'를 '민족의 성력과 정혼의 결정으로 그 우수한 질과 희귀한 양에서 무비의 보가 된 자'라고 설명하고 있다. 즉 국보 문화재는, 민족의 정성과 노력, 죽은 사람의 혼이 응집된 것으로 다른 무엇과도 비교할 수 없을 정도로 질이 높고 희귀한 것을 의미한다. 따라서 영국에서 최고의 작가로 극찬을 받은 국보 문화재 셰익스피어를 다른 무엇과도 바꾸지 않는다는 말이 ㉠에 들어가야 적절하다.

* 성력(誠力): 정성과 힘을 아울러 이르는 말 / 성실한 노력
* 정혼(精魂): 죽은 사람의 영혼
* 결정(結晶): 애써 노력하여 보람 있는 결과를 이루는 것이나 그 결과를 비유적으로 이르는 말

오답 풀이 ① 구르는 돌은 이끼가 안 낀다: 부지런하고 꾸준히 노력하는 사람은 침체되지 않고 계속 발전한다는 말
③ 사람은 겪어 보아야 알고 물은 건너 보아야 안다: 사람의 마음이란 겉으로 언뜻 보아서는 알 수 없으며 함께 오랫동안 지내보아야 알 수 있음을 이르는 말

18　기출 변형　　　　　　　　　　　　　　　　　정답 ①

출전 이경민, 〈토마스 홉스의 법 개념〉, 《서강 인문 논총》, 수정

해설 "17세기 영국 내전 시기를 ~ 시급하다고 판단했다"에서, 토마스 홉스는 왕의 권력을 보위하기 위해서 법체계의 완성이 시급하다고 보았음을 알 수 있다. 더불어 그에게 법의 정당성은 법을 공포하는 자의 권위로부터 발생하는 것이기 때문에, 법이란 '주권자의 명령'이라는 것을 알 수 있다. 따라서 홉스는 그 시대의 주권자, 즉 왕이 제정한 법을 따르는 것이 정의라고 규정할 것이다.

오답 풀이 ②·④ 홉스는 법의 정당성이 법의 내용이 품고 있는 규범에서 연원하는 것이 아니라고 했다. 따라서 법이 지닌 내용의 중요성을 강조한 것은 ㉠에 들어갈 내용으로 적절하지 않다.

19　　　　　　　　　　　　　　　　　　　　　정답 ①

해설 앞 절의 '날씨가 선선해지다'나 뒤 절의 '책이 읽히다'의 주술 호응이 각각 자연스러운 문장이다. '읽히다'의 경우 '읽다'의 피동사로 적절하게 쓰였다. 또한 '-니'는 앞말이 뒷말의 원인이나 근거, 전제 따위가 됨을 나타내는 연결 어미로, '날씨가 선선해지니 ~ 책이 잘 읽힌다'는 자연스럽게 연결된 절이다.

오답 풀이 ② 주어인 '책을 속독으로 읽는 것은'과 서술어인 '하늘의 별 따기이다'가 'A=B이다'의 구조를 보이고 있으므로, 이 문장에서는 '이렇게 어려운 책을 속독으로 읽는 것은 하늘의 별 따기와 같은 일이다' 정도로 고쳐 쓰는 것이 자연스럽다.

* '速讀(빠를 속, 읽을 독)'은 '책 따위를 빠른 속도로 읽음'의 의미로, '속독으로 읽는 ~을'의 의미의 중복으로 볼 수도 있다. 다만 《표준국어대사전》에 '속독으로 책을 읽어 내려간다'와 같은 문장이 있으므로 이 문장이 틀린 핵심 근거로 판단하

지 않았다.
③ '찾다'는 '…을 찾다' 혹은 '…에서/에게서 …을 찾다'의 형태로 쓰인다. 이 문장에서는 '직접 책임자를 찾기로 ~'와 같이 적절한 목적어를 넣어 주는 것이 자연스럽다.
④ '과' 앞뒤의 문장 구조를 맞춰 '그는 시화전을 홍보하는 일과 (시화전을) 진행하는 일에 아주 열성적이다' 혹은 '시화전의 홍보와 (시화전의) 진행에 아주 열성적이다' 정도로 고쳐 쓰는 것이 자연스럽다.

19 기출 변형   정답 ④

해설 누락된 문장 성분이 없고 주술 호응도 맞는 문장이다. '동행하다'는 '…과 동행하다'의 형태로 쓰인다.
오답 풀이 ① '넣다'는 '…에 …을 넣다'의 형태로 쓰인다. 따라서 '주머니에 손을 넣고'와 같이 적절한 부사어를 넣어 주어야 한다.
② '요구하다'는 '…에/에게 …을 요구하다'의 형태로 쓰인다. '일본 정부'는 무정 명사이므로 '일본 정부에'와 같이 조사 '에'를 써야 한다.
③ '과' 앞뒤의 문장 구조를 맞춰 '사고 원인을 파악하고 재발 방지 대책을 조속히 마련해야'로 고치는 것이 좋다.

20   정답 ①

해설 1문단에 따르면, 분류 개념은 동물학의 종, 속, 목처럼 분명한 경계를 가지고 대상들을 분류하는 개념이다. 따라서 호랑나비는 분류 개념에 속한다. 또한 분류 개념은 하위 개념으로 분류할수록 그 대상에 대한 정보가 더 많이 전달된다. 따라서 '나비'보다 그의 하위 개념인 '호랑나비'가 정보량이 적은 것이 아니라 더 많을 것이다.
오답 풀이 ② 1문단에 따르면, 유니콘은 현실 세계에 적용 대상이 하나도 없더라도 분명한 정의를 지니고 있기에 분류 개념으로 인정된다. '용' 역시 현실 세계에 적용 대상이 없더라도, '상상의 동물 가운데 하나로, 몸은 거대한 뱀과 비슷한데 비늘과 네 개의 발을 가지며 뿔은 사슴에, 귀는 소에 가까운 동물'이라는 정의를 가지고 있으므로 분류 개념으로 인정된다.
④ 마지막 문단에 따르면, 정량 개념은 자연의 사실로부터 파악할 수 있는 물리량을 측정함으로써 만들어지고, 우리가 자연 현상에 수를 적용하는 과정에서 생겨난다. 또한 물리량을 측정하기 위해서는 단위를 정하는 것이 필요하다. 따라서 물리량을 측정할 수 있는 단위인 cm나 kg은 자연 현상에 수를 적용하게 해 주었다고 알 수 있다.

20 기출 변형   정답 ②

출전 김현, 〈상온·상압 초전도체를 향한 인류의 끝없는 도전〉, 《한국일보》 (2023. 8. 22.), 수정
해설 2문단에 따르면, '초전도체의 특성은 전기 저항이 0'이다. 1문단에서 초전도체가 반자성을 띤다는 사실을 확인할 수 있고, 3문단에서 반자성이란 '내부에는 자기장이 들어갈 수 없고, 내부에 있던 자기장도 밖으로 밀어내는 성질'이라는 점을 알 수 있으므로, 초전도체의 내부에는 자기장이 없다고 추론할 수 있다.
오답 풀이 ① 1문단에 따르면, 보통의 금속도 초전도 현상을 가질 수 있지만, 온도와 기압이라는 특정 조건을 갖춰야 한다. 즉, 초전도 현상을 띨 수 있는지 여부는 금속의 종류가 아닌 조건에 달렸다.
③ 3문단에 따르면, 자기 부상 열차는 강력한 자성이 아니라 반자성을 이용한 원리로 운행된다.
④ 마지막 문단에 따르면, MRI는 초전도체로 만들어진 전자석을 활용하는데, 초전도체는 자성이 아니라 반자성을 띤다.

04회 국가직 기출 변형 모의고사   2020 국가직 9급

기출 변형

| 01 ③ | 02 ② | 03 ③ | 04 ② | 05 ④ | 06 ① | 07 ② | 08 ③ | 09 ② | 10 ③ |
| 11 ① | 12 ④ | 13 ④ | 14 ① | 15 ④ | 16 ④ | 17 ② | 18 ④ | 19 ③ | 20 ② |

01 기출 변형   정답 ③

출전 김준석, 《근대 국가》
해설 스콧에 따르면, 근대 국가는 시민과 그들이 처한 상황을 '지식화'해서 일반화하고 이를 바탕으로 시민들의 일상적인 삶을 관리하고 조직할 수 있는 능력을 소유하고 있다. 하지만 근대 국가는 자신의 이해관계에 따라 시민들과 그들의 환경을 자의적으로 왜곡한다. 이 과정에서 시민들의 삶이 황폐화될 수 있으며, 스콧은 이와 같은 특징을 '국가 단순화'라는 개념을 통해 설명하고 있다.
오답 풀이 ① 근대 국가가 자신들의 이해관계에 따라 시민들이 처한 현실을 자의적으로 재구성하는 과정에서 인간의 삶이 황폐화될 수 있다. 하지만 근대 국가가 전 근대 국가보다 인간의 삶을 더 황폐화시키는지는 알 수 없다.
② 근대 국가는 통치 대상으로서의 시민과 그들이 처한 상황을 단순화하고 자신의 이해관계에 따라 자의적으로 재구성하므로, '있는 그대로 파악한다'는 것은 스콧의 견해와 부합하지 않는다.
④ 근대 국가가 시민들에 대해 단순화된 지식을 구축한 것은 맞지만, 시민이 처한 상황을 일반화할 수 있는 능력을 결여한 것은 아니다. 스콧은, 근대 국가와 달리 전 근대 국가는 시민과 그들이 처한 상황을 지식화해서 일반화할 수 있는 능력을 결여했다고 생각한 것으로 보아, 근대 국가는 이러한 능력을 지니고 있다.

02 기출 변형   정답 ②

해설 '사달'은 '사고나 탈'을 뜻하는 말로, '사달이 나다'는 올바른 표현이다.
오답 풀이 ① '과반수(過半數)'가 '절반이 넘는 수'를 뜻하므로, '수량이나 정도가 일정한 기준보다 더 많거나 나음'의 뜻인 '이상(以上)'과 의미 중복을 피하기 위해 '과반수의' 또는 '반수 이상의'로 고쳐 쓰는 것이 적절하다.
③ '접수'는 '신청이나 신고 따위를 구두(口頭)나 문서로 받음 / 돈이나 물건 따위를 받음'의 의미이다. 맥락상 학생들이 원서를 학교에 내는 것이므로 '문안이나 의견, 법안 따위를 냄'의 의미인 '제출'로 고쳐 쓰는 것이 적절하다.
④ '얻다'는 '…에서/에게서 …을 얻다'의 형태로 쓰인다. 따라서 서술어와 호응할 수 있는 필수 부사어를 넣어 고쳐 쓰는 것이 적절하다.

03 기출 변형   정답 ③

해설 '행동이나 태도를 분명하게 정함. 또는 그렇게 정해진 내용'을 뜻하는 '결정'은 '決定(결정할 결, 정할 정)'으로 바르게 썼다.
오답 풀이 ① '딱 잘라서 판단하고 결정함'의 의미인 '단정'은 '斷定(끊을 단, 정할 정)'으로 쓴다.
*端正(바를 단, 바를 정): 옷차림새나 몸가짐 따위가 얌전하고 바름.
② '어떤 일을 사실인 듯이 꾸며 만듦'의 의미인 '조작'은 '造作(지을 조, 지을 작)'으로 쓴다.
*操作(잡을 조, 지을 작): 기계 따위를 일정한 방식에 따라 다루어 움직임. / 작업 따위를 잘 처리하여 행함.
④ '무엇을 하고자 하는 생각'의 의미인 '의사'는 '意思(뜻 의, 생각 사)'로 쓴다.
*擬似(헤아릴 의, 같을 사): 실제와 비슷함.

04 기출 변형 정답 ②

해설 박태원의 〈소설가 구보 씨의 일일〉은 박태원의 자전적인 소설로, 주인공 구보가 경성(서울)의 거리를 산책하면서 겪는 사소한 일들과 시시각각으로 변하는 인물의 심리를 의식의 흐름 기법으로 서술하고 있다.
구보는 사내와의 만남을 시종일관 불편해하고 있다. 그러다가 사내를 자신의 독자 권유원을 시키면 어떨까 하는 난데없는 생각을 하고 있다. 따라서 구보가 사내를 못마땅해하는 건 맞지만, 애초에 자신의 작품을 홍보할 용도로 사내를 만난 것은 아니다.

오답 풀이 ① 구보는 사내와 거리를 두기 위해 경어체를 사용하고 있지만, 사내는 도리어 그 경어체에서 득의감을 맛볼 수 있다는 내용에서 알 수 있다.
③ 사내가 한 잔 십 전짜리 차들을 마시고 있는 사람들 틈에서 몇 병씩 맥주를 먹을 수 있는 것에 우월감을 느낄 수 있다는 내용에서 알 수 있다.
④ 최 군이 독견의 〈승방비곡〉 등을 걸작이라 여기고 있는 것에 구보의 동의를 구했다는 내용에서 알 수 있다.

05 기출 변형 정답 ④

해설 자음은 'ㄷ' 다음에 'ㄸ'이 오므로 ㉠이 맨 마지막에 온다. 모음의 순서와 받침 글자의 차례를 보면, 'ㅙ → ㅟ'의 순서이므로 ㉣이 맨 처음에 온다. 'ㅟ'의 경우 받침 글자가 없는 단어가 앞에 오므로 ㉡ → ㉢의 순서이다. 따라서 '㉣ → ㉡ → ㉢ → ㉠'의 순서로 배열한다.

보충 자료 사전에 올릴 때 한글 자모의 순서

자음	ㄱ ㄲ ㄴ ㄷ ㄸ ㄹ ㅁ ㅂ ㅃ ㅅ ㅆ ㅇ ㅈ ㅉ ㅊ ㅋ ㅌ ㅍ ㅎ
모음	ㅏ ㅐ ㅑ ㅒ ㅓ ㅔ ㅕ ㅖ ㅗ ㅘ ㅙ ㅚ ㅛ ㅜ ㅝ ㅞ ㅟ ㅠ ㅡ ㅢ ㅣ

* 받침 글자의 차례

ㄱ ㄲ ㄳ ㄴ ㄵ ㄶ ㄷ ㄹ ㄺ ㄻ ㄼ ㄽ ㄾ ㄿ ㅀ ㅁ ㅂ ㅄ ㅅ ㅆ ㅇ ㅈ ㅊ ㅋ ㅌ ㅍ ㅎ

06 기출 변형 정답 ①

해설 • 한창(○): '어떤 일이 가장 활기 있고 왕성하게 일어나는 모양. 또는 어떤 상태가 가장 무르익은 모양'의 의미로는 '한창'이 바른 표기이다. 참고로 '한참'은 '어떤 일이 상당히 오래 일어나는 모양 / 수효나 분량, 정도 따위가 일정한 기준보다 훨씬 넘게'의 의미로 쓰인다.
• 접질렸다(○): '심한 충격으로 지나치게 접혀서 삔 지경에 이르다'의 의미로는 '접질리다(○)/접지르다(×)'가 바른 표기이다.

오답 풀이 ② • 낳은지(×) → 나은지(○): '보다 더 좋거나 앞서 있다'의 의미로는 '낫다'가 바른 표기이다. '낫다'는 ㅅ 불규칙 동사로 '낫고 - 나아 - 나으니' 등으로 활용한다.
• 안줏감(○): '안줏감'은 사잇소리가 나는 단어이므로 사이시옷을 받쳐 적는다.
③ • 붙이고(×) → 부치고(○): '어떤 문제를 다른 곳이나 다른 기회로 넘기어 맡기다'의 의미로는 '부치다'가 바른 표기이다.
• 대기하시요(×) → 대기하시오(○): 종결형에서 사용되는 어미 '-오'는 '요'로 소리 나는 경우가 있더라도 그 원형을 밝혀 '오'로 적는다.
④ • 봬러(×) → 뵈러(○): '웃어른을 대하여 보다'의 의미인 '뵈다'의 '뵈-'에 어미 '-러'가 결합하면 '뵈러'가 된다.
• 벴다(×) → 베였다(○): '베다'는 '…을 베다'의 형태로 쓰이는 타동사이다. 이 문장에서는 '베이다'와 같은 피동형을 쓰는 것이 문맥에 맞는다.

07 기출 변형 정답 ②

해설 '마각이 드러나다'는 '숨기고 있던 일이나 정체가 드러나다'의 의미이므로, 가장 뜻이 통하는 한자어는 '숨기던 것이 드러남'을 뜻하는 '發覺(필발, 깨달을 각)'이다.

오답 풀이 ① 發散(필 발, 흩을 산): 감정 따위를 밖으로 드러내어 해소함. 또는 분위기 따위를 한껏 드러냄. / 냄새, 빛, 열 따위가 사방으로 퍼져 나감.
③ 感覺(느낄 감, 깨달을 각): 눈, 코, 귀, 혀, 살갗을 통하여 바깥의 어떤 자극을 알아차림. / 사물에서 받는 인상이나 느낌
④ 發掘(필 발, 팔 굴): 땅속이나 큰 덩치의 흙, 돌 더미 따위에 묻혀 있는 것을 찾아서 파냄. / 세상에 널리 알려지지 않거나 뛰어난 것을 찾아 밝혀냄.

08 기출 변형 정답 ③

출전 2011학년도 4월 고3 전국연합학력평가

해설 마지막 문단에 따르면, 전위 음렬은 기본 음렬 속 첫째 음을 출발점으로 하여 변화하는 음의 위치를 반대 방향으로 진행시킨 것이다. 따라서 기본 음렬을 '파-파#…레-레#-미'로 정했다면 출발점 '파'에서 1도씩 상향하여 이동한 것이므로, 전위 음렬은 기본음 '파'에서 1도씩 하향하여 '파-미-레#…' 순으로 배열된다.

오답 풀이 ① 1문단에 따르면, 기본 음렬은 한 옥타브 안에 있는 12개의 서로 다른 음을 한 음의 반복도 없이 원하는 순서대로 배열하여 구성한다. 따라서 한 음의 반복도 없어야 하므로 맨 처음 사용된 음은 나머지 11개의 음이 연주되고 난 후 다시 사용될 수 있다.
② 2문단에 따르면, 기본 음렬을 구성한 후에는 배열된 음들의 정해진 순서를 지켜야 한다.
④ 마지막 문단에 따르면, 12음 기법은 기본 음렬을 한 번 파생한 '역행'과 '전위', 전위한 음렬을 다시 역행하여 배열한 '역행 전위'의 방법으로 음렬을 구성한다. 따라서 '역행 전위'는 기본 음렬에서 파생된 '전위 음렬'을 다시 역행시켜 구성한 것이므로 '전위 음렬'에서 한 번 더 파생되었다고 볼 수 있다.

09 기출 변형 정답 ②

해설 〈절명시(絶命詩)〉는 한일 병합 조약으로 인한 울분을 이기지 못해 자결한 황현이 하룻밤 동안에 남긴 작품으로, 전 4수의 한시이다.
이 시에서 '무궁화'는 '우리나라'를 의미하는 것으로 대유법을 사용한 표현이다. 따라서 무궁화가 사라졌다는 것은 망국의 상황을 의미하는 것이지, 피폐한 백성의 모습을 의미하는 것이 아니다.

오답 풀이 ① 제3수의 "새와 짐승은 슬피 울고 강산이 찡그리네"에서 자연물을 의인화하여 자신의 비통한 심정을 드러내고 있다.
③ 제3수에서 '가을 등불'은 성찰의 매개체가 되며, '글 아는 사람'은 지식인인 화자 자신을 의미한다. 따라서 "세상에서 글 아는 사람 노릇하기 어렵구나"는 국권을 상실한 현실에서 느끼는 지식인의 고뇌를 드러낸 것이다.
④ 제4수의 끝맺음을 따랐다는 말에서 윤곡과 화자 모두 자결을 택했음을 알 수 있다. 그런데 화자는 그 죽음은 '인'이며, 진동이 한 일은 '충성'이라 말하면서 충성을 실현하지 못하는 스스로를 부끄럽다고 말하고 있다.

작품 해설 황현, 〈절명시(絶命詩)〉

1. 갈래: 7언 절구(전 4수)
2. 성격: 저항적, 비판적
3. 표현: 과장법과 직설법, 감정 이입의 사용
4. 주제: 나라를 잃은 지식인의 비탄과 절망

5. **해설** 〈절명시〉는 한일 병합 조약으로 인한 울분을 이기지 못해 자결한 황현이 하룻밤 동안에 남긴 작품이다. 작가는 모든 짐승과 강산이 통곡하고 온 세상이 쓰러져 간다는 과장된 표현을 통해 자신의 비통한 심정을 절절하게 표현하고 있으며, 끝내 절명(絶命: 목숨이 끊어짐.)을 택하게 된다. 이 시는 현실 앞에서 고뇌하던 지식인의 비탄을 담고 있다는 점에서 저항적이고 현실 비판적인 성격을 지닌다.

10 기출 변형   정답 ③

해설 동기들과 어울리지 못하는 문제의 원인이 나이 차이에 있다는 것을 정 사원 스스로 말하고 있으므로, 상대가 문제의 원인을 알아채지 못한 것은 아니며 그것을 김 대리가 말한 것도 아니다.

오답 풀이 ① "저라면 많이 섭섭했을 것 같아요"라고 말하는 데서 알 수 있다.
④ "난 남는 게 시간밖에 없어요"라고 농담을 던지는 데서 알 수 있다.

11 기출 변형   정답 ①

해설 'A는 ~ B이다(~ 중 하나는 ~이다)'의 형식으로, 주술 호응이 자연스러운 문장이다.

오답 풀이 ② '이유는 ~ 다르다'는 주어와 서술어의 호응이 자연스럽지 않으므로 '이유는 ~ 다르기 때문이다'로 고치는 것이 적절하다.
③ 앞 문장의 서술어인 '보면'의 주어와 뒤 문장의 서술어인 '대치되고 있다'의 주어가 일치하지 않아 어색한 문장이 되었다. '이 글을 보면 ~ 대치되고 있음을 알 수 있다' 정도로 고치는 것이 적절하다.
④ '다른 점은 ~ 넓다'는 주어와 서술어의 호응이 자연스럽지 않으므로 '다른 연구소와 다른 점은 ~ 상대적으로 넓다는 것(점)이다' 정도로 고치는 것이 적절하다.

12 기출 변형   정답 ④

출전 플로리안 아이그너, 〈우리에겐 과학이 필요하다〉

해설 제시문은 과학 혁명의 본질을 설명하기 위해 정치적인 혁명의 본질과의 공통점을 견주어 설명하고 있으므로 유추의 방식이 사용되었다. ④ 역시 혈액 순환이 건강에 미치는 영향을 통해 교통 순환이 경제에 미치는 영향을 설명하고 있으므로 유추의 방식이 사용되었다.

오답 풀이 ① 닻 내림 효과의 개념을 정의의 방식으로 설명하고 있다.
② 예시의 방법으로 조선 시대 고전 소설의 특징을 설명하고 있다.
③ 유지방을 다량 함유하고 있다는 공통점을 들어 아이스크림과 연유를 비교하고 있다.

13 기출 변형   정답 ④

해설 ㉡에서 관형절로 안긴 문장인 '그 사람이 잡은' 속에는 부사어가 없다. 하지만 ㉢에서 부사절로 안긴 문장인 '발에 땀이 나도록'에는 부사어 '발에'가 있다.

오답 풀이 ① ㉠에서 '그가 담임 선생님임'이 명사의 역할을 하는 명사절로 안긴 문장이다. ㉣에서 '비가 오는'은 관형어의 역할을 하는 관형절로 안긴 문장이다.
② ㉠에서 안은문장의 주어는 '우리는'이고, 명사절로 안긴 문장의 주어는 '그가'이므로 안은문장과 안긴문장의 주어는 서로 다르다.
③ ㉡에서 관형절로 안긴 문장인 '그 사람이 (손을) 잡은'에서는 목적어가 생략되었다. 하지만 ㉣에서 관형절로 안긴 문장은 '비가 오는=소리'의 구성을 보이는 동격 관형절로 관형절 내에 생략된 문장 성분이 없다.

보충 자료 문장의 짜임새

홑문장	· 주어와 서술어의 관계가 한 번만 이루어지는 문장 · 대칭 서술어(부딪치다, 만나다, 싸우다, 악수하다, 비슷하다, 다르다, 같다, 닮다 등)가 쓰인 문장은 홑문장으로 본다.		
겹문장	이어진 문장	둘 이상의 절(節)이 연결 어미에 의하여 결합된 문장	
		대등하게 이어진 문장	대등적 연결 어미(-고, -며, -나, -지만, -든지, -거나 등)를 사용하여 연결한 문장 예 · 낮말은 새가 듣고 밤말은 쥐가 듣는다. · 나는 사과를 좋아하지만 영희는 배를 좋아한다.
		종속적으로 이어진 문장	종속적 연결 어미(-아서/-어서, -므로, -니까, -면, -거든, -더라면, -려고, -고자 등)를 사용하여 종속적인 관계를 표시한 문장 예 · 너를 만나지 못하면 가지 않겠다. · 손님이 오시거든 반갑게 맞이하여라.
	안은 문장	문장 안에 작은 문장(절)이 들어가 안겨 있는 경우	
		명사절을 안은 문장	절이 명사의 역할을 하는 문장 예 수진이가 천재임이 밝혀졌다.
		서술절을 안은 문장	절이 서술어의 역할을 하는 문장. '주어+(주어+서술어)'의 구성 예 토끼는 귀가 길다.
		관형절을 안은 문장	절이 관형어의 역할을 하는 문장 예 이 책은 내가 읽은 책이다.
		부사절을 안은 문장	절이 부사어의 역할을 하는 문장 예 비가 소리도 없이 내린다.
		인용절을 안은 문장	문장에서 인용된 부분 예 철수는 책을 좋아한다고 나에게 속삭였다.

14 기출 변형   정답 ①

출전 2020학년도 6월 고2 전국연합학력평가, 수정

해설 찬성 측이 예상되는 반론 가능성을 미리 차단하는 내용은 없다. 반면 반대 측은 '대학 입시가 3학년 학생회장의 적극적인 활동을 방해할 수도 있겠지만'에서 예상되는 반론을 제시한 뒤, '그것은 학생회장의 의지와 ~ 극복할 수 있을 것입니다'에서 이를 차단하며 자신의 주장을 관철하고 있다.

오답 풀이 ② 반대 측이 찬성 측의 의견대로 하면 2학년 회장과 3학년 전임 회장 사이에 갈등이 생길 수도 있다고 말하는 데서 알 수 있다.
③ 찬성 측이, 학생회장이 처하게 되는 대입 상황과 함께 학생회의 연속성을 근거로 드는 데서 알 수 있다.
④ 반대 측은 "예를 들어, 3학년 임원들이 ~ 풍부하게 쌓을 수 있을 것입니다"에서 3학년 학생회 임원들이 대학 입시의 부담을 줄일 수 있는 구체적인 대안을 제시하며 2학기 말에 학생회장 선거를 실시해야 한다는 자신의 주장을 강화하고 있다.

15 기출 변형   정답 ④

해설 박완서의 〈조그만 체험기〉는 1970년대 급격한 산업화 과정에서 나타난 사회 현실의 부조리함을 드러낸 소설이다.
㉠의 '억울한 사람들'은, 갖은 수모를 겪고 다섯 시간을 기다려 5분의 만남(면회)을 가졌지만 '돈푼이나 있는 사람'은 '특별 면회'를 할 수 있기 때문에, '이중의 억울함'을 느낀다. 즉 ㉠의 '억울한 사람들'은 제도적 허점을 이용한 특별 면회로 인해 이중의 억울함을 겪는 대상이므로, ㉠은 제도적 허점을 이용하는 사람들이 아니라 그로 인해 피해를 입은 사람들의 감정을 표현한 것이다.

오답 풀이 ① 돈을 내지 않으면 '오래 기다리는 면회'를 해야 하지만, 돈을 내면 '특별 면회'를 할 수 있다. 따라서 '특별 면회'는 빈부 격차로 인한 사회적 불평등이 반영된 제도이다.
② 권 주임은 검사 취조를 받고 있는 '나'의 남편을 불기소 처분해 주겠다는 명목으로 손가락을 폈다 접었다 하면서 '나'에게 돈을 요구하고 있다. 이것은 행동 묘사를 통한 보여주기의 방식으로 인물의 물질 만능주의적 가치관을 간접적으로 나타낸 것이다.
③ "특별 면회라는 것에 유혹을 안 느낀 건 아니지만 ~ 꺼림칙한 것 또한 어쩔 수 없었다"에서 알 수 있다.

16 기출 변형   정답 ④
출전 김선희, 《철학이 나를 위로한다》
해설 베르그송은 '객관적 시간(물리적 시간, 누구에게나 동일한 시간)'이 아니라 '의식의 시간(흐르고 침투되어 융합되는 지속)'이 우리에게 의미가 있는 진정한 시간이라고 주장하고 있다. '시간을 얼마만큼 썼는가?, 시간이 얼마나 남았는가?'는 '객관적 시간'과 관련된 문제의식이고, '시간을 어떻게 보내고 있는가?'는 '의식의 시간'과 관련된 문제의식이다. 따라서 ㉣에는 "우리에게 시간은 얼마만큼 '썼는가?', '남았는가?'의 문제가 아니라 '어떻게 보내고 있는가?'의 문제가 된다"가 들어가야 문맥상 적절하다.

17 기출 변형   정답 ②
출전 신영욱, 〈4년 만에 車보험 흑자… 손보업계 '호사다마' 우려〉, 《이코노믹 리뷰》(2022. 1. 27.)
해설 ㉠의 앞부분에는 자동차 보험이 흑자를 낼 것으로 보인다는 내용이, 뒷부분에는 흑자를 달성하게 되어 보험료를 인하해야 한다는 여론이 형성되고 있다는 내용이 나온다. 앞뒤 문장과 통일성을 가지면서 자연스럽게 이어지려면, ㉠에는 손해 보험업계는 자동차 보험이 흑자를 달성하는 것은 좋은 일이지만 그럼으로써 자동차 보험료를 인하하라는 압력을 받고 있다는 내용을 모두 담을 수 있는 문장이 들어가야 한다. 따라서 ㉠에 들어갈 문장으로 가장 적절한 것은 ②이다.
*好事多魔(좋을 호, 일 사, 많을 다, 마귀 마): 좋은 일에는 흔히 방해되는 일이 많음. 또는 그런 일이 많이 생김.
오답 풀이 ① 和而不同(화목할 화, 말이을 이, 아닌가 부, 같을 동): 남과 사이좋게 지내기는 하나 무턱대고 어울리지는 아니함.
③ 狐假虎威(여우 호, 거짓 가, 범 호, 위엄 위): 남의 권세를 빌려 위세를 부림. 여우가 호랑이의 위세를 빌려 호기를 부린다는 데에서 유래한다.
④ 四面楚歌(넉 사, 낯 면, 가시나무 초, 노래 가): 아무에게도 도움을 받지 못하는, 외롭고 곤란한 지경에 빠진 형편을 이르는 말

18 기출 변형   정답 ④
해설 나희덕의 〈내 유년의 울타리는 탱자나무였다〉는 탱자나무와 관련된 어린 시절의 경험을 바탕으로 삶의 고통을 슬기롭게 받아들이며 살아야 한다는 교훈을 전하는 수필이다.
㉠에는 탱자나무를 떠올리며 삶의 상처를 보듬고 위로받는 화자의 모습이 나타난다. ㉣ 역시 '무너지는 둑'에 서 있던 중 채송화를 보며 위로받고 새로운 삶의 의지를 얻는 화자의 모습이 나타난다.
오답 풀이 ① 이국적인 풍경을 감각적으로 묘사하여 도시인의 고독감을 보여 주고 있다.
② 정처 없이 유랑하는 나그네의 비애가 형상화되어 있다.
③ 이리 승냥이의 노림에도 굴하지 않겠다는 대결 의지를 강하게 표현하고 있다.

19 기출 변형   정답 ③
출전 2007년도 행정·외무고시 1차 시험
해설 2문단에 따르면, 에스키모족이나 부시맨족처럼 사회 구성원이 어느 한 시기에 초과 생산을 하는 것이 집단의 생존을 위협하는 환경에는 호혜성 교환 경제 체제가 적합하다. 따라서 호혜성 교환 경제 체제인 부시맨 사회에서 혁신적인 작업 방식(사냥이나 채취 방식)을 개발해 개인 생산량(사냥감이나 식물 채취의 양)을 대폭 증가시키는 사람은 서식지 내 식량 공급 능력을 영원히 상실시킬 위험을 초래하므로 집단의 생존을 위협하는 요인이 될 것이다.
오답 풀이 ① 1문단에 따르면, 경쟁에 기반한 시장 경제 체제와 달리 호혜성 교환 경제 체제는 그 특성상 적절한 경쟁을 유발할 수 없다. 또한 마지막 문단에 따르면, 호혜성 교환 경제 체제는 시장 경제 체제보다 노동 시간이 훨씬 적다. 하지만 2문단에 따르면, 호혜성 교환 경제 체제에서 노동 시간이 적은 것은 경쟁을 유발할 수 없는 사회적 제도 때문이 아니라 자연 조건 때문이다.
② 2문단에 따르면, 에스키모족이나 부시맨족이 처한 외부 환경이나 자연 조건에서는 시장 경제 체제보다 호혜성 교환 경제 체제가 집단의 생존력을 높이는 결과를 낳는다.
④ 마지막 문단에 따르면, 호혜성 교환 경제 체제인 부시맨 사회에서는 타인에게 물품이나 용역을 제공하고 제공받는 일이 당연한 일임을 알 수 있다. 특히 '호혜성이란 정확한 계산이라든지 누구에게 빚을 졌다는 사고와는 정반대의 사고'이므로 호혜성이 지배하는 부시맨 사회에서는 타인에게 물품이나 용역을 제공받은 경우 공개적으로 감사를 표시하는 것이 적절치 않은 일임을 추론할 수 있다.

20 기출 변형   정답 ②
출전 고등학교 《정치와 법》 교과서, 지학사
해설 '구속 전 피의자 심문 제도'는 구속의 남용을 방지하기 위한 사법적인 통제 장치 중 하나로, 피의자에 대한 구속을 신중하게 판단하는 것이다. 이러한 구속 전 피의자 심문 제도를 도입하면, 구속은 신중하게 판단한 결과이므로 구속 적부심을 청구하는 경우 법원이 적법한 구속으로 판단하여 이를 기각하는 비율이 상승할 것이다.
*기각(棄却)하다: 소송을 수리한 법원이, 소나 상소가 형식적인 요건은 갖추었으나, 그 내용이 실체적으로 이유가 없다고 판단하여 소송을 종료하다.
오답 풀이 ① 구속을 신중하게 판단할 것이므로 위법하거나 불필요한 구속이 감소할 것이다.
③ 명예 회복 제도와 구속 영장 발부는 직접적인 관련이 없다.
④ 형사 보상 제도는 형사 피의자 또는 형사 피고인이 국가에 보상을 청구하는 제도이다.

05회 국가직 기출 변형 모의고사

2019 국가직 9급

기출 변형

| 01 ④ | 02 ① | 03 ③ | 04 ④ | 05 ② | 06 ③ | 07 ④ | 08 ② | 09 ② | 10 ④ |
| 11 ② | 12 ① | 13 ② | 14 ④ | 15 ④ | 16 ④ | 17 ③ | 18 ③ | 19 ② | 20 ② |

01 기출 변형 정답 ④

해설 '밝다'는 동사로도, 형용사로도 쓰인다.
'전망이 밝아서'의 '밝다'와 '벽지가 밝아서'의 '밝다'는 모두 형용사이다. '밝다'는 동사로는 '밤이 지나고 환해지며 새날이 오다'의 의미로 쓰인다.

오답 풀이 ① '크다'는 동사로도, 형용사로도 쓰인다.
- 나무가 크다: '동식물이 몸의 길이가 자라다'의 의미인 동사로 쓰였다.
- 덩치만 크다: '사람이나 사물의 외형적 길이, 넓이, 높이, 부피 따위가 보통 정도를 넘다'의 의미인 형용사로 쓰였다.

② 접미사 '-적(的)'이 붙는 말은 관형사, 명사 등으로 쓰인다.
- 이성적으로: 뒤에 조사가 붙으면 명사이다.
- 이성적 동물이다: 직접 체언을 수식하면 관형사이다.

③ '다른'은 형용사로도, 관형사로도 쓰인다.
- 다른 생각: 서술성이 없고 수식 기능만 하는 관형사이다.
- 너와는 다른: '너와는 다르다'와 같이 서술성을 지니고 있으므로 형용사이다.

02 기출 변형 정답 ①

해설 덮개: [덥개](음절의 끝소리 규칙 – 교체) → [덥깨](된소리되기 – 교체). 음운의 교체 한 가지 유형만 나타난다.

오답 풀이 ② 잃는다: [일는다](자음군 단순화 – 탈락) → [일른다](유음화 – 교체). 'ㄴ'이 'ㄹ'의 뒤에서 [ㄹ]로 발음되는 '유음화'가 일어난다. 유음화는 조음 방법으로는 비음인 'ㄴ'이 인접한 유음인 'ㄹ'에 동화되어 유음으로 발음되는 것이다.

③ 꽃잎: [꼳입](ㄴ 첨가 – 첨가, 음절의 끝소리 규칙 – 교체) → [꼰닙](비음화 – 교체). 교체와 첨가가 일어나 음운의 개수가 늘었다.

④ 숱하다: [숟하다](음절의 끝소리 규칙 – 교체) → [수타다](자음 축약 – 축약). 음운의 교체와 축약이 일어난다.

보충 자료 주요 음운 변동 현상

교체 (대치)	음절의 끝소리 규칙, 비음화, 유음화, 구개음화 등 예 · 숲[숩](음절의 끝소리 규칙) · 국물[궁물](비음화) / 진리[질리](유음화) · 같이[가치](구개음화)
축약	자음 축약, 모음 축약 예 · 놓고[노코] / 법학[버팍] / 앉히다[안치다](자음 축약) · 보아 → 봐 / 가꾸어 → 가꿔(모음 축약) * '모음 축약'을 교체로 보는 의견도 있음.
탈락	자음군 단순화, ㄹ 탈락, ㅎ 탈락, ㅡ 탈락 등 예 · 흙[흑](자음군 단순화) · 아들+님 → 아드님 / 울+는 → 우는(ㄹ 탈락) · 좋은[조은](ㅎ 탈락) · 기쁘+어 → 기뻐(ㅡ 탈락)
첨가	ㄴ 첨가, 사잇소리 현상 등 예 · 솜이불[솜ː니불](ㄴ 첨가) · 등+불 → 등불[등뿔](사잇소리 현상)

03 기출 변형 정답 ③

해설 '한식의 표준화'라는 한 가지 쟁점을 둘러싸고, 찬성 측과 반대 측이 명확히 구분된다. 또한 긍정 평서문으로 진술되고 평가가 포함된 불필요한 형용사나 부정적 인식을 주는 표현도 사용하지 않았으므로 ③이 토론 논제로 적절하다.

오답 풀이 ① 한 가지 쟁점을 두고 찬성과 반대 입장이 명확히 구분되고, 긍정 평서문을 사용했으나, 사형 제도가 인권을 짓밟는다는 표현이 사형 제도에 대한 부정적 인식을 주고 있으므로 토론 논제로 적절하지 않다.

② 찬성 측과 반대 측의 입장이 명확히 구분되지 않으므로 토론 논제로 적절하지 않다.

④ 부정문을 사용하여 토론 논제로 적절하지 않다.

04 기출 변형 정답 ④

해설 유치진의 〈토막〉은 1920년대 식민지 조선의 실상을 사실적으로 그려 냄으로써 당대의 비참한 생활과 사회 모순을 고발한 희곡이다.
명서 처와 경선 처의 마지막 대화로 보아, 명서 처가 경선 처의 살림살이를 가져간 것은 아니다. 경선 처는 명서 처에게 엉뚱하게 분풀이를 하고 있을 뿐이다.

*악다구니: 기를 써서 다투며 욕설을 함. 또는 그런 사람이나 행동

오답 풀이 ① "당신네 집 부엌에 좀 붙어 있다구 그러우?"라는 경선 처의 대사에서 알 수 있다.

② 명서 처의 '살림이 없지문 허는 수 없기야 허지만, 거지 실성이 들이두 여간이 아닌걸'과 경선 처의 '우리 집 항아리, ~ 내 정신까지 쓸어 간 거여'에서 알 수 있다.

③ "우리같이 틈틈이 따리라두 만들지. 그럼두 하루 2, 3전은 벌 것 아냐. ~ 벽이 무너지니 추운 줄 알까……"라고 명서 처가 경선 처를 힐난하며 타이르는 데에서 알 수 있다.

05 기출 변형 정답 ②

해설 정음이 약속에 늦은 이유를 거짓으로 얘기했다는 것은 훈민의 생각이다. 여기에 대해 정음은 자신의 말이 지어낸 것이 아니라고 말하고 있다. 따라서 정음의 말이 사실인지 아닌지는 알 수 없다.

오답 풀이 ① 훈민이 이전에 늦은 것까지 지적하자 정음이 '지난 일은 왜 꺼내는데?'라고 말하며 불쾌해하는 데서 알 수 있다.

③ 훈민이 처음부터, 영화를 못 보게 된 것이 정음 때문이니 책임지라고 말하는 데서 알 수 있다.

④ 훈민이, 미안하다는 말도 없이 변명부터 한 것에 대해 정음을 책망하는 것에서 알 수 있다.

06 기출 변형 정답 ③

출전 2015학년도 10월 고3 전국연합학력평가, 수정

해설 김 교수는 △△군의 관광 산업이 위축된 원인을 묻는 사회자의 질문에 세 가지(○○동굴에 대한 높은 의존도, 제반 시설의 낙후, 지자체의 실질적 지원 부족 등)로 분석해 답변하고 있다. 그러나 △△군의 관광 산업 위축으로 인해 파생된 부정적 결과는 언급하고 있지 않다.

오답 풀이 ① 사회자는 "지역 경제의 침체가 ~ 말씀이시군요"에서 주민 대표의 말을, "동굴에 대한 ~ 말씀이시군요"에서 김 교수의 말을 요약하여 정리하고 있다.

② 주민 대표는 빈방을 찾기 어려웠던 과거의 상황과 주말에도 빈방이 너무 많은 현재의 상황을 대조하여 △△군의 관광 산업 위축 문제가 심각하다는 사실을 강조하고 있다.

④ 지자체 대표는 하천 정비 사업 때문에 지자체의 실질적 지원이 부족했다고 설명하

며, △△군의 관광 산업 활성화를 위해 새로운 문화 산업 개발, 외부 투자 유치 등의 노력을 하고 있음을 밝히고 있다.

07 기출 변형　　　　　　　　　　　　　　　　　　　　　정답 ④
출전 고등학교 《경제》 교과서
해설 ㉠·㉡ 앞의 우리나라 상품과 서비스의 수출이 줄어들거나, 외국 상품과 서비스의 수입이 늘어난다는 내용으로 보아 수입액(㉠)이 수출액(㉡)을 초과한다는 내용을 이루어야 적절하다.
㉢ 뒤의 기업들이 미래 경기가 좋아질 것으로 예상하여 생산성을 높이고자 한다는 내용으로 보아 국내 투자가 늘어나는(㉢) 경우에도 경상 수지 적자가 발생할 수 있다는 내용을 이루어야 적절하다.

08 기출 변형　　　　　　　　　　　　　　　　　　　　　정답 ②
해설 ㉠ '물어보시다'의 높임 선어말 어미 '-시-'를 사용하여 주체인 '부장님'을 높이는 주체 높임법이 사용되었고, 하십시오체 종결 어미인 '-습니다'에서 듣는 이를 높이는 상대 높임법이 사용되었다.
㉣ 조사 '께서'에서 주체 높임법이 사용되었고 '허리가 아프시다'에서 아버지의 신체를 높여 주체인 '아버지'를 간접적으로 높인, 주체 높임법 중 간접 높임이 사용되었다. 또한 하십시오체 종결 어미인 '-ㅂ니다'에서 듣는 이를 높이는 상대 높임법이 사용되었다.
따라서 ㉠과 ㉣에는 주체 높임법과 상대 높임법이 사용되었다.
오답 풀이 ① ㉠에는 주체 높임법과 상대 높임법만 사용되었고 객체 높임법은 사용되지 않았다. ㉡에는 조사 '께서'와 '드리시다'에 쓰인 높임 선어말 어미 '-시-'를 사용하여 주체인 '어머니'를 높이는 주체 높임법이 사용되었고, 조사 '께'와 '드리다'라는 특수 어휘를 사용해 객체인 '할머니'를 높이는 객체 높임법이 사용되었다. 또한 하십시오체 종결 어미인 '-습니다'에서 듣는 이를 높이는 상대 높임법이 사용되었다.
③ ㉡에는 주체, 객체, 상대 높임법이 사용되었다. 하지만 ㉢에는 '모시다'라는 특수 어휘를 사용하여 객체인 '할아버지'를 높이는 객체 높임법과 해요체 종결 어미인 '-어요'에서 듣는 이를 높이는 상대 높임법만 사용되었고 주체 높임법은 사용되지 않았다.
④ ㉢에는 객체 높임법과 상대 높임법이 사용되었다. 하지만 ㉣에는 주체 높임법과 상대 높임법만 사용되었다.

보충 자료 높임법의 종류

주체 높임법	-시-, 께서, -님, 진지, 계시다, 잡수시다 등	문장의 주체(주어)를 높이는 높임법
객체 높임법	께, 뵙다, 드리다, 모시다, 여쭙다 등	문장의 객체(목적어, 부사어)를 높이는 높임법
상대 높임법	종결 어미로 표현	청자를 높이거나 낮추는 높임법. 격식체, 비격식체가 있음.

09 기출 변형　　　　　　　　　　　　　　　　　　　　　정답 ②
출전 장회익, 〈새로운 생명 가치관의 모색〉
해설 남의 생명이 자기 생명만큼 소중하다는 생각만으로 대상에 따라 태도를 달리하는 것을 심정적인 면에서까지 완전히 없앨 수는 없었기 때문에(원인), 사람들은 윤리의 초점을 사회 규범을 마련하는 것에까지만 맞추게 되었다(결과)는 문맥이다. 따라서 〈보기〉는 결과에 대한 진술이 뒤에 이어지는 ㉡에 들어가야 적절하다.

10 기출 변형　　　　　　　　　　　　　　　　　　　　　정답 ④
해설 ㉠ '다리[脚]'는 '사람, 짐승의 다리'에서 '사람, 짐승의 다리를 포함해서 물건을 지탱하는 하체 부분'을 이르는 말로 의미가 확대되는 경우이다.
㉡ '놈'은 '일반적인 사람'에서 '남자나 사람을 낮잡아 이르는 말'로 의미가 축소되는 경우이다.
㉢ '인정(人情)'은 '뇌물'에서 '사람 사이의 정'이라는 제3의 다른 의미로 바뀌는 경우이다.
오답 풀이 ① '어여쁘다(< 어엿브다)'는 '불쌍하다'에서 '예쁘다'라는 제3의 다른 의미로 바뀌는 경우이다.
② '짐승'은 '중생(衆生)'에서 온 말로 '생물 전체'에서 '사람을 제외한 동물'로 의미가 축소되는 경우이다.

보충 자료 의미의 변화의 유형

의미의 확대	단어의 의미 범위가 넓어진 경우 예 지갑: 종이로 만든 것 → 가죽이나 헝겊 따위로 쌈지처럼 만든 것
의미의 축소	단어의 의미 범위가 좁아진 경우 예 미인: 남녀 모두에 쓰임. → 여성에게만 적용됨.
의미의 이동	단어의 의미 범위가 달라진 경우 예 어엿브다: 불쌍하다 → 예쁘다

11 기출 변형　　　　　　　　　　　　　　　　　　　　　정답 ②
해설 (가) 송순의 〈면앙정가(俛仰亭歌)〉는 면앙정에서의 풍류와 군은(君恩)에 대한 예찬을 주제로 한 가사이다. (나) 박인로의 〈상사곡(相思曲)〉은 장부(丈夫)가 임을 그리워하는 형식을 취해 연군지정을 드러낸 가사이다. (가)의 화자는 울창한 나무 사이를 거닐면서 ㉠ '황앵'이 '교태 겨워(흥에 겨워)' 한다고 보고 있다. 자연을 즐기는 화자가 자신의 즐거운 심정을 ㉠ '황앵'에 이입한 것이므로 ㉠은 감정이 이입된 대상이다. 반면 (나)의 화자는 짝을 이뤄 놀고 있는 ㉡ '꾀꼬리'를 보며 '최귀한 사람'인 자신이 '새만도 못'하다고 말하고 있다. 즉 ㉡은 임과 함께 있지 못하는 화자의 서러운 감정을 환기하고 있다.
오답 풀이 ① ㉡은 자웅을 이뤄 쌍쌍이 놀고 있으나, 화자는 임과 이별한 상황이므로 화자와 대립된 처지에 놓인 대상이다. 그러나 화자가 ㉠을 비판하고 있지는 않다.
④ (가)의 화자는 자연 속에서 ㉠의 소리를 즐겁게 듣고 있다. 그러나 ㉠과 물아일체 된 상태는 아니다. 또한 ㉡과 (나)의 화자는 처지가 다르므로 ㉡도 화자와 물아일체된 상태가 아니다.
* 물아일체: 외물(外物)과 자아, 객관과 주관, 또는 물질계와 정신계가 어울려 하나가 됨.

작품 해설 (나) 박인로, 〈상사곡(相思曲)〉

1. 갈래: 가사
2. 성격: 서정적, 애상적
3. 표현과 특성: ① 임금과 신하의 관계를 남녀 관계에 빗대어 우의적으로 표현함.
　　② 설의적 표현과 자문자답의 형식을 사용함.
　　③ 중국의 고사를 활용함.
4. 주제: 연군지정(戀君之情)
5. 해설: 〈상사곡(相思曲)〉은 장부(丈夫)가 임을 그리워하는 형식을 취해 연군지정을 드러낸 가사이다. 임과 이별한 화자의 처지와 이별에 대한 안타까움과 임을 그리워하는 마음, 임과의 재회를 소망하는 심정, 임에 대한 변함없는 사랑 등을 드러내고 있다. 자문자답의 형식과 비유적이며 감각적인 표현을 사용한 것이 특징이다.

12 기출 변형 정답 ①

해설 제시문에는 이곳저곳을 떠돌며 살고 있는 '그'의 처지가 나타나 있다. 따라서 이러한 상황을 표현하는 한자 성어로 가장 적절한 것은 '바람을 먹고 이슬에 잠잔다는 뜻으로, 객지에서 많은 고생을 겪음을 이르는 말'인 '風餐露宿[바람 풍, 삼킬 찬, 이슬 노(로), 잠잘 숙]'이다.

오답풀이 ② 搖之不動(흔들릴 요, 갈 지, 아닌가 부, 움직일 동): 흔들어도 꼼짝하지 아니함.
③ 走馬加鞭(달릴 주, 말 마, 더할 가, 채찍 편): 달리는 말에 채찍질한다는 뜻으로, 잘하는 사람을 더욱 장려함을 이르는 말
④ 厚顔無恥(두터울 후, 얼굴 안, 없을 무, 부끄러워할 치): 뻔뻔스러워 부끄러움이 없음.

13 기출 변형 정답 ②

해설 정희성의 〈저 산이 날더러 — 목월 시 운을 빌려〉는 화자가 처한 힘들고 비참한 삶의 현실을 박목월의 〈산이 날 에워싸고〉의 시상 전개 방식을 빌려 표현한 시이다.
화자는 산속에서 농사나 지으며 최소한의 생계를 유지하는 비참한 삶의 현실을 산이 화자에게 삽이나 들고 흙이나 파먹다 죽으라고 명령한다는 주객전도의 표현으로 나타내고 있다. 이러한 주객전도의 표현은 화자가 느끼는 절망감을 강조하는 효과를 준다. 따라서 주객전도의 표현으로 화자의 달관적 태도를 드러낸 것은 아니다.

오답풀이 ① 시의 처음과 끝에서 "산이 날더러는 / 흙이나 파먹으라 한다(파먹다 죽으라 한다)"를 반복하는 변형된 수미상관의 구조를 보이고 있다.
③ "쑥국새마냥 울라 하고", "흙 파먹다 죽은 아비", "굶주림에 지쳐 / 쑥굴형에 나자빠진 / 에미처럼 울라 한다" 등에서 시각적, 청각적 이미지를 사용해 외로운 산속에서 굶주림에 시달리며 괴롭게 살아가는 화자의 삶의 현실을 나타내고 있다.
④ "산이 날더러는 / 흙이나 파먹으라 한다 / 날더러는 삽이나 들라 하고" 등에서 알 수 있듯이 시 전체에 보조사 '는, 이나'와 명령형 어미 '-(으)라'가 반복되고 있다. 이를 통해 비참한 현실에서 살아가야 하는 화자의 서글픔을 강조하고 있다. 또한 산이 화자에게 힘들고 비참한 삶을 살라고 말하는 데에서 명령형 어미 '-(으)라'가 반복되는데, 이는 벗어날 수 없는 화자의 고통스러운 운명을 강조하여 화자의 절망감을 강조하는 효과를 준다.

14 기출 변형 정답 ④

해설 조위한의 〈최척전(崔陟傳)〉은 임진왜란·정유재란 등의 사건과 조선·중국·일본·안남(베트남) 등의 공간을 배경으로 하여 전쟁으로 인해 한 가족이 겪는 삶의 고난과 시련을 그린 고전 소설이다.
㉣에서 최척이 아내와 헤어진 사건의 원인이 왜적의 침입에 있음을 짐작할 수 있지만, 이를 편집자적 논평으로 설명한 것은 아니다.

오답풀이 ① ㉠에서는 '바다와 하늘'이 애처롭고, '구름과 안개'가 수심에 잠긴 것 같다는 감정 이입을 통해 왜적의 침입 때문에 아내(가족)와 떨어진 최척의 슬픔과 그리움을 드러내고 있다.
② ㉡을 듣고 최척은 배에 자신의 아내가 있을 것 같다고 말하고 있다. 즉 ㉡은 최척과 그의 아내가 만나는 사건이 곧 나타날 것임을 암시하는 기능을 하는 것이다.
③ 조선말로 시를 읊는 소리를 듣고 최척은 ㉢과 같은 행동을 하고 있다. 이는 최척의 놀라움, 충격 등의 심리를 간접적으로 드러낸 것이다.

작품 해설 조위한, 〈최척전(崔陟傳)〉
1. **갈래**: 고전 소설
2. **성격**: 불교적, 사실적
3. **표현과 특성**: ① 만남과 이별을 반복적으로 구성함.
   ② 시대적 상황과 전란으로 인한 민중의 고통을 사실적으로 표현함.
4. **주제**: 전란으로 인한 가족의 헤어짐과 재회
5. **해설**: 〈최척전(崔陟傳)〉은 임진왜란·정유재란 등의 사건과 조선·중국·일본·안남(베트남) 등의 공간을 배경으로 하여 전쟁으로 인해 한 가족이 겪는 삶의 고난과 시련을 그린 고전 소설이다. 수십 년에 걸친 가족사를 통해 우리 역사의 비극과 그 속에 살았던 인물들을 사실적으로 그렸으며, 이를 통해 당시 우리나라가 처했던 사회적, 역사적 문제를 제기하고 있다는 점에서 의의를 지닌다.

15 기출 변형 정답 ④

해설 김정한의 〈모래톱 이야기〉는 조마이섬을 배경으로 하여 소외 지대 인간의 비극적 삶과 부조리한 현실에 대한 저항을 보여 주는 소설이다. 갈밭새 영감이 '그자'를 물속에 태질을 해 버려 '그자'는 탁류에 휘말려 갔다. 또한 영감이 살인죄를 저지르지 않았다는 내용도 제시문에 없다. 따라서 갈밭새 영감이 살인죄를 지은 것이 누명은 아닌 것이다.

오답풀이 ① '조마이섬'이라는 작중 배경을 제시하고 있다.
② 서술자인 '나'는 윤춘삼 씨에게 들은 사건을 전달하고 있으므로, 작중 인물인 서술자와 인물·사건 사이엔 거리가 있는 것이다.
③ '이 개 같은 놈아'라고 말하며 상대방을 태질해 버리는 데서 갈밭새 영감의 직설적인 성격을 알 수 있다. 또한 '우짜문 좋겠능기요?'라며 우는 윤춘삼 씨를 통해 그가 순박하고 선한 사람임을 알 수 있다.

16 기출 변형 정답 ③

출전 2023학년도 서강대학교 수시 논술

해설 ㉡이 양반과 같은 평등한 사회적 기회를 노비에게 주는 것에 반대한다는 내용은 나오지 않는다. 노비종모법에 따르면 노비의 자식이 양인이 될 수 있는 것이지, 양반이 될 수 있는 것은 아니다.

오답풀이 ① 1731년 노비종모법을 실시한 이래로 모든 사노의 양처 소생은 어미를 따라 양인이 되게 한다는 내용에서 추정할 수 있다.
② ㉡은 '기강이 무너지고', '통솔할 수 없게' 되는 내부적 갈등이 '노비종모법'에 따라 노비의 자식이 양인이 되는 신분제의 변화 때문이라고 보았다. 반면 ㉠은 지배 집단이 자신들의 기득권 유지를 위해 불평등한 기준을 만들었기 때문에 지배 집단과 피지배 집단 간의 갈등이 생긴 것이라고 주장한다. 따라서 ㉠은 ㉡과 달리, 조선의 갈등이 신분제의 변화 때문이 아니라 집단 간 갈등에서 기인한 것으로 생각할 것이다.
④ ㉡이 일천즉천으로 돌아가지 않으면 기강이 무너지고 민심이 흩어져 통솔할 수 없게 된다고 주장한 데서 알 수 있다.

17 기출 변형 정답 ③

출전 호프 자런, 《랩 걸》

해설 2문단에서 동물과 식물의 에너지 대사를 대비하여 설명하고 있다. 하지만 이는 식물 세포의 우수성을 드러내기 위한 것이 아니라 식물이 광합성으로는 영하의 온도를 버텨낼 수 없음을 보여 주기 위한 것이다.

오답풀이 ① 1문단에서 나무를 이루는 세포를 '물이 든 상자'에 빗대어서 설명하고 있다.
② 1문단에서 살아 있는 유기체는 대부분 물로 이루어져 있고, 그 유기체의 세포 안에 들어 있던 물이 얼면 세포벽이 터진다는 사실을 냉장고 안의 샐러리를 예로 들어 설명하고 있다.

④ 3~마지막 문단에서 나무가 겨울을 견딜 수 있는 이유로 나무의 경화 현상을 제시하고 이를 과정과 인과의 방법으로 설명하고 있다. '세포의 투과성 증가 → 세포 안의 화학 물질 농축(원인) → 액체 상태 유지(결과)', '세포 밖의 순수한 상태(원인) → 얼지 않는 상태(결과)'의 순서로 단계적으로 설명하고 있다.

18 기출 변형   정답 ③

출전 손영화, 《생활과 심리학》, 수정

해설 (나)에서 캐넌과 바드가 주장한 것은 '외부 자극이 일어나면 정서와 신체 반응은 거의 동시에 나타난다', '특정한 신체 반응은 여러 가지 정서에 대응될 수 있다'이다. 그런데 ③에서는 운동이라는 외부 자극과 신체의 반응(아드레날린 호르몬 분비)의 선후 발생 관계만 다루고 있다. 이는 (나)의 캐넌과 바드가 주장한 바와 관련이 없다.

오답 풀이 ① (가)에서 제임스와 랑에는 외부 자극에 대한 자율 신경계의 반응으로 신체의 변화가 일어나면 정서가 일어난다고 주장한다. 즉 자율 신경계(신체)의 반응이라는 생리적 상태에 따라 감정이 나타난다는 입장이므로 ①은 적절한 추론이다.
② (가)는 신체 반응이 일어나면 그에 맞는 정서가 유발된다는 입장이다. 따라서 인위적으로 신체반응을 유발할 수 있다면, 그에 따른 정서도 바꿀 수 있다고 추론할 수 있다.
④ (나)는 특정한 신체 반응이 여러 가지 정서들에 대응되기도 한다는 입장이다. 따라서 동일한 신체의 고통(반응)에 기쁜 감정과 슬픈 감정이 발생될 수 있다는 사례는 (나)로 설명이 가능하다.

19 기출 변형   정답 ②

출전 유영제 외, 〈생명 과학 교과서는 살아 있다〉

해설 녹말, 설탕 등의 탄수화물을 주성분으로 하는 식물들을 효소로 분해하고 효모로 발효시켜 만든 술(에탄올)이 기호품이자 소독약뿐만 아니라(1문단) 자동차 연료로도 사용되고 있음(2~마지막 문단)을 알 수 있다.

오답 풀이 ① 1문단에 따르면, 곡물의 녹말은 아밀라아제로 분해하면 포도당이 만들어진다. 그러나 마지막 문단에 따르면 나무의 섬유소는 아밀라아제가 아닌, 셀룰라아제에 의해 포도당으로 분해된다.
③ 제시문에 식물을 에너지원으로 이용하는 방법으로 직접 연소 방식은 설명되어 있지 않다.
④ 2문단에 따르면, 식물 유래 탄수화물로 에탄올을 만들어 연소시켜도 이산화 탄소는 발생한다. 다만 지구상의 이산화 탄소가 순환하게 되는 것이므로, 순수 이산화 탄소의 배출이 없는 것이다.

20 기출 변형   정답 ②

출전 이재박, 〈자동 창작 시대의 예술 작품 — 인공 지능은 예술 창작의 주체가 될 수 있는가?〉

해설 (나)에서는 예술이 큐비즘이나 비재현적 추상 미술로 나아간 데는 기술이라는 압력이 작용했음을 설명하기 위해 카메라와 인공 지능이라는 두 기계를 비교하고 있다.

오답 풀이 ① (가)에서, 근대와 현대를 거치는 동안 예술의 형식이 변화했다는 사실은 알 수 있지만 시간의 흐름에 따라 예술 형식이 구체적으로 어떻게 변화했는지는 알 수 없다.
③ (다)에 '예술 창작의 어려움'은 나타나지 않는다. (다)에서는 기술 복제 시대는 예술 감상에서의 민주화를 가능하게 한 것처럼 자동 창작 시대는 예술 창작에서의 민주화를 가능하게 할 것이라는 주장을 제시하고 있다.
④ (라)에서는 앞 문단인 (다)에서 언급한 '(인공 지능의 출현으로) 이제는 모두가 예술가가 될 것이다'라는 주장을 이어받아 "창작하는 기계(인공 지능)가 발전할수록 일반인과 일류 예술가의 경계는 모호해질 것이다"라고 심화하고 있다.

06회 국가직 기출 변형 모의고사   2018 국가직 9급

기출 변형

| 01 ③ | 02 ③ | 03 ③ | 04 ① | 05 ③ | 06 ④ | 07 ④ | 08 ④ | 09 ① | 10 ③ |
| 11 ① | 12 ④ | 13 ③ | 14 ③ | 15 ① | 16 ② | 17 ④ | 18 ③ | 19 ④ | 20 ③ |

01 기출 변형   정답 ③

해설 선릉[설릉] Seolleung(○), 백마[뱅마] Baengma(○): 자음 사이에서 동화 작용이 일어나는 경우 변화의 결과에 따라 적는다.

오답 풀이 ① 홍빛나 Hong Binna(×) → Hong Bitna(원칙)(○) / Hong Bit-na(허용)(○), 민복남 Min Bongnam(×) → Min Boknam(원칙)(○) / Min Bok-nam(허용)(○): 이름에서 일어나는 음운 변화는 표기에 반영하지 않는다. 이름은 음절 사이에 붙임표(-)를 쓰는 것을 허용한다.
② 희망[히망] himang(×) → huimang(○), 광희문[광히문] Gwanghimun(×) → Gwanghuimun(○): 'ㅢ'는 'ㅣ'로 소리 나더라도 'ui'로 적는다.
④ 벚꽃[벋꼳] beotkot(×) → beotkkot(○): '벚꽃'의 'ㄲ'은 된소리되기가 일어난 것이 아니므로 그대로 'kk'로 적는다.

보충 자료 〈로마자 표기법〉 쉽게 정리하기

발음을 기준으로 하는 표기	1. 로마자 표기는 〈표준 발음법〉에 따라 적는다. 따라서 음운 변동을 반영하여 적는 것을 원칙으로 한다. 예 백마[뱅마] Baengma 신라[실라] Silla 2. 'ㄱ, ㄷ, ㅂ'은 모음 앞에서 'g, d, b'로, 자음 앞이나 어말에서는 'k, t, p'로 적는다. 예 호법 Hobeop 합덕 Hapdeok 3. 'ㄹ'은 모음 앞에서는 'r'로, 자음 앞이나 어말에서는 'l'로 적는다. 단, 'ㄹㄹ'은 'll'로 적는다. 예 설악 Seorak 대관령 Daegwallyeong
예외적 표기	1. 'ㅢ'는 'ㅣ'로 소리 나더라도 'ui'로 적는다. 예 광희문 Gwanghuimun 2. 체언에서 'ㄱ, ㄷ, ㅂ' 뒤에 'ㅎ'이 따를 때에는 'ㅎ'을 밝혀 적는다. 예 집현전 Jiphyeonjeon 3. 된소리되기는 표기에 반영하지 않는다. 예 압구정 Apgujeong 낙성대 Nakseongdae 4. 이름 사이에서 나는 음운 변화는 적용하지 않는다. 예 한복남 Han Boknam / Han Bok-nam
붙임표(-)의 표기	1. 발음상 혼동의 우려가 있을 때 쓴다. 예 중앙 Jung-ang 반구대 Ban-gudae 2. 이름의 음절 사이에 허용한다(인명은 성과 이름의 순서로 띄어 씀.). 예 송나리 Song Nari / Song Na-ri 3. '도, 시, 군, 구, 읍, 면, 리, 동', '가' 앞에 넣는다(이때 붙임표 앞뒤에서 일어나는 음운 변화는 표기에 반영하지 않음.). 예 인왕리 Inwang-ri 종로 2가 Jongno 2(i)-ga 4. 자연 지물명, 문화재명, 인공 축조물명은 붙임표 없이 붙여 쓴다. 예 극락전 Geungnakjeon 속리산 Songnisan

02 기출 변형   정답 ③

해설 ㉠ '생기거나 이루어진 틀. 또는 그런 됨됨이. =체재(體裁) / 사회를 하나의 유기체로 볼 때에, 그 조직이나 양식, 또는 그 상태를 이르는 말'을 뜻하는 '體制(몸 체, 억제할 제)'가 들어가는 것이 적절하다.
㉡ '구별하지 못하고 뒤섞어서 생각함'을 뜻하는 '混同(섞을 혼, 같을 동)'이 들어가는 것이 적절하다.

ⓒ '물품이나 금액 따위의 내용'을 뜻하는 '内譯(안 내, 통변할 역)'이 들어가는 것이 적절하다.

오답풀이 ㉠ 體系(몸 체, 이을 계): 일정한 원리에 따라서 낱낱의 부분이 짜임새 있게 조직되어 통일된 전체
ⓛ 混沌(섞을 혼, 어두울 돈): 마구 뒤섞여 있어 갈피를 잡을 수 없음. 또는 그런 상태 / 하늘과 땅이 아직 나누어지기 전의 상태. '渾沌(흐릴 혼, 어두울 돈)'으로 쓰기도 한다.
ⓒ 來歷[올 내(래), 지낼 력(역)]: 지금까지 지내 온 경로나 경력 / 일정한 과정을 거치면서 이루어진 까닭 / 부모나 조상으로부터 내려오는 유전적인 특성. =내림

03 기출 변형   정답 ③
출전 김기봉, 《팩션 시대, 영화와 역사를 중매하다》
해설 사실주의 시대와 달리 팩션 시대에는 허구가 사실보다 우위에 선 장르가 나타났다는 것이 제시문의 중심 내용이다. 따라서 '팩션 시대에 전도된 사실과 허구의 위계'가 제목으로 가장 적절하다.
오답풀이 ① 2문단의 '소설 역사'는 역사의 내용이 아닌 구성 방식을 채용한 것이다. 따라서 역사를 기록(記錄: 주로 후일에 남길 목적으로 어떤 사실을 적음.)하는 것과는 관계가 없으므로 적절하지 않다.
② '사실주의 시대'와 '팩션 시대'의 구분은 사실과 허구의 관계에 따른 것이다. 하지만 이처럼 두 시대를 구분해서 시기적인 선후 관계를 밝히려는 것이 글의 목적은 아니다.
④ 제시문은 '팩션 시대'에 초점을 둔 글이다. 따라서 역사적 사실에 대한 이해 방식, 곧 역사관 자체의 변화를 설명하는 것이 아니다.

04 기출 변형   정답 ①
출전 2013년도 5급 국가공무원 민간경력자 일괄채용 제1차 시험
해설 제시문의 주제는 트랜스 지방이 심혈관계에 해롭다는 것이다. 그런데 ㉠은 트랜스 지방의 이점을 설명한 것이므로 문단의 통일성을 해친다.

05 기출 변형   정답 ③
해설 ⓒ에서 'ㅂㄷ'은 어두 자음군이다. 어두 자음군은 단어의 첫머리에 오는 둘 또는 그 이상의 자음의 연속체를 뜻한다. 중세 국어에서는 '뜨'의 초성 자리에 서로 다른 자음인 'ㅂ'과 'ㄷ'이 나란히 사용될 수 있었다.
오답풀이 ① '하다'는 '多(많을 다)'의 의미이지만 '어린'은 '愚(어리석을 우)'의 의미이다.
② '배(바가)'는 '바 + ㅣ(주격 조사)'의 형태이지만 '불휘(뿌리가)'는 '불휘 + ∅'의 형태이다. 중세 국어 시기의 주격 조사 '이'는 자음으로 끝난 체언 뒤에서는 '이'로, 'ㅣ' 모음 이외의 모음으로 끝난 체언 뒤에서는 'ㅣ'로 쓰였으며, 'ㅣ' 모음으로 끝난 체언 뒤에서는 생략되었다.
④ '내히'는 '냏(ㅎ 곡용어) + 이(주격 조사) → 내히'의 형태로 쓰인 것이지만 '남ᄀᆞᆫ'은 '낡(ㄱ 곡용어) + ᄋᆞᆫ(보조사) → 남ᄀᆞᆫ'의 형태이다. 따라서 '남ᄀᆞᆫ'은 보조사와 만나 형태가 변한 것이다.

06 기출 변형   정답 ④
해설 (가) 황진이의 〈내 언제 무신ᄒᆞ야 ~〉는 자신을 찾아 주지 않는 임에 대한 안타까움과 기다림을 여인의 섬세한 시각으로 표현한 시조이다. (나) 권구의 〈병산육곡(屛山六曲)〉은 혼탁한 정치 현실을 멀리하고 자연 속에서 유유자적하게 살아가는 삶을 노래한 연시조이다. (다) 이정보의 〈꿈으로 차사를 삼아 ~〉는 멀리 떨어진 임과 만나고 싶은 소망을 표현한 시조이다. (라) 작가 미상의 〈창 내고쟈 창을 내고쟈 ~〉는 삶의 근심과 고달픔에서 오는 답답한 심정을 토로하면서 이를 해소하고자 하는 의지를 표현한 사설시조이다. (라)는 답답한 화자의 마음을 '방'으로, 이에 대한 해소를 '창'으로 비유하고 있다. 또한 중장에서 여러 종류의 문과 문고리들을 열거하고 있는데, 이는 구체적 생활 언어와 일상적 사물을 나열하여 화자의 답답함을 강조하면서 이를 해소하고 싶은 마음을 표현한 것이다.
오답풀이 ① '추풍에 지는 닙 소리'에서 가을의 계절감이 드러나는 청각적 이미지를 활용하여 임을 기다리는 화자의 심정을 나타내고 있다. 그러나 (가)에 임에 대한 화자의 심리 변화는 나타나지 않는다.
② (나)에 대구를 통해 자연 경물의 모습을 제시한 부분은 나오지 않는다. "부귀라 구치 말고 빈천이라 염치 말라"에서 대구를 사용하여 속세의 가치에 연연하지 않는 화자의 모습을 나타내고 있을 뿐이다.
③ (다)에서 꿈을 사람(차사)으로 의인화하고 있지만, 꿈과의 대화 형식은 나타나지 않는다. (다)에서 화자는 꿈을 차사로 삼아 임을 데려오게 하고 싶다(꿈에서라도 임을 만나고 싶다.)고 말하고 있다. 그러나 꿈을 차사로 보내도 임이 오기 힘든 이유가 종장의 "그 님도 님 둔 님이니 올동말동하여라"에 나타난다. 즉 임에게 다른 연인이 있어 꿈속에서도 임을 만나기 어려운 상황인 것이다.

07 기출 변형   정답 ④
해설 신경림의 〈비에 대하여〉는 의인화한 '비'에 상징성을 부여하여 역사에 대한 민중의 신뢰를 드러낸 시이다.
㉣은 사람들이 '비'보다도 더한 역사의 폭력을 겪으면서도 역사를 신뢰하고 있음을 표현한 것이다.
오답풀이 ① 비가 나무에 잎을 달고 꽃을 피우고 열매를 맺는다는 표현에서 알 수 있다.
③ 심술이 나면 모든 것을 파괴하고 사람들까지 내팽개치지만 마음이 가라앉으면 다시 나무에 열매를 맺고 새로 마을을 만드는 모습을 보며, 사람들이 비가 자신들 편이라고 생각한다는 내용에서 알 수 있다.

> **작품 해설** 신경림, 〈비에 대하여〉
> 1. 갈래: 자유시, 서정시
> 2. 성격: 주지적, 비유적
> 3. 표현과 특성: ① 비를 의인화하여 상징성을 부여함.
>   ② 관찰자의 시점으로 대상의 속성을 제시함.
> 4. 주제: 역사에 대한 민중의 신뢰
> 5. 해설: 〈비에 대하여〉는 '비'에 대한 사람들의 태도를 관찰함으로써 역사에 대한 민중의 신뢰를 드러낸 시이다. 이 시는 비의 성격과 비에 대한 인간의 태도를 관찰자의 시점에서 제시하고 있다. 생산의 주체이자 문명을 일구는 창조적 역할을 수행하는 동시에 사나운 모습으로 돌변하여 인간의 문명과 자연을 파괴하는 비의 속성은 역사를 상기시키고 있다. 따라서 비를 신뢰하는 인간은 역사를 신뢰하는 민중으로 이해할 수 있는 것이다.

08 기출 변형   정답 ④
해설 염상섭의 〈삼대(三代)〉는 3대에 걸친 가족사를 통해 일제 강점기의 현실과 사회적 갈등을 사실적으로 그린 소설이다.
조씨 가문 사람들은 할아버지의 치산을 위한 예산이 만 원 필요하다고 했지만 조 의관에게 요구한 금액은 이의 반인 5천 원이다.
오답풀이 ① 돈으로 양반을 산 것을 굴욕적으로 생각하는 상훈과 그것을 떳떳하게 생각하는 조 의관의 가치관의 차이가 드러나 있다.
② 자신이 쓴 돈이 부친의 천량이 아니라 자신이 스스로 늘린 것이라고 말하는 데서 알 수 있다.

③ 조씨 가문의 의논에 상훈이, 일거리가 없어져 가니까 또 새판으로 일을 꾸민다고 비꼬는 것에서 알 수 있다.

09 기출 변형　　　　　　　　　　　　　정답 ①

출전 이병욱, 〈국가 경쟁력과 도덕적 해이〉, 《충청투데이》(2023. 9. 25.)

해설 '긴장이나 규율 따위가 풀려 마음이 느슨함'을 뜻하는 '해이'는 '解弛(풀 해, 늦출 이)'로 쓴다. *離: 떠날 리(이)

오답 풀이 ② 防止(막을 방, 그칠 지): 어떤 일이나 현상이 일어나지 못하게 막음.
③ 全般(온전할 전, 옮길 반): 어떤 일이나 부문에 대하여 그것에 관계되는 전체. 또는 통틀어서 모두
④ 改善(고칠 개, 착할 선): 잘못된 것이나 부족한 것, 나쁜 것 따위를 고쳐 더 좋게 만듦.

10 기출 변형　　　　　　　　　　　　　정답 ③

해설 일하므로써(×) → 일함으로써(○): '-므로'는 '-기 때문에'란 까닭의 의미를 나타내고, '-ㅁ으로(써)'는 '-는 것으로(써)'란 수단 또는 방법의 의미를 나타낸다. '-므로'는 '-므로써'가 되지 않지만 '-ㅁ으로'는 "우리 선조들은 민요를 부름으로써 노동의 고단함을 이겨 나갔다."처럼 '-ㅁ으로써'가 가능하다.

오답 풀이 ① 있을런지(×) → 있을는지(○): 앎이나 판단, 추측 따위의 대상이 되는 명사절에서 어떤 불확실한 사실의 실현 가능성에 대한 의문을 나타내는 종결어미는 '-을는지'가 바른 표기이다.
② "내일이면 떠난다."고(×) → "내일이면 떠난다."라고(○): 큰따옴표를 사용한 직접 인용문에서는 직접 인용되는 말임을 나타내는 격 조사 '라고'를 쓴다.
④ 재미있대(○)/재미있데(×): '-대'는 '다고 해'가 줄어든 말로 바르게 쓰였다. '-대'는 직접 경험한 사실이 아니라 남이 말한 내용을 간접적으로 전달할 때 쓰이거나 어떤 사실을 주어진 것으로 치고 그 사실에 대한 의문을 나타낼 때 쓰이고, '-데'는 화자가 직접 경험한 사실을 나중에 보고하듯이 말할 때 쓰이는 말로 '-더라'와 같은 의미를 전달하는 데 쓰인다.

11 기출 변형　　　　　　　　　　　　　정답 ①

해설 아프리카가 가장 가난한 대륙이라는 근거로, 거기에 사는 구성원들도 모두 가난하다고 판단한 것이므로 '분할의 오류'가 나타났다. 분할의 오류란 집합이 어떤 성질을 지니고 있다는 내용의 전제로부터 그 집합의 각각의 원소들 역시 개별적으로 그 성질을 지니고 있다는 결론을 도출하는 오류를 말한다. ① 역시 요리 전체의 성질을 그 요리의 재료 하나하나가 가지고 있다고 판단한 것이므로 분할의 오류가 나타난다.

오답 풀이 ② 냉동 김밥을 좋아한다는 하나의 사례로 미국인들의 한국 음식에 대한 선호를 판단한 것이므로 '성급한 일반화의 오류'를 범한 예이다.
③ 수소와 산소 각각이 가지고 있는 특징을 그 둘을 합한 물도 가지고 있다고 판단한 것이므로 '합성의 오류'를 범한 것이다.
④ 단순한 선후 관계를 원인과 결과의 관계로 잘못 판단한 것이므로 '잘못된 인과 관계의 오류'를 범한 예이다.

12 기출 변형　　　　　　　　　　　　　정답 ④

해설 ㉠ 밝다 - 어둡다: 정도 반의어는 양 극단 사이에 중간적인 속성이 존재한다. 두 단어를 동시에 부정해도 모순되지 않으며 정도 부사의 수식을 받을 수 있고 비교 표현도 가능하다.
㉡ 출석 - 결석: 상보 반의어는 한쪽을 부정하는 것이 다른 쪽을 긍정하는 관계를 이룬다. 또한 두 단어를 동시에 긍정하거나 부정하면 모순이 발생한다.
㉢ 주다 - 받다: 방향 반의어는 두 단어가 상대적 관계를 형성하고 있으면서 의미상 대칭을 이룬다.

오답 풀이 ① ㉡ '오다 - 가다'는 방향 반의어이다.
② ㉠ '살다 - 죽다'는 상보 반의어이고, ㉡ '빠르다 - 느리다'는 정도 반의어이다.
③ ㉠ '아래 - 위'는 방향 반의어이고, ㉢ '크다 - 작다'는 정도 반의어이다.

보충 자료　반의어의 종류

정도(등급) 반의어	정도의 차이를 표현하는 반의어. 양 극단 사이에 중간적인 속성이 존재한다. 예 높다 - 낮다, 빠르다 - 느리다, 밝다 - 어둡다
상보 반의어	한쪽을 부정하는 것이 다른 쪽을 긍정하는 관계를 이루는 반의어 예 남성 - 여성, 살다 - 죽다, 출석하다 - 결석하다
방향(대칭) 반의어	마주 선 방향에 따라 관계나 이동의 측면에서 대립을 이루는 반의어 예 아래 - 위, 부모 - 자식, 주다 - 받다, 가다 - 오다

13 기출 변형　　　　　　　　　　　　　정답 ③

출전 임근호, 〈빛 오뚜기와 해태 설립의 '나비 효과' … 김치볶음밥의 탄생〉, 《아르떼》(2023. 9. 21.)

해설 제시문은, 프라이팬이 대중화되기 시작한 시기가 1970년대인 이유가 이때부터 기업들이 콩기름을 대량 생산하면서 콩기름이 흔해져 프라이팬 사용량이 늘었기 때문이라는 것을 원인과 결과를 밝혀 설명하고 있다. ③ 역시 신문 기사가 왜 역삼각형 서술 구조를 취하고 있는지 이유를 밝혀 설명한 것이므로 인과의 서술 방식이 쓰였다.

오답 풀이 ① 과정　② 예시　④ 서사

14 기출 변형　　　　　　　　　　　　　정답 ④

출전 아널드 겔렌, 《인간학적 탐구》, 2000학년도 고려대학교 논술고사

해설 제시문은, 제도가 불안정한 존재인 인간의 부족함을 보완해 주는 역할을 하며 안정된 삶을 살 수 있도록 도와준다고 긍정적으로 보고 있다. 개인이 제도 안으로 들어오면서 이 제도가 개인에 대해 권력을 획득한다고 보고는 있으나 개인의 자율성을 침해한다는 내용은 나오지 않는다.

오답 풀이 ① 제도는 본래 불안정한 존재인 인간들이 서로 견뎌 내고 믿을 수 있도록 하기 위하여 찾아낸 형식이라는 진술에서 알 수 있다.
② 개인은 사실상 사유 재산이나 결혼과 같은 제도를 개인적 차원을 넘어선 행동 양식으로 체험하고, 그 구성원이 바뀌는 것에 관계없이 오래전부터 지금까지 존속하고 있는 것으로 의식하므로 개인이 제도를 삶의 방식으로 받아들이고 있다고 볼 수 있다.
③ 제도 안에서 우리가 무엇을 하고, 하지 말아야 되는지를 결정할 수 있도록 도움을 받는다고 진술하고 있으므로, 인간의 행동을 일정한 방향으로 이끌어 준다고 볼 수 있다.

15 기출 변형　　　　　　　　　　　　　정답 ②

해설 ・모자란∨듯싶게(○)(원칙) / 모자란듯싶게(○)(허용): '듯싶다'는 보조 용언이다. 본용언과 보조 용언이 관형사형 + 보조 용언(의존 명사 + -하다/-싶다)의 구성일 경우, 보조 용언은 띄어 씀을 원칙으로 하되 경우에 따라 붙여 씀도 허용한다.
・먹지그래(○): '그래'는 청자에게 문장의 내용을 강조함을 나타내는 보조사이므로 앞말에 붙여 쓴다.

오답 풀이 ① · 설명서∨대로(×) → 설명서대로(○): '대로'는 앞에 오는 말에 근거하거나 달라짐이 없음을 나타내는 보조사이므로 앞말에 붙여 쓴다.
· 것같다(×) → 것∨같다(○): '같다'는 추측, 불확실한 단정을 나타내는 형용사이므로 앞말과 띄어 쓴다.
③ · 볼겸(×) → 볼∨겸(○), 쐴겸(×) → 쐴∨겸(○): '겸'은 두 가지 이상의 동작이나 행위를 아울러 함을 나타내는 의존 명사이므로 앞말과 띄어 쓴다.
· 목포∨행(×) → 목포행(○): '-행'은 '그곳으로 향함'의 뜻을 더하는 접미사이므로 앞말에 붙여 쓴다.
④ · 그것∨하고(×) → 그것하고(○): '그것'은 한 단어이므로 붙여 쓴다. '하고'는 다른 것과 비교하거나 기준으로 삼는 대상임을 나타내는 격 조사이므로 선행하는 체언에 붙여 쓴다.
· 떠들어댔다(○)(허용) / 떠들어∨댔다(○)(원칙): 보조 용언은 띄어 씀을 원칙으로 하되 본용언과 보조 용언이 '-아/-어'로 연결될 때는 붙여 씀도 허용한다.

16 기출 변형   정답 ②

해설 낯설다: [낟설다](음절의 끝소리 규칙 - 교체) → [낟썰다](된소리되기 - 교체). 교체만 일어나고 음운의 개수는 변하지 않는다.

오답 풀이 ① 뜻하다: [뜯하다](음절의 끝소리 규칙 - 교체) → [뜨타다](자음 축약 - 축약). 교체와 축약이 일어나며 음운의 개수가 한 개 줄어든다.
③ 읽느라: [익느라](자음군 단순화 - 탈락) → [잉느라](비음화 - 교체). 탈락과 교체가 일어나며 음운의 개수가 한 개 줄어든다.
④ 늦여름: [늗여름](음절의 끝소리 규칙 - 교체) → [늗녀름](ㄴ 첨가 - 첨가) → [는녀름](비음화 - 교체). 첨가와 교체가 일어나며 음운의 개수가 한 개 늘어난다.

17 기출 변형   정답 ④

출전 고등학교 《통합과학》 교과서, 천재교육

해설 생물 다양성의 세 가지 범주와 생태계 보전의 관점에서 생물 다양성의 중요성을 설명한 글이다. 〈보기〉의 ㉠, ㉡은 모두 한 가지 품종만을 대량 재배할 때 전염병이 발생하여 작물이 한꺼번에 죽은 사례이다. 제시문을 참고할 때, 이러한 현상은 단일한 품종만을 재배하면, 유전적 다양성이 부족해지고, 이에 따라 전염병에 견딜 수 있는 형질을 가진 개체가 없어지기 때문에 발생한다.

오답 풀이 ① 〈보기〉에서 서식 환경에 대한 정보는 얻을 수 없기 때문에 원인으로 추론할 수 없다.
② ㉠, ㉡ 모두 한 가지 품종만을 재배하여, '먹이 관계로 연결된 다른 생물종에게도 연쇄적으로 영향을 주는' 종의 다양성이 아니라, 유전적 다양성이 낮아졌다.
③ ㉠도 유전적 다양성이 줄어든 사례이다. 또한 다른 종과 연쇄적으로 영향을 받는 것은 '종 다양성'이다.

18 기출 변형   정답 ②

해설 신광한의 〈하생기우전(何生奇遇傳)〉은 주인공이 죽은 여인의 혼령과 사랑하게 되고 부활한 그녀와 혼인한 후 입신출세한다는 내용의 전기 소설이다.
다섯 오빠들이 죽고(㉠) '제가 ~ 지금 또 이렇게 되었습니다'로 보아 그다음에 여인이 죽었다. 무덤에 금척을 순장한 것은(㉢) 여인을 묻을 때의 일이며, 여인은 묻힌 지 2일이 지난 후 아버지가 죄 없는 사람을 살려 주어(㉡) 인간 세상에 다시 태어날 기회를 얻었다. 또한 하생이 여인에게 금척을 얻은 것은 그다음의 일이다(㉣).
따라서 '㉠ - ㉢ - ㉡ - ㉣'이 시간 순서에 따라 배열한 것이다.

19 기출 변형   정답 ④

해설 시중이 '내 딸의 무덤'이라고 말하는 것으로 보아 그는 여인의 아버지이다. 그런데 앞의 내용으로 보아 마지막에 하생이 말하는 '좋은 소식'은 여인이 인간 세상에 돌아올 수 있다는 소식이므로, 하생이 상황을 모면하기 위해 헛된 기대를 심어 준 것은 아니다.

오답 풀이 ① 여인이 묻힌 지 사흘째인데, 어제 옥황상제가 자신을 불렀다는 내용에서 알 수 있다.
② 옥황상제가, 여인의 아버지가 죄 없는 사람 수십 명을 풀어 줬으므로 지난날의 과오를 용서받을 수 있고 그래서 여인을 인간 세상에 돌려보내야겠다고 말하는 데서 알 수 있다.
③ 여인이 저잣거리 큰 절 앞의 하마석 위에 놓으면 반드시 알아보는 자가 있을 것이라고 말하는 데서 추론할 수 있다.

> **작품 해설** 신광한, 〈하생기우전(何生奇遇傳)〉
> 1. **갈래**: 고전 소설
> 2. **성격**: 염정적, 유교적
> 3. **표현과 특성**: ① 산 자와 죽은 이, 신분과 빈부 차를 극복하고 결혼에 이르는 흥미로운 서사 과정
>   ② 사회의 모순과 비리 때문에 자신의 능력을 발휘하지 못하는 주인공을 통해 당대 사회를 비판함.
> 4. **주제**: 혼사 장애의 극복을 통한 애정의 성취와 입신의 욕망 성취 과정
> 5. **해설**: 〈하생기우전〉은 주인공이 죽은 여인의 혼령과 사랑하게 되고 부활한 그녀와 혼인한 후 입신출세한다는 내용의 전기 소설이다. 《금오신화》에 비하면 철학적 깊이가 낮은 것으로 평가되기도 하지만 흥미로운 서사 구조와 삶에 대한 낙관적인 태도가 독특하다는 평가를 받는다.

20 기출 변형   정답 ③

출전 박현모, 〈세종의 수성(守成) 리더십〉, 수정

해설 2문단에 따르면, 수성 군주는 자기 지속적인 성장 시스템을 구축해야 한다. 즉 '시스템'에 의해 국가가 돌아가도록 해야 한다는 말이다. 또한 '영세토록 전하여 변경할 수 없는 경상의 법'인 정도를 정착시키는 데 온 힘을 기울여야 한다. 따라서 수정 군주에게는 장기적이고 안정된 국가 시스템을 만들고 정착시킬 수 있는 역량이 요구된다고 할 수 있다.

오답 풀이 ① 마지막 문단에 따르면, 수성기 군주의 목표인 '제도화'는 누가 그 자리에 있더라도 조직이 원활하게 돌아갈 수 있도록 좋은 제도를 수립하는 것이다. 인재를 적재적소에 배치하는 것이 제도화의 목표라는 내용은 나타나지 않는다.
② 1문단에 따르면, 수성의 덕목은 정치 및 사회 운영 메커니즘을 안정적으로 이끌고 제도화하는 뛰어난 리더십이다. 따라서 태종은 세종에게 이러한 능력이 있다고 판단하여 그를 후계자로 결정한 것이다.
④ 2문단에 따르면, '경도의 정치'는 자기 지속적인 성장 시스템을 구축하는 것이다. 대내외적 시련을 극복하여 국가를 정상에 올려놓는 것은 창업 군주가 해야 할 일이다.

07회 지방직 기출 변형 모의고사

2023 지방직 9급

기출

| 01 ① | 02 ① | 03 ③ | 04 ② | 05 ④ | 06 ② | 07 ④ | 08 ② | 09 ④ | 10 ② |
| 11 ② | 12 ④ | 13 ④ | 14 ② | 15 ② | 16 ② | 17 ① | 18 ④ | 19 ① | 20 ① |

기출 변형

| 01 ③ | 02 ④ | 03 ② | 04 ① | 05 ③ | 06 ④ | 07 ④ | 08 ② | 09 ④ | 10 ③ |
| 11 ④ | 12 ③ | 13 ④ | 14 ④ | 15 ③ | 16 ② | 17 ④ | 18 ② | 19 ① | 20 ② |

01
정답 ①

해설 AI에 대한 설명회를 개최할 필요가 있다는 말에, 최 주무관은 그 필요성을 절감하고 있다고 답했으므로 ㉠은 상대의 의견에 대해 공감을 표현한 것이다.

오답 풀이 ② ㉡은 평서문을 사용해 '(설명회를) 어떻게 준비해야 (AI에 대해) 효과적으로 전달할 수 있을까요?'를 간접적으로 물은 것이다. 이러한 간접 발화는 직접 발화에 비해 듣는 이의 부담감을 덜어 주는 정중한 표현에 해당한다. 따라서 ㉡은 정중한 표현(간접 발화)을 사용하여 직접적이 아니라 간접적으로 물은 것이다.
③ ㉢은 반대 의사를 드러낸 것이 아니라, 김 주무관이 제기한 '청중의 관심 분야 파악'에 대한 구체적 방법을 물은 것이다.
④ ㉣은 최 주무관의 질문에 대한 답을 의문문의 형식으로 제시한 것이다. 따라서 상대의 의견을 반박한 것이 아니다.

01 기출 변형
정답 ③

출전 2023학년도 3월 고1 전국연합학력평가

해설 ㉢은 동아리 회장의 견해에 반대 의사를 우회적으로 드러낸 것이 아니라, 절반의 학생만 모종을 키울 수 있는 점에 대한 우려를 드러낸 것이다.

오답 풀이 ① 캠페인을 어떻게, 어떤 내용으로 진행할지에 대해 협의해 보겠다고 말하며 회의 목적을 밝히고, 의견을 말씀해 달라고 하며 부원들에게 발언 기회를 제공하고 있다.
② 모종을 충분히 준비할 수 있을지에 대해 정중한 표현을 통해 직접적으로 질문하고 있다.
④ 부원 2의 '모종 300개로도 캠페인을 진행하는 데 무리가 없을 것 같다'라는 말을 표현을 바꾸어 말하면서 동의 의사를 밝히고 있다.

보충 자료 직접 발화와 간접 발화

직접 발화	① 문장의 유형과 발화 의도가 일치한다. - '선언, 명령, 요청, 질문, 제안, 약속, 경고, 축하, 위로, 협박, 비난' 등의 단어를 사용하여 화자의 의도를 직접적으로 표현한다. - 문장의 종결 어미와 기능이 일치한다. ② 상황보다 화자의 의도가 먼저 고려된다.
간접 발화	① 문장의 유형과 발화 의도가 일치하지 않는다. - 화자의 의도를 간접적으로 드러낸다. - 문장의 종결 어미와 기능이 일치하지 않는다. ② 상황에 맞춰 화자의 의도를 표현한다. ③ 직접 발화에 비해 듣는 이의 부담감이 덜하기 때문에 흔히 공손한 표현을 하고자 할 때 사용된다.

㉮ ┌ 창문 좀 닫아라. - 명령형을 사용하고 있음. → 직접 발화
   └ 창문 좀 닫을래? - 의문형이지만 실제로는 명령을 하고 있음. → 간접 발화
   ┌ (식당에서) 국수를 언제 줄 겁니까? - 국수를 먹는 시간을 물음. → 직접 발화
   └ (미혼의 조카에게) 국수를 언제 먹여 줄 거니? - 결혼하라는 의미임. → 간접 발화

02
정답 ①

해설 독서가 아이들의 뇌 발달에 큰 영향을 미친다는 주지를 사례를 통해 뒷받침한 글이다.

> 독서는 아이들의 뇌 발달에 큰 영향을 미친다. → ㉡ A 교수는 독서를 할 때와 안 할 때의 뇌 변화를 연구했다. → ㉠ 그에 따르면, 독서를 하면 전두엽을 많이 사용하게 된다. → ㉢ 이처럼 독서를 통해 전두엽이 훈련되어 뇌 발달의 가능성이 높아진 결과는 교육 현장에서 실증되었다. → 독서를 많이 한 아이는 학교 성적이 좋고 언어 능력도 발달한다.

02 기출 변형
정답 ④

출전 2014학년도 11월 고1 전국연합학력평가

해설 안전한 구매를 위한 '전자 상거래 등에서의 소비자 보호법'에 대한 글이다.

> ㉢ 안전한 구매를 위해 '전자 상거래 등에서의 소비자 보호법'에서 규정하고 있는 여러 보호 장치를 잘 이해하고 확인할 필요가 있다. → ㉣ 우선 판매자의 신원 정보 확인, 청약 확인 등을 거쳐야 한다. → ㉡ 먼저 신원 정보 확인이란 판매자의 상호, 사업자 등록 번호, 연락처 등을 쇼핑몰 초기 화면에서 확인하는 것을 말한다. → ㉠ 청약 확인은 소비자의 계약 체결 의사인 청약의 내용을 확인하는 것으로 대금 결제 전 특정 팝업 창에서 확인할 수 있다. → ㉤ 이러한 팝업 창을 통해 소비자의 컴퓨터 조작 실수나 주문 실수를 방지한다.

03
정답 ③

해설 '얼음이'는 서술어인 '되었다'를 보충해 주는 보어이다. 보어는 '되다', '아니다' 앞에 오는 문장 성분으로, 보격 조사인 '이/가'나 보조사를 취한다.

오답 풀이 ① 보조사는 격 조사로 바꾸어 보면 문장 성분을 쉽게 구별할 수 있다. 이 문장은 '지원은(지원이가) 자는 동생을 깨웠다'와 같이 주격 조사가 들어가는 것이 자연스러우므로 '지원은'은 동작의 주체를 나타내는 주어이다.
② '만들었다'의 기본형인 '만들다'는 '(주어)가 (목적어)을/를 만들다'의 형태로 쓰이는 두 자리 서술어이다. '서술어의 자릿수'는 서술어가 필수적으로 요구하는 문장 성분의 개수로,《표준국어대사전》의 문형 정보에 제시되어 있다.
④ '어머나'는 '어머'를 강조하여 내는 소리인 감탄사이다. 감탄사는 문장의 다른 성분과 직접적으로 관련을 맺지 않는 독립어이다.

03 기출 변형
정답 ②

해설 ㉡ '시험'은 뒤에 오는 체언 '날짜'를 수식하는 관형어이다. 관형어는 관형격 조사 없이 체언 단독으로 사용할 수 있다.

오답 풀이 ① ㉠ '학생이'는 '아니다' 앞에 놓인 보어이다.
③ ㉢ '당국에서'는 단체를 나타내는 명사 뒤에 붙어 앞말이 주어임을 나타내는 주격 조사인 '에서'가 붙은 주어이다.
④ 부사격 조사 '으로'가 붙었으므로 ㉣ '얼음으로'는 부사어이다. '되다', '아니다' 앞에 오는 성분은 무조건 보어로 생각하기 쉽다. 그러나 '이', '가'는 보격 조사로도 쓰이지만, '으로'는 부사격 조사로 쓰이기 때문에 주의해야 한다.

보충 자료 문장 성분의 갈래

주성분	주어	체언 + 주격 조사(이/가, 께서, 인원수 + 서, 단체 + 에서), 체언 + 보조사
	서술어	동사, 형용사, 체언 + 서술격 조사(이다)
	목적어	체언 + 목적격 조사(을/를), 체언 + 보조사
	보어	체언 + 보격 조사(이/가), 체언 + 보조사

부속 성분	관형어	관형사, 체언 + 관형격 조사(의), 체언 단독, 용언의 관형사형
	부사어	부사, 체언 + 부사격 조사[에(게), (으)로, 와/과 등], 용언의 부사형
독립 성분	독립어	감탄사, 체언 + 호격 조사

현대어 풀이

(가) 흰 구름 푸른 시냇가는 골골이 잠겼는데,
　　가을바람에 물든 단풍 봄꽃보다 좋구나.
　　하늘이 나를 위해서 산빛을 꾸며 놓았구나.

(다) 백사장 홍료변에서 몸을 숙였다 들었다 하는 백로들아
　　입과 배(배고픔)를 채우지 못하여 저렇게 몸을 굽혔다 폈다 하느냐.
　　몸이 한가한데 살은 쪄서 무엇하겠는가?

04 　　　　　　　　　　　　　　　　　　　　　정답 ②

해설 (가) 황진이의 〈청산은 내 쯧이오 ~〉는 임에 대한 사랑과 그리움을 노래한 시조이다. 이황의 〈도산십이곡(陶山十二曲)〉은 자연을 노래한 언지(言志)와 학문에의 정진을 노래한 언학(言學)으로 이루어진 연시조로, (나)는 이 중 언학의 한 수이다.
(나)에 청각적 심상은 사용되지 않았다. (나)에서는 불변하는 '청산'과 '유수'의 시각적 심상을 활용하여 학문 수양에 끊임없이 정진하겠다는 주제를 강조하고 있다.

오답 풀이 ① (가)에서는 변하지 않는 '청산'과 변하는 '녹수'를 대조하고 있다. 임의 사랑은 흘러가는 녹수와 같지만 임에 대한 자신의 사랑은 불변하는 청산과 같다고 말하면서, 임에 대한 화자의 영원한 사랑을 제시한 것이다.
③ (가)는 "청산은 내 쯧이오 녹수는 님의 정이"에서, (나)는 "청산은 엇뎨ᄒ야 만고애 프르르며 / 유수는 엇뎨ᄒ야 주야애 긋디 아니는고"에서 대구를 활용하고 있다.
④ (가)는 '청산이야 변홀손가'에서 설의적 표현을 사용하여 임에 대한 화자의 영원한 사랑을 드러내고 있다. (나) 역시 "유수는 ~ 긋디 아니는고"에서 설의적 표현으로 유수는 영원히 그치지 않는다는 의미를 전하고 있다.

04 기출 변형 　　　　　　　　　　　　　　　　정답 ①

해설 (가) 김천택의 〈흰 구름 푸른 닉는 ~〉은 가을날 자연의 아름다움을 예찬한 시조이다. (나) 박효관의 〈님 그린 상사몽이 ~〉는 임에 대한 그리움을 노래한 시조이다. (다) 작가 미상의 〈백사장 홍료변에 ~〉는 백로에 대한 관찰을 통해 탐욕을 부리는 사람들의 모습을 비판한 시조이다. (라) 신흠의 〈방옹시여(放翁詩餘)〉는 작가의 자연 친화적 태도와 유교적 충의 사상이 잘 드러난 연작 시조로, 일반적인 연시조와 달리 작품 전체가 긴밀하게 연결되어 있지 않다는 것이 특징이다.
(가)에서는 흰색(흰 구름), 푸른색(프른 닉), 붉은색(단풍)의 색채 대비를 통해 가을 산의 아름다움을 예찬하고 있다. 하지만 은유법은 쓰이지 않았다.

오답 풀이 ② (나)의 실솔의 넋이 되어 임의 잠을 깨우겠다는 표현에서, 임을 그리워하는 화자의 감정을 '실솔(귀뚜라미)'에 이입하여 표현하고 있음을 알 수 있다. 또한 자신을 잊은 임의 잠을 깨우겠다는 데에서 임에 대한 원망이 내포되어 있음을 알 수 있다.
③ (다)는 한가하여 살찔 필요가 없는데도 먹이를 찾기 위해 계속 움직이는 백로에 탐욕을 부리는 사람들을 빗대는 우의적 수법을 사용하였다. 또한 "구복을 못 메워 뎌다지 굽니는다", "일신이 한가ᄒ련정 솔져 무슴 ᄒ리오"에서 설의적 표현을 사용하여 탐욕을 부리는 사람들을 비판하고 탐욕을 경계하는 뜻을 전하고 있다.
④ (라)에서는 봄비가 내린 후의 정경과 꽃과 버들이 활짝 핀 모습을 제시한 뒤 종장에서 돌아오지 않는 임에 대한 안타까움의 정서를 드러내고 있으므로, 선경 후정의 전개 방식을 통해 화자의 심리를 드러낸 것이다.

05 　　　　　　　　　　　　　　　　　　　　　정답 ④

해설 구체적 사례를 통해 주지를 제시하는 글로, 이 글의 중심 내용은 사례 다음에 제시된 내용, 즉 건강한 소비를 위해서 사용 가치의 의미를 되새겨 봐야 한다는 것이다.

오답 풀이 ② 상품 구매 시 사용 가치를 잘 고려해야 한다고 주장한 것이지, 교환 가치와 사용 가치를 두루 고려해야 한다고 주장한 것은 아니다.
③ 글쓴이는 상품 구매 시 다른 사람들의 평가에 휩쓸리면 안 된다는 점을 말하고 있으므로, 제시문과 반대되는 내용이다.

05 기출 변형 　　　　　　　　　　　　　　　　정답 ③

출전 C. J. 휘트로, 《시간의 문화사》

해설 1문단에는 인간이 대상을 파악하기 위해 대상의 본질은 변하지 않는다는 '무시간적 사고'를 하게 되었다는 설명이 있다. 2문단은 이러한 '무시간적 사고(과거와 현재, 미래에도 변하지 않는 영원한 요소를 찾아내려는 사고)'를 통해 시간의 흐름과 외부의 변화에도 불구하고 인간을 인간이게 하는 변하지 않는 요소(정체성)를 확인하였고, 이로 인해 인간이 자기 인식을 하게 되는 존재가 되었다는 내용이다. 따라서 ③이 중심 내용으로 가장 적절하다.

오답 풀이 ②·④ 부분적인 내용으로 글 전체를 아우르는 중심 내용으로는 적절하지 않다.

06 　　　　　　　　　　　　　　　　　　　　　정답 ②

해설 '買受(살 매, 받을 수)'는 '물건을 사서 넘겨받음'을 뜻한다. 그가 자기 명의의 집을 팔려고 하는데 사려는 사람이 없다는 것이므로 '매수'를 쓰는 것은 적절하지 않다. 이 문장에서는 '값을 받고 물건의 소유권을 다른 사람에게 넘김'을 뜻하는 '賣渡(팔 매, 건널 도)', '물건을 팔고 사는 일'을 뜻하는 '賣買(팔 매, 살 매)' 등을 쓸 수 있다.
* '매매(賣買)'와 같은 뜻인 '買售(살 매, 팔 수)'를 쓸 수도 있다.

오답 풀이 ① ㉠ 謳歌(노래할 구, 노래 가): 여러 사람이 입을 모아 칭송하여 노래함. / 행복한 처지나 기쁜 마음 따위를 거리낌 없이 나타냄. 또는 그런 소리
③ ㉢ 軋轢[삐걱거릴 알, 수레에 칠 력(역)]: 수레바퀴가 삐걱거린다는 뜻으로, 서로 의견이 맞지 아니하여 사이가 안 좋거나 충돌하는 것을 이르는 말
④ ㉣ 鞭撻(채찍 편, 매질할 달): 채찍으로 때림. / 종아리나 볼기를 침. / 경계하고 격려함.

06 기출 변형 　　　　　　　　　　　　　　　　정답 ④

해설 '炸裂[터질 작, 찢을 렬(열)]'은 '포탄 따위가 터져서 쫙 펴짐 / 박수 소리나 운동 경기에서의 공격 따위가 포탄이 터지듯 극렬하게 터져 나오는 것을 비유적으로 이르는 말'이므로 문맥상 적절하지 않다. 이 문장에서는 '불 따위가 이글이글 뜨겁게 타오름 / 몹시 흥분하거나 하여 이글거리듯 들

끓음을 비유적으로 이르는 말'인 '灼熱(사를 작, 더울 열)'을 쓰는 것이 적절하다.

오답 풀이 ① 師事(스승 사, 일 사): 스승으로 섬김. 또는 스승으로 삼고 가르침을 받음.
② 叱咤(꾸짖을 질, 꾸짖을 타): 큰 소리로 꾸짖음.
③ 捷徑(이길 첩, 지름길 경): 멀리 돌지 않고 가깝게 질러 통하는 길. =지름길 / 가장 쉽고 빠른 방법을 비유적으로 이르는 말. =지름길 / 어떤 일을 할 때 흔히 그렇게 되기가 쉬움을 이르는 말

07 정답 ④

해설 마지막 문장의 '서학을 검토하며 어떤 부분은 수용했지만, 반대로 ~'로 보아, '수용'과 상반되는 내용이 이어져야 한다. 따라서 ㉣ '지향했다'는 '지양했다'로 수정하는 것이 적절하다.

* **지양(止揚)하다**: 더 높은 단계로 오르기 위하여 어떠한 것을 하지 아니하다.
* **지향(志向)하다**: 어떤 목표로 뜻이 쏠리어 향하다.
* **지향(指向)하다**: 작정하거나 지정한 방향으로 나아가다.

오답 풀이 ① 천주학에서 '학(學)'은 '학문의 뜻을 더하는 접미사'이므로, ㉠은 수정하지 않고 그대로 두어야 한다.
② ㉡ 뒤의 '서학은 신봉의 대상이 아니라'로 보아, 이 내용 앞에는 '서학을 무조건 따르자고 주장하지는 않았다'가 나오는 것이 적절하다. 따라서 ㉡은 수정하지 않고 그대로 두어야 한다.
 * **신봉(信奉)**: 사상이나 학설, 교리 따위를 옳다고 믿고 받듦.
③ ㉢ 앞의, 외부에서 유입된 사유 체계에는 양명학이나 고증학 등도 있었다는 내용으로 보아, 이 내용 뒤에는 '서학이 유일한 대안이 아니었다'는 내용이 나와야 한다. 따라서 ㉢은 수정하지 않고 그대로 두어야 한다.

07 기출 변형 정답 ④

출전 오경아, 〈약을 쳐야 할까요?〉, 《중앙일보》(2023. 8. 30.), 수정

해설 식물 또한 무작정 벌레를 그대로 두진 않는다는 앞의 내용으로 보아 뒤에는 식물도 벌레에게 해를 입힌다는 의미의 내용이 나와야 한다. 따라서 ㉣ '촉진한다'는 '잃게 한다'로 수정하는 것이 적절하다.

오답 풀이 ① 앞의 '죽음의 문턱까지도 갈 수 있지만'으로 보아 앞의 내용과 반대되는 ㉠은 그대로 두어야 한다.
② 벌레가 식물에게 해를 끼치면서도 도움을 주는 것처럼 균도 그러하다는 내용이 나오므로 ㉡은 그대로 두어야 한다.
③ '하지만'을 사이에 두고 상반되는 내용이 나오므로 ㉢은 그대로 두어야 한다.
 * **갈취(喝取)하다**: 남의 것을 강제로 빼앗다.

08 정답 ③

해설 빈칸 뒤의 내용에서 답을 알 수 있다. 글쓰기는 필자가 자신의 메시지를 독자에게 전달하는 행위이기 때문에 계획하기 단계에서 예상 독자를 반드시 분석해야 한다고 했다. 따라서 '필자의 메시지를 독자에게 효과적으로 전달하는 데 도움이 되기' 때문에 글쓰기를 계획할 때 예상 독자를 분석하는 일이 중요하다.

오답 풀이 ② 예상 독자를 분석하지 않은 채 너무 어려운 개념과 전문 용어를 사용하여 글을 쓴다면 독자가 글을 이해하기 어렵다고 했다. 따라서 글에 어려운 개념이나 전문 용어를 반드시 어느 정도 포함해야 하는 것은 아니다.

08 기출 변형 정답 ②

출전 김보일, 《국어 선생님의 과학으로 세상 읽기》

해설 살아 있는 생물의 구조를 모방하거나 생물이 만들어 내는 물질 등을 모방함으로써, 인간에게 이익이 되는 새로운 기술을 만들어 낸 사례를 제시한 글이다. 따라서 ㉠에는 '자연에 대한 모방은 인간에게 많은 이익을 안겨 준다'가 들어가는 것이 적절하다.

오답 풀이 ① 홍합에서 추출한 생체 접착제, 도꼬마리 씨를 모방한 벨크로 테이프는 자연 공학에 해당하는 사례이다.
③ 인간이 모방을 통해 학습한다는 사례가 제시되어 있지 않다.
④ 제시문에서 든 사례는 생활 속 물건이 아니라 자연물을 모방한 것이다.

09 정답 ④

해설 기형도의 〈빈집〉은 사랑을 잃은 후의 공허함과 절망감을 애상적 어조로 읊은 시이다.
화자는 글쓰기를 통해 자신이 잃은 것들을 확인하고 추억을 떠올리면서 사랑에 이별을 고하고 있다. 따라서 글쓰기가 사랑의 회복에 대한 열망을 의미하는 것은 아니다.

오답 풀이 ① '짧았던 밤, 겨울 안개, 촛불, 흰 종이, 눈물, 열망' 들은 화자가 사랑을 할 때 접했던 것들이다. 이들을 호명하고 이들에게 이별을 고하는 데서 화자의 안타까운 심정이 드러나고 있다.
② '빈집'은 사랑을 잃고 모든 열망을 상실한 화자의 공허함을 상징한다.
③ 영탄적 어조란 감정을 절제하지 않고 선명하게 드러내는 어조로, 주로 감탄사나 감탄형, 부르는 말 등을 사용하여 벅찬 감정을 그대로 표출하는 방식에서 나타난다. 이 시에서 화자는 대상을 반복적으로 호명하며 내면의 공허함과 절망감을 그대로 드러내는 방식으로 정서를 나타내고 있다.

> **작품 해설** 기형도, 〈빈집〉
>
> 1. 갈래: 자유시, 서정시
> 2. 성격: 애상적, 비유적
> 3. 표현과 특성: ① 상징적 소재를 활용하여 정서를 표현함.
>   ② 대상을 열거하여 화자의 상실감을 강조함.
> 4. 주제: 사랑을 잃은 후의 허전함과 절망감
> 5. 해설: 〈빈집〉은 사랑을 잃은 후의 공허함과 절망감을 애상적 어조로 읊은 시이다. 이 시에서 '빈집'은 사랑이 갇힌 폐쇄된 공간으로 사랑을 잃어버린 화자의 공허한 내면과 절망을 상징한다.

09 기출 변형 정답 ④

해설 김광규의 〈대장간의 유혹〉은 무가치한 삶에 대한 성찰과 가치 있는 삶을 되찾고자 하는 열망을 드러낸 시이다.
화자는 '플라스틱 물건'처럼 무가치한 존재가 아닌 불 속에서 연마된 '무쇠 낫', '꼬부랑 호미'처럼 가치 있는 존재가 되고 싶다고 말하고 있다. 즉 화자가 지향하는 가치 있는 삶은 치열한 단련 끝에 얻을 수 있는 물건인 '무쇠 낫', '꼬부랑 호미'처럼 구체적인 대상을 통해 나타나고 있다.

오답 풀이 ① '플라스틱 물건처럼 느껴질 때', '똥덩이처럼 느껴질 때' 등에서 알 수 있다.
② '현대 아파트'는 제 손으로 물건을 만들지 않고 생산된 물건을 소모적으로 쓰기만 하는 현대인의 공간이고, '털보네 대장간'은 제 손으로 땀 흘리며 물건을 만들어 내는 치열함이 존재하는 공간으로 현대에서 사라져 가는 장소이다. 화자는 대립되는 의미를 지닌 공간을 제시하여 물신주의적 풍조에 매몰되어 가치 있는 삶을 추구하지 않는 현대인의 삶을 비판하고 있다.
③ "제 손으로 만들지 않고 / 한꺼번에 싸게 사서 / 마구 쓰다가 / 망가지면 내다 버리는 / 플라스틱 물건처럼 느껴질 때"에 물건을 쉽게 사서 마구 쓰다가 내다 버리는

현대 사회의 모습이 나타나 있다.

10 정답 ②

해설 윤흥길의 〈아홉 켤레의 구두로 남은 사내〉는 1970년대에 급격한 산업화와 도시화의 흐름에서 소외된 사람들의 삶과 현실의 부조리를 형상화한 소설이다.
이 소설은 1인칭 관찰자 시점을 취하는데, 서술자는 작중 인물인 '나'이다. "그는 마치 성경책 위에다 오른손을 얹고 말하듯이 엄숙한 표정을 했다", "도전적이던 기색이 슬그머니 죽으면서 ~ 그는 고개를 좌우로 흔들어 보였다" 등에서 '나'는 그(권 씨)의 행동을 진술하고 있다.
오답 풀이 ① 1인칭 주인공 시점에 대한 설명이다. 시점도 다르지만, 이 글에서는 유년 시절의 회상이나 갈등 원인의 해명 역시 나타나지 않는다.
④ 외부 관찰자가 사건을 객관적으로 제시하는 것은 작가(3인칭) 관찰자 시점이다.

10 기출 변형 정답 ①

해설 황순원의 〈독 짓는 늙은이〉는 독 짓기에 대한 한 노인의 집념과 좌절을 그린 단편 소설이다.
제시문에는 전지적 작가 시점이 나타난다. '송 영감은 확 분노가 치밀어 ~', '애도 아직 저녁을 못 먹었을지 모른다고 ~' 등에서 서술자는 송 영감의 심리와 생각을 직접적으로 제시하고 있다.
오답 풀이 ② 서술자와 중심인물 간의 대화는 나타나지 않는다.
③ 1인칭 시점에 대한 설명이다.
④ 3인칭 관찰자 시점에 대한 설명이다.

보충 자료 시점의 종류

구분	서술자가 인물과 사건의 내부를 분석하여 이야기하는 경우	서술자가 인물과 사건의 외부를 관찰하여 이야기하는 경우
서술자가 등장인물인 경우(1인칭)	1인칭 주인공 시점	1인칭 관찰자 시점
서술자가 등장인물이 아닌 경우(3인칭)	전지적 작가 시점	작가(3인칭) 관찰자 시점

11 정답 ②

해설 운용이 은지의 주장에 찬성하는지 반대하는지는 제시문에서 알 수 없다. 운용은 은지에게 주장에 대한 근거를 요구하고 있을 뿐이다.
오답 풀이 ① 은지는 첫 번째 발언에서 '설탕세 부과 여부'에 대한 화제를 제시하고 있다.
③ 은지가 세계 보건 기구의 보고서를 인용하여 설탕세를 부과하면 당 소비가 감소한다는 주장을 뒷받침하는 데서 알 수 있다.
④ 은지는 설탕세를 부과해야 한다는 주장의 근거로 '(당 섭취가 줄어) 질병을 예방할 수 있다'를 들고 있다. 그러나 재윤은 당 섭취와 질병 발생은 유의미한 상관관계가 없다는 연구 결과를 들어 은지가 제시한 주장의 근거를 부정하고 있다.

11 기출 변형 정답 ④

출전 2013학년도 4월 고3 전국연합학력평가, 수정
해설 용비는 생계를 위한 운전자들의 경우를 구체적 근거로 제시하고 있다. 그러나 이를 통해 정음의 주장을 반박한 것은 아니다. 용비 역시 정음과 마찬가지로 일수 벌과금제 도입을 찬성하고 있다.
오답 풀이 ① 사회자는 '범칙금에 대한 일수 벌과금제' 도입에 대한 찬반 의견이 맞서고 있다면서 토론의 화제를 제시하고 있다.
③ 정음이 벌금 부과는 죄에 대한 책임을 묻는 것인 동시에 범죄 예방이라는 목적을 갖는다고 말하는 데서 알 수 있다.

12 정답 ④

해설 걷잡아서(×) → 겉잡아서(○): '겉으로 보고 대강 짐작하여 헤아리다'의 의미로는 '겉잡다'를 쓰는 것이 올바르다. '걷잡다'는 '한 방향으로 치우쳐 흘러가는 형세 따위를 붙들어 잡다 / 마음을 진정하거나 억제하다'의 의미로, '걷잡을 수 없는 사태'처럼 쓰인다.
오답 풀이 ① 부치는(○): '모자라거나 미치지 못하다'의 의미로는 '부치다'를 쓴다.
② 알음(○): '사람끼리 서로 아는 일'의 의미로는 '알음'을 쓴다.
 * 알음: 사람끼리 서로 아는 일 / 지식이나 지혜가 있음. / 어떤 사정이나 수고에 대하여 알아주는 것
③ 닫혔다(○): '열린 문짝, 뚜껑, 서랍 따위가 도로 제자리로 가 막히다'의 의미로는 '닫히다'를 쓴다.

12 기출 변형 정답 ③

해설 · 쫓다가(○): '쫓다'는 '어떤 대상을 잡거나 만나기 위하여 뒤를 급히 따르다'의 의미로 바르게 쓰였다.
· 받혀(○): '받히다'는 '머리나 뿔 따위에 세차게 부딪히다'의 의미로 바르게 쓰였다.
오답 풀이 ① · 졸였다(×) → 조렸다(○): '양념을 한 고기나 생선, 채소 따위를 국물에 넣고 바짝 끓여서 양념이 배어들게 하다'의 의미로는 '조리다'가 바른 표기이다. '졸이다'는 '졸다'의 사동사로서 '찌개, 국, 한약 따위의 물을 증발시켜 분량을 적어지게 하다'의 뜻을 나타내며, '국물을 너무 졸이면 짜서 못 먹는다'와 같이 쓴다.
· 안쳐(○): '안치다'는 '밥, 떡, 찌개 따위를 만들기 위하여 그 재료를 솥이나 냄비 따위에 넣고 불 위에 올리다'의 의미로 바르게 쓰였다.
② · 반듯이(×) → 반드시(○): '틀림없이 꼭'의 의미로는 '반드시'를 쓴다.
· 부딪쳐야만(○): '일이나 업무 관계에 있는 사람을 문제 해결을 위하여 만나다'의 의미로는 '부딪치다'가 바른 표기이다.
 * 부딪치다: '부딪다'를 강조하여 이르는 말 / 눈길이나 시선 따위가 마주치다. / 뜻하지 않게 어떤 사람을 만나다. / 의견이나 생각의 차이로 다른 사람과 대립하는 관계에 놓이다. / 일이나 업무 관계에 있는 사람을 문제 해결을 위하여 만나다.
④ · 지긋이(×) → 지그시(○): '슬며시 힘을 주는 모양'의 의미로는 '지그시'가 바른 표기이다. '지긋이'는 '나이가 비교적 많아 듬직하게 / 참을성 있게 끈기게'의 의미이다.
· 삭혔다(×) → 삭였다(○): '긴장이나 화를 풀어 마음을 가라앉히다'의 의미로는 '삭이다'가 바른 표기이다.

13 정답 ③

해설 모든 인간은 보편적 복수성을 지니며 동시에 고유한 인격체로서 유일무이성을 지닌 단수이기도 하다고 했다. 즉 유일무이성과 보편적 복수성은 모두 인간이 지닌 특성으로 서로 상충하지 않는다. 유일무이성을 보존한다고 해서 개인의 보편적 복수성이 침해된다는 내용은 제시문에 나오지 않는다.
오답 풀이 ① 우리는 사회 속에서 복수의 상태로 존재하기 때문에 고립된 채 살아가는 존재일 수 없다는 데에서 추론할 수 있다.
② 우리는 보편적 복수성과 특수한 단수성을 겸비한 다원적 존재로, 이러한 존재로 구성된 사회에서 살아가기 위해서는 타인을 포용하는 공존의 태도가 필요하다는

07회 37

데에서 추론할 수 있다.
④ 우리는 유일무이성을 지닌 단수이며, 이러한 유일무이성을 제거하는 것은 사회의 다원성을 파괴하는 일이라는 데에서 추론할 수 있다.

13 기출 변형   정답 ③

출전 2011학년도 고려대학교 논술고사

해설 1문단을 보면, 동양인들은 대립되는 두 요소가 모든 사물 안에 동시에 존재하여 역동적인 조화 상태를 이룸으로써 서로를 완성시키고 보완하는 기능을 한다고 보았다. 그러나 대립되는 두 요소가 연결되어 한 가지의 통일된 의미를 도출한다는 내용은 나오지 않는다.

오답 풀이 ① 2문단의, 서양인들은 한 명제와 그 명제의 부정이 동시에 참일 수 없다고 사고하였다는 내용에서 알 수 있다.
② 마지막 문단의, 동양인들은 형식 논리상 모순이 되는 결론을 부정하는 것은 잘못된 판단으로 이어질 수 있다고 믿고 있으며, 반대인 것처럼 보이는 두 개념을 동시에 참이라고 받아들이는 것이 현명하다고 생각한다는 데서 알 수 있다.
④ 동양인들은 우주는 끊임없이 변화하므로 대립, 역설, 변칙이 늘 발생한다고 생각했다. 이때 대립은 서로를 완성시키고 보완하므로 서로 모순되는 주장들은 역동적인 조화의 상태로 함께 존재한다. 따라서 동양인들은 상황에 따라 맥락은 달라질 수 있다고 생각할 것이다. 반면 서양인들은 '동일률'에서 알 수 있듯이 상황에 상관없는 일관성을 강조할 것이다.

14   정답 ③

해설 작가 미상의 〈춘향전(春香傳)〉은 판소리로 불리다가 소설로 정착된 판소리계 소설로, 신분을 초월한 사랑과 하층민의 신분 상승의 욕구 등을 주제로 한다.
춘향은 매를 맞으면서도 절개를 지키고자 하는 자신의 의지를 꺾지 않고 이 도령을 향한 사랑을 지키고 있으므로, 춘향의 내적 갈등은 나타나지 않는다. 따라서 등장인물 간의 대화를 통해 주인공인 춘향의 내적 갈등이 해결되는 것은 아니다.

오답 풀이 ① '일 자, 일편단심, 일정지심, 일부종사, 일신난처' 등과 '이 자, 이부불경, 이내 마음, 이군불사' 등에서 동일한 글자를 반복하여 리듬감을 드러내고 있다.
② '일, 이, 삼' 등의 숫자를 활용하여 매를 맞으면서도 절개를 지키는 춘향이의 상황을 제시하고 있다.
④ 춘향은 '일부종사(一夫從事: 한 남편만을 섬김.), 이부불경(二夫不敬: 두 남편을 공경할 수 없음.), 이군불사(二君不事: 두 임금을 섬기지 않음.), 삼종지도' 등의 유교적 가치를 담고 있는 말을 활용해 절개를 지키고자 하는 의지를 드러내고 있다.

＊**삼종지도(三從之道)**: 예전에, 여자가 따라야 할 세 가지 도리를 이르던 말. 어려서는 아버지를, 결혼해서는 남편을, 남편이 죽은 후에는 자식을 따라야 하였다.

14 기출 변형   정답 ④

해설 작가 미상의 〈유충렬전(劉忠烈傳)〉은 영웅의 일대기를 소설로 엮은 창작 군담 소설로 병자호란 이후 청나라에 대한 강한 민족적 적개심을 표현한 소설로 평가된다.
"요점만 말하자면, 이 옥함은 ~ 충렬에게 주었더라"는 서술자가 옥함과 관련된 과거의 사건을 요약적으로 제시한 것으로 옥함이 충렬에게 전달되기까지 사건의 경과를 드러내고 있다.

오답 풀이 ① 제시문에는 충렬과 노승이 방에서 대화하는 장면만 나타나 있으므로 장면 전환이 잦다고 볼 수 없다. 환상적인 분위기는 용궁에서 큰 거북이 지고 온 옥함이 충렬에게 전달되는 신이한 사건을 통해 조성되고 있다.

② "요점만 말하자면, 이 옥함은 ~ 충렬에게 주었더라"는 서술자가 작중에 직접 개입한 부분이지만 과거의 사건을 요약적으로 제시할 뿐 인물의 됨됨이를 평가한 것은 아니다.
③ 기이한 오색구름이 수건을 덮고 있었다거나 큰 거북이 옥함을 지고 나왔다는 것에서 전기적 요소가 활용되었다. 그러나 이를 통해 인물이 처한 위기 상황을 드러낸 것은 아니다.

15   정답 ②

해설 2문단에 따르면, '차람'은 소설을 소유하고 있는 사람에게 직접 빌려서 보는 것으로, 알고 지내던 개인들 사이에서 이루어졌다. 그러나 차람할 때, 대가를 지불했는지의 여부는 제시문에서 알 수 없다.

＊**차람(借覽)**: 남의 서화(書畫)를 빌려서 봄.

오답 풀이 ① 1문단의, 글을 모르는 사람은 구연에 의한 유통의 대상이었는데, 구연자는 전기수로 불렸다는 내용에서 알 수 있다.
③ 1문단의, 구연에 의한 유통은 문헌에 의한 유통에 비해 시간과 공간의 제약이 많았다는 내용에서 알 수 있다.
④ 2문단의, 세책가에서 서적을 빌리는 비용이 구매하는 비용보다 훨씬 적어, 경제적으로 넉넉하지 않은 사람도 소설을 접할 수 있게 되면서 조선 후기에 세책가가 성행하게 되었다는 내용에서 알 수 있다.

15 기출 변형   정답 ③

출전 이나라·신지영·유도영·김경화, 〈한국어 발화 속도의 지역, 성별, 세대에 따른 특징 연구〉, 《말소리와 음성 과학》

해설 2문단에 따르면, 청년층은 장년층보다 말 속도와 조음 속도가 빠르다. 마지막 문단에 따르면, 남성은 여성과 말 속도가 비슷하지만, 여성에 비해 조음 자체를 빨리 하는 경향이 있어서 여성보다 조음 속도가 빠르다.

오답 풀이 ① 1문단에 따르면, 조음 활동이 일어나는 시간과 발화 음절 수만이 조음 속도를 결정하는 요인이므로 휴지의 양상은 조음 속도에 영향을 주지 못한다.
② 마지막 문단에서, 지역 방언의 종류는 발화 속도에 유의미한 영향을 주지 않는다는 것을 알 수 있다.
④ 마지막 문단에 따르면, 남성은 여성에 비해 더 자주 그리고 더 길게 휴지를 실현한다. 따라서 남성은 여성보다 발화 중 휴지를 유지하는 시간이 더 길다. 휴지를 사용하는 횟수 또한 여성보다 많다.

16   정답 ②

해설 2문단에 따르면, 《삼국사기》에 반신을 수록한 이유는 왕을 죽인 부정적 행적을 드러내 반면교사로 삼기 위해서였다. 그런데 고구려의 연개소문은 반신의 모습과 민족적 영웅의 모습이 모두 수록되었다. 이는 반신이면서 고구려인인 연개소문의 긍정적 모습도 수록한 것이므로 《삼국사기》가 신라 정통론에 기반하면서 유교적 사관에 따라 당시의 지배 질서를 공고히 하고자 했다라는 기존 평가와는 다른 면모를 드러낸 것이다.

＊**반신(叛臣)**: 임금을 반역하거나 모반을 꾀한 신하
＊**반면교사(反面敎師)**: 사람이나 사물 따위의 부정적인 면에서 얻는 깨달음이나 가르침을 주는 대상을 이르는 말

오답 풀이 ① 《삼국사기》 열전에는 신라인뿐만 아니라 고구려인과 백제인도 수록되어 있다. 그러나 《삼국사기》 열전에 고구려인과 백제인이 수록된 것만으로 《삼국사기》가 신라 정통론을 계승하지 않았다고 단정할 수는 없다. 2문단에 따르면, 《삼국사기》는 신라 정통론에 기반해 있다고 평가받는다.
한편, 연개소문의 사례는 《삼국사기》가 신라 정통론에 기반해 있다는 기존 평가와 달리 다면적이고 중층적인 역사 텍스트임을 보여 주는 근거가 된다. 그러나

《삼국사기》에 수록된 연개소문의 사례는 《삼국사기》에 관한 또 다른 해석의 가능성이 있음을 보여 준 것일 뿐, 이를 통해 《삼국사기》가 신라 정통론을 계승하지 않았다는 단정적인 결론을 도출할 수는 없다.
③ 1문단의 '관직에 있지는 않았으나 기릴 만한 사람을 실었다'와 반대되는 내용이다.
④ 1문단에 따르면, 《삼국사기》는 본기, 지, 표, 열전의 체제로 구성되어 있는데, 이 중 가장 많은 권수를 차지하는 것은 열전(10권)이 아니라 본기(28권)이다.

16 기출 변형   정답 ②
출전 2016년도 국가공무원 5급 공채·외교관 후보자 선발 제1차 시험
해설 2문단의 '18세기 초에 정상기가 백리척을 이용한 축척법을 만들어 동국지도를 제작', "그는 ~ 각 지역 간의 상대적 거리를 설정해야만 했고, 백리척은 이 과정에서 만들어졌다"에서 알 수 있다.
오답 풀이 ① 마지막 문단에 따르면, 김정호는 조선 후기까지 축적된 지도 제작 기술과 정보를 배워 대동여지도 제작에 반영하였으므로 축척법과 방격법도 대동여지도 제작에 영향을 미쳤을 것이다. 하지만 1~2문단에 따르면, 방격법은 중국에서 전래된 지도 제작 방법이지만 축척법은 18세기 초에 정상기가 만든 지도 제작 방법으로 중국에서 전래되지 않았다.
③ 마지막 문단에 따르면, 18세기 말 정조 대인 조선 후기에는 합리적 표현을 중시하며 지도를 만들었는데, '지도에 각 지역의 북극 고도를 고려함으로써 지도의 정확성이 높아졌다'. 그런데 각 지역의 북극 고도는 기기로 실측한 것이 아니라 천문 지식을 활용하여 측정하였다.
④ 1문단에 따르면, 17세기의 조선 정부는 북방 지역에 관심을 기울여 함경도의 지도를 만들었다. 하지만 마지막 문단에 따르면, 천문 지식을 활용하여 지도의 정확성을 높인 것은 18세기 말 정조 대인 조선 후기에 와서이다.

17   정답 ①
해설 1문단에 따르면, 최초의 IQ 검사는 학습 능력이 우수한 아이를 고르기 위해서가 아니라, 지적 장애아, 학습 부진아를 가려내기 위해 시행되었다.
오답 풀이 ② 1문단에 따르면, 최초의 IQ 검사가 시행된 이후에야 비로소 인간의 지능을 구체적으로 수치화하고 객관적으로 비교할 수 있었다. 따라서 IQ 검사가 만들어지기 전에는 인간의 지능을 수치로 비교할 수 없었다고 추론할 수 있다.
③ 2문단에 따르면, IQ 검사는 인간의 지능 중 기초 학습에 필요한 최소 능력인 언어 이해력, 어휘력, 수리력 등만을 측정한다. 따라서 IQ가 높더라도 전체 지능은 높지 않을 수 있다.
④ IQ 검사는 언어 이해력, 어휘력 등을 측정한다. 언어 이해력, 어휘력은 읽기 능력과 연관되어 있으므로 IQ가 높은 아이는 읽기 능력이 좋을 확률이 높다고 추론할 수 있다.

17 기출 변형   정답 ④
해설 쓴맛은 온도가 낮을수록 강하게 느껴진다고 했다. 따라서 가루약을 따뜻한 물과 함께 먹으면 찬물과 먹을 때보다 쓴맛을 낮출 수 있을 것이다.
오답 풀이 ① 짠맛은 온도가 높을 때에는 그다지 강하게 느껴지지 않지만, 온도가 낮을수록 강하게 느껴진다는 내용으로 보아, 짠맛을 느끼는 정도는 음식의 온도와 비례하지 않을 것이다.
② 단맛을 느끼는 것은 35℃보다 높거나 낮으면 큰 차이가 없다고 했으므로, 초콜릿을 뜨겁게 해서 먹는다고 단맛이 강해지지는 않을 것이다.
③ 신맛은 온도와 상관이 없다고 했으므로, 모든 미각이 음식의 온도 변화와 관련이 있는 것은 아니다.

18   정답 ④
해설 '부유(浮遊/浮游)하다'는 '물 위나 물속, 또는 공기 중에 떠다니다'의 의미이다. 따라서 ㉣을 '헤엄치는'으로 바꿔 쓰는 것은 적절하지 않다.
＊**부유**(浮遊: 뜰 부, 놀 유 / 浮游: 뜰 부, 헤엄칠 유)하다: 물 위나 물속, 또는 공기 중에 떠다니다. / 행선지를 정하지 아니하고 이리저리 떠돌아다니다.
오답 풀이 ① 맹종(盲從: 소경 맹, 좇을 종)하다: 옳고 그름을 가리지 않고 남이 시키는 대로 덮어놓고 따르다.
② 탈피(脫皮: 벗을 탈, 가죽 피)하다: 껍질이나 가죽을 벗기다. / 파충류, 곤충류 따위가 자라면서 허물이나 껍질을 벗다. / 일정한 상태나 처지에서 완전히 벗어나다.
③ 제고(提高: 끌 제, 높을 고)하다: 수준이나 정도 따위를 끌어올리다.

18 기출 변형   정답 ②
해설 '糊塗(풀 호, 진흙 도)하다'는 '풀을 바른다는 뜻으로, 명확하게 결말을 내지 않고 일시적으로 감추거나 흐지부지 덮어 버리다'의 의미이다. 따라서 ㉡을 '널리 알리고'로 풀이하는 것은 적절하지 않다.
오답 풀이 ① 貶下(떨어뜨릴 폄, 아래 하)하다: 가치를 깎아내리다.
③ 裁可(마를 재, 옳을 가)하다: 안건을 결재하여 허가하다.
④ 臆測(가슴 억, 잴 측)하다: 이유와 근거가 없이 짐작하다.

19   정답 ①
해설 ㉠ 長官(길 장, 벼슬 관): 국무를 나누어 맡아 처리하는 행정 각부의 우두머리
㉡ 補償(기울 보, 갚을 상): 남에게 끼친 손해를 갚음. / 국가 또는 단체가 적법한 행위에 의하여 국민이나 주민에게 가한 재산상의 손실을 갚아 주기 위하여 제공하는 대상
㉢ 決裁(결정할 결, 마를 재): 결정할 권한이 있는 상관이 부하가 제출한 안건을 검토하여 허가하거나 승인함.
오답 풀이 ㉠ 將官(장수 장, 벼슬 관): 군사를 거느리는 우두머리 예 용맹스러운 장관 앞에 나약한 군사는 있을 수 없다.
㉡ 報償(갚을 보, 갚을 상): 남에게 진 빚 또는 받은 물건을 갚음. 예 빌린 돈의 보상이 어렵게 되었다. / 어떤 것에 대한 대가로 갚음. 예 그는 사건을 묵인하는 보상으로 거액을 받았다.
㉢ 決濟(결정할 결, 건널 제): 일을 처리하여 끝을 냄. / 증권 또는 대금을 주고받아 매매 당사자 사이의 거래 관계를 끝맺는 일 예 결제 자금

19 기출 변형   정답 ①
해설 ㉠ '영화나 광고 따위를 일반에게 공개하기 전에 심사원, 비평가, 제작 관계자 등의 특정인에게 시험적으로 보이는 일'을 뜻하는 '시사'는 '試寫(시험할 시, 베낄 사)'로 쓴다.
㉡ '한곳에 치우쳐 있음'을 뜻하는 '편재'는 '偏在(치우칠 편, 있을 재)'로 쓴다.
㉢ '주로 예술 작품을 이해하여 즐기고 평가함'을 뜻하는 '감상'은 '鑑賞(거울 감, 상줄 상)'으로 쓴다.
오답 풀이 ㉠ 示唆(보일 시, 부추길 사): 어떤 것을 미리 간접적으로 표현해 줌.
㉡ 編制(엮을 편, 억제할 제): 어떤 조직이나 기구를 편성하여 체제를 조직함. 또는 그 기구나 체제
㉢ 感傷(느낄 감, 상처 상): 하찮은 일에도 쓸쓸하고 슬퍼져서 마음이 상함. 또는 그런 마음

20   정답 ①
해설 한문이 한국어 문장보다 문장 성분이 복잡하다는 것을 추론할 수 있

는 내용은 제시문에 나오지 않는다.

오답풀이 ② 한자는 문맥에 따라 같은 글자가 다른 문장 성분으로 사용되기도 한다고 했다. 따라서 '淨水'가 문맥상 '깨끗하게 한 물'이라면, '淨'은 '水'를 수식한다.
③ 한자는 문맥에 따라 같은 글자가 다른 뜻으로 쓰이지는 않지만(동음이의어가 아니지만) 다른 문장 성분으로 사용되기도 한다고 했다. 따라서 '愛人'에서 '愛'가 동음이의어는 아니지만 '愛'의 문장 성분이 바뀔 수는 있는 것이다.
④ 한글은 동음이의어가 많아 문맥이 없이 단어만 주어지면 의미를 파악하지 못할 수 있다고 했다. 따라서 문맥이 주어지지 않을 경우에, 동음이의어인 '의사'는 '병을 고치는 사람[醫師]'인지, '의로운 지사[義士]'인지 구별할 수 없다.

20 기출 변형 정답 ②

출전 2010학년도 6월 고2 전국연합학력평가, 수정

해설 비싼 7성급 호텔에 묵는다는 것은 '시설이 좋은 호텔에 숙박한다'는 접근 요인과 '비싸다'는 회피 요인이 있다. 또한 싼 도미토리에 묵는 것은 '싸다'는 접근 요인과 '공용 룸을 사용해야 한다'는 회피 요인이 있으므로 ㉠ '이중 접근 - 회피' 갈등의 사례로 적절하다.

오답풀이 ① 접근 - 회피 갈등이다.
③ 접근 - 접근 갈등이다.
④ 회피 - 회피 갈등이다.

08회 지방직 기출 변형 모의고사
2022 지방직 9급

기출

| 01 ③ | 02 ① | 03 ③ | 04 ④ | 05 ② | 06 ② | 07 ④ | 08 ② | 09 ③ | 10 ④ |
| 11 ② | 12 ④ | 13 ④ | 14 ① | 15 ① | 16 ③ | 17 ③ | 18 ③ | 19 ① | 20 ② |

기출 변형

| 01 ① | 02 ① | 03 ② | 04 ② | 05 ③ | 06 ① | 07 ① | 08 ③ | 09 ② | 10 ② |
| 11 ④ | 12 ② | 13 ③ | 14 ② | 15 ② | 16 ② | 17 ④ | 18 ④ | 19 ③ | 20 ④ |

01 정답 ③

해설 처음 자신을 소개하면서 '처음 뵙겠습니다. ○○○입니다'라고 하는 것은 적절한 언어 예절이다. 두 사람이 만났을 때 자신을 상대방에게 소개하는 말은 '처음 뵙겠습니다. (저는) ○○○입니다', '인사드리겠습니다. (저는) ○○○입니다'가 표준이다. 여러 사람 앞에서 자기를 소개할 때에도 '처음 뵙겠습니다(안녕하십니까?). ○○○입니다'라고 할 수 있다(국립국어원, 《표준 언어 예절》).

오답풀이 ① 계시겠습니다(×) → 있으시겠습니다(○): '말씀'은 회장님과 연관된 대상이므로 간접 높임을 써서 '있으시겠습니다'로 고쳐야 한다. 간접 높임은 높여야 할 주체의 신체 부분, 성품, 심리, 소유물과 같이 주체와 밀접한 관계를 맺고 있는 대상을 높여 주체를 간접적으로 높이는 표현이다. '있다, 없다'는 직접 높임과 간접 높임의 형태가 다르다. 직접 높임은 '계시다, 안 계시다'를, 간접 높임은 '있으시다, 없으시다'를 쓴다.
② 고모(×) → 형님{아가씨, 아기씨}(○): '시누이'는 남편의 누나나 여동생을 말한다. 남편의 누나는 '형님', 누이동생은 '아가씨, 아기씨'로 부른다. 전통적인 직접 호칭어가 있을 경우 '고모'와 같은 간접 호칭어를 쓰는 것은 적절하지 않다. 다만, 국립국어원에서는 자녀와의 관계에 기대어 '○○[자녀 이름] 고모'로 부를 수 있다고 의견을 제시하고 있으므로 참고한다.
④ 부인입니다(×) → 아내{집사람, 안사람, 처}입니다(○): '부인'은 남의 아내를 높여 이르는 말이므로 자신의 아내를 가리키는 말로 적절하지 않다. 자신의 아내를 가리킬 때는 '아내, 집사람, 안사람, 처' 등으로 나타내는 것이 좋다.

01 기출 변형 정답 ①

해설 외근 나가셨습니다(○): 직장에서는 압존법이 적용되지 않기 때문에 직급이 높은 사람은 물론, 직급이 같거나 낮은 사람에게도 직장 사람들에 관해 말할 때에는 '-시-'를 넣어 존대하는 것이 바람직하다.

오답풀이 ② 잘못 거셨습니다(×) → 잘못 걸렸습니다(○): 전화가 잘못 걸려 오는 경우, '전화 잘못 거셨습니다'라고 말하는 것은 전화도 제대로 못 거느냐는 느낌이 들므로 삼가는 것이 좋다.
③ 오시라면(×) → 오라고 하시면(○)/오라시면(○): 오는 행위의 주체는 '나'이므로 나의 행위에 높임의 '-시-'를 붙여서는 안 된다.
④ 커피 나오셨습니다(×) → 커피 나왔습니다(○): '사이즈, 포장, 상품' 등은 간접 높임의 대상이 되지 않는다.

02 정답 ①

해설 달밤에 대화까지 가는 길의 모습을 감각적 이미지를 사용하여 그림을 그리듯이 생생하게 표현하고 있으므로 '묘사'의 서술 방식이 사용되었다.

02 기출 변형   정답 ①

출전 브라이언 그린, 〈앤드 오브 타임〉, 수정 / 팀 마샬, 〈오스트레일리아〉, 《지리의 힘 2》

해설 제시문에는 슈뢰딩거의 파동 방정식에 따라 전자가 어떻게 배치되는지를 계단식 원형 극장에 빗대어 설명하는 유추의 방식이 사용되었다. ① 역시 직장 생활에 필요한 자세를 그림을 배울 때 선 긋기를 먼저 배우는 것에 빗대어 설명하고 있으므로 유추의 방식이 사용되었다.

오답 풀이 ② 인과 ③ 묘사 ④ 비교

03   정답 ③

해설 ③은, '무대 연출 작업 중에서 독보적인 창작을 걸러 내서 ~ 후발 창작을 방해하는 요소로 작용할 수도 있다'를 반대로 말한 것이므로 적절하지 않다.

오답 풀이 ① '창작적인 표현을 도용당했는지 ~ 이것이 쉽지 않다'와 일치한다.
② 연출자가 저작권 침해를 주장하기 위한 첫 번째 조건으로 '유효한 저작권의 소유'를 제시하고 있다.
④ '저작권법은 창작자에게 ~ 창작을 장려함과 동시에 일반 공중이 저작물을 원활하게 이용'에서 저작권법의 두 가지 목표를 설명하고 있다.

03 기출 변형   정답 ②

출전 김영식, 〈현대 사회와 과학〉

해설 과학 지식을 소유한 사람이 가치를 판단하고 결정하는 것이 적절하다는 내용은 제시문에 나오지 않는다. 가치 판단이나 결정의 주체는 인간 또는 사회라는 점을 이야기하고 있을 뿐이다.

오답 풀이 ④ 1문단에 따르면, 과학 지식이 그 자체로서 가치에 관한 판단이나 결정을 내리지 못한다는 점이 과학이 가치 중립적이라는 말의 두 번째 의미이다. 또한 2문단에서는 유전학적 지식(과학 지식)이 '유전성 질병이 있는 사람은 아기를 낳지 않는 것이 옳은가(가치 판단)'와 같은 가치 판단을 내려 주지 않는다는 예를 들고 있다.

04   정답 ④

해설 '점잖다'의 옛말은 '어리다, 젊다'의 의미인 '졈다'에 '-디(지) 아니ᄒ다'가 결합한 '졈디 아니ᄒ다'로 나타나는데 '나이가 어리지 않다'의 의미로 쓰였던 것으로 보인다. '졈디 아니ᄒ다'는 축약되어 '졈댢다'가 되었고 이것이 오늘날 '점잖다'의 형태가 된 것으로 볼 수 있다. 따라서 '의젓함'을 나타내는 '점잖이'에 '하다'가 붙어 형성된 말이라는 설명은 적절하지 않다.

오답 풀이 ① '가난'은 한자어 '간난(艱難: 어려울 간, 어려울 난)'에서 온 것으로, '간난'의 제1음절의 끝소리 'ㄴ'이 탈락한 형태이다. 같은 음의 중복을 꺼려 한 낱말 안의 같거나 비슷한 음운을 다른 음운으로 바꾸는 현상으로 보기도 한다. '간난신고'라는 한자 성어에서 유추할 수 있다.
*간난신고(艱難辛苦): 몹시 힘들고 어려우며 고생스러움.
② 현대 국어 '어리다'는 15세기 중세 국어에서는 '어리석다'를 뜻하였는데 오늘날에는 '나이가 적다'의 뜻으로 의미가 이동한 단어이다.
③ 현대 국어 '수탉'의 옛말인 '수툵'은 '수컷'을 의미하는 '수'의 옛말인 ㅎ 종성 체언 '숳'에 '닭'의 옛말인 '둙'이 결합하여 이루어진 복합어이다. 근대 국어 후기에 모음 'ㆍ'가 'ㅏ'와 소리가 같아짐에 따라 19세기에는 '수탁' 형태가 등장하여 오늘날에 이른 것으로 보고 있다.

04 기출 변형   정답 ②

해설 '골병'은 어원이 분명하지 아니한 것은 원형을 밝히어 적지 아니한다는 〈한글 맞춤법〉 제27항 [붙임 2]의 예이다. 따라서 '곯다'에서 온 말인지는 분명하지 않다.

오답 풀이 ① 한자어에서 본음으로도 나고 속음으로도 나는 것은 각각 그 소리에 따라 적는다. '모과(木▽瓜)'는 속음으로 나는 것이므로 그 소리에 따라 '모과'로 적는다.
③ 어간에 '-이'나 '-음' 이외의 모음으로 시작된 접미사가 붙어서 다른 품사로 바뀐 것은 그 어간의 원형을 밝히어 적지 아니한다.
④ '어여쁘다(< 어엿브다)'는 '불쌍하다'라는 뜻이었으나 지금은 '예쁘다'의 의미로 바뀐 말이다.

05   정답 ②

해설 1문단에서, 파놉티콘의 디자인을 '권력자에 의한 정보 독점 아래 ⓒ 다수가 통제'되는 원리로 설명하고 있다. 여기서 '권력자'는 소수의 교도관을, '다수'는 죄수들을 의미한다. 따라서 ⓒ을 '소수'로 고친다는 의견은 적절하지 않다.

오답 풀이 ① 파놉티콘은, 교도관은 죄수들을 바라볼 수 있지만 죄수들은 교도관을 바라볼 수 없는 구조로 되어 있다. 따라서 감시탑 안에 교도관이 실제로 없어도 죄수들은 그 사실을 알 수 없으므로, 교도관에게 언제 처벌받을지 모르는 공포감 때문에 스스로를 감시하게 된다. 따라서 ㉠ '있음'을 '없음'으로 고치는 것이 적절하다.
③ 2문단의 '권력자에 대한 비판을 신변 노출 없이 자유롭게 표현'은 바로 앞 문장에 대한 내용과 관련된다. 따라서 ㉢ '동시성'은 '익명성'으로 고치는 것이 적절하다.
* 익명성(匿名性): 어떤 행위를 한 사람이 누구인지 드러나지 않는 특성
④ 현대의 정보화 사회를 다수가 소수의 권력자를 동시에 감시할 수 있는 시놉티콘의 시대로 설명하고 있다. 따라서 ㉣ '특정인이'를 '누구나가'로 고쳐, 정보화 시대에는 언론과 통신이 발달하면서 누구나가 정보를 수용하고 생산하게 되었다는 내용을 이루는 것이 적절하다.

05 기출 변형   정답 ③

출전 강현식, 《꼭 알고 싶은 심리학의 모든 것》, 수정

해설 ADHD 아동들은 평상시 자신이 원하는 각성 수준을 충족하기 위해 주의가 산만한 행동을 했지만, 자율 신경계를 흥분시키는 약물을 투여하자 조용해진다. 이는 ADHD 아동들의 최적 각성 수준이 높기 때문에 자율 신경계를 흥분시키는 약물을 더 투여함으로써 최적 각성 수준을 충족시킬 수 있었다는 의미이므로 ㉢ '높기'는 고치지 않고 그대로 두어야 한다.

오답 풀이 ① 뒤에 이어지는 '롤러코스터를 타야 재미를 느끼는 사람'과 '회전목마만 겨우 타는 사람'은 사람마다 최적 각성 수준이 다르다는 것을 뒷받침하는 사례이므로 ㉠ '동일하기'는 '다르기'로 고치는 것이 적절하다.
② ADHD 아동들에게 자율 신경계를 흥분시키는 약물을 투여했을 때 조용해지고, ㉡을 투여했을 때 더 산만한 행동을 보였으므로 ㉡ '각성제'는 '진정제'로 고치는 것이 적절하다.
④ 2문단에 따르면, 각성이 지나치게 높으면 너무 긴장이 되고, 각성이 낮으면 졸리고 집중이 안 된다. 주변이 너무 조용하거나 아무도 없으면, 졸리고 집중이 되지 않는 상태가 되므로 각성이 ㉣ '높아진다'는 '떨어진다'로 고치는 것이 적절하다.

06   정답 ②

해설 '툭 던지는 한마디는 예리한 비수가 되어 독자의 의식을 헤집는다'라고 했으므로, 이와 어울리는 한자 성어로는 '한 치의 쇠붙이로도 사람을 죽일 수 있다는 뜻으로, 간단한 말로도 남을 감동하게 하거나 남의 약점을 찌를 수 있음을 이르는 말'인 '寸鐵殺人(마디 촌, 쇠 철, 죽일 살, 사람 인)'이 가장 적절하다.

오답풀이 ① 巧言令色[교묘할 교, 말씀 언, 명령할 영(령), 빛 색]: 아첨하는 말과 알랑거리는 태도
③ 言行一致(말씀 언, 다닐 행, 하나 일, 이를 치): 말과 행동이 하나로 들어맞음. 또는 말한 대로 실행함.
④ 街談巷說(거리 가, 말씀 담, 거리 항, 말씀 설): 거리나 항간에 떠도는 소문

06 기출 변형   정답 ①

해설 제시문의 밑줄 친 부분은 '오우가 더위를 두려워한 나머지 밤에 달이 뜨는 것을 보고도 해인가 하고 헐떡거린다는 뜻으로, 간이 작아 공연한 일에 미리 겁부터 내고 허둥거리는 사람을 놀림조로 이르는 말'인 '吳牛喘月(나라 이름 오, 소 우, 헐떡거릴 천, 달 월)'과 관련이 있다. 이러한 상황에 어울리는 한자 성어로 가장 적절한 것은 ①이다. '傷弓之鳥(상처 상, 활 궁, 갈 지, 새 조)'는 '한 번 화살에 맞은 새는 구부러진 나무만 보아도 놀란다는 뜻으로, 한번 혼이 난 일로 늘 의심과 두려운 마음을 품는 것을 이르는 말'이다.
* 吳牛(오우): '물소'를 달리 이르는 말. 예전에, 오나라에서 많이 났다는 데서 유래한다.

오답풀이 ② 見物生心(볼 견, 만물 물, 날 생, 마음 심): 어떠한 실물을 보게 되면 그것을 가지고 싶은 욕심이 생김.
③ 刮目相對(비빌 괄, 눈 목, 서로 상, 대답할 대): 눈을 비비고 상대편을 본다는 뜻으로, 남의 학식이나 재주가 놀랄 만큼 부쩍 늚을 이르는 말
④ 識字憂患(알 식, 글자 자, 근심 우, 근심 환): 학식이 있는 것이 오히려 근심을 사게 됨.

07   정답 ④

해설 끼이는(○): '끼다'의 피동사인 '끼이다'는, '벌어진 사이에 들어가 죄이고 빠지지 않게 되다'라는 뜻으로, '끼이어 – 끼이니' 등으로 활용한다. 따라서 '손가락이 끼이는 사고를'과 같이 쓰는 것은 올바르다.

오답풀이 ① 되뇌이는(×) → 되뇌는(○): '같은 말을 되풀이하여 말하다'를 뜻하는 말은 '되뇌다'이다. '되뇌이다(×)'는 비표준어이다.
② 헤매이고(×) → 헤매고(○): '갈 바를 몰라 이리저리 돌아다니다 / 갈피를 잡지 못하다 / 어떤 환경에서 헤어나지 못하고 허덕이다'를 뜻하는 말은 '헤매다'이다. '헤매이다(×)'는 비표준어이다.
③ 메이기(×) → 메기(○): '뚫려 있거나 비어 있는 곳이 막히거나 채워지다' 등을 뜻하는 말은 '메다'이므로 '목이 메기 마련이다'와 같이 쓸 수 있다. 참고로, '메이다'가 '뚫려 있거나 비어 있는 곳이 막히거나 채워지다' 등의 의미로 쓰일 경우에는 비표준어이지만, '메이다'가 '메다'의 피동사로 '어깨에 걸쳐지거나 올려놓이다'의 의미로 쓰일 경우에는 올바르다. 예 어깨에 메인 핸드백이 걸을 때마다 움직인다.

07 기출 변형   정답 ①

해설 • 에는(○): '마음을 몹시 아프게 하다'의 의미로는 '에다'를 쓴다. '에다'는 '…을 에다'의 형태로 쓰인다.
• 걷힌(○): '걷히다'는 '걷다'의 피동사로 바르게 쓰였다. '여러 사람에게서 돈이나 물건 따위가 거두어지다'의 의미이다.

오답풀이 ② • 덮힌(×) → 덮인(○): '덮다'의 피동사는 '덮이다'이다. '덮히다(×)'는 잘못된 표기이다.
• 개자(○): '흐리거나 궂은 날씨가 맑아지다'의 의미로는 '개다'를 쓴다.
③ • 짚히는(×) → 짚이는(○): '짚히다(×)'는 잘못된 표기이다. '헤아려 본 결과 어떠할 것으로 짐작이 가다'를 뜻하는 '짚이다'는 피동 표현으로 보이지만 피동사가 아니다.
• 새워(○): '한숨도 자지 아니하고 밤을 지내다'의 의미로는 '새우다'를 쓴다.

④ • 피지(×) → 피우지(○): '그 명사가 뜻하는 행동이나 태도를 나타내다'의 의미로는 '피우다'가 바른 표기이다.
• 높혀야(×) → 높여야(○): '높다'의 사동사는 '높이다'이다. '높히다(×)'는 잘못된 표기이다.

08   정답 ②

해설 김소월의 〈산〉은 감정 이입을 통해 '삼수갑산'에 돌아가지 못하는 화자의 비애를 노래한 시이다.
ⓒ '칠팔십 리'는 '삼수갑산'에 돌아가지 못한 채 정처 없이 떠돌아다니는 화자의 유랑의 길을 비유한 표현이다.

오답풀이 ① ㉠ '산새'는 화자의 감정이 이입된 대상으로, '시메 산골'에 가기 위한 '영(고개)'을 넘지 못해 울고 있다. 따라서 ㉠은 화자와 유사한 처지에 놓여 있는 것이다.
③ ⓒ '불귀, 불귀, 다시 불귀'는 '삼수갑산'에 다시 돌아가지 못함을 강조하는 표현으로, 십오 년 정분이 있었던 '삼수갑산'에 대한 그리움을 드러낸다. 따라서 '이국 지향 의식'을 강조한 표현이 아니다.
④ ㉣ '위에서 운다'는 감정 이입의 대상인 '산새'의 슬픔을 드러낸 표현이므로 ㉣은 화자의 분노가 아니라 슬픔을 대변한다.

08 기출 변형   정답 ③

해설 서정주의 〈귀촉도(歸蜀道)〉는 사별한 임에 대한 안타까움과 그리움을 '귀촉도'에 감정 이입하여 민요조 율격으로 표현한 시이다.
'귀촉도'는 시적 화자의 슬픔의 정서가 이입된 화자의 분신이다. ⓒ '은핫물'에 '새(귀촉도)'가 젖어 울고 있는 상황이므로 ⓒ은 시적 화자와 임을 연결하는 매개체가 아니라 시적 화자와 임을 단절하는 장애물을 의미한다.

오답풀이 ① ㉠은 흰 옷을 입고 간 임의 모습을 통해 임의 죽음을 표현하고 있다. 이를 통해 시적 화자가 임과 사별한 상황에 처해 있음을 알 수 있다.
② ⓒ '육날 메투리'는 시적 화자가 자신의 머리털로 올올이 엮어 임에게 주고 싶어 했던 것이므로 ⓒ은 임에 대한 시적 화자의 사랑과 정성을 의미한다.
④ ㉣ '귀촉도'는 임이 없는, 지친 밤하늘에 울고 있으므로 시적 화자의 슬픔이 이입된 자연물이다.

> **작품 해설** 서정주, 〈귀촉도(歸蜀道)〉
> 1. 갈래: 자유시, 서정시
> 2. 성격: 전통적, 애상적, 상징적
> 3. 표현과 특성: ① 자연물에 감정을 이입하여 표현함.
>   ② 7·5조 3음보의 민요조 율격을 사용함.
> 4. 주제: 사별한 임에 대한 그리움과 이별의 한
> 5. 해설: 〈귀촉도〉는 전통적 소재를 활용하여 죽어 이별한 임에 대한 그리움과 한을 형상화한 시이다. '귀촉도'는 망해서 없어진 고국 촉나라로 돌아갈 수 없는 충신의 넋이 변해서 되었다는 새인데, 이 시에서는 이러한 전설을 모티프로 삼아 임과 사별한 여인의 슬픔과 그리움을 노래하고 있다.

09   정답 ③

해설 황석영의 〈삼포 가는 길〉은 산업화 과정에서 소외된 사람들의 애환과 고향 상실의 아픔을 그린 소설이다.
정 씨가 백화를 좋은 여자 같다고 평가하자, 영달은 이를 인정하고 있다. 따라서 영달이 백화를 신뢰하지 않은 것은 아니다.

오답풀이 ① "같이 가시지. 내 보기엔 좋은 여자 같군", "또 알우? ~ 신셀 청산해야지"에서 정 씨는 영달에게 백화와 함께 떠날 것을 권유하고 있다.

② "백화는 뭔가 쑥덕대고 있는 두 사내를 불안한 듯이 지켜보고 있었다"에서 알 수 있다. 즉 백화는 자신과 함께 갈 것인지를 논하고 있는 두 사람(정 씨, 영달)을 바라보며 영달의 선택이 어떤 것인지 몰라 불안해하고 있다.
④ 백화는 "정말, 잊어버리지…… 않을게요"라고 한 뒤 자신의 본명을 말하고 있다. 즉 백화는 자신을 도와준 정 씨와 영달에게 고마움을 표현하기 위해 자신의 본명을 말한 것이다.

09 기출 변형　　　　　　　　　　　　　　　　　정답 ②

해설 이호철의 〈큰 산〉은 이기주의에 젖어 있는 소시민들의 위선을 풍자한 작품이다.
'나'의 "돌아다니다니, 대체 무슨 소리야?", "그때 그 고무신짝은 ~ 버렸지 않아" 등의 말에서 '나'는 고무신짝을 쓰레기통에 버린 것으로 생각했음을 알 수 있다. 즉 '나'는 아내가 고무신짝을 이웃집에 버린 것을 모르고 있었으므로 '나'가 고무신짝을 이웃집에 버리려는 아내를 만류했다고 볼 수 없다.

오답 풀이 ① '나'의 이웃들이 고무신짝을 보고 '찡한 느낌에 휘어 감기며 ~ 공포감에 사로잡혀' 고무신짝을 이웃집에 버렸다는 사실에서 알 수 있다.
③ '나'의 아내와 '나'의 이웃들은 자신들이 불길하다고 여기는 고무신짝을 이웃집 담장 너머로 몰래 버린다. 따라서 고무신짝은 자신만 액을 벗어나면 된다는 현대인의 이기적 태도를 보여 준다.
④ '나'는 이웃집에 고무신짝을 버렸다는 아내의 말을 듣고 "그러니까 이렇게 된 모양이다 ~ 있었을 것이다"에서 이웃들의 행동으로 인해 고무신짝이 다시 자신의 집으로 돌아온 것이라고 추측하고 있다.

작품 해설 이호철, 〈큰 산〉
1. 갈래: 단편 소설
2. 성격: 풍자적, 우의적, 비판적
3. 시점: 1인칭 주인공 시점
4. 배경: 1970년대, 젊은 샐러리맨 부부가 많이 사는 동네
5. 표현과 특성: ① 상징적인 소재(고무신짝, 큰 산)를 통하여 주제를 형상화함.
　　　　　　　② 현재의 사건과 과거의 사건이 긴밀하게 연계됨.
　　　　　　　③ 자연물에서 느낀 주관적 체험과 인식이 사회적 의미로 확대됨.
6. 주제: 현대인들의 이기적인 태도 비판

10　　　　　　　　　　　　　　　　　　　　　　정답 ④

해설 지정학적 조건으로 인한 우리나라의 과거와 현재의 모습을 대조하여 우리나라의 밝은 미래를 전망한 글이다. '그 아픔'으로 시작되는 (라)는 우리나라의 아픔을 서술한 (나) 뒤에 이어져야 자연스럽다.

(나) 특수한 지정학적 조건으로 인해 100년 전 우리는 국권을 상실하는 아픔을 감수해야 했습니다(과거). → (라) 그 아픔은 분단으로 이어져 오늘에 이르고 있습니다. 그러나 이제 우리에게도 새로운 희망의 시대가 열리고 있습니다. → (다) 지금의 우리나라는 전쟁의 폐허를 극복하고 세계적인 경제 강국을 건설하고 있습니다(현재). → (가) 이제 한반도는 동북아 물류와 금융, 비즈니스의 중심지가 될 것입니다(미래).

10 기출 변형　　　　　　　　　　　　　　　　　정답 ②

출전 레이첼 카슨, 《침묵의 봄》, 수정
해설 새로운 합성 화학 살충제가 생물계와 무생물계에 광범위하게 영향을 미치게 된 원인을 밝힌 다음, 새로운 합성 화학 살충제의 특징과 위력을 제시한 글이다.

(나) 살충제 성분이 생물계와 무생물계를 가리지 않고 광범위하게 스며들고 있다. → (라) 이 문제의 원인은 합성 화학 살충제 산업의 빠른 부상과 관련이 있는데, 화학전에 사용할 약제의 개발 과정에서 곤충에 치명적인 물질들이 발견되었다. → (가) 그 결과 전쟁 전에 사용하던 단순한 무기 화합물 살충제와는 전혀 다른 새로운 합성 살충제가 끊임없이 등장했다. (다) 새로운 합성 살충제는 생물의 몸속에 침투해 치명적인 방식으로 대상을 변화시킨다.

11　　　　　　　　　　　　　　　　　　　　　　정답 ②

해설 B가 요약한 내용을 메일로 공유해도 되는지 묻자 A는 "(고개를 끄덕이며) 맞습니다"라고 반응하고 있다. 또 A가 개조식으로 요약하는 것은 문제가 있다고 말하자 B는 "(고개를 끄덕이며) 그렇겠네요"라고 반응하고 있다. 이를 통해 A와 B 모두 상대방의 말에 공감한다는 표지를 드러내며 상대방의 말을 듣고 있음을 알 수 있다.

오답 풀이 ① A가 B에게 내용 요약 방식을 제안하는 내용은 나타나지 않는다. A는 B에게, 개조식으로 회의 내용을 요약하는 것에는 문제가 있다고 지적하고 있을 뿐이다.
③ "(고개를 끄덕이며) 그렇겠네요. 개조식으로 ~ 어려울 수 있겠네요"에서 B는 회의 내용을 개조식으로 요약하면 문제가 있다는 A의 문제 제기에 대해 동의하고 있다.
④ 개조식 요약 방식이 회의 내용을 과도하게 생략하여 이해에 어려움을 줄 수 있다고 명시하여 말하는 사람은 A가 아니라 B이다.

11 기출 변형　　　　　　　　　　　　　　　　　정답 ④

출전 2013학년도 11월 고2 전국연합학력평가, 수정
해설 B는 '넌 그 설명을 어디서 들었어?'라며 벽온선에 관해 A가 한 이야기의 출처를 묻고 있다. 그러나 A는 '네가 박물관에서 알게 된 내용은 뭔데?'라며 B가 알고 있는 이야기의 내용을 물었을 뿐, 그 출처를 묻지는 않았다.

오답 풀이 ① A는 B에게 '네가 박물관에서 알게 된 내용은 뭔데?'라고 질문하고 있을 뿐 벽온선에 대한 B의 설명을 수정하고 있지는 않다.
② '너 혹시 ~ 부채 아니?', "그런데 넌 ~ 들었어?" 등에서 B는 A에게 질문하고 있지만, 이를 통해 A의 말을 제대로 이해했는지 확인하고 있지는 않다.
③ A와 B는 벽온선에 대해 서로 다르게 설명하고 있지만, 자신들의 설명이 더 타당하다며 서로 논박하고 있지는 않다.

12　　　　　　　　　　　　　　　　　　　　　　정답 ④

해설 '변호사'는 '辯護士(말 잘할 변, 보호할 호, 선비 사)'로 쓴다. 이때 '-사(士)'는 '직업'의 뜻을 더하는 접미사이다. *事: 일 사

오답 풀이 ① 消防官(꺼질 소, 막을 방, 벼슬 관): '-관(官)'은 '공적인 직책을 맡은 사람'의 뜻을 더하는 접미사이다.
② 科學者(품등 과, 배울 학, 놈 자): '-자(者)'는 '사람'의 뜻을 더하는 접미사이다.
③ 研究員(갈 연, 궁구할 구, 관원 원): '-원(員)'은 '그 일에 종사하는 사람'의 뜻을 더하는 접미사이다.

보충 자료 事/士/師

　직업을 나타내는 단어 뒤에는 일반적으로 '사'가 붙는다. 그러나 이때 한자는 '事/士/師'로 구별된다. 이를 명확히 구분할 수 있는 기준은 없지만, '事(일 사)'는 다스린다, 일을 맡는다는 뜻으로 쓰이고, '士(선비 사)'는 주로 전문적이거나 기능적인 직업의 의미로 쓰이며, '師(스승 사)'의 경우는 교육적·종교적 가르침을 전하는 직업에 주로 쓰인다.

• **事 일 사**
　⑩ 검사(檢事), 도지사(道知事), 판사(判事)

- 士 선비 **사**
  - 예 공인 중개사(公認仲介士), 변리사(辨理士), 변호사(辯護士), 회계사(會計士)
- 師 스승 **사**
  - 예 간호사(看護師), 교사(敎師), 목사(牧師), 약사(藥師), 의사(醫師)

12 기출 변형 정답 ②

해설 '교사'는 '敎師(가르칠 교, 스승 사)'로 쓴다. 이때 '-사(師)'는 '그것을 직업으로 하는 사람'의 뜻을 더하는 접미사이다. * 士: 선비 사

오답 풀이 ① 建築家(세울 건, 쌓을 축, 집 가): '-가(家)'는 '그것을 전문적으로 하는 사람 또는 그것을 직업으로 하는 사람, 그것에 능한 사람, 그것을 많이 가진 사람, 그 특성을 지닌 사람'의 뜻을 더하는 접미사이다.

③ 門外漢(문 문, 바깥 외, 한나라 한): 어떤 일에 직접 관계가 없는 사람 / 어떤 일에 전문적인 지식이 없는 사람. '-한(漢)'은 '그와 관련된 사람'의 뜻을 더하는 접미사이다.

④ 選手(가릴 선, 손 수): 운동 경기나 기술 따위에서, 기량이 뛰어나 많은 사람 가운데에서 대표로 뽑힌 사람. 또는 스포츠를 직업으로 하는 사람 / 어떤 일을 능숙하게 하거나 버릇으로 자주 하는 사람을 비유적으로 이르는 말. '-수(手)'는 '그것을 직업으로 하는 사람, 선수'의 뜻을 더하는 접미사이다.

13 정답 ④

해설 최근 A시에서 '수업 시간 스마트폰 사용 제한에 관한 조례안'을 주제로 청소년 의회 교실을 운영하였는데, '의원 선서를 한 후 주제에 관한 자유 발언 시간을 가졌다. 이어서 관련 조례안을 상정한 후 찬반 토론을 거쳐 전자 투표로 표결 처리'하였다. 즉 의원 선서 - 자유 발언 - 조례안 상정 - 찬반 토론 - 전자 투표의 순서로 진행되었으므로 ④가 적절하지 않다.

오답 풀이 ① "청소년 의회 교실이란 청소년을 대상으로 실시하는 의회 체험 프로그램을 의미한다. 여기에 참여할 수 있는 대상은 A시에 있는 학교에 재학 중인 만 19세 미만의 청소년이다"에서 알 수 있다.

② '시의회 의장은 의회 교실 참가자 선정 및 운영 방안을 결정할 수 있다. 운영 방안에는 ~ 민주 시민의 소양과 자질 등에 관한 교육 내용이 포함된다'에서 알 수 있다.

③ '시의회 의장은 고유 권한으로 본회의장 시설 사용이 가능하도록 지원할 수 있다', "최근 A시는 ~ 본회의장에서 첫 번째 의회 교실을 운영하였다"에서 알 수 있다.

13 기출 변형 정답 ③

출전 2005학년도 대학수학능력시험 9월 모의평가, 수정

해설 2문단에 따르면, 별의 내부에 철 원소가 많아질수록 별의 수축이 일어난다. 그리고 별이 수축하면 별 중심부의 온도가 높아지다가 어떤 한계점에 이르면 별은 폭발한다.

오답 풀이 ① 1문단에 따르면, 태양보다 질량이 큰 별의 생성 초기에 천만 도 이상의 높은 온도가 되면 수소가 핵융합을 하여 헬륨을 생성한다.

② 헬륨 3개가 결합하면 탄소가 만들어진다. 이렇게 만들어진 탄소에 하나의 헬륨이 더해지면 산소가 만들어진다. 그러나 탄소가 생성되면 별의 중심부 온도가 상승하는지 여부는 제시문만으로 알 수 없다.

④ 2문단에 따르면, 핵융합에 의해 생성된 철이 많아져야 별이 수축·폭발하여 라듐과 우라늄이 만들어질 수 있다. 그러나 라듐과 우라늄은 철보다 무거운 원소로 핵융합에 의해 만들어지지 않는다.

14 정답 ③

해설 2문단에서는 혐오라는 감정에 집착하여 혐오 현상을 바라보면 문제의 성격을 오인하게 된다고 지적하고 있다. 또한 마지막 문단에서는 혐오는 사회적으로 형성된 감정이며, 혐오를 도덕적으로 지탄하는 데에서 그치지 말아야 한다고 주장하고 있다. 이를 통해 글쓴이는 혐오 현상을 바르게 이해하려면 그 원인이 되는 사회 문제를 찾아내야 한다는 입장임을 알 수 있다. 따라서 '혐오 현상을 만들어 내는 근본 원인을 찾아야 한다'가 주제로 가장 적절하다.

오답 풀이 ① 마지막 문단에 따르면, 혐오는 자연 발생한 게 아니라 사회적으로 형성된 감정이다. 즉 사회적 문제가 원인이 되어 혐오 현상이라는 결과를 낳은 것이다.

② 2문단의 "왜 혐오가 나쁘냐고 물어보면 ~ 이 대답들은 분명 선량한 마음에서 나온 것이다"에서 혐오라는 감정에 대해 비판적인 사람들의 선량한 의도를 언급하고 있다. 하지만 글쓴이는 선량한 마음만으로는 '혐오 현상'의 본질을 밝힐 수 없다는 입장이므로 주제로 적절하지 않다.

④ 2문단에 따르면, 혐오나 증오라는 감정에 집중할수록 우린 '달을 가리키는 손가락만 바라보는' 잘못을 범하기 쉬워진다. 즉 혐오라는 감정(손가락)에 집중할수록 그 원인이 되는 사회 문제(달)를 잘 볼 수 없게 된다는 것이다.

14 기출 변형 정답 ②

출전 2015학년도 국가수준 학업 성취도 평가 중3 국어, 수정

해설 서두에서 자유 무역의 대상인 식량 문제를 어떻게 다루어야 할 것인가에 대해 화두를 던지고 있다. 이후 2~마지막 문단에서 식량은 자유 무역의 대상이지만 인간 생존의 필수적인 품목이므로 식량을 자유 무역의 상품으로 던져둘 수 없다고 주장하고 있다. 따라서 글쓴이는 궁극적으로 식량 문제를 자유 무역의 대상으로 다루어서는 안 된다는 견해를 밝히고 있는 것이다.

오답 풀이 ① 마지막 문단에서 선진국의 정책을 언급하며 기업의 이윤 극대화보다 더 중요한 것이 인간의 최소 생존권임을 강조하고 있다. 따라서 기업의 최대 이윤을 보장하는 것은 글쓴이가 고려하고 있는 사항이 아니다.

③ 거대 곡물 회사들의 수익을 환수하는 방안에 대한 내용은 제시문에 없다.

④ 2문단에 따르면, 현재 지구의 인구는 70억 명에 불과하지만 약 130억 명이 먹을 식량을 생산할 능력이 있다. 따라서 생산량을 늘릴 수 있는 방안을 마련하는 것은 식량난 해소를 위한 적절한 방안이라고 할 수 없다.

15 정답 ①

해설 심환지의 〈육각지하화원소정염운(六閣之下花園小亭拈韻)〉은 봄을 맞아 만개한 봄꽃을 즐기며 가는 세월을 아쉬워하는 마음을 읊은 한시이다. 1~4행에서 화자는 ⊙ '초가 정자'가 있고, 오솔길이 나 있는 수풀이 보이는 곳에서 온갖 꽃 속에 앉아 술 한 잔을 하며 시를 읊조리고 있다. 5~8행에서 화자는 주위 풍경을 바라보며 쇠락하는 인간사에 대한 안타까운 감정을 표출하고 있다. 즉 ⊙ '초가 정자'는 화자의 시선에 보이는 대상물일 뿐 시간적 흐름에 따른 시상 전개를 매개하는 것은 아니다.

오답 풀이 ② "온갖 꽃 속에서 ⓒ 높다랗게 앉아 있네"에서 화자는 온갖 봄꽃들이 자신의 발아래 핀 풍경 속에 앉아 있다. 여기서 '높다랗게'는 자연 속에 묻혀 고양된 화자의 마음을 나타낸 것으로 보이므로 시적 화자의 초연한 태도를 드러낸다고 볼 수 있다.

* 초연(超然)하다: 어떤 현실 속에서 벗어나 그 현실에 아랑곳하지 않고 의젓하다. / 보통 수준보다 훨씬 뛰어나다.

③ "산과 계곡은 언제 봐도 그대로건만 / ⓒ 누대는 하나같이 비어 있구나"에서 자연(산과 계곡)은 그대로인데, 인간이 만든 누대는 비어 있다고 읊조리고 있다. 이를

통해 비어 있는 ⓒ '누대'는 영원한 자연에 대비되어 쇠락한 인간사를 암시하는 소재임을 알 수 있다.
④ 꽃잎을 흔드는 것은 봄바람이다. 화자는 꽃잎을 하나라도 흔들지 말라고 명령하며 늙어 갈수록 봄바람이 안타깝다고 한탄하고 있다. 이를 통해 화자에게 봄바람은 꽃잎을 흔드는 부정적 이미지로 기능하고 있음을 알 수 있다.

15 기출 변형　　　　　　　　　　　　　　　　　정답 ③

해설 설장수의 〈어옹(漁翁)〉은 세속의 부귀영화를 버리고 한적한 강호에서 은거하는 인물의 삶을 그린 한시이다.
ⓒ의 '서울 길의 붉은 먼지'와 '초록 도롱이 푸른 삿갓'에서 색채 대비가 나타난다. 그러나 '서울 길의 붉은 먼지', 즉 속세에서의 삶을 꿈에서도 바라지 않는다고 했으므로 속세에서의 삶을 반성하고 있는 것은 아니다.

오답 풀이 ① ㉠에서 화자는 '헛된 이름', 즉 부귀공명을 따르지 않고 '물과 구름', 즉 자연을 찾아다녔던 자신의 삶을 되돌아보면서 자연에서 사는 삶에 대한 긍정적 태도를 드러내고 있다.
② ㉡에서는 봄과 가을이라는 시간의 흐름에 따른 자연 풍경을 묘사하고 있다.
④ ㉣은 '어찌 부러워하리오'라는 설의적 표현을 통해 강호(자연) 속에서 뱃사람의 흥취를 느끼는 삶에 대한 만족감을 드러내고 있다.

16　　　　　　　　　　　　　　　　　　　　　　정답 ③

해설 '각축(角逐: 뿔 각, 쫓을 축)'은 '서로 이기려고 다투며 덤벼듦'이라는 뜻으로, '뿔'은 사람의 몸을 지시하는 말로 보기 어렵다. 나머지 ①·②·④에는 모두 사람의 몸을 지시하는 말이 포함되어 있다.

오답 풀이 ① 슬하(膝下: 무릎 슬, 아래 하): 무릎의 아래라는 뜻으로, 어버이나 조부모의 보살핌 아래. 주로 부모의 보호를 받는 테두리 안을 이른다.
② 수완(手腕: 손 수, 팔 완): 일을 꾸미거나 치러 나가는 재간 / 손목의 잘록하게 들어간 부분
④ 발족(發足: 필 발, 발 족): 어떤 조직체가 새로 만들어져서 일이 시작됨. 또는 그렇게 일을 시작함.

보충 자료　신체 부위를 나타내는 말이 포함된 한자어

脚光	다리 각, 빛 광	사회적 관심이나 흥미
白眉	흰 백, 눈썹 미	여럿 가운데에서 가장 뛰어난 사람이나 훌륭한 물건
發足	필 발, 발 족	어떤 조직체가 새로 만들어져서 일이 시작됨.
比肩	견줄 비, 어깨 견	서로 비슷한 위치에서 견줌.
蛇足	뱀 사, 발 족	쓸데없는 군짓을 하여 도리어 잘못되게 함.
手腕	손 수, 팔 완	일을 꾸미거나 치러 나가는 재간
膝下	무릎 슬, 아래 하	어버이나 조부모의 보살핌 아래
失脚	잃을 실, 다리 각	세력을 잃고 지위에서 물러남.
長足	길 장, 발 족	사물의 발전이나 진행이 매우 빠름.
焦眉	그을릴 초, 눈썹 미	매우 급함.

16 기출 변형　　　　　　　　　　　　　　　　　정답 ②

해설 ㉠ 長足(길 장, 발 족): 기다랗게 생긴 다리 / 사물의 발전이나 진행이 매우 빠름.
ⓒ 眼目(눈 안, 눈 목): 사물을 보고 분별하는 견식 / 주된 목표
ⓔ 比肩(견줄 비, 어깨 견): 서로 비슷한 위치에서 견줌. 또는 견주어짐.
오답 풀이 ⓒ 降伏(항복할 항, 엎드릴 복) / 降服(항복할 항, 입을 복): 적이나 상대편의 힘에 눌리어 굴복함.
ⓜ 尾行(꼬리 미, 다닐 행): 다른 사람의 행동을 감시하거나 증거를 잡기 위하여 그 사람 몰래 뒤를 밟음.

17　　　　　　　　　　　　　　　　　　　　　　정답 ③

해설 (가) 작가 미상의 〈홍계월전(洪桂月傳)〉은 중국 명나라를 배경으로 하여 여장군 홍계월의 영웅적 기상과 재주를 그린 고전 소설이다. (나) 작가 미상의 〈장끼전〉은 장끼와 까투리를 의인화하여 양반 사회의 위선을 폭로하고 여권 신장을 도모하는 등 시대 의식을 표출한 교훈적·풍자적 성격의 고전 소설이다.
(가)에서 보국은 ㉠ '계월'의 명령에 마지못해, 갑옷과 투구를 갖춘 채로 군문에 대령한다. 그런 보국에게 계월이 예를 갖추라고 호령하자 그제서야 보국은 겁을 내어 갑옷과 투구를 끌고 몸을 굽히고 들어가며 예를 갖춘다. 즉 ㉠은 갈등 상황을 적극적으로 타개하고 있다. 그러나 (나)에서 ㉡ '까투리'는 장끼의 고집을 꺾지 못하고(장끼가 콩을 먹지 못하도록 하지 못하고) '홀로 경황없이 물러'선다. 결국 장끼가 콩을 먹고 변을 당한 뒤, 까투리는 애통해하고 있다. 따라서 ㉡은 갈등 상황을 타개하는 데 소극적인 태도를 취하고 있는 것이다.

*붕성지통(崩城之痛): 성이 무너질 만큼 큰 슬픔이라는 뜻으로, 남편이 죽은 슬픔을 이르는 말

오답 풀이 ① ㉠이 상대인 보국에게 명령을 하는 것으로 보아, ㉠이 상대보다 우월한 지위를 가지고 있음을 알 수 있다. 그러나 상대인 장끼가 고집을 굽히지 않자 ㉡이 '홀로 경황없이 물러서'는 것으로 보아, ㉡은 상대보다 우월한 지위를 가지고 있다고 볼 수 없다.
② ㉠은 '어찌 이다지도 거만한가?'라고 호령하며 보국의 행동을 비판하고 있다. 그러나 ㉡ 역시 "저런 광경 당할 줄 몰랐던가 ~ 계집의 말 안 들어도 망신하네"라고 자신의 말을 듣지 않고 콩을 먹은 장끼를 비판하고 있다. 따라서 ㉡이 상대의 행동을 옹호하고 있다는 설명은 잘못되었다.
*제시문에 없는 앞부분에는, 콩을 먹으려는 장끼와 그것을 말리는 까투리의 대화가 나타난다. 장끼는 아내의 말을 무시하고 아전인수 식으로 해석하는 반면, 까투리는 타당한 이유를 들어 논리적으로 장끼를 설득하려 한다. 이를 통해 장끼가 경망스럽고 권위적인 반면 까투리는 신중하고 지혜로운 성격을 지녔음을 알 수 있다. 따라서 까투리의 "저런 광경 당할 줄 몰랐던가 ~ 계집의 말 안 들어도 망신하네"는 자신의 말을 듣지 않고 장끼가 변을 당한 일에 대한 애통한 마음을 담은 것임을 알 수 있다.
④ ㉠의 호령에 '군졸의 대답 소리로 장안이 울릴 정도'라고 묘사하는 것으로 보아 ㉠은 주변으로부터 호의적인 반응을 얻었다고 볼 수 있다. 또한 ㉡이 장끼의 죽음에 애통해하자 자식들과 친구 벗님네들도 '불상타 의논하며 조문 애곡하니 가련 공산 낙망천에 울음소리뿐'이었다로 보아 ㉡ 역시 주변으로부터 호의적인 반응을 얻은 것이다.

작품 해설　(가) 작가 미상, 〈홍계월전(洪桂月傳)〉

1. **갈래**: 영웅 소설, 군담 소설
2. **성격**: 영웅적, 일대기적
3. **시점**: 전지적 작가 시점
4. **배경**: 명나라 때, 중국 형주, 벽파도, 황성
5. **특징**: ① 남성보다 우월한 여성이 영웅으로 등장함.
　　　　② 신분을 감추기 위한 남장 화소가 사용됨.
6. **주제**: 여성인 홍계월의 영웅적 활약상

7. 해설: 〈홍계월전〉은 7회의 장회 소설(章回小說: 내용이 긴 이야기를 여러 회로 나누어 서술한 소설)로, 중국 명나라를 배경으로 주인공인 여장군 홍계월의 고행과 무용담을 그리고 있으며, 주인공과 부모와의 이별과 만남, 남녀 간의 애정 문제도 같이 다루고 있다. 이 작품에서 여성은 남성의 보조적 위치에서 벗어나 남성보다 우월한 능력을 가진 영웅으로 등장한다. 전쟁에서 남편(보국)이 아내(계월)의 명령을 받고, 군법을 위반하여 엄벌을 받기도 하며, 전쟁이 끝난 뒤에도 천자가 여성(계월)의 벼슬을 회수하지 않고 그대로 부여해 두는 점도 이 작품의 독특한 점이다.

17 기출 변형 정답 ④

해설 (가) 작가 미상의 〈소대성전(蘇大成傳)〉은 영웅의 일생을 모티프로 한 군담 소설이다. (나) 작가 미상의 〈조웅전(趙雄傳)〉은 군신 간의 충의를 주제로 삼은 조선 후기의 군담 소설이다.
(가)에서 'ⓒ'승상'은 ⓐ'아이'의 추레한 행색 속에 은은한 기품이 있음을 보고 있으므로, ⓒ은 행색을 통해 ⓐ의 비범함을 확인하고 있다고 볼 수 있다. 그러나 (나)에서 ⓒ'노인'은 행색이 아니라 '장성'과 '천문'이라는 하늘의 계시를 통해 ⓐ'웅'의 비범함을 확인하고 있다.
*행색(行色): 겉으로 드러나는 차림이나 태도

오답 풀이 ① ⓐ은 잠을 깨우는 ⓒ에게 자신의 잠을 깨우지 말라며 ⓒ의 요청을 바로 거절하고 있다. 반면 ⓐ은 ⓒ에게 칼값을 묻고 칼을 받을 때 절을 하고 있으므로 ⓐ에 비해 예의 바른 모습을 보여 주고 있다.
② (가)의 "형산백옥이 ~ 알아보랴"에서 ⓐ은 자신의 능력을 알아주지 않는 세상에 불만을 품고 있으나 이를 타개하기 위한 노력을 하고 있지는 않다. 그러나 (나)에서 ⓐ은 ⓒ이 가진 칼을 갖기 위해 여러 번 저자에 나가고, 직접 ⓒ에게 칼값을 묻고 있으므로 ⓐ에 비해 ⓐ은 적극적인 태도를 보여 주고 있다.
③ (가)에서 ⓒ은 월령산 조대에서 ⓐ을 만나는데, ⓐ의 이름은 알지 못했다. 반면 (나)에서 ⓒ이 ⓐ을 보고 "그대 조웅이 아니냐?"라고 한 것으로 보아 ⓒ은 ⓐ의 이름을 미리 알고 있었다.

18 정답 ③

해설 페스트가 사람들의 인식, 미술, 의학 등에 미친 영향을 통해 르네상스의 발생 요인을 인과적으로 분석한 글이다.
2~마지막 문단은, '중세의 지적 전통에 대한 의구심 → 고대의 학문과 예술, 언어에 대한 재평가 → 인간에 대한 관심이 증대함 → 인체의 아름다움이 재발견됨'으로 내용이 전개된다. 즉 고대의 학문과 예술, 언어에 대한 재평가가 이루어지면서 결과적으로 인체의 아름다움이 재발견된 것이다. 따라서 이를 선후 관계를 바꾸어 진술한 ③이 적절하지 않다.

오답 풀이 ① 1문단 첫 문장에서 알 수 있다.
② 1문단의, 페스트로 인해 사악한 자뿐만 아니라 선량한 자도 무차별적으로 죽는 것을 보고 신과 교회의 막강한 권위에 대해서도 회의하게 되었다는 내용에서 알 수 있다.
④ 마지막 문단에서 알 수 있다. 즉 의사들은 해부학적 지식을 불필요한 것으로 인식한 반면, 르네상스 시기의 미술가들은 예술가이면서 동시에 해부학자이기도 할 만큼 인체의 내부 구조를 탐색하는 데 골몰했다.

18 기출 변형 정답 ③

출전 2023학년도 대학수학능력시험 고3 9월 모의평가
해설 1문단에 따르면, 도약이 관찰될 때는 건너뛴 단어의 의미 이해가 이루어지지 않았다. 따라서 짧은 도약과 긴 도약 모두 도약이 일어나는 동안에는 단어의 의미 이해가 이루어지지 않는다.

오답 풀이 ① 글을 읽을 때 독자가 생각하는 단어의 중요도나 친숙함에 따라 도약의 방향이 달라질 수 있다. 또한 읽기 목적을 분명하게 인식하게 되면, 문맥을 파악하기 위해 이미 읽은 단어를 다시 확인하거나 앞으로 읽을 단어를 먼저 탐색하는 도약 등이 나타난다.
② 2문단에서 알 수 있다. 즉 글을 읽을 때 고정 횟수와 고정 시간이 줄어들고 긴 도약이 자주 일어나는 이유 중 하나로, 읽기 목적을 분명하게 인식하게 되는 경우를 들고 있다.
④ 2문단의, 읽기 능력이 발달하면 이전보다 고정 횟수가 줄어드는데 이는 학습 경험과 독서 경험이 쌓이면서 글의 구조에 대한 지식과 아는 단어, 배경지식이 늘어나기 때문이라는 진술에서 알 수 있다.

19 정답 ①

해설 "논리 실증주의자들에 따르면, 만약 어떤 것이 과학일 경우 거기에서 사용되는 문장은 유의미하다"는 가정적 조건문(만일 p이면 q이다.)이 적용된 것이다. 즉 '만약 어떤 것이 과학일 경우(p이면) → 그것에 사용되는 문장은 유의미하다(q이다)'의 논리 구조를 보이는 것이다. ①은 후건을 부정하여 전건의 부정을 도출해 낸 것이므로 적절한 추론이다. 즉, 만약 어떤 것에서 사용된 문장이 무의미하다면(q의 부정) → 그것은 과학이 아닌 것이다(p의 부정).

오답 풀이 ② '과학의 문장'은 '유의미한 문장'에 포함된다. 그러나 과학의 문장 이외에도 유의미한 문장은 존재할 수 있으므로 ②는 잘못된 추론이다.
③ 검증 원리란 '경험을 통해 참이나 거짓을 검증할 수 있는 문장은 유의미하고 그렇지 않은 문장은 유의미하지 않다'는 것이다. 즉 '아직까지 경험되지 않은 것'이라 하더라도 경험을 통해 참, 거짓을 검증할 수 있다면 유의미하다.
④ 검증 원리에 따르면, 경험을 통해 거짓을 검증할 수 있는 문장이라면 유의미하다.

19 기출 변형 정답 ③

출전 2009학년도 동국대학교 수시 논술(인문), 수정
해설 1문단에 따르면, 시장 참여자들이 이익을 얻기 위해서는(p이기 위해서는) 주가와 조금이라도 관련이 있는 정보를 찾아 주가에 즉각 반영해야만 한다(q이어야만 한다). 'p이면 q이다'에서 q는 p이기 위한 필수조건이다. 따라서 가치 있는 정보를 주가에 즉각 반영하는 것은 시장 참여자들이 주식으로 이익을 얻기 위해 필수적이다.

오답 풀이 ① 효율적 시장 가설에 따라, 정보에 의해 주가가 영향을 받는다는 사실만 알 수 있을 뿐, 가치 있는 정보가 어디에서 비롯되는지는 알 수 없다.
② 가정적 조건문에서 후건을 긍정하여 전건을 긍정하면 후건 긍정의 오류이다. ②는 2문단의 "효율적 시장 가설이 사실이라고 전제하면 ~ 무의미해진다"를 후건 긍정하여 전건 긍정하고 있으므로 적절하지 않은 추론이다.
④ 효율적 시장 가설은 시장 참여자들이 주가에 반영되는 정보를 파악할 수 있는 능력이 있다고 전제하고 있다. 그러나 2문단에서 '현재 시점에서 미래에 나타날 새로운 정보를 얻을 수 없다'고 하였으므로 적절하지 않은 추론이다.

20 정답 ④

해설 ⓐ·ⓒ 2문단의 내용에서 아래 두 개의 명제를 도출해 낼 수 있다.
명제 1. 결정론적 법칙의 지배를 받는 시스템은 자유 의지를 가지지 않는다.
명제 2. 자유 의지를 가지지 않는 시스템은 도덕적 의무에 귀속되지 않는다.

그런데 컴퓨터는 결정론적 법칙의 지배를 받는다. 따라서 컴퓨터는 자유 의지를 가지지 않으며 도덕적 의무의 귀속 대상일 수도 없다(㉠). 또한 도덕적 의무를 귀속시킬 수 있는 시스템은 자유 의지를 가지고 있으므로 결정론적 법칙의 지배를 받지 않는다(㉡).

㉢ '어떤 선택을 할 때 그것과 다른 선택을 할 수 없는 시스템'은 항상 하나의 선택지만 존재하는 '결정론적 시스템'이다. '명제 1'에 따라, 결정론적 시스템은 자유 의지를 가지지 않는다.

20 기출 변형　　　　　　　　　　　　　　　　　　정답 ④

출전 2013학년도 동국대학교 수시 논술(인문)

해설 ㉡ 소득 격차가 클수록 낮은 지위가 더욱 도드라진다는 ㉡의 견해는 불평등이 심한 사회일수록 사회적 지위가 중요해지고, 이를 둘러싼 경쟁이 격화된다는 제시문의 논지를 강화할 수 있다.

㉢ 불평등이 심하면 범죄와 같은 반사회적 행태가 표출될 수 있다는 견해는 불평등이 사회 문제를 일으킨다는 이 글의 논지를 강화한다.

오답 풀이 ㉠ 제시문에서는, 선진국은 후진국보다 물질적 환경이 더 낫다는 사실을 전제하고, 선진국의 사회 문제는 물질적 환경 때문에 발생하는 것이 아니라는 논지를 제시하고 있다. 따라서 선진국이 후진국보다 물질적 환경이 더 낫다는 ㉠은 이 글의 논지를 약화하지 않는다.

09회 지방직 기출 변형 모의고사　　2021 지방직 9급

기출

| 01 ② | 02 ③ | 03 정답없음 | 04 ④ | 05 ③ | 06 ③ | 07 ① | 08 ① | 09 ④ | 10 ② |
| 11 ② | 12 ③ | 13 ④ | 14 ① | 15 ④ | 16 ② | 17 ③ | 18 ④ | 19 ③ | 20 ④ |

기출 변형

| 01 ④ | 02 ② | 03 ④ | 04 ③ | 05 ③ | 06 ② | 07 ① | 08 ② | 09 ④ | 10 ① |
| 11 ① | 12 ② | 13 ③ | 14 ④ | 15 ① | 16 ③ | 17 ② | 18 ③ | 19 ③ | 20 ④ |

01　　　　　　　　　　　　　　　　　　　　　정답 ②

해설 몇 일(×) → 며칠(○): 〈한글 맞춤법〉 제27항에 따르면 둘 이상의 단어가 어울려 이루어진 말은 각각 그 원형을 밝히어 적되, 어원이 분명하지 않은 것은 원형을 밝히어 적지 않는다. '며칠'은 '몇 일(×)'이라고 쓰는 경우가 많지만 이렇게 표기할 경우 '몇 월'이 [며둴]로 소리 나는 것처럼 [며딜]로 소리가 나야 한다. 그러나 실제 발음은 [며칠]이므로, '몇'과 '일'의 결합으로 보지 않고 소리 나는 대로 '며칠'로 적는다.

오답 풀이 ① 웬일(○)/왠일(×): 어찌 된 일. 의외의 뜻을 나타낸다.

③ 박인(○): '손바닥, 발바닥 따위에 굳은살이 생기다'의 뜻으로는 '박이다'를 쓴다.
　*박이다: 버릇, 생각, 태도 따위가 깊이 배다. / 손바닥, 발바닥 따위에 굳은살이 생기다. / 인쇄물이나 사진을 찍게 하다.

④ 으레(○)/으례(×): '두말할 것 없이 당연히 / 틀림없이 언제나'의 뜻으로는 '으레'가 바른 표기이다. '으레'는 〈표준어 규정〉 제10항 모음이 단순화한 형태를 표준어로 삼는다는 규정과 관련이 있다.

01 기출 변형　　　　　　　　　　　　　　　　　정답 ④

해설 · 어떻게(○): '어떻다'에 부사형 전성 어미 '-게'가 결합한 형태인 '어떻게'가 바르게 쓰였다.

· 칠칠치 못하다는(○): '칠칠하다'는 주로 뒤에 '않다, 못하다'와 같이 쓰여, '성질이나 일 처리가 반듯하고 야무지다'를 뜻한다. 따라서 '칠칠하지(칠칠치) 못하다는 꾸중'은 적절한 표현이다.

오답 풀이 ① · 승락(×) → 승낙(承諾)(○): 한자어에서 본음으로도 나고 속음으로도 나는 것은 각각 그 소리에 따라 적는다. '승낙'은 본음으로 나는 예에 해당한다.

· 번번히(×) → 번번이(○): '매 때마다'의 의미로는 '번번이'가 바른 표기이다. '번번히'는 '구김살이나 울퉁불퉁한 데가 없이 편편하고 번듯하게 / 생김새가 음전하고 미끈하게' 등의 의미로 쓰인다.

② · 처내고(×) → 쳐내고(○): 이 문장에서는 '깨끗하지 못한 것을 쓸어 모아서 일정한 곳으로 가져가다'의 의미인 '쳐내다'를 쓰는 것이 적절하다. '처내다'는 '불길이나 연기 따위가 쏟아져 나오다'의 의미이므로 문맥상 적절하지 않다.

· 못하리만큼(○): '-리만큼'은 '-ㄹ 정도로'의 뜻을 나타내는 연결 어미로 바르게 쓰였다.

③ · 짐작컨대(×) → 짐작건대(○): 어간의 끝음절 '하' 앞에 안울림소리가 있어 '하'가 아주 줄 적에는 준 대로 적는다.

· 공무원이예요(×) → 공무원이에요(○)/공무원이어요(○): '-에요/-어요'는, 체언 다음에는 서술격 조사 '이'가 붙어 '이에요', '이어요'가 된다. 이때 받침 없는 체언에 붙을 때는 '-예요/-여요'로 줄어드나 받침 있는 체언 뒤에서는 축약되지 않는다.

02
정답 ③

해설 오늘로써(○): '로써'는 '시간을 셈할 때 셈에 넣는 한계를 나타내거나 어떤 일의 기준이 되는 시간임을 나타내는 격 조사'로 바르게 쓰였다.

오답 풀이 ① 딸로써(×) → 딸로서(○): '지위나 신분 또는 자격을 나타내는 격 조사'인 '로서'를 써야 한다.
② 대화로서(×) → 대화로써(○): '어떤 일의 수단이나 도구를 나타내는 격 조사'인 '로써'를 써야 한다.
④ 이로서(×) → 이로써(○): 시간을 셈할 때 셈에 넣는 한계를 나타내거나 어떤 일의 기준이 되는 시간임을 나타내는 격 조사인 '로써'를 써야 한다.

보충 자료 '로서'와 '로써'

- 로서: 지위나 신분 또는 자격을 나타내는 격 조사 / 어떤 동작이 일어나거나 시작되는 곳을 나타내는 격 조사
- 로써: 어떤 물건의 재료나 원료를 나타내는 격 조사 / 어떤 일의 수단이나 도구를 나타내는 격 조사 / 시간을 셈할 때 셈에 넣는 한계를 나타내거나 어떤 일의 기준이 되는 시간임을 나타내는 격 조사

02 기출 변형
정답 ②

해설 '는'은 격 조사로 쓰이지 않고 보조사로만 쓰인다. '나는 사과를 제일 좋아한다'의 '는'은 주격 조사 자리에 쓰였지만 문장 속에서 어떤 대상이 화제임을 나타내는 보조사이다. '사과는 먹어도 배는 먹지 마라'의 '는'도 역시 보조사이다.

오답 풀이 ① '물고기가 그물에 걸리다'의 '가'는 선행 체언에 주어의 자격을 부여하는 주격 조사이지만, '고래는 물고기가 아니다'의 '가'는 '아니다' 앞에 쓰여 서술어를 보충하는 보격 조사이다.
③ '영수는 철수하고 닮았다'의 '하고'는 다른 것과 비교하거나 기준으로 삼는 대상임을 나타내는 부사격 조사이고, '영수하고 철수는 학교에 갔다'의 '하고'는 둘 이상의 사물이나 사람을 같은 자격으로 이어 주는 접속 조사이다.
④ '우리 학교에서 우승을 차지했다'의 '에서'는 단체를 나타내는 명사 뒤에 붙어 앞말이 주어임을 나타내는 주격 조사이지만, '어느 학교에서 있었던 일이다'의 '에서'는 장소를 뜻하는 부사격 조사이다.

보충 자료 주의해야 할 조사의 쓰임

1. 형태가 같은 조사의 구별
   ① 선생님이 멋있다고 말하던 철수는 선생님이 되었다.
      → 주어 자리에 오면 주격 조사, '되다, 아니다' 앞에 오면 보격 조사
   ② 우리 학교에서 열린 이번 대회는 우리 학교에서 우승을 차지했다.
      → 장소를 나타내면 부사격 조사, 단체를 나타내면 주격 조사
   ③ 사과와 배는 맛있는 과일이고, 참외와 닮았다.
      → 앞과 뒤를 이어 주면 접속 조사, 서술어와 연결되면 부사격 조사

2. 형태가 비슷한 조사의 구별
   ① 철수에게 선물을 주었다. / 나무에 물을 주었다.
      → 유정 명사+에게 / 무정 명사+에
   ② · 강사로서 수업을 했다. / 분필로써 필기를 했다.
      → 자격+(으)로서 / 수단·재료+(으)로써
      · 이 문제는 너로서 시작되었다. / 고향을 떠난 지 올해로써 20년째이다.
      → 동작이 일어나는 곳+(으)로서 / 시간을 셈할 때+(으)로써
   ③ "많이 먹어."라고 말했다. / 철수는 많이 먹으라고 말했다.
      → 직접 인용+라고 / 간접 인용+고

03
정답 **정답 없음.**

오답 풀이 ① '반나절'은 '한나절의 반 / 하룻낮의 반(半)'. =한나절의 의미이다. '하루 낮의 반'이 '하룻낮의 반(半)'의 의미로 쓰인 것으로 본다면 '반나절'의 풀이가 적절하다고 볼 수 있다. 다만 《표준국어대사전》에서는 '하루'와 '낮'이 결합한 '하룻낮'을 한 단어로 보아 합성어로 등재하였으므로 이에 따르면 '하루+낮'은 '하룻낮'으로 써야 한다.
참고로 '한나절'은 '하룻낮의 반(半). ≒반나절, 반날, 반오, 반일 / 하룻낮 전체'의 의미이다. 국립국어원에서는 1999년 《표준국어대사전》이 처음 출판되었을 때는 '한나절'의 풀이가 '하루 낮의 반'이라는 의미로만 풀이되어 있었으나, 이후 2008년에 개정 작업을 거치며 '한나절'이 '하루 낮 전체'라는 의미로도 쓰이고 있어 이를 고려해 뜻풀이를 추가한 것으로 보고 있다.
② 달포: 한 달이 조금 넘는 기간
③ 그끄저께: 그저께의 전날. 오늘로부터 사흘 전의 날을 이른다. / 그저께의 전날에
④ 해거리: 한 해를 거름. 또는 그런 간격

03 기출 변형
정답 ④

해설 '자깝스럽다'는 '어린아이가 마치 어른처럼 행동하거나, 젊은 사람이 지나치게 늙은이의 흉내를 내어 깜찍한 데가 있다'의 의미이다. '말이나 행동이 조급하고 경망스러운 데가 있다'는 '호도깝스럽다'의 의미이다.

오답 풀이 ① 무단(無斷/無端)히: 사전에 허락이 없이. 또는 아무 사유가 없이

04
정답 ④

해설 작가 미상의 〈춘향전(春香傳)〉은 신분을 초월한 사랑과 하층민의 신분 상승의 욕구 등을 주제로 한 판소리계 소설이다.
편집자적 논평이란 문학 작품에서 어떤 글이나 말 또는 사건 따위에 대하여, 서술자가 직접 그 내용에 개입하여 논하고 비평하는 것을 말한다. ㉢ '그 형용은 세상 인물이 아니로다'는 춘향이 그네를 타는 모습을 서술자가 직접 평가한 말이므로, 편집자적 논평이다. 그러나 그네를 타는 춘향이의 모습에 대한 평가이므로 '내면적 아름다움'이 아니라 외적인 아름다움에 대해 서술한 것이다.

오답 풀이 ① ㉠에서는 '~ 모르쏘냐'에서 설의적 표현을 사용해 춘향이도 천중절을 안다는 것을 서술하고 있다.
* 천중절(天中節): 좋은 명절이라는 뜻으로, '단오'를 달리 이르는 말
② ㉡의 '황금 같은 꾀꼬리는'에서 비유법(직유법)이 나타난다. 또한 녹음방초가 우거진 봄날에 쌍쌍이 날아드는 꾀꼬리의 모습을 통해 음양이 조화를 이룬 아름다운 봄날의 풍경을 서술하고 있다.
③ ㉢의 '펄펄', '흔들흔들'에서 음성 상징어가 나타난다. 또한 춘향이가 그네 위에서 발을 구르고 춘향이의 머리 위 나뭇잎이 흔들리는 모습을 시각적으로 서술하고 있다.
* 음성 상징어: 소리와 의미의 관계가 필연적인 것으로 여겨지는 단어. 의성어와 의태어로, '멍멍', '탕탕', '아장아장', '엉금엉금' 따위가 있다.

04 기출 변형
정답 ③

해설 작가 미상의 〈심청전(沈淸傳)〉은 판소리로 불리다가 소설로 정착된 판소리계 소설로, 심청의 효심을 주제로 한다.
㉢의 '-라'에 영탄적 어조가 나타나지만, ㉢은 부모 모두와 함께 살지 못하는 심청에 대한 안타까움을 드러낸 말이다.

오답 풀이 ① 족자에 물이 흐르고 빛이 검어졌다는 내용에서 전기적 요소가 드러난다. 이러한 족자의 신비한 변화는 심청이 인당수에 빠지는 위기에 처했다가 용궁

에 들어가 살아나는 상황을 암시한다고 볼 수 있다.
② 장 승상 댁 부인이 족자를 보고 '누가 구하여 살아났는가?'라고 생각한 것에 대해, 서술자가 인당수에 빠진 심청이 누군가의 도움을 받아 살아나기는 어려울 것이라고 직접적으로 논평하고 있다.
④ '어찌 알겠느냐'에서 설의법이 사용되었으며, 향후 심청이 다시 지상으로 올라가 아버지를 만나고, 용궁에 있는 어머니와 이별하게 되는 사건이 전개될 것임을 알 수 있다.

작품 해설 작가 미상, <심청전(沈淸傳)>
1. 갈래: 판소리계 소설
2. 성격: 비현실적, 교훈적, 우연적
3. 주제: 부모에 대한 효(孝)
4. 해설: <심청전>은 <효녀 지은 설화>, <거타지 설화> 등 다양한 근원 설화를 바탕으로 형성된 판소리 <심청가>가 소설로 정착된 것이다. 유교의 효 사상을 강조하고 있으며, 가난하던 심청이 황후가 된다는 설정을 통해 민중들의 신분 상승 욕구도 보여 주고 있다.

05 정답 ③

해설 '해당 고객이 제안서 내용은 ~ 보면 알 수 있죠'에서 B는 고객이 제안서의 사업적 효과에 의문을 제기한 것을 근거로 고객의 답변을 '완곡하게 거절하는 의사 표현'이라고 판단하고 있다.

오답 풀이 ① '제 제안서를 승낙했다는 답변이잖아요'를 보면, A는 '검토하고 연락드리겠습니다'라는 고객의 답변을 제안서 승낙의 의미로 받아들였다. 반면 B는 "보통 그런 상황에서는 완곡하게 거절하는 의사 표현이라 볼 수 있어요"에서 고객의 답변을 제안서 거절의 의미로 이해하고 있다.
② A가 '궁금하다고 말한 것이지 사업을 수용하지 않는다는 것은 아니지 않나요?'라고 말한 것으로 보아, A는 고객의 의문을 사업에 대한 부정적 평가라고 판단한 것이 아니다.
④ "답변을 할 때도 ~ 목소리도 부드러웠고요"에서 A는 표정, 박수, 목소리 톤 등의 비언어적 표현을 바탕으로 고객의 답변을 제안서에 대한 긍정적 신호로 해석하고 있다.

05 기출 변형 정답 ③

해설 훈민은 근거를 들어 A가 출연 요청에 응할 것이라고 판단했다. 그러나 정음이 A가 섭외 요청을 수락할 것이라고 예측했다는 내용은 없다. 정음은 대체로 A가 출연을 거절할 것이라고 판단했다.

오답 풀이 ① A가 용비의 농담에 웃은 것에 대해 훈민은 A의 기분이 상했을 것이라고 생각한 반면, 정음은 그렇지 않다고 생각하고 있다.
② 훈민은 A의 부인이 자신의 대학을 졸업했다는 것이 출연 결정에 영향을 줬을 것이라고 생각하지만, "설마, 부인이 나온 학교라서 그랬을라고"라고 말하는 것으로 보아 정음은 그 점이 영향을 미치지 않았다고 생각하고 있다.
④ '요새 스케줄이 너무 많아서 어떨지 모르겠다'는 말을 정음은 완곡한 거절로 받아들인 반면, 훈민은 실제 상황이 어떤지를 확인했다.

06 정답 ③

해설 강신재의 <젊은 느티나무>는 의붓남매의 사랑이라는 소재를 바탕으로 사회적 금기와 본능적 감성 사이에서 갈등하는 청춘 남녀의 사랑을 다룬 단편 소설이다.
"내가 그를 아버지라고 부르기 어려운 것은 거의 그런 말을 발음해 본 적이 없는 습관의 탓이 크다"에서, '나'는 의붓아버지인 무슈 리를 아버지로 부르기 어려운 까닭을 '습관의 탓'이라고 말하고 있다. 즉 현규에 대한 감정 때문에 무슈 리를 아버지로 부르는 데 거부감을 느끼는 것은 아니다.

오답 풀이 ① "나는 그를 영원히 ~ 안 될 것을 알고 있다"를 보면 '나'는 현규에게 의붓남매로서가 아닌 이성으로서의 감정을 느끼고 있다. 그리고 "나는 또 물론 그도 나와 마찬가지로 같은 일을 생각하고 있기를 바란다. ~ 같은 이 괴로움을"에서, '나'가 현규도 자신과 같은 감정을 갖고 있기를 기대함을 알 수 있다.
② "무슈 리와 엄마는 재혼한 부부다", "나는 그의 혈족은 아니다 ~ 순전한 타인이다"에서 '나'와 현규는 혈연적으로 관계가 없는 타인이며 법률상의 오누이일 뿐임을 알 수 있다.
④ "나는 그를 영원히 ~ '오누이'라는 것이어서는 안 될 것을 알고 있다"에서 사회적 인습이나 도덕률보다 현규를 향한 사랑의 감정에 더 충실하고 싶어 하는 '나'를 확인할 수 있다.

06 기출 변형 정답 ②

해설 박완서의 <카메라와 워커>는 한국 전쟁의 상처를 극복하고자 하는 노력의 좌절과 1970년대 산업화 시대의 문제점을 드러낸 소설이다. 제시문은 오빠의 죽음이 문과 출신인 것과 관련 있다고 생각하는 '나'가, 훈이가 문과에서 이과로 진로를 바꾸기를 설득하는 장면이다.
'내가 오빠에 대해 오랫동안 몰래 추측하고 있던 걸 훈이한테 느닷없이 들키고 ~'로 보아 '나'가 훈이에게 이야기한 '문과에 갔다가 문학이나 철학을 해서 괜히 사회의 병폐를 고쳐 보겠다고 허풍 떠는 삶을 사는 것'은 '나'가 추측한 오빠의 삶임을 알 수 있다. '나'는 자신이 추측한 오빠의 삶을 훈이가 살지 않도록 문과에서 이과로 진로를 바꾸도록 설득하고 있다. 이를 통해 '나'가, 훈이가 문과를 선택하면 오빠의 삶을 답습할 수 있다고 걱정하고 있음을 추측할 수 있다.

오답 풀이 ① '나'는 훈이를 이과로 전과시키기 위해 자신이 추측한 오빠의 삶을 지양해야 한다고 이야기하고 있다. 하지만 아버지가 그런 사람이었냐는 훈이의 질문에 '나'는 '아니라고 강하게 부인'하고 있다.
③ "괜히 사회의 병폐란 병폐는 도맡아 허풍을 떨면서 앓는 소리를 내는 사람이 될 건 없잖아"로 보아, '나'가 생각한 오빠는 사회의 병폐에 희생된 사람이 아니라, 공동체를 위해 사회의 병폐를 해결하고자 나선 사람이다. 또한 그러한 오빠의 삶에 '나'가 억울함을 느끼고 있는지도 알 수 없다.
④ "넌 큰 기업체에 취직해서 ~ 재산도 늘리고, 그러고 살아야 돼", "어떡허든 너는 이 사회에 순응해서 ~ 앓는 소리를 내는 사람이 될 건 없잖아"로 보아 '나'는 훈이가 사회 문제에 관심을 갖지 않고 개인의 안녕을 도모하는 삶을 살기를 바랐다.

07 정답 ①

해설 소설 <토지>의 일부로, 호야 할매가 성환과 성환의 할머니에 대한 이야기를 하는 부분이다.
㉠ 뒤에 할머니가 손주 성환 때문에 눈물로 세월을 보냈고, 성환이 대학생이 되어 원풀이, 한풀이를 했다는 내용이 이어지고 있으므로, ㉠에는 '자나 깨나 잊지 못함 / 자나 깨나 잊지 못하여'를 뜻하는 '寤寐不忘(깰 오, 잠잘 매, 아닐 불, 잊을 망)'이 들어가야 적절하다.

오답 풀이 ② 望雲之情(바랄 망, 구름 운, 갈 지, 뜻 정): 자식이 객지에서 고향에 계신 어버이를 생각하는 마음. ≒망운지회(望雲之懷)
③ 拈華微笑[집을 염(념), 빛날 화, 작을 미, 웃을 소]: 말로 통하지 아니하고 마음에서 마음으로 전하는 일. 석가모니가 영산회(靈山會)에서 연꽃 한 송이를 대중에게 보이자 마하가섭만이 그 뜻을 깨닫고 미소 지으므로 그에게 불교의 진리를 주었다고 하는 데서 유래한다. ≒염화시중(拈華示衆)

④ 伯牙絕絃(맏 백, 어금니 아, 끊을 절, 악기 줄 현): 자기를 알아주는 참다운 벗의 죽음을 슬퍼함. 중국 춘추 시대에 백아는 거문고를 매우 잘 탔고 그의 벗 종자기는 그 거문고 소리를 잘 들었는데, 종자기가 죽어 그 거문고 소리를 들을 사람이 없게 되자 백아가 절망하여 거문고 줄을 끊어 버리고 다시는 거문고를 타지 않았다는 데서 유래한다.

07 기출 변형 정답 ①

해설 임시 정부 사람들이 군자금으로 쓰기 위해 집주인인 이도영의 돈을 강탈해 간 상황에서, 일본 경찰이 이 사건을 자신들의 치안 문제가 아니라 도리어 피해자인 집주인 문제로 돌리는 듯한 말에 이도영이 화를 내고 있다. 따라서 ⊙에는 '도둑이 도리어 매를 든다는 뜻으로, 잘못한 사람이 아무 잘못도 없는 사람을 나무람을 이르는 말'인 '賊反荷杖(도둑 적, 돌이킬 반, 연 하, 지팡이 장)'이 들어가는 것이 가장 적절하다.

오답 풀이 ② 不偏不黨(아닐 불, 치우칠 편, 아닌가 부, 무리 당): 아주 공평하여 어느 쪽으로도 치우침이 없음.
③ 明若觀火(밝을 명, 같을 약, 볼 관, 불 화): 불을 보듯 분명하고 뻔함.
④ 附和雷同[붙을 부, 화목할 화, 우레 뇌(뢰), 같을 동]: 줏대 없이 남의 의견에 따라 움직임.

08 정답 ①

해설 ⊙ '구형'은 수박의 '겉모습, 겉껍질'을 지시하고, 나머지 ⓒ·ⓒ·ⓔ은 모두 겉껍질을 잘랐을 때 나타나는 수박의 '빨간 속살(과육)'을 지시한다. 수박이 갈라졌을 때의 변화를 '세계의 전환'이라고 표현하며 그 경험을 감각적, 비유적으로 제시한 글이므로, 수박을 가르기 전과 후로 나누어 볼 수도 있다.

08 기출 변형 정답 ①

해설 법정의 〈설해목(雪害木)〉은 다양한 사례를 통해 부드러움이 지닌 강한 힘을 이야기한 수필이다.
ⓒ '눈', ⓒ '자비', ⓔ '물결'은 모두 부드러움이 지닌 힘을 의미한다. 그러나 ⊙ '산'은 이야기 속에 나오는 배경일 뿐 나머지와 관계가 없다.

09 정답 ④

해설 1문단에 따르면, 미국의 어머니에게 사물의 속성 자체에 관심을 기울이도록 훈련받은 아이들은 스스로 독립적인 행동을 하도록 교육받는다. 2문단에 따르면, 일본의 어머니는 대상의 감정에 특별히 신경을 써서 가르치며, 이처럼 타인과의 관계에 맞춘 훈련을 받은 아이들은 자신의 행동에 영향을 받는 타인의 감정을 미리 예측하도록 교육받는다.

오답 풀이 ① 1문단의 '말하는 사람의 입장에서 ~ 말하는 사람의 잘못이라고 강조한다'로 보아, 미국의 어머니는 듣는 사람이 아니라 말하는 사람의 입장을 강조한다. 또한 2문단을 보면, 일본의 어머니는 말하는 사람이 아니라, '듣는 사람의 입장에서 말할 것을 강조한다'.
② 사물의 속성을 아는 것이 더 중요하다고 생각하는 것은 일본의 어머니가 아니라, 미국의 어머니이다.
③ 2문단에 따르면, 어떤 일을 있는 그대로 보지 말고 이면에 있는 감정을 읽어야 한다고 생각하는 것은 미국의 어머니가 아니라 일본의 어머니이다.

09 기출 변형 정답 ④

출전 채희창, 〈광화문 월대〉, 《세계일보》(2023. 10. 16.), 수정

해설 1문단에 따르면, 월대는 조선 시대 궁궐과 사당 등 주요 건물 앞에 설치되었다. 따라서 월대가 궁궐에만 있었던 것은 아니다. 마지막 문단을 보면, 광화문 월대는 왕과 백성의 소통 공간으로 기능했다.

오답 풀이 ① 1문단의, 신하는 입궐할 때 월대 앞 해태상이 있는 지점에서 말에서 내려 걸어야 했다는 내용에서 알 수 있다.
② 2문단에서, 흥선 대원군이 경복궁을 중건하며 정문인 광화문의 품격을 높이기 위해서 월대를 쌓았다는 것을 알 수 있다.
③ 2문단의, 세종이 내린 월대 건축 금지령은 1866년까지 지켜졌다는 내용에서 알 수 있다.

10 정답 ②

해설 글의 결론은 제기되는 문제에 대한 답이다. 따라서 문제 제기에 해당하는 "인공 지능[AI]이 사람보다 똑똑해질 수 있는지는 차치하고, 인공 지능[AI]이 사람을 게으르게 만들 수도 있지 않을까?"를 보면 답을 찾을 수 있다. 이 문제에 대한 답은 마지막에 제시되어 있다. 즉 인공 지능[AI]은 인간에게 보다 편리한 삶을 제공하지만, 인공 지능에 의존하는 삶은 인간의 뇌를 게을러지게 하여 뇌의 가장 뛰어난 영역인 상상력을 활용하지 않도록 만들고 있다는 것이다.

오답 풀이 ① 제시문과 배치되는 견해이다.
③ 1문단에 제시된, 제시문의 부분적인 내용일 뿐이다.
④ 인공 지능이 사람보다 똑똑해질 수도 있다는 견해가 있을 뿐, 상상력을 가지게 될 것이라는 내용은 제시문에 없다.

10 기출 변형 정답 ①

출전 백영옥, 〈달리기 위해 멈추고, 채우기 위해 비워야 한다〉, 《조선일보》(2023. 6. 24.), 수정

해설 마지막 문단에 이 글의 중심 내용이 있다. 글쓴이는 해거리와 가지치기처럼 인간의 삶도 성장하기 위해서는 쉼이 필요하다고 주장하고 있다.

오답 풀이 ② 해거리와 가지치기를 희생정신으로 일반화하여 말할 수는 없으므로 적절하지 않다.
③ 농부의 가지치기가 지닌 의미만을 이야기한 것이다. 감나무 등의 해거리가 지닌 의미까지 포괄하지는 못하므로 적절하지 않다.
④ 제시문의 범위를 벗어난 진술이다.

11 정답 ②

해설 1문단에 따르면, 유럽 연합에서의 공용어 개념은 10개가 넘는 공용어 중 하나만 알아도 공식 업무상 불편이 없게끔 한다는 것으로, 공용어 모두를 다 배워야 하는 것은 아니다. 이를 달리 말하면, 유럽 연합이 복수의 공용어를 지정하여 그중 하나만 알아도 공무를 집행할 수 있도록 편의를 도모했다고 할 수 있다.

오답 풀이 ① 1문단에 따르면, 유엔에서 근무하는 외교관들이 유엔의 공용어를 다 구사해야 하는 것은 아니다.
③ 2문단에 따르면, 한국에서 영어를 공용어로 지정하면 한국인들이 영어를 다 잘할 수 있게 된다는 생각은, 공용어의 개념을 제대로 이해하지 못한 데서 오는 망상에 불과하다.
④ 제시문에 없는 내용이다.

11 기출 변형 정답 ①

출전 이종필, 〈상대성 이론 강의〉

해설 1문단의, 달은 점점 지구에서 멀어지고 지구의 자전 주기는 점점 더 길어진다는 내용에서 알 수 있다.

오답 풀이 ② 공룡이 활보하던 때에는 지구의 하루가 23시간, 데본기 중기에는 22시간이다. 지구 자전이 해마다 느려지며 그만큼 하루가 느려지고 있으므로 공룡은 데본기 중기 이후에 활보하였음을 알 수 있다.

③ 지구의 자전 주기가 느려지기 때문에 수억 년 전 지구의 1년 날수는 지금보다 많았다.

④ 2문단에 따르면, 산호의 성장선은 하루의 변화를 나타낸다. 데본기 중기에는 지금보다 1년의 날수가 많았으므로 산호의 성장선도 오늘날보다 더 많다.

12 정답 ③

해설 1문단에 따르면, 악플러들 중에는 자신의 삶과 환경을 통제하지 못하면서 무력감에 시달리는 사람들이 많다. 즉 '자신의 삶을 잘 통제하는 악플러'는 제시문에서 성립되기 어려운 말이다. 또한 악플러가 타인을 더욱 엄격한 잣대로 비판한다는 내용은 제시문에 없다.

오답 풀이 ① 1문단의, 악플러는 자신이 올린 글에 다른 사람들이 동요하는 모습을 보면서 자기 효능감을 맛볼 수 있다는 내용에서 알 수 있다.

② 2문단에서 알 수 있다. 악플러들은 자신의 욕에 상대가 별로 개의치 않으면 무시당했다는 생각에 자괴감에 빠질 수 있다. 그런데 개인주의자는 자신을 향한 비판에 대해 그냥 넘겨 버리거나, 제정신이 아닌 사람의 소행으로 웃어넘길 것이다.

④ 마지막 문단의, 한국에서 악플이 양산되는 이유로 남에 대해 신경을 너무 곤두세우는 특성을 든 것에서 알 수 있다.

12 기출 변형 정답 ②

출전 윤상석, 〈금은 왜 가장 귀한 금속이 되었을까?〉, 《The Science Times》 (2021. 12. 31.)

해설 마지막 문단의, 기원전 7세기 초 리디아에서 사용된 금과 은의 합금으로 만든 화폐가 가장 오래된 동전 모양의 금속 화폐라고 알려졌다는 내용에서 알 수 있다.

오답 풀이 ① 2문단에 따르면, 기원전 7세기경 이탈리아에서 치과용 재료로 금을 이용했다는 기록이 있다. 그러나 2문단의 금을 약재로 쓴 동양 국가나, 마지막 문단에서 호박 금을 화폐로 사용한 리디아보다 먼저 금을 사용했는지는 알 수 없다.

③ 2문단에 따르면, 금이 신경 안정 효과가 있다는 《동의보감》의 기록에 근거하여 오늘날에도 뇌 질환이나 신경성 질환에 사용하는 약에 금이 쓰이는 것이다. 그러나 금이 신경 안정 효과를 가진다는 것이 어떻게 발견되었는지는 제시문에 나오지 않는다.

④ 1문단에 따르면, 금은 녹슬지 않지만 인류가 가장 먼저 사용한 금속은 금이 아니라 구리이다.

13 정답 ④

해설 (가) 〈오백 년 도읍지를 ~〉은 고려 유신인 길재가 옛 도읍지를 돌아보며 느끼는 인생무상과 맥수지탄의 정서를 드러낸 시조이다. (나) 조지훈의 〈봉황수(鳳凰愁)〉는 망국의 비애를 주제로 한 산문시이다.

(가)는 4음보와 3·4조 등의 정해진 율격을 바탕으로 한 시조이다. 그러나 (나)는 산문시로, 정해진 율격이나 음보에 맞춰 시상을 전개한 것이 아니다.

오답 풀이 ① (가)에서는 변함없는 자연('산천')과 멸망한 고려의 인재('인걸')를 대조하여 패망한 고려에 대한 슬픔과 삶의 무상함을 드러내고 있다.

② (나)에서 '쌍룡'은 중국 황제의 휘장이며, '봉황'은 조선 왕의 휘장으로 이 둘은 대비되어 있다. 화자는 황폐한 궁궐을 보고 몰락한 조선 왕조를 회상하며 지난날 사대주의에 물들었던 그릇된 역사를 비판하고 망국의 비애를 느끼는 화자의 의식이 담겨 있다.

③ (나)는 퇴락한 고궁의 모습을 시각적 이미지로 나타낸 뒤에 망국의 슬픔과 그 극복 의지를 보여 준다는 점에서 전형적인 선경 후정의 구성을 보인다. (가)는 앞에서는 고려의 옛 도읍지(송도)의 정경을 제시하고, 이후에는 고국의 멸망을 한탄하는 맥수지탄의 정서를 드러내고 있다. 선경 후정을 정경의 제시 후 감정의 제시라는 넓은 의미로 사용할 때 ③은 (가)에 부합하는 설명이라고 할 수 있지만, 정경의 구체적인 묘사가 제시되지 않은 점, 그리고 초장에서 '필마'를 통해 자신의 처지를 나타낸 점 등을 이유로 (가)는 선경 후정의 전형적인 예로는 사용되지 않는다. 따라서 문학 용어의 적용 여부는 문제에 따라 상대적으로 판단하는 것이 필요하다. 즉 일반적인 구성법을 말하는 것인지, 아니면 구체적인 이론의 요건을 따져야 하는 것인지를 상대적으로 변별할 필요가 있다.

13 기출 변형 정답 ③

해설 (가) 원천석의 〈흥망이 유수하니 ~〉는 고려의 충신이었던 작가가 지난날을 회고하며 세월의 무상함을 읊은 시조이다. (나) 윤동주의 〈서시(序詩)〉는 끊임없는 자기반성으로 부정적 현실을 극복하고자 하는 의지를 노래한 시이다.

(가)에는 오백 년 고려 왕업에 대한 회한이, (나)에는 내적 갈등을 겪었던 과거 자신에 대한 회한이 드러나지만, 현실 극복의 의지는 (나)의 "별을 노래하는 마음으로 ~ 걸어가야겠다"에만 드러난다.

오답 풀이 ① (가)에서는 가을 풀이 우거진 만월대의 시각적 이미지와 목동의 피리 소리의 청각적 이미지로 멸망한 고려 왕조를 표현하고 있다.

② (나)의 '바람'은, 3행에서는 내적 시련을 의미하며, 2연에서는 외적 시련을 의미한다.

④ (가)의 '눈물계워 ᄒ노라'와 (나)의 "나는 괴로워했다"에 정서가 직접적으로 표현되어 있다.

14 정답 ①

해설 ㉠ 앞에는 우리말로 시조나 가사를 쓴 정철, 윤선도, 이황은 양반 중의 양반이었다는 내용이, 뒤에는 그들의 사례를 통해 양반들도 한글 쓰는 것을 즐겨 했음이 분명하다는 내용이 제시되어 있다. 앞의 내용과 관련하여 화제를 다른 방향으로 이끌고 있으므로 ㉠에는 '그런데'가 들어가야 적절하다.

㉡ 앞에는 양반들이 한글로 작품을 썼다는 내용이, 뒤에는 허균이나 김만중은 한글로 소설까지 썼다는 내용이 제시되어 있다. 뒤에서 앞의 내용을 보강하고 있으므로 ㉡에는 '게다가, 그리고, 더구나'가 들어가야 적절하다.

*게다가: 그러한 데다가
*더구나: 이미 있는 사실에 더하여

㉢ 앞에는 정철, 윤선도, 허균, 김만중 등이 한글로 작품을 썼으므로 양반들이 한글 쓰는 것을 즐겨 했다는 내용이, 뒤에는 이들이 특별한 취향을 가진 소수의 양반들이었다면 이야기가 달라진다는 내용이 제시되어 있다. 앞뒤가 상반되게 이어지고 있으므로 ㉢에는 '그렇지만, 하지만'이 들어가야 적절하다.

㉣ 앞에는 대다수 양반들이 한문을 썼기 때문에 한글을 모를 수도 있다는 내용이, 뒤에는 양반 대다수가 한글을 이해하지 못했다면 정철 등이 한글로 작품을 쓰지 않았을 것, 즉 양반 대다수가 한글을 이해하고 있었을 것이라는 내용이 제시되어 있다. 앞뒤가 상반되게 이어지고 있으므로 ㉣에는 '그러나, 하지만'이 들어가야 적절하다.

14 기출 변형 정답 ④

출전 강석기, 〈'쩝쩝' 소리 거슬리면 청각 과민증?〉, 《The Science Times》 (2017. 2. 3.)

해설 ㉠ 청각 과민증인 사람과 보통 사람들이 불쾌하게 느끼는 소리가 다르다는 문맥이다. 따라서 ㉠에는 상반된 내용을 이어 주는 '그러나, 하지만, 반면'이 들어가야 적절하다.

㉡ 앞의 내용을 뒤에서 상술하고 있으므로 ㉡에는 '다시 말해, 즉'이 들어가야 적절하다.

㉢ 앞뒤 내용이 인과 관계로 이루어져 있으므로 ㉢에는 '그러므로, 그래서, 따라서'가 들어가야 적절하다.

㉣ 앞에서 AIC 활동 차이를, 뒤에서 청각 과민증을 설명하고 있다. 내용을 전환하면서 청각 과민증에 대한 결론을 내리고 있으므로 ㉣에는 '여하튼, 아무튼'이 들어가야 적절하다.

15 정답 ④

해설 '납부(納付/納附)'는 '세금이나 공과금 따위를 관계 기관에 냄'의 의미이고 '수납(收納)'은 '돈이나 물품 따위를 받아 거두어들임'의 의미이다. 문맥상 (개인이) 공과금을 금융 기관에 '내는' 것이므로, '납부'를 '수납'으로 고쳐 쓰는 것은 적절하지 않다. 따라서 '공과금을 ~ 금융 기관에 납부하지 않으면'으로 그대로 두고 고치지 않는다.

오답 풀이 ① ㉠은 '현재'라는 단어로 시작되고 있으므로 과거 시제를 나타내는 선어말 어미 '-었-'이 결합한 '있었다'와 자연스럽게 호응하지 않는다. '현재 우리 구청 조직도에는 ~ 안전국, 보건소가 있다'와 같이 고쳐 쓰는 것이 적절하다.

② '지양(止揚)'은 '더 높은 단계로 오르기 위하여 어떠한 것을 하지 아니함'의 의미이다. ㉡에서는 시청이 실현하기 위해 추진하는 목표가 제시되고 있으므로, '어떤 목표로 뜻이 쏠리어 향함'을 뜻하는 '지향(志向)'으로 고쳐 쓰는 것이 적절하다.

③ '지난달 수해로 인한'이 뒤의 '준비 기간'을 수식하는 것은 문맥상 적절하지 않다. 수해 때문에 준비 기간이 짧았던 것이므로, 까닭이나 근거 따위를 나타내는 연결 어미 '-여'를 써서 '지난달 수해로 인하여'로 고쳐 쓰는 것이 적절하다.

15 기출 변형 정답 ①

해설 '-므로'는 '-기 때문에'란 까닭의 의미를 나타내고, '-ㅁ으로(써)'는 '-는 것으로(써)'란 수단 또는 방법의 의미를 나타낸다. ㉠은, 인간은 세상을 각자의 시선에서 보기 때문에 각 언어에는 공통된 기준이 없다는 것이므로 ㉠ '보므로'는 '봄으로써'가 아니라 '보므로'로 그대로 두는 것이 적절하다.

오답 풀이 ② '사유지(私有地)'는 '개인 또는 사법인이 가진 땅'이라는 뜻이다. 따라서 '개인이 소유하고 있는'과 의미 중복을 피하기 위해 '사유지'를 '토지'로 고쳐 쓰는 것은 적절하다.

③ '과' 앞뒤의 병렬 관계가 맞지 않으므로 '균형 있는 식단을 마련하고'로 고치는 것이 적절하다.

④ '가능한'은 형용사 '가능하다'의 관형사형으로, 보통 뒤에 이어지는 체언을 꾸미는 역할을 한다. 따라서 명사 '한'을 넣어 '가능한 한'의 형태로 고쳐 쓰는 것이 적절하다.

16 정답 ②

해설 관용구 '호흡을 맞추다'는 '일을 할 때 서로의 행동이나 의향을 잘 알고 처리하여 나가다'의 의미로, '두 선수는 한 팀에서 오랫동안 호흡을 맞춰 왔다'와 같이 쓰인다. 따라서 '연결해 주어'를 '호흡을 맞춰'로 바꿔 쓰는 것은 적절하지 않다. 이 문장에서는 '연결하다'의 의미가 살아 있어야 하므로, '일이 잘되게 하기 위하여 둘 또는 여럿을 연결하다'를 뜻하는 관용구 '다리(를) 놓다' 정도로 바꿔 쓰는 것이 적절하다.

오답 풀이 ① 가랑이(가) 찢어지다{째지다}: 몹시 가난한 살림살이를 비유적으로 이르는 말 / (비유적으로) 하는 일이 힘에 부치거나 일손이 부족하여 일해 나가기가 몹시 벅차다.

③ 코웃음(을) 치다: 남을 깔보고 비웃다.

④ 바가지(를) 쓰다: 요금이나 물건값을 실제 가격보다 비싸게 지불하여 억울한 손해를 보다. / 어떤 일에 대한 부당한 책임을 억울하게 지게 되다.

16 기출 변형 정답 ③

해설 '꼬리(를) 내리다'는 '상대편에게 기세가 꺾여 물러서거나 움츠러들다'의 의미이므로 거짓말을 하고도 하지 않은 체한다는 내용과 바꿔 쓰기에 어색하다. '자기가 하고도 하지 아니한 체하거나 알고 있으면서도 모르는 체하다'의 의미인 '시치미(를) 떼다{따다}'로 바꾸는 것이 자연스럽다.

오답 풀이 ① 입이 여물다{야무지다}: 말이 분명하고 실속이 있다.

② 변죽(을) 울리다: 바로 집어 말을 하지 않고 둘러서 말을 하다. ≒변죽을 치다

④ 아퀴(를) 짓다: 일이나 말을 끝마무리하다.

17 정답 ③

해설 이강백의 〈느낌, 극락 같은〉은 불상 제작을 둘러싼 인물들 간의 갈등을 통해 예술의 '형식'과 '내용'에 대해 다룬 희곡이다. 등장인물들은 각각 예술의 형식이나 내용 또는 양자의 결합을 추구하는 다양한 모습을 보여 준다. 동연은 부처님 형상을 만들기 위해 탱화에 있는 형상을 공부해야 한다고 말한다. 이를 통해 동연은 부처님 형상을 독창적으로 제작하는 인물이 아니라, 기존의 형상과 똑같이 만드는 것이 중요하다고 생각하는 사람임을 알 수 있다.

오답 풀이 ①·④ 불상 제작에서 동연은 '부처의 형상'을 중요시하고, 서연은 '부처의 마음'을 중요시하는 입장이다. 이는 예술(불상 제작)에서 '형식(형상)'이 우선이냐, '내용(마음)'이 우선이냐는 논쟁을 연상시킨다.

② 서연이 "자네가 본뜨려는 부처님 형상은 누가 언제 그렸는지 몰라도 흔히 있는 것을 베껴 놓은 걸세. ~ 그런 형상이 진짜 부처님은 아닐세"라고 말하는 데에서 알 수 있다. 즉 서연은 전해지는 기존의 그림이나 불상이 진짜 부처님의 형상을 담고 있지 않다고 의심하는 것이다.

작품 해설 이강백, 〈느낌, 극락 같은〉

1. 갈래: 희곡
2. 성격: 환상적, 비현실적, 철학적, 불교적
3. 배경: 현대, 불상 제작가 함묘진의 집, 작업장, 들판
4. 특징: ① 역순행적 구성으로 물리적 시간 및 공간적 제약을 초월하여 사건이 전개됨.
   ② 두 인물의 대비와 갈등을 통해 예술의 세계관, 가치관에 대해 고찰함.
5. 주제: 예술의 본질적 가치에 대한 깨달음, 진정한 구원에 대한 근원적 고찰
6. 해설: 〈느낌, 극락 같은〉은 불상 제작을 둘러싸고 가치관의 차이로 갈등하는 두 인물을 통해 '형식'과 '내용'이라는 예술관의 대립을 다룬 희곡이다. 동연은 불상의 형태 속에 부처의 마음이 있다고 믿는 형식론자로 불상의 완벽한 형태에 몰두한다. 서연은 부처의 마음을 깨달아야 불상의 형태를 육화할 수 있다고 믿는 내용론자로 자신의 불상 조각에서 부처의 느낌이 없다 하여 괴로워하며 기행을 떠난다. '형식, 보이는 것'과 '내용, 보이지 않는 것'에 대한 진지한 탐색을 통해 작가는 형식과 내용 중 어느 한쪽에 치우치지 않고 형식과 내용이 조화를 이룰 때 비로소 극락 같은 느낌을 가질 수 있음을 말하고 있다.

17 기출 변형   정답 ②

해설 이강백의 〈칠산리〉는 한국 전쟁 직후를 배경으로 하여 전쟁과 이데올로기로 인한 대립의 극복을 그린 장막극이다.
차남은 어머니의 무덤이 칠산리에 있어야 한다고 생각한다. 반면 차녀는 어머니를 옮겨 드려야 한다고 말하지만 그곳이 자신이 사는 곳 근처여야 하는지는 정확히 알 수 없다. 또한 어머니의 무덤에 대한 삼남의 생각도 제시문에 나타나지 않는다.

오답 풀이 ① 장녀가 칠산리를 잊어버리려고 하는 남매들은 어머니의 자식이 아니라고 말하는 데서 알 수 있다.
③ 삼남은 칠산리라면 지긋지긋하다면서, 칠산리를 잊는 것이 더 좋을 수 있다고 말하고 있다.

18   정답 ④

해설 벽난로를 이용한 서양식 난방은 바닥 바로 위 공기까지는 따뜻해지지 않는데, 그 이유인 ㉠은, 대류 현상이 이루어지는 우리의 전통적 난방 방식을 설명한 부분에서 찾을 수 있다. 온돌을 통한 전통적 난방 방식은 방바닥의 돌에 의해 데워진 공기가 위로 올라가고 위로 올라간 공기가 식으면 아래로 내려와 다시 데워져 올라가는 대류 현상을 통해 방 전체가 따뜻해진다. 그런데 서양식 난방 방식에서 상체와 위쪽 공기는 벽난로의 복사열에 의해 계속 데워지기 때문에 식지 않는다. 따라서 ㉠에는 '상체와 위쪽의 따뜻한 공기는 차가운 바닥으로 내려오지 않기 때문이다'가 들어가야 적절하다.

* **복사열(輻射熱):** 열복사로 방출된 전자기파가 물체에 흡수되어 그 물체를 뜨겁게 하는 에너지. 지구가 태양으로부터 받는 열이나 적외선 따위이다.
* **대류 운동(對流運動):** 기체나 액체에서, 물질이 이동함으로써 열이 전달되는 현상. 기체나 액체가 부분적으로 가열되면 가열된 부분이 팽창하면서 밀도가 작아져 위로 올라가고, 위에 있던 밀도가 큰 부분은 내려오게 되는데, 이런 과정이 되풀이되면서 기체나 액체의 전체가 고르게 가열된다.

오답 풀이 ① 벽난로에 의한 난방 방식은 복사열을 이용해서 '상체와 위쪽 공기를 데우는' 방식이다. 따라서 방바닥 바로 위 공기는 따뜻해지지 않으므로, 방바닥의 따뜻한 공기가 위로 올라간다는 것은 틀린 내용이다.
② 벽난로에 의한 난방 방식에서는 복사열에 의한 난방이 이루어지지만 대류 현상은 일어나지 않는다.
③ "방바닥 쪽의 차가운 공기는 온돌에 의해 ~ 다시 데워져 위로 올라가는 대류 현상으로 인해 결국 방 전체가 따뜻해진다"에 의하면, 대류 현상을 통한 난방 방식은 위쪽뿐만 아니라 아래쪽까지 전체가 따뜻해진다.

18 기출 변형   정답 ③

출전 2012학년도 3월 고2 전국연합학력평가, 수정

해설 관세는 '수입 상품에 세금 부과 → 수입 상품의 국내 가격 상승 → 수요 감소 → 수입량 감소'의 과정을 통해 수입을 규제한다. 반면 수입 수량 할당은 '수입 수량 제한 → 수입량 감소 → (수요에 비해) 공급 부족 → 수입 상품의 국내 가격 상승 → 수요 감소 → 수입량 감소'의 과정을 통해 수입을 규제한다. 따라서 관세와 수입 수량 할당의 공통점인 ㉠에는 '수입 상품의 국내 가격 상승을 통해 수입 상품에 대한 소비를 억제하는 효과를 불러일으킨다'가 들어가야 적절하다.

오답 풀이 ① '공급량 증가'는 관세와 수입 수량 할당에 모두 해당하지 않는다.
② 수입량을 줄여 소비자들의 수요량을 감소시킴으로써 자국의 산업을 보호하고 육성하는 것은 수입 수량 할당에만 해당한다. 관세는 '수요 감소 → 수입량 감소'의 과정을 거치므로 선후 관계가 뒤바뀐 것이다.
④ '공급량이 줄어들면 수요량이 늘어난다'라는 설명은 관세와 수입 수량 할당에 모두 해당하지 않는다.

19   정답 ③

해설 글쓴이의 견해에 부합하는 대응은 정중하고 단호한 태도의 대응을 말한다. 1문단에 따르면, 단호한 반응은 다른 사람의 권리를 침해하지 않으면서 상대방을 배려하며, 동시에 자신의 권리를 존중하고 지키는 것이다. 또한 단호한 주장은 명쾌하고 직접적이며 요점을 찌른다. 이를 바탕으로 할 때, 글쓴이의 견해에 부합하는 단호한 대응은 ③이다. 2문단에 따르면, '나'는 해로운 담배 연기를 피해 건강을 지키고 싶어 한다. '안 피우시면 좋겠어요. 연기가 해롭잖아요'에서는 자신의 주장을 직접적이고 명쾌하게 표현하여 자신의 권리를 지키고 있다. 또한 '피우고 싶으시면 차를 세워 드릴게요'에서 담배를 피우고자 하는 상대방의 권리를 침해하지 않고 상대방을 배려하고 있다.

오답 풀이 ① '좀 그러긴 하지만, 괜찮아요'는 명쾌하고 직접적이지 않은 표현이다. 또한 '창문 열고 피우세요'는 자신의 권리를 달성하지 못한 것이다.
② '좀 참아 보시겠어요'는 상대방에 대한 배려가 없는 말이다.
④ '~ 좋은 대로 결정하세요'는 마음속에 있는 자신의 의견을 표현하지 않고 상대방의 결정에 따르는 것이며, 명쾌하고 직접적이지 않은 말이다.

19 기출 변형   정답 ③

출전 김용규,《설득의 논리학》

해설 ㉢은 담배를 오래 피우면 폐가 나빠진다는 일반적 통념을 전제로 한다. 따라서 논박이 가능하지만, 보편타당한 지식은 아니다.

오답 풀이 ① 목감기에 걸리지 않아도 목이 따끔거릴 수는 있으므로 ㉠은 증거가 될 만한 지표를 포함한다.
② 살아 있는 사람의 심장이 뛴다는 것은 확실한 지표를 포함하므로 전제를 생략할 수 있다.
④ ㉣ 중 '한국인은 김치를 좋아한다'는 일반적 통념인데, 3문단에 따르면 이러한 전제들은 확실한 지표처럼 절대적이라고 말할 수는 없지만 아주 빈번하게 일어나는 것이기 때문에 생략할 수 있다.

20   정답 ④

해설 마지막 문단에 따르면, 대부분의 '백포도주'는 시간이 지날수록 품질이 떨어지고, 일부 '고급 적포도주'만이 병에 담아 코르크 마개에 끼워 보관할 경우에만 보관 기간에 비례하여 품질이 개선된다. 따라서 병에 담아 코르크 마개를 끼운 '고급 백포도주'라 할지라도 보관 기간에 비례하여 품질이 개선되지는 않을 것이다.

오답 풀이 ① 3문단에 따르면, 고급 포도주의 주요 생산지는 너무 덥지도 너무 춥지도 않은 곳이다. 그러나 너무 더운 지역의 포도를 잘 활용하면 고급 포도주를 만들 수 있으며, 달콤한 백포도주의 경우 뜨거운 여름 날씨가 지속하는 곳에서 명품이 만들어진다. 따라서 고급 포도주가 모두 너무 덥지도 춥지도 않은 곳에서 재배된 포도로 만들어지는 것은 아니다.
② 2문단에 따르면, 포도 재배의 북방 한계는 이탈리아 정도였다. 그러나 중세 유럽의 수도원에서 노력을 기울인 결과 한계가 상당히 북쪽으로 올라가서, 대서양의 루아르강 하구로부터 크림반도와 조지아를 잇는 선이 북방 한계선이 되었다. 따라서 루아르강 하구로부터 크림반도와 조지아를 잇는 선은 이탈리아보다 남쪽이 아

나라, 북쪽에 있을 것이다.
③ 1문단의 '일상적으로 마시는 식사용 포도주로는 당연히 고급 포도주와는 다른 저렴한 포도주가 쓰이며, 술이 약한 사람들은 여기에 물을 섞어 마시기도 한다'에 따르면, 식사용 포도주는 고급 포도주가 아닌 저렴한 포도주이다. 또한 식사용으로 포도주를 마실 때 술이 약한 사람은 저렴한 포도주에 물을 섞어 마신다.

20 기출 변형   정답 ④

출전 장세별, 〈맥주에서 역사를 읽다〉

해설 4~마지막 문단에 따르면, 트라피스트 맥주로 인증받기 위해서는 수도원에서 수도사가 주체가 되어 제조되어야 하며 맥주 사업이 수도원의 주 사업이 되면 안 된다. 그러나 바이엔슈테판은 수도원에서 시작됐지만 나중에는 왕국의 국립 맥주 회사로 편입됐으므로 그곳의 맥주는 트라피스트 맥주로 인증받지 못했을 것이다.

오답 풀이 ① 2문단에 따르면, 알루는 벌꿀과 보리를 한데 섞어 발효시킨 것이 아니라 벌꿀 술인 미드에 보리를 섞어 발효시킨 것이다. 로마의 지배 계층은 맥주를 미개한 야만인이 마시는 음료로 치부했으므로 맥주의 일종인 알루도 기피했을 것이라 추측할 수 있다. 그러나 브리튼의 지배 계층이 알루를 좋아했을지는 추론할 수 없다.
② 1문단에 따르면, 수메르인이 마신 맥주가 보리를 가공한 식품(빵)을 발효시킨 것은 맞지만 에일 맥주가 그렇게 만들어졌는지는 알 수 없다. 에일 맥주와 수메르인이 만든 맥주 모두 상온 발효가 되었다는 진술만 있을 뿐이다.
③ 2문단에 따르면, 샤를마뉴 대제는 정치적 목적으로 수도원을 세웠다. 그러나 수도원에서 맥주를 양조하는 것까지 정치적 목적이 개입되었는지는 제시문에서 알 수 없다.

10회 지방직 기출 변형 모의고사
2020 지방직 9급

기출 변형

01 ④   02 ②   03 ③   04 ④   05 ②   06 ③   07 ②   08 ①   09 ④   10 ②
11 ①   12 ③   13 ④   14 ②   15 ④   16 ②   17 ①   18 ③   19 ①   20 ④

01 기출 변형   정답 ④

해설 〈보기〉는 '뿌리 뽑아'와 '다시 살아날 수 없도록 아주 뿌리째 없애 버림'을 뜻하는 '근절(根絶)'의 의미가 중복된 문장이다. ①·②·③은 모두 의미 중복이 있는 문장이지만, ④는 의미상 불필요한 말이 사용되지 않아 표현이 자연스러운 문장이다.

오답 풀이 ① '주어진'과 '여건(與件: 주어진 조건)'의 의미가 중복되었다.
② '과반수(過半數: 절반이 넘는 수)'에 '이상(以上: 수량이나 정도가 일정한 기준보다 더 많거나 나음.)'의 의미가 포함되므로 의미가 중복되었다.
③ '남은'과 '여생(餘生: 앞으로 남은 인생)'의 의미가 중복되었다.

02 기출 변형   정답 ②

해설 ㉠·㉢·㉣은 모두 셰익스피어의 글이 아닌 부차적인 요소로 작품이 관객에게 전달되는 것으로, 셰익스피어를 무덤 속에서 돌아눕게 만드는 대상들이다. 반면 ㉡ '농담'은 셰익스피어가 쓴 글 자체를 의미한다.

03 기출 변형   정답 ③

해설 훈민은 첫 번째 말에서 ㉢의 관용의 격률을 지키고 있다. 또한 정음은 ㉡의 칭찬의 격률을 지키고 있다.

오답 풀이 ㉠은 동의의 격률에 대한 설명인데, 이 대화에서는 나타나지 않는다.

04 기출 변형   정답 ④

해설 '계발(啓發)'은 '슬기나 재능, 사상 따위를 일깨워 줌'의 뜻이므로, '개발'을 '계발'로 바꿔 쓰는 것은 맥락상 적절하지 않다. '토지나 천연자원 따위를 유용하게 만듦'의 의미인 '개발(開發)'을 그대로 쓰는 것이 좋다.

오답 풀이 ① '조장(助長)'은 '바람직하지 않은 일을 더 심해지도록 부추김'의 의미이다. 양국 간의 신뢰는 바람직하지 않은 일이라고 보기 어려우므로 '무엇을 만들어서 이룸 / 분위기나 정세 따위를 만듦'의 의미인 '조성(造成)'으로 바꾸는 것이 더 자연스럽다.
② '서식(棲息)'은 '생물 따위가 일정한 곳에 자리를 잡고 삶'의 뜻이므로 동물과 식물에 대해 모두 쓸 수 있는 표현이다.
③ '재원(才媛)'은 '재주가 뛰어난 젊은 여자'를 뜻하는 말이므로 '그의 아들'에게 쓰기에 적절하지 않다. '인재(人才)' 또는 '재주가 뛰어난 남자'를 뜻하는 '재자(才子), 재사(才士)' 등을 쓴다.

05 기출 변형   정답 ②

해설 김춘수의 〈꽃을 위한 서시〉는 존재의 본질을 인식하고자 하는 주체의 소망을 읊은 시이다.
'위험한 짐승'은 대상의 본질을 알지 못하는 무지한 존재로 인식의 주체('나')를 가리킨다면, '나의 신부'는 화자가 그 본질을 찾기 위해 애쓰는 인식의 대상이라 할 수 있다.

오답 풀이 ③ 화자가 찾는 인식 대상인 '신부'가 얼굴을 가리운 상태라는 시구에서 결국 존재의 본질을 파악하지 못했음을 알 수 있다.

작품 해설 김춘수, 〈꽃을 위한 서시〉

1. 갈래: 자유시, 서정시
2. 성격: 관념적, 주지적, 상징적, 철학적
3. 표현과 특성: 상징적 사물 제시로 철학적 관념을 표현함.
4. 주제: 존재의 본질을 인식하려는 노력과 한계
5. 해설: 〈꽃을 위한 서시〉는 존재의 본질을 인식하고자 하는 주체의 간절한 소망을 읊은 시이다. 이 작품에서 '꽃'은 사물에 내재해 있는 본질이며, '나'는 존재의 본질에 접근하여 이를 해명하고자 하는 인식의 주체이다. 존재의 본질은 그것을 인식하려는 '나'의 노력에도 불구하고 인간의 한계로 인하여 언제나 저편에 존재할 수밖에 없다. 결론적으로 이 작품은 존재의 신비로움과 인식의 한계를 관념적이고 상징적으로 나타낸 철학적인 시라고 볼 수 있다.

06 기출 변형 정답 ③

해설 포털 사이트의 경쟁력 약화는 기업의 일로, 인간에게 미칠 악영향과는 직접적인 관련이 없으므로 적절하지 않다.

07 기출 변형 정답 ②

해설 A 구청장은 '근심스러운 일이 생기면 먼저 나서서 해결하고, 즐거운 일이 있으면 구민들이 먼저 즐거울 수 있도록' 했다. 따라서 제시문에 부합하는 한자 성어로는 '세상의 근심할 일은 남보다 먼저 근심하고 즐거워할 일은 남보다 나중에 즐거워한다는 뜻으로, 지사(志士)나 어진 사람의 마음씨를 이르는 말'인 '先憂後樂[먼저 선, 근심 우, 뒤 후, 즐길 락(낙)]'이 가장 적절하다.

오답 풀이 ① 有備無患(있을 유, 갖출 비, 없을 무, 근심 환): 미리 준비가 되어 있으면 걱정할 것이 없음.
③ 前虎後狼[앞 전, 범 호, 뒤 후, 이리 랑(낭)]: 앞문에서 호랑이를 막고 있으려니 뒷문으로 이리가 들어온다는 뜻으로, 재앙이 끊일 사이 없이 닥침을 비유적으로 이르는 말
④ 興盡悲來[일어날 흥, 다할 진, 슬플 비, 올 래(내)]: 즐거운 일이 다하면 슬픈 일이 닥쳐온다는 뜻으로, 세상일은 순환되는 것임을 이르는 말

08 기출 변형 정답 ①

해설 ・벌여(○): '여러 가지 물건을 늘어놓다'의 의미로는 '벌이다'를 쓴다.
・맞춰(○): '둘 이상의 일정한 대상들을 나란히 놓고 비교하여 살피다'의 의미로는 '맞추다'를 쓴다.

오답 풀이 ② 딸리니(×) → 달리니(○): '딸리다'는 '어떤 것에 매이거나 붙어 있다 / 어떤 부서나 종류에 속하다 / 다른 사람이나 동물의 뒤에서, 그가 가는 대로 같이 가게 하다'의 의미이다. '재물이나 기술, 힘 따위가 모자라다'의 의미로는 '달리다'를 쓴다.
・운영(○): '조직이나 기구, 사업체 따위를 운영하고 경영함. 어떤 대상을 관리하고 운용하여 나감'의 의미로는 '운영(運營)'을 쓴다.
③ 실재(×) → 실제(○): '실재(實在)'는 '실제(實際)로 존재함'의 의미이고, '실제'는 '사실의 경우나 형편 / 거짓이나 상상이 아니고 현실적으로. =실제로'의 의미이다. 문맥상 '실제'를 쓰는 것이 적절하다.
・두터운(○): '신의, 믿음, 관계, 인정 따위가 굳고 깊다'의 의미로는 '두텁다'를 쓴다.
④ 껍질채(×) → 껍질째(○): '그대로', 또는 '전부'의 뜻을 더하는 접미사는 '-째'이다.
・돋구었다(×) → 돋우었다(○): '돋구다'는 '안경의 도수 따위를 더 높게 하다'의 의미이다. '입맛을 당기게 하다'의 의미로는 '돋우다'를 쓴다.

09 기출 변형 정답 ④

출전 유현준, 〈현대 도시들은 왜 아름답지 않은가〉, 《도시는 무엇으로 사는가》, 수정

해설 건축에서 기능적 요소뿐만 아니라 감정을 불러일으키는 요소도 중요하다고 주장한 글이다.

(나) 르 코르뷔지에는 집을 '사람이 살 수 있게 하는 기계'로 정의 내렸다. → (라) 이는 건축의 기능적 면만을 강조한 것으로, 기능은 자전거의 두 바퀴 중 하나에 불과하다. → (가) 남은 한 바퀴는 감정을 일으키는 부분을 말하는데, 현대 도시의 건축에서 부족한 부분이다. → (다) (현대의) 도시 건축은 감성을 깨우는 공간을 놓쳐 왔다. → (마) 계절에 어울리는 한 곡의 노래가 우리의 삶의 의미를 깨우쳐 주듯이 감성을 울리는 건축이 필요하다.

10 기출 변형 정답 ②

출전 한나 아렌트, 《공화국의 위기》

해설 글쓴이는 '시민 불복종과 혁명가들의 차이를 따지는 일은 시민 불복종과 범죄 행위를 구분하는 일보다 더 어렵다'라고 주장한다. 그러면서 시민 불복종이 세상을 바꾸려는 의지를 혁명가들과 공유한다는 점에서 혁명적이라고 말하고 있으므로 ②가 중심 내용으로 가장 적합하다.

오답 풀이 ① 제시문은 시민 불복종이 혁명적이지 않다는 결론을 반박하며 시민 불복종의 혁명성을 강조하는 글이다. 따라서 시민 불복종의 한계는 중심 내용과 거리가 멀다.
③·④ 시민 불복종이 바뀌어야 한다는 논지인데, 제시문은 시민 불복종의 변화를 요구하는 글이 아니므로 중심 내용으로 적절하지 않다.

11 기출 변형 정답 ①

해설 '分析(나눌 분, 가를 석)'은 '얽혀 있거나 복잡한 것을 풀어서 개별적인 요소나 성질로 나눔'의 의미이다. '의견을 나누었으나'의 '나누다'는 '주고받다'의 의미이므로 '분석하다'와 바꾸어 쓰는 것은 적절하지 않다.

오답 풀이 ② 分類[나눌 분, 무리 류(유)]: 종류에 따라서 가름.
③ 分配(나눌 분, 짝 배): 몫몫이 별러 나눔.
④ 分割(나눌 분, 나눌 할): 나누어 쪼갬.

12 기출 변형 정답 ③

해설 ・다다라(○): '다다르다'는 '다다라 – 다다르니'로 활용하는 '―' 탈락 용언이다.
・곤혹스러운(○)/곤혹스런(×): '곤혹스럽다'는 '곤혹스러워 – 곤혹스러우니'로 활용하는 'ㅂ' 불규칙 용언이다. 'ㅂ' 불규칙 용언에서 모음으로 시작하는 어미가 결합할 때는 음이 탈락하지 않는다.

오답 풀이 ① 실고(×) → 싣고(○): '싣다'가 기본형인 'ㄷ' 불규칙 용언이다. 'ㄷ' 불규칙 용언의 어간 끝소리 'ㄷ'은 모음 앞에서만 'ㄹ'로 바뀐다.
・내밀은(×) → 내민(○): '내밀다'는 '내밀 + -ㄴ → 내민'으로 활용하는 'ㄹ' 탈락 용언이다.
② ・추슬르고(×) → 추스르고(○): '추스르다'는 '추슬러 – 추스르니'로 활용하는 '르' 불규칙 용언이다. '르' 불규칙 용언은 어간의 끝음절 '르'가 어미 '-아/-어' 앞에서만 'ㄹㄹ'로 바뀐다.
・평화로와졌다(×) → 평화로워졌다(○): 'ㅂ' 불규칙 활용의 경우, '도와, 고와'를 제외하고는 모두 '워'로 표기한다.
④ ・들려서(×) → 들러서(○): '들르다'는 '들러 – 들르니'로 활용하는 '―' 탈락 용언이다. '들리다(×)'는 잘못된 표기이다.

- 잠갔는지(○)/잠궜는지(×): '잠그다'는 '잠가 – 잠그니'로 활용하는 'ㅡ' 탈락 용언이다. '잠구다(×)'는 잘못된 표기이다.

13 기출 변형 정답 ③

해설
- 진행하는∨데(○): '데'는 '일'이나 '것'의 뜻을 나타내는 의존 명사이므로 앞말과 띄어 쓴다.
- 설명한∨바가(○): '바'는 앞에서 말한 내용 그 자체나 일 따위를 나타내는 의존 명사이므로 앞말과 띄어 쓴다.

오답 풀이 ① ・천∨원은∨커녕(×) → 천∨원은커녕(○): '은커녕'은 보조사로 한 단어이므로 붙여 쓴다.
- 필통,∨가방,∨지갑∨들을(○): '들'은 두 개 이상의 사물을 나열할 때, 그 열거한 사물 모두를 가리키거나, 그 밖에 같은 종류의 사물이 더 있음을 나타내는 의존 명사이므로 앞말과 띄어 쓴다.

② ・이틀∨간은(×) → 이틀간은(○): '-간'은 '동안'의 뜻을 더하는 접미사이므로 앞말에 붙여 쓴다.
- 올듯도∨하다(×) → 올∨듯도∨하다(○): 보조 용언은 띄어 씀을 원칙으로 하되, 경우에 따라 붙여 씀도 허용한다. 다만 '올∨듯도∨하다'와 같이 의존 명사 뒤에 조사가 붙는 경우는 보조 용언 구성이 아니라 의존 명사와 용언의 구성이므로 붙여 쓸 수 없다. 또한 이 경우 의존 명사 '듯'은 관형어 '올'과 띄어 쓴다.

④ ・떠내려∨가버렸다(×) → 떠내려가∨버렸다(○): '떠내려가다'는 한 단어이므로 붙여 쓴다. '-아/-어'로 연결되는 본용언과 보조 용언은 띄어 쓰는 것이 원칙이되, 본용언이 복합어일 때 그 활용형이 2음절인 경우에만 보조 용언을 붙여 씀을 허용한다. '떠내려가다'는 합성어이고 그 활용형이 4음절이므로 '떠내려가∨버렸다'로만 쓴다.
- 한밤중에(○): '한밤중'은 '깊은 밤'을 뜻하는 한 단어이므로 붙여 쓴다.

14 기출 변형 정답 ②

출전 이대택, 《영양 시대의 종말》, 수정

해설 ⓒ "심지어 촉감뿐 아니라 시야도 가린다"는 포장이 촉각과 시각과 같은 감각을 모두 차단한다는 것이므로 앞의 문장인 '감각의 통로를 차단한다'와 자연스럽게 어울린다. 또한 뒤의 문장인 "일단 사지 않으면 내용물을 볼 수 없다"는 시각의 차단과 관련되므로 ⓒ의 '시야도 가린다'와 자연스럽게 연결된다. 따라서 ⓒ은 고치지 않고 그대로 두어야 한다.

오답 풀이 ① 뒤의 '~ 감각의 통로를 차단한다'로 보아 '단절(斷絕)'로 수정하는 것이 적절하다.
③ 포장에 쓰인 설명을 읽고 정보를 얻어야 하는데 그 설명이 이해가 어렵다는 내용이므로, ⓒ '결국'을 '그런데'로 고쳐 쓰는 것이 적절하다.
④ 2문단은, 포장 문화가 자리를 잡아 가고 있기 때문에 포장지에 쓰인 정보를 읽고 구매 결정을 해야 한다는 내용이다. 포장 문화가 '먹을 것의 지식화'라고는 볼 수 없으므로 ②은 통일성에 어긋나는 문장이다.

15 기출 변형 정답 ④

해설 임춘의 〈공방전(孔方傳)〉은 돈(엽전)을 의인화하여 그 내력과 행적을 허구적으로 구성한 가전체로, 돈의 폐단을 비판하고 재물에 대한 인간의 탐욕을 경계한 글이다.
이 글에 공방의 긍정적 면모는 제시되어 있지 않다.

오답 풀이 ① "공방은 생김새가 밖은 둥글고 구멍은 모나게 뚫렸다"는 안에 네모난 구멍이 있는 둥근 모양의 돈인 엽전의 생김새를 나타낸 것이다.
② "무제 때에는 온 천하의 경제가 말이 아니었다. ~ 그런 사람이 이제 재물을 맡아서 처리하게 되었다"에서 알 수 있다. 공방이 나라의 창고가 텅 빈 상황에서 재물을 처리하는 관직을 맡았다는 것은 재물을 유통시키는 돈이 인간의 삶에 매우 큰 영향력을 행사한다는 점을 우의적으로 표현한 것이다.
③ 엽전을 의인화한 공방이 벼슬을 팔아 엄청난 부를 축적했다는 내용은 당시의 많은 벼슬아치들이 매관매직을 일삼는 등 지배층의 부패와 타락이 매우 심했음을 우의적으로 풍자하는 것이다.

* 매관매직(賣官賣職): 돈이나 재물을 받고 벼슬을 시킴.

16 기출 변형 정답 ②

해설 작자 미상의 〈양주 별산대 놀이〉는 풍자적 기법으로 무능력하고 어리석은 양반에 대한 조롱과 비판을 드러낸 민속극이다.
말뚝이는 샌님들이 보이지 않는 곳에서는 쇠뚝이와 함께 그들을 조롱하지만, 샌님들 앞에서는 '네―이!' 등 말을 공손하게 하고 있다. 그러나 '샌님 일행을 돼지 몰아놓듯 채찍질을 하면서'로 보아 그들에게 행동을 공손하게 하는 것은 아니다.

오답 풀이 ① 쇠뚝이가 말뚝이의 요청으로 의막을 정하고 나서와, 샌님이 등장하는 데서 삼현이 중지되는 것에서 알 수 있다.
③ '그놈들이 담배질을 하더라도 아래윗간은 분명해야 하지 않겠느냐!'라는 대사에서 알 수 있다.
④ 말뚝이가 돼지우리를 보고 '고래당 같은 기와집'이라고 감탄하는 데서 알 수 있다.

17 기출 변형 정답 ①

출전 2006학년도 고려대학교 논술고사

해설 제시문은 중국 정(鄭)나라 환공의 "주(周)나라가 장차 쇠망하겠는가?"라는 물음에 대한 사백이 답하는 내용의 일부이다. 그는 제시문에서 바람직한 정치 질서가 무엇인지를 말하기 위해 그것을 뒷받침하는 철학적 원리가 무엇인지 알려 주고 있다. 그는 선왕의 예시를 통해 '서로 다른 사물끼리 서로를 보충해 균형 있게 하는 화'의 원리에 따르는 것이 바람직한 정치 질서이자 왕의 통치 원리라고 주장하고 있다.

오답 풀이 ③ 1문단의 중심 내용으로 궁극적으로 말하고자 하는 바를 뒷받침하기 위한 철학적 원리이다.
④ 마지막 문단에서 일부 제시된 내용일 뿐 궁극적으로 말하고자 하는 바는 아니다.

18 기출 변형 정답 ③

해설 홍성원의 〈흔들리는 땅〉은 산업화 시대를 살아가는 소시민들의 갈등과 고난을 그린 소설이다.
제대 후 재득은 돈이 되지 않는 농사일을 때려 치우고 '한바탕 씩씩하게 발버둥을 쳐 보기' 위해 양계를 시작했다. 양계가 빚만 지고 실패로 돌아가자 재득은 고향에서 도망쳤지만, 허리띠를 졸라매고 매달매달 꼬박꼬박 몇 푼의 돈을 고향으로 부쳐 삼십만 원의 이자를 갚아 나갔다. 즉 재득은 어려워지는 경제적 상황을 바꿔 보고자 적극적으로 노력한 것이다.

* 제 털 뽑아 제 구멍에 박기: 융통성이 전혀 없고 고지식하기만 함을 비유적으로 이르는 말

오답 풀이 ① 재득은 은행에 집과 논밭을 잡히고 돈을 빌려 양계를 시작한다. 즉 양계를 시작하기 전에는 집과 논밭이라는 재산은 있었다.
② "닭은, 낳으라는 알은 안 낳고 ~ 죽어 나간 것이다"에서 재득이 양계에 실패한 이유를 알 수 있다. 즉 재득은 무리한 사업 확장이 아닌 당시의 상황과 양계의 어려움 등의 이유로 양계에 실패한 것이다.
④ "고향에서 튄 지 석 달 만에 재득은 드디어 정류장에 터를 잡았다"에서 알 수 있다. 즉 재득은 고향에서 도망친 뒤에도 얼마간 일자리를 찾지 못하다 석 달 뒤 정류장

에 터를 잡을 수 있었다.

19 기출 변형 정답 ①

출전 임소형, 〈냄새는 뇌가 맡는다〉, 《한국일보》(2023. 10. 12.), 수정

해설 1문단에 따르면, 후각 수용체는 코 점막에 있는 단백질이다. 후각 수용체는 신경망을 통해 화학 신호를 뇌에 전달하지만, 그 자체로 신경망은 아니다.

오답 풀이 ② 2문단의, 1,000개 이상의 후각 유전자 중 실제로 냄새를 맡는 데 기여하는 후각 수용체는 400개 정도라는 내용에서 추론할 수 있다.
③ 마지막 문단에 따르면, 냄새 신호가 뇌에 전달되면서 특정 장면이 함께 기억되는 경우, 같은 냄새를 사람마다 다르게 느낄 수 있다.
④ 1문단에 따르면, 후각 수용체는 코 점막에 있는 단백질이며 냄새 물질이 후각 수용체에 달라붙으면서 냄새를 맡는 과정이 시작된다.

20 기출 변형 정답 ④

해설 〈한중록(閑中錄)〉은 장헌 세자(사도 세자)의 빈 혜경궁 홍씨가 만년에 자신이 겪은 남편의 일을 중심으로 하여 쓴 자전적 회고록이다.
ⓑ은 영조와 사도 세자가 맞지만, ⓧ은 선희궁과 사도 세자를 의미한다.

작품 해설 혜경궁 홍씨, 〈한중록(閑中錄)〉

1. **갈래**: 한글 수필, 궁중 수필, 여성 수필
2. **성격**: 체험적, 회고적, 자전적
3. **표현과 특성**: ① 사도 세자의 죽음을 제재로 함.
   ② 궁중의 전아하고 고상한 어휘와 여성의 섬세함이 드러남.
4. **주제**: 사도 세자의 죽음에 대한 두 가지 견해와 〈한중록〉을 쓰게 된 경위
5. **해설**: 〈한중록〉은 장헌 세자(사도 세자)의 빈 혜경궁 홍씨가 남편의 일을 중심으로 쓴 자전적 회고록이다. 이 작품은 조선 후기 궁중 비화를 다룬 수필 가운데 대표작으로 평가된다. 정조의 어머니인 혜경궁 홍씨가 자신의 기구한 일생을 서술한 작품으로, 궁중 여성의 생활과 인간관계 등이 생생하게 그려져 있다는 점에서 역사적으로도 중요한 의의를 가진다. 문체 자체는 전아하고 품위 있는 표현을 구사하고 있지만, 그 안에는 슬픔과 정한을 고스란히 담아내고 있다.

11회 지방직 기출 변형 모의고사 2019 지방직 9급

기출 변형

| 01 ① | 02 ② | 03 ④ | 04 ③ | 05 ① | 06 ② | 07 ② | 08 ① | 09 ④ | 10 ① |
| 11 ③ | 12 ① | 13 ④ | 14 ② | 15 ④ | 16 ④ | 17 ① | 18 ③ | 19 ④ | 20 ② |

01 기출 변형 정답 ①

해설 〈보기〉는 반의 관계에 있는 단어 중 상보 반의어에 대한 설명이다. 상보 반의어는 각각의 의미 영역이 상호 배타적이며 한쪽을 부정하는 것이 다른 쪽을 긍정하는 관계를 이룬다. ①의 '기혼(旣婚)'은 '이미 결혼함. 또는 그런 사람'을 뜻하고, '미혼(未婚)'은 '아직 결혼하지 않음. 또는 그런 사람'을 뜻하므로 상보 반의어의 사례로 적절하다. 나머지 ②·③·④는 모두 마주 선 방향에 따라 관계나 이동의 측면에서 대립을 이루는 방향 반의어의 사례이다.

오답 풀이 ② ・시상(施賞): 상장이나 상품, 상금 따위를 줌.
・수상(受賞): 상을 받음.
③ ・출발(出發): 목적지를 향하여 나아감.
・도착(到着): 목적한 곳에 다다름.
④ ・부모(父母): 아버지와 어머니를 아울러 이르는 말
・자식(子息): 부모가 낳은 아이를, 그 부모에 상대하여 이르는 말

02 기출 변형 정답 ②

해설 ・가욋(加外)일(○): 순우리말과 한자어로 된 합성어로서 앞말이 모음으로 끝난 경우, 뒷말의 첫소리 모음 앞에서 'ㄴㄴ' 소리가 덧나는 것은 사이시옷을 받쳐 적는다
・북엇(北魚)국(○): '북엇국'은 사잇소리가 나는 단어이므로 사이시옷을 받쳐 적는다.

오답 풀이 ① ・인삿(人事)말(×) → 인사말(○): '인사말[인사말]'은 사잇소리가 나지 않는 단어이므로 사이시옷을 표기하지 않는다.
・등굣(登校)길(○): '등굣길'은 사잇소리가 나는 단어이므로 사이시옷을 받쳐 적는다.
③ ・햇님(×) → 해님(○): '-님'이 접사이므로 '해님'은 파생어이다. 합성어가 아닌 말은 사이시옷을 표기하지 않는다.
・바닷가(○): 순우리말로 된 합성어로서 앞말이 모음으로 끝난 경우, 뒷말의 첫소리가 된소리로 나는 것은 사이시옷을 받쳐 적는다.
④ ・전셋방(×) → 전세방(傳貰房)(○): 한자어와 한자어 사이일 때는 사이시옷을 표기하지 않는다.
・아랫마을(○): 순우리말로 된 합성어로서 앞말이 모음으로 끝난 경우, 뒷말의 첫소리 'ㄴ, ㅁ' 앞에서 'ㄴ' 소리가 덧나는 것은 사이시옷을 받쳐 적는다.

03 기출 변형 정답 ④

해설 ④는 강연이 위주가 되는 토의이므로 심포지엄의 사례로 가장 적절하다.

오답 풀이 ① 주제와 관련된 일반인이나 전문가가 토의하는 패널 토의의 사례로 적절하다.
② 공개된 장소에서 청중과의 질의응답이 위주가 되는 포럼의 사례로 적절하다.
③ 찬반 의견이 갈리는 주제로 격론을 벌인 것으로 보아 토론의 사례로 적절하다.

보충 자료 | 주요 토의의 종류와 특성

종류	특성
심포지엄	① 학술적, 전문적인 주제를 다룬다. ② 전문가나 권위자(3~6명)가 강연식으로 발표한 후 청중과 질의응답하는 형식이다. ③ 공통 주제에 대해 각 분야의 전문가가 여러 각도에서 체계적으로 설명하며, 강연과 유사한 방식으로 진행된다. ④ 사회자는 전체 토의 요점을 정리하여 청중의 이해를 돕는다.
포럼	① 공공의 문제에 대해 청중과 질의응답하는 공개 토의이다. ② 처음부터 청중이 참여하여 주도한다. ③ 공청회와 유사하며 강연이나 연설은 하지 않는다. ④ 질문 시간을 조정하고 산회(散會) 시간을 결정하는 등 사회자의 비중이 매우 크다.
패널 토의	① 배심원들(4~8명)이 참여하는 배심 토의이다. ② 이견 조정 수단으로 의회나 일반 회의에 자주 쓰이며, 시사 문제나 전문적인 문제 해결에 적합하다. ③ 배심원의 토의가 끝난 후 청중과의 질의응답이 뒤따른다.
원탁 토의	① 10명 내외의 소규모 집단이 평등한 입장에서 자유롭게 의견을 나누는 비공식적인 형식의 토의이다. ② 사회자가 없는 것이 일반적이지만 편의상 의장을 따로 정할 수 있다.

04 기출 변형 정답 ③

출전 박성규, 〈만병통치약 오디세이〉, 《약국에 없는 약 이야기》, 수정

해설 만병통치약이 있다는 통념을 반박한 뒤 질병에 따른 치료제가 다르다는 결론을 내리고 있다. 즉 결론을 유보한 것은 아니다.

오답 풀이 ① 질병을 이해하는 방식이 진보함에 따라 만병통치약에 대한 인류의 인식이 변화하였음을 설명하고 있다.
④ 2문단의, 질병에 대한 고대인들과 히포크라테스의 잘못된 관념을 제시하는 데서 알 수 있다.

05 기출 변형 정답 ①

해설 ①은 시어의 상징적 의미와 역설적 표현 등 작품의 내용과 형식에 초점을 맞춘 내재적 관점의 감상이다. 나머지 ②·③·④는 모두 외재적 관점에서 이루어진 감상이다.

오답 풀이 ② 표현론적 관점
③ 반영론적 관점
④ 효용론적 관점

보충 자료 | 문학의 4대 비평 방법

외재적 방법	반영론	작품을 현실 세계와 역사의 반영으로 보고 문학과 사회의 연관성에 초점을 맞춰 해석하는 관점이다.
	표현론	작품을 작가의 체험과 사상, 감정 등이 표현된 것으로 보고 문학과 작가의 연관성에 초점을 맞춰 해석하는 관점이다.
	효용론	작품을 독자가 얻는 즐거움과 교훈 등에 초점을 맞춰 해석하는 관점이다.
내재적 방법	구조론	작품을 하나의 독자적인 구조를 갖춘 체계로 규정하여, 작품 내적인 질서와 미적 가치를 규명하는 데 초점을 맞춘 관점이다. 절대주의, 형식주의 등으로도 불린다.
종합주의적 방법		다양한 방법을 사용하여 작품을 총체적으로 해석하려는 관점이다. 작품의 내적 형식과 함께 다양한 외적 요인들과 결부된 의미를 파악하여 종합적인 작품 감상에 도달하려는 방법이다.

06 기출 변형 정답 ②

출전 김정수, 〈바닷속 미세 플라스틱의 위협〉, 수정

해설 1문단에 따르면, 2004년에 톰슨 교수가 미세 플라스틱이 1960년대 이후 증가해 왔다고 발표했으며, 그 후로 미세 플라스틱이 해양 생태계에 끼치는 영향에 대한 연구가 이어졌다. 즉, 1960년대는 미세 플라스틱이 증가하기 시작한 시기인 것이지, 그 존재가 밝혀진 시기는 아니다.

오답 풀이 ① 2문단에서, '미세 플라스틱을 먹이로 착각하고 먹은 플랑크톤을 작은 물고기가 섭취하고, 작은 물고기를 다시 큰 물고기가 섭취하는 먹이 사슬 과정'에 대해 언급하였다. 또한 먹이 사슬 과정에서 미세 플라스틱의 독성 물질은 농축되므로, 상위 포식자로 갈수록 섭취하는 미세 플라스틱의 양은 증가될 가능성이 높아진다.
③ 마지막 문단에서 알 수 있다.
④ 2문단의, 잔류성 유기 오염 물질이 포함된 플라스틱이 바다로 흘러들어 간 뒤에는 물속에 녹아 있는 다른 유해 물질까지 끌어당긴다는 내용에서 알 수 있다.

07 기출 변형 정답 ②

해설 '관직의 인사이동이나 관직에 임명될 후보자에 관하여 세상에 떠도는 소문이나 평판'을 뜻하는 '하마평'은 '下馬評(아래 하, 말 마, 품평 평)'으로 쓴다. * 河: 강물 하

오답 풀이 ① 登龍門[오를 등, 용 용(룡), 문 문]: 용문(龍門)에 오른다는 뜻으로, 어려운 관문을 통과하여 크게 출세하게 됨. 또는 그 관문을 이르는 말
③ 屈指(굽을 굴, 가리킬 지): 무엇을 셀 때, 손가락을 꼽음. / 매우 뛰어나 수많은 가운데서 손꼽힘.
④ 未曾有(아닐 미, 일찍 증, 있을 유): 지금까지 한 번도 있어 본 적이 없음.

08 기출 변형 정답 ①

해설 · 가∨본∨데(○): '가∨보다'는 한 단어가 아닌 본용언 + 보조 용언의 구성이므로 띄어 쓰는 것이 원칙이다. '데'는 '곳'이나 '장소'의 뜻을 나타내는 의존 명사이므로 앞말과 띄어 쓴다.
· "~∨어디니?"라고∨물어보셨다(○): 앞말이 직접 인용되는 말임을 나타내는 격 조사인 '라고'는 앞말에 붙여 쓴다.

오답 풀이 ② · 부서∨당(×) → 부서당(○): '-당(當)'은 '마다'의 뜻을 더하는 접미사이므로 앞말에 붙여 쓴다.
· 한∨명씩(○): '명'은 사람을 세는 단위인 의존 명사이므로 앞말과 띄어 쓰고, '-씩'은 '그 수량이나 크기로 나뉘거나 되풀이됨'의 뜻을 더하는 접미사이므로 앞말에 붙여 쓴다.
③ · 전봇대∨만큼(×) → 전봇대만큼(○): '만큼'은 체언 뒤에서 앞말과 비슷한 정도를 나타내는 조사로 쓰였으므로 앞말에 붙여 쓴다.
· 기억할∨만도∨한데요(○): 중간에 조사가 들어갈 적에는 그 뒤에 오는 보조 용언은 띄어 쓴다.
④ · 이∨외에는(×) → 이외에는(○): '이외'는 '일정한 범위나 한도의 밖'을 뜻하는 한 단어이므로 붙여 쓴다.
· 아무∨것(×) → 아무것(○): '아무것'은 '특별히 정해지지 않은 어떤 것 일체 / 대단하거나 특별한 어떤 것'을 뜻하는 한 단어이므로 붙여 쓴다.

09 기출 변형 정답 ④

해설 흙하고: [흑하고](자음군 단순화 - 탈락) → [흐카고](자음 축약 - 축약). ⓒ과 ㉣이 일어난다.

오답 풀이 ① 콩엿: [콩녇](ㄴ 첨가 - 첨가, 음절의 끝소리 규칙 - 교체). ㉠과 ㉢이 일어난다.

② 맡는: [맏는](음절의 끝소리 규칙 - 교체) → [만는](비음화 - 교체). ㉠만 일어난다.
③ 샀돈: [삳돈](자음군 단순화 - 탈락) → [삳똔](된소리되기 - 교체). ㉠과 ㉡이 일어난다.

10 기출 변형　　　　　　　　　　　　　　　　정답 ①

해설 '전통 민속놀이 체험 마당도(이)'와 호응할 수 있는 서술어는 '운영한다'가 아니라 '운영된다'이다. 따라서 그대로 두고 고치지 않는다.

오답 풀이 ② '유지하다'는 '…을 유지하다'의 형태로 쓰이고, '관리하다'도 '…을 관리하다'의 형태로 쓰인다. 유지하고 관리하는 대상은 '철도 시설을 제외한 전체 시설'이므로 이를 목적어의 형태로 바꾸는 것이 적절하다.
③ '와' 앞뒤의 병렬 구조를 맞춰 '자유를 수호하고 인권을 보장하는'으로 고치는 것이 적절하다.
④ '지하철 공사가'라는 주어는 '시작되다'라는 서술어와만 호응하며, '개통되다'에 호응하는 주어가 없으므로 '지하철이 언제 개통될지는'과 같이 적절한 주어를 넣어 주어야 한다.

11 기출 변형　　　　　　　　　　　　　　　　정답 ③

해설 ③의 '털다'는 '자기가 가지고 있는 것을 남김없이 내다'의 의미이므로 '남이 가진 재물이 보관된 장소를 모조리 뒤지어 훔치다'의 의미에 맞게 쓴 문장으로 적절하지 않다. ㉢에 들어갈 문장으로는 '은행을 턴 강도를 수배하다'를 들 수 있다.

12 기출 변형　　　　　　　　　　　　　　　　정답 ④

해설 장복겸의 〈고산별곡(孤山別曲)〉은 자연에서 풍류를 즐기는 삶에 대한 만족감과 출사의 기회를 얻지 못한 삶에 대한 안타까움을 드러낸 연시조이다.
(라)에서 화자는, 생애는 고초롭다고 하면서 옥경헌(화자 자신)의 삶에서 '흰 술 흔두 잔'과 '프른 글귀' 외의 것은 없다고 말하고 있다. 따라서 '흰 술'과 '프른 글귀'는 화자가 벗어나고자 하는 대상이 아니라 자연 속에서 화자가 벗 삼고 있는 대상이다.

오답 풀이 ① (가)에서 '청산, 녹수' 등을 통해 화자가 자연 속에 위치하고 있음을 알 수 있다.
② (나)에서는 화자에게 익숙해진 '강산(자연)'과 낯설어진 '세로(세상)'를 대조하면서 자연 속에서 '백년소일'하며 지내겠다는 의지를 드러내고 있다.
③ (다)에서 화자는 '놈', '손'의 평가와 상관없이 '고산 불고정'이 좋기 때문에 '고산 불고정'에 산다고 말하면서 자신의 삶에 대한 만족감을 드러내고 있다.

13 기출 변형　　　　　　　　　　　　　　　　정답 ③

출전 2009학년도 대학수학능력시험 9월 모의평가

해설 과장은 의약품 재고가 쌓이고 전문가의 처방 없이 의약품이 제공되는 것 등을 문제적 상황으로 제시하고 있다. 그러나 진행자가 이의 심각성을 부연 설명하는 내용은 나오지 않는다.

오답 풀이 ① '의약품 공급 정보망'의 개념을 묻는 데서 알 수 있다.
② "그동안 이 사업에 성과가 있었다면, 그 이유는 ~ 때문일 것 같습니다"에서 알 수 있다.
④ "모쪼록 이 의약품 공급 ~ 취약 계층에 많은 도움이 되기를 바랍니다"로 이야기를 마무리하는 데서 알 수 있다.

14 기출 변형　　　　　　　　　　　　　　　　정답 ③

출전 2011학년도 대학수학능력시험 9월 모의평가

해설 시간을 절대 개념으로 이해한 19세기 말까지와 달리 20세기 들어 아인슈타인은 시간과 공간이 서로 긴밀하게 연관되어 함께 변하는 상대적인 양임을 파악하고 상대성 이론을 수립하였다. 따라서 '시간의 상대적 성격을 밝힌 아인슈타인'이 제목으로 적절하다.

오답 풀이 ① 아인슈타인 이론의 일부에 해당하는 내용으로 글의 제목으로 보기에는 지엽적이다.
② 공간에 대한 내용은 마지막 문단에 일부 언급된 내용이므로 제목으로 보기에 적절하지 않다.
④ 시간 개념에 대한 뉴턴과 아인슈타인의 차이점은 제시되었으나 공통점은 나타나지 않는다. 뉴턴이 주장한 시간의 절대성 개념은 아인슈타인에 의해 근본적으로 거부되었다.

15 기출 변형　　　　　　　　　　　　　　　　정답 ②

해설 작가 미상의 〈소현성록(蘇賢聖錄)〉은 중국 송나라를 배경으로 3대에 걸친 소씨 가문의 수호와 번영의 이야기를 다룬 국문 장편 소설이다. 가부장제가 강화된 가문 중심의 사회적 분위기가 형성되었던 17세기 중엽에 창작된 것으로 추정된다.
현성의 '그 산 같은 정을 끊어 죽이신 것입니다'로 보아 누이는 결국 사망한 것이다. 그러나 '옳은 일을 하시는데 ~ 어머니께서 처단하시는 바가 합당치 않은 바 없으니'로 보아 현성이 어머니의 처사가 불합리하다고 생각한 것은 아니다.

오답 풀이 ① 양 부인은 딸 교영이 유배지에서 만난 남성에게 자신이 사는 곳(친정)을 알려 주어 찾아오게 한 사실을 알고 분노한다. "네가 비록 구천에 가더라도 네 남편 이생과 부친을 무슨 낯으로 보겠느냐?"라는 양 부인의 말을 통해 교영이 남편과 사별하고 유배 생활을 한 후 친정에 와 지내고 있음을 알 수 있다.
③ 양 부인은 딸이 유배지에서 남자를 만나 절개를 잃은 것(실절한 것)에 분노하여 죄를 묻고 있다. 또한 죄의 대가로 약(독주)을 먹고 자결하기를 독촉하고 있다.
④ "어머니께서는 저희 세 남매를 두시고 ~ 그 산 같은 정을 끊어 죽이신 것입니다"라는 현성의 말을 통해 알 수 있다. 현성은 가문의 명예를 위해 딸을 죽음으로 처단한 어머니의 결정이 옳다고 판단하면서 그러한 결정을 내리기 위해 모정을 끊어 내야 했던 어머니의 심정을 헤아리고 있는 것이다.

16 기출 변형　　　　　　　　　　　　　　　　정답 ④

출전 KBS 명견만리제작팀, 《명견만리: 인구, 경제, 북한, 의료 편》, 수정

해설 2문단의, '(치매 가족을 위한) 상설 교육 기관이 있다면 ~ 긍정적 변화를 가져올 수 있다'는 가정적 조건문이다. 'p이면 q이다'인 가정적 조건문에서 p는 q이기 위한 충분조건이다. 따라서 치매 가족을 위한 상설 교육 기관의 존재는 치매 가족에게 긍정적 변화를 가져오기 위한 충분조건으로 이해할 수 있다.

오답 풀이 ① 2문단에 따르면, 선진국들이 국책 사업으로 적극적으로 치매에 대응하는 것과 달리 우리나라는 산발적인 대응 수준에 머무르고 있다. 이는 국가가 치매에 대응을 하긴 하지만, 적극적으로 나서는 것은 아님을 지적한 것이다.
② 1문단에 따르면, 알츠하이머병은 20대 중반부터 독성 물질이 쌓이기 시작하며 발생한다. 그러나 혈관성 치매는 뇌혈관에 문제가 생겨 발생하는 것으로, 언제부터 증상이 시작될 것인지는 추론할 수 없다.
③ 1문단에 따르면, 혈관성 치매는 뇌혈관 질환을 불러일으키는 위험 요인을 미리 차단하면 예방할 수 있다. 'p이면 q이다'인 가정적 조건문에서 q를 일으키는 조건은

p 외에도 다양할 수 있다. 따라서 혈관성 치매 예방 방법이 '뇌혈관 질환을 유발하는 위험 요인을 미리 차단하는 것'밖에 없다고 추론할 수 없다.

17 기출 변형 정답 ①

출전 윤미숙, 〈○○, 예산 심사 지연시키지 말라〉《뉴스웨이》(2008. 12. 9.), 수정

해설 제시문은 경제 위기 극복을 위해 사사로운 이득보다는 국익을 먼저 생각하자는 내용이다. '事半功倍(일 사, 반 반, 공 공, 곱 배)'는 '들인 노력은 적고 얻은 성과는 큼'이라는 뜻이므로 국익을 먼저 생각하자는 내용과 가장 거리가 멀다.

오답 풀이 ② 先公後私(먼저 선, 공변될 공, 뒤 후, 사사로울 사): 공적인 일을 먼저 하고 사사로운 일은 뒤로 미룸.

③ 滅私奉公(멸망할 멸, 사사로울 사, 받들 봉, 공변될 공): 사욕을 버리고 공익을 위하여 힘씀.

④ 見利思義[볼 견, 이로울 리(이), 생각 사, 옳을 의]: 눈앞의 이익을 보면 의리를 먼저 생각함.

18 기출 변형 정답 ③

출전 염복규,《서울은 어떻게 계획되었는가》

해설 제시문에는 고종의 측근 세력이 추진한 공간 건축에 대한 내용이 나와 있을 뿐 사회 제도에 대한 구체적 언급은 없다.

오답 풀이 ① 1문단의, 고종과 국왕의 측근 세력이 본궁을 중심으로 왕권의 권위를 상징하는 기념물들을 건립 또는 배치하는 것 등을 추진했다는 데서 알 수 있다.

② 2문단의, 새로운 방사상 도로망 계획이 워싱턴 D.C.의 도로망과 공간 구성을 본뜬 것이라는 내용에서 알 수 있다.

④ 마지막 문단의, 고종의 본궁인 경운궁 등의 배치는 왕실이 민인들과 가까워졌음을 의미하는 동시에 보다 직접적이고 철저한 대민 지배의 의지를 천명하는 것이라는 내용에서 알 수 있다.

19 기출 변형 정답 ④

출전 2018년도 국가공무원 5급 공채·외교관 후보자 선발 제1차 시험

해설 현대의 상류층이 경쟁 상대인 다른 상류층 사이에 있을 때 소박한 생활을 한다는 내용은 나오지 않는다. 마지막 문단에 따르면, 상류층은 경쟁 상대인 다른 상류층 사이에 있을 때 마음 놓고 경쟁적으로 고가품을 소비한다.

오답 풀이 ① 1~2문단을 통해 추론할 수 있다. 즉 전근대적 시기의 상류층은 사치품 소비를 통해 자신의 지위를 과시하기 위해 피지배 계층의 사치품 소비를 금지시켰다. 하지만 풍요로운 현대 사회에서는 서민도 사치품을 소비할 수 있어 현대의 상류층은 사치품 소비를 통해서는 자신의 사회적 지위를 과시하지 못한다.

② 2~3문단에 따르면, 현대 사회에서는 사치품이 더 이상 상류층을 표시하는 기호 역할을 하지 못한다. 이때 상류층은 사치품 소비를 절제함으로써 자신을 과시한다.

③ 1~2문단을 통해 상류층이 사치품 소비를 통해 자신의 사회적 지위를 과시한다는 것이 베블런의 과시 소비 이론의 내용임을 추론할 수 있다. 따라서 재력이 있는데도 소비하지 않음으로써 서민과 자신을 구별하는 현대 상류층의 '소비하지 않기'라는 교묘한 소비 행태는 베블런의 과시 소비 이론으로는 설명되지 않는 현상임을 알 수 있다.

20 기출 변형 정답 ②

출전 문강형준, 〈왜 '재난'인가?〉,《문화과학》

해설 1문단에 따르면, 18세기 이전은 근대 이전 사회이다. 2문단에 따르면, 근대 이전 사회의 인류는 합리성을 통해 위험을 극복하려 한 것이 아니라 위험을 어쩔 수 없는 자연 재난으로 받아들였다.

오답 풀이 ① 마지막 문단에 따르면, 테러와 같은 현대적 위험은 성공적인 현대화의 산물이다. 또한 현대 사회(위험 사회)는 '누구도 이 위험을 피할 수 없'는 사회이다.

③ 2문단의, 근대 사회에서는 스스로 산출한 위험을 인간의 합리성을 통해 통제하고 극복하려 했다는 내용에서 알 수 있다.

④ 마지막 문단의, 현대 인류는 '안전'을 갈구하게 되는 경향성을 가지며, 이에 따라 전체주의나 파시즘의 망령이 재등장할 가능성도 배제할 수 없게 된다는 내용에서 알 수 있다.

12회 지방직 기출 변형 모의고사

2018 지방직 9급

기출 변형

01 ③ 02 ① 03 ④ 04 ④ 05 ④ 06 ② 07 ② 08 ④ 09 ② 10 ③
11 ① 12 ② 13 ② 14 ① 15 ④ 16 ③ 17 ③ 18 ④ 19 ② 20 ③

01 기출 변형 정답 ③

해설 제시문의 '문제'는 '논쟁, 논의, 연구 따위의 대상이 되는 것'을 뜻한다. 이와 가장 가까운 것은 ③이다.

오답 풀이 ① 문제를 일으키다: 귀찮은 일이나 말썽
② 어려운 문제가 출제되다: 해답을 요구하는 물음
④ 가치관에 관한 문제: 어떤 사물과 관련되는 일

02 기출 변형 정답 ①

해설 한용운의 〈나룻배와 행인〉은 나룻배와 행인을 제재로 하여, 자비와 인(忍)을 바탕으로 한 희생과 헌신이 참된 사랑의 본질임을 보여 주는 시이다.
이 시에 행간 걸침은 나타나지 않는다.

오답 풀이 ② '~ㅂ니다'의 경어체를 사용하여 '당신'에 대한 화자의 희생적 태도를 강조하고 있다.
③ "당신은 흙발로 나를 짓밟습니다", "당신은 물만 건너면 나를 돌아보지도 않고 가십니다그려" 등에서 알 수 있다.
④ "나는 나룻배, / 당신은 행인"을 처음과 끝에 동일하게 배치하여 시상 전개에 안정감을 주고 화자와 '당신'의 관계를 강조하고 있다.

03 기출 변형 정답 ④

해설 인간 생명 복제 기술을 통한 의학적 이점을 실현하기에 앞서 해결되어야 할 몇 가지 과제를 분석적으로 제시한 글이다. 제시문에서는 생명 복제 기술이 초래할지 모르는 위험을 극복하기 위해 먼저 이 기술의 본질을 정확히 이해하고 평가하여 이에 적절히 대응하기를 촉구하고 있다. 따라서 '생명 복제 기술의 선결 과제'가 주제로 적절하다.
* **선결(先決)**: 다른 문제보다 먼저 해결하거나 결정함.

오답 풀이 ② 생명 복제의 기술 자체가 지닌 문제점에 대한 내용은 나오지 않는다.

04 기출 변형 정답 ④

해설 • 들었을뿐이네(×) → 들었을∨뿐이네(○): '뿐'은 다만 어떠하거나 어찌할 따름이라는 뜻을 나타내는 의존 명사이므로 앞말과 띄어 쓴다.
• 그녀∨뿐이다(×) → 그녀뿐이다(○): '뿐'은 체언 뒤에 붙은 보조사이므로 앞말에 붙여 쓴다.

오답 풀이 ① • 지낼∨수밖에(○): '밖에'는 체언 뒤에서 '그것 말고는', '그것 이외에는'의 뜻을 나타내는 조사이므로 앞말에 붙여 쓴다.
• 기대∨밖의(○): '밖'은 일정한 한도나 범위에 들지 않는 나머지 다른 부분이나 일을 뜻하는 명사이므로 앞말과 띄어 쓴다.
② • 한∨번은(○): '번'이 차례나 일의 횟수를 나타내는 경우에는 '한∨번', '두∨번', '세∨번'과 같이 띄어 쓴다.
• 한번은(○): '한번'은 '지난 어느 때나 기회'를 뜻하는 한 단어이므로 붙여 쓴다.
③ • 갈지(○): 추측에 대한 막연한 의문을 나타내는 어미 '-ㄹ지'가 붙은 것이므로 '갈지'와 같이 붙여 쓴다.
• 가르친∨지(○): '지'는 어떤 일이 있었던 때로부터 지금까지의 동안을 나타내는 의존 명사이므로 앞말과 띄어 쓴다.

05 기출 변형 정답 ④

해설 이규보의 〈방선부(放蟬賦)〉는 거미줄에 걸린 매미를 놓아준 행위를 비판하며 어떤 사람에게 반박하며 탐욕스러운 인간 세태를 경계해야 한다는 견해를 밝힌 한문 수필이다.
글쓴이는 경계하는 태도를 갖고 살자는 교훈을 전하고 있다. 그러나 글쓴이의 자기 성찰적 태도는 나타나지 않는다.
* **호시탐탐(虎視眈眈)**: 범이 눈을 부릅뜨고 먹이를 노려본다는 뜻으로, 남의 것을 빼앗기 위하여 형세를 살피며 가만히 기회를 엿봄. 또는 그런 모양

오답 풀이 ② 《맹자》에 나오는 '이루'를 인용하고 있다. 그리고 '이슬만 마시고도 ~ 욕심이 있다 할 수 있을까?'에서 설의적 표현으로 매미의 자질을 칭찬하고, "그러다가 그물에 걸린들 누구를 원망하랴"에서는 설의적 표현으로 쉬파리와 나비를 비판하고 있다.
③ 글쓴이는 ⊙ '매미'는 동정하지만 나머지 ⓒ~ⓔ은 탐욕을 지닌 존재라는 면에서 부정적으로 인식하고 있다.

작품 해설 **이규보, 〈방선부(放蟬賦)〉**

1. **갈래**: 한문 수필, 부(賦)
2. **성격**: 교훈적, 풍자적, 비판적
3. **표현과 특성**: ① 거미와 매미를 통한 비유적, 대조적 표현
   ② '기 – 승 – 전 – 결'의 구성
4. **주제**: 탐욕스러운 인간 세태에 대한 경계
5. **해설**: 〈방선부〉는 거미줄에 걸린 매미를 놓아준 행위를 비판하는 어떤 사람에게 작가가 자신의 견해를 밝히며 반박하는 글이다. 매미를 놓아준 것은 거미에게는 해가 될 수 있지만, 탐욕스러운 거미에게서 청렴한 매미를 풀어 주는 것은 옳은 일이라고 하면서 이를 통해 인간 세태를 풍자하고 있다. 즉 매미와 거미의 생태적 속성을 통해 서로 모함하고 헐뜯는 인간 세계의 부정적 측면을 우의적으로 풍자하고 있는 것이다.

06 기출 변형 정답 ②

해설 '바깥'은 명사 '밖' 뒤에 '-이' 이외의 모음으로 시작된 접미사가 붙어서 된 말은 그 명사의 원형을 밝히어 적지 아니하는 경우로, 〈한글 맞춤법〉 제20항 [붙임]의 예에 해당한다. '마감(막 + 암)'은 어간에 '-이'나 '-음' 이외의 모음으로 시작된 접미사가 붙어서 명사로 바뀌었고, '너무(넘 + 우)'는 어간에 '-이'나 '-음' 이외의 모음으로 시작된 접미사가 붙어서 부사로 바뀌었으므로, '마감, 너무'는 모두 ⓒ의 예로 적절하다.

오답 풀이 ① '여닫이'는 어간에 '-이'가 붙어서 명사로 된 것이고, '얼음'은 어간에 '-음'이 붙어서 명사로 된 것, '굳이'는 어간에 '-이'가 붙어서 부사로 된 것이다. 따라서 '여닫이, 얼음, 굳이'는 모두 ⊙의 예로 적절하다.
③ '오뚝이', '홀쭉이', '삐죽이'는 모두 '-하다'나 '-거리다'가 붙는 어근에 '-이'가 붙어서 명사가 된 것이므로 ⓒ의 예로 적절하다.
④ '뻐꾸기', '개구리', '얼루기'는 모두 '-하다'나 '-거리다'가 붙을 수 없는 어근에 '-이'나 또는 다른 모음으로 시작되는 접미사가 붙어서 명사가 된 것이므로 ⓔ의 예로 적절하다.

07 기출 변형 정답 ②

해설 민은 어제 청소를 못 했으니 견사가 더러울 것이므로 청소부터 해야겠다고 말하고 있으므로, 주어진 상황을 고려하여 판단을 내린 것이다.

오답풀이 ① 훈은 처음에는 상대의 의견을 묻고 있지만 정에게 옥상 물청소를 지시하면서 권위적인 태도를 보이고 있다. 따라서 훈이 시종일관 권위적인 태도로 상대를 대한 것은 아니다.
③ 음의 말로 보아, 정의 말은 사실일 것이다.
④ 어제 정이랑 축구를 했다는 말은 정이 정말 허리가 아플 것이므로 힘든 일을 시키지 말아야 한다는 의도로 한 것이다. 따라서 음이 화제를 전환한 것은 아니다.

08 기출 변형   정답 ④

출전 2015학년도 9월 고2 전국연합학력평가, 수정

해설 2문단에 따르면, 데리다는 이원 대립과 위계의 가치 질서를 만들어 낸 후설의 의식 주체를 비판하였다. 그 비판의 방법으로 주체의 의미가 차연된다는 개념을 개진하였지만, 주체와 객체를 동일한 것으로 간주한다는 내용은 없다.

오답풀이 ① 2문단에 따르면, 데리다는 단어의 의미가 다른 단어와의 차이에 의해 그 의미가 구별되면서 끊임없이 연기되는 것을 '차연'이라는 개념으로 설명하였다. 이와 마찬가지로 주체도 완전하고 절대적인 의미를 갖고 있는 것이 아니라 최종 해석이 계속 연기된다.
② 1문단에 따르면, 의식 주체 관점은 주체와 객체가 착취 관계에 있다고 보아 객체에 대한 주체의 지배를 정당화하는 문제가 있다.
③ 1문단에 따르면, 후설은 의식 주체인 정신을 '나'의 본질로 보았으며, 의식 주체는 사유의 대상인 객체에 비해 우월하며 본질적이다.

09 기출 변형   정답 ②

해설 (가) 신광수의 〈단산별곡(丹山別曲)〉은 단양 팔경의 절경과 풍치를 시·공간의 이동에 따라 노래한 기행 가사이다. (나) 정철의 〈관동별곡(關東別曲)〉은 강원도 관찰사로 부임한 작가가 관동 팔경을 유람하면서 지은 기행 가사이다.
(나)에서 "그딕를 내 모르랴 ~ 이 술 혼 잔 머거 보오"라고 신선이 묻자, "이 술 가져다가 ~ 또 혼 잔 하잣고야"라고 화자가 대답하고 있다. 그러나 (가)에서 화자는 독백체로 자연을 즐기며 자신의 생각과 심정을 드러내고 있을 뿐, 신선과 대화를 나누고 있지는 않다.

오답풀이 ① (가)에는 공간의 이동이 나타나지 않는다.
③ (나)에서 '술'은 화자와 신선이 마시는 것(자연 속에서 즐기는 삶)이자, 화자가 백성에게 전달하고 싶은 것(애민 정신)이다. 따라서 (나)에서 '술'은 상징적으로 활용되고 있다. 그러나 (가)에서 화자는 '취안 잠간 드러 ~'와 같이 술에 취한 눈을 잠깐 들어 자연을 바라보고 있을 뿐 '술'에 상징적 의미를 부여하고 있지는 않다.
④ (가)뿐만 아니라 (나)에도 화자의 애민 정신이 나타난다. (가)의 '우리 백성 농사를 권하여 수역의 올니고져(우리 백성들에게 농사를 권하여 모두가 장수하며 즐겁게 살게 하고 싶구나)'에서 백성들에게 좋은 땅에서 농사짓기를 권하여 백성들의 삶이 나아지기를 바라고 있다. 또한 (나)의 '이 술 가져다가 수히예 ~ 또 혼 잔 하잣고야'에서 화자는 백성에게 좋은 것(술)을 나누어 준 뒤, 신선과 술을 마시자고 약속하고 있다.

10 기출 변형   정답 ③

출전 노태호, 〈선택〉, 《국민일보》(2016. 3. 25.)

해설 마지막 문단에 따르면, 여러해살이 식물은 한해살이 식물과 달리 비료 등의 인위적 공급이 거의 필요 없다. 따라서 여러해살이 식물에 많은 비료가 필요하다는 것은 잘못된 진술이다.

오답풀이 ① 1문단의, '해마다 더 잘 번성하는 식물의 씨앗을 골라 다시 심는 방식으로 종자를 개량한 것과 관계된다.
② 2문단의, 한해살이 작물 재배에 필요한 비료 등 유기 물질의 절반이 하천으로 유입되어 녹조 현상을 일으킨다는 데서 알 수 있다.
④ 마지막 문단의, 여러해살이 작물은 땅을 갈아엎는 행위가 불필요해 토양 침식을 유발하지 않는다는 데서 알 수 있다.

11 기출 변형   정답 ①

해설 붙박인(○): '붙박다'의 피동사인 '붙박이다'는 '움직이거나 다른 곳으로 옮겨 가지 못하도록 꼭 붙게 되거나 박히다'의 뜻으로, '붙박이어(붙박여) · 붙박이니' 등으로 활용한다.

오답풀이 ② 불리웠다(×) → 불리었다(○)/불렸다(○): '불리다'는 '부르다'의 피동사이므로 또다시 피동 접사가 결합하지 않는다.
③ 설레여서(×) → 설레어서(○)/설레서(○): '마음이 가라앉지 아니하고 들떠서 두근거리다'를 뜻하는 말은 '설레다'이다. '설레이다(×)'는 비표준어이다.
④ 생각되어진다(×) → 생각된다(○): '-되어지다'는 피동문의 표현을 중복하여 사용한 것이다.

보충 자료 사동문과 피동문의 오류

1. 사동문의 오류
   ① 과도한 사동 접사의 사용: 의미상 불필요한 경우에 사동 표현을 남발하지 않는다.
      예 · 들판을 헤매이며 돌아다니는 사람들(×) → 헤매며(○)
      · 함부로 끼여들기를 하면 안 된다.(×) → 끼어들기(○)
   ② 접사 '-시키다'의 경우: '-하다'를 쓸 수 있는 말에 무리하게 '-시키다'를 결합하지 않는다.
      예 · 이 공간을 분리시킬 벽을 설치했다.(×) → 분리할(○)
      · 모든 기계를 하루 종일 가동시켜서 기일을 맞추도록 하자.(×) → 가동해서(○)

2. 피동문의 오류
   ① 이중 피동의 오류: '이, 히, 리, 기+어지다'의 표현은 피동 접사와 통사적 피동문의 표현인 '-어지다'를 중복하여 사용한 것으로 사용이 제한된다.
      예 · 내가 합격한 것이 사실인지 믿겨지지 않았다.(×) → 믿기지(○)/믿어지지(○)
      · 앞으로 경제가 좋아질 것으로 보여집니다.(×) → 보입니다(○)
   ② -되어지다, -지게 되다: 피동문의 표현을 중복하여 사용한 것이므로 사용하지 않는다.
      예 앞으로 이 문제가 잘 풀릴 것이라고 생각되어진다.(×) → 생각된다(○)
   ③ 불리우다, 잘리우다, 갈리우다, 팔리우다: 잘못된 표기이다. '불리다'는 '부르다'의 피동사, '잘리다'는 '자르다'의 피동사, '갈리다'는 '가르다'의 피동사, '팔리다'는 '팔다'의 피동사이므로, 또다시 접사가 결합되지 않는다.
      예 · 그는 훌륭한 가수로 불리웠다.(×) → 불렸다(○)
      · 잘리워진 국토의 아픔을 잊지 말자.(×) → 잘린(○)

12 기출 변형   정답 ①

해설 간접 발화는 맥락을 고려하여 상대방의 의도를 파악해야 한다. 하지만 ①은 아이에게 화자의 의도와 일치하는 명령형 어미를 사용하여 '빨리 가라'라고 직접적으로 발화하고 있다. 이처럼 직접 발화는 문장 유형과 발화 의도가 일치하는 문장이다. 나머지 ②·③·④는 모두 문장 유형과 발화 의도가 일치하지 않는 간접 발화가 사용되었다.

13 기출 변형   정답 ②

해설 ⓒ '넉시라도 님은 혼딕 녀져라(넋이라도 임과 함께 살아가고 싶어

라)'는 '임에 대한 변함없는 마음, 일편단심(一片丹心)'을 의미한다. 따라서 ㉡의 지배적인 정서로는 '충성스럽고 참된 정'을 뜻하는 '忠情(충성 충, 뜻 정)'이 적절하다.

오답 풀이 ① ㉠ '산(山) 졉동새 난 이슷ㅎ요이다(산 접동새와 나는 처지가 비슷합니다)'는 자신의 감정이 이입된 대상인 산 접동새에 기대어 자신의 처지를 표현하고 있다. 하지만 '閑情(한가할 한, 뜻 정)'은 '한가로운 심정'을 뜻하므로 ㉠의 정서로 적절하지 않다.
③ ㉢ '과(過)도 허믈도 천만(千萬) 업소이다[(나에겐) 잘못도 허물도 전혀 없습니다]'는 자신의 결백을 강하게 호소하는 표현이다. 하지만 '禮讚[예도 예(례), 기릴 찬]'은 '무엇이 훌륭하거나 좋거나 아름답다고 찬양함'을 뜻하므로 ㉢의 정서로 적절하지 않다.
④ ㉣ '도람 드르샤 괴오쇼셔[(마음을) 돌려 (내 말을) 들으시어 사랑해 주소서]'는 임금의 사랑을 회복하고자 하는 마음을 호소하고 있는 표현으로, 이 작품의 궁극적인 목적을 드러내고 있다. 하지만 '勸戒(권할 권, 경계할 계)'는 '잘못함이 없도록 타일러 주의시킴'을 뜻하므로 ㉣의 정서로 적절하지 않다.

14 기출 변형   정답 ①

해설 손창섭의 〈비 오는 날〉은 한국 전쟁 후의 상황 속에서 피폐해진 인간상을 주제로 한 전후 소설이다.
서술자는 주로 원구의 시각에 초점을 두고, 원구와 주인공인 동욱 남매의 심리와 행동에 대해 기술하는 전지적 작가 시점을 취하고 있다. ①은 1인칭 주인공 시점이나 1인칭 관찰자 시점에 대한 설명이므로 적절하지 않다.

오답 풀이 ② 동욱 남매가 처한 전후의 암울한 현실과 운명을 비가 오는 배경으로 암시하고 있다.
④ 동욱과 원구의 대화를 간접 화법으로 드러내고 있다.

작품 해설 손창섭, 〈비 오는 날〉

1. 갈래: 단편 소설
2. 성격: 사실적, 비판적
3. 시점: 전지적 작가 시점
4. 배경: 한국 전쟁 당시 부산
5. 표현과 특성: ① 소외된 인간상을 피학적 어조로 묘사함.
   ② 배경을 통해 우울한 분위기를 형성함.
6. 주제: 전쟁의 절망적인 상황과 그로 인한 비참한 삶
7. 해설: 〈비 오는 날〉은 대표적인 전후 소설 중 하나로, 전쟁이라는 극한 상황에 부딪힌 인물들의 병적이고도 불구적인 심리 상태를 잘 보여 준다. 작품의 배경인 비 오는 날의 음산한 풍경은 작품 전체의 분위기뿐만 아니라 작중 인물의 무기력, 우울함, 절망적 심정과도 결부되어 있다.

---

15 기출 변형   정답 ④

해설 ④는 긍정적인 상황을 상상함으로써 긍정적인 결과를 가져온다는 내용을 통해 긍정의 힘과 가치를 일깨우고 있다. 또한 마음을 우주에 비유하였고, '눈앞에 벌어질 ~하면 ~ 되며 눈앞에 벌어질 ~하면 ~ 된다'에 대구와 대조가 사용되었다.

오답 풀이 ① 긍정의 힘과 가치를 일깨우는 내용이고, 대구와 대조가 사용되었으나 비유가 사용되지 않았다.
②·③ 비유와 대조를 사용하였으나 대구가 사용되지 않았고 긍정의 힘과 가치를 일깨우는 내용이 아니다.

16 기출 변형   정답 ③

해설 (가) 이숙량의 연시조 〈분천강호가(汾川講好歌)〉는 부모님이 돌아가신 후의 안타까움을 표현한 시조이고, (나) 정인보의 〈자모사(慈母思)〉는 돌아가신 어머니의 사랑에 대한 고마움을 간절하게 표현한 연시조이다. 따라서 (가), (나)와 가장 관련 있는 한자 성어는 ③이다. '風木之悲(바람 풍, 나무 목, 갈 지, 슬플 비)'는 '효도를 다하지 못한 채 어버이를 여읜 자식의 슬픔을 이르는 말'로 '風樹之嘆(풍수지탄)'과 같은 뜻의 한자 성어이다.

오답 풀이 ① 大義滅親(큰 대, 옳을 의, 멸망할 멸, 친할 친): 큰 도리를 지키기 위하여 부모나 형제도 돌아보지 않음.
② 亡羊之歎(망할 망, 양 양, 갈 지, 탄식할 탄): 갈림길이 매우 많아 잃어버린 양을 찾을 길이 없음을 탄식한다는 뜻으로, 학문의 길이 여러 갈래여서 한 갈래의 진리도 얻기 어려움을 이르는 말
④ 金蘭之契[쇠 금, 난초 란(난), 갈 지, 맺을 계]: 친구 사이의 매우 두터운 정을 이르는 말

17 기출 변형   정답 ③

해설 (나)는 초성의 경우, 'ㄱ, ㄴ, ㄹ, ㅁ, ㅅ, ㅇ'을 제시하고 있는데, 이 중 기본자는 'ㄱ, ㄴ, ㅁ, ㅅ, ㅇ'이다. 'ㄹ'은 'ㄴ'의 이체자이므로 기본자만 배치했다는 설명은 바르지 못하다.

오답 풀이 ① (가)의 초성은 'ㄱㅋ' 칸만 기본자인 'ㄱ'과, 'ㄱ'의 가획자인 'ㅋ'을 한 칸에 배치하였다.
② (가)의 중성은 기본자인 'ㆍ, ㅡ, ㅣ'만 자판에 배치하였고 이를 조합하여 초출자인 'ㅏ, ㅓ, ㅗ, ㅜ'와 재출자인 'ㅑ, ㅕ, ㅛ, ㅠ'를 만들 수 있도록 하였다.
④ (나)의 중성은 'ㅏ, ㅓ, ㅗ, ㅜ, ㅡ, ㅣ'가 자판에 배치되었는데, 이 중 초출자인 'ㅏ, ㅓ, ㅗ, ㅜ'는 따로 기본자를 조합하는 합성의 과정을 거치지 않아도 되도록 자판에 배치하였다.

18 기출 변형   정답 ④

해설 '설령'은 '가정해서 말하여'의 뜻으로, 뒤에 '-다 하더라도' 따위와 함께 쓰인다. 따라서 '훔쳤다 하더라도' 정도로 고치는 것이 자연스럽다.

오답 풀이 ① '운동도'와 호응할 수 있는 서술어 '하다'를 보충해 주는 것이 적절하다.
② '-시키다'를 '-하다'로 바꾸어도 의미의 변화가 없으면 과도한 사동 표현으로 본다. '중지시키다'는 '-하다'를 그대로 써도 의미의 변화가 없으므로 무리하게 '-시키다'를 결합하지 않고 '중지하다'를 쓰는 것이 적절하다.
③ '열다'는 '…을 열다'의 형태로 쓰이므로 '열려고' 앞에 목적어 '문을'을 보충해 주는 것이 적절하다.

19 기출 변형   정답 ③

출전 2011학년도 서울대학교 논술고사

해설 관계적 존재로서의 인간은, 타인과의 관계에서 나타나는 사물화를 극복하기 위해 노력해야 한다는 견해를 담은 글이다.

(다) 인간은 인간관계 가운데 나의 존재가 변화를 겪을 수 있기 때문에 관계적 존재이다. → (가) '나'라는 주체는 다른 인간의 영향을 받으며 사회적 관계에 편입되는데, 존재의 향상을 가져오지 못하는 인간관계는 왜곡된 것이다. → (나) 인간은, 다른 인간은 물론 사물과도 관계를 맺게 된다. 그런데 서로 간에 아무런 영향을 주고받지 못할 때, 타인은 사물화되어 존재론적 의미 영역에서 멀어진다. → (라) 인간과 인간의 관계에서 나타나는 사물화를 극복하기 위해서는 일차적으로 대상에 대한 관심을 불러일으켜야 한다.

20 기출 변형 정답 ③

출전 김현, 〈소설은 왜 읽는가〉

해설 글쓴이는 "사물을 해석하는 힘의 뿌리가 욕망이다"로 글을 시작해서, "작가에게 중요한 것은 그 세계가 자기의 욕망이 만든 세계라는 사실이다"라고 이야기한다. 이는 소설이 작가가 관심 있는 대상에 대한 해석이며 이는 욕망에서 나온 것으로 생각하고 있음을 파악할 수 있다.

오답 풀이 ① 소설 속 세계는 실제 삶의 참모습이 아니라, 소설가가 자신의 욕망에 따라 해석하고 바꿔 놓은 세계이다.
② 소설은 욕망의 세계를 구체적이며 전체적으로 드러내는 것으로, 감정의 세계를 보여 주는 데만 주된 목적을 두지는 않는다는 내용과 배치된다.
④ 소설은 작가가 변형한 세계로 '그 세계가 살 만한 세계인가 아닌가 하는 것'은 작가에게 중요하지 않다.

2024 선재국어
Final 나침판
기출 변형
모의고사

**최신 경향을 반영하여
실전에 완벽 대비**

2024 선재국어

Final 나침판

기출 변형
모의고사